The Intellectual Devotional

MODERN CULTURE

Revive Your Mind, Complete Your Education,
and Converse Confidently with the Culturati

1日1ページ、読むだけで身につく世界の教養365【現代編】

デイヴィッド・S・キダー
ノア・D・オッペンハイム
David S. Kidder
Noah D. Oppenheim

小林朋則 訳

文

JN229166

THE INTELLECTUAL DEVOTIONAL
MODERN CULTURE

Revive Your Mind, Complete Your Education, and Converse Confidently with the Culturati

By DAVID S. KIDDER & NOAH D. OPPENHEIM

© 2008 by TID Volumes, LLC

Japanese translation rights arranged with TID Volumes, LLC

c/o David Black Literary Agency, Inc., New York through Tuttle-Mori Agency, Inc., Tokyo

To Leigh, my beloved sister and Pop Culture Maestro – N.O.
To Amy, for your inspirational faith and courage – D.K.

ポップカルチャーの大家である最愛の妹リーに ── N.O.
エイミーに。その見習うべき信念と勇気に敬意を表して ── D.K.

Contributing Editor
Alan Wirzbicki

Contributing Writers
Daniel K. Fleschner
Kristin Meyer

編集協力
アラン・ワーズビキ

執筆協力
ダニエル・K・フレシュナー
クリスティン・マイヤー

Introduction
はじめに

◆

　昔から、信心深い人は信仰心を養うために、聖書をベッドのわきに置いて、1年間365日、毎日少しずつ読むことを日課にしてきた。『1日1ページ、読むだけで身につく世界の教養365』シリーズも毎日1ページずつの読み物を集めたもので、第3弾となる本書では豊かで多彩な現代文化にスポットを当てる。前作と同様、この本も、普段から脳を活性化させたり、ちょっとした気分転換をしたり、知っておきたい基礎知識を学んだりするのに役に立つ。どのページもテーマを深く掘り下げているが、わずかな時間ですぐに理解できるものばかりだ。

　大衆文化 —— 人物や芸術作品、思想、現象など、社会全体の想像力をとらえる事柄 —— ほど、わたしたちに強く影響を与えてきたものはないだろう。

　しかも、20世紀にマスメディアが登場したことで、その影響力は増していく一方だ —— わたしたちはテレビ番組を見て育ち、映画に感動し、音楽を人生のBGMにしている。現代文化を知ることは、わたしたちが共有する社会的枠組みを理解するのに欠かせないのだ。

　本書を読んで、この100年のあいだに登場した、世代を超えた文化的ベンチマークに、懐かしさと楽しさを感じながら、どっぷりと浸かってほしい。

　365個ある項目は、次の7つの分野に分けられている。

- ◆ **月曜日** —— 人物
  新聞の1面やゴシップ誌を飾った伝説的な人々

- ◆ **火曜日** —— 文学
  人々の心と考え方を変えた作家と作品

- ◆ **水曜日** —— 音楽
  天才による時代を超越した楽曲から、ヒットチャートのトップ40まで

- ◆ **木曜日** —— 映画
  スクリーンから飛び出して記憶に残った監督・俳優・大ヒット作

- ◆ **金曜日** —— 思想と社会
  世界を変えたイデオロギー・社会運動・イノベーション

- ◆ **土曜日** —— スポーツ
  スポーツの枠を超えたアスリートや試合

- ◆ **日曜日** —— 大衆文化
  この100年間、職場の休憩室をにぎわせてきた人気沸騰の話題

1 人物　ジークムント・フロイト

　ジークムント・フロイト（1856〜1939）は、20世紀に人間の心を研究する学問を形作った主要な知識人・精神科医のひとりだ。彼は、批判も多い精神分析という概念や、催眠の活用、夢分析などを通して人間の内面や動機づけを明らかにしようと努め、それによって、心理学だけでなく哲学・社会学・芸術にも強烈なインパクトを与えた。

◆

ジークムント・フロイト

　フロイトの業績は、評価が真っ二つに割れているようで、彼をペテン師と呼ぶ者もいれば、天才だと言う人もいる。そのフロイトは、ウィーン大学で神経学の医学学位を取得して卒業すると、パリに留学してヒステリー研究を専門とするジャン＝マルタン・シャルコー（1825〜1893）に師事した。そこで見た患者治療の様子から、精神疾患は心的外傷つまり精神的トラウマが原因であって、身体的機能障害や自然な発達過程によるものではないと考えるようになった。

　パリ滞在中、彼は精神分析で患者に催眠を用いるようになり、ここから、彼の中核的な理論が発展した。その理論によると、人間は誰しも、抑圧された記憶から成る無意識を持っており、この無意識に、強い精神的衝動と性的衝動が蓄えられているという。衝動には幼年期に生まれたものもあり、こうした複数の衝動が優位に立とうとして争い合って、最終的に人間の行動を支配しているのだと、フロイトは考えた。1900年、彼は最も有名な著書『夢判断』を世に出した。その中でフロイトは、夢は、無意識によって作り出されたもので、複雑な象徴性に満ちており、これを分析することで人間の欲望の手がかりが得られることを理論化した。

　『自我とエス』（1923年）では、人間の心は互いに牽制し合う3つの領域から成るとする理論を発表した。その3つとは、最も原始的な衝動が蓄えられているエス（イド）、現実と相互作用する意識的な自己である自我（エゴ）、そして、社会的規範によって課された制約を認識して遵守する超自我（スーパーエゴ）である。

　フロイトは、無意識に注目し、その力を高く評価したため、ついにはジョークも言い間違いも夢も、すべて意味があるか、人間の心の内面を示すものだと考えるようになった。

豆 知 識

1. フロイトは、コカインの実験を行ない、自分や他人を被験者にして、どれほどの陶酔感が得られるかを研究した。
2. 心理学の道に進む前、フロイトは動物学の研究を行なっていて、それまでの研究では小さすぎて見つかっていなかったウナギの精巣を発見するという功績を挙げている。
3. フロイトは、オーストリアのユダヤ系一家の出身で、彼の妹のうち4人が第二次世界大戦中にナチの強制収容所で亡くなった。
4. フロイトが大衆文化に与えた影響は、例えばテレビドラマ『ザ・ソプラノズ／哀愁のマフィア』や、ウディ・アレン（1935〜）の映画、サルバドール・ダリ（1904〜1989）によるシュルレアリスム美術など、さまざまな作品にはっきりと表れている。

2 文学 │ 『罪と罰』

　フョードル・ドストエフスキーの『罪と罰』は、多くの点で —— 発表は1866年であるが —— 真の意味で最初の20世紀小説と言える。この殺人・罪悪感・疎外・贖罪（しょくざい）の物語は、20世紀に数多くのモダニズム文学や実存主義文学が登場する下地を作り、今も文学と映画の両方に影響を与え続けている。

◆

　小説の舞台はロシアのサンクトペテルブルク。主人公ラスコーリニコフは、若い大学生で、自分には人生で成功する素質があると思っているが、貧しく機会に恵まれていないことに不満を抱いていた。やがて彼は、自分には非凡な才能があるのだから、強欲な高利貸の老婆を殺し、その老婆が貯め込んでいた財産を立派な目的を成し遂げるために使うことは正当化されると考えた。

　しかし、実際に殺人を犯したものの、うろたえてしまって金を奪うのに手間取り、金を手に入れることもできないまま、偶然その場に来合わせた老婆の妹まで殺してしまう。この失敗にラスコーリニコフは苦しんで不安に沈み、自分が殺人を犯した真の動機を問い直す —— しかも、その間ずっと、殺人の証拠を握っているのかいないのか分からぬ予審判事につきまとわれる。

　『罪と罰』は、ラスコーリニコフの動機と精神状態を詳細に探っているという点で、最初の心理小説のひとつとして —— かつ、今なお最高の心理小説のひとつとして —— 知られている。同時に、これは傑作サスペンス小説でもある。ラスコーリニコフが捕まるのかどうか、それとも彼が進んで自首するのかどうか、考えながら読み進めるうちに緊張感が高まってくる。

　実際、『罪と罰』は、まるで大衆向けの犯罪小説か何かのように、1年かけて雑誌に連載された。この小説により、ドストエフスキー（1821〜1881）の懐には、喉から手が出るほど欲しかった財産が転がり込み、賭博（とばく）による借金を返済することができた。

　また、作家レフ・トルストイ（1828〜1910）など当時の人々は、この小説は傑作だと絶賛した。以来、ジークムント・フロイト（1856〜1939）、フリードリヒ・ニーチェ（1844〜1900）、ジャン＝ポール・サルトル（1905〜1980）、アルベール・カミュ（1913〜1960）など、多くの人が、この本から直接影響を受けたと語っている。

┌─────────┐
│ 豆 知 識 │
└─────────┘

1. 『罪と罰』は、ウディ・アレン（1935〜）の映画のうち特に評価が高い『ウディ・アレンの重罪と軽罪』（1989年）と『マッチポイント』（2005年）の2作の着想源になった。
2. ドストエフスキーは、20代後半のとき、左派の秘密政治結社の会合に参加した罪で銃殺刑を言い渡された。しかし、執行直前に皇帝ニコライ1世（1796〜1855）により恩赦（おんしゃ）が与えられ、シベリアの強制労働収容所へ4年間の流刑となった。そこでの体験が、『罪と罰』の一部に生かされているのは議論の余地がない。
3. ドストエフスキーは、長年ギャンブル依存症に苦しんでいた。幸いにも、彼はこの苦しみから文学的傑作を生み出した。それが1866年の小説『賭博者』だ。

3 音楽 | ピョートル・イリイチ・チャイコフスキー

ロシアの作曲家ピョートル・イリイチ・チャイコフスキー（1840～1893）は、『白鳥の湖』（1877年）、『眠れる森の美女』（1890年）、クリスマスの定番でもある『くるみ割り人形』（1892年）など、音楽史に残る数々の人気バレエ音楽を書いた。また、それだけでなく、7つの交響曲を含むオーケストラ作品を数多く作曲した。

◆

ピョートル・イリイチ・チャイコフスキー

チャイコフスキーは、ロシアの小さな町ヴォトキンスクで生まれ、5歳からピアノの勉強を始めた。初めのうち両親は、このような「強い情熱が必要な」趣味は、ただでさえひ弱で病気がちな子にとっては危険だと考え、息子が音楽の道へ進むのを応援しなかった。それでも、やがてチャイコフスキーはロシアの首都サンクトペテルブルクに移り、音楽教育を受けた。皇帝アレクサンドル3世（1845～1894）は、彼の作品の大ファンだった。同じくパトロンだったナジェジダ・フォン・メック夫人（1831～1894）は、毎年決まった額の金銭を与え、そのおかげで彼は作曲活動を続けることができた。

バレエ音楽のほかに、今日チャイコフスキーの作品で最も知られているのが、壮大な序曲『1812年』（1880年）だ。この曲は、フランス皇帝ナポレオン・ボナパルト（1769～1821）に対するロシアの勝利を記念したもので、楽器として大砲と教会の鐘が使われている。チャイコフスキーはオペラも11本書いている。そのうち最も有名なのが、『エフゲーニ・オネーギン』（1879年）と『スペードの女王』（1890年）で、どちらも19世紀ロシアの詩人アレクサンドル・プーシキン（1799～1837）のドラマチックな詩を原作としている。

チャイコフスキーは、生前から世界中で人気を博し、1891年にはアメリカを旅行して、今では古典となった数々の作品をアメリカ人に披露した。とりわけ序曲『1812年』と『くるみ割り人形』の2作はアメリカ文化の中で人々の感情に響く人気作となり、『1812年』は7月4日のアメリカ独立記念日に、『くるみ割り人形』はクリスマス・シーズンに、よく演奏されている。

┌─────────┐
│ 豆 知 識 │
└─────────┘

1. チャイコフスキー最後の作品は交響曲第6番『悲愴』（1893年）だ。チャイコフスキーは、この曲の初演の9日後に亡くなり、その葬儀では『悲愴』が鎮魂曲として演奏された。
2. かつて、チャイコフスキーは同性愛を暴露されて自殺したとの説があったが、現在では、死因はコレラだったというのが定説となっている。
3. チャイコフスキーのオペラ『エフゲーニ・オネーギン』は傑作と見なされているが、ロシア生まれの作家ウラジーミル・ナボコフ（1899～1977）は、この曲のすべてが「プーシキンの傑作を侮辱している」と言って、「くだらない」「やっつけ仕事」だとこき下ろした。

4 映画 ｜ リュミエール兄弟

　フランス人のオーギュストとルイのリュミエール兄弟は、映画を発明したわけではないが、初歩的な動画用の映写機を作って1895年に特許を取ったことから、近代映画の父と考えられている。ふたりが映写機を作ろうと思ったのは、アメリカ人発明家トマス・エジソン（1847〜1931）が1893年に発表したキネトスコープという機械に触発されたからだった。キネトスコープとは木箱に収められた装置で、この木箱をのぞき込むと短いフィルム動画を見ることができた。

◆

リュミエール兄弟

　一家で写真用の機器や消耗品の製造工場を経営していたリュミエール兄弟は、キネトスコープを改良してシネマトグラフを開発した。これは軽量な手回し式の装置で、撮影機と映写機を兼ねていた。しかも、キネトスコープでは動画を見られるのはひとりだけだったのに対し、シネマトグラフは映像をスクリーンに映し出すことが可能で、そのため多くの人が一緒に映画を見ることができた。

　リュミエール兄弟は1895年2月にシネマトグラフの特許を取った。多くの歴史学者は、1895年12月28日を映画誕生の日と考えている。この日にリュミエール兄弟が、パリのカピュシーヌ大通りにあったグラン・カフェで初めて映画の有料上映を行なったからである。この上映会では、10本の映画――そのひとつが『工場の出口』（1895年）―― が映し出され、上映時間は合計で約20分であった。

　1896年、リュミエール兄弟はシネマトグラフと自作の映画を持って世界各国を回り、ロンドンやニューヨークなど各地で上映会を行なった。言い伝えによると、『ラ・シオタ駅への列車の到着』（1895年）―― 列車が遠景から駅へと近づいてくる様子を定点撮影した映画 ―― を見た観客の中には、迫ってくる列車に驚いて恐怖のあまり逃げ出した人もいたという。

　1900年までにリュミエール兄弟は1500本の映画を製作した。しかし、「映画は未来のない発明だ」と考え、自分たちのカメラを他の映画製作者に売ることはせず、その後もスチール写真の改良に力を注ぎ続けた。

[豆 知 識]

1. 弟のルイ・リュミエール（1864〜1948）は、専門教育を受けた化学者だった。
2. 兄のオーギュスト・リュミエール（1862〜1954）は、一家が営んでいた写真用の機器・消耗品の製造工場の経営を引き継いだ。
3. リュミエール兄弟は、パリで最初の上映会を開いたとき、ピアニストを雇って、短い映画に生演奏による伴奏をつけた。

5 思想と社会 ｜ 共産主義

「ヨーロッパに妖怪が現れた —— 共産主義という妖怪が」。この一文で始まるのが、カール・マルクス（1818〜1883）とフリードリヒ・エンゲルス（1820〜1895）が1848年に書いた『共産党宣言』だ。この政治文書をきっかけに、19世紀と20世紀に最も強い勢力を誇った政治運動のひとつが始まった。

◆

　マルクスとエンゲルスがこの小冊子を発表した当時、共産主義は、失敗に終わった数回の蜂起や、曖昧で難解なドイツ哲学の著作を連想させる、周縁的な運動にすぎなかった。それが100年後には、地球の半分を支配するまでになった。

　共産主義者の考えによると、19世紀初頭に始まった産業革命によって、労働者が貧困にあえぎながら働く一方で工場主と投資家が膨大な利益を手にするようになり、深刻な経済格差が生み出されたという。さらに、資本主義は巨大な富を生み出したが、中産階級（ブルジョワジー）は、社会の中で権力の座を労働者階級（プロレタリアート）と分かち合うのではなく、自分たちだけがその場に居続けようとしていると共産主義では考える。

　解決策としてマルクスとエンゲルスが提示したのが、労働者階級が生産手段を自らの手に握り、ふたりの言う「プロレタリアート独裁」を樹立することだった。ブルジョワジーが自ら権力を放棄することは絶対にないので、暴力革命は必然的に避けられないというのが、マルクスとエンゲルスの考えだった。

　共産主義者は、資本主義を敵視していただけでなく、帝国主義と宗教にも反対し、マルクスは宗教を「人民のアヘン」と呼んだ。そのため反対者の目には、共産主義は西洋的な生活様式を直接脅かすものだと映っていた。

　しかし、貧困と社会的対立が深まる19世紀のヨーロッパで、共産主義は、マルクスとエンゲルスが『共産党宣言』を出して数年のうちに多くの支持者を獲得して着実に広まっていった。1917年のロシア革命では、共産主義者は理想を現実に移すチャンスを手にした。

　20世紀の世界政治は、資本主義と共産主義のあいだでエスカレートする衝突によって大きく特徴づけられており、中でも40年以上続いた冷戦は、この衝突を反映したものだった。共産主義は、今でも中国など数少ない国々が表向き掲げているものの、その魅力の多くは、「労働者の楽園」のはずだったソヴィエト連邦での生活がいかに恐ろしいものだったかが世界中に明らかになると、失われた。

豆 知 識

1. マルクスは、『共産党宣言』や『資本論』全3巻などの著書で非常によく知られているが、実は長年ジャーナリストとしても働いていて、『ニューヨーク・デイリー・トリビューン』などアメリカやイギリスの新聞に記事を書いていた。
2. 共産主義が最初に大勝利を収めたのはロシアだったが、マルクスとエンゲルスは、ロシアを後進的な未開の地と考えていて、共産主義の未来はアメリカによって切り開かれるだろうと期待していた。
3. マルクスは、共産主義思想が後にマルクス主義と呼ばれるようになると腹を立て、あるとき「わたしはマルクス主義者ではない」と言ったと伝えられている。

6 スポーツ｜ジェームズ・ネイスミス

　アメリカ三大スポーツ —— 野球、バスケットボール、アメリカンフットボール —— のうち、真の考案者がいるのはひとつしかない。1891年12月21日、カナダ生まれの体育教師ジェームズ・ネイスミスは、マサチューセッツ州スプリングフィールドの学校で、桃を入れるバスケットを2個、体育館のこちら側の壁と向こう側の壁に1個ずつ釘で打ちつけ、学生たちにサッカーボールを渡すと、自ら考案した新しい競技のルール13か条を説明した。こうして生まれたのが「バスケットボール」だ。

◆

ジェームズ・ネイスミス

　ネイスミス（1861～1939）は、両親がスコットランドからの移民で、カナダの現オンタリオ州で生まれ育つが、9歳で孤児となった（両親は腸チフスで死亡した）。15歳で高校を中退して木こりとして働くが、しばらくして復学し、その後マギル大学と、牧師になるため進んだ長老派神学校とで学位を取得した。

　1890年、彼はスプリングフィールドにあるキリスト教青年会（YMCA）訓練校の生徒となり、翌年に同校の体育教師になった。その際、彼と生徒たちは、フットボール・シーズンと野球シーズンに挟まれた冬のあいだ YMCA の青年たちが実施できる屋内活動を考案せよとの課題を与えられた。

　当時、屋内での運動と言えば、基本的に徒手体操と器械体操しかなく、男性の多くはどちらも退屈極まりないと思っていた。新競技には、「すべての参加者が正々堂々とプレーし、ラフプレーがないものにする」という条件のみが課せられた。

　ネイスミスの考案した競技は人気を博し、13か条のルールはすぐさまスポーツ雑誌に掲載されて、熱狂的な支持を得た。その後の数年、ネイスミスは、競技規則を現在の形に整備するなど、バスケットボールの発展に中心となって関わり続けた。1898年にカンザス大学で職を得ると、大学チームの監督を10年間務め、その後も78歳で亡くなる直前まで、同大の体育局長と大学付き牧師を務め続けた。

豆知識

1. ネイスミスの最初のルールでは、ドリブルが禁止されていて、プレーヤーはパスでしかボールを進めることができなかった。
2. ネイスミスは、1925年にアメリカ国民になった。
3. マギル大学の4年生のときにラグビー場で起きた出来事が、彼の人生を変えた。ある選手が罵り言葉を口にした後、ネイスミス（このときすでに熱心な牧師だった）がいるのを見て、「すまない、ジェームズ。君がいるのを忘れていたよ」と言ったのである。このときネイスミスは、自分には心身の発育を通して若者の人生を改善する手助けができるのではないかと考えた。
4. ネイスミスは、カンザス大学の歴代監督のうち在任中に負け越した唯一の監督である。監督を務めた1898年から1907年までに上げた成績は、55勝60敗だ。

7 大衆文化 ｜ コニーアイランド

　　ニューヨーク市ブルックリン区の南端に位置するコニーアイランドには、複数の遊園地がある。最初の遊園地が開業したのは1890年代で、その後この地は、数十年にわたりアメリカで最も大きく最も人気のある観光地として君臨していた。最盛期には年間数百万人が訪れており、名物として知られていたものに、メリーゴーラウンド、観覧車、ジェットコースター、占い、競馬を模したコースター、見世物ショー、そしてホットドッグがあった。

◆

コニー・アイランド

　　当初コニーアイランドで営業を開始した乗り物は、どれもガタガタしていて、ほとんどが安全でない装置だった。例えば1911年には、ジャイアント・レーサーというジェットコースターが地上25メートルで脱線し、乗っていた女性2名が亡くなっている。

　　それでも遊園地は大人気で、1904年には推計で3200万人が来園した。遊園地の黄金時代に設置されたビンテージもののアトラクションのうち、例えば1927年に建造された木製のジェットコースターであるサイクロンなど、いくつかは今も現役で営業している。

　　映画やテレビが登場する以前の時代、遊園地は第一級の大衆娯楽だった。アメリカでは1910年代から1920年代にかけて多くの大都市に遊園地が建設されたが、観光客とアトラクションでごった返すコニーアイランドの右に出るものはなかった。そもそもコニーアイランドは、ルナ・パークやスティープルチェース・パークなど、民間が経営する広々とした複数の遊園地リゾートで構成されていた。

　　しかし時代とともに、遊歩道で売春や麻薬取引など家族向けとは言えない活動が見られるようになり、コニーアイランドの評判も下がっていった。さらに、大恐慌が深刻な打撃となった。ルナ・パークは1946年に閉園した【訳注／2010年、かつての敷地の隣に同名の遊園地がオープンした】。コニーアイランドに残っていたアトラクションの大半は、1980年代までに解体された。

　　しかし、サイクロンは今も夏のあいだは営業を続けているし、毎年開催されているホットドッグ早食い選手権 ── このリゾートの黄金時代から続く行事 ── は国際的なイベントになっている【訳注／現在、コニーアイランドではルナ・パークを含めふたつの遊園地が営業している】。

[豆 知 識]

1. 2007年のホットドッグ早食い選手権では、アメリカ人のジョーイ・チェスナット（1983〜）が12分間に66本のホットドッグを食べ、それまで6回連続優勝していた日本人の小林尊（1978〜）を破って優勝した【訳注／2011年からは男女別で開催されている。2018年の優勝者は、男性が74本の新記録を出したジョーイ・チェスナット、女性がミキ・スドー】。
2. コニーアイランドという名称は、17世紀に現在のニューヨークに最初に入植したオランダ人がつけた名前に由来している。彼らはこの地を、オランダ語で「ウサギの島」を意味する「コネイン・エイラント」と名づけ、それが「コニーアイランド」になった。
3. 現在コニーアイランドは、ニューヨーク・メッツ傘下のマイナー球団ブルックリン・サイクロンズの本拠地である。

8 人物 ｜ アルベルト・アインシュタイン

20世紀に「天才」という言葉を体現した人物がいたとすれば、それはアルベルト・アインシュタイン（1879〜1955）だろう。このドイツ生まれの物理学者ほど、現代の科学とテクノロジーに大きなインパクトを与えた人はおらず、彼の考えは、科学者の宇宙に対する見方を変え、20世紀に起こった数々の技術進歩の基礎を築いた。

◆

アインシュタインの名が世に出たのは1905年、スイスの特許局で技術助手として働いていたときだった。この年、彼は空き時間に書きためた 4 本の論文を科学専門誌『アナーレン・デア・フィジーク』に投稿した。この 4 本すべてが世界を変えることになった。

ひとつ目の論文でアインシュタインは、光は波と粒子の両方の性質を持って伝わると主張し、新たな光量子の理論を提唱した。ふたつ目の論文では、それまで解明されていなかったブラウン運動という現象を説明し、分子の衝突が関わっていることを明らかにした。そして最も有名な論文で特殊相対性理論の概要を示し、科学において最も有名になる方程式 $E = mc^2$ を発表した。

論文の発表後、彼はスイスの大学で教授職を得た。その後1916年に、最大の業績である一般相対性理論を発表し、重力の性質を定義し直して、空間と時間はゆがむことがあると主張した。1921年には、それまでの業績によりノーベル物理学賞を受賞した。

アインシュタインの理論は、昔も今も一般大衆が聞いてもさっぱり分からないが、その衝撃は明らかだ。彼は、宇宙は論理的で機械論的な場所だという古くからの概念を打ち壊し、科学・政治・芸術の分野に新たな考えが生まれるきっかけを作った。たとえ量子力学や $E = mc^2$ の意味を理解できなくとも、アインシュタインの業績が半導体やレーザー、テレビなど現代のすばらしい技術革新につながったことは分かるだろう。

その業績で彼は世界的な著名人となり、アインシュタインと言えば、服装や身だしなみに無頓着で、子供が好きで、平和主義者として知られている。

しかし皮肉なことに、彼は原子爆弾の開発で中心的な役割を担った。1939年、アメリカのプリンストン大学で教えていた彼は、フランクリン・D・ローズヴェルト大統領（1882〜1945）に、ドイツが核兵器開発中だと知らせた。この警告がきっかけとなって、最終的にアメリカは独自の原爆計画に着手し、その結果、1945年、日本の広島と長崎に原爆が投下されて両市は廃墟と化した。

│ 豆 知 識 │

1. 2000年に雑誌『タイム』は、アインシュタインを「今世紀の人」に選んだ。
2. アインシュタインは熱心なシオニスト【訳注／第19日「シオニズム」を参照】で、第二次世界大戦後にイスラエル大統領への就任を打診されたが、彼はこれを断った。
3. アインシュタインは、幼いころは神童ではなかった。3 歳でようやく言葉を話せるようになり、学校での成績はおおむね平凡だった。1900年にやっと大学を卒業しても、専門教育を受けた分野での仕事 —— 物理学と数学の教師の職 —— を見つけることができなかった。

9 文学 『アンナ・カレーニナ』

　レフ・トルストイの『アンナ・カレーニナ』（1877年）は、100年以上前に書かれた小説だが、その色あせない現代性で今も読者を驚かせ続けている。この作品は、トルストイ（1828〜1910）のもうひとつの大作『戦争と平和』とともに、言語の枠を超えて、これまでに書かれた小説の最高傑作のひとつと見なされている。

◆

　タイトルにもなっている主人公は、サンクトペテルブルクの上流社会で暮らす、美しくて知的な魅力あふれる女性で、はたから見る限りでは、申し分ない生活を送っている。政府高官である夫から深く愛され、かわいらしくて聡明な幼い息子を溺愛し、親友や親族との交際を頻繁に楽しんでいる。アンナは結婚生活に何の不満もなかったが、さわやかな青年将校ヴロンスキーが現れたことで状況は一変し、当たり障りがなく情熱に欠ける夫に決して感じることのなかった激しい恋慕の情を燃え上がらせた。アンナとヴロンスキーは不倫関係になるが、すぐさま人の知るところとなり、アンナは家族も世間体も失った。ヴロンスキーとの仲が冷えていく中、アンナは社会的破滅の瀬戸際に立たされるが、事実上破綻している結婚生活に戻る気はない。

　アンナ・カレーニナは、文学における著名な悲劇的人物と見なされており、間違いなく最も緻密に描写された人物のひとりだろう。まるでページから跳び出してくるかのように生き生きと描かれた魅力的な女性で、その軽率な行動は非難されるべきだが、その気品と優雅さと、自分をごまかした生き方はしたくないという気持ちは称賛に値する。その姿は、さまざまな世代の読者から、フェミニズムの象徴、ロマンティックなヒロイン、悲劇の犠牲者などと解釈されてきた。

　この小説は、アンナに焦点を当てる一方で、ロシアの社会全般も扱っていて、ロシアの政治、農民、近代への移行、西欧との関係などが取り上げられている。こうしたテーマの多くは、アンナほど知られていないが小説のもうひとりの主人公である、裕福だが素朴な地主リョーヴィンを通して検討される。このリョーヴィンは、一般にトルストイ本人の考えを代弁していると考えられている。

豆 知 識

1. 『アンナ・カレーニナ』は、19世紀の半ばから後半にかけて西欧文学を席巻したリアリズムの最高傑作のひとつと考えられている。
2. 『アンナ・カレーニナ』は、テレビトーク番組の司会者オプラ・ウィンフリー（1954〜）が番組内でお薦めの1冊として取り上げたことから、2004年5月にアメリカのベストセラー・リストに再登場した。
3. 出版以来『アンナ・カレーニナ』は、たびたび映画、テレビドラマ、ラジオドラマ、演劇、バレエ、オペラなどに翻案されており、その回数は主なものだけで20回を超える。ブロードウェイのミュージカルになったことさえある。

10 音楽 | スコット・ジョプリン

スコット・ジョプリン（1867頃〜1917）は、ラグタイム・ミュージックの最も有名な作曲家だ。ラグタイム・ミュージックとは、1900年前後に花開いたアメリカ独自のユニークな音楽スタイルで、ジャズの発展に大きな影響を与えたと考えられている。

◆

スコット・ジョプリン

テキサスに生まれたジョプリンは、幼いころから音楽の才能を示し、ミズーリ州セデーリアにあったジョージ・R・スミス大学で音楽理論と和声法および作曲法を学んだ。生涯を通じてジョプリンは、ヨーロッパのクラシック音楽に関する膨大な知識をラグタイムの作曲に生かし、ライバルたちが書いた曲よりはるかに複雑な作品を生み出した。

ジョプリンの最初のメジャーヒットは、1899年の「メイプルリーフ・ラグ」である。以後、彼は最も有名な作品のひとつ「ジ・エンターテイナー」（1902年）をはじめ、数々のヒット曲を世に送り出した。さらに、ラグタイムでオペラを作るというきわめて意欲的な目標を、『ゲスト・オヴ・オナー』（1903年、現在は失われた）と『ツリーモニシャ』（1911年）の2作品で実現させた。もともとラグタイム・ミュージックは、社会のメインストリームで聞かれるようになるはるか以前から、アフリカ系アメリカ人の社会でダンス・ミュージックとして演奏されていた。ジョプリンは、ラグタイムを最初に作曲・演奏した音楽家ではないが、最高のラグタイム・ミュージシャンだと広く認められている（彼の出版代理人は、ジョプリンはラグタイムをポピュラー音楽から引き上げて「ベートーヴェンやバッハと肩を並べるものにした」と語っている）。ラグタイムは、行進曲のスタイルをアレンジしたもので、シンコペーション（本来とは違う拍を強調すること）の多用を特徴としている。その独特なリズム感のため、この演奏スタイルは「タイミングが合わない」という意味で「ラグド・タイム（ragged time）」と呼ばれ、後にそれが縮まって「ラグタイム（ragtime）」になった。

ジョプリンの死後すぐにラグタイムは人気が急落し、代わってジャズが台頭した。しかし、1970年代に一時的にリバイバルし、ジョプリンの人気曲の数々は、聞けば誰もが知っているアメリカの名曲に今なお数えられている。

豆 知 識

1. ジョプリンの「ジ・エンターテイナー」は映画『スティング』（1973年）で使われ、そのバージョンは1974年にアメリカの雑誌『ビルボード』のヒットチャートで第3位になった。
2. ピアニストのジョシュア・リフキン（1944〜）は、ジョプリンのピアノによるラグタイム曲を集めたアルバムを発表し、1971年にグラミー賞の最優秀クラシック・パフォーマンス賞にノミネートされた。
3. 2006年、ある収集家が、ジョプリンが自作曲「プレザント・モーメンツ」を録音した自動ピアノ用ロール紙を発見したと発表した。1916年に録音されたもので、発見されるまでは、すでに失われたと考えられていた。

11 映画　D・W・グリフィスと『國民の創生』（こくみん）（1915年）

　D・W・グリフィスの映画史における地位は大部分が1915年以前に確立されたが、その功績は、その年に製作されて今なお物議をかもしている映画『國民の創生』によって、この先も説明されていくことだろう。多くの人から傑作と評価されている『國民の創生』は、グリフィスがそれまでのキャリアで磨き上げてきた技術的な進歩を使って描いたアメリカ初の歴史劇である。しかし、その内容は露骨な人種差別に満ちており、100年以上前に初めて劇場公開されて以来、大きな議論を巻き起こしている。

◆

　グリフィス（1875〜1948）は、南北戦争での南軍大佐の息子としてケンタッキー州で生まれ育った。1908年に俳優から映画監督に転身し、上映時間がたいてい12〜15分である1巻物の映画を作り始めた。彼は非常に多作で、1909年だけで140本もの映画を製作した。

　この時期に彼が完成させたとされる新たな技法には、次のようなものがある。

・クロスカッティング：緊張感を高めるため、異なる場所で起きている異なる出来事をつなぎ合わせる編集技法のこと。
・ロングショットとミディアムショットとクローズアップの使い分け：これによって話を進め、観客に強い印象を残す。
・俳優たちを集めて行なう、演技と顔の表情を重視したリハーサル。

　グリフィスは、こうした技法の生みの親ではなかったが、これらを含む数々の新機軸を結集させて映画的表現法、いわゆる「映画文法」を作り出した最初の監督であると考えられている。その貢献のおかげで、20世紀初頭の黎明（れいめい）期の映画は映画芸術へと発展した。

　こうした数々の貢献に多少の影を落としているのが、この映画の内容だ。小説『クランズマン』を原作とした『國民の創生』（当初は映画のタイトルも『クランズマン』だった）は、南北戦争直後の時期に焦点を当て、クー・クラックス・クランを賛美している。映画が公開されると、数都市で暴動が起こり、多くの映画館は上映を拒否した。全米黒人地位向上協会（NAACP）は上映禁止を求めたが、聞き入れられなかった。それどころか、『國民の創生』は史上最も多くの興行収入を集めた映画となり、その地位を20年以上保ち続けた。

　人種差別との批判の声を受け、グリフィスは人類史上に現れた不寛容（イントレランス）を取り上げた歴史大作『イントレランス』（1916年）を製作した。しかし、興行的には大失敗で、以後グリフィスはたびたび負債に苦しめられた。1931年に撮った映画が最後の監督作となった。

【 豆 知 識 】

1. 『國民の創生』は、興行収入史上第1位の座をついに『白雪姫』（1937年）に明け渡すまでに、1800万ドルを稼ぎ出した。ちなみに当初の製作費は11万ドルであった。
2. 『國民の創生』に登場する主要な黒人は、白人の俳優が顔を黒く塗って演じた。
3. 1915年からの10年間にクー・クラックス・クランへの加入者が増加したのは、『國民の創生』の影響だと考えられている。

12 思想と社会 ｜ ラッダイト

ラッダイト主義とは、科学技術に対する激しい反感のことで、その名は、19世紀のイギリスで新たな工場制機械工業に生活を脅かされて不満を抱き、機械の破壊運動を実施した繊維労働者たちに由来する。この本来のラッダイト運動はたちまち鎮圧されたが、新たな科学的進歩に対する恐怖と不信はその後も政治に影響を与え続け、現在でもコンピューターから遺伝子組み換え食品まで、さまざまな問題をめぐる議論を左右している。

◆

そもそもラッダイトという名称は、ネッド・ラッドという実在したかどうか不明の人物から取られたものだ。言い伝えによると、ラッドは1770年代末に、ある住宅に押し入って発明されて間もない靴下編み機を2台破壊したという。当時は靴下編み機のせいで繊維労働者が失業しているとされていたのである。

これが実際に起きた出来事だったのかどうかはさておき、「ここにラッドが来たに違いない」というフレーズは、イギリスの工場で最新式の機械が破壊されているのが発見されたときに繰り返される決まり文句になった。

ネッドを「ラッド王」に祭り上げていた繊維労働者の一団は、1812年までに、イギリス中で靴下編み機などの織機を壊し始めていた。最初の組織的なラッダイト運動は1811年に起こり、この暴動を鎮圧するため兵士2500人が派遣された。その直後に「機械破壊」は法律で死罪と決められた（1813年のヨークでは、ある裁判で、この法律を破ったとして17人が絞首刑になった）。

当初のラッダイト運動は徐々に下火になったが、「ラッダイト」という言葉は政治用語のひとつとなり、テクノロジーを容赦なく攻撃する反対派を指すのに使われるようになった。

┌─ 豆 知 識 ─┐

1. ハーバード大学卒の連続爆破テロ犯セオドア・カジンスキー（1942～）通称ユナボマーは、一連の犯行で科学者を標的にしており、現代のラッダイトと呼ばれることがある。

2. ラッダイトを支持した有名人に、イギリスの詩人バイロン卿（1788～1824）がいる。彼の死後に発表された「ラッダイトに捧げる歌」には、次のような1節がある。「（前略）我らも／自由に生きるか、さもなくば戦って死に、／ラッド王以外の王をすべて打ち倒そう！」

3. ラッダイトたちは破壊用に大型のハンマーを持ち歩いており、彼らはこのハンマーを、製作者のひとりであるヨークシャーの鍛冶職人イーノック・テイラーに敬意を表して「イーノックのハンマー」と呼んでいた。

13 スポーツ ｜ サイ・ヤング

サイ・ヤングの名は野球の優れたピッチャーと同義語になっている。本名デントン・トゥルー・ヤング（1867〜1955）はオハイオ州の農家に生まれ、偉大な右投手として大リーグで22年間活躍し、勝利数（511）、敗北数（316）、投球イニング数（7356）、先発試合数（815）、完投数（749）で通算最多記録を持っており、これらの記録は今後も破られることはほぼないだろう。

◆

ヤングが活躍したのは1890年から1911年で、当時、野球はまだ創成期にあった。この時代、ピッチャーは今では考えられないほど多くのイニング数を投げ、リリーフ投手と交代することもほとんどなかった。例えば1892年、25歳だったヤングが投げたイニング数は、何と453であった（今日の試合では、リーグで最も多い投手でも1シーズンの投球イニング数は250ほどしかない）。ヤングは5チームでプレーし、30勝以上を5回、20勝以上を15回マークした。

1901年、ナショナル・リーグ（NL）のライバルとして新設されたアメリカン・リーグ（AL）の初シーズンで、ヤングは新たに創設された球団ボストン・アメリカンズに所属してキャリア最高のシーズンを送った。この年、彼は勝利数（33）、防御率（1.62）、奪三振数（158）でリーグ1位となった。その2年後、ボストン・アメリカンズ —— 後にレッドソックスと改称 —— の投手として、ALとNLそれぞれの優勝チームが対戦する第1回ワールドシリーズに進出し、ピッツバーグ・パイレーツを相手に2勝を上げてボストンの初優勝に貢献した。1904年には、対フィラデルフィア・アスレチックス戦でAL史上初の完全試合を達成して、その伝説に新たな1ページを加えた。

ヤングは1911年シーズンが終わると引退し、1937年に野球の殿堂入りを果たした。現在では、アメリカ野球記者協会の投票を基に、毎年ナショナル・リーグとアメリカン・リーグそれぞれの最優秀投手にサイ・ヤング賞が与えられている。

豆 知 識

1. ヤングのニックネームは「サイクロン」の「サイ」だ —— ある説によると、ヤングはマイナーリーグ時代、ウォームアップのため木製のフェンスに向かってピッチングしており、それを見た人がまるでフェンスがサイクロンで壊されたようになっていると言ったのが由来だという。
2. 歴代ピッチャーのうち通算勝利数がヤングの記録まであと100勝以内に迫った投手はたったひとり —— ウォルター・ジョンソンしかいない。ジョンソンは、ワシントン・セネターズのピッチャーとして1907年から1927年まで活躍し、417勝を上げた。
3. ボストン・アメリカンズは、20世紀初頭にチーム名をサマセッツやピルグリムズなどと何度か変更した末に、1907年、レッドソックスに落ち着いた。
4. ヤングは、19世紀と20世紀の両方でノーヒット・ノーランを記録した唯一のメジャーリーグ・ピッチャーである（1897年の対シンシナティ・レッズ戦と、1904年の完全試合）。
5. ヤングがプレーしたチームは、クリーブランド・スパイダーズ（1890〜1898年）、セントルイス・パーフェクトズ／カーディナルズ（1899〜1900年）、ボストン・アメリカンズ／サマセッツ／ピルグリムズ／レッドソックス（1901〜1908年）、クリーブランド・ナップス（現インディアンズ）（1909〜1911年）、ボストン・ラスラーズ（現アトランタ・ブレーブス）（1911年）。

14 大衆文化 ｜ 麻雀

　中国生まれのボードゲームである麻雀（マージャン）は、すでに1907年にイギリス人によって西洋へ紹介され、アメリカでは1920年代に流行し、熱狂的な人気を博した。流行の絶頂期には、麻雀牌の需要が急激に高まったため、麻雀は中国で150万ドル規模の産業となり、牌の原料となる牛の骨がアメリカから上海へ運ばれてくると、すぐさま麻雀牌に加工されて大急ぎでアメリカへ送られていた。1923年には、推計で1000万から1500万のアメリカ人が日常的に麻雀を楽しんでいた。

◆

麻雀牌

　麻雀は4人で行なう。1920年代には、多くのアメリカ人が麻雀を社交の場とし、夜に自宅で麻雀大会を開いたり、中国風のドレスで着飾ったりしていた。

　麻雀牌は、古くは骨を材料とし、それぞれに図柄が描き込まれている。1セットは144枚で、内訳は、索子（ソーズ）36枚、筒子（ピンズ）36枚、萬子（ワンズ）36枚、風牌16枚、三元牌12枚、花牌8枚である【訳注／日本では一般に花牌を用いず136枚で遊ぶ場合が多い】。さまざまな牌を集めて決められた組み合わせを作ることが、このゲームの目的である。

　麻雀は今もアメリカでは人気の高いゲームで、とりわけ、映画『ドライビングMissデイジー』（1989年）や『コクーン』（1985年）でも描かれているように、中高年の女性に好まれている。また、麻雀がユダヤ系の女性の遊びと見なされることもある。麻雀がユダヤ系の社会に広まったのは、おそらく1920年代に、中国系とユダヤ系の移民コミュニティーがすぐ近くのアパートに住んでいて、一緒に麻雀をしていたことが理由ではないかと思われる。

┌─── 豆 知 識 ───┐

1. 香港の医師たちが最近実施した研究によると、麻雀で勝負が白熱してくると —— 卓を囲んでいる者だけでなく周りで見ている者にも —— 発作が起こることがあるといい、これを研究者たちは「麻雀てんかん」と命名した。
2. 麻雀をテーマにしたヒットソングが何曲かある。アメリカの喜劇役者エディ・カンターが歌う「ママが麻雀をしているので（Since Ma Is Playing Mah Jong）」（1923年）もそのひとつだ。
3. 麻雀は、アメリカのボードゲーム会社ミルトン・ブラッドリーを倒産から救ったといわれている。同社は、麻雀牌の需要に応えるため工場を24時間フル稼働させ、それによって経営が持ち直した。

15 人物 ｜ パブロ・ピカソ

　芸術家パブロ・ピカソ（1881〜1973）が亡くなった翌日、新聞『ニューヨーク・タイムズ』は、こう断言した。「パブロ・ピカソは、今世紀の最初の4分の3における視覚芸術において、間違いなく最も独創的で、最も多才で、最も力に満ちた人物であり続けている」

◆

　それから40年以上たった今日も、この評価は変わらない。スペインに生まれたピカソは、絵画が最も有名だが、それだけでなく、デッサン、リトグラフ、エッチング、彫像、陶芸品、モザイク画、壁画も制作している。

　19世紀の偉大な芸術家の大半とは異なり、ピカソは特定の芸術運動やジャンルにとどまることはなかった。むしろ、常に自力で新たなスタイルを生み出し、探り、発展させ続けていた。彼の最も重要な業績のひとつは、美と醜の違いを曖昧にした（あるいは、ときには、その違いを破壊した）ことだった。

　彼は、ジョルジュ・ブラック（1882〜1963）とともに、1907年ごろにキュビスム（立体派）を創始したひとりと考えられている。キュビスムとは、対象を複数の視点から描いて、伝統的な透視図法では表されない情報も表現する芸術運動で、それによってルネサンス以来の伝統を打ち破った。

　ピカソにとってキュビスムへの転換点となったと考えられた最初の主要な作品が『アヴィニョンの娘たち』（1907年）であり、この作品では、美、解剖学的構造、透視図法といった伝統的な概念が破壊されている。

　その後も作品にさまざまな様式を取り入れていくが、そのひとつシュルレアリスムに少なくとも部分的に触発されて描かれたのが、最大の傑作『ゲルニカ』（1937年）だ。349センチ×777センチのキャンバスに描かれた油彩画である『ゲルニカ』は、抽象的な形態の人物たちが苦しむ様子を表現している。この作品は、スペイン内戦中にナチ・ドイツ空軍が実施したスペインの都市ゲルニカへの空爆に対してピカソが制作したものである。

　ピカソは80歳を過ぎてもなおパワフルで多くの作品を生み出していた。彼が制作した絵画は、一説によると6000点以上あり、その大半を死ぬまで手元に置いていたという。88歳だった1969年だけでも、絵画を165点、デッサンを45点、制作している。

　彼は91歳で亡くなった。

豆 知 識

1. ピカソは、生涯に妻、愛人、モデルなど数々の女性と浮名を流した。結婚は2度行ない、異なる3人の女性とのあいだに子供を4人もうけた。
2. ピカソは、自分はスペイン人だという強い自覚を持っていた（だからこそ、スペイン内戦に対する反応として不朽の名作を描いた）が、1904年以降人生のほぼすべてをフランスで過ごした。第二次世界大戦中ナチに占領されていた時期でさえ、彼はフランスにとどまった。
3. 子供のころピカソはスペインで父に連れられて闘牛を見物に行っており、後に闘牛は、彼の作品にたびたび登場する重要なテーマのひとつになった。

16 文学 | ウィリアム・バトラー・イェーツ

詩人ウィリアム・バトラー・イェーツ（1865〜1939）は、アイルランド人の文化意識で大きな位置を占めている —— その存在は、同じアイルランド人であるジェームズ・ジョイス（1882〜1941）やオスカー・ワイルド（1854〜1900）よりも大きいと言っていいだろう。19世紀後半に起こったケルト復興運動の中心人物であるイェーツは、アイルランド文学を代表する人物となっただけでなく、政治や民族主義にも影響を及ぼす人物になった。彼は作品の中で、今もアイルランド政治を複雑なものにし続けているカトリック対プロテスタントの対立から逃れる手段として、アイルランドの最も古いルーツ —— 神話や民間伝承 —— に戻るべきだと主張した。

◆

ダブリン生まれのイェーツは、芸術家一家で育った —— 父は画家で、弟も画家になった。イェーツ自身も絵画に手を出したものの、詩人の道を進むことになり、30代ですでに数多くの詩を書いていた。詩人ウィリアム・ブレイク（1757〜1827）の作品と、当時盛んになり始めていたアイルランド文芸復興運動の影響を受け、彼は神秘主義にアイルランド固有の文化的インスピレーションの源泉を混ぜ合わせた世界観を育んでいった。

イェーツの主題は種々様々で、「湖の島イニスフリー」（1890年）での牧歌的自然から、「あなたが年老いるとき」（1892年）での時間と無常や、「第二のトロイアはない」（1910年）での報われない愛まで、多岐にわたる。

アイルランド政治についての詩も書いており、例えば有名な「1916年イースター」は、アイルランドの民族主義者たちがアイルランド独立を求めて武装蜂起したがイギリス政府に鎮圧・処刑された1916年のイースター蜂起を歌ったものだ。イェーツは、原則として非常に伝統的な詩形を用いながらも、そこに現代的な感覚を持ち込んでおり、その傾向は詩人としてのキャリアを積むにつれて強くなっている。

イェーツの詩は、年を重ねるにつれてますます豊かになっていき、傑作の多くは60代から70代にかけて生み出された。イェーツの作品でおそらく最も知られている黙示録的な詩「再臨」（1920年）は、目がくらむような最後の審判の日のイメージを使って、イェーツ独特の円環的歴史観を明らかにしている。また、同じく晩年の傑作「ビザンティウムへの船出」（1928年）では、イェーツの老いと芸術への思いが絡み合って、一編のすばらしい詩に作り上げられている。

豆 知 識

1. イェーツは、生涯のかなりの期間、アイルランドの民族主義者で女優のモード・ゴン（1866〜1953）を激しく愛していた。求愛して断られたものの、その後もイェーツは、別の女性と結婚した後でさえ、彼女を慕い続けた。
2. イェーツは1923年にノーベル文学賞を受賞したが、その後も数多くの詩 —— しかも、傑作と言っていい優れた詩 —— を書き続けた。
3. イェーツは、アイルランドのスライゴー郡ドラムクリフに埋葬されており、その墓石には、彼の手になる次の墓碑銘が刻まれている。「冷たい目を向けよ／生にも、死にも。／去れ、馬上の人よ！」

17 音楽 | アルノルト・シェーンベルク

　芸術家には若いころに最も著名な業績を残す者もいるが、オーストリアの作曲家アルノルト・シェーンベルク（1874〜1951）は、最も有名な作品を後半生に生み出した。数十曲のオーケストラ作品を通して、シェーンベルクは無調という概念の普及に貢献した。無調とは、クラシック音楽で従来の和声を排して不協和音を組み合わせるという革命的なスタイルで、20世紀の音楽家たちに多大な影響を及ぼすことになった。

◆

アルノルト・シェーンベルク

　ウィーンに生まれたシェーンベルクは、10代のころ独学で音楽を学び、1890年代から作曲を開始した。初期の作品は大半が伝統的な形式にのっとっていたが、第一次世界大戦の直前の時期から、根本的に新しい音楽ジャンルを創造し始めた。その目的は、彼の有名な言葉を借りれば、「過去の美学のあらゆる束縛」を超越することにあった。

　シェーンベルクの革新的手法で最も有名なのが、無調の活用だ。従来のクラシック音楽では、不協和音は中途半端で不安定な音とされ、協和音でバランスを取らなくてはならないと考えられていた。シェーンベルクは、協和音と不協和音の違いを取り払った。彼はこれを「不協和の解放」と呼んだ —— おそらくこれが、無調の最も分かりやすい定義だろう。無調を活用することで、彼の作品には不安定で落ち着かない印象が生まれているものが多い。

　シェーンベルクはユダヤ人で、1920年代に音楽を教えるためドイツに移ったが、1933年にナチが政権を握ると亡命を余儀なくされた。彼はアメリカへ移るとカリフォルニア大学で教鞭を執るかたわら、死ぬまで作曲を続けた。

［ 豆 知 識 ］

1. シェーンベルクは非常に迷信深く、特に数字の13を非常に恐れていた。これを心理学では13恐怖症という。
2. シェーンベルクは、作曲活動のほか、長年絵も描いていた。彼は自らを、パウル・クレー（1879〜1940）やヴァシリー・カンディンスキー（1866〜1944）と同じドイツ表現主義の画家と見なしていた。
3. 伝統的な音楽界から拒絶されたシェーンベルクは、1918年に「私的演奏協会」を設立した。これは、非公開の演奏会を実施する団体で、会員である聴衆は演奏の批評を書くことを禁じられていた。

18 映画 ｜ チャーリー・チャップリン

　伝説の名優チャーリー・チャップリンが演じた最も有名なキャラクター「放浪者」は、サイレント時代のハリウッドを象徴する最もインパクトの強いシンボルだ。1910年代から1920年代にかけて、チャップリン扮する放浪者は地球上で最も広く知られたイメージだと言われ、ユーモラスな人物として、映画が普及している国なら世界中のどこでも観客たちから愛されていた。

◆

　チャップリン（1889～1977）はロンドンで生まれ、イギリスの演劇界で子役として活躍した。2度目のアメリカ巡業後、そのままアメリカに残り、1913年からサイレント映画の俳優としてキャリアを歩み始めた。その2年後には国際的スターになった。彼が放浪者の姿で初めてスクリーンに登場したのは、映画出演2作目の『ヴェニスの子供自動車競走』（1914年）だ。チョビひげに、山高帽をかぶり、だぶだぶのズボンと、ぶかぶかの靴を履き、ステッキを振り回しながら、がに股で歩く。チャップリンは、ドタバタ喜劇と、情感たっぷりの仕草や身振りが非常に得意で、そのため言葉の壁に阻まれることなく世界的なスターになった。

　1914年からは自ら監督も務め、やがて自分の作品については、主演・監督・製作・脚本・作曲・編集と、ほぼすべての仕事を一手に引き受けるようになった。1920年代には、特に人気の高い2作品『キッド』（1921年）と『黄金狂時代』（1925年）を監督している。

　1930年代には作品数が激減し、たった2本の映画しか完成させていないが、どちらも名作だ。『街の灯』（1931年）は、チャップリンの最高傑作との呼び声の高い作品で、公開はトーキー（発声映画）が登場して3年後だが、チャップリンはサイレント映画の方がトーキーよりも表現形式として純粋だとの信念にこだわった（ただし『街の灯』は、音楽と効果音が入っているので、厳密にはサイレント映画ではない）。本作品は、ドタバタ喜劇とペーソスと社会風刺を織り交ぜたもので、感動的なエンディングで幕を閉じる。『モダン・タイムス』（1936年）もチャップリンの代表作で、工業化時代に人々は機械とどう向き合うのかという問題のほか、撮影当時深刻になっていた失業・貧困・飢えの問題が取り上げられている。

　『独裁者』（1940年）は、ドイツの独裁者アドルフ・ヒトラー（1889～1945）の台頭を風刺した映画で、放浪者が登場した最後の作品であり、チャップリンがセリフをしゃべった最初の作品である。チャップリンは、年を重ねるにつれて作品も少なくなり、1940年以降に監督した映画は5本しかない。1952年、ヨーロッパ旅行から戻ろうとしたところ、アメリカ政府から「好ましからざる外国人」であるとの理由で入国を拒否された。長年アメリカ政府は、チャップリンには共産主義的傾向があるのではないかと疑っていた。またチャップリン自身、何度か若い女性とのスキャンダルで注目を浴びていた。以後、彼はスイスに居を定め、88歳で亡くなった。

豆 知 識

1. チャップリンは、1975年、イギリス女王エリザベス2世（1926～）によりナイトに叙された。
2. 最後となる4人目の妻ウーナは、結婚当時18歳で、チャップリンは54歳だった。ウーナは、アメリカの劇作家ユージン・オニール（1888～1953）の娘だったが、チャップリンとの結婚後、父と娘が会話することはなかった。
3. 1972年、チャップリンは20年に及ぶ追放の後アメリカに戻り、アカデミー名誉賞を受賞した。

19 思想と社会 | シオニズム

　1894年、ハンガリー系ユダヤ人青年テオドール・ヘルツル（1860〜1904）は、パリでジャーナリストとして働いていたとき、ショッキングな光景を目にした。フランス軍の砲兵将校でユダヤ人のアルフレッド・ドレフュス大尉（1859〜1935）が、無実であるにもかかわらず反逆罪で有罪を宣告され、パリでは群衆が集まって口々に「ユダヤ人に死を」と叫んでいたのである。

◆

　このときに受けた衝撃から、ヘルツルは近代シオニズム運動を創始することになった。シオニズム運動とは、ユダヤ人には自分たちの祖国が必要であり、しかも早急に手に入れなくてはならないと考え、その実現を目指す運動のことである。

　いわゆるドレフュス事件は、19世紀のヨーロッパでユダヤ人が直面していた厳しい反ユダヤ主義の根深さを如実に示すものだった。ドレフュスは最終的に冤罪を晴らされ、フランス大統領による恩赦を受けたが、そうなるまで南アメリカにある島の刑務所で4年間を過ごさなくてはならなかった。

　ユダヤ人国家樹立という考えは決して新しいものではなかった —— 紀元70年にローマ帝国に国を滅ぼされて以来、ユダヤ人はエルサレムに帰還することを心から願っていた —— が、世界中に散らばるユダヤ人をひとつの旗印の下に結集させる組織的活動を開始したのは、ヘルツルが最初だった。

　協力者であるナータン・ビルンバウム（1864〜1937）とともに、ヘルツルはただちに1897年スイスのバーゼルで第1回シオニスト会議を開催した。3日間の会議で各国代表は、バーゼル綱領を採択して「国際法の下、パレスチナの地にユダヤ人のための故国を設立する」ことに合意し、世界シオニスト機構（WZO）を設立した。その後も世界シオニスト会議は、第二次世界大戦の勃発で中断するまで、毎年または2年に1度のペースで開催された。一方WZOは、バーゼル綱領の採択直後から、その中で示された目標を実現させるべく、当時オスマン帝国の属領でエルサレムを含んでいたパレスチナへの小規模移民を奨励した。

　シオニズム運動が組織・推進される上で大きな要因となったのは反ユダヤ主義だったが、同時にユダヤ人たちは、独立した民族として自治を獲得するためにも故郷へ帰ろうとした。ヘルツルやビルンバウムなど多くの人々の尽力により、近代世界で初のユダヤ人国家が1948年5月14日に建国され —— この日イスラエルが独立を宣言した —— ユダヤ人はついに自治のチャンスを手にしたのだった。

豆知識

1. 「シオニズム」という言葉を作ったのはビルンバウムだ。自ら発行していた定期刊行物『自己解放』で1890年に使ったのが最初である。
2. ヘルツルは1896年の著書『ユダヤ人国家』で、ユダヤ人の祖国候補として2か所を提案している。ひとつは「忘れられない歴史的故郷」であるパレスチナで、もうひとつは「世界で最も肥沃な地のひとつ」アルゼンチンだった。
3. ヘルツルは、「あなたが望めば、もはやおとぎ話ではなくなる」というフレーズを生み出した。これは、シオニズム運動の合い言葉になった。

20 スポーツ｜ジム・ソープ

　20世紀の大半を通じ、ジム・ソープ（1888〜1953）こそアメリカ史上最高のアスリートだと考えられていた。華々しい現役生活を送ったソープは、究極のスポーツ万能選手だった。何しろ、大学時代は11の異なるスポーツで優秀選手に選ばれ、野球とアメリカンフットボールのプロ選手として活躍し、オリンピックに出場して陸上競技で金メダルを獲得したのだから。

◆

　ソープは、オクラホマ州プラーグ近郊にあった1部屋だけの小屋で、ネイティヴ・アメリカンの家に生まれた。その優れた運動能力が最初に注目されたのは1907年。ペンシルヴェニア州のカーライル・インディアン工業学校で、走り高跳びで175センチを跳んで陸上部の面々を驚かせた —— しかも彼は陸上部員ではなく、跳んだときは重い仕事着を着たままだった。

　その後、カーライル校のアメリカンフットボール・チームでハーフバック【訳注／ランやパス・キャッチでボールを前進させるオフェンス選手。ほぼ現代のランニングバックに相当する】としてプレーし、1911年と1912年にはポジション別全米最優秀選手に選ばれた。さらに1912年には、スウェーデンで開かれたストックホルム・オリンピックで国際的なセンセーションを巻き起こした。オリンピックで最も過酷な2競技である五種競技と十種競技で金メダルを獲得し、しかも十種競技は世界記録を破って優勝したのである。

　オリンピックでの大活躍から帰国するとソープは大歓迎され、ニューヨークのブロードウェイで紙吹雪の舞う中をパレードしたが、この祝福は長くは続かなかった。1913年、国際オリンピック委員会は、ソープが1909年と1910年の2シーズンに野球のマイナーリーグでプレーしたのがアマチュア規定違反だとして、メダルを剝奪し記録を抹消した。

　その後ソープは、野球のメジャーリーグで通算6シーズン（1913〜1915年、および1917〜1919年）を主にニューヨーク・ジャイアンツでプレーし、12シーズン（1915〜1928年）をプロフットボール選手として6つのチームでプレーした。1920年には、アメリカン・プロフェッショナル・フットボール・アソシエーションの設立に尽力した。ちなみに、これが発展して現在のプロ・リーグであるナショナル・フットボール・リーグ（NFL）になった。

　後半生のソープは、アルコール依存症に苦しみ、主に単純な肉体労働で生計を立てていたが、64歳のとき、カリフォルニア州で自宅としていたトレーラーハウスの中で心臓発作を起こして亡くなった。その後、数年に及ぶロビー活動の末、ソープのオリンピック・メダルと記録は1982年に回復された。

> 豆知識
>
> 1. 1950年にAP通信が実施したアンケートで、ソープは20世紀前半で最高の男性アスリートと最高のフットボール選手に選ばれた。1999年には、AP通信はソープを20世紀のアメリカ第3位のアスリートに選んだ。
> 2. ソープの金メダルは、そもそも剝奪されるべきではなかった。当時のオリンピック規則では、参加選手の出場資格についての異議申し立ては賞の授与から30日以内に行なわなければならないと定められていたからだ。全米体育協会が異議を唱えたのは、1912年のオリンピックが終わって6か月後のことだった。
> 3. ペンシルヴェニア州にある町モーク・チャンクは、1953年にソープの遺体と、彼の名前を使う権利を購入した。現在この町の名は、ジム・ソープという。
> 4. 1912年のオリンピック、五種競技のメダル授与式で、スウェーデン国王グスタフ5世（1858〜1950）はソープに「あなたは世界で最も偉大な運動選手ですね」と言った。それに対してソープは、「ありがとう、王さま」と答えたと伝えられている。

21 大衆文化 ｜ 『ちびっこギャング』

アメリカの映画監督ハル・ローチ（1892〜1992）が生み出した子供向け短編シリーズ『ちびっこギャング』（原題 Our Gang）は、1922年に初登場し、その後、数十年にわたって映画館やテレビで人々を楽しませました。主人公は近所の悪ガキ連中で、スパンキー、アルファルファ、バックウィートなど強烈な印象を残す面々の引き起こす騒動が、どのエピソードでも描かれる。後に原題を Little Rascals と改め、1955年からは媒体をテレビに移して続けられた。

◆

ローチによると、『ちびっこギャング』のアイディアを思いついたのは、1922年、別の映画製作のため子役の女の子のオーディションをした後のことだったという。その子役は、化粧をして小柄な大人の女性を精一杯演じようとしていたが、ローチには退屈でしかなかった。しかし、オーディションが終わってオフィスの窓から外を見たとき、ある光景に目を奪われた。そこでは、子供たちが遊び場で口げんかしていたのである。

彼は、子役たちに本物の子供らしく演じさせる映画シリーズを製作しようと考え、1922年に短編映画『ちびっこギャング』の第1弾を公開した。当時の映画館では長編映画の上映前に「短い」映画が流されており、そうした短編映画として『ちびっこギャング』は大ヒットした。ローチは続編を1938年まで撮り続け、その間にいくつか変更が加えられた。当初はサイレントだったが1929年にトーキーとなり、1936年には『ちびっこギャング』で最初（にして唯一）の長編映画『スパンキー将軍』が封切られた。ローチは1938年にこのプロジェクトから離れたが、映画会社MGMは、その後も1944年まで『ちびっこギャング』の新作を作り続けた。

ローチが採用した新たな工夫のうちとりわけ重大だったのは、出演者として白人と黒人の両方を起用したことだった。今日では、特に黒人の登場人物を描くのに使われる固定的なイメージは、その多くが人種差別的と見なされているが、当時としては、黒人をレギュラー出演させただけでローチは十分に革新的だった。

豆知識

1. 『素晴らしき哉、人生！』（1946年）や『スミス都へ行く』（1939年）で知られる監督フランク・キャプラ（1897〜1991）は、初期の『ちびっこギャング』で脚本を担当していた。
2. これは有名な話だが、喜劇俳優エディ・マーフィー（1961〜）は、アメリカのバラエティ番組『サタデー・ナイト・ライブ』で『ちびっこギャング』の登場人物バックウィートのパロディーを演じた。
3. ローチは、お笑いコンビのスタン・ローレル（1890〜1965）とオリヴァー・ハーディ（1892〜1957）が出演する傑作映画のプロデューサーでもあった。

22 人物 ｜ モハンダス・ガンディー

　政治活動家モハンダス・ガンディー（1869～1948）は、インド独立の父と見なされており、第二次世界大戦後にイギリスによる植民地支配からインドを解放するのに非暴力・不服従という戦略を用いたことから、自由と道徳性を象徴する世界的人物になった。質素な腰布と安い眼鏡に竹の杖という出で立ちによって、彼は国境を超えたシンボルとなり、世界中のさまざまな時代の人権活動家に影響を与えた。

◆

モハンダス・ガンディー

　弁護士だったガンディーは、南アフリカで差別と戦いながら自らの哲学を磨くと、1915年にインドに帰国した。当時インドは、18世紀以来イギリスによって支配されていた。彼は帰国後ただちにインドの自治権獲得を目指して活動を開始し、独立に向けた取り組みを、上流階級による闘争から、すべての階級・宗教・民族を統合してイギリス支配に反対する大衆運動へと急速に変容させた。1918年から1922年まで、一連の非暴力的なストライキを指導して、インド人にイギリスの諸制度をボイコットするよう訴えた。この市民的不服従により大勢（ガンディーの支持者約3万人）が逮捕されたが、同時に、流血の暴動を引き起こすという意図しなかった結果も招いてしまった。ガンディー自身も投獄されて、22か月を獄中で過ごした。

　1930年、ガンディーは最も重要な市民的不服従運動を実施した。当時は法律により、インド人が自ら塩を作ることは禁じられていたので、この法律に抗議するため支持者78名を引き連れて300キロ以上離れた海までの大行進、いわゆる「塩の行進」を開始し、この法律が廃止されるまで塩を作り続けようとしたのである。この行進に国中のインド人が参加し、たちまちガンディーら数万の非暴力活動家たちが投獄された。

　第二次世界大戦でイギリスが弱体化していた1942年、ガンディーは、イギリスにインドの即時独立を認めるよう求める「クイット・インディア」運動に賛同した。この運動により大規模なデモと暴力行為が発生し、1000人弱のインド人が犠牲になった。ガンディーもすぐに再び逮捕されたが、1945年までにイギリス政府は、インドに自由を与えるための交渉を開始した。

　1947年は、ガンディーにとって大勝利と大敗北が同時に訪れた年となった。イギリスはインドの独立を認めたものの、同時に、イスラム国家パキスタンを分離独立させたのである。常々ガンディーは他の民族や宗教に対する寛容を説いており、分離独立には反対だった。分離独立後に地域内で宗教対立が激しくなる中、翌年にガンディーは、狂信的なヒンドゥー教徒により、78歳で暗殺された。

｜ 豆 知 識 ｜

1. ガンディーの非暴力・不服従の教えに影響を受けた人権活動家には、アメリカのマーティン・ルーサー・キング・ジュニア（1929～1968）、南アフリカのネルソン・マンデラ（1918～2013）、ポーランドのレフ・ワレサ（1943～）などがいる。
2. ガンディーは、インドでは「偉大な魂」を意味する「マハートマー」や、「父親」を意味する「バープー」という呼び名で知られている。
3. ガンディーには風変わりなところもあった。月曜日には言葉を話さず、普段から自らに厳しい食事制限を課し、入浴するときは石けんの代わりに灰を用い、36歳で性行為を断った。

23 文学 ｜ E・M・フォースター

イギリスの小説家・批評家のE・M・フォースター（1879〜1970）は、20世紀文学において、いささか変わった位置を占めている。その凝りに凝って練り上げられた作品は、ヴィクトリア女王時代と現代とにまたがっており、表向きは伝統的で古風に見えるが、ページの中では驚くほど現代的な考えを表現している。特にフォースターの小説は、人と人との交流という考えと、そうした交流が起こるのを妨げる多種多様な ―― 社会的・文化的・その他もろもろの ―― 障壁を探求している。

◆

E・M・フォースター

若いころからフォースターは、物事の核心を見抜く天性の観察眼を発揮していた。その才能を創作活動で発揮する方法をケンブリッジ大学時代に見つけ、卒業後に地中海地方を広く旅行して、専業の作家になった。初めて注目された小説『眺めのいい部屋』（1908年）は、イタリア旅行中のイギリス人女性を主人公とした、意外なほど単純な恋愛物語である。

次の作品『ハワーズ・エンド』（1910年）は、イギリスの郊外にある邸宅と３家族の物語で、やはり表向きは伝統的な風俗小説を装っている。しかし、本作に込められた、人間として交流することの大切さ ―― および、そうした交流を阻むイギリス階級制度の愚かしさ ―― についてのメッセージは、今日の目から見ても驚くほど新鮮で力強い言葉で読者に迫ってくる。

フォースターの小説は、後年になるほど暗く複雑になっていく。その頂点に位置するのが、彼の最高傑作で最後の小説である『インドへの道』（1924年）だ。イギリスによるインドの植民地支配が揺らぎ始めていた時代を背景にした本作は、文化の垣根を越えた真の友情と相互理解が生まれる可能性について悲観的な ―― あるいは、よく言っても不透明な ―― 印象を与えて終わっている。

本作出版以降、45歳のフォースターは小説の執筆をやめ、文学批評に専念するようになった。作家人生の最後には見解がやや楽観的でなくなったとはいえ、フォースターは、当時では驚くほどリベラルで人道主義的な意見を述べた人物として記憶されている。その作品には、たとえ実現は難しくとも人間の相互理解が持つ力に寄せる信頼と、人類のつながりに対する神秘主義的と言っていいような考え方が表れている。

豆 知 識

1. 生前に議論となることはほとんどなかったが、フォースターは同性愛者だった。同性愛をテーマにした小説『モーリス』も書いているが、生前に発表することはなく、没後の1971年に出版された。

2. イギリス人作家ゼイディー・スミス（1975〜）のベストセラー小説『美について』（2005年）は、『ハワーズ・エンド』の舞台を現代のボストン郊外に移して大胆に焼き直したものだ。

3. 作家として歩み始めたころ、フォースターは、ブルームズベリー・グループという文学者集団に緩やかな形で参加していた。これは、小説家ヴァージニア・ウルフらが中心となって活動していた文学サークルで、非公式な組織ながら大きな影響力を持っていた。

24 音楽 │ 『春の祭典』

　ロシアの作曲家イーゴリ・ストラヴィンスキー（1882〜1971）が『春の祭典』の構想を最初に思いついたのは、別のバレエ作品『火の鳥』に取り組んでいた1910年のことだ。『火の鳥』の作曲中、ストラヴィンスキーの脳裏に一瞬、若い娘が春の神への犠牲として死ぬまで踊らされる異教の儀式の場面が浮かんだ。

◆

　このイメージを基にストラヴィンスキーが2年後に完成させたバレエ作品は、現代音楽の発展を語る上で欠かせない楽曲と考えられており、英語圏ではフランス語の原題『ル・サクル・デュ・プランタン』（Le sacre du printemps）で呼ばれることも多い。この画期的作品は、「大地の礼賛」と「生贄の儀式」の2部構成になっている。

　今日ではバレエの上演で暴動が起こるとは想像することさえ難しいが、『春の祭典』の初演が1913年5月29日にパリのシャンゼリゼ劇場で行なわれたときは、フランス警察も手を焼くほどの混乱が起こった。ロシアの名ダンサー、ヴァーツラフ・ニジンスキー（1890〜1950）の振り付けで上演されたストラヴィンスキーの傑作は、伝統的な規範を、ほぼあらゆる点で大きく逸脱していたからだ。

　曲の冒頭は、ファゴットによる、誰もが不可能と思えるほどの高音域での独奏で始まり、やがて、聴衆の耳にはでたらめな不協和音の連続としか聞こえないものへと移っていく。ニジンスキーの振り付けも、批評家をなだめる役には立たなかった。ダンサーたちは、足指の付け根で立って優雅で上品な動きをするのではなく、腰を官能的に振ってパリの観客たちに衝撃を与えた。

　ほぼあらゆる点で『春の祭典』は、西洋音楽にモダニズムが到来したことを大胆かつドラマチックに告げる作品だった。このバレエ曲は、20世紀で最も重要なオーケストラ作品のひとつと考えられている。

　また、アニメ製作者のウォルト・ディズニー（1901〜1966）が、1940年の名作アニメ映画『ファンタジア』のサウンドトラックに、ルートヴィヒ・ヴァン・ベートーヴェン（1770〜1827）やヨハン・セバスティアン・バッハ（1685〜1750）の作品とともに、『春の祭典』の一部を使ったことで、広く一般にも知られるようになった。

┌─────────┐
│ 豆 知 識 │
└─────────┘

1. 『春の祭典』初演に対する評価は、上演会場にいたフランスの一流作曲家たちのあいだでも分かれていた。モーリス・ラヴェル（1875〜1937）は、観客席から「天才だ！　天才だ！」と叫んだと言われているが、カミーユ・サン＝サーンス（1835〜1921）は、曲が始まると数分で会場から足早に立ち去った。
2. ストラヴィンスキーは、ニジンスキーの踊りを高く評価していたが、振付師として一緒に働いてみると、音楽について（少なくともストラヴィンスキーに言わせると）「何も」分かっていないので、大いに苦労した。
3. 作曲家人生の中でストラヴィンスキーは、他の偉大な芸術家たちとたびたび共同で作品を作っている。例えば、イギリスの詩人・劇作家W・H・オーデン（1907〜1973）には、1951年のオペラ『放蕩児の遍歴』の台本を書いてもらっているし、フランスの作家ジャン・コクトー（1889〜1963）には別のオペラの台本を執筆してもらった。
4. ストラヴィンスキーが与えた衝撃はクラシック音楽だけにとどまらなかった。ロック・ミュージシャンのフランク・ザッパ（1940〜1993）は、ストラヴィンスキーから大きな影響を受けたと語っている。

25 映画 | ダグラス・フェアバンクスと メアリー・ピックフォード

　ダグラス・フェアバンクス・シニアとメアリー・ピックフォードは、1920年代に世界中で最も人気を博したサイレント映画の二大スターだった。ピックフォードは、無邪気な少女役や涙もろいヒロイン役で愛され、フェアバンクスは、軽喜劇で役者の道に入った後、サイレント時代の冒険活劇映画でトップスターになった。

◆

　今日では、ふたりが出演した映画よりも、ふたりの社会的イメージの方がはるかによく知られている。彼らは最初の「ハリウッドのスター一家」だった。ふたりは3年間の交際を経て1920年に結婚した。これは、「アメリカの恋人」と呼ばれて愛された女優と、ハンサムでスポーツマン・タイプのドル箱スターの結婚として、大いに世間をにぎわせた。

　カナダ生まれのピックフォード（1892～1979）は、夫より9歳年下だったが、映画デビューは夫より早い1909年だった。流行仕掛け人である映画監督D・W・グリフィス（1875～1948）の作品に、1909年から1912年のあいだに75本以上出演した。この時期、彼女はファッション・リーダーとなり、長いブロンドの縦ロールは人気の髪形になった。人気が高まるにつれ、この「金髪の少女」は出演料の増額を積極的に求め、より高い報酬を出してくれる映画会社へ首尾よく次々と移った。無邪気な少女を演じた作品に、『かわいそうなお金持ちの女の子』（The Poor Little Rich Girl）（1917年）や、『青春の夢』（1920年）などがある。

　フェアバンクス（1883～1939）は、1915年に映画デビューしたが、当初は素朴な中産階級の主人公を演じていた。1920年からは、時代物の冒険活劇でもっと男らしい役を演じるようになり、『奇傑ゾロ』（1920年）、『三銃士』（1921年）、『ロビン・フッド』（1922年）、『バグダッドの盗賊』（1924年）などに出演した。

　フェアバンクスとピックフォードは、結婚する前年、チャーリー・チャップリン（1889～1977）やグリフィスと共同で映画配給会社ユナイテッド・アーティスツを設立し、これによって4人は、それまで俳優や監督たちが手にしたことのなかった一定の独立性を獲得した。ピックフォードは1956年まで同社の共同経営者を務めた。サイレント映画のスターには、トーキーへの移行にうまく対応できなかった者がいて、ピックフォードもそうしたひとりだった。彼女は、自身初の全編トーキー映画『コケット』（1929年）でアカデミー主演女優賞を獲得するが、その後は映画に4本出演しただけで、1933年に引退した。

　フェアバンクスとピックフォードは1933年に別居し、1936年に離婚した。その3年後、フェアバンクスは心臓発作により56歳で亡くなった。ピックフォードは、1976年にアカデミー名誉賞を受賞し、87歳まで長生きした。

豆知識

1. フェアバンクスとピックフォードが共演した映画は『じゃじゃ馬馴らし』（1929年）の1本しかない。ちなみに、この映画はフェアバンクスにとって初のトーキーでもあった。
2. フェアバンクスの本名はダグラス・ウルマンで、ピックフォードの本名はグラディス・スミスである。
3. ハリウッドにあるチャイニーズ・シアターは、庭にスターたちの手形のセメントタイルがあることで有名だが、この手形を初めて公式に残したのは、フェアバンクスとピックフォードのふたりだった。

26 思想と社会 ｜ アナーキズム

20世紀、共産主義とファシズムと民主主義が激しく衝突する中、それとは異なる道を選び、この3つすべてを否定した、小規模だが好戦的な政治運動があった。

◆

アナーキズム —— あらゆる形態の政府に反対する考え。無政府主義 —— は、ピエール゠ジョゼフ・プルードン（1809〜1865）やミハイル・バクーニン（1814〜1876）らヨーロッパの政治理論家たちによって形成された。この運動が最も盛り上がりを見せたのは、ヨーロッパでもアメリカでも、19世紀末から20世紀初頭にかけてのことだった。

支持者たちにとってアナーキズムとは、政府による弾圧と資本主義による搾取の終焉を約束するものだった。アナーキストは、私有財産は廃止されるべきであり、工場の管理は労働者の手に渡すべきだと考えていた。アナーキズムには共産主義との共通点が多いが、プルードンら思想家たちは、国家の役割を何ひとつ想定しなかった。

具体的な行動として、アナーキストは世界規模で暴力活動を開始し、特に、世界各国の政府を最終的に打倒する手段として、権力者の暗殺を重点的に実施した。ロシアでは、皇帝アレクサンドル2世（1818〜1881）がアナーキストにより爆弾で殺された。イタリア王ウンベルト1世（1844〜1900）は銃で暗殺された。アメリカ大統領ウィリアム・マッキンリー（1843〜1901）を暗殺したレオン・チョルゴシュ（1873〜1901）もアナーキストだった。また、現場に居合わせた38名が犠牲になった1920年のウォール街爆破事件も、未解決で真相は不明だが、アナーキストの仕業と考えられている。

アメリカで最も有名なアナーキストはエマ・ゴールドマン（1869〜1940）だが、アナーキストたちは、その思想ゆえ、国家単位でのまとまった指導体制は当然ながら持たなかった。しかし、秘密主義を取っていたため、かえって人々から恐れられた。こうしたアナーキズムへの恐怖から、第一次世界大戦後のアメリカでは、いわゆる「赤狩り」が起こり、ゴールドマンをはじめ、アナーキストや共産主義者と疑われた人々が数多くアメリカから国外へ追放された。

アナーキズムには今も支持者がいるが、暴力行為は、アメリカでは1920年代以降に終息した。

> **豆 知 識**

1. ゴールドマンは、鉄鋼業界の有力者で1892年にストライキを粉砕した実業家ヘンリー・クレイ・フリック（1849〜1919）の暗殺計画に関与していた。
2. ジョゼフ・コンラッド（1857〜1924）が1907年に出した傑作小説『密偵』は、アナーキストによるイギリスのグリニッジ天文台爆破計画をモチーフにしている。
3. 1871年、フランスの首都パリで反乱が起こり、反徒たちは2か月にわたってパリを支配して、パリ・コミューンというアナーキズムに似た政府を樹立した。しかしフランス軍が首都を奪還すると、コミューンの指導者はほとんどが処刑された。

27 スポーツ │ タイ・カッブ

タイ・カッブ（1886～1961）は、野球のフィールド上では史上最も気性が激しく、最も多くの成功を収めた選手のひとりだった。フィールド外でも、同じように気が荒かった。

◆

タイ・カッブ

アグレッシブなプレースタイルで知られたカッブは、多くの人から史上最高のオールラウンド・プレーヤーと見なされている。通算打率（.367）は今も最高記録であり、首位打者12回という記録もいまだに並ぶ者さえいない。またカッブは、シーズンの盗塁記録を何度も塗り替えており、当時はそのたびに、この記録は誰にも破られないだろうと考えられた。1936年には、第１回の野球殿堂表彰で、ベーブ・ルース（1895～1948）よりも多くの得票を得て殿堂入りを果たした。

しかし、ルースがファンからも野球選手からも愛されていたのとは違い、カッブはほぼ誰からも嫌われていた。フィールド上では、激しい気性をほとんど抑えることなくプレーし、走るルートを邪魔する者にはスパイクの歯を向けてスライディングした。フィールド外でも同様に恐れられた —— スタンドに跳び込んで、野次を飛ばす観客と乱闘騒ぎを起こしたこともあった。

カッブは18歳のとき、後に本人が、その痛手から生涯立ち直ることができなかったと語る大事件に見舞われた。カッブの父親が、妻が浮気をしていると思い込み、不意に帰宅して寝室の外にあるバルコニーによじ登ったところ、強盗が外にいると思ったカッブの母に銃で撃ち殺されたのである。カッブの母は過失致死の嫌疑をかけられたが、後に無罪となった。

24年の現役生活でカッブは、4191安打、2246得点、892盗塁の成績を上げ、これらの記録は何十年も破られることはなかった【訳注／成績の具体的数値については、記録の不備により諸説ある】。1909年、デトロイト・タイガースの一員として打率（.377）、本塁打数（９）、打点（107）でリーグトップとなり、三冠王を獲得した。1911年には、打率（.420）、得点（147）、打点（127）など複数のカテゴリーでリーグトップとなり、この年から表彰が始まったアメリカン・リーグのMVP（最優秀選手）に選ばれた。

引退後は、株取引とコカ・コーラ社への投資とで財を成し、裕福なまま亡くなった。しかし野球関係者で彼の葬儀に出席したのはたったの４人だけだった。

豆 知 識

1. 出生地はジョージア州ナローズで、そのためカッブは「ジョージア・ピーチ」のニックネームで呼ばれた。
2. 彼は、デトロイト・タイガース（1905～1926年）とフィラデルフィア・アスレチックス（1927～1928年）でプレーした。また、1921年から1926年まではタイガースで選手兼任監督を務めた。
3. カッブのすばらしい成績の中でも特に注目すべきは、23年連続で打率.320以上をマークしたことだ。
4. カッブは、デトロイト・タイガース時代に３度ワールドシリーズに進出した（1907年、1908年、1909年）が、１度も優勝できなかった。しかも、この偉大なバッターが残したワールドシリーズでの通算打率は、わずか.262だった。

28 大衆文化 ｜ ポール・シッティング

　1924年、曲芸師のアルヴィン・「シップレック」・ケリー（1893～1952）は、カリフォルニア州ハリウッドで旗ざお（ポール）のてっぺんに13時間13分、座り続けた。この芸当でケリーは世界記録を打ち立て ── そもそも、そんなことをやろうとしたのは彼が初めてだった ── これをきっかけにポール・シッティングは思いがけず大流行した。

◆

ポール・シッティング

　ケリーの記録達成がニュースになってアメリカ中へ広まると、多くの人が我も我もと世界記録に挑戦し始め、記録はすぐに12日となり、やがて21日にまで延びた。大衆は、この目新しい見世物に夢中になり、旗ざお王の座に挑戦する人が現れると見物に集まり、新聞はその結果を詳細に報じた。

　例えばケリーが1928年ケンタッキー州ルイヴィルにやってきたとき、地元の新聞『クーリア＝ジャーナル・アンド・タイムズ』は、「曲芸師ケリー、旗ざおの上でご満悦、100時間に挑戦」という大見出しを載せた。

　ポール・シッティングのアイディアは、シリアにいた初期キリスト教の聖人、柱頭行者シメオン（390頃～459）から取られたものだ。伝承によると、シメオンは彼を崇敬して日々集まってくる群衆から逃れるため、狭い柱頭の上に37年間座り続け、柱頭に登ったまま亡くなったと伝えられている。彼に触発されて古代世界では、高い柱の上に座って修行する、柱頭行者と呼ばれる人が続々と現れた。

　現代版の柱頭行者であるケリーの記録は数名の競争相手によって破られたため、1930年、ケリーは旗ざお王の座に返り咲こうと決心し、ニュージャージー州アトランティックシティで挑戦して49日間の記録を達成した。しかしケリーにとっては運悪く、当時のアメリカ人に、そんな記録を楽しむ余裕はなかった。前年の1929年に株価が暴落し、ポール・シッティングはたちまち人気を失っていたのである。

［ 豆 知 識 ］

1. 現在のポール・シッティングの世界記録保持者は、ポーランドのダニエル・バラニュク（1975～）で、彼は2002年にポールの上で196日間を過ごした。
2. ポール・シッティング世界選手権の現行規則では、競技参加者は2時間おきに小休止を取ることが認められている。
3. スペイン出身の映画監督ルイス・ブニュエル（1900～1983）は、柱頭行者シメオンの話をヒントに、1965年の映画『砂漠のシモン』を作った。

29 人物 | ハワード・ヒューズ

　ハワード・ヒューズ（1905〜1976）は、20世紀で最も謎に満ちたミステリアスな人物のひとりだ。製造業の実力者にして、革新的な映画プロデューサー・監督であり、飛行家として記録を打ち立てたかと思えば、飛行機の製造に熱意を燃やし、後にはラスベガスのホテル・カジノ業界の重鎮になった。しかし同時に、たびたび経営に失敗した上、奇行も多く、彼の映画会社・航空会社・ホテル・カジノは数千万ドルを失った。

◆

　ヒューズについて、おそらく最も有名なのは、特に後半生になってから、人目を避けて暮らしたことと、細菌を極度に恐れていたことで、現に晩年には各地のホテルを転々としながら世捨て人のような生活を送っていた。彼の伝記を書いたドナルド・L・バーレット（1936〜）とジェームズ・B・スティール（1943〜）によると、晩年のヒューズは「救いようのない精神病患者」だったという。

　しかし前半生のヒューズは、アメリカ文化界きっての派手で有名な人物だった。

　父親は、岩盤を貫いて油井を掘削する回転ドリルの刃の開発に初めて成功した人物で、この発明によってヒューズ・ツール社には巨万の富がもたらされた。ヒューズは、1924年に事業を受け継ぐと、その利益を使って、以前からの夢だった映画と飛行機を思うがままに追い求め始めた。ハリウッドでヒューズはヒット映画を数本製作し、キャサリン・ヘプバーン（1907〜2003）やエヴァ・ガードナー（1922〜1990）など何人かの大女優と浮名を流した。

　しかし、彼の冒険的な事業のほとんどは大失敗に終わった。そのうち最も大々的な失敗が、「スプルース・グース」（トウヒ製のガチョウ）と揶揄された飛行艇H-4ハーキュリーズの製造だった。エンジンを8基搭載した超大型飛行艇（翼幅97.5メートル）で、アメリカ政府は第二次世界大戦に投入するため、ヒューズと契約を結んで3機の製造を依頼した。しかし、ヒューズが私費を数百万ドル追加投入したものの、製造できたのは1機だけで、しかも飛行したのは戦後の1947年にたった1度、1.5キロほどを飛んだにすぎなかった。

　ヒューズは、晩年にはさまざまなホテルや国を、せわしなく行き来していた。最後のころには、彼と会うことができたのはわずか5人の男だけで、この5人が秘書、相談相手、看護師、および外の世界との連絡係を担っていた。彼は70歳で腎不全により亡くなった。

| 豆 知 識 |

1. ヒューズのヒット映画には、『地獄の天使』（1930年）、『暗黒街の顔役』（1932年）、物議をかもした『ならず者』（1943年）などがある。『地獄の天使』（ヒューズが製作と監督を兼ねた）は、一説によると製作費が400万ドルで、当時史上最も経費のかかった映画だと言われた。興行収入は800万ドルとも言われ、出演した女優ジーン・ハーロウ（1911〜1937）は一躍スターになった。
2. ヒューズは、飛行機の大きな墜落事故に何度も遭っており、1946年の事故では、頭蓋骨を骨折し、胸と左の肺を潰し、ろっ骨を9本折った。
3. 晩年のヒューズはひそかにホテルを転々としていたが、それは自分の姿や精神疾患を人々の目から隠すことだけが目的ではなかった。特定の州に居住地を定めないようにすることで、州所得税を払わずに済ませようとしたのである。

30 文学 | D・H・ロレンス

　イギリスの小説家 D・H・ロレンス（1885～1930）は、作家人生を通じてほぼ常に議論を巻き起こしてきた。没後も数十年のあいだは、作品をめぐる議論の焦点は、ほとんどもっぱら、そのあけすけな性的描写に当てられていた。しかしロレンスの小説は、生前から反感を向けられていたものの、断じてポルノ小説ではない。どの作品も、個人の無意識にある原初的な欲望が社会の規範や制約と真っ向からぶつかったときに生じる葛藤を、時代に先駆けて深く見つめたものだった。

◆

　ロレンスは、ほとんど字の読めない炭鉱労働者と、教養ある女性教師という珍しい組み合わせの夫婦の子として、イギリスのノッティンガムシャー地方に生まれた。少年時代の友人の勧めで、ロレンスは短編小説などを書き始めた。20代後半には最初の長編小説を書き上げ、著名な編集者たちの目を引き、結婚し、ヨーロッパ各国を旅行して執筆業に専念するようになった。

　自伝的小説『息子と恋人』（1913年）は、ロレンス一家を彷彿とさせる家族の、エディプス・コンプレックス的な恋愛と性にまつわるドラマを描き出したものだ。性に関するロレンスの描写のうち特に露骨なものを担当編集者が何か所かおとなしい表現に改めたので、本作は検閲を逃れて、画期的な作品との高い評価を得ることができた。

　しかし、ロレンスが次に出した、もっと大胆な小説『虹』（1915年）は、猥褻だとして多くの司法管区で発禁処分を受けた —— このケースを皮切りに、ロレンスの著作をめぐっては同様の議論が数多く起こることになる。

　同じく好評を博した小説『恋する女たち』（1920年）の出版後、ロレンスは各地を旅しながら、短編小説や旅行記、詩、手紙などを書いた。この旅行中、彼は次第に、人間の原初的な側面 —— 本能、儀式的習慣、夢、活力、意志 —— と、それが社会的な力とのあいだに必然的に引き起こす衝突とに、強い関心を抱くようになった。

　主要な作品としては最後で、しかも最も有名な『チャタレー夫人の恋人』（1928年）は、そうした関心を反映したものだ。この小説は、主人公の女性が愛のない結婚ゆえに異なる社会階級の男性との情事に走るという内容で、人々からポルノ小説だと激しく非難され、そのためアメリカでは、ロレンスの死から30年近く後の1959年まで公式には出版されなかった。

豆 知 識

1. 第一次世界大戦中、ロレンスは平和主義の立場を取ったため、イギリス政府は疑いの目を向け、彼が大戦中に書いたものの一部を発禁にしようとした。
2. ロレンスは、ジークムント・フロイトの理論、とりわけ無意識と抑圧された性欲の研究から、強い影響を受けていた。
3. ロレンスは、子供時代はもちろん大人になってからも、ほぼ一貫して病気がちで、頻発する肺炎に苦しみ、後には肺結核にも侵され、結局これが原因で1930年に命を落とした。

31 音楽 | アーヴィング・バーリン

　アメリカの偉大なソングライターであるアーヴィング・バーリン（1888～1989）は、ロシア（現ベラルーシ）のモギリョフ周辺でユダヤ人一家に生まれ、出生時の名前をイズラエル・イシドル・ベイリンといった。5歳のときにベイリン一家は、この地域で起こったユダヤ系住民に対するポグロム（組織的な迫害・虐殺）から逃れるため、アメリカへ移住した。一家はニューヨークに落ち着いたものの、ほどなくして父親が死亡し、バーリン少年は家計を支えるため仕事を見つけなくてはならなかった。若いころ就いた仕事のひとつが歌うウェイターで、以降、彼は生涯、音楽業界に身を置くことになった。

◆

アーヴィング・バーリン

　バーリンの初期の曲は、そこそこにしかヒットしなかった。転機がやってくるのは1911年、「アレキサンダーズ・ラグタイム・バンド」を出したときだ。初めて発表されるや大ヒットして、ポピュラー・ミュージックのチャート・トップに登りつめ、バーリンにとってはこれが出世作となり、当時のポピュラー音楽業界（通称ティン・パン・アレー）の作曲家や作詞家たちのあいだで、最高のスターという評判を一夜にして打ち立てた（バーリンは、当時のティン・パン・アレーでは珍しい、作詞も作曲も手がける音楽家だった）。それからすぐにバーリンは、ポピュラー音楽だけでなくミュージカル音楽も手がけるようになり、ブロードウェイの傑作である『アニーよ銃を取れ』（1946年）や『ストップ！ ルック！ リッスン！』（Stop! Look! Listen!）（1915年）などのヒット作を送り出した。

　新たなメディアが発明されても、バーリンは常に第一線で活躍し続けた。例えば彼は、トーキー映画での音楽を担当した最初期のソングライターのひとりで、長編としては初の音声付き映画『ジャズ・シンガー』（1927年）では、アル・ジョルソン（1886～1950）が、バーリンの1926年のヒット曲「ブルー・スカイ」を歌っている。バーリン最大のヒット曲は、1942年の映画『スイング・ホテル』でビング・クロスビー（1903～1977）が初めて歌った「ホワイト・クリスマス」だ。バーリンは1920年のインタビューで、「ソングライターは、自分の仕事をビジネスと考えなくてはならない。つまり、成功したいのなら、働いて働いて、とにかく働かなくてはならないんだ」と語っている。働いた甲斐はあった。バーリンの最初の曲「陽気なイタリアのマリー（Marie from Sunny Italy）」は37セントにしかならなかった。しかし「ホワイト・クリスマス」は、史上最も売れたヒット曲になった。

豆知識

1. 2001年9月11日の同時多発テロ事件の数時間後、アメリカ連邦議会の議員が大勢、議事堂前の階段に集まり、バーリン作曲の愛国歌「ゴッド・ブレス・アメリカ」（1938年）を歌った。
2. ユダヤ系でありながらクリスマスの定番曲を作ったのは、何もバーリンひとりだけではない。ユダヤ系の音楽家が作ったクリスマス・ソングには、ジョニー・マークス（1909～1985）の「赤鼻のトナカイ」（1949年）や、ジェイ・リヴィングストン（1915～2001）とレイ・エヴァンズ（1915～2007）による「シルバー・ベルズ」（1951年）などがある。
3. バーリンは、1944年にイギリス首相ウィンストン・チャーチル（1874～1965）と昼食をともにしたことがあった。このときチャーチルは、バーリンを政治哲学者アイザイア・バーリン（1909～1997）と勘違いしていて、彼に、最近の仕事で最も重要だったのは何かと尋ねた。作曲家のバーリンは、これに困って「分かりません。『ホワイト・クリスマス』でしょうか」と答えた。

32 映画 │ 『ジャズ・シンガー』（1927年）

「待ってくれ、お楽しみはこれからだ」
── アル・ジョルソン（ジャック・ロビン役）

◆

　このセリフで俳優アル・ジョルソン（1886〜1950）は、ハリウッドの長編映画で初めて音声と映像を同期させ、トーキー時代の到来を告げると同時に、サイレント映画の終焉が近いことを世に知らせた。同期音声は、それまでも短編映画では使われていたし、同期しないセリフは、フィルムの端の録音帯に記録されていた。しかし、それまでフィクションの長編映画では、俳優のセリフを映像と同期させたことはなかった。

　アラン・クロスランド（1894〜1936）監督の『ジャズ・シンガー』は、1927年10月6日にロサンゼルスで封切られ、たちまちセンセーションを巻き起こした。製作会社は、画期的な音声同期システム「ヴァイタフォン」を開発したワーナー・ブラザースで、本作は同社にとって、この時点で最高の興行収入を上げた大ヒット作となった。このヒットをきっかけに映画製作は一変し、ハリウッドの撮影所は映画の作り方を変えざるをえなくなった。それ以来、各社は天井からマイクをつるした静かな撮影所を建設し、カメラとカメラマンと撮影技師と監督が入る防音室を作り、映画館にはスピーカーとアンプ装置を設置しなくてはならなくなった。

　2年ほどで、ハリウッドで製作される映画は大半がトーキーになった。

　実は『ジャズ・シンガー』は、全編トーキー映画ではない。トーキー部分は、2か所の会話シーンと10曲の歌だけで、このうち6曲をジョルソンが歌っている。彼は主要な歌を、顔を黒く塗って歌っており、そのことが人種差別ではないかとして今も議論を呼んでいる。

　物語のあらすじは、ユダヤ教の先唱者の息子が芸能界に入ることを望み、ユダヤ教に背を向けて、ジャズを歌うというものだ（先唱者とは、ユダヤ教で祈禱の歌唱部分を先導する人物のことで、ジョルソンも先唱者の息子だった。さらに、映画の主人公がジェイキー・ラビノヴィッツという名をジャック・ロビンに改めたように、リトアニア生まれのジョルソンも、エイサ・ヨエルソンという本名を改めていた）。

　本作は、世代間の衝突、文化的同化、宗教的寛容といったテーマを扱っている。原作は、サムソン・ラファエルソンが1921年に書いた短編小説「贖罪の日（The Day of Atonement）」で、ラファエルソンも1925年に自らこの短編をブロードウェイ用の戯曲に翻案していた。

┌─────────────┐
│ **豆 知 識** │
└─────────────┘

1. ジョルソンは、主人公役を演じてほしいと依頼された3人目の俳優だった。ブロードウェイ版でジェイキー・ラビノヴィッツを演じたジョージ・ジェセルと、エディ・カンターは、どちらも映画出演を断った。
2. 長編映画初の「全編トーキー」作品は、『紐育の灯』（1928年）だ。
3. 『ジャズ・シンガー』は、1952年と1980年の2回、ハリウッドでリメイクされた。
4. 1929年、ダリル・F・ザナックが製作部門のトップを務めていたワーナー・ブラザースは、「映画業界に革命をもたらした、傑出した先駆的発声映画『ジャズ・シンガー』を製作した功績により」アカデミー特別賞を授与された。

33 思想と社会 ┃ ヘンリー・フォードとモデルT

　20世紀初頭、実業家ヘンリー・フォード（1863〜1947）は、新たな製造技法を使って、アメリカの中産階級が購入可能な低価格の自動車を生産し、自動車の大衆化を後押しした。彼が導入した、オートメーション化された組み立てラインと、日給5ドルという二大変革は、自動車業界だけでなくアメリカの全産業に革命をもたらし、これによってアメリカでは自動車がたちまち主要な移動手段となった。

◆

　フォードは、1908年10月1日にモデルT（T型フォード）を売り出した。すでに市場にはさまざまな車種が出ていたが、その中でもモデルTは信頼性が抜群に高く、しかも圧倒的に安かった。その後も価格はどんどん下がっていき、当初は850ドルだったが、すぐに260ドルまで下がった。

　フォードが価格を低く抑えることができたのは、自動化された非常に効率的な組み立てラインを工場に導入したからだ。まずモデルTの製造工程を最も単純な要素に分けて、そのひとつひとつを工員に割り振り、工員は、製品がラインに乗って流れてきたら、決められた分担作業だけを行なう。この方法なら、モデルTを1台93分で完成させることができた。

　しかし、260ドルという価格は、当時としてはまだ高額だった（1908年、アメリカの国民ひとり当たりの年収はわずか326ドルだった）。フォードは、自動車への需要を生み出す後押しとして、自社で働く労働者の日給を5ドルに上げた。従業員が潜在的な顧客でもあることを、彼はよく理解していたのである。

　その後の20年間で、フォードはモデルTを1500万台以上販売した。製造は1927年に終了したが、フォードが切り開いた製造手法は、他の自動車メーカーや製造業者にすぐさま取り入れられた。

　彼の築いたフォード・モーター・カンパニーは、今も世界屈指の自動車メーカーのひとつである。

豆知識

1. フォードは、自分は反ユダヤ主義者ではないと言っていたが、彼の所有する新聞『ディアボーン・インディペンデント』は、悪意に満ちた反ユダヤ主義的な書物『シオン長老の議定書』を出版している。またフォード自身も1938年に、ナチ・ドイツが外国人に与える最高の勲章である大十字ドイツ鷲勲章を授けられている。
2. フォード家の面々は今もフォード・モーター・カンパニーの経営に関与している。現在の会長は、ヘンリー・フォードの曾孫にあたるウィリアム・クレイ・フォード・ジュニア（1957〜）だ。
3. ヘンリー・フォードは、自動車製造を始める前はレーシングカーのドライバーをしており、1996年にはアメリカ・モータースポーツの殿堂入りを果たした。

34 スポーツ ｜ ベーブ・ルース

1915年5月6日、ジョージ・ハーマン・「ベーブ」・ルースは、メジャーリーグ入りして最初のホームランを打った。当時はほとんど誰も気づかなかったが、これは後にアメリカ・スポーツ界を変える革命的な出来事だった。

◆

この通算第1号ホームランを打ったとき、ルース（1895〜1948）はボストン・レッドソックスの優れた左投手だった。しかし、ほどなくしてニューヨーク・ヤンキースに移り、左の強打者として、国際的に名の知れた庶民の英雄となり、野球の歴史におそらく最も大きな影響を与えた選手となった。ルース登場以前はボールが飛ばない時代で、ホームランはめったに見られるものではなかった。そのためどのチームも、もっぱらシングル・ヒットとバントと盗塁に頼って得点を目指していた。だから1919年にルースがレッドソックスで29本の本塁打を放ち、ネッド・ウィリアムソン（1857〜1894）が1884年に打ち立てた27本というメジャーリーグ記録を破ると、彼は注目の的となり、独力で野球を新たな時代へ突入させたのである。

しかし、そのシーズンが終わった後、資金難に苦しむレッドソックスのオーナー、ハリー・フレージーは、よく知られているように、このスター選手をニューヨーク・ヤンキースへ12万5000ドルで金銭トレードしてしまう。このトレードは、両チームに長期にわたる影響をもたらした。ヤンキースは、それまでワールドシリーズを制覇したことがなかったが、ルースのおかげで誰もが知る強豪チームに生まれ変わった。

一方のレッドソックスは、その後86年間ワールドシリーズで優勝できなかった。ヤンキースに移って最初のシーズンとなる1920年、ルースはホームランを54本打った（この年ルースに次いで多かったのは、ジョージ・シスラーの19本）。翌年には59本を放ち、しかも打率は.378、打点は171だった。最も活躍めざましかった1927年シーズンには、ヤンキースのいわゆる「殺人打線」の中軸として、60本のホームランを打った。ルースは、現役通算714本の本塁打を放ったほか、打撃部門で数々の記録を残した。また、ヤンキースのリーグ優勝7回とワールドシリーズ制覇4回（1923年、1927年、1928年、1932年）にも貢献した。

しかしルースは、傑出した野球選手だっただけでなく、レジェンドと呼ぶにふさわしい人物でもあった。ホットドッグとビールと女性（順不同）に目がなかったし、フィールド外では虚実取り混ぜた活躍で知られていた。自動車事故、女性関係、病気、映画出演など、野球以外の生活も、ほぼすべてが新聞紙上をにぎわし、スポーツ選手が全国的な有名人と考えられるようになる時代の先駆けとなった。

豆 知 識

1. ルースの「ベーブ」というニックネームは、19歳でマイナーリーグのボルティモア・オリオールズと最初のプロ契約を結んだ1914年につけられたものだ。この年の春季トレーニングでチームメートから、オーナーであるジャック・ダンの「ベーブ（赤ちゃん）」と呼ばれ、それがそのまま定着した。
2. ルースがニューヨークに移籍した1年目の1920年、ヤンキースは観客数が倍増し、1シーズンの入場者数が100万人を超えた初のチームになった。その3年後にヤンキー・スタジアムがオープンしたが、この球場は「ルースが建てた家」と呼ばれている。
3. ルースがプレーした時期は、派手なスポーツ記事が書かれた時代で、彼はさまざまなニックネームをつけられた。中でも有名なのが、「バンビーノ」と「強打の皇帝」だ。

35 大衆文化 | ダンス・マラソン

1928年6月10日、1920年代で最も有名なダンス・マラソン（長時間耐久ダンス大会）がニューヨークのマディソン・スクエア・ガーデン（MSG）で始まった。アメリカの歴史でとりわけおかしな流行が最も盛り上がっていた時期、この有名なアリーナで132組のペアが、優勝賞金5000ドルを目指して踊り始めた。

◆

ダンス・マラソンが熱狂的に流行するきっかけを作ったのは、アルマ・カミングズというアメリカ人女性だ。伝えられるところによると、1923年にカミングズは27時間、休むことなく踊り続けたという。この記録は、ヴェラ・シェパードという事務職の女性がニューヨークのダンスルームで69時間踊って、すぐに破られた（「わずらわしかったのは、男性が腕をずっとわたしの背中に回していたことだけです」と、シェパードは新聞に語っている）。だが、このシェパードの記録もすぐさまクリーブランドの女性に破られた。

同じようなダンス・マラソンがアメリカ各地の大都市で次々と開かれ、やがて興行師たちが、最も長時間踊り続けたペアに賞金を出すようになった。そうした中で注目度がずば抜けて高かったのが、MSGでのダンス・マラソンだった。

ダンス・マラソンは、参加者に大きな肉体的負担を強いた。MSGでの大会が2日目に入ると、新聞『ニューヨーク・タイムズ』は「ダンサーたちは、まるで止まりかけてねじ巻きが必要な機械仕掛けのおもちゃのようだった」と報じた。参加者はダンスのスキルで評価されるのではない——スタミナだけが評価対象だった（ただし、このニューヨークでのダンス・マラソンでは、参加者は定期的に15分の休憩を取ることが認められていた）。

1928年のMSGでのダンス・マラソンは、20日間続いた後、市の保健当局者が、まだ踊り続けていた8組のペアの健康を懸念したため、打ち切られた。

1935年、小説家ホレス・マッコイ（1897～1955）は、大恐慌時代のダンス・マラソンを軸に進む殺人ミステリー小説『彼らは廃馬を撃つ』を出版した。映画監督シドニー・ポラック（1934～2008）は、この小説を原作にして1969年ジェーン・フォンダ（1937～）主演の映画『ひとりぼっちの青春』を撮影した。本作は、アカデミー賞で9部門にノミネートされ、そのうち1部門で受賞を果たした。このポラックの映画は、金はないが情熱だけはふんだんにあるアマチュアが夜通し踊り続けて生活費を工面しようと奮闘した時代があったことを今に伝える不朽の名作である。

豆 知 識

1. 全米ダンス教師協会は、1923年にダンス・マラソン中止を求める署名活動を開始し、その中で、ダンス・マラソンは「健康に有害であり、娯楽としての役に立たず、ダンスという芸術および職業の名誉を汚すもの」だと訴えた。
2. 言い伝えによると、記録に残る最初のダンス・マラソン——会場はモンタナ州ビュートのレンショー・ホール——も、保健当局者により、始まって15時間後に打ち切られたという。
3. メキシコシティは1933年、ダンス・マラソンの開催を提案されたが、「誰の利益にもならない」として、すべてのダンス・マラソンを禁止した。

36 人物 ｜ サルバドール・ダリ

　大きく見開いた目、マンガのようにピンと上を向いた口ひげ、ステッキの膨大なコレクション、突飛な発言など、画家サルバドール・ダリ（1904〜1989）は、彼が実践した最も有名な芸術運動シュルレアリスムを自ら体現する人物だった。斬新な作品もさることながらショーマンシップと商売上手でも知られたダリは、エキセントリックな天才というイメージを作り上げた。

◆

　シュルレアリスムとは、幻想的な視覚イメージと無意識の探究を特徴として、1920年代にヨーロッパの芸術界に登場した一大運動である。ダリが初めて国際的に大きく名を知られるようになったのは1928年で、この年にはアメリカでもピッツバーグのカーネギー・インターナショナル展で絵画が3点、展示された。翌年にはパリでの個展を初めて開いた。

　この時期に彼は、自らの精神病的な幻覚に芸術を創造させる「偏執狂的批判的方法」という手法を編み出した。やがて彼はシュルレアリスム運動のリーダーとなるが、その地位を確固たるものにしたのが、この運動の歴史で最も有名な絵画『記憶の固執』（1931年）だ。この作品には、柔らかい時計（時間のゆがみを象徴）、蟻（腐敗を象徴）、故郷であるスペイン・カタルーニャ地方の風景など、いかにもダリらしい図像が描かれている。

　1930年代を通じてシュルレアリスト展に出品を続けたものの、政治から距離を置いていたため、1934年に運動から追い出された（他のシュルレアリストたちは、大半がマルクス主義者だった）。1940年ごろからは、テーマを科学・歴史・宗教に絞るようになっていった。生涯を通じて多作で、例えば1979年にパリで開かれた生前回顧展では、油彩画・水彩画168点、デッサン219点、オブジェ38点、文書2000点以上が出展された。

　ダリは、そのショーマンシップと多作ぶりと傲慢な態度のため多くの人から批判されたが、そうした人々の大半を、彼は嫉妬に狂う二流の芸術家だとして相手にしなかった。

　1958年にアメリカ人ジャーナリストのマイク・ウォレス（1918〜2012）から、現代の芸術家のうち誰を尊敬していますかと尋ねられると、ダリはこう答えた。「まずダリ。ダリの次は、ピカソ」これしか名前を挙げなかった。心不全により84歳で亡くなった。

　　　　　　　　　　　　　　　　　　　　　　　　 豆 知 識

1. ダリは、さまざまな分野で活躍し、その作品は、油彩画、水彩画、デッサン、グラフィックアート、彫像、映画、写真、演劇作品、宝飾品など、多岐にわたる。
2. 映画製作に協力したことは、とてもよく知られている。例えばスペインの映画監督ルイス・ブニュエル（1900〜1983）と共同で、前衛的な2本のシュルレアリスム映画『アンダルシアの犬』（1929年）と『黄金時代』（1930年）を製作している。また、アルフレッド・ヒッチコック（1899〜1980）の映画『白い恐怖』（1945年）では印象的な幻想シーンを生み出し、ウォルト・ディズニー（1901〜1966）とは、2003年に完成・公開された短編アニメ『デスティーノ』で協力した（ちなみに、ダリが取り組んだ時期は1945年から1946年である）。
3. ダリが作り上げた自己イメージのひとつに、突飛な発言をしてセンセーションを巻き起こすというものがある。実際、かつて19世紀フランスの巨匠ポール・セザンヌ（1839〜1906）のことを「今まで見た中で最も下手な画家」と言ったことがあった。

37 文学 ｜ カール・サンドバーグ

アメリカ史上で最も徹底してアメリカ的な詩人のひとりが、カール・サンドバーグ（1878～1967）だ。代表作『シカゴ』（1914年）は、アメリカ中西部の大工業都市シカゴの力強さ・生産力・特徴を賛美した詩だ。また、数十年後に出版したエイブラハム・リンカーンの長大な伝記も、よく知られている。その詩は分かりやすくてエネルギッシュだったため、サンドバーグは生前から非常に人気があり、今も多くの人に読まれている。

◆

カール・サンドバーグ

イリノイ州西部の小都市ゲールズバーグで貧しいスウェーデン移民の子として生まれたサンドバーグは、若いうちに学業を断念し、臨時の仕事を転々としながら10代と20代を過ごした。この時期に、地元の文化と中西部の伝統に親しみ、地方の政治運動から、理髪店や農場に至るまで、ありとあらゆるものに詳しくなった。1913年にはシカゴに根を下ろしてジャーナリストとして働くかたわら、副業として詩を書き始めた。

サンドバーグの最初の本格的な詩集『シカゴ詩集』（1916年）は、すぐさま大当たりし、収録された中で最も有名な、「シカゴ」という素っ気ないタイトルの詩で彼は名声を獲得した。

この作品には、サンドバーグの詩作法が典型的に表れている。例えば、今では広く知られているシカゴの描写「暴風が吹き荒れる、頑強で、けんかの絶えぬ／大きな肩の街」に見られるように、大胆で断定的な表現と、単純だが喚起力の強いイメージが多用されている。さらに、この詩は韻を踏まない自由詩として書かれており、そのため伝統的な詩と比べて表現が分かりやすく、制約も少ない。一貫してサンドバーグはシカゴに対する強い誇りを表していて、この都市がさまざまな問題 —— 犯罪、売春、貧困など —— を抱えているのは認めながらも、その耐久力と復元力を歌い上げている。

よくサンドバーグは、19世紀アメリカの庶民的な大詩人ウォルト・ホイットマン（1819～1892）と比較されることが多い。事実サンドバーグは、ホイットマンの傑作『草の葉』（1855年）を、自由詩の先駆であり、日常のありふれた、明らかにアメリカ的なテーマを賛美した作品として、率直に称賛していた。ホイットマンと同じくサンドバーグも、アメリカの民間伝承と民主制度に魅力を感じており、詩のほかに、アメリカ史やアメリカ音楽についての本も10冊ほど書いている。

豆知識

1. 公演にも熱心だったサンドバーグは、朗読会に来た参加者たちを、民間に伝わる歌や物語で楽しませるのが好きだった。
2. サンドバーグは、先達であるウォルト・ホイットマンと同じく、エイブラハム・リンカーンを心から尊敬していた。何年もの歳月をかけて、複数巻から成る膨大な量のリンカーン伝を執筆し、そのうちの1巻で1940年にピューリッツァー賞（歴史部門）を受賞した。
3. アメリカの子供たちが読むおとぎ話の大半がヨーロッパ起源であることに不満を感じていたサンドバーグは、自ら思い立って、登場人物と舞台設定を明らかにアメリカらしいものにして、おとぎ話を書いた。

38 音楽 ｜ ベッシー・スミス

コロムビア・レコードがベッシー・スミス（1894頃～1937）に「ブルースの女王」という
ニックネームをつけたとき、音楽記者たちはこれに断固反対した。「女王」では彼女の偉業を形
容するのに十分ではなかったからだ。そこで、この有名な歌手には「ブルースの女帝」の別名
が授けられた。

◆

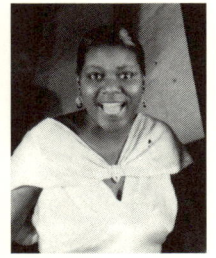

ベッシー・スミス

ベッシー・スミスは、1920年代から1930年代にかけて最も人気のあ
ったブルースシンガーで、レコード会社と契約する前から、すでに歌手
として大成功を収めていた。1912年にスミスは、伝説のブルース歌手で
「ブルースの母」の異名を取ったガートルード・「マー」・レイニー（1886
～1939）とレビューで共演して、この先輩スターを感服させた。レイニ
ーは、テネシー州生まれのスミスに、ステージで強烈な存在感を維持す
る方法など、いくつかアドバイスを与え、そのおかげでスミスはすぐさ
まレイニーをしのぐスターになった。

スミスは、1920年までニュージャージー州アトランティックシティ
で自分のショーを行なっていたが、1923年にニューヨーク市へ拠点を移し、ボードビルの巡回
公演で大成功を収めた。同年にはコロムビア・レコードと契約を結び、最初のアルバムを制作
した。

コロムビアにとってスミスは、同社がアフリカ系アメリカ人たちの歌うブルース人気にあや
かろうとして新設した「人種レコード」シリーズのために契約したアーティスト第1号だっ
た。スミスが初めてリリースしたレコード——「ガルフ・コースト・ブルース」（1923年）と
「ダウン・ハーテッド・ブルース」（1923年）——は大ヒットした。ほかにも、「ベイビー・ウ
ォント・ユー・プリーズ・カム・ホーム（家に帰ってくれないか）」（1923年）や「ノーバデ
ィ・ノーズ・ユー・ウェン・ユーア・ダウン・アンド・アウト」（1929年）などのヒットがあ
る。

絶大だったスミスの人気も、大恐慌で国民が娯楽費を減らし、ボードビル・ショーが「トー
キー」に取って代わられると、次第に陰り始めていった。音声付きの映画が作られるようにな
った途端、ボードビル用の演芸は需要がほとんど消え去った。当時のスミスは絶頂期にあり、
まだ引退するような年齢でもなかった。1930年代後半にはカムバックするつもりでいたとす
る説もあるが、そのチャンスはめぐってこなかった。ブルースの女帝は、1937年9月26日、ミ
シシッピ州で交通事故に遭って亡くなった。

⎡ 豆 知 識 ⎤

1. フォークロック・グループのザ・バンドは、1975年に「ベッシー・スミス」というタイトルの曲を書いた。
2. スミスの生年月日は、1892年7月某日とする公的記録と、1894年4月15日とする記録の2種類がある。どちらが正
しいのか、今も意見は割れているが、スミス自身は一貫して4月15日を自分の誕生日と見なしていた。
3. 1929年、スミスは映画『セントルイス・ブルース』に主演した。これが、現在知られている彼女の唯一の映像である。

39 映画 | グレタ・ガルボ

スウェーデン生まれのグレタ・ガルボ（1905〜1990）は1930年代最大のドル箱スターであり、サイレント映画からトーキー映画への移行に成功した数少ない俳優のひとりだった。活躍した期間は比較的短かった —— 36歳で引退した —— が、スクリーンでの輝くような存在感と私生活でのミステリアスなイメージにより何世代ものあいだ映画ファンたちを魅了し続けている。

◆

本名をグレタ・ルヴィーサ・グスタフソンといい、ストックホルムで生まれたガルボは、スウェーデンとドイツで映画に出演した後、ハリウッドの伝説的映画プロデューサーであるルイス・B・メイヤーの目にとまった。メイヤーにより、彼が副社長を務める映画会社 MGM と契約を結んだガルボは、1926年の『イバニエスの激流』『明眸罪あり』『肉体と悪魔』という3本のハリウッド映画に出演した。その中性的な美しさでガルボはたちまちサイレント映画の大スターとなり、「スウェーデンのスフィンクス」というニックネームをつけられた。言葉に北欧なまりがあったため、それを心配した MGM からトーキーにはなかなか起用されなかったが、1930年、ユージン・オニールの戯曲を映画化したトーキーの『アンナ・クリスティ』で主演を務めた。彼女のトーキー初出演は大センセーションとなり、MGM はこの作品を「ガルボが話す！」というキャッチフレーズで大々的に宣伝した。

この作品で、人生に疲れたスウェーデン系アメリカ人の売春婦を演じたガルボの第一声は、「ウイスキーをちょうだい、ジンジャーエールもね。ケチらないでよ！」だった。なまりは結局のところ心配無用で、そのハスキーボイスは、むしろ彼女の魅力と神秘的な雰囲気をいっそう強める役に立った。1930年代の大半、大恐慌の最中でありながらも出演料が上がり続け、映画1本当たり50万ドルという破格の金額を手にしていたと言われている。

ガルボには有名なセリフがいくつもあるが、特に人々の記憶に残っているのは、アカデミー作品賞を獲得した『グランド・ホテル』（1932年）のものだろう。ロシア人バレリーナを演じたガルボが語った「ひとりになりたいの」というセリフは、彼女のその後の人生、とりわけ1941年に引退して隠遁生活を送った日々を連想させる。最後の主要な出演作は『ニノチカ』（1939年）という典型的なロマンティック・コメディで、MGM は、この映画を「ガルボが笑う！」というコピーで宣伝した。この作品も含め、アカデミー主演女優賞には3度ノミネートされたが、3度とも受賞を逃している。

2年後『奥様は顔が二つ』（1941年）に出て、これが最後の映画出演となった。以後、ガルボはほぼ50年間、公衆の前に出ることはなく、インタビューにも一切応じず、伝説だけが膨らみ続ける中、84歳で亡くなった。

豆 知 識

1. ガルボは、『肉体と悪魔』で共演したジョン・ギルバートと1926年に婚約したが、結婚式の直前に別れた。彼女は生涯独身で、一説にはバイセクシュアルだったとも言われている。
2. MGM が製作した最後のサイレント映画『接吻』（1929年）で主演を務めた。
3. 1954年の『ギネス世界記録』（通称『ギネスブック』）で、「実在した史上最も美しい女性」に認定された。
4. 1955年にアカデミー名誉賞を贈られた。

40 思想と社会 | ファンダメンタリズム

「ファンダメンタリズム」（原理主義）という言葉は、キリスト教徒のうち、現代科学を否定し、聖書は一言一句、神の言葉を表していると主張する者たちを指す用語として1910年代に作られたものだ。それから100年以上が経過した現在も、ファンダメンタリズムはアメリカの宗教思想で大きな部分を占めており、アメリカをはじめ世界各地で福音派を名乗る数多くのキリスト教徒によって支持されている。

◆

19世紀後半から20世紀初めにかけて起こった科学上の大発見は、それまで長く信じられてきたキリスト教の信仰に深刻な問題を突きつけた。チャールズ・ダーウィン（1809〜1882）の生物学研究は、動物が他の生命体から進化してきたことを明らかにし、聖書に記された天地創造の物語を否定した。また、アルベルト・アインシュタイン（1879〜1955）など他の科学者による新発見で、宇宙は古くから伝わる聖書に記されているよりもはるかに広く、はるかに複雑であることが示された。

こうした新発見に対し、キリスト教徒でもある一部の学者たちは、20世紀初頭に伝統的な宗教を革新させようと試みた。ハーバード大学の元学長チャールズ・W・エリオット（1834〜1926）は、1909年に『未来の宗教』と題する有名な講演を行なった。その中で彼は、来るべき時代の宗教は、権威に頼るものではなく、「死んだ先祖や教師や支配者」への崇拝を含まず、個人の救済にはこだわらず、「悲観的」なものにはならないだろうと主張した。

しかし、エリオットの講演や、20世紀初頭に優勢だった宗教懐疑論は、保守的なキリスト教徒たちからの猛烈な反撃を引き起こした。エリオットが講演をした翌年、プリンストン神学校の神学者たちは、これに対抗して、聖書の無誤性や、イエスの肉体が磔刑後に復活したことなど、キリスト教にとって不可欠と彼らが見なした「ファンダメンタルズ（根本的教え）」のリストを発表した。

ファンダメンタリズムは、バプテストや一部のメソジストを中心に、すぐに受け入れられた。1920年代に入ると、ファンダメンタリズムの影響により、公立学校で進化論を教えることへの批判が激しくなり、キリスト教団体は、学校で進化論ではなく創造説を教えさせようと運動を繰り広げた。今日、ファンダメンタリズムはキリスト教のさまざまな教派から多くの支持者を集めている。

| 豆 知 識 |

1. ファンダメンタリズムを強力に擁護した人物に、大統領候補にもなった政治家ウィリアム・ジェニングズ・ブライアン（1860〜1925）がいる。彼は、公立学校での進化論教育をめぐるスコープス裁判（いわゆる「モンキー裁判」）で聖書は文字どおりに解釈すべきだと主張し、ジャーナリストのH・L・メンケン（1880〜1956）から嘲笑の対象にされた。
2. 初めて「ファンダメンタリスト」「原理主義者」という言葉が一部のイスラム教徒を指すのに使われたのは、1980年代にレバノンでアメリカ人らを標的とする人質事件が起きたときだ。
3. 2007年の世論調査によると、アメリカ人の39パーセントが、神が人間を現在の形に創造したことを「確かな事実」だと考えている。

41 スポーツ｜ルー・ゲーリッグ

　現役当時ルー・ゲーリッグ（1903〜1941）は、「鉄の馬」との異名を取った頑丈な野球選手で、空前絶後のバッターであり、2130試合連続出場の記録を残した。また、ニューヨーク・ヤンキースのチームメートで公私ともに華やかだったベーブ・ルース（1895〜1948）とは対照的に、物静かで控えめな人物としても知られていた。

◆

ルー・ゲーリッグ

　しかし今日ゲーリッグの名は、その野球人生と実人生の両方を早くに終わらせた難病の通称になっている。また事実上の引退から2か月後に満員のヤンキー・スタジアムで行なった感動的な引退スピーチは、今も語り継がれている。ゲーリッグはニューヨーク市マンハッタン区に生まれ、コロンビア大学に進んだ。1923年にヤンキースと契約し、1925年から正一塁手になった。ピンチヒッターで試合に出た翌日に、ベテラン選手ウォーリー・ピップ（1893〜1965）に代わって一塁手として出場したのが始まりだ。

　その後13年以上にわたって先発メンバーに名を連ね続けた。ゲーリッグの2130試合連続出場は、1995年にボルティモア・オリオールズのカル・リプケン・ジュニア（1960〜）に破られるまで長きにわたってメジャーリーグ記録だった。

　ゲーリッグは、たちまち野球史上屈指の好打者になった。1927年には本塁打47本、打点175、打率.373を記録した。それまで1シーズンにこれほど多くのホームランを打った選手は、ベーブ・ルースのほかは、誰もいなかった（ルースはこの年60本塁打を放った）。

　1931年、ゲーリッグはアメリカン・リーグ（AL）記録となる184打点を上げ、この記録は今も破られていない。1934年にはALの3冠王（打率.363、本塁打49、打点165）を獲得した。

　1938年、ゲーリッグの打率は1925年以来初めて3割を切り、体力が日に日に落ちていくのを感じていた。それでも、この年のシーズンは毎日先発していたが、1939年シーズンが始まって8試合が終わったところで、初めて自ら先発を降りた。連続出場記録は —— 彼の野球人生とともに —— 1939年5月2日で終わりを告げた。

　1か月後、ゲーリッグは筋萎縮性側索硬化症（ALS）と診断された。これは、中枢神経系の神経細胞がゆっくりと変性していく神経疾患で、現在では「ルー・ゲーリッグ病」の通称で広く知られている。1939年7月4日、ヤンキースはルー・ゲーリッグ感謝デーを開催した。その場で、普段は寡黙なゲーリッグは、集まった6万2000人のファンに、たどたどしい口調で「今日、わたしは自分を、この地上で最も幸運な男だと思っています」と語った。同年には野球の殿堂入りを果たした。それから2年もたたないうちに、ALSにより37歳で亡くなった。

豆知識

1. ゲーリッグの背番号4は、プロスポーツの歴史で初めて永久欠番となった。
2. ゲーリッグの活躍で、ヤンキースはリーグ優勝を7回、ワールドシリーズ優勝を6回、果たした。ゲーリッグのワールドシリーズ通算打率は.361である。
3. ゲーリッグの通算満塁本塁打数は23本で、これは2013年にアレックス・ロドリゲスに抜かれるまでメジャーリーグ記録だった。その他の通算成績は、打率.340、本塁打493本、打点1995である。

42 大衆文化 ｜ アル・ジョルソン

アル・ジョルソン（1886〜1950）は、現役当時はアメリカでトップクラスの人気を博した**エンターテイナーで、ボードビリアンやブロードウェイ俳優、レコード歌手として活躍した。先駆的な映画『ジャズ・シンガー』（1927年）では主演を務め、かつてメインストリームの演劇や映画では演者が顔を黒塗りして黒人に扮するブラックフェイスが許容されていた時代の象徴的人物として、今も記憶されている。**

◆

ジョルソンはリトアニア生まれで、子供のころ家族とともにアメリカのワシントンに移り住んだ。10代の初めから大道芸人や舞台役者として活動しており、アメリカ・スペイン戦争中の1898年にはアメリカ軍の慰問に出かけている。1911年には、ブロードウェイや全米巡業で主役を務めるまでになった。

当時の芸人には近寄りがたくて厳しそうな人が少なくなかったが、それに対してジョルソンは、舞台では陽気に振る舞い、観客を引きつける魅力があった。本来の役回りを離れ、予定されていたショーの代わりにソロ・コンサートを行なって観客を喜ばせることも多かった。1910年代から1920年代には、レコード歌手としても大成功を収め、レコードを1000万枚以上売った最初の歌手になった。

ジョルソンは、自らの自伝的要素を含む映画『ジャズ・シンガー』に主演し、ユダヤ教のシナゴーグ（礼拝堂）で祈禱を先導する先唱者を父に持ちながら、自身は世俗の芸人として有名になる息子の役を演じた。『ジャズ・シンガー』は、ハリウッドの長編映画として初めて歌と会話の場面で音声と映像を同期させた作品で、大ヒット作となり、続く主演作『シンギング・フール』（1928年）も、それを上回るヒットとなった。

舞台でも映画でも、ジョルソンは当時最も有名なブラックフェイスの役者だった。彼の時代、ブラックフェイスはエンターテインメント業界では習慣として広く許容されていたが、彼の死後、これが人種差別的だとの議論が高まり、ジョルソンの人気とイメージに暗い影を落としている。1940年代になると、ジョルソンは半ば引退生活を送り、ときおり巡業やブロードウェイのショーに出ては、それなりの成功を収めていた。1946年に伝記映画『ジョルスン物語』が公開されると人気が復活し、かつてのレコードの多くが再リリースされた。

晩年は健康が衰えたものの、第二次世界大戦中はアメリカ軍を慰問し、朝鮮戦争が始まった1950年には、自費で現地へ出かけてアメリカ軍を慰問した。その翌月ジョルソンは心臓発作により64歳で亡くなった。

┌─ 豆 知 識 ─┐

1. ジョルソンは、ライブ公演では観客のあいだを歩き回れるようステージから観客席へスロープを作らせることがあった。ときには歩いていった先で観客と会話を始めることもあった。
2. 当時はレコードのヒットチャートは記録されていなかったものの、雑誌『ビルボード』は、ジョルソンがレコードで出したナンバー1ヒットは23曲ほどあったと推計している。
3. 『ジャズ・シンガー』では、ジョルソンのセリフは多くがアドリブだったが、有名な最初のセリフ「お楽しみはこれからだ」は、舞台での彼の決まり文句だった。

43 人物 ｜ J・エドガー・フーヴァー

J・エドガー・フーヴァー（1895〜1972）は、アメリカ連邦捜査局（FBI）の初代長官で、この巨大警察機関のトップに50年近く君臨し続けた。彼が長官を務めていた時代、FBI は密売業者、スパイ、マフィアと戦ったが、その一方で捜査官たちは市民の自由を軽んじ、そのためフーヴァーはたびたび批判された。

◆

　フーヴァーはワシントン市で生まれ、法科大学院を卒業後、司法省に入った。1924年には、29歳の若手官僚ながら、省内の小さな部署だった捜査局の責任者になった。

　彼の指揮の下、捜査局はアルコールの密輸業者や銀行強盗の取り締まりに力を注ぎ、1920年代に組織を急速に拡大させていった。この時期の業績でとりわけ有名なのが、フーヴァーの G メン（捜査官）が銀行強盗ジョン・ディリンジャー（1903〜1934）を見つけ出し、シカゴのバイオグラフ・シアターから出てきたところを一斉射撃で殺した件だ。すぐさまフーヴァーは、捜査局の勝利は自分の功績だと主張し、次第に彼は、犯罪の多発した大恐慌時代にあって法と秩序の象徴と見なされるようになっていった。

　1935年、捜査局は連邦捜査局と改称し、フランクリン・D・ローズヴェルト大統領（1882〜1945）はフーヴァーを長官に任命した。その後フーヴァーは死ぬまで長官の座にとどまり続け、捜査局時代も含めると8人のアメリカ大統領に仕えた。

　冷戦期にフーヴァーがとりわけ熱心に取り組んだのが、アメリカ国内に潜む共産主義スパイの摘発で、そのためなら手段を選ばぬ姿勢は、後に多方面から非難された。例えば彼は、マーティン・ルーサー・キング・ジュニア（1929〜1968）など公民権運動の指導者たちを、共産主義陣営の工作員の疑いありと見なし、FBI 捜査官が運動のグループに潜入して違法に盗聴器を仕掛けてキングたちの会話を盗み聞くことを承認している。この活動は「コインテルプロ」と呼ばれ、1970年代にその実態が明るみに出ると、議会によって禁止された。

　フーヴァーの解雇を検討した大統領もいたが、犯罪取締人としての彼の人気により —— 加えて、ほぼすべての公人を対象に調べ上げた分厚い極秘ファイルのおかげで —— アメリカ政府内で彼の立場が揺らぐことはなかった。

　私生活は謎で、仕事に完全に没頭しているように見えた。一度も結婚したことはなく、同性愛者だとの説が昔から唱えられている。フーヴァーの死後、FBI 改革により、盗聴器の使用は制限され、以後、長官の任期は10年までとされた。これは、他の長官がフーヴァーのような空前の権力を手にするのを防ぐための措置であった。

豆 知 識

1. 首都ワシントンの中心部にある巨大な FBI 本部ビルは、フーヴァーの死後、その名にちなんでフーヴァー・ビルと命名された。
2. FBI は1950年に初めて「10人の最重要指名手配犯リスト」を公表したが、これはフーヴァーのアイディアだった。
3. フーヴァー長官の時代、カリフォルニア州出身の若い法科大学院卒業生が、FBI に就職しようと応募して断られている。その卒業生こそ、後にフーヴァーが最後に仕える大統領リチャード・M・ニクソン（1913〜1994）だった。

44 文学 | ロバート・フロスト

ロバート・フロスト（1874～1963）は20世紀アメリカ文学界の長老であり、文学批評家と一般市民の両方から読まれ尊敬された稀有な国民詩人だった。今も頻繁に引用されているものの、フロストは、アメリカの文学者で最も誤解されている人物という、ありがたくない名誉も受けている。フロストの作品は、しばしば読者から、田園生活を描いた古風で庶民的な詩と思われているが、彼の微妙に複雑な詩は、実は皮肉のこもったブラックユーモアにあふれ、ペシミズムすら帯びている。

◆

　フロストは、生まれはカリフォルニア州だが、アメリカ北東部のニューイングランド地方で育ち、今ではフロストと言えばニューイングランドがすぐに連想されるほどだ。詩人の道を進むためダートマス大学を退学し、その後の数年間で膨大な数の詩を作ったが、詩作で食べていけるだけの十分な数の作品を出版してもらうことはできず、失意の日々を過ごした。

　ついにフロストは、ロンドンなら自分の詩は受け入れられるかもしれないと考え、1912年にアメリカを離れた。その見込みは当たり、1913年に初の本格的な詩集がイギリスで出版された。この詩集を、イギリス滞在中だったアメリカの詩人エイミー・ローウェル（1874～1925）が高く評価し、アメリカに持ち帰ると熱心に宣伝した。主としてこのローウェルの後押しのおかげで、フロストの詩集は次々とベストセラーになり、フロスト自身もほとんどすぐに名声を得た。

　フロストの作品は、19世紀ニューイングランドの詩に見られたロマン主義的伝統と決別し、自然を雄大に描くのではなく、周縁部の荒れた風景を、もっと陰鬱に描写した。その牧歌的イメージや、表面的には素朴な言葉遣いとは裏腹に、彼の詩は理路整然とした解釈のしにくい、複雑で多義的な作品である。

　フロストの代表作には、障壁を築こうとする人間の性向を詠んだ「壁直し」、人生の選択が恣意的であることを深く考えた、しばしば誤解されている詩「選ばれなかった道」、世界の終わりを皮肉な態度で想像した「火と氷」、自然と文明の境界について歌った、美しいが暗い詩「雪の夜、森のそばに足を止めて」などがある。

豆知識

1. フロストは、その作品でピューリッツァー賞を4度受賞している。これは、アメリカ史上どの詩人よりも多い。
2. 彼は、1961年のジョン・F・ケネディ（1917～1963）大統領就任式で朗読するため、詩「献身」を書いた。しかし当日、86歳だった彼は視力が衰えていたのに加え、冬の日光がまぶしかったため原稿を読むのが難しく、結局、土壇場で以前に書いた詩「無条件の贈り物」を暗唱することにした。
3. フロストは、古くから使われてきた詩形や韻律の方を、新たに登場した自由詩など規制の少ない詩形よりも好んでいた。彼が自由詩を「ネットを張らずにテニスをするようなものだ」と言って酷評したのは有名な話だ。

45 音楽 | アーロン・コープランド

ときにクラシック音楽は、上流階級が上流階級のために作るエリート向けの芸術だと見なされることがある。しかし、作曲家たちが民間伝承からインスピレーションを得ることも多い。その最も優れた実例のひとりが、アメリカ人作曲家アーロン・コープランド（1900〜1990）だ。彼は、いかにもアメリカ的なクラシック音楽を生み出そうと努力し、それを実現させるため、いかにもアメリカ的な大衆音楽であるジャズに基礎を置いた。

◆

ニューヨーク市ブルックリンに生まれたコープランドは、10代からピアノのレッスンを受け、クラシック音楽とその作曲法の基礎を学んだ。しかし、高校卒業後に作曲を勉強するためパリに留学すると、その地で前衛的な現代音楽を熱心に支持するようになり、ジャズを自分の音楽の基礎にしようと決意した。

音楽史研究家によると、コープランドのキャリアはふたつの時期に分けられる。前半は厳格期で、この時期にはジャズの影響と現代音楽への関心が非常に強く表れている。この時期の主な作品には、『オルガンと管弦楽のための交響曲』（1924年）、『劇場のための音楽』（1925年）、『舞踏交響曲』（1925年）などがある。

後年になると、コープランドの庶民的な傾向が次第に強くなっていき、民俗期の作品を生み出すようになった。そうした作品にはアメリカの民間伝承からインスピレーションを得たものが多く、例えばバレエ音楽『ビリー・ザ・キッド』（1938年）は有名な無法者の話を下敷きにしているし、『リンカーンの肖像』（1942年）では、この偉大なアメリカ大統領の物語が称えられている。

コープランドは、生涯を通じて前衛的な作品を作り続けたものの、次第に大衆向けの作品に力を注ぐようになっていった。映画音楽も多数作曲しており、例えば『廿日鼠と人間』（1939年）や『我等の町』（1940年）のサウンドトラックを手がけている。

代表作のひとつ「市民のためのファンファーレ」は、金管楽器を中心とした愛国的な楽曲で、1943年に初演され、今も彼の作品の中で、おそらく最も有名で、最も頻繁に演奏されている楽曲である。

豆 知 識

1. コープランドは、ニューヨーク・フィルハーモニックの指揮者レナード・バーンスタイン（1918〜1990）の親友で、コープランドの作品を指揮させたらバーンスタインの右に出る者はいないと評価されていた。
2. コープランドは、1930年代半ばに共産党を擁護していたことから、赤狩りの最盛期だった1950年代を中心に、何年ものあいだ共産党員だと誤解され、非難されていた。
3. コープランドが10代のときにピアノを教わったルービン・ゴールドマーク（1872〜1936）は、同じくブルックリン出身のジョージ・ガーシュウィン（1898〜1937）にもピアノを教えていた。

46 映画｜マルクス兄弟

　マルクス兄弟は、コメディアン一家として映画史上屈指の大成功を収めたお笑いユニットだ。1929年から1949年に公開された合計13本の主演映画からは、映画の歴史に残る最も印象的なギャグ、名シーン、セリフがいくつも生まれた。

◆

　兄弟たちのキャラクターは、コメディ映画に詳しい人なら、すぐに見分けがつく。

・グルーチョ（本名ジュリアス・ヘンリー、1890〜1977）。眼鏡と口ひげがトレードマークの、マシンガントークを繰り出すペテン師。

・チコ（本名レナード、1887〜1961）。ピアノがうまい、イタリア語なまりのある放浪者。

・ハーポ（本名アドルフ、1888〜1964）。ハープを演奏する無口な道化役。

　4人目のゼッポ（本名ハーバート、1901〜1979）は、真面目な人物を演じることが多く、映画には5本しか出ていない。

　マルクス兄弟は、移民である父サムと母ミニーの子として、全員がニューヨーク市で生まれた。熱心な母の後押しで、兄弟はおじでコメディアンのアル・シーンを頼ってショービジネスの世界に入った。兄弟は、ボードビルでキャリアをスタートさせ、その後ブロードウェイに移った。1929年、ブロードウェイでのヒット・ミュージカルを映画化した『ココナッツ』で本格的な映画デビューを果たす。彼らの最高傑作 ——『けだもの組合』（1930年）、『いんちき商売』（1931年）、『御冗談でショ』（1932年）、『我輩はカモである』（1933年）など —— は、ハチャメチャなドタバタ喜劇と、音楽と、全体的なバカバカしさを特徴としていた。グループの中心はグルーチョで、グリースで固めた口ひげと、太い眉毛と、口から次々と飛び出すジョークが持ち味の彼が主役となり、それを核として他のキャラクターの動きやプロットが展開する。グルーチョのキャラクターは、映画での演技のひとつとして演じられたものだったが、その一方で彼はジョークを言うたび観客に向かって意図的にウインクして、観客との距離を縮めていた。映画批評家ロジャー・イーバートは、「グルーチョのセリフについて論じるなら、彼のセリフを引用しなくてはならないが、引用するのは無意味である。なぜなら、グルーチョのあの話し方があってこそ、あれだけの効果が出たのだから」と書いている。

　戦争と政治と政府を風刺した『我輩はカモである』は、マルクス兄弟の最高傑作と評価されている。公開当時は興行的に大失敗だったが、映画を見たイタリアの独裁者ベニート・ムッソリーニは脅威を感じ、イタリアでの上映を禁止した。マルクス兄弟のうち、グループ解散後も目立った活躍をしたのはグルーチョだけだった。彼は1947年からラジオでゲーム番組『ユー・ベット・ユア・ライフ』の司会を務めた。この番組は後にテレビに移り、1961年まで続いた。

┌─ 豆 知 識 ─┐

1. 5人目の兄弟ガンモ（本名ミルトン、1892〜1977）は、他の4人と一緒に舞台には出たが、映画には出演せず、俳優やライターたちのタレント・エージェント（代理人）になった。

2. グルーチョが、後に彼のトレードマークとなる、グリースで固めた口ひげ姿で初登場したのは1924年、ミュージカル・コメディ『アイル・セイ・シー・イズ』の舞台でのことだ。このとき彼は劇場に遅刻してしまい、用意されていた立派な付けひげをつける時間がなかったのである。

3. 兄弟がそろって出演した最後の映画『ラヴ・ハッピー』（1949年）には、当時売り出し中だった23歳のマリリン・モンローが出演している。

47 思想と社会 ｜ アーモリー・ショー

アーモリー・ショーとは、1913年にニューヨーク市にある陸軍の建物で1か月にわたり開催され、大きな影響を与えた美術展覧会のことだ。マルセル・デュシャン（1887～1968）などヨーロッパで最先端の画家たちを初めてアメリカに紹介した美術展で、現代アートをアメリカ文化にもたらしたとして評価されている。

◆

この美術展には300人以上の芸術家が参加し、ヴァシリー・カンディンスキー（1866～1944）やパブロ・ピカソ（1881～1973）などヨーロッパの画家だけでなく、メアリー・カサット（1844～1926）やジョージ・ベローズ（1882～1925）らアメリカ人芸術家も作品を出展した。

参加者には、キュビスム、未来派、後期印象派などヨーロッパの前衛的な美術様式を代表する画家・彫刻家たちが含まれており、彼らの大半にとっては作品がアメリカ人の目に触れる最初の機会となった。

美術展は、ニューヨーク市にある第69歩兵連隊の兵器庫（アーモリー）で1913年2月17日に始まった。その後の1か月で、セオドア・ローズヴェルト元大統領（1858～1919）など数多くのアメリカ人が鑑賞に訪れた。

展覧会への反応には、非難する声もあれば、絶賛する声もあった。多くの批評家は、デュシャンの『階段を降りる裸体 No.2』に目をつけて酷評した。これはキュビスムの作品で、移動している人物を、移動中の1コマ1コマを描いた連続画像を重ねることで表現したものだ。美術愛好家たちは、デュシャンが動きを絵画で表現する新たな方法を編み出したとして称賛したが、批評家たち ── これにはローズヴェルトも含まれていた ── は、この作品を嫌った。

この美術展は、愛好家にとっては大きな転換点であり、アメリカ美術にすぐさま大きなインパクトを与えた。アメリカの社会的リアリズム ── 街頭や工場の風景を描いた写実的な絵画 ── は、アーモリー・ショーの絵画にインスピレーションを受けた抽象的な様式に、ほとんどすぐに取って代わられた。

展覧会は、ニューヨークで閉幕するとシカゴへ移り、そこでも同様に人々を驚かせ、刺激し、困惑させた。

豆 知 識

1. 『階段を降りる裸体 No.2』は、現在フィラデルフィア美術館に収蔵されている。
2. デュシャンは、芸術家として成功を収めたが、1920年代に入ると絵を描くのをほとんどやめてしまい、専業のチェス・プレーヤーになった。
3. ニューヨーク市では、新たなアーモリー・ショーが1999年以降、毎年開催されている。

48 スポーツ｜ベーブ・ディドリクソン

　ミルドレッド・「ベーブ」・ディドリクソン（1911〜1956）は、20世紀最高の女性アスリートだと多くの人から見なされている。アメリカのテキサス州に生まれ、威勢がよくて自信家だった彼女は、何よりもまず、陸上競技とゴルフで挙げた業績で知られている。その影響力は、1950年に全米女子プロゴルフ協会（LPGA）を創設したメンバーのひとりであったことから、今なお感じ取ることができる。

◆

　ノルウェー移民の家庭に生まれたディドリクソンは、初めは野球とソフトボールの能力で注目を集め、高校時代にはバスケットボールの全米最優秀選手に選ばれた。彼女が陸上競技の世界的スターとして頭角を現したのは、1932年の全米体育協会（AAU）選手権のことで、この大会で彼女は5種目で優勝し、別の1種目で他の選手との同時優勝を果たした —— しかも、このとき世界記録を3つも塗り替えたと言われている。同大会の団体別成績では、ディドリクソンの勤務先であるダラスの雇用主損害保険会社が、選手は彼女しか出場しなかったにもかかわらず、第1位になった。ちなみに2位は、22名の選手が出場したイリノイ大学だった。

　ディドリクソンは5つの種目で同年のロサンゼルス・オリンピックに出場する資格を得たが、当時女性は3種目のエントリーしか認められていなかった。彼女は、この年から五輪種目となった女子やり投げと、80メートル・ハードルで金メダルを獲得し（ハードルは、自身が持つ世界記録を塗り替えての優勝だった）、走り高跳びで銀メダルを取った（実際はタイ記録で1位だったが、競技規則のおかしな細則のせいで銀メダルとされた）。

　その後ディドリクソンはゴルフに転じて大活躍し、世界のトッププレーヤーになるや、その地位を20年近く維持し続けた。現役ゴルファー時代にはAP通信によってアメリカの女性トップ・アスリートに5度選ばれている（1945年、1946年、1947年、1950年、1954年の5回。ちなみに彼女が初めて選出されたのは、陸上選手だった1931年だ）。ゴルフのメジャー・トーナメントで現役通算10回優勝しており、その最後となる1954年のUSオープン優勝は、結腸がんが見つかって手術を受けた1年後のことだった。しかし、がんが再発し、1956年に45歳で亡くなった。

豆 知 識

1. ディドリクソンのニックネームである「ベーブ」は、本人いわく、野球で特大ホームランを何本も打って、見る人に大打者ベーブ・ルース（1895〜1948）を彷彿とさせたのがきっかけだという。
2. 彼女は、AP通信、スポーツ専門テレビ局ESPN、雑誌『スポーツ・イラストレイテッド』のそれぞれから、20世紀の女性トップ・アスリートに選ばれた。
3. LPGAの創設メンバーには、彼女のほかに、女子プロゴルファーのパティ・バーグ（1918〜2006）やトーナメントの運営責任者フレッド・コーコラン（1905〜1977）などがいる。
4. ディドリクソンは、1938年にプロレスラーのジョージ・ザハリアス（1908〜1984）と結婚した。それを機に名前をベーブ・ディドリクソン・ザハリアスと改めたが、今もベーブ・ディドリクソンという名前の方がよく知られている。

49 大衆文化 ｜ ミッキーマウス

　ミッキーマウスは、短編アニメ『蒸気船ウィリー』がニューヨーク市のコロニー・シアターで上映された1928年11月18日に「誕生」した。すでにミッキーは短編アニメ『プレーン・クレイジー』と『ギャロッピング・ガウチョ』の2本に出ていたが、『蒸気船ウィリー』はウォルト・ディズニーが映像と音声を同期させた最初の映画だった。この映画はたちまちヒットし、ミッキーは大衆文化の人気スターになっていった。

◆

　ディズニー伝説によると、ミッキーマウスはウォルト・ディズニー（1901〜1966）が列車に乗っているときに考案したという。当時の彼は、以前に制作したキャラクター、オズワルド・ザ・ラビットの著作権を失ったことで落ち込んでおり、列車の中で新たなキャラクターとしてモーティマー・マウスを思いついた。ディズニーの妻リリアン（1899〜1997）は、モーティマーという名前が気に入らず、もっと優しそうなミッキーという名前がいいと言った。

　いつも陽気で元気いっぱいのキャラクターだが、もともとのミッキーは、現在のような家族が安心して見ることのできるネズミではなく、もうちょっと意地が悪かった。後になって制作会社は、『蒸気船ウィリー』でミッキーが粗暴に振る舞うシーンをまるまる30秒分カットした。『蒸気船ウィリー』以降、ミッキーは1940年のミュージカル映画『ファンタジア』など、数々のアニメ映画で主役を務めた。

　ミッキーはディズニーの看板キャラクターになっていくが、しばらくのあいだは何年も映画に出ることがなかった。しかし1955年、テレビ番組『ミッキーマウス・クラブ』の放送開始と、遊園地ディズニーランドのオープンとともにカムバックした。ディズニーランドの関連グッズには、腕時計や弁当箱からTシャツに至るまで、ありとあらゆるものにミッキーが描かれた。

　いかにもアメリカ的な家族向けエンターテインメントと同義語になったミッキーだが、一部には、ミッキーはアメリカの文化的・商業的帝国主義を象徴する存在になったと批判する者もいる。いずれにせよミッキーマウスは、世界中で誰もが知るシンボルのひとつである。

豆 知 識

1. ミッキーは、50回目の誕生日にアニメのキャラクターとして初めてハリウッドの有名な歩道ウォーク・オブ・フェームに、名前を記した星形プレートを設置された。

2. ミッキーマウスの声を最初に務めたのはウォルト・ディズニー本人で、その後も会社経営が忙しくなるまでミッキーの声を続けた。

3. 2007年、パレスチナのテロ組織ハマスの運営するテレビ局が、子供番組に、見た目がミッキーマウスそっくりのファルフルというキャラクターを登場させた。このネズミのファルフルが反イスラエル・反アメリカを呼びかけたとして大論争が起こり、結局ハマスはキャラクターをミツバチに変更した。

50 人物 ｜ ウィンストン・チャーチル

ウィンストン・チャーチル（1874〜1965）は、その揺るぎない指導力でイギリスが第二次世界大戦中の最も厳しい時代を乗り越えるのを助け、20世紀の偉人のひとりになった。チャーチルは、冒険好きであり、イギリスの愛国主義者だったが、何よりも、民主主義の道徳的優位性を信じ、それを断固とした態度で守り通した人物だった。

◆

チャーチルは、イギリスの名家の出だったが、だからと言って軍や政界で指導者として成功することが約束されていたわけではなかった。彼は1900年に26歳で下院議員になり、1911年には海軍大臣に就任した。しかし第一次世界大戦中、1915年のガリポリの戦いでイギリス軍が大敗した責任を問われて辞任を余儀なくされた。

彼は政治家として立ち直って大蔵大臣を務めた（1924〜1929年）。これは財務大臣に相当する役職だが、彼が決断したイギリスの金本位制復帰は、結果的に大失敗に終わった。1930年代の大半は、政府内で影響力のある役職には就かず、政権とは距離を置いていた。この時期は執筆に専念したほか、ドイツの再軍備およびアドルフ・ヒトラー（1889〜1945）とナチ政権の台頭を声高に批判した。

彼は、ネヴィル・チェンバレン首相（1869〜1940）の宥和政策に猛反対し、チェンバレンが1940年に辞任すると、跡を継いで首相になった。その直後チャーチルに試練が訪れた ―― 1940年6月にドイツがフランスに勝利し、イギリスは1066年のノルマン征服以来初めて外国に占領されるかに思われた。しかし、ドイツが侵攻してくることはなく、チャーチルは孤立無援のイギリス国民に、ファシズムの圧政と蛮行に立ち向かって戦い続けようと訴えた。イギリスは、イタリアとドイツに対して次々と軍事的勝利を収め、アメリカとソ連が枢軸国を打倒するため連合軍に加わるまで敵の攻勢を食い止め続けた。

連合軍が勝利すると、チャーチルは現代の偉大な指導者だと称賛され、今なお西洋史の伝説的な人物であり続けている。戦後、再び首相になって（1951〜1955年）無難に務めたが、晩年は健康の衰えに苦しみ、90歳で亡くなった。

豆 知 識

1. 第二次世界大戦中に三巨頭 ―― チャーチル、フランクリン・D・ローズヴェルト（1882〜1945）、ヨシフ・スターリン（1879〜1953）―― を結束させた功績は、チャーチルにあると広く考えられている。首脳が集まった有名なテヘラン、ヤルタ、ポツダムの3会談は、チャーチルの発案だった。
2. よく知られた話だが、「鉄のカーテン」という言葉は、チャーチルが1946年の講演で広めたものだ。「鉄のカーテン」とは、西ヨーロッパと東ヨーロッパを隔てる象徴的な境界のことで、より一般的には、民主主義陣営と共産主義陣営の境界を指すのに使われた。
3. チャーチルは、政治家として成功しただけでなく、文筆家としても有名で、『第二次世界大戦』全6巻を執筆した。1953年にはノーベル文学賞を受賞している。
4. 2002年に英国放送協会（BBC）が実施した世論調査で、チャーチルは史上最も偉大なイギリス人に選ばれた。彼はアメリカでも高く評価され、1963年にジョン・F・ケネディ大統領（1917〜1963）から、アメリカ名誉市民の称号を贈られた（チャーチルの母はアメリカ人だった）。

51 文学 ｜ モダニズム

　文学におけるモダニズム運動は、ヨーロッパとアメリカの両方で、おおむね1900年から1940年にかけて盛んになった。代表的人物に、ジェームズ・ジョイス（1882～1941）、ヴァージニア・ウルフ（1882～1941）、ガートルード・スタイン（1874～1946）、ウィリアム・フォークナー（1897～1962）、T・S・エリオット（1888～1965）などがおり、彼らは斬新な手法を実験的に用いることで、それまでとは違った方法で現実を描いて真実にたどり着こうとした。

◆

　モダニズムは、写実主義への反動だった。写実主義とは、19世紀後半に欧米で多くの作家が取った立場で、写実主義の文学者たちは、人々や社会をできるだけ詳細かつありのままに描こうとした。しかし20世紀初頭になると、数々の新理論や科学的発見により、写実主義が本当に有効なのか、疑問を持たれるようになった。アルベルト・アインシュタイン（1879～1955）やジークムント・フロイト（1856～1939）などの学者によって、この世でよく知っているはずと思っていた事柄 —— 空間、時間、言語、さらには人間の心までも —— が、本質的に理解することができず、謎に満ちたものであることが明らかになったのである。

　こうした新たな思想を受け、当時のモダニズム文学者やモダニズム芸術家たちは、具体的事実や客観的真理はそもそも存在するのかと問い始めた。写実主義者がこだわった世界の正確な描写を、彼らは無駄な努力だとして退けた。代わりに、真理と現実を探る新たな方法を生み出そうと努力した。

　その結果、モダニズム文学ではさまざまな実験が試みられた —— 言語、構造、叙述方法、時間の流れなど、それまで文学では当然と見なされてきた前提が、実験の対象となった。

　例えばジョイスやウルフらは、登場人物の内面をもっと深く探るため、「意識の流れ」という叙述手法を編み出した。彼らは、客観的な真実に到達しようとして、ひとつの作品に複数の語り手を登場させた。そうすることで、さまざまな語り手の主観的な立場を比較・対照して、収束する部分と発散する部分を明らかにできると考えたのである。さらに、過去・現在・未来の関係性を明確にするため、プロットを時間の経過に従って進めるのをやめ、いくつもの話を、時間の流れを行きつ戻りつするようバラバラに並べた。

豆 知 識

1. モダニズム文学の絶頂期は1920年代で、この時代はしばしば「モダニズム盛期」と呼ばれる。
2. モダニズムの詩人は19世紀に、それまで作詩法を縛っていた厳しい韻律の規則を緩め、それほど厳格ではないが、それでも複雑な形式である自由詩を試みた。
3. モダニズムは文学だけでなく、音楽や視覚芸術にも見られた。例えばパブロ・ピカソ（1881～1973）などキュビスムの画家たちも、モダニズム運動の一翼を担っていた。

52 音楽 ｜ カーター・ファミリー

カーター・ファミリーは、アメリカ東部アパラチア山脈の農村部出身の一家で構成された、ゴスペルとブルーグラス（カントリーミュージックの一種）の音楽バンドだ。最初期にヒットしたカントリーバンドのひとつで、彼らの影響もあってカントリーミュージックはアメリカ独自の音楽ジャンルとして確立した。「カントリーミュージックのファースト・ファミリー」と呼ばれたカーター・ファミリーは、「プア・オーファン・チャイルド」（1927年）、「ワイルドウッド・フラワー」（1928年）、伝承曲「ウィル・ザ・サークル・ビー・アンブロークン」など、古くから歌い継がれていた曲をいくつもレコードに録音した。

◆

カーター・ファミリー

ヴァージニア州のプア・ヴァレー盆地（「やせた土地の盆地」の意）出身のカーター一家は、普段から教会ではゴスペルを歌い、家では「ヒルビリー・ミュージック」（アメリカ南部山間地域の民俗音楽）を楽しんでいた。彼らの音楽は、このふたつから影響を受けており、ゴスペルが持つ複雑なアレンジと歌声のハーモニーを、アパラチア地方の伝統音楽が持つ躍動的なテンポと組み合わせているのが特徴だ。家族バンドの中心となったオリジナル・メンバー——A・P・カーター（1891〜1960）、その妻サラ（1898〜1979）、義妹メイベル（1909〜1978）——は、1927年にレコード・デビューし、彼ら自身の悲しみや内省の物語を歌った。

大恐慌という時代背景の中、彼らの歌は聞く者の琴線に触れ、とりわけ大恐慌で最も大きな痛手を受けた農村部の人々の心を打った。やがてカーター・ファミリーは、離婚・再婚・子供たちの成長などでメンバーが入れ替わった。オリジナル・グループが解散すると、メイベルは自身の娘アニタ（1933〜1999）、ジューン（1929〜2003）、ヘレン（1927〜1998）の3人とバンドを組んだ。その後ジューン・カーターは、1968年に反逆のカントリースター、ジョニー・キャッシュ（1932〜2003）と結婚した。当時この結婚は、伝統的なカントリーミュージックとロックンロールの融合だと、多くの人から見なされた。ジューンは、1970年代に娘カーリン・カーターをデビューさせて、カーター・ファミリーのバトンを次世代につなげた。

1960年代に起こった伝統音楽の復興とニュー・フォーク運動は、カーター・ファミリーの業績を直接の礎としていた。以来、何人ものアーティストがカーター・ファミリーの名曲をカバーしているし、音楽評論家の多くは、カーター・ファミリーから始まる系譜がウディ・ガスリー（1912〜1967）やボブ・ディラン（1941〜）へ直接つながっていると指摘している。

| 豆 知 識 |

1. メイベル・カーターは、カーター・スクラッチと呼ばれる独特のギター奏法を編み出した。この奏法は、今ではブルーグラスで主流の演奏法になっている。
2. 「ワイルドウッド・フラワー」は、アメリカの公共ラジオ局ナショナル・パブリック・ラジオにより、20世紀で最も重要なアメリカの音楽作品100曲に選ばれた。
3. 女優リース・ウィザースプーン（1976〜）は、2005年の映画『ウォーク・ザ・ライン／君につづく道』でジューン・カーターを演じてアカデミー主演女優賞を受賞した。

53 映画 | フランク・キャプラ

　シチリア島に生まれたフランク・キャプラ（1897〜1991）は、1903年に家族に連れられてアメリカへ移住し、やがて愛国的なアメリカ映画を撮る同世代で主要な映画監督になった。クリスマス・シーズンにテレビを見たことのあるアメリカ人なら、ほとんど誰もがキャプラ最大の人気作『素晴らしき哉、人生！』（1946年）を見ているはずだ。

◆

　キャプラは、22本の長編映画を次々と作った後、1934年の『或る夜の出来事』が初の大ヒット作となり、監督としての名を一気に高めた。クラーク・ゲーブル（1901〜1960）とクローデット・コルベール（1903〜1996）が不釣り合いなカップルを演じた本作は、ラブ・ロマンスを軸に軽快なテンポで話が進むスクリューボール・コメディの元祖であり、興行的にも大当たりし ── おかげで製作会社のコロムビア映画は大手スタジオの仲間入りを果たした ── 批評家たちからも高い評価を得た。アカデミー賞では主要5部門（主演男優賞、主演女優賞、監督賞、脚色賞、作品賞）を総なめにし、その後この偉業を達成する映画は、『カッコーの巣の上で』（1975年）まで現れなかった。

　『或る夜の出来事』の後にキャプラは、田舎町出身の主人公が社会の冷めた態度や腐敗に立ち向かう物語を重点的に取り扱うようになった。『オペラハット』（1936年）、『失はれた地平線』（1937年）、『我が家の楽園』（1938年。アカデミー作品賞）はいずれも成功作となり、そして次に作られたのが、不朽の名作『スミス都へ行く』（1939年）である。キャプラは主人公のジェファソン・スミス（主演はジェームズ・スチュワート）に、ワシントンで政治腐敗と戦う若い純朴な上院議員という、いかにもキャプラらしい庶民的な英雄像を描き出した。

　第二次世界大戦が始まると、アメリカ政府は軍人に戦争の大義を伝える教育用ドキュメンタリー映画の製作を決め、その監督にキャプラを指名した。そうして作られたのが、全7編のドキュメンタリー・シリーズ『なぜ我々は戦うのか』だ。プロパガンダの傑作とされる本作は、1942年から1945年にかけて製作され、アメリカ国内だけでなく海外でも劇場公開された。

　『素晴らしき哉、人生！』は、後にキャプラの映画で最も人気の高い作品になるのだが、意外なことに、1946年の公開当時はそれほどヒットしなかった。しかし、作品に込められた、クリスマス・シーズンには人の心の温かさに希望と信頼を持とうという前向きなメッセージにより、今ではクリスマスの時季に決まって放送される定番映画になっている。

　『素晴らしき哉、人生！』以降、キャプラはあまり映画を撮らなくなり、1961年に最後の映画『ポケット一杯の幸福』を監督した後、1991年に心臓発作のため94歳で亡くなった。

豆 知 識

1. キャプラは、アカデミー監督賞に6度ノミネートされ、3度（『或る夜の出来事』『オペラハット』『我が家の楽園』で）受賞した。
2. キャプラは、1936年にアカデミー賞授与式の司会を務めた。
3. 彼は1982年にアメリカ・フィルム・インスティテュート（AFI）の生涯功労賞を受賞した。

54 思想と社会 ｜ 禁酒法

1919年にアメリカの多くの州で「酒類の製造、販売、もしくは輸送」を禁じるアメリカ合衆国憲法修正第18条が批准されたとき、この修正条項の支持者たちは、新たな法律によって貧困や家庭内暴力など、アルコールに起因する社会問題がなくなるものと期待した。しかし、禁酒法で飲酒がなくなることはなく、逆に、禁酒法が解決するはずだった社会問題の多くをかえって悪化させることもあった。国民の不満は高まり、ついに禁酒法は14年後に撤廃されて国中が歓喜に沸いた。

◆

禁酒による社会改良運動は、すでに19世紀から始まっていた。スーザン・B・アンソニー（1820〜1906）など、奴隷制度廃止論者や初期フェミニズムの指導者の多くも、アルコールを禁止すれば女性を酔った夫から守ったり、都市のスラムの状況を改善したりできると訴えて、禁酒法を支持した。

しかし禁酒法が施行されると、アメリカ人にアルコールを売る密輸業者がどっと現れ、1920年代と1930年代に犯罪が急増した。シカゴのアル・カポネ（1899〜1947）などのギャングたちは巧妙な犯罪組織を作り、酒類をカナダから密輸して、アメリカのほぼどの都市にもあって「スピークイージー」と呼ばれた違法のもぐり酒場に売った。ギャングどうしの抗争も絶えず、例えば1929年のいわゆる聖バレンタインデーの虐殺では、カポネの手下が敵対するギャング7人を射殺して、アメリカ国民に衝撃を与えた。

加えて、多くのアメリカ人が、自宅で違法な蒸留器を使ってウイスキーの密造を始めた。密造ウイスキーは、造るのが危険な上に、よく知られているように度数が高かった。飲酒者の中には、阿片、コカイン、マリファナなどの薬物に乗り替える者もいた。

禁酒法は多くの人から無視され ── ウォーレン・G・ハーディング大統領（1865〜1923）でさえ、ホワイトハウスでのポーカー・パーティーで酒を出していたと言われている ── 同法の撤廃を求める声は、1920年代後半から大きくなっていった。

1933年、連邦議会は憲法修正第18条を撤廃したが、個々の州や郡が禁酒法を維持することは認めた。ただし、実際に維持した地域は一握りにすぎなかった。

┌─ 豆 知 識 ─┐

1. 多くの推計によると、禁酒法時代のアルコール飲料の度数は、禁酒法時代の前後に製造された飲料の2.5倍以上だった。
2. 憲法修正第18条は、アメリカ人の権利を制限した唯一の修正条項である。また、廃止された唯一の修正条項 ── 1933年に憲法修正第21条によって廃止された ── でもある。
3. F・スコット・フィッツジェラルドの代表作『グレート・ギャツビー』の主人公ジェイ・ギャツビーは、アルコールの違法取引で財を成したと考えられている。

55 スポーツ｜ジェシー・オーエンズ

　ドイツの独裁者アドルフ・ヒトラーにとって、1936年のベルリン・オリンピックは自身が唱えるアーリア人種の優越性を世界に向けて証明する絶好のチャンスだった。だから、アフリカ系アメリカ人で、父は小作人、祖父は奴隷だったジェシー・オーエンズ（1913〜1980）が陸上競技で4個の金メダルを獲得してオリンピックのスター選手になったのは、ヒトラーにとっては明らかに面目丸つぶれだった。第二次世界大戦前の国際的な緊張が高まっていた時代、オーエンズはヒトラーに恥をかかせたことで国際的なヒーローになった。

◆

ジェシー・オーエンズ

　オーエンズが競技で初めて全米の注目を浴びたのは、オハイオ州立大学の2年生のとき出場した1935年のビッグテン選手権大会（アメリカ中西部の10大学が参加する競技会）だった。約45分のあいだに4つの競技に出場し、そのすべてで優勝したのである。しかも、そのうち3つは世界新記録で、残るひとつも世界タイ記録だった。翌年のオリンピックで、オーエンズはアメリカのスター選手から国際的な政治的シンボルになった。彼は100メートル走、200メートル走、走り幅跳び、4×100メートル・リレーで優勝した。

　オーエンズは、もともとはリレーの選手ではなかったが、彼と、友人でアフリカ系アメリカ人の短距離選手ラルフ・メトカーフ（1910〜1978）が、ユダヤ系の選手マーティ・グリックマン（1917〜2001）とサム・ストーラー（1915〜1985）に代わってメンバー表に加えられた。伝えられるところによると、ナチ高官がアメリカ代表団に、ドイツがこれ以上面目を失わないよう、リレー・チームからユダヤ系の選手を外してほしいと依頼したのだという。ヒトラーは、どの黒人選手とも握手するのを拒んだと言われている。オリンピック後、オーエンズは大学をやめてプロのスポーツ選手になった。しかし、黒人のオリンピック・ヒーローを広告に起用してくれる会社はなく、収入を得るのが難しいことも多かったため、やむなくオーエンズはありとあらゆる相手と —— 人間だけでなく犬や馬とも —— レースをして家族を養った。1950年代には講演者として成功を収め、自身のPR会社を所有していた。66歳で肺がんにより亡くなった。

豆知識

1. 彼は、本名をジェームズ・クリーヴランド・オーエンズ（James Cleveland Owens）といい、アラバマで生まれた後、9歳のときオハイオ州クリーヴランドに移った。引っ越し先の学校に初めて登校した日、先生から名前を聞かれて「J・C」と答えた。先生は彼が「ジェシー」と言ったのだと思い、以後、彼はジェシーの名で知られるようになった。
2. オーエンズは、1度のオリンピックで金メダルを4つ獲得した最初のアメリカ人だった。
3. 1976年、ジェラルド・フォード大統領（1913〜2006）はオーエンズに、アメリカで文民に贈られる最高の勲章である大統領自由勲章を授与した。
4. オーエンズは、ベルリン・オリンピックの走り幅跳び予選で、1回目と2回目の試技でファウルを犯した。最後となる3度目の試技を行なう前、オーエンズはドイツのルッツ・ロング（1913〜1943）から声をかけられた。ブロンドで背が高く、ヒトラーの言うアーリア人種の典型だったルッツは、オーエンズに、失格にならないよう踏み切り板の数センチ手前でジャンプするよう助言した。オーエンズは、このアドバイスを取り入れ、やすやすと決勝に進出した。決勝でオーエンズは金メダルを、ルッツは銀メダルを獲得し、試合後ふたりは抱き合って健闘を称え合った。その後ルッツは第二次世界大戦で戦死するが、オーエンズは彼の遺族と連絡を取り続けた。

56 大衆文化 ｜ ベティ・ブープ

アニメのキャラクターとしては短命だったが、可愛くてナイスバディのベティ・ブープは、アニメが単なる子供の娯楽ではないことを証明した。セクシーなボードビル歌手のアニメ版である彼女は、パラマウント映画が1930年から1939年に製作した大人向けアニメ・シリーズに登場した。

◆

ベティを生むアイディアの基になったのは、1920年代に活躍した歌手でフラッパー【訳注／第61日「フラッパー」を参照】のヘレン・ケイン（1904〜1966）だった。ケインは、ショートの髪形、甲高い歌声、ラインダンスなど、後にベティ・ブープが世界的に有名にする特徴の多くをトレードマークにしていた（有名な決まり文句「ブブッパドゥープ！」を考案したのもケインだ）。

このケインをモデルにして映画製作者マックス・フライシャー（1883〜1972）は、パラマウント映画が配給する短編アニメ映画シリーズ『トーカートゥーン』の新たなキャラクターを作り出した。当初ベティ・ブープは、ケインをそのまま真似ていたわけではなかった。1930年に初めて映画に登場したとき、彼女はフレンチプードルだった。

1932年1月2日公開の映画『ビン坊の屑屋』で、現在知られる人間の役で描かれるようになった。その前年に声優メイ・クエステル（1908〜1998）がベティ・ブープの声を演じ、以後、1939年にベティ最後のアニメ映画『イップ・イップ・イッピー』が製作されるまで、彼女が声を担当した。

フライシャー・スタジオと並んで、1930年代にアニメ映画の大手製作会社だったのが、ウォルト・ディズニー・スタジオだ。両者には違いが多く、特にディズニーが子供向けの作品を好んだのに対し、フライシャーは大人向けの映画を製作した。彼のベティ・ブープは、露出の多い服を着ることが多く、あからさまに男を誘うような歌い方や踊り方をした。

しかし、すぐにフライシャーはベティを行儀よくさせなくてはならなくなった。映画製作配給業者協会が、1934年に業界全体の倫理規範、いわゆるヘイズ・コードを導入したからである。明記された規則には女性の服装規定もあり、これはアニメの女性にも適用された。ヘイズ・コードの導入後、ベティ・ブープは裾が長くて胸元の開いていない服を着なくてはならなかった。

┌ 豆 知 識 ┐

1. 1934年の短編アニメ『ライズ・トゥ・フェーム』では、着替えのシーンでベティ・ブープの胸がちらりと見える。
2. アメリカでの現行の映画レイティング・システムは、ヘイズ・コードの代わりに1968年に導入された。
3. 1934年にケインは、わたしの特徴が勝手に使われてベティ・ブープがヒットしたと主張し、賠償を求めてフライシャー・スタジオとパラマウント映画を相手に訴訟を起こしたが、敗れた。

57 人物 ｜ シャルル・ド・ゴール

　フランスは、20世紀に最大級の難問に直面するたび、法と秩序と独立を回復するのに、ひとりの男を頼りにしてきた。その男こそシャルル・ド・ゴール将軍（1890〜1970）だ。一部には、ド・ゴールは傲慢な専制君主で、自分と国家のために桁外れな野望を抱いていた男だと批判する者もいる。しかし、この野望のおかげでフランスは第二次世界大戦の屈辱的な敗北から立ち上がり、1950年代末に内戦の危機を回避できたのである。

◆

　1940年、陸軍の高級将校だったド・ゴールは、フランスがドイツに降伏するのを認めようとせず、ロンドンに逃れると、フランス亡命政府である自由フランスを設立した。そしてフランスの軍人と民間人に向けて、対ドイツ抵抗運動に参加してナチとの戦いを継続するよう訴えた。

　1944年のパリ解放とともに帰国すると、ド・ゴールは英雄として迎えられ、すぐさま、新たに作られた臨時政府の主席に選ばれた。しかしド・ゴールは、後に第四共和政を樹立することになる新憲法では大統領に十分な権限が与えられていないと考え、1946年に辞職した。

　その後の10年間、ド・ゴールはフランス政界の重要人物であり続けたが、表舞台に立つことはなかった。しかし1958年、北アフリカのフランス植民地アルジェリアで反乱が起こり、フランス国内で政局が不安定となり政権が倒れた。

　不安を抱えたフランスの指導者たちは再びド・ゴールに頼り、事態収拾のため彼に6か月だけという条件で全権を与えた。ド・ゴールは期待に応えて、アルジェリアでの動乱を鎮め（結果として、1962年にアルジェリアが独立する道筋をつけた）、フランスがそれまでよりも堅固で独自の道を進めるようにした。

　彼は新憲法の起草を監督し（大統領の権限を強化した）、核兵器の開発を認め、フランスを北大西洋条約機構（NATO）の軍事部門から脱退させた。

　ド・ゴールはその後も国のかじ取りを続けたが、1968年になると学生の抗議活動や、デモやストライキが頻発し、彼の権威は傷ついた。翌年、改革法案を自らの主導で国民投票にかけたが、法案は否決され、彼は辞任した。その19か月後に世を去った。

豆知識

1. ド・ゴールは、第一次世界大戦中にフランス陸軍で軍務に就いた後、フランスの軍制を批判する書籍や論文を次々と書いた。彼の主張は、フランスではまともに取り上げられなかったが、1940年、まさに彼が提唱した戦術を使ってナチ・ドイツはフランスを征服した。
2. ド・ゴールは、長男が生まれると、軍で指導してもらった上官フィリップ・ペタン元帥（1856〜1951）から名前をもらって、フィリップと名づけた。そのペタンは、後にヴィシー政府が成立するとナチ・ドイツに協力し、ド・ゴールの大敵になった。
3. 雑誌『タイム』は、フランスを混乱から救ったとして、1958年にド・ゴールを「今年の人」に選んだ。

58 文学 ジェームズ・ジョイス

　わずか数作の画期的作品で、アイルランドの小説家ジェームズ・ジョイス（1882〜1941）は、現代作家のほとんど誰よりも、西洋文学の様相を大きく一変させた。彼の小説は、長編・短編を問わず時代に先駆けるもので、そこで初めて使われた数多くの新たな文学手法は、現在活躍中の作家たちに今も影響を与え続けている。

◆

ジェームズ・ジョイス

　青年時代をダブリンで過ごしたジョイスは、その後ヨーロッパ各地を転々としながら、作品を執筆しては、出版してもらうためアイルランドに一時帰国するのを繰り返していた。最初の主要な作品『ダブリン市民』は、1914年に出版され、現在も20世紀で屈指の短編集だと評されている。最後に収められた「死者たち」には、ジョイスと結びつけられることが最も多い文学手法のひとつ“エピファニー”が、よく表れている。エピファニーとは、登場人物が自分自身や世界について、人生を変えるような認識に突然至る特別な瞬間のことである。

　ジョイスが『ダブリン市民』の次に出した『若い芸術家の肖像』（1916年）は、自伝的要素の多い小説で、カトリックとして育てられた主人公が、教養を身につけ、芸術家になるまでが描かれている。『若い芸術家の肖像』でジョイスは絶賛されたが、誰もが認める彼の最高傑作は、次に出た小説『ユリシーズ』（1922年）だ。この長大な作品は、ホメロスの『オデュッセイア』を現代ダブリンでの1日に舞台を移して再構成したもので、しばしば、英語で書かれた最高の長編小説と呼ばれている。この作品でジョイスは、言葉遣い、文体、声について徹底的な実験を行なっており、特に注目すべきは、意識の流れという叙述法 —— 登場人物が頭の中で考えていることを、整理したり解釈したりせず、一言一句そのまま書き記そうとする手法 —— を用いていることだ。ジョイスの実験は、最後の長編小説『フィネガンズ・ウェイク』（1939年）で、さらに高いレベルに達した。この作品は非常に難解で、研究者にしか読まれない傾向がある。

　ジョイスの作品は、簡単に戯曲や映画用に脚色することはできないものの、西洋の文化批評に耐えてきた。これらが高く評価されているのは、文学的な革新性はもちろん、それぞれの作品が、カトリックの信仰や、性衝動、芸術、および、ジョイスの故国アイルランドの緊迫しがちな政治状況について、深く掘り下げているからである【訳注／ジョン・ヒューストン監督の『ザ・デッド／「ダブリン市民」より』（1987年）は「死者たち」を下敷きにしたもの】。

┌─────────┐
│ 豆 知 識 │
└─────────┘

1. ジョイスは生涯を通じて、緑内障や白内障など目の疾患に悩まされ、一時的に目が見えなくなることもあった。
2. 毎年6月16日は、ブルームズデイといって、世界中のジョイス・ファンが、1904年のこの日に『ユリシーズ』の出来事が起きたことを記念して、お祝いをする。
3. ジョイスは、マルセル・プルースト（1871〜1922）、ヴァージニア・ウルフ（1882〜1941）、ウィリアム・フォークナー（1897〜1962）と並んで、モダニズム文学の中心人物と見なされている。

59 音楽 ｜ ファッツ・ウォーラー

　ピアニストのトマス・ライト・「ファッツ」・ウォーラー（1904〜1943）は、人気も影響力も抜群に大きかった20世紀初頭のアーティストで、アーリー・ジャズのパイオニア的存在だった。華やかでコメディっぽいスタイルが特徴で、「浮気はやめた」（1929年）や「ハニーサックル・ローズ」（1934年）など、アメリカのスタンダード・ナンバーを数多く作曲した。ウォーラーは、クラシック音楽を学び、ヨハン・ゼバスティアン・バッハ（1685〜1750）の楽曲をしっかりと身につけたピアニストだったが、ストライド奏法という即興的で難しいジャズ奏法を完成させた人物として、たいへんよく知られている。

◆

ファッツ・ウォーラー

　ウォーラーのほかに、ストライド奏法の名ピアニストとして、ウィリー・「ザ・ライオン」・スミス（1897〜1973）とジェームズ・P・ジョンソン（1894〜1955）がおり、ウォーラーは少年時代にニューヨーク市でジョンソンからピアノの手ほどきを受けた。ストライド奏法では、ピアニストは曲のリズムとメロディーの両方を担当する。リズムは、普通ならコントラバスやドラムなど別の楽器を用いるところを、ピアニストの左手だけで刻む。

　ストライド奏法が誰もが知るほど難しいのは、ピアニストの左手はリズムをキープすればいいだけではないからだ。ピアニストは、ピアノの左側を使って曲のリズムを保つのと交互に、ハーモニーを出すため鍵盤の中央部で和音を弾かなくてはならない（そのため左手は鍵盤を左右に大きく行き来することになり、そこから「大またで歩く」を意味するストライドという名前がつけられた）。そのうえ同時に、右手で複雑な（しかもテンポの速い）メロディーを演奏しなくてはならない。

　ストライド奏法をマスターするには、信じられないほどの才能と、長年の練習が必要だが、ウォーラーには生まれつき大きな利点があった。かつてジャズ・ピアニストのジョージ・シアリング（1919〜2011）は、ウォーラーと握手するのは「バナナを1房つかむ」ような感じだったと語ったことがある。これは誇張ではなかった。ウォーラーは手が大きく、めいっぱいに広げるとピアノの白鍵を12本カバーすることができた。彼は、ジャズが全国的な人気を獲得しようとしていた1920年代から1930年代に活躍した一流の演奏家であり、ヒットを量産するレコーディング・アーティストだったが、1943年に肺炎のため亡くなった。彼は今も、後世のジャズ・ミュージシャンに大きな影響を与えた人物として名前を挙げられることが多く、没後の1993年にグラミー賞特別功労賞生涯業績賞を授与された。

豆 知 識

1. ウォーラーが仕事を始めたのは10代のとき、ニューヨーク市でレント（家賃）パーティー —— 借家人が家賃を工面するため出席者から入場料を取って開く生演奏付きのホームパーティー —— で演奏したのが最初だった。
2. ウォーラーは、自身の演奏を録音したレコードを売る前、オーケーレコード社のため自動ピアノ用のピアノロールを書いていた。
3. 人気絶頂だった1926年、ウォーラーは銃を背中に突きつけられてシカゴのクラブに連れてこられた。誘拐されると思ったが、実は有名なギャング「スカーフェイス」ことアル・カポネ（1899〜1947）のバースデイ・パーティーで演奏するよう強いられたのだった。

60 映画 | ジェームズ・キャグニー

　ジェームズ・キャグニー（1899〜1986）は、1930年代に生まれて急成長したジャンルであるギャング映画を代表するスターだった。新聞『ニューヨーク・タイムズ』に掲載された死亡記事にあるように、彼は「生意気でケンカ好きな映画スター」であり、記憶に残る優れた役者だった。俳優ウィル・ロジャーズはキャグニーについて、「彼の仕事ぶりを見るたびに、爆竹の束が一斉に鳴り出すような感じがする」と語っていた。

◆

　キャグニーは、歌とダンスができる芸人として、ブロードウェイとボードビルで経験を積んだ。ダンスも歌も一流とまではいかなかったが、舞台上でのエネルギッシュな演技は映画に合っていた。『罪人の休日』（1930年）で映画デビューを果たした翌年、キャグニーは『民衆の敵』（1931年）で主役を務め、一躍スターの仲間入りをした。最初期のギャング映画である本作は、暴力と女性嫌悪をリアルに描いているのが特徴だ。中でも、キャグニー演じるトム・パワーズが半分に切ったグレープフルーツを共演女優メイ・クラークの顔に押しつけるシーンは、とりわけ有名である。

　その後1930年代を通じてキャグニーは、ハリウッドで指折りのギャング・スターという評価を高め続け、ハンフリー・ボガートと共演した『汚れた顔の天使』（1938年）でアカデミー主演男優賞にノミネートされた。翌年、再びボガートとともに『彼奴は顔役だ！』に出演したが、これを最後にキャグニーはしばらくギャング映画に出なくなった。

　キャグニーが芸人時代に培った歌とダンスを披露したのが、映画『ヤンキー・ドゥードゥル・ダンディ』（1942年）で、この作品では有名な歌手・作詞作曲家・ダンサーのジョージ・M・コーハンを演じた。本作は愛国的なミュージカルで、同年最高の興行成績を上げる大ヒットとなり、キャグニーはアカデミー主演男優賞を受賞した。

　その後、再びギャング映画に戻って出演したのが、マザーコンプレックスを描いたラオール・ウォルシュ監督の映画『白熱』（1949年）だ。この作品で彼は異常性格者のギャングを演じ、「やったよ、ママ！　世界一だ！」というセリフは有名になった。1955年には、注目すべき2本の映画に出演した。ひとつは『情欲の悪魔』で、この作品で彼は最後となる3度目のアカデミー賞ノミネートを果たした。もうひとつは、ヘンリー・フォンダやジャック・レモンと共演した『ミスタア・ロバーツ』である。

　キャグニーは、1961年に引退した。しかし、医師からもっと活動的になるよう言われて、20年ぶりにスクリーンに戻り、ミロス・フォアマン監督の『ラグタイム』（1981年）に脇役で出演した。これがキャグニーにとって最後の映画になった。彼は心臓発作により86歳で亡くなり、葬儀ではハリウッド時代の旧友ロナルド・レーガン大統領が弔辞を読んだ。

豆知識

1. 1942年の興行収入トップの映画『ヤンキー・ドゥードゥル・ダンディ』を監督したマイケル・カーティスは、1942年に最も人気の高かった映画『カサブランカ』も監督している。
2. B級映画への出演で知られるキャグニーだが、アカデミー賞を2部門で受賞したウィリアム・シェイクスピア原作の映画『真夏の夜の夢』（1935年）にも出演している。
3. 1984年にキャグニーは、アメリカ政府が文民に贈る最高の勲章である大統領自由勲章を授与された。

61 思想と社会 ｜ フラッパー

1920年代、若い女性の一団が、髪形を当時としては奇抜なボブというショートカットにして、タバコを吸ったりジャズを聞いたりと、とにかく、きちんとした若い女性はこうあるべきと考えられてきた習慣をことごとく破り始めた。彼女たちはフラッパーと呼ばれ —— その語源は、イギリスで「売春婦」を意味する俗語と考えられている —— 第一次世界大戦後にアメリカとヨーロッパで高まった、伝統的なジェンダー規範に対する反抗を象徴する存在となった。

◆

フラッパー

有名なフラッパーには、女優のジョーン・クロフォード（1905頃～1977）や、小説家F・スコット・フィッツジェラルド（1896～1940）の妻ゼルダ・フィッツジェラルド（1900～1948）などがいる。

フラッパー世代は、ボーイッシュなヘアスタイルと服装をしただけでなく、性に対しても、より自由な態度を取ることが多かった。フラッパーの中には何人もの男性と付き合う女性もおり、そうした行為は、当時の常識からすればスキャンダルにほかならなかった。

アメリカでフラッパーが登場した背景には、アメリカ合衆国憲法修正第19条の成立があった。この条項によって、女性に男性と同等の参政権が与えられ、多くのアメリカ人が伝統的な性役割を考え直すようになった。

フラッパーの姿を描いたものとして、おそらく最も有名なのは、フィッツジェラルドの小説だろう。彼の代表作『グレート・ギャツビー』（1925年）には、有名なフラッパーとして、独立心が旺盛で、鋼のような精神を持つ酒豪のプロゴルファー、ジョーダン・ベイカーが登場する。また、短編小説「バーニスの断髪宣言」では、主人公の少女バーニスが年上のいとこマージョリーから社交界の令嬢になれるよう特訓を受けるが、その中でマージョリーはバーニスに、完璧にフラッパーのように振る舞う方法を教えている。

1929年の株価暴落で狂騒の20年代が突然終わりを告げると、フラッパーと、彼女たちの享楽的でぜいたくなライフスタイルは一気に廃れた。

＿＿＿＿ 豆 知 識 ＿＿＿＿

1. フラッパーが登場したのと同時期に、化粧の人気が一気に高まった。とりわけアメリカでは、第一次世界大戦前はそれほど一般的でなかった口紅が大流行した。
2. フィッツジェラルドが1920年に出版した短編集は、タイトルを『フラッパーと哲学者』といった。
3. 「バーニスの断髪宣言」は、フィッツジェラルドが妹に宛てて書いた、どうすれば男性から見てもっと魅力的になれるかをアドバイスした手紙が基になっている。

62 スポーツ｜ジョー・ルイス

多くの人から史上最高のヘビー級ボクサーと評価されているジョー・ルイス（1914〜1981）は、12年近くヘビー級チャンピオンの座にあり、記録となる25回の王座防衛を果たした。しかし、ルイスと言えば何よりも、1938年に、アドルフ・ヒトラーがナチの優位を象徴するシンボルとして後押ししていたドイツ人ボクサー、マックス・シュメリング（1905〜2005）と対戦して勝ったことで知られている。アフリカ系アメリカ人がドイツ人に勝ったことで、ルイスはアメリカの黒人にとって、20世紀最大の大衆ヒーローのひとりになった。

◆

ルイスはアメリカのアラバマ州出身で、祖父は奴隷だった。1934年にプロへ転向すると、初戦から27連勝（うち23試合はKO勝ち）してヘビー級のボクサーたちを震え上がらせた。多くの人から、彼は無敵で、このままタイトルを取るだろうと思われていたが、1936年6月19日、ヤンキー・スタジアムで行なわれたシュメリングとの初対戦で負けてしまう。

ルイスは、この敗戦から立ち直ると、1937年6月22日にチャンピオンのジェームズ・J・ブラドック（1905〜1974）にKO勝ちしてタイトルを獲得した。

しかしルイスは満足しなかった —— シュメリングに勝つまでは真のチャンピオンだという気になれなかったのだ。その機会は1938年6月22日に訪れた。試合会場は同じくヤンキー・スタジアム。今回は、試合開始からわずか124秒でシュメリングをノックアウトした。このときの勝利は、アメリカ文化に不滅の足跡を残し、彼は黒人と白人両方のヒーローになった。

ルイスは王座を守ったまま1949年に引退したが、経済的事情から、1950年にリングにカムバックした。しかし、復帰戦ではチャンピオンのエザード・チャールズ（1921〜1975）に敗れた。ルイスはさらに9試合を戦い、1951年にロッキー・マルシアノ（1923〜1969）に敗れると、完全に引退した。プロとしての輝かしいキャリアの中で、ルイス —— 別名、褐色の爆撃機 —— は、68勝3敗という成績を収め、そのうち54試合でKO勝ちした。

引退後、ルイスはコカイン依存症とパラノイアに苦しみ、後にラスベガスのカジノで出迎え係の仕事に就いた。晩年には、第二次世界大戦を生き延びたシュメリングと親交を重ねた。その後、心臓発作により66歳で亡くなった。

豆 知 識

1. ルイスがヘビー級のチャンピオンだった時期、彼の対戦相手は「今月の無能選手」と呼ばれることが多かった。ルイスの優れた技に勝てる見込みがなかったからだ。
2. ルイスは、1942年から1945年までアメリカ陸軍で軍務に就き、募金集めや兵士の士気高揚のため、エキシビション・マッチを96回行なった。
3. 彼は、本名をジョゼフ・ルイス・バローといったが、ジョー・ルイスのリング名で戦った。これは、ボクサーになるのを反対していた母親に、ボクシングを始めたことを知られないようにするためだった。

63 大衆文化 │ 『ルーニー・テューンズ』

　1929年、ウォルト・ディズニー・スタジオは、人気沸騰中のミッキーマウス作品に加えて、新たな短編アニメ映画シリーズ『シリー・シンフォニー』を発表した。このシリーズは批評家から絶賛され、アカデミー短編アニメ賞が新設されると、6年連続で受賞した。これに刺激を受けて、ライバル会社ワーナー・ブラザースは、音楽をメインとした独自のアニメ・シリーズをふたつ製作した。それが『メリー・メロディーズ』と『ルーニー・テューンズ』である。

◆

メル・ブランク

　ワーナーは、人気曲の著作権をいくつも所有していたので、数多くの楽曲を自由に使うことができた。しかし、『メリー・メロディーズ』と違って『ルーニー・テューンズ』では、さまざまなキャラクターがすぐにレギュラー出演するようになり、そのどれもが、ディズニー製作のどのアニメ・キャラにも負けないほど有名になった。

　名前を挙げれば、バッグス・バニー、ダフィー・ダック、ポーキー・ピッグ、シルベスター、トゥイーティー、フォグホーン・レグホーンなどなどだ。あまり知られていないことだが、以上のキャラクター全員と、他の多くのキャラクターの声は、声優のメル・ブランク（1908〜1989）がひとりで演じていた。

　『ルーニー・テューンズ』は、1969年まで、映画館で長編映画の前や後に上映されていた。

　一部の作品は、内容に人種的偏見があるため、今日ではほとんど見ることができない。とりわけ第二次世界大戦中の作品には、日本人への偏見が見られる。それでも、『ルーニー・テューンズ』の作品はあちこちに配給された。1960年以降、ワーナー・ブラザースはテレビ放映用にも作品を売り始めた。ただし、1948年以前に製作された作品は白黒だったため、『バッグス・バニー／ロード・ランナー・アワー』や『バッグス・バニー＆トゥイーティー・ショー』など放送用にテレビ局へ提供された作品は、どれもワーナーがシリーズをカラー化した1948年7月以降に作られたものである。

豆 知 識

1. ブランクは、『ルーニー・テューンズ』で数々のキャラクターの声を演じていただけでなく、テレビアニメ『原始家族フリントストーン』のバーニー・ラブルの声も担当していた。
2. 『ルーニー・テューンズ』のキャラクターは長編映画に出演することも多い。そのひとつが、アニメと実写を組み合わせた2003年の映画『ルーニー・テューンズ：バック・イン・アクション』だ。
3. ディズニーのドナルド・ダックは、1934年に『シリー・シンフォニー』シリーズの『かしこいメンドリ』で初登場した。

64 人物 アンネ・フランク

　ホロコースト（ユダヤ人大虐殺）から上がった無数の声のうち、おそらくどれよりも広く世界中に響き渡ったのが、アンネ・フランクの声だろう。ユダヤ人の少女だったアンネは、第二次世界大戦中、ナチ占領下のオランダで家族や4人の友人とともに潜伏生活を余儀なくされた。彼女を含む合計8人が、父が経営する会社の建物の上階に作られた秘密の隠れ家で生活を送った。彼らは1942年7月から潜伏生活を始め、1944年8月に密告・逮捕されるまで、そこで暮らし続けた。

◆

　2年間の潜伏生活中、アンネ（1929〜1945）は日記をつけていた。その日記は、死後の1947年に初めて出版され、今では60以上の言語に翻訳されている。日本語では『アンネの日記』のタイトルで知られている。ベルゲン・ベルゼン強制収容所で亡くなる約1年前、アンネはこう書き記している。「わたしは、わたしのことをまだ全然知らない周囲の人たちの役に立ったり、そうした人たちを楽しませたりしたい。死んでからも生き続けたい！」

　フランク一家は、すでに1933年にドイツを逃れてオランダに移り住んでいた。一家は首都アムステルダムで安全に暮らしていたが、1940年に事態は一変する。ナチがオランダに侵攻・占領し、次々と反ユダヤ法を施行したのである。強制連行を恐れたフランク一家 —— 父オットー（1889〜1980）、母エーディト（1900〜1945）、娘マルゴット（1926〜1945）とアンネ —— は、潜伏生活を送ることにした。食べ物や衣服などの日用品は、オットーの会社の社員のうち隠れ家の階下で働き続けた4人から受け取っていた。隠れ家にいたメンバーが発見されると、全員がドイツの強制収容所へ送られた。エーディト、マルゴット、アンネは3人とも収容所で亡くなった。

　フランク一家のうち、オットーだけが生き延びた。彼の会社の元社員のうち2名がアンネの日記を奇跡的に発見し、アムステルダムに戻ってきたオットーに渡した。

　オットーは娘の日記を世に出そうと決心し、1947年にまずオランダ語で出版した。エッセイストのロジャー・ローゼンブラットは、1999年に雑誌『タイム』でこう書いている。「この本を読むと熱い思いが込み上がってくるのは、誰もが心にアンネ・フランクを持っており、彼女がホロコーストやユダヤ人であること、少女であること、さらには善すらも超えて、現代世界の象徴的人物となったからである —— 彼女は、破滅をもたらす組織に攻め立てられている中で、生きる権利を主張し、人類の未来に疑問を投げかけながらも希望を抱き続けた、一個の道徳的な精神だった」

―― 豆 知 識 ――

1. フランセス・グッドリッチ（1890〜1984）とアルバート・ハケット（1900〜1995）は、『アンネの日記』を戯曲化した。作品は1955年にブロードウェイで初演されて大成功を収め、戯曲部門でピューリッツァー賞を受賞した。また同作は、1959年にハリウッドで映画化された。
2. アムステルダム市プリンセン運河通り263番地にあった隠れ家は、後に保存されて1960年5月に博物館「アンネ・フランクの家」としてオープンした。
3. アンネとマルゴットは、ふたりとも1945年3月にベルゲン・ベルゼン強制収容所でチフスのため亡くなった。収容所がイギリス軍によって解放される3週間前のことだった。

65 文学 ｜ Ｔ・Ｓ・エリオット

アメリカに生まれイギリスに帰化した文学者・批評家のＴ・Ｓ・エリオット（1888〜1965）は、有名な詩劇や評論も何作か書いているが、何と言っても、その複雑な詩でよく知られている。『荒地』などの画期的な作品に表れる、読む者の心をかき乱すようなシュルレアリスム的なイメージは、モダニズム詩の特徴と見なされるようになるが、これは第一次世界大戦後のヨーロッパを襲った悲しみと混乱を凝縮させたものだった。

◆

　アメリカのセントルイスに生まれたエリオットは、ハーバード大学に入学し、パリに1年間留学した後の1914年、第一次世界大戦の勃発を受けて、イギリスに永住する決心をした。この大戦がエリオットとその作品に与えた影響は、誇張のしようがないほど大きかった。大戦によりヨーロッパは計り知れない打撃を受けた。戦争で約1000万人が命を落とし、しかも、その戦争には明確な大義など何もなかったのだ。戦争の無意味さに、エリオットをはじめとする当時の人々は、西洋文明の行く末を案じ、その存続すら危ぶんでいた。

　エリオットの最初の主要な作品『Ｊ・アルフレッド・プルフロックの恋歌』（1915年）は、当時の詩の中で今も非常に広く読まれているもののひとつだ。自己不信と無気力に苦しむ男の一人称による独白として書かれた作品 —— 自問する「桃を食べようかな」の1行は有名 —— で、意識の流れによる多義的な描写は、今も読者を魅了すると同時に当惑させてもいる。

　エリオットの傑作『荒地』（1922年）は、大戦後における西洋とエリオット自身両方の精神状態を、引喩を多用して表現した長くて複雑な詩だ。この作品では、古代や中世の文学作品からの引用を多く用いることで、戦後のヨーロッパに蔓延していた虚無感を、読者を戸惑わせながら表現している。

　エリオットは、『荒地』で見せた悲観的な心情を、「うつろな人間たち」（1925年）でも繰り返しており、詩の最後は、彼の書いた中でおそらく最も印象的な「このようにして世界は終わる／華々しくではなく消え入るように終わる」で閉じられている。

豆 知 識

1. 後年にエリオットは詩劇も数作書いており、主なものとして、12世紀のカンタベリー大司教トマス・ベケットを主人公とする『寺院の殺人』（1935年）や、夫婦間の問題に直面するカップルを描いた『カクテル・パーティ』（1950年）などがある。
2. エリオットの作品は重苦しいものばかりではない。アンドリュー・ロイド・ウェバー（1948〜）は、エリオットが子供向けに書いた詩集『ポッサムおじさんの実用猫百科』（1939年）を原作として、ロングラン・ミュージカル『キャッツ』を作った。
3. 映画『地獄の黙示録』（1979年）では、マーロン・ブランド（1924〜2004）演じる登場人物が、「うつろな人間たち」を読み上げ、エリオットの愛読書のうち2冊 —— ジェームズ・フレーザー（1854〜1941）の『金枝篇』と、ジェシー・Ｌ・ウェストン（1850〜1928）の『祭祀からロマンスへ』 —— をベッドわきのテーブルに置いている。
4. エリオットは、1916年にハーバード大学で博士論文を書き上げていたが、口頭試問に出ることができなかったため、博士号は授与されなかった。

66 音楽 ｜ ビリー・ホリデイ

　ビリー・ホリデイ（本名エリアノーラ・フェイガン、1915～1959）は、アメリカのフィラデルフィアに生まれた。母は10代のシングルマザーで、母娘はホリデイが生まれるとすぐにメリーランド州ボルティモアの貧困地区に移り住むが、そこでホリデイは凄惨な子供時代を過ごすことになる。11歳のときにレイプされると、同年にカトリック系の矯正施設へ送られ、その後はまだ10代のうちからニューヨークのハーレム地区にある売春宿で売春婦として働いた。『奇妙な果実 —— ビリー・ホリデイ自伝』によると、やがてホリデイは売春の罪で逮捕され、別の仕事を見つけなくてはならなくなった。

◆

ビリー・ホリデイ

　伝えられるところによると、ある日ホリデイはダンサーの仕事を求めてハーレムのもぐり酒場へ行った。店からは、今はダンサーの空きはないが、歌手なら募集中だと言われた。職探しに必死だった彼女は、それでもいいと言ってチャレンジしたところ —— オーディションで彼女の歌声を聞いた者たちは誰もが涙を流した。ホリデイは採用され、やがてニューヨーク市内のあちこちのクラブで歌うようになった。

　1933年に音楽プロデューサーでスカウトのジョン・ハモンド（1910～1987）に見いだされ、レコード契約を結んだ。

　ホリデイは、レコーディングの当初から、ベニー・グッドマン（1909～1986）、カウント・ベイシー（1904～1984）、アーティ・ショー（1910～2004）など、当時の名だたるミュージシャンが率いる超有名ビッグバンドと共演した。ホリデイのレコードは、突き刺すような悲しみに満ちた歌声が特徴で、他人には真似のできない彼女独自の、心を揺さぶる歌唱スタイルがよく表れている。

　代表曲のひとつで、黒人へのリンチを非難した「奇妙な果実」は、キャリアの初期に録音したものだ。発表されたのは公民権運動が高まる何年も前で、当時としては非常に大胆な内容の歌だった。

　残念ながらホリデイは、公民権運動が甘い果実を実らせるのを生きて目にすることはできなかった。人生の大半をヘロイン依存症やアルコール依存症と戦って過ごした末に、ホリデイは1959年に肝硬変で亡くなった。

┌─────────┐
│ 豆 知 識 │
└─────────┘

1. 自伝『奇妙な果実』は『ビリー・ホリデイ物語／奇妙な果実』のタイトルで映画化され、ホリデイ役をスプリームスのリード・シンガーだったダイアナ・ロス（1944～）が演じた。
2. ホリデイは、1930年代にアーティ・ショー楽団と共演し、全員が白人のオーケストラと仕事をした最初の黒人女性のひとりになった。
3. 1988年にアイルランドのロックバンドU2は、ホリデイへのトリビュート・ソング「エンジェル・オブ・ハーレム」をリリースした。

67 映画 | フレッド・アステアと ジンジャー・ロジャース

フレッド・アステアとジンジャー・ロジャースは、大恐慌時代のハリウッド映画の魅力と洗練性を象徴するダンス・コンビで、1933年から1939年にかけて9本のミュージカル映画に出演し、アステア＆ロジャースの名で世界的に有名になった。映画史家のデイヴィッド・トムソンいわく、このふたりは「都会慣れしたプレーボーイと、近所の平凡な娘さん」という、普通ならありえないペアだった。

◆

フレッド・アステアとジンジャー・ロジャース

アステア（1899～1987）は、姉アデルとペアを組んでダンサーとして大成功を収めた後、1930年代初頭に映画界入りした。1933年に映画デビューし、同年に『空中レヴュー時代』で初めてロジャースとコンビを組んだ。オールバックの髪形と、しわひとつない衣装で優雅なイメージを作り出し、大恐慌で疲れ切っていた映画ファンたちの心をとらえた。

ロジャース（1911～1995）は、ボードビルとブロードウェイで経験を積んだ後、1929年に映画デビューした。アステアとコンビを組む前に25作品に出演していたが、アステアと組んでいた時期が、彼女のキャリアのピークだった。ふたりは、優れたダンス・テクニックと洗練性と、心からの喜びとを組み合わせることで、観客たちを虜にした。

ふたりが成功を収めた理由のひとつは、アステアがダンス・シーンはできるだけカットせずに長回しで撮り、ふたりの全身が画面に収まるように撮影すべきだと主張したことにある。そうすれば観客にダンスを存分に楽しんでもらえるからだ。アステアは、振付師ハーミーズ・パンと組んで多くのステップを考案した。そうしたステップは、映画のありきたりなストーリーが気にならないほど、実にすばらしいものだった。このコンビの最高傑作は、製作会社RKOにとっては1930年代最大のドル箱映画（売上は300万ドル）になった『トップ・ハット』（1935年）と、『有頂天時代』（1936年）だと考えられている。1939年にコンビを解消した後、アステアは何人かのパートナーと組んだが、以前のような魅力を発揮することはできなかった。ロジャースは、軽喜劇や本格ドラマに出演し、映画『恋愛手帖』（1940年）でアカデミー主演女優賞を受賞した。ふたりとも、アステアは『渚にて』（1959年）や『タワーリング・インフェルノ』（1974年）で、ロジャースは『モンキー・ビジネス』（1952年）と『恋愛手帖』で、それぞれ成功を収めたものの、どちらのスターもコンビを組んでいたときほどの輝きは得られなかった。

豆知識

1. アステアの本名は、フレデリック・オースターリッツ・ジュニアで、ロジャースは本名を、ヴァージニア・キャサリン・マクマスといった。
2. アステアがロジャース以外に映画でダンス・コンビを組んだパートナーには、リタ・ヘイワース、エリノア・パウエル、ポーレット・ゴダード、ジョーン・レスリー、ルシル・ブレマーなどがいる。
3. 1950年にアステアがアカデミー名誉賞を受賞したとき、そのプレゼンターをロジャースが務めた。

68 思想と社会 ｜ 帝国主義

　大英帝国は、最盛期の1921年には、植民地を東は香港から西はバミューダ諸島までの各地に有し、世界の人口の4分の1以上を支配していた。他のヨーロッパ列強 —— フランス、スペイン、ポルトガル、オランダ —— も、それぞれがアジア・アフリカのかなりの部分を勢力下に収めていたし、アメリカでさえ、帝国主義体制への新規参入者として、フィリピンとプエルトリコを支配していた。

◆

　帝国主義は、政治体制であると同時に、イデオロギーでもあった。その支持者たちは、「文明」を全世界に広めるチャンスだと主張して、詩人ラドヤード・キプリング（1865〜1936）が「平和のための野蛮な戦争」と呼んだ残忍な争いで諸外国を征服するのを正当化した。

　帝国建設は15世紀にスペインとポルトガルが開始したのが最初だが、帝国拡張のペースが一気に加速したのは、輸送機関が高速化し、ヨーロッパ大陸に一定の平和が訪れてヨーロッパ諸国に海外へ目を向ける余裕ができた19世紀のことだった。比較的小さな国でさえ巨大な帝国を建設し、例えばベルギーは1885年に、面積が本国の約80倍もあるコンゴの領有を宣言した。第一次世界大戦後にオスマン帝国が崩壊すると、ヨーロッパ植民地帝国は、その旧領を吸収して、ますます巨大になっていった。

　ヨーロッパ諸国にとって、植民地帝国には主として経済的な利点があった。宗主国は、例えば植民地であるベルギー領コンゴやイギリス領南アフリカから、黄金、鉄、銅、象牙、ゴムなどの原材料を搾取した。この一方的な経済関係によってヨーロッパとアメリカは経済成長を後押しされたが、植民地は壊滅的な打撃を受けることが多かった。さらに帝国主義には、よくも悪くも、西洋の法律制度・教育制度・経済制度を世界中に広めるという効果もあった。例えば、インドなど旧イギリス植民地の多くでは、今もイギリスに範を取った教育制度を採用している。

　しかし、帝国主義体制は短命に終わった。第二次世界大戦によってヨーロッパ列強が経済的に疲弊すると、広大な帝国の防衛コストと、高まる抵抗運動により、ヨーロッパの帝国主義は崩壊した。インドは1947年に独立し、ベルギー領コンゴは1960年に独立を宣言した。

豆 知 識

1. ヨーロッパ植民地帝国の名残は、今もわずかだが点在している。例えば、イギリスは今も西インド諸島のタークス・カイコス諸島を領有しているし、フランスは南アメリカのフランス領ギアナを統治している。
2. 1902年に出版されたジョゼフ・コンラッドの小説『闇の奥』は、ベルギー王レオポルド2世（1835〜1909）がコンゴを支配するのに用いた残忍な手法を明らかにし、植民地で一定の改革を促す後押しとなった。
3. イギリスとフランスとロシアは、第一次世界大戦中の1916年、オスマン帝国の分割に関する秘密協定を結んだ。これをサイクス＝ピコ協定という。

69 スポーツ ｜ ジョー・ディマジオ

「ジョルティン・ジョー」「ヤンキー・クリッパー」の愛称で親しまれた野球選手ジョー・ディマジオ（1914〜1999）は、フィールド上では史上屈指の優雅で気品あふれるプレーヤーだった。フィールド外では、ほとんど人と交わらず、近寄りがたいと思う人も多かった。表舞台から去ったことで、アメリカの大衆文化では神や英雄に近い存在として扱われ、歌や映画や小説で長く語り継がれている。

◆

ジョー・ディマジオ

ディマジオを野球史上最高のプレーヤーのひとりと考える人は多い。何しろ彼は、コンスタントにヒットを打てた（通算打率.325）だけでなく長打力もあり（通算本塁打は361本）、めったに三振せず（通算三振数はたったの369）、守備ではセンターを守ってほとんどミスがなく、走塁も一流だった。アメリカン・リーグの最優秀選手（MVP）を3度（1939年、1941年、1947年）獲得し、1941年に打ち立てた56試合連続ヒットは、いまだに破られていない、アメリカのスポーツ史上に輝く大記録だ。

しかも、勝利に貢献もしていた。ニューヨーク・ヤンキースは、ディマジオが加入した最初の4シーズンすべてでワールドシリーズを制覇し、彼が1951年に現役を引退するまで、さらに5回も優勝した。彼は1955年に野球殿堂入りを果たし、1969年にはスポーツ記者たちから、存命する最も偉大な野球選手に選ばれた。

現役引退後も、ディマジオは心ならずもスポットライトを浴び続けた。1954年にマリリン・モンロー（1926〜1962）と「世紀の結婚」を果たしたからだ。これは、アメリカ最高のスポーツヒーローと、ハリウッドで最もセクシーなスターの結婚であり、国中から祝福された。結婚は9か月しか続かなかったが、その後もディマジオとモンローは、1962年にモンローが亡くなるまで親しい関係を保ち続けた。

後半生のディマジオは、人前に出るときはいつも身だしなみを完璧に整えて、気品と洗練を備えた人物というイメージを守ろうとした。コーヒー会社のミスターコーヒーや、ニューヨークのバワリー貯蓄銀行のCMに出演した後でさえ、自分のイメージを保とうとした。彼は84歳で亡くなった。

豆 知 識

1. ディマジオの兄ヴィンス（1912〜1986）と弟ドム（1917〜2009）も、メジャーリーグでプレーした。
2. 当時の多くの選手と同じく、ディマジオも3年間（1943〜1945年）野球を離れて軍務に就いた。アメリカ陸軍での服務期間を終えると、1946年ヤンキースに復帰した。
3. モンローが亡くなると、ディマジオが葬儀の手配を行ない、その後20年にわたって週に3回、墓前に供えてもらうため赤いバラを6本ずつ送り続けた。

70 大衆文化 ｜ 三ばか大将

　40年にわたり愉快なドタバタ喜劇で見る者を楽しませてきたお笑いトリオ「三ばか大将」は、1930年に映画『ルンペンの天国』でドジな消防士3人組として出演したのが映画デビューだった。その後も脇役で出演していたが、1934年にコロムビア映画が3人と契約して、このトリオを主人公とする20分の短編映画シリーズを製作することになった。

◆

　三ばか大将のオリジナル・メンバー——ラリー（ルイス・ファインバーグ、1902～1975）、モー（モーゼズ・ホーウィッツ、1897～1975）、カーリー（ジェローム・ホーウィッツ、1903～1952）——は、3人ともボードビルで役者としてのスタートを切った。モーとカーリーは、ニューヨーク市ブルックリンのユダヤ人移民地区で育った兄弟だった。

　三ばか大将の短編映画は、どれも大雑把なストーリーと、くだらないギャグと、随所に登場する、どつきあって笑いを取る場面とが核となっていて、特に、しかめっ面をしたリーダーのモーが、いたずらっぽいカーリーと激しくやりあうシーンが多かった。繊細さや洗練性はトリオの得意とするところではなかったが、ハリウッドで最も早い時期にナチ・ドイツを風刺した映画『モーの独裁者時代』（1940年）を製作している。

　オリジナル・メンバーの活動は、1947年にカーリーが重度の脳卒中に襲われたことで終わる。彼に代わってホーウィッツ兄弟の兄シェンプ（サミュエル・ホーウィッツ、1895～1955）が加入した。8年後にシェンプが死ぬと、ジョー・ベッサー（1907～1988）が代わりになった。その後、1958年にベッサーが脱退すると、カーリー・ジョー（ジョーゼフ・ウォーデル、1909～1993）がメンバーに加わるが、1970年にラリーが脳卒中で倒れ、トリオは解散を余儀なくされた。

　三ばか大将は、短編映画だけでなく、『白雪姫と道化もの』（1961年）、『三ばか大将ヘラクレスに会う』（1962年）、『三ばか大将宇宙旅行』（1962年）などの長編映画にも数多く出演した。また、1963年の傑作コメディ映画『おかしなおかしなおかしな世界』にカメオ出演【訳注／非常に短い時間だけ出演すること】している。

┌─── 豆 知 識 ───┐

1. モーの妻ヘレンは、脱出王として有名なマジシャン、ハリー・フーディーニ（1874～1926）のいとこである。
2. 三ばか大将のメンバーは、うまくいかなかったものの、何度かソロ活動に挑戦している。例えばモーは、1973年の映画『白い悪魔の囁き／ドクター・デス』に出演した。
3. ラリーは、三ばか大将に加わる前は、ライト級のボクサーだった。
4. シェンプは、三ばか大将に加わる前、映画『ミシシッピ・ギャンブラー』（1942年）にタクシー運転手の役で出演していた。皮肉なことに、シェンプが心臓発作で死んだ場所はタクシーの後部座席だった。

71 人物 ロバート・オッペンハイマー

　原爆の父として知られるJ・ロバート・オッペンハイマー（1904〜1967）は、マンハッタン計画の指導者であり、この計画によって、ついに核兵器が開発され、1945年には最初の核兵器の爆破実験が成功した。彼は当時のアメリカで一流の理論物理学者だったが、後に、核物理学に関わる科学者が直面する道徳的・倫理的ジレンマを象徴する人物にもなった。

◆

　オッペンハイマーは、ハーバード大学とケンブリッジ大学で学び、ドイツで博士号を取得した後、カリフォルニア工科大学とカリフォルニア大学バークレー校で教授になった。アメリカのフランクリン・D・ローズヴェルト大統領（1882〜1945）は、ドイツが原子の核分裂に成功したとの報告を受けると、1941年にマンハッタン計画を承認した。1年後、大統領はその責任者にオッペンハイマーを任命した。

　オッペンハイマーは、ニューメキシコ州ロスアラモスの砂漠に新たな研究所を建て、優秀な科学者たちを集めた。彼らは成功を収めた。1945年7月16日、オッペンハイマーらは原子爆弾の最初の爆発を目撃した（この核実験は、トリニティ実験と呼ばれている）。この実験で、TNT爆薬に換算して1万9000トン分のエネルギーが放出された。このときオッペンハイマーは、「我々は、これで世界は一変すると思った」と語っている。

　それから1か月もしないうちにアメリカ軍機が日本の広島と長崎に原子爆弾を投下し、あわせて21万人以上の命を奪った。その数週間後の9月2日、日本は降伏文書に調印し、第二次世界大戦は終わった。

　戦後、オッペンハイマーは1947年から1952年まで、アメリカ原子力委員会の諮問委員会で議長を務め、その立場を利用して、水素爆弾の開発に反対し、ソヴィエト連邦との核兵器開発競争にも異を唱えた。

　1953年、彼は共産主義を支持しているとして告発され、1954年に聴聞会にかけられた後、機密情報の取扱許可を剥奪された。彼は、所長を務めていたニュージャージー州のプリンストン高等研究所に戻った。1963年、ジョン・F・ケネディ大統領（1917〜1963）は一種の公的な恩赦を行ない、オッペンハイマーの「理論物理学への顕著な貢献と、科学と組織運営における指導力」を称えて、彼にフェルミ賞を授与した。

　オッペンハイマーは、咽頭がんで1967年に亡くなった。

　　　　　　　　　　　　　　　　　　　　　豆 知 識

1. 1947年にオッペンハイマーは、広島と長崎であれほど多くの人が死んだことに科学界が関与した件について、自らの葛藤を次のように告白している。「下品な言い方をしようがユーモアを交えようが、誇張表現しようが完全に消し去ることのできない、ある種おおまかな意味で、物理学者たちは罪を知った。しかも、この事実を彼らが忘れることはできない」

2. 彼は6つの言語を話した。若いころには、オランダ語を6週間でマスターして、オランダ訪問中に専門的な講義をしたこともある。

3. オッペンハイマーは、マンハッタンに住む裕福な家庭の生まれだった。父親は織物輸入業者で、母は芸術家だった。家族の美術収集品には、ゴッホの作品が3点あった。

72 文学 | ガートルード・スタイン

アメリカの知識人ガートルード・スタイン（1874～1946）は、文学史上ユニークな人物で、知的な生活と前衛的な著作によって文化的に特異な存在となった。その実験的な作品は、ときには冗長に感じられることもあるが、確かに興味深く、英語という言語の境界を押し広げるのに大きく貢献した。

◆

カリフォルニア州オークランドで育ったスタインは、ラドクリフ大学で学んだ後、1903年パリに移った。その地で文学と芸術の世界にどっぷりと浸かり、同じアメリカ人女性で、後に終生のパートナーとなるアリス・B・トクラス（1877～1967）と出会った。やがてスタインは、文学界の優れた世話人という評判を得た。戦間期には、普段からパリの自宅にアーネスト・ヘミングウェイ（1899～1961）、パブロ・ピカソ（1881～1973）、アンリ・マティス（1869～1954）らを招いて知的サロンを開いていた。

早くからキュビスム絵画を支持していたスタインは、その原理を執筆にも応用しようと考えた。キュビスムの画家がひとつの対象物を複数の視点から同時に描いたのと同じように、スタインは個々の単語をしつこく何度も繰り返し、そのたびごとに意味の微妙な違いを明らかにしようとした。

例えば初期の作品『三人の女』（1909年）では、「お人好しのアンナ（The Good Anna）」という章で「good」という語を何百回も繰り返し、この一見すると単純そうな単語が持つ、数々の微妙な違いに焦点を当てようとしている。またスタインは、大部分を現在時制で書いた ——「彼女は読んでいる（she is reading）」のように現在進行形を用いた —— が、それは今この瞬間をとらえるためだった。スタインは、誰もが知るほどの大きな自尊心の持ち主で、天才を自称してはばからず —— 自身を「今世紀を代表する創造的な文学的精神」と呼んでいた —— 他の作家を努力が足りないと言って嘲笑していた。

彼女が書いた『アリス・B・トクラスの自伝』（1933年）さえ、表向きはパートナーであるトクラスの話だが、実際はスタイン自身の物語である。生涯を通じて常に奇抜な行動を取り、人々の話題になる発言を繰り返し、絶えず自己PRに励んでいた。その間ずっと、献身的なトクラスは彼女のアシスタント兼マネージャーとなり、スタインが執筆だけに専念できるよう日々の雑務を引き受けていた。

豆 知 識

1. 人々の記憶にある最も有名なスタインの図像は、写真ではなく、ピカソが1906年に描いた、仮面のような顔をした肖像画だろう。この作品は現在ニューヨーク市のメトロポリタン美術館に展示されている。
2. スタインには、人々が引用しやすい名言が数多くある。「バラはバラでありバラでありバラである」や、彼女自身がオークランドへの嫌悪を示すため何度も口にした「そこにはそこがない」などは有名だ。
3. かつてスタインはヘミングウェイに、彼や、彼と同時代の文学者たちは「みな失われた世代」だと言ったことがある。以来、この「失われた世代」という語は、この時期の作家たちを指すのに使われている。

73 音楽 『ポーギーとベス』

　ジョージ（1898〜1937）とアイラ（1896〜1983）のガーシュウィン兄弟は、ブロードウェイ・ミュージカルのヒット作を10本以上も作っているし、「魅惑のリズム」（1924年）や「サムワン・トゥー・ウォッチ・オーヴァー・ミー」（1926年）などアメリカの不朽のスタンダード・ナンバーも作曲している。しかし、ふたりの作品でおそらく最も有名なのは、議論を呼んだ1935年のオペラ『ポーギーとベス』だろう。この作品は、「サマータイム」など忘れられない名曲の数々と、配役を敢えて全員黒人にしたことで、多くの人からアメリカ演劇の記念碑的作品だと評価されている。

◆

　『ポーギーとベス』は、デュボーズ・ヘイワード（1885〜1940）が1925年に書いた小説『ポーギー』を原作としている。物語の舞台は、サウスカロライナ州チャールストンの黒人地区キャットフィッシュ・ロウで、主な登場人物は、乞食のポーギー、彼が想いを寄せる女性ベス、彼女の情夫で暴力的なクラウン、そしてコカインの売人スポーティン・ライフである。

　作曲を担当したジョージ・ガーシュウィンは、『ポーギーとベス』を「フォーク・オペラ」と呼び、その楽曲には、アメリカ音楽であるフォーク、ブルース、ジャズからの影響がふんだんに盛り込まれている。しかし、兄のアイラが書いた詩は、物語を展開させるのにアフリカ系アメリカ人の英語を多用しており、そのため、このオペラは否定的な固定観念を強化するものだと感じた黒人から批判を受けた（ヘイワードもガーシュウィン兄弟も白人だった）。

　実際、このオペラは初演されるや、ほとんどすぐさま議論を巻き起こした。初演時にガーシュウィン兄弟は断固たる決意をもって、全配役を黒人に演じさせたが、これは1930年代には容易なことではなかった。作品は、白人からはすぐには称賛されず、多くの黒人からは人種差別的だと酷評された。それでも、オペラで歌われた「サマータイム」「くたびれもうけ」「いつもそうとは限らない」などの曲は定番となった。

　やがて、アフリカ系アメリカ人の中にも、この作品を、その人種的固定観念にもかかわらず受け入れる者が現れ始め、今では『ポーギーとベス』は、20世紀におけるアメリカ・オペラの最高傑作のひとつと考えられている。

‖ 豆 知 識 ‖

1. ジョージ・ガーシュウィンは、作曲家・ピアニスト・指揮者としてパイオニア的存在で、ミュージカルやスタンダード・ナンバーを作曲しただけでなく、『ラプソディー・イン・ブルー』（1924年）や『パリのアメリカ人』（1928年）などの管弦楽曲も作っている。
2. ジョージ・ガーシュウィンは、38歳の若さで脳腫瘍により亡くなった。
3. アメリカ議会図書館はポピュラー音楽を対象に賞を贈っており、その名称は、ジョージとアイラのガーシュウィン兄弟にちなんで、ガーシュウィン賞という。

74 映画 | クラーク・ゲーブル

クラーク・ゲーブル（1901～1960）は、スクリーンでは男らしいタフガイのイメージで知られていた。プライベートでは、酒豪のプレーボーイで、ハリウッドの大物女優たちと浮名を流したことで有名だった。これに加え、当時の傑作映画に何度か出演したことで、ゲーブルは1930年代から1940年代にかけて女性ファンの憧れの的として最も人気の高い映画俳優となり、「キング・オブ・ハリウッド」の異名を取った。

◆

ゲーブルのキャリアは1931年から始まり、この年に12本の映画に出演した。翌年、『紅塵』でジーン・ハーロウの相手役として主演を務め、これをきっかけにスーパースターへの道を一気に駆け上った。

1934年にはフランク・キャプラ監督の『或る夜の出来事』でアカデミー主演男優賞を獲得した。この映画はロマンティック・コメディの傑作で、本作でゲーブルは、外見はタフだが、愛情あふれる優しい一面も持ったキャラクターを演じられることを実証してみせた。

『戦艦バウンティ号の叛乱』（1935年）では、反乱グループの指導者フレッチャー・クリスチャンを演じて、再びアカデミー賞にノミネートされた。これでゲーブルの「キング」としての地位は盤石なものとなったが、彼にとって最大の役柄は、まだ現れていなかった。

アメリカの代表的叙事詩と多くの人から考えられている映画『風と共に去りぬ』（1939年）で、ゲーブルは威勢のいいレット・バトラーを演じ、これが、誰もが知る彼の当たり役となった。この映画は、興行収入の記録を破り、アカデミー賞を当時としては史上最多となる10個獲得し、ゲーブルがその後も生涯にわたって主演男優を演じることを確実にした。

また、映画中でゲーブルが口にしたセリフ「正直言って、おれの知ったこっちゃない」は、2005年にアメリカン・フィルム・インスティテュートによって、映画史上で最も記憶に残るセリフに選ばれた。

1942年、ゲーブルの妻で映画スターのキャロル・ロンバードが飛行機事故で亡くなると、その直後に彼はアメリカ陸軍航空軍に入り、第二次世界大戦で戦闘任務に出撃した。戦後も映画に出演したが、以前ほどのヒットには恵まれなかった。

彼が最後に出演したのは、ジョン・ヒューストン監督、アーサー・ミラー脚本の『荒馬と女』（1961年）で、これは共演したマリリン・モンローにとっても最後の映画となった。ゲーブルは、この映画の完成を見ることなく、心臓発作により59歳で亡くなった。

```
豆 知 識
```

1. 映画『風と共に去りぬ』はアカデミー賞を10個獲得したが、主演男優賞はロバート・ドーナット（『チップス先生さようなら』）が受賞し、ゲーブルは2個目のオスカーを手にすることはできなかった。
2. 映画『或る夜の出来事』には、ゲーブルがシャツを脱いで胸を露わにするシーンがある。これがきっかけとなって、アメリカ中の男たちはゲーブルっぽく見えるよう下着を捨てたと言われている。
3. ゲーブルは、アカデミー作品賞を取った映画3本に出演している。『或る夜の出来事』『戦艦バウンティ号の叛乱』そして『風と共に去りぬ』だ。

75 思想と社会 ｜ ファシズム

　1925年10月28日、イタリアの独裁者でファシスト党党首のベニート・ムッソリーニは、演説の中で、自ら掲げるイデオロギーを、次のような簡潔な言葉で説明した。

「Tutto nello Stato, niente al di fuori dello Stato, nulla contro lo Stato」

　——「すべては国家の中にあり、何ものも国家の外にはなく、国家に反するものは何もない」

　ファシズムとは、国家が社会のあらゆる面を完全な力で支配することを重視する全体主義的政治体制のことで、これは、第一次世界大戦後の経済的混乱と社会不安が蔓延していた時期に、一部のヨーロッパ諸国で生じたものだ。ムッソリーニ（1883〜1945）やドイツの独裁者アドルフ・ヒトラー（1889〜1945）などファシズムの指導者たちは、公約として、秩序を回復し、民族の誇りを取り戻し、厳正な政治を行なうと言って、大衆からの支持を得た。

　ムッソリーニとヒトラーのほかに、スペインのフランシスコ・フランコ（1892〜1975）とポルトガルの指導者アントニオ・デ・オリヴェイラ・サラザール（1889〜1970）をファシズム運動に含めて考えることも多い。初のファシズム国家であるイタリアでは、ムッソリーニと、その支持組織の通称「黒シャツ隊」が1922年に権力を奪取すると、すぐさまストライキを非合法化し、新聞の検閲制度を設け、やがて選挙制度も廃止した。

　多くの国では、共産主義の力が強まることへの懸念から、ファシズムが支持を集めた。実際、ムッソリーニもヒトラーもフランコも、共産主義への恐怖を利用して権力の座へと駆け上がった。有名なところでは、ナチは1933年、ベルリンの国会議事堂に放火すると、この放火は共産主義者の仕業だと言って、共産主義者による政権奪取への恐怖をあおり、ナチへの支持を固めようとした。ファシストは、権力の座に就くと、民間部門をなくして、あらゆるところに政府の権限が及ぶ、いわゆる「組合国家」を作ろうとした。ヒトラーが唱えたファシズムは人種的に均一なドイツを創造することを重視しており、そうしたイデオロギーが最終的にホロコーストを招くことになった。

　第二次世界大戦で枢軸側が敗れたことで、イタリアとドイツでのファシズム運動は終わった。しかし、スペインではフランコが死ぬ1975年までファシズム体制は解体しなかった。

豆 知 識

1. 「ファシズム（fascism）」という言葉はムッソリーニの造語で、語源はイタリア語の「ファッショ（fascio）」またはラテン語の「ファスケース（fasces）」だ。ファッショあるいはファスケースとは、何本もの棒と1本の斧を、斧の刃が外に向くように束ねたもので、古代ローマでは権威の象徴であり、団結による力強さを示すものだった。
2. 1945年4月28日、北イタリアの村で、ドイツ兵に偽装したムッソリーニが捕らえられた。その後に彼は、ファシスト党書記長、4名の閣僚、および愛人とともに処刑された。
3. スペインのファシズム政党は、ファランヘ党といった。この名称は、古代ローマの戦闘隊形であるファランクスを語源としている。

76 スポーツ ｜ テッド・ウィリアムズ

テッド・ウィリアムズ（1918〜2002）は、まず何をやってもうまかった。史上最も優れた戦闘機パイロットのひとりと考えられていて、その腕前を実戦で証明したこともある。フライフィッシングの達人でもあった。しかも、野球評論家たちによれば、彼こそ史上最も偉大なバッターだった。

◆

テッド・ウィリアムズ

ウィリアムズは、第二次世界大戦と朝鮮戦争に従軍したため、まるまる3シーズンと、2シーズンの大半を出場しなかったが、それでも通算成績は、打率.344（彼以降で、この数字を超えた選手はいない）、本塁打数521、オールスターゲーム選出17回、アメリカン・リーグ（AL）の首位打者6回、三冠王2回（1942年と1947年）、ALの最優秀選手（MVP）2回（1946年と1949年）で、1シーズンに4割以上の打率を残した最後の選手（1941年の打率が.406）でもある。左翼手だったウィリアムズは、視力が抜群によかっただけでなく、研究にも熱心だった。『テッド・ウィリアムズのバッティングの科学』という本も書いており、同書は多くの人から打撃に関する決定版だと評価されている。

1939年にボストン・レッドソックスでメジャー・デビューし、1960年までボストン一筋でプレーした。1960年、地元フェンウェイ・パークでの現役最後の打席では、42歳ながら521本目のホームランを放った。1966年、第1回の投票で野球殿堂入りを果たす。その3年後に、野球記者たちから野球百年の歴史で最高の打者に選ばれた。

バッティングには優れていたが、外野手としては平凡で、ワールドシリーズには1度しか出場できなかった（1946年のことで、このときレッドソックスはセントルイス・カージナルスに敗れた）。気難しくて怒りっぽいウィリアムズは、ボストンのファンとは愛憎入り交じった関係を持ち、地元のスポーツ記者とは憎しみ一辺倒の関係を持っていた。

引退後は、余生の大半を釣りとサイン会と打撃に関する講演とに費やした。晩年は何度も脳卒中や心臓合併症を起こし、83歳で亡くなった。

豆 知 識

1. ウィリアムズは、朝鮮戦争では戦闘任務で39回出撃し、後の宇宙飛行士でアメリカ上院議員のジョン・グレン（1921〜2016）と一緒に出撃することも多かった。

2. 1941年シーズンの最終日、試合開始前のウィリアムズの打率は.39955で、四捨五入すれば.400だった。レッドソックスのジョー・クローニン監督は、打率4割をキープさせるため、その日のダブルヘッダーには出場しなくていいと言った。これをウィリアムズは断って出場し、8打数6安打の成績を上げて打率を.405702（.406）に伸ばした。

3. 2002年にウィリアムズが死ぬと、遺体は頭部が切断され、頭と体はそれぞれ液体窒素を満たした容器に別々に納められて冷凍保存された。息子のジョン＝ヘンリーと娘のクローディアが、父は死んでもいつの日か再会できるよう、3人とも遺体を冷凍保存してもらうことにしていたと主張したからだ。

77 大衆文化 ｜ モノポリー

　アメリカの資本主義をまさに象徴しているため、かつてロシアと中国では禁止されていた（そしてキューバと北朝鮮では今も禁止されている）ボードゲーム「モノポリー」は、運と偶然と戦略が支配するゲームで、その目的はただひとつ、他のプレーヤーを全員破産させることだ。1935年に初めて販売されて以来、膨大な数のセットが製造され、違うバージョンも数多く存在する。

◆

　「独占」を意味するゲーム「モノポリー」は、失業中だったペンシルヴェニア州のセールスマン、チャールズ・ダロー（1889～1967）が考案したものだ。このゲームはボードにマス目が並んでいるのが特徴で、ダローはそれぞれのマス目に、リゾートタウンであるニュージャージー州アトランティックシティの通りの名前を採用した。ボードで最も値段の高いマス目は「ボードウォーク」だが、これはアトランティックシティの有名な海辺の遊歩道のことだ。

　大恐慌のただ中にあってモノポリーは、製造元になった玩具メーカーのパーカー・ブラザーズにとって思いもよらない大ヒットとなり、その年で最も売れたゲームになった。

　パーカー・ブラザーズは、モノポリーの宣伝に、貧乏だったダローはゲームのおかげで一気に金持ちになったというサクセスストーリーを何年も使っていた。しかし1970年代初頭、この物語は嘘だったことが判明した。ある経済学者によって、実はモノポリーは、かつてアメリカで広く普及していて1904年に特許が取られていた『地主ゲーム』（The Landlord's Game）をアレンジしたものだと証明されたのである。

　考案者かどうかはともかく、ダローはモノポリーを文字どおり独占し、ボードゲームのデザイナーとして初めて百万長者になった。彼のゲームは1935年以降、37の言語で2億5000万セット以上売れ、「『刑務所から釈放』カード」「GOを通過できず、$200のサラリーも受け取れない」などモノポリーのゲーム用語が英語表現に取り入れられた。

　人々に愛されているだけあって、モノポリーは今も数多くのバージョンが生まれ続けていて、そのテーマも、都市（ラスベガス版モノポリー）だけでなく、スポーツチーム（デンヴァー・ブロンコス版モノポリー）、映画（ロード・オブ・ザ・リング版モノポリー）、趣味（猫好きのためのモノポリー）など、多種多様である。

［ 豆 知 識 ］

1. モノポリー用のお札は、現在の製造元ハズブロのウェブサイトから以前はプリントアウトできた。
2. プレーヤーがよく止まるマスは、イリノイ通り、「GO」、B＆O鉄道の3つだ。
3. プレーヤーが使う駒のうち、最も人気があるのは車（レーシングカー）だ。
4. 第二次世界大戦中、ドイツ国内に収容されているアメリカ軍捕虜に手紙や金銭をひそかに渡すのに、モノポリーのセットが利用された。
5. 当初パーカー・ブラザーズは、ダローのゲームには「プレーする上で致命的な52の欠陥」があると言って製造を断った。その考えが変わったのは、ダローが手作りしたモノポリーが5000セット、フィラデルフィアのデパートに売れたのを知ったからだ。

78 人物 ｜ クレメント・アトリー

　ウィンストン・チャーチル（1874〜1965）の次にイギリス首相になった人物は、第二次世界大戦でイギリスを率いた尊大で英雄的な前任者とは、何から何まで違っていた。それがクレメント・アトリー（1883〜1967）で、彼は中産階級出身の物静かで控えめな弁護士であり、「普通の男」を自認していた。

◆

　しかし、1945年から1951年まで首相を務めるあいだに、アトリーはイギリス経済を根本的に作り替え、疲弊したイギリスが第二次世界大戦の苦難から復興できるよう、福祉国家への道を開いた。彼の在任中に行なわれた改革には、国民保健サービスの設立、石炭業や製鉄業など一部産業の国有化、国民保険制度の創設などが挙げられる。

　アトリー政権は、合計でイギリス経済の約5分の1を民有から公有へと切り替えた。このような、国家が経済で果たす役割の根本的変化は、戦後ヨーロッパの多くの国で見られた。こうした形での「実践的社会主義」は、イギリスやヨーロッパ諸国では、1970年代にマーガレット・サッチャー（1925〜2013）など保守系の指導者が登場し、景気刺激策として多くの産業で規制緩和を開始するまで続いた。

　その地味な性格のせいで、アトリーは政治家として常に過小評価されていた。第一次世界大戦に従軍した後、1922年に下院議員に当選した。1935年には労働党の党首になった。

　第二次世界大戦中は、チャーチルの挙国一致内閣で副首相や自治領大臣を務め、チャーチルが戦争遂行に全力を注ぐ中、もっぱら内政を担当した。

　戦後、労働党は総選挙で圧勝し、アトリーがチャーチルに代わって首相になった。アトリー政権下では、福祉国家が作られただけでなく、大英帝国から主要部分が次々と離脱していった。インド、ビルマ（現ミャンマー）、セイロン（現スリランカ）は、すべて彼の在任中に独立が認められた。

　1951年に保守党が労働党に勝利すると、チャーチルがアトリーに代わって首相の座に返り咲いた。その後、アトリーは野党になった労働党の党首を4年務め、1955年に引退した。

　84歳で亡くなった。

　　豆 知 識

1. チャーチルがインドの独立に反対していたのに対し、アトリーは1947年、インドをイギリスから独立させる法案を自ら下院に提出した。
2. 1955年に下院議員を辞職した後、アトリーは伯爵位を授かり、イギリスの最高勲章であるガーター勲章を授与された。
3. アトリーは、詩作が趣味だったほか、クリケットの大ファンだった。

79 文学 ｜ E・E・カミングズ

アメリカの詩人 E・E・カミングズ（1894～1962）と言えば、今日では、大文字の使用を嫌ったことがおそらく最も知られていると思うが、彼は単に句読点や大文字の使い方が奇抜だっただけではなく、それよりはるかに大きな貢献を英語詩に残した。40年に及ぶ詩作活動の中で、きわめて実験的だが一般読者にも読める、ほとんどが前向きで刺激的な詩をいくつも発表した。

◆

ボストン近郊に生まれたカミングズは、ハーバード大学で学位をふたつ取得し、在学中から数多くの詩を大学の出版物に発表していた。大学卒業後、しばらくしてアメリカが第一次世界大戦に参戦すると、救急車の運転手に志願してフランスへ派遣された。戦争が終わるとすぐにフランスへ戻り、パリで執筆活動や芸術研究をしながら10年ほど過ごした。こうした青年時代に、カミングズはガートルード・スタイン（1874～1946）の著作を数多く読み、彼女が試みた言葉への前衛的な実験は、後にカミングズ自身の作品の特徴になった。

カミングズが初めて評価された作品は小説『巨大な部屋』（1922年）で、これは第一次世界大戦文学のひとつとして重要なのだが、しばしば見過ごされている作品である。続けて何冊か詩集を出し、そのどれもが、彼のトレードマークである印刷術・語法・語順をめぐる実験を特徴としていた。収録されている詩は、英語の統語論と句読法の限界を試すものだ。カミングズはたいてい平易な言葉しか使わないが、それを巧みに並べたり組み合わせたりすることで、単語どうしの思いもよらない興味深い関係を明らかにしている。

例えば、彼のスタイルをよく表している有名な詩「anyone lived in a pretty how town（誰もが住んでいた美しいなんて町に）」は、次のように始まる。

誰もが住んでいた美しいなんて町に
　（上にとても浮かんでいる多くの鐘が下へ）
春夏秋冬
彼は歌った彼のしなかった彼は踊った彼のした……

カミングズの最も有名な作品のうち、「哀れこの忙しいモンスター、非情なる人類」や「わたしの父は愛の破滅を通り抜けた」など、多くはこれと同じスタイルを守っており、そうしたスタイルは生涯ほとんど変わらなかった。

豆知識

1. カミングズの名前は「e. e. cummings」と小文字だけで表記されることがあるので、法的にも全部小文字に変えたと誤解している人は多い。実際には、当人は「E. E. Cummings」と大文字を使ってつづることの方が多く、自分の名前を法的に変えたことは一度もなかった。
2. カミングズは、同じくニューイングランド地方出身の詩人エミリー・ディキンソン（1830～1886）のように、自分の詩のほとんどすべてに、はっきりとしたタイトルはつけなかった。そのため研究者や編集者は、詩の1行目をタイトル代わりに使っている。
3. ハーバード大学在学中にカミングズは、後に『マンハッタン乗換駅』（1925年）や長大な三部作『U・S・A』（1930～1936年）を執筆する小説家ジョン・ドス・パソス（1896～1970）と親友になった。

80 音楽 ｜ コール・ポーター

コール・ポーター（1891〜1964）は、イェール大学を目指して東海岸の一流進学校で勉強していたとき、校長先生から、後の音楽人生の基調を決める大切な教訓を授かった。校長は、「歌詞と音楽は、まるでひとつであるかのように分かちがたく結びついていなくてはならない」と告げたのである。

◆

ガーシュウィンがブルックリンのスラム街から抜け出て苦労しながらブロードウェイで成功したのとは違い、ポーターは裕福な家庭の出身で、お金には困らなかった。同性愛者であることを半ば隠していたものの、離婚歴のある裕福な女性と結婚し、数年パリで優雅な生活を送った後、ついにブロードウェイで成功を収めた。いったん世に出てからは、常に第一線で活躍し続けた。見事な歌詞と、大衆文化を巧みに取り入れる腕前で知られるポーターは、作品の中に高級文化と大衆文化をミックスさせることが多かった。

よく知られた歌のひとつ「ユア・ザ・トップ」（1934年）には、次のような歌詞が出てくる。

君はシュトラウスの交響曲のメロディー
君はベンデル百貨店の高級婦人帽、
シェイクスピアのソネット、
君はミッキーマウス

社交の点では、ポーターはディナーパーティーのゲストとしては申し分なく、最高の美食家だった。しかし、常に愛と肉体的接触を求めていた。度が過ぎて倦怠感を覚えると、それをポーターは、ひねりを効かせたユーモアで、1934年のヒット・ミュージカル『エニシング・ゴーズ』の次の一節を歌って表現した。

コカインでドキドキする人もいる。
わたしなら1回吸っただけで
きっとものすごく退屈すると思う。
でもわたしは、君にこそ心ときめく。

ポーターは生涯を通じて800曲以上の歌を作り、その中には「夜も昼も」（1932年）や「あなたはしっかり私のもの」（1936年）、あるいはミュージカル『エニシング・ゴーズ』や『キス・ミー・ケイト』（1948年）の楽曲など、アメリカのスタンダード・ナンバーが数多く含まれている。

｜ 豆 知 識 ｜

1. ポーターは、1937年に落馬して両脚を粉砕骨折した。その後は人生の大半を、痛みを抱えながら生活していたが、とうとう1958年に右脚を切断した。
2. イェール大学在学中、ポーターは合唱団ウィッフェンプーフスに所属していた。また、イェール大学アメリカンフットボール・チームの定番応援歌「イェール・ブルドッグ」や「ビンゴ・イーライ・イェール」の作詞作曲も手がけた。
3. ポーターのファーストネームは、母親の結婚前の名前ケイト・コールから取ったものだ。

81 映画 | ベティ・デイヴィス

　本名をルース・エリザベス・デイヴィスといったベティ・デイヴィス（1908〜1989）は、たいていの人が古典的な美と呼ぶような美しさの持ち主ではなかったが、当時最も成功した女優となって、ハリウッドの常識を打ち破った。彼女は美しさを売りにするのではなく、強気で反感を買いそうな女性をリアルに演じることで、たぐいまれな演技派女優としての地位を築いた。その演技の深みと幅は、月並みな駆け出し女優が太刀打ちできるものではなかった。

◆

　デイヴィスは舞台女優として出発し、ブロードウェイの舞台にも立った後、1930年にハリウッドへ移り、翌年『姉妹小町』で映画デビューを果たした。その後、20本以上の映画に出演するが、『痴人の愛』（1934年）に主演レスリー・ハワードの相手役として出演したのが、彼女にとって転機となった。下品なウェイトレスのミルドレッド・ロジャーズを演じたことで、デイヴィスは批評家からも映画ファンからも絶賛されたが、アカデミー賞にはノミネートすらされなかった —— この露骨な無視に、彼女を受賞させよという運動が起こったが、結局彼女は賞を得られなかった。

　1935年のアカデミー賞から締め出された埋め合わせからか、翌年には、『青春の抗議』（1935年）で酒におぼれる女優を演じたことが評価され、アカデミー主演女優賞を受賞した。3年後には、『黒蘭の女』（1938年）でわがままに育てられた南部娘を演じて、2度目のオスカーを獲得した。

　デイヴィスの役で最も人々の記憶に残っているのが、ジョセフ・マンキウィッツ監督の『イヴの総て』（1950年）で演じた大女優マーゴ・チャニングだ。映画評論家ロジャー・イーバートは、チャニングは彼女の最高のはまり役であり、「本作は、彼女が若い女優の策略に敗れる様子を描いているように思えるが、実は勝利を表している。表面的な美の力に対する、人間的魅力と意志の勝利を表現しているのだ。彼女がこれほど自伝的な役を演じたことはなかった」と記している。

　『イヴの総て』は、アカデミー賞で14部門にノミネートされ（1997年の『タイタニック』と2016年の『ラ・ラ・ランド』に並ぶタイ記録）、6部門で受賞した。デイヴィスにとっては、『痴人の愛』での異例の受賞運動も数に入れれば、9回目となるノミネートだった。

　最後となる11回目のノミネートは、同時代のライバルだった名女優ジョーン・クロフォードと共演した1962年の心理サスペンス映画『何がジェーンに起ったか？』だった。デイヴィスは現役女優のまま、81歳で乳がんにより亡くなった。

```
豆 知 識
```

1. デイヴィスは1941年に映画芸術科学アカデミーの会長に女性として初めて就任するが、わずか2か月後に辞職した。
2. 1977年には、女性として初めてアメリカン・フィルム・インスティテュートの生涯功労賞を授与された。
3. 第二次世界大戦中、デイヴィスはロサンゼルスに、アメリカの軍人に娯楽を提供した伝説のナイトクラブ、ハリウッド・カンティーンを立ち上げるのに協力した。

82 思想と社会 | SAT（大学進学適性試験）

　1926年6月23日、10代の若者約8000人が、第1回の大学進学適性試験（SAT）を受験した。この試験は、受験者の学力を測り、大学が新入生を選抜できるようにすることを目的としたテストだった。

◆

　それから数十年で、この択一形式のテスト —— 内容は、類推、読解、数学 —— は、アメリカの大学入試制度の重要なステップとして、数多くのアメリカ人の通過儀礼となった。

　開発当時、SATはアメリカの高等教育を一変させる革新的なアイディアだった。SATは、非営利団体であるカレッジボードが実施し、その目的は、大学入試の合否判定に人脈・財産・運が及ぼす影響を小さくし、すべての受験者が理論上は同じ土俵で勝負できるようにして、生徒の進学適性を客観的に評価することにあった。

　第二次世界大戦後、多くの大学がSATに象徴される学力重視の目標に賛同するようになり、統一的な標準テストは一気に広まった。1957年までには、毎年50万人以上のアメリカ人がきれいに削ったHBの鉛筆を持ってSATに臨むようになった。やはり標準テストの一種で多くの受講者がいるアドヴァンスト・プレイスメント・プログラムは、1955年から始まった。カレッジボードの競合団体であるACTも、1959年に同様のテストを開始した。

　最近では、標準テストの結果は生徒だけでなく教師を評価するのにも使われるようになってきた。例えば2001年の落ちこぼれ防止法により、標準テストは小・中・高すべての公立学校で実施されることになった。

　その一方で専門家の中には、SATのようなテストは、受験準備に当てられる時間的・金銭的余裕の少ない貧困家庭やマイノリティ出身の生徒たちには不利だとして、その問題点を指摘する者も多い。また、標準テストが重視された結果、教育者は内容を掘り下げた独創的な授業を行なうのではなく、「テスト対策を教える」のを余儀なくされていると批判する声も少なくない。

　2001年にカリフォルニア大学の学長は、カリフォルニア州は標準テストの利用をやめるべきだと主張して全国の注目を浴びた。しかし、同大学も含め多くの大学は、今も合否判定にSATの結果を利用し続けている。

───

豆 知 識

1. 第1回のSATを受験した生徒のうち、約26パーセントの志望先は、SATの結果を採用すると、いち早く決めた大学のひとつイェール大学だった。
2. SATの正式名は、1990年に「大学能力評価試験」に変わった。
3. 2005年、それまで問題が択一形式だったSATに、記述問題が追加された。

83 スポーツ | ジャッキー・ロビンソン

野球の試合でプレーするという、たったそれだけのことでジャッキー・ロビンソン（1919〜1972）は20世紀の公民権運動で最重要人物のひとりになった。1947年4月15日、ロビンソン —— 祖父は奴隷で、父は小作人だったアフリカ系アメリカ人 —— は、メジャーリーグの試合に一塁手として出場し、野球界での人種の壁を破った。

◆

ジャッキー・ロビンソン

ロビンソンは、カリフォルニア大学ロサンゼルス校在学中は大学スポーツのスター選手で、同大学で1年間に4つの競技で優秀選手に選ばれた最初の学生であった。第二次世界大戦中はアメリカ陸軍の将校として軍務に就き、戦後は1945年に黒人独自の野球リーグのカンザスシティ・モナークスで遊撃手としてプレーした。

翌年、ブルックリン・ドジャースのジェネラルマネジャー、ブランチ・リッキー（1881〜1965）が、野球での人種差別を撤廃できる選手として、差別されてもヘラヘラしないガッツのある男ロビンソンに目をつけた。ロビンソンは、マイナーリーグで1年間プレーした後、ドジャースでプレーするためブルックリンへ向かった。

リッキーから厳しく言われていたため、ロビンソンはルーキー・イヤーの1年間は、差別的な仕草や言葉を向けられても、一切反応しなかった。実際、そうした言動は多かった —— チームメートからも、相手チームからも、ファンからも来た。そんなときロビンソンは、自分の怒りをフィールド上で爆発させ、特に塁間を走るときはアグレッシブにプレーして恐れられた。

ロビンソンは草分け的存在だっただけでなく、野球選手としても一流だった。1947年には新人王に選ばれた。1949年には、打率（.342）と盗塁数（37）でリーグトップの成績を収め、ナショナル・リーグの最優秀選手（MVP）になった。オールスターに6回出場したほか、ドジャースの一員としてワールドシリーズにも6回出場し、1955年のシリーズ制覇に貢献した。

1956年にロビンソンは、ドジャースからニューヨーク・ジャイアンツにトレードされたが、ドジャースの宿敵チームに移るのを拒み、引退を選択した。引退後は実業界に進み、公民権運動にも尽力し続けた。心臓発作により53歳で亡くなった。

> [豆 知 識]
>
> 1. ドジャースは、1972年にロビンソンの背番号42を永久欠番にした。ロビンソンのメジャー・デビュー50周年となる1997年には、メジャーリーグの全球団が42を永久欠番とした。
> 2. ドジャースでのルーキー・イヤーに、ロビンソンは一塁手としてプレーした。翌シーズンは二塁手にコンバートされ、以後、引退するまでほとんどずっと二塁を守った。
> 3. ロビンソンは1962年に野球殿堂入りを果たした。

84 大衆文化 | スーパーマン

　1938年6月、漫画雑誌『アクション・コミックス』の創刊号に、漫画家ジェリー・シーゲル（1914～1996）とジョー・シュースター（1914～1992）は筋骨隆々のヒーロー、スーパーマンを登場させた。こうして、アメリカの大衆文化で最も愛されているキャラクターのひとりが生まれ、スーパーヒーロー漫画というジャンルが誕生した。

◆

　スーパーマンは、登場した当初は、弾丸よりも速く、力は機関車より強く、高いビルディングもひとっ跳びという能力の持ち主だったが、空を飛ぶことはできなかった（この能力を手にするのは1941年から）。シーゲルとシュースターは、スーパーマンの経歴を細かく作り上げた。それによると、彼はクリプトン星で生まれたが、クリプトン星が崩壊する前に父親の手で地球へ送り出され、カンザス州の農家でクラーク・ケントとして育てられた。ケントは、新聞社デイリー・プラネットで温厚な記者として働き始め、職場で会った同僚記者ロイス・レインに恋心を抱くようになり、正体を隠しながらスーパーマンとして彼女を何度も救う。それと並行して、スーパーマンは宿敵レックス・ルーサーなど、さまざまな悪人と戦う。

　スーパーマンがたちまち人気になったことで、冒険ヒーロー漫画が次々と世に出た。『バットマン』は1939年に初登場し、『キャプテン・アメリカ』と『ワンダーウーマン』は1941年に世に出た。

　最初は漫画のキャラクターだったスーパーマンは、すぐにさまざまなメディアに登場し、連続ラジオ番組やアニメが作られたほか、1978年にはクリストファー・リーヴ（1952～2004）主演で映画も製作された。1990年代には、テレビドラマ『LOIS & CLARK／新スーパーマン』が放映された。2001年から放送が始まったテレビドラマ『ヤング・スーパーマン』では、スーパーマンになる前の少年クラーク・ケントの成長にスポットが当てられていた。

豆 知 識

1. 2013年にスーパーマン映画のリブート作品『マン・オブ・スティール』が公開され、以後、スーパーマンが他のスーパーヒーローたちと戦う映画シリーズが製作されている。
2. スーパーマンは、1990年になると大衆文化で目立つ存在ではなくなっていたが、1993年に出版社DCコミックスが掲載誌にスーパーマン死すという内容を発表し、再び注目を浴びた。もっとも、2か月後に別の号でスーパーマンは復活した。
3. 実はシーゲルとシュースターは、1933年にスーパーマンの初期バージョンを創作しているが、そのときのスーパーマンは悪役だった。

85 人物 ジャクソン・ポロック

　画家ジャクソン・ポロック（1912～1956）は、1940年代後半から1950年代前半にかけてアメリカで起こった抽象表現主義運動を代表する人物のひとりだ。その技法は「ドリップ・アンド・スプラッシュ」「アクション・ペインティング」と呼ばれ美術界に衝撃を与え、革命をもたらした。

◆

　ポロックは、キャンバスをイーゼルに立てるのではなく、アトリエの床や屋外の地面に平らに置き、その周囲を歩きながら（ときにはキャンバスの上に乗って）市販のペンキを缶から直接キャンバスに垂らしたり注いだりした。ときには作品のテクスチャーを増すため、砂や割れたガラスを加えることもあった。批評家の中には、彼の作品はめちゃくちゃで無意味だとして否定する者もいたが、その一方で、これは非常に考えられていて、心理学的に面白く、ビジュアル的にも魅力的だとする批評家もいた。

　ポロックは、抽象表現主義を掲げる画家たちのリーダーになった。彼らは主としてニューヨーク市を拠点に活動した芸術家グループで、巨大な作品を作り、ユング心理学（特に集合的無意識と原始神話）に関心を持ち、絵画の制作を通して真の表現を見つけることは身体的なプロセスだとの信念を抱いているのが特徴だった。

　ポロックは、ロサンゼルスでのハイスクール時代から絵を描き始め、1930年にニューヨークへ移ると、美術学校アート・スチューデンツ・リーグでアメリカの地方主義絵画の画家トマス・ハート・ベントン（1889～1975）の下で絵画を学んだ。ポロックは、創作活動の初期はベントンのほか、パブロ・ピカソ（1881～1973）や、シュルレアリスト、メキシコの壁画運動の画家たち、ネイティヴ・アメリカンの芸術家たちからの影響を受けていた。

　1935年から1943年までは公共事業促進局の連邦美術計画の仕事をし、1943年には後援者のペギー・グッゲンハイムが開いていた今世紀美術ギャラリーで初の個展を行なった。

　ポロックがドリップ・アンド・スプラッシュ技法を開発するのは、1947年からである。彼の代表作『秋のリズム』（1950年）や『ラベンダー・ミスト』（1950年）は、この技法によるものだ。1951年には、多くの色を使った作品から、白黒作品の制作に重点を移した。最晩年はアルコール依存症とうつ病に苦しみ、まったく作品を描かなかった。

　ポロックは44歳のとき、飲酒運転中に単独事故を起こして死亡した。

[豆 知 識]

1. エド・ハリス監督・主演のハリウッド映画『ポロック　2人だけのアトリエ』（2000年）は、アカデミー賞で2部門にノミネートされ、助演女優賞（マーシャ・ゲイ・ハーデン、1959～）を受賞した。
2. ポロックは、芸術家仲間のリー・クラズナー（1908～1984）と結婚した。ニューヨーク州ロングアイランドのスプリングズ地区にあるふたりの家は、今ではポロック゠クラズナー・ハウス・アンド・スタディーセンターになっている。この施設は一般公開されており、ニューヨーク州立大学ストーニーブルック校が運営している。
3. 2006年11月、エンタメ界の大物デイヴィッド・ゲフィン（1943～）が、ポロックの有名な作品のひとつ『No.5』（1948年）を1億4000万ドルで売却した。当時この価格は、1枚の絵画に支払われた史上最高額だった。

86 文学 『ダロウェイ夫人』

　ヴァージニア・ウルフの『ダロウェイ夫人』（1925年）は、西洋文学でモダニズム時代の分水嶺となった作品のひとつだ。この小説でウルフ（1882～1941）は、「意識の流れ」による語りなど新たな文学技法の大胆な実験者として認められると同時に、第一次世界大戦による荒廃後のイギリス社会の現状を鋭く見つめる観察者という評価も得た。

◆

ヴァージニア・ウルフ

　そのタイトルが示すように、『ダロウェイ夫人』はひとりの女性に焦点を当てている。その女性クラリッサ・ダロウェイは、大戦後のロンドンに住む上流階級の妻だ。小説は、ある1日のクラリッサの日常を事細かに追う。この日のクラリッサは、夜に夫と開くパーティーの準備に余念がない。花を買い、旧友たちの訪問を受け、ロンドンの上流階級地区を散策した後、パーティーのため自宅に戻る。

　本作では、その日クラリッサに実際に起きたことよりも、そうした出来事が起こったときにクラリッサや他の登場人物たちの頭によぎった考えに重点が置かれている。クラリッサは、店に入ったり、通りで知人と会ったりするたびに、ほとんど毎回、それまでの人生で出会った人や出来事を思い出す。ウルフの語りは、クラリッサの思考の流れを丹念に追い、ときにはクラリッサが買い物中に出会った相手の心に跳び移ることもある。

　この「意識の流れ」技法は、成り行き任せで無秩序なものに思えるかもしれないが、ウルフはこれを綿密に組み立てて用い、それによって登場人物たちの心の深さと広がりを、この技法以外では不可能と思えるほど見事に描き出している。

　また、クラリッサは1日を通して多くの人と出会い、小説の細かな筋は多くが複雑に入り組んでいるが、この小説では本当の意味での人と人との触れ合いはほとんどなく、気持ちのすれ違いから生まれる多くの虚しさが、古くからの親友どうしのあいだにさえも存在している。

| 豆 知 識 |

1. ウルフは、その後の小説『灯台へ』（1927年）でも意識の流れの実験を続け、『波』（1931年）では、さらに積極的に実験を推し進めた。
2. ウルフの評論『自分だけの部屋』（1929年）は、女流作家が直面する難題と、チャンスを与えられない現状を論じたもので、フェミニズムと女性解放運動に多大な影響を与えた。
3. マイケル・カニンガム（1952～）の小説『めぐりあう時間たち』（1998年）は、『ダロウェイ夫人』でつながる3人の女性を描いた物語で、その3人とは、『ダロウェイ夫人』を執筆するウルフ自身と、1950年代にその小説を読む主婦と、小説の出来事を知らず知らずに1日のうちに追体験する現代の女性だ。

87 音楽 | デューク・エリントン

ジャズのバンドリーダーだったデューク・エリントン（1899〜1974）の音楽哲学は、代表曲のタイトル「スイングしなけりゃ意味ないね」に凝縮されている。後にエリントンの楽曲は複雑で難解になっていくが、それでも必ず「スイング」していた。

◆

エドワード・ケネディ・「デューク」・エリントンは、ワシントン市に生まれた。アメリカの首都出身というのは、「ジャズ」という言葉に収められるのを嫌い、自らの楽曲をまさしく「アメリカの音楽」だと思っていたアーティストにとっては、いかにもふさわしいことだ。長いキャリアの中で、その活動は数多くのスタイルにまたがっており、エラ・フィッツジェラルド（1917〜1996）とスタンダード・ナンバーをレコーディングしたこともあれば、同時代で最も革新的なジャズ・ミュージシャンだったベーシストのチャールズ・ミンガス（1922〜1979）やサックス奏者のジョン・コルトレーン（1926〜1967）と共作したこともある。

しかし、エリントンの音楽活動で最も有名なことと言えば、1920年代から1930年代にかけてハーレムの高級クラブ「コットン・クラブ」でバンドリーダーを務めていたことだろう。

エリントンは、バンドではピアノを演奏していたが、批評家の多くは、彼が最も得意とした楽器はオーケストラだったと述べている。最初は小さなダンスバンド「ワシントニアンズ」のリーダーだったが、すぐに14人編成のデューク・エリントン・オーケストラを結成した。楽団のメンバーは時代とともに変わったが、その時その時で最高のジャズ・ミュージシャンが必ず含まれていた。例えばサックス奏者ジョニー・ホッジズ（1906〜1970）、チャールズ・「クーティ」・ウィリアムズ（1911〜1985）、レックス・スチュワート（1907〜1967）なども元メンバーで、この3人は後に自身の楽団を率いることになる。

こうした一流の楽団を率いるかたわら、エリントンは「コットン・テール」（1940年）や「ハーレム・エアシャフト」（1940年）などの代表作を次々と生み出した。

やがてスイングに代わって、ダンス音楽ではなく聞くためのジャズとして新たにビバップが台頭してくると、エリントンの人気も陰り始めた。しかし、彼は表舞台から完全に去ったりはしなかった。1956年にニューポート・ジャズ・フェスティバルで演奏したのをきっかけに新たなファンを獲得し、マイルス・デイヴィス（1926〜1991）やデイヴ・ブルーベック（1920〜2012）など若い世代のアーティストたちも全員がエリントンを絶賛した。しかも、エリントンは若いころの魅力を少しも失わなかった。67歳でピューリッツァー賞の受賞を逃したとき、彼はこう語っている。「運命はいつでもわたしに優しいね。運命は、わたしがあまり若いうちに有名になるのをお望みでないのさ」

豆知識

1. エリントンは、生前にピューリッツァー賞を受賞できなかったが、没後の1999年に特別賞を贈られた。
2. マイルス・デイヴィスは、1974年にエリントンへの追悼曲「ヒー・ラヴド・ヒム・マッドリー」を書いた。このタイトルは、エリントンがいつも演奏の締めくくりに言っていた（そして、ある年にはクリスマスカードに書いた）「ラヴ・ユー・マッドリー（みんな、とっても大好きだ）」にちなんだものだ。
3. 1969年にエリントンはリチャード・M・ニクソン大統領（1913〜1994）からホワイトハウスに招かれ、演奏後、アメリカで文民に贈られる最高の勲章である大統領自由勲章を授与された。

88 映画｜キャサリン・ヘプバーン

　　キャサリン・ヘプバーン（1907〜2003）は、典型的なハリウッド女優らしくない役を演じたフェミニズムの象徴のような俳優で、独立心と優れた身体能力と、ウイットと知性とを併せ持ち、映画界のファースト・レディーと呼ばれるまでになった。

◆

　　その映画でのキャリアは60年以上に及び、アカデミー賞に12回ノミネートされて4度受賞している（受賞回数は演技部門で最多）。彼女について最もよく知られているのは、気品を感じさせるニューイングランドなまりと、共演した往年の名優スペンサー・トレイシーとの四半世紀にわたる親密な関係だろう（トレイシーには妻がいたが、離婚しないまま関係を続けた）。

　　ヘプバーンは、『愛の鳴咽』（1932年）で映画デビューし、早くも翌年には『勝利の朝』（1933年）でアカデミー主演女優賞を受賞した。

　　ヘプバーンが映画で共演した最初の大物俳優はケイリー・グラントだった。ふたりが出たのは、ハワード・ホークス監督の『赤ちゃん教育』（1938年）で、これはスクリューボール・コメディの決定版と評されることの多い作品だ。しかし、それまでにヘプバーンが出演していた作品と同じく興行的には大失敗で、同年に雑誌『フォトプレー』が行なったアンケートで、彼女は「ボックス・オフィス・ポイズン」つまり「集客力のないスター」に選ばれてしまう。

　　ヘプバーンは1939年にハリウッドを離れ、ブロードウェイでロマンティック・コメディ『フィラデルフィア物語』に出演したところ、これが大ヒットとなった。彼女は映画化の権利を買い取ってハリウッドに戻り、製作された同名の映画（1940年公開）で彼女のキャリアも息を吹き返した。トレイシー（1900〜1967）との初共演作は、ヘプバーンの最高傑作との呼び声も高い『女性No.1』だった。その後もふたりは8作品で共演し、スクリーン外での関係はトレイシーが亡くなる1967年まで続いた。

　　1951年には『アフリカの女王』で、ハリウッドを代表する俳優ハンフリー・ボガートと最初で最後となる共演を果たした。同作でヘプバーンは愛を見つける中年女性を演じ、キャリアの後半は、こうした役を多く演じるようになる。彼女はキャリア後半に次々とオスカーを手にするが、その始まりは『招かれざる客』（1967年）だった。共演したトレイシーは映画の完成直後に亡くなり、この作品をトレイシーへの追悼と考える人は多い。翌年『冬のライオン』（1968年）で3つ目のオスカーを獲得し、その後、ヘンリー・フォンダと彼の娘ジェーンと共演した『黄昏』（1981年）で前人未到となる4つ目のオスカーを受賞した。

　　ヘプバーンが最後に映画に出たのは1994年で、その9年後、コネチカット州の自宅にて96歳で亡くなった。

┌─ 豆 知 識 ─┐

1. ヘプバーンは、アメリカン・フィルム・インスティテュートによって伝説の映画女優第1位に選ばれた。
2. ヘプバーンは、スペンサー・トレイシーと9作で共演し、ケイリー・グラントとは4作で共演した。
3. ヘプバーンとボガートの両方にとって、『アフリカの女王』は初めて出演したカラー映画だった。

89 思想と社会 | 移民排斥主義

1938年、フランクリン・D・ローズヴェルト大統領（1882〜1945）は、婦人団体「アメリカ革命の娘」に向けて、移民への寛容を訴える有名なスピーチを行なった。その中で彼は、「決して忘れないでください。わたしたち全員、とりわけ、みなさんとわたしは、移民の子孫であるということを」と述べた。

◆

ローズヴェルトがこのスピーチを行なった背景には、1920年代から1930年代に高まった反移民感情——つまり移民排斥主義があった。

「移民排斥主義（nativism）」という語は、19世紀半ば、移民への警戒心が強まった時期に作られた言葉だ。1854年の選挙では、いわゆるノウ＝ナッシング党が移民排斥と反カトリックを訴えて一時期躍進したものの、その運動はすぐに分裂して終わった。

移民排斥主義が再び台頭するのは第一次世界大戦後で、この時期、犯罪への懸念と、先行きの見えない景気への不安とが合わさって、新たにやってくる移民に対する敵意が醸成されたのである。1924年にアメリカ議会は、アジアからの移民と、ヨーロッパのうちイタリアやポーランドといったローマ・カトリックが主流の国々など「望ましからざる」地域からの移民を制限する法律を成立させた。共産主義の浸透を恐れた「赤狩り」の時代には、数百人の東ヨーロッパ出身者が、アナーキズムとの関連を疑われて国外追放になった。

一方、移民排斥を掲げる市民グループは勢いを増した。南北戦争後に南部で結成されてアフリカ系アメリカ人を恐怖に陥れていたクー・クラックス・クランは、カトリック信者とユダヤ教徒もターゲットにするようになった。1928年の民主党大統領候補アルフレッド・スミス（1873〜1944）は、カトリック信者だったため強硬な反対に遭い、選挙では共和党候補ハーバート・フーヴァー（1874〜1964）に大差で敗れた。反移民感情は、ローズヴェルトが大統領になってからも続いていた。

1939年には、客船セントルイス号が、ドイツ系ユダヤ人が大半を占めていた乗客ともども、アメリカへの入国を拒否されてヨーロッパへ送り返されるという有名な事件が起きている。ヨーロッパに戻った乗客の多くはホロコーストで亡くなったと考えられている。

移民排斥主義は、第二次世界大戦中に下火になり、1965年には、1924年の移民排斥法に代えて、今まで以上に多くの移民をアメリカに受け入れる法律が制定された。それでも反移民感情は、今もアメリカ政治の強力な底流であり続けており、折に触れては表に顔を出している。

[豆 知 識]

1. 19世紀の求人広告には、数こそ少ないが、「アイルランド人は応募不可」という悪い意味で有名な条件が書かれたものがあり、反カトリック・反移民感情の根深さを示している。

2. 反カトリック感情は、1960年の大統領選挙でも大きな問題になった。ジョン・F・ケネディ（1917〜1963）は、「わたしはカトリックの大統領候補ではなく、民主党の候補です」と明言しなくてはならなかった。今でもケネディは、カトリック信者として大統領に当選した唯一の人物である。

3. クー・クラックス・クランは、暴力的な人種差別組織として有名だが、移民排斥主義と反カトリックを一貫して強力に支持している。

90 スポーツ｜ロッキー・マルシアノ

ロッキー・マルシアノ（1923〜1969）は、体格の大きさでも、才能でも、技の巧みさでも、史上一番のボクサーではなかったが、タフさでは史上最高だったかもしれない。身長180センチ、体重83キロと、この階級にしては小柄ながら、49勝0敗という記録を打ち立てたヘビー級チャンピオンであり、ボクシング史上、無敗のまま引退した唯一のヘビー級王者であった。

◆

ロッキー・マルシアノ

本名をロッコ・フランシス・マルケジャーノといい、ボストン郊外のブロックトンに生まれたマルシアノは、「ブロックトンの高性能爆弾」「ブロックトンの岩」の異名を取った。子供のころの夢はプロ野球のキャッチャーになることで、1947年にシカゴ・カブスのトライアウトを受けたが合格できず、やむなくボクシングに転向した。ボクシングは、アメリカ陸軍に入隊していた4年前に始めたばかりだった。

1948年からプロになり、自ら「スージーQ」と名づけた強烈な右フックで期待の新人との評判を築いていった。

1951年10月、それまでに37勝0敗、32KO勝ちという成績を収めていたマルシアノは、ついに憧れのボクサーで元チャンピオンのジョー・ルイス（1914〜1981）と対戦することになった。ルイスは、1937年から1949年までヘビー級王者だったが、1951年には37歳で、すでに一度引退を経験していた。マルシアノは元チャンピオンにKO勝ちすると、試合後ルイスの控室へ行き、泣いて謝った。

ルイスは全盛期を過ぎていたとはいえ、この勝利でマルシアノの実力が実証され、ジャーシー・ジョー・ウォルコット（1914〜1994）とのタイトル戦が決まった。タイトル戦は1952年9月23日に行なわれ、試合は王者ウォルコット優勢のまま、13ラウンドに入った。挑戦者であるマルシアノが勝利するにはKO勝ちしかなかったが、ここでスージーQが炸裂した。ウォルコットはKOされて気を失い、マルシアノはチャンピオン・ベルトを手にした。その後は、ウォルコットとの再戦で勝利し、エザード・チャールズ（1921〜1975）との2度にわたる名勝負を制するなど、タイトルを6度防衛した。

マルシアノは1956年に引退し、46歳の誕生日を迎える前日に自家用飛行機の墜落事故で亡くなった。

豆 知 識

1. マルシアノについて、ピューリッツァー賞を受賞したスポーツ記者レッド・スミス（1905〜1982）は、こう書いている。「彼は、これまでグローブをはめた者の中で、最もタフで、最も強く、最もひたむきにボクシングに取り組んだボクサーだった。彼の辞書に恐怖という言葉はなく、苦痛という言葉に意味はなかった」
2. マルシアノの49連勝に最も近づいたヘビー級ボクサーは、ラリー・ホームズ（1949〜）だ。ホームズは、48勝0敗まで行ったが、1985年にマイケル・スピンクスに負けて記録が途絶えてしまった。
3. マルシアノは、リーチ（左右に伸ばした両腕の先端間の長さ）が173センチしかなく、ヘビー級チャンピオンの中で最も短かった。

91 大衆文化 ｜ 名犬ラッシー

　アメリカの大衆文化で最も有名な犬は、おそらく名犬ラッシーだろう。ラッシーは、1938年に週刊誌『サタデー・イヴニング・ポスト』に掲載された短編小説の主人公として世に出た。作者のエリック・ナイト（1897～1943）は、この短編が好評だったことから、内容を膨らませて長編小説『名犬ラッシー　家路』として出版した。さらに小説は、1943年にエリザベス・テイラー（1932～2011）出演で映画化された。

◆

　原作の内容は、こうだ。イギリス・ヨークシャー地方の貧しい農家サム・カラクルーは、息子が飼っているコリー犬ラッシーを、やむなくスコットランドの公爵に売却し、公爵はラッシーを連れてスコットランドへ行ってしまう。しかし、賢くて忠誠心にあついラッシーは、若い主人のことを忘れず、長い距離や幾多の危険を物ともせずにカラクルー家に戻ってくる。

　映画はたちまちヒットし、ラッシー映画の続編が何本も作られた。後にはキャンベル・スープ・カンパニーがテレビシリーズのスポンサーになり、ラッシーはテレビドラマとしてお茶の間にも登場した。

　テレビシリーズの出演者のうち、ラッシーだけは変わらなかった。飼い主は何度も変わり、中にはラッシーがひとりで旅しているようなエピソードもあった。しかし、どんな家族と暮らそうとも、常にラッシーは、飼い主と、番組を見ている視聴者に、誠実さ・友情・勇気とは何かを教えてくれた。

　ラッシーが登場するまで、犬がエンターテインメントの中心になることはなかった。それどころか、映画やテレビに出てくる犬のほとんどは家畜と見なされ、屋外で飼われていた。

　2005年、ラッシーは雑誌『バラエティ』で「20世紀を代表するアイドル100」に選ばれた。動物界からこのリストに選出されたのはラッシーだけだった。

[豆 知 識]

1. ラッシーはメスのコリー犬という設定だが、初代ラッシーを演じたのは、パルという名の血統不明のオスだった。2代目以降のラッシーは、ほとんどをパルの子孫が演じた。
2. ラッシーは、ハリウッドのウォーク・オブ・フェームに星形プレートのある3頭の動物のひとつだ。残りのふたつは、ともにジャーマン・シェパードである名犬リンチンチンと、俳優犬ストロングハートだ。
3. テレビシリーズ『名犬ラッシー』には、絶滅危惧種など環境問題を扱う回が多かった。

92 人物 ｜ 毛沢東
もうたくとう

　質素な灰色の人民服を着た毛沢東（1893〜1976）は、彼が中心となって1949年に建設した中華人民共和国を象徴する存在だった。彼は、数々の戦争や政治闘争を経て頭角を現し、新国家の指導者になると、権力の座にいた27年のあいだに神格化された。

◆

　毛は革命家・建国者であり、農民階級の力を共産主義の名の下に結集させて、中国を近代化して現在のような超大国の地位へと導こうとした。しかし、そうした変革は代償を伴わざるをえなかった。大量の餓死者、思いつきで進められる政策、人間不信の蔓延が毛の統治の汚点となり、死後は主にそうした点から彼の功罪は語られている。

　毛は中国・湖南省の農家に生まれ、1918年に初めてカール・マルクスの著作に触れると、1921年に中国共産党の創設メンバーになった。国共内戦ではゲリラ戦術を巧みに駆使し、共産党軍は数では劣っていたものの、1949年に蔣介石（1887〜1975）率いる国民党軍に予想外の勝利を収めた。

　内戦に勝利すると、毛はソ連を模範に中国の改革に乗り出した。1953年に始まる第1次五か年計画では、中央政府による計画経済、大規模な防衛力増強、および工場での増産が重視された。しかし、1958年になるとマルクス主義を中国風にアレンジし、農村を人民公社に再編した —— 人民公社による集団化で農民の力を結集させれば、中国の農業生産は劇的に増大し、西側に追いつけるはずだと考えたのである。

　こうした発想で進められた大躍進政策は大失敗に終わり、少なくとも2000万人が餓死し、ソ連との関係も悪化した。大躍進の失敗により、毛は国家主席を辞任した（ただし、共産党中央委員会主席の座にはとどまった）。

　1966年に毛沢東は文化大革命を開始した。その目的は、資本主義を支持する一派（および自分の政敵）を国内から一掃して、自分の後も社会主義革命が継続していくようにすることだったが、これも社会のあらゆる面で中国を混乱に陥れ、多くの人命を奪う結果となった。それでも毛は、文化大革命を通じて国家と軍の指導者に返り咲いた。

　1971年を最後に公衆の面前には立たなくなるが、82歳で死去するまで、陰の実力者として中国で最高権力を振るい続けた。

[豆 知 識]

1. 指導者として権力を握っていた時期に戦争以外で数千万人が死亡したにもかかわらず、毛沢東は今も中国で尊敬されている。北京の故宮にある天安門には、彼の巨大な肖像画が掲げられている。

2. 1972年、アメリカのリチャード・M・ニクソン大統領（1913〜1994）が北京を訪問して毛沢東と会談し、アメリカは20年に及んだ中国との敵対関係に終止符を打った。

3. 毛沢東は、中国の指導者だった27年のあいだ、ほとんど公衆の面前に出ず、そのことが神秘的な雰囲気を作る一因となった。若い学生たちは毛沢東を敬愛するよう教育され、赤い表紙の小冊子『毛主席語録』が中国の国家思想として配布されたことで、毛沢東への個人崇拝が加速された。

93 文学 | F・スコット・フィッツジェラルド

F・スコット・フィッツジェラルド（1896～1940）は、多くの人から20世紀のアメリカで最高の小説家と評されている。彼の小説は、長編も短編も、卓越した技法と他に類を見ない叙情的な表現を特色とし、ジャズ・エイジと呼ばれた1920年代のアメリカを特徴づけていた、希望と絶望の入り交じった感覚を巧みにとらえている。

◆

　ミネソタ州で生まれ育ち、プリンストン大学で学んだフィッツジェラルドは、1920年に処女作『楽園のこちら側』でアメリカ文学界に華々しくデビューした。これは、プリンストン大学の学生の恋愛模様を描いた小説で、うぬぼれが過ぎて青臭いと思えることもあるが、その否定しようのない見事な筆致でフィッツジェラルドは一流作家との評価を確立した。この作品で得た富と名声で、フィッツジェラルドと彼の若い妻ゼルダ（1900～1948）は浮ついたデカダンな生活を送るようになり、その様子はゴシップ紙に連日のように取り上げられた。

　長編第3作『グレート・ギャツビー』（1925年）は、フィッツジェラルドの長編小説では最も短い作品で、代表作と考えられている。この作品では、一代で財を成しながら、成功という仮面の裏に不正に手を染めた過去と孤独な私生活とを隠す富豪を通して、アメリカン・ドリームの可能性と虚しさを描き出している。発表当時は不評だったが、今では『グレート・ギャツビー』は、1920年代でおそらく最高の小説だろうと評され、評論家がアメリカの傑作小説を1編選ぼうとするときに必ず候補に挙がる作品である。

　妻ゼルダは、情緒不安定で知られており、彼女との嵐のような結婚生活はフィッツジェラルドの後の作品に影を落とした。特に『夜はやさし』（1934年）という、外国に住むアメリカ人精神科医とその患者の緊張した関係を、時間をかけて描いた小説に、その傾向が顕著に見られる。夫婦間の軋轢のため、以前から深刻だったフィッツジェラルドの飲酒問題はさらに悪化し、1930年代後半には完全にアルコール依存症になった。

　1937年に映画のシナリオライターとして働くためロサンゼルスへ移った後、1940年に心臓発作で亡くなった。ハリウッド映画界の大物を主人公とした最後の長編小説『ラスト・タイクーン』は、未完に終わった。

豆 知 識

1. フィッツジェラルドのフルネームは、フランシス・スコット・キー・フィッツジェラルドで、その名の由来となった遠縁のフランシス・スコット・キー（1779～1843）は、1814年にアメリカ国歌「星条旗」の歌詞を書いた人物。

2. 長年情緒不安定に苦しんでいたゼルダ・フィッツジェラルドは、1930年に重度のノイローゼになり、入院を余儀なくされた。その後も回復することはなく、1948年に精神科病院での火事の犠牲になって亡くなった。

3. ユーモア作家としては知られていないが、フィッツジェラルドは鋭いウイットの持ち主だった。ハリウッドのドジなシナリオライターを主人公とする短編集『パット・ホビー物語』は、彼の作品の中では最も読まれていないが、一番面白い小説だ。

94 音楽 | ロバート・ジョンソン

　ブルースのギタリスト、ロバート・リロイ・ジョンソンは、ミシシッピ州ヘイズルハースト
で1911年5月某日に生まれ、1968年に見つかった死亡証明書によると、1938年8月16日に
亡くなった。これ以外に、彼の生涯について分かっていることはほとんどない。しかし、ジョ
ンソンが1936年と1937年にテキサス州で慌ただしく行なった録音が42テイク現存している。
この録音には、スタンダードである「スイート・ホーム・シカゴ」のほか、「むなしき愛」「ト
ラベリング・リバーサイド・ブルース」「クロスロード・ブルース」など、後にローリング・ス
トーンズ、レッド・ツェッペリン、クリームなどロック・ミュージシャンにカバーされて有名
になった曲が多く含まれている。

◆

ロバート・ジョンソン

　　　　　　　　　　　　ジョンソンの生涯について詳しい事実はほとんど分かっていない
ため、彼にまつわるもっともらしい神話が生まれた。言い伝えによ
ると、ジョンソンはわびしい田舎の十字路で悪魔に魂を売り渡し、
それと引き換えにギター・テクニックを手に入れたという。この伝
説は、ジョンソン自身が生前に吹聴していたかもしれないが、最も
広く宣伝したのは、同じミシシッピ州出身のブルース奏者サン・ハ
ウス（1902〜1988）で、彼は1960年代のブルース・リバイバルの
時代に、疑うことを知らないファンに、この話を語っていた。

　　　　　どうやって才能を手に入れたのかはともかく、後に「キング・オ
ブ・デルタ・ブルースシンガーズ」と呼ばれたジョンソンが、真にアメリカ的な芸術を実践し
た最も偉大な人物のひとりだったのは間違いない。当初はバーや街角で少人数を相手に演奏し
ていたが、やがてレコード会社と契約を結んだ。

　生前レコードはそこそこにしか売れなかったが、1960年代に再リリースされると絶賛され、
ローリング・ストーンズのキース・リチャーズ（1943〜）やレッド・ツェッペリンのロバー
ト・プラント（1948〜）などのロック・ミュージシャンに多大な影響を与えた。

━━━━[豆 知 識]━━━━

1. ロバート・ジョンソンの写真は2枚しか現存しておらず、どちらも1974年に公表された【訳注／その後2008年に第3
　の写真が発見された】。
2. ローリング・ストーンズのライブ・アルバム『ゲット・ヤー・ヤ・ヤズ・アウト』（1970年）には、ロバート・ジョンソン
　の「むなしき愛」のカバーが収められているが、「伝統的な」フォークソングとあるだけで、ジョンソンには一切触れてい
　ない。しかしアルバムの新しいバージョンには、作詞作曲者としてジョンソンの名前が加えられている。
3. ジョンソンの録音を収めたレコードは、1961年に『キング・オブ・デルタ・ブルースシンガーズ』のタイトルで大々的
　にリリースされたが、これはプロデューサーのジョン・ハモンド（1910〜1987）が、ぜひ出すべきだとコロムビア・レ
　コードを説得したからだった。その後ハモンドは、ボブ・ディラン（1941〜）、アレサ・フランクリン（1942〜2018）、
　ブルース・スプリングスティーン（1949〜）など、多くのミュージシャンと契約を結んだ。

95 映画 | ジョン・フォード

史上屈指の名作西部劇映画を監督したことで知られるジョン・フォード（1894～1973）は、単純明快で古典的な映画作りのスタイルで有名になり、そのスタイルで『駅馬車』（1939年）、『怒りの葡萄（ぶどう）』（1940年）、『捜索者』（1956年）など、大きな影響を与えた作品を製作した。

◆

彼は、アカデミー監督賞を前人未到の4度受賞し、ジョン・ウェインとヘンリー・フォンダが大スターになるきっかけを作った。さらに、マーティン・スコセッシ、ジョージ・ルーカス、ジャン＝リュック・ゴダール、黒澤明など、次世代の監督たちにも影響を与えた。

フォードは、20年間サイレント映画とトーキーを作り続けた後、アイルランド独立戦争を舞台としたヴィクター・マクラグレン主演の映画『男の敵』（1935年）で初めてアカデミー監督賞を受賞した（ちなみに、マクラグレンも本作で主演男優賞を獲得した）。

フォードにとって初のトーキー西部劇『駅馬車』は、西部劇の人気復活に一役買い、ジョン・ウェインが大スターになるきっかけとなった。本作は、文明と未開の荒野の衝突を描きながら、それまでの西部劇よりも複雑なテーマと、個性的な登場人物を扱っている。『駅馬車』は興行的にも大成功で、ウェインとフォードはその後もコンビを組んで10数本の大作映画を製作した。

1939年は、フォードがヘンリー・フォンダと仕事を始めた年でもあった。ふたりは2年のあいだに3本の映画を製作した。そのうちの1本『怒りの葡萄』は、フォードが2度目のアカデミー監督賞を受賞した作品で、その後何年もアメリカ史上屈指の傑作映画と評されていた。フォードとフォンダが組んだ作品には、ほかに傑作西部劇『荒野の決闘』（1946年）がある。

ウェインがスクリーン上でのイメージを定着させるのに役立ったのが、フォードの「騎兵隊三部作」である『アパッチ砦（とりで）』（1948年）と『黄色いリボン』（1949年）と『リオ・グランデの砦』（1950年）だ。しかし、ふたりの不朽の名作と言えば、フォードがアメリカの西部ではなく緑豊かなアイルランドの田舎を舞台に描いた『静かなる男』（1952年）と、最も大きな影響を残した映画『捜索者』だろう。

『捜索者』は、ウェインをアンチヒーロー（悪役的主人公）イーサン・エドワーズに配し、執念、人種差別、道徳的あいまいさといったテーマに焦点を当てている。イーサン役は、ウェインが最も気に入った役のひとつであり、この役をきっかけにアメリカの映画界は、アメリカの西部に白人が勢力を拡張してネイティヴ・アメリカンに壊滅的な打撃を与えた事実を受け入れていくようになった。

豆知識

1. フォードと言えば西部劇で有名だが、彼がアカデミー監督賞を受賞した作品は、4本とも西部劇ではなかった。
2. フォードは、『駅馬車』以降の主要な映画7作品を、ユタ州からアリゾナ州にかけて広がるモニュメント・バレーで撮影した。
3. 『捜索者』は、マーティン・スコセッシ監督の『タクシードライバー』（1976年）とジョージ・ルーカス監督の『スター・ウォーズ』（1977年）に大きなインスピレーションを与えたと考えられている。

96 思想と社会 ｜ シュルレアリスム

　シュルレアリスムとは、20世紀初頭の芸術運動で、潜在意識の不思議な働きを奇怪で幻想的な美術・文学作品で表現しようとしたものだった。

◆

アンドレ・ブルトン

　シュルレアリスムの顔として最も有名なのはスペインの画家サルバドール・ダリ（1904〜1989）だが、この運動は多種多様なジャンルにわたり、20世紀芸術に顕著な影響を与えた。

　シュルレアリスム運動の事実上の指導者は、フランスの文学者アンドレ・ブルトン（1896〜1966）だった。ブルトンは、精神分析医ジークムント・フロイト（1856〜1939）の理論に強い影響を受け、潜在意識に入り込むため、さまざまな手法の実験を開始した。

　最初に試した手法は自動記述で、これは潜在意識に浮かぶ考えを直接記録しようとする試みだった。自動記述では、シュルレアリスムの実践者は物語構造や美の基準など、通常「よい」記述に求められるものをすべて無視しなくてはならなかった。

　ブルトンは、1924年に最初の『シュルレアリスム宣言』を出版したとき、シュルレアリスムとは「理性によって行なわれる規制が一切ない中で」思考を転写しようとする試みだと定義している。続く数年でシュルレアリスムは注目されるようになった。パリのカフェでときおり会うグループとして始まったものが、文学から映画までを含む国際的な運動になったのだ。

　主な人物には、イタリアのジョルジョ・デ・キリコ（1888〜1978）、ベルギーのルネ・マグリット（1898〜1967）、スペインの画家ジョアン・ミロ（1893〜1983）とダリなどがいる。フランスの作家アントナン・アルトー（1896〜1948）は、シュルレアリスムの手法を使って演劇界に革命をもたらした。またスペインの映画監督ルイス・ブニュエル（1900〜1983）は、シュルレアリスムを映画に持ち込んだ。

　ブニュエルは、いささかとらえどころのない人物だったが、彼が最も大きな影響を残したのではないだろうか。シュルレアリスムは、美術・文学運動としてはしぼんでいったが、スクリーン上では ──『トワイライト・ゾーン』の予想外の展開から、『ダンボ』の夢まで ── 決して消えることはなかった。

┌─ 豆 知 識 ─┐

1.「シュルレアリスム」はフランス語で、直訳すれば「リアリズムを超えて」だ。
2. 1930年代、シュルレアリスム運動は政治によって分断された。ブルトンたちは、共産党から離れたり追放されたりしたが、一部の仲間はソ連政府への忠誠を守った。
3. ブニュエルは、ダリと協力して1928年に有名な前衛的短編映画『アンダルシアの犬』を製作した。

97 スポーツ｜世界を変えた1発

「ジャイアンツ優勝です！　ジャイアンツ優勝です！　ジャイアンツ優勝です！」
—— ラス・ホッジズ、1951年10月3日

◆

　1951年8月12日、ブルックリン・ドジャースは、ナショナル・リーグのライバルで同じニューヨークを本拠地とするニューヨーク・ジャイアンツに13.5ゲーム差をつけて首位を独走していた。そのわずか1か月前、ドジャースのチャック・ドレッセン監督（1898～1966）は、「ジャイアンツは終わった」と強気の発言をしていた。実際、ジャイアンツが4連敗すると —— これには、8月に入ってからの対ドジャース3連敗も含まれていた —— ドレッセンの言うとおりだと思われた。

　しかし、8月12日の午後、ジャイアンツはフィラデルフィア・フィリーズに勝った。翌日もジャイアンツが勝った。そして、そのまま16連勝を上げた。これが、野球史上屈指の大逆転劇の始まりだった。ジャイアンツは残り44試合を37勝で終えてドジャースに追いつき、ナショナル・リーグ初の3回戦制プレーオフに持ち込んだ。プレーオフの勝者は、ワールドシリーズでニューヨーク・ヤンキースと対戦することになっていた。

　2戦を終えて1勝1敗となり、勝負を決める最後の1戦が、ジャイアンツのホーム球場ポロ・グラウンズで行なわれた。ニューヨークは町中がくぎ付けになった。株式仲買人たちは仕事をさぼり、子供たちは学校を休んで、誰もが試合を見に行ったり、アナウンサーのラス・ホッジズ（1910～1971）が実況するラジオ放送に聞き耳を立てたりした。

　両チームとも、自軍のエース・ピッチャーを先発マウンドに送り込んだ —— ドジャースはドン・ニューカム（1926～2019）、ジャイアンツはサル・マグリー（1917～1992）だ。7回が終わったところで試合は1—1の同点だったが、8回表、ドジャースは3点を追加して4—1とリードを広げ、これでワールドシリーズ出場は確実かと思われた。

　しかし9回裏、2本の単打と1本の二塁打でスコアは4—2となった。1アウトでランナー2名が出塁している状況で、外野手ボビー・トムソン（1923～2010）がバッターボックスに入り、ドジャースのリリーフピッチャー、ラルフ・ブランカ（1926～2016）と向き合った。

　初球ストライクの後、トムソンが2球目に来た高めのストレートを打つと、打球はまっすぐ飛んでレフトフェンスを越えた。観客席はもちろん、町中が大騒ぎになった。ホッジズが夢中になって試合の結果を告げる実況は、ラジオ放送の歴史で最も有名な言葉のひとつだ。翌日の新聞はトムソンのホームランを「世界を変えた1発」と呼び、この本塁打は、野球史上でおそらく最も記憶に残るサヨナラホームランとなっている。

豆 知 識

1. その後ジャイアンツはワールドシリーズを第6戦まで戦って、ヤンキースに敗れた。
2. この試合は、ポロ・グラウンズがあったアッパー・マンハッタンの崖の名前にちなんで、クーガン・ブラフの奇跡とも呼ばれている。なお球場は、1964年に取り壊された。
3. 「世界を変えた1発」というフレーズは、もっと深刻な世界的大事件を指すのにも使われている。例えば、1775年のアメリカ独立戦争の発端となった戦闘や、1914年に起きて第一次世界大戦の引き金となった、オーストリア皇位継承者フランツ・フェルディナント（1863～1914）暗殺事件などがそうだ。

98 大衆文化 │ 『宇宙戦争』

　1938年10月30日、ニューヨーク市とその周辺に住む600万のリスナーは、CBSラジオが毎週放送しているドラマ番組『マーキュリー放送劇場』を聞いていたとき、番組の途中でニュースキャスターが緊張した声で読み上げる臨時ニュースに衝撃を受けた。火星人の宇宙船団が地球を侵略しに来たというのだ。

◆

オーソン・ウェルズ

　「これではっきり分かりました」とアナウンサーは言葉を継いだ。「20世紀の初頭に、この世界は人類よりも高い知能を持った生物によって厳しく監視されていたのです」

　音声は、アナウンサーの、すぐに世界的に有名になる大きな声から、ニュージャージー州にいるらしい記者に切り替わり、宇宙船が空に現れて「青い炎の噴射のよう」だと報告した。

　1時間の番組が進行する中、状況はますます絶望的になっていくように思われた。火星人が宇宙船から姿を現し、マンハッタンへ向かって進んでいった。

　しかし多くのリスナーは、番組冒頭のお断りを聞き逃していた。もし聞いていたら、これは現実の出来事を報じる臨時ニュースではなく、イギリスの作家H・G・ウェルズ（1866〜1946）が書いたSFの古典『宇宙戦争』をラジオドラマ化したものだと分かったはずだ。

　この番組は、アナウンサー役を務めた若き俳優オーソン・ウェルズ（1915〜1985）の発案で、ハロウィーンに合わせた娯楽番組として企画したものだった。しかし多くのリスナーは、ヨーロッパで枢軸国と他の国々との衝突が深刻化して緊張が高まっていたこともあり、本当のニュースを聞いていると思い込んだ。

　この一件は、東海岸でちょっとしたパニックを引き起こし、オーソン・ウェルズの名を一気に高めた。その後に彼は、映画監督として『市民ケーン』（1941年）、『偉大なるアンバーソン家の人々』（1942年）、『オーソン・ウェルズのオセロ』（1952年）、『黒い罠』（1958年）などを撮って絶賛された。

───

╭─────────╮
│ 豆 知 識 │
╰─────────╯

1. 放送があった夜の午後8時30分から10時までのあいだ、ニュージャージー州のトレントン警察本部には、「火星人がこの国を攻撃している」という電話が数多く寄せられた。
2. 放送から数年後、この件をめぐって数々の陰謀説が持ち上がり、その中には、この番組が心理戦術を試す軍のテストだった可能性を指摘するものさえあった。
3. オーソン・ウェルズとH・G・ウェルズは、1940年10月28日のラジオ番組で、このときの放送について語り合っており、ふたりとも反響に驚いたと述べている。

99 人物 ｜ ミルトン・バール

　ミルトン・バール（1908〜2002）は、20世紀のアメリカで最も人気を博したコメディアン・俳優のひとりで、テレビが生んだ最初の大スターとして知られている。1948年にNBCで放送が始まった『テキサコ・スター劇場』で初めて司会を務めて大成功を収め、番組は生まれて間もないテレビの普及に貢献した。

◆

　バールは、本名をミルトン・バーリンジャーといい、生涯のほぼすべてを芸能界で過ごした。子供のころにチャーリー・チャップリン（1889〜1977）のそっくりさんコンテストで優勝すると、母親に推されて子役の道を進んだ。ニューヨーク市とその周辺で撮影されたサイレント映画に出演し、10歳で各地を巡業する子供ボードビル・ショーに加わった。

　やがてボードビルとブロードウェイのスターとなり、ハリウッド映画やラジオにも出演した。しかし彼がスーパースターになるのは、草創期にあったテレビというメディアに1948年に移ってからで、以来「ミルトンおじさん」「ミスター・テレビジョン」として親しまれた。彼のおどけた芝居（一番有名なのは、女装したことと、前歯を黒く塗って欠けているように見せたこと）は、テレビの視聴者に大いに受けた。

　『テキサコ・スター劇場』は、彼がナイトクラブやボードビルでやっていたショーと同じで、自らコメディを演じ、ゲスト・スターを紹介して芝居をやってもらい、それからゲストとやり取りするという内容だった。

　バールの影響はすさまじかった。雑誌『ライフ』によると、1947年にテレビの普及台数は13万6000台だったが、それが1948年末には70万台になった。彼の番組は、放送開始からわずか2か月で大人気となり、1948年の大統領選挙の特番でも中止にならなかった唯一の番組であった。1951年にNBCと当時としては破格の30年契約を結んだ（それにより毎年20万ドルを手にすることになった）が、1953年、人気に陰りが出てきたことから、テキサコは番組のスポンサーを降りた。その後いろいろとテコ入れをしたが、バールをトップの座に返り咲かせることはできなかった。その後のバールは、ハリウッド映画に出たり、テレビのバラエティ番組にゲスト出演したりした。また、ナイトクラブやチャリティーショーにも出続けた。

　1984年、彼はテレビ界の7人のパイオニアのひとりとして、テレビ芸術科学アカデミーの殿堂入りを果たした。その後、結腸がんにより93歳で亡くなった。

豆知識

1. 多くのコメディアンが、バールに持ちネタを盗まれたと非難の声を上げ、ゴシップ・コラムニストのウォルター・ウィンチェル（1897〜1972）は、彼を「下手なギャグの泥棒」と呼んだ。バールは、この悪評を自身のコメディのレパートリーに加えていた。
2. バールは、芸能人を中心に結成された親睦団体フライアーズ・クラブの活動に熱心だった。クラブ名物の、会員を茶化して楽しむ食事会「ロースト」では司会を務めることも多かった。
3. バールのトレードマークはふたつある。いつも手にしていた葉巻と、「Good evening, ladies and gentlemen（紳士淑女のみなさん、こんばんは）」をもじった『テキサコ・スター劇場』でのあいさつ「Good evening, ladies and germs（バイ菌と淑女のみなさん、こんばんは）」だ。

100 文学 | ウィリアム・フォークナー

ウィリアム・フォークナー（1897〜1962）は、アメリカ南部の苦痛に満ちた困難な時代を記録した第一級の文学者だった。彼が描いたのは、南北戦争から公民権運動までにあたる時期で、それは人種間の緊張が爆発寸前にまで高まり、景気は冷え込み、かつて南部を支えていた上流階級が過去のものとして消え去っていった時代だった。

フォークナー自身は古き良き南部の産物だった。彼の家族は、ミシシッピ州で数代前から続く一族で、先祖からは政治家や南北戦争の英雄を輩出していた。フォークナーは、学生時代は勉強熱心ではなかったが、読書が大好きで、すでに10代のときには詩や物語の創作に挑戦し始めていた。1920年代は、あちこちを移動しながら臨時の仕事を転々としていたが、この時期に、後に彼の作品の大半の舞台となる架空の土地ミシシッピ州ヨクナパトーファ郡の構想を練った。

フォークナーの最初の主要な小説『響きと怒り』（1929年）は、一般に彼の傑作だと見なされている。かつては名門だった南部の一族が道徳的・経済的に崩壊していく様子を描いた作品で、同作によって読者は初めてフォークナーの巧みな「意識の流れ」による散文 ── 登場人物の考えを、しばしば雑然とした形で、正確かつ完全に記録しようとする試み ── を知った。

このほかの代表作 ──『死の床に横たわりて』（1930年）、『八月の光』（1932年）、『アブサロム、アブサロム！』（1936年）── でも、フォークナーは古い南部が崩壊し、現代世界と融和しようともがく様子を描き続けた。

フォークナーの小説は、1文が長く、語り手の話が信用できず、物語が少しも時代順に展開しないため、一般に読みにくいとされている。それでも、どの作品も悲痛で忘れられない話を語り、南部の過去から生まれた亡霊を叙情的な文章と鋭い観察眼で描き出している。

フォークナーの時代に南部が直面していた危機は今では大半が遠い過去のものとなったが、それでも彼の作品は、現在の状況を形作る過去の力が容易に消えないものであることを、今もはっきりと教えてくれる。

豆知識

1. 2005年夏、テレビ司会者オプラ・ウィンフリーは、番組のコーナー「オプラのブック・クラブ」で、お薦めの本としてフォークナーの小説を1冊ではなく3冊も ──『響きと怒り』『死の床に横たわりて』『八月の光』── 取り上げた。
2. フォークナーは、過去がいつまでも現在に及ぼす影響を常に考えていた。1951年の小説『尼僧への鎮魂歌』には、彼の最も有名な文章のひとつ「過去は決して死んではいない。過去ですらない」という一節がある。
3. フォークナーは小説を書いただけでなく、少々意外なことに、ハリウッド映画の脚本家として活動していたこともある。1946年には、レイモンド・チャンドラー（1888〜1959）の有名なハードボイルド小説『大いなる眠り』（1939年）を原作とした、ハンフリー・ボガート（1899〜1957）とローレン・バコール（1924〜2014）主演の映画『三つ数えろ』の脚本を書いた。

101 音楽 | グレン・ミラー

　グレン・ミラー（1904〜1944）は、批評家からの受けはよくなかったが、スイング時代に最も売れたジャズ・ミュージシャンのひとりだった。今でも彼のヒット曲の多くは、自身のテーマ曲「ムーンライト・セレナーデ」（1939年）など、第二次世界大戦期にビッグバンド用にアレンジされた曲として、誰もが一度は耳にしたことがあるアメリカ音楽となっている。

◆

グレン・ミラー

　アイオワ州出身のミラーは、ミュージシャンの道を歩み始めたときは、優れたソロのトロンボーン奏者になることを夢見ていた。実際、1920年代から1930年代前半までは、数々のビッグバンドで演奏していた。キャリアの当初は、クラリネット奏者ベニー・グッドマン（1909〜1986）やドラマーのジーン・クルーパ（1909〜1973）といった名プレーヤーと共演したこともあったし、短期間ながら、ジミー（1904〜1957）とトミー（1905〜1956）のドーシー兄弟から指導を受けたこともあった。また、ジョージ・ガーシュウィンのヒット・ミュージカル『ガール・クレイジー』（1930年）でオーケストラのメンバーに採用されたこともあった。

　しかしミラーは、自分がどれほどがんばっても、同時代のトロンボーン奏者ウィル・ブラッドリー（1912〜1989）やジャック・「ビッグT」・ティーガーデン（1905〜1964）のような名人の域に達するのは絶対に無理だと感じるようになった。

　実際ミラーは、演奏ではなく編曲で成功した。1937年に初めて自身のオーケストラを組んだが、これは失敗に終わった。それでも1938年に再挑戦し、今度は大成功を収めた。この2度目のグレン・ミラー・オーケストラで、ソロのクラリネットがテナー・サックスよりも高音で演奏する、いわゆる「ミラー・サウンド」が完成した。このユニークなアレンジを使ってミラーは「イン・ザ・ムード」（1939年）、「タキシード・ジャンクション」（1940年）、そしてスタンダードになった「ムーンライト・セレナーデ」などのヒット曲を次々と生み出した。

　ミラーは、1942年まで自分のオーケストラのリーダーを務めた後、アメリカ陸軍航空軍に入って大尉になった。初めはアメリカ国内で軍楽隊を率いていたが、戦闘部隊の近くに行けるよう、1943年に軍楽隊ごとロンドンへ移った。1944年12月15日、ミラーは飛行機に乗ってパリへ向かった。到着したら、4か月前にパリを解放した連合軍兵士のため慰問演奏をする予定だった。しかし搭乗機は悪天候の中イギリス海峡上空で消息を絶ちミラーは行方知れずになった。

豆 知 識

1. ジェームズ・スチュワート（1908〜1997）は、1954年の映画『グレン・ミラー物語』でミラーを演じた。
2. ミラーの死後、グレン・ミラー財団の正式な許可を得て、3つの楽団がグレン・ミラー・オーケストラの名で今も活動を続けている。ひとつはアメリカ、ひとつはヨーロッパ、そして、ひとつは南アフリカで活動中だ。
3. ミラーが初めて手にした楽器は、プレゼントとしてもらったマンドリンだった。彼はすぐさまそのマンドリンを、自身の代名詞となるトロンボーンと交換した。

102 映画 『オズの魔法使い』（1939年）

「トト、ここはカンザスじゃないみたいよ」
―― ジュディ・ガーランド（ドロシー・ゲール役）

◆

オズの魔法使い

ファンタジーと音楽と、コメディとサスペンスと、特殊効果を巧みに組み合わせた『オズの魔法使い』は、映画史上で最も愛されている作品のひとつだ。黄色のレンガ道、ドロシーの飼い犬トト、「やっぱりお家がいちばん」といった定番になったセリフなど、映画に出てきたもののほとんどすべてが、アメリカの大衆文化に取り入れられている。

本作は、L・フランク・ボーム（1856〜1919）が1900年に書いた同名の小説を映画化したもので、アメリカの大衆文化で誰もが聞いたことのある歌が何曲か登場する。ジュディ・ガーランド（1922〜1969）が演じた主役のドロシー・ゲールは、カンザス州の農場に住む孤児で、憎たらしい隣のおばさんの嫌がらせから逃れるため、トトを連れて家から逃げ出したいと思っている。ところが竜巻に巻き込まれ、ドロシーは頭を打って気を失い、夢うつつの中彼女とトトは竜巻に運ばれて、魔女やマンチキンなど不思議な住民の住む楽しい国オズへと運ばれてくる。

映画の筋は、基本的には迷子が家に帰ろうとする物語で、ドロシーの行く手にはたいてい恐ろしい試練がいくつも待ち構えている。幸運なことに、ドロシーは案山子（レイ・ボルジャー）、臆病者のライオン（バート・ラー）、ブリキ男（ジャック・ヘイリー）と仲間になり、一緒に冒険へ向かうことになる。その代わりドロシーは、彼らの希望がかなうよう手助けをする。ジュディ・ガーランドは後に大女優となるが、16歳で演じたドロシーが彼女の最も有名な役であり続けた。劇中で彼女が歌った歌のいくつかはスタンダード・ナンバーになり、特に「虹の彼方に」は、アメリカ・フィルム・インスティテュートが2004年に実施したアンケートで史上最高の映画ソングに選ばれた。

映画では数々の特殊効果が使われているが、特に印象的なのが、ドロシーが初めてオズに到着したとき、それまでセピア調の白黒だった画面がテクニカラー（いわゆる総天然色）に変わるところだ。『オズの魔法使い』と『風と共に去りぬ』（1939年）は、どちらも映画会社MGMの製作で、この2作によりハリウッドではカラー映画が一気に広まった。

豆 知 識

1. この映画には4人の監督が携わっている。公式にはヴィクター・フレミング（1889〜1949）が ――『風と共に去りぬ』を監督するため途中で抜けたものの ―― 監督としてクレジットされているが、彼以外にもリチャード・ソープ（1896〜1991）、ジョージ・キューカー（1899〜1983）、キング・ヴィダー（1894〜1982）が一部を監督した。
2. この映画はアカデミー賞に6部門でノミネートされ、歌曲賞（作詞E・Y・ハーバーグ、作曲ハロルド・アーレンの「虹の彼方に」）と作曲賞（ハーバート・ストサート）の2部門を受賞した。ジュディ・ガーランドも、その演技により特別賞を受賞した。
3. 映画公開時には、商業的には成功とならず製作費280万ドルを何とか回収するにとどまった。

103 思想と社会 ｜ プラスチック

　1907年、ベルギー生まれの化学者レオ・ベークランド（1863〜1944）は、フェノールとホルムアルデヒドという2種類の化学物質を混ぜて、世界初の合成プラスチックを作り出した。彼は、この琥珀（こはく）色で粘着性のある生成物を、ベークライトと命名した。かくしてプラスチック時代が始まった。

◆

　合成プラスチックを作ろうという努力は、19世紀にさかのぼる。プラスチックとは、圧力や熱を加えるとさまざまな形に成型できる物質のことだ。ベークランドをはじめとする科学者たちは、シェラックや琥珀など貴重な天然樹脂の代わりに使える物質を発明したいと考えていた。

　ベークライトを作るには、2種類の化学物質を混ぜて高温高圧にさらせばよい。できあがった物質は、熱に強く、電気を通さず、形を保持することができた。

　この発明品は、すぐさま電線を覆うのに利用されたほか、おもちゃや、ナイフの柄、ラジオ、さらには何と装身具にも、材料として用いられた。1920年代にはプラスチックが大流行し、この新素材は、くしや台所用品などさまざまな道具に使われていた数多くの動物性物質の代替品として広く使われるようになった。

　ベークライトの成功に触発されて、他の科学者たちも独自のプラスチックを開発しようと、われ先に取り組み出した。1939年には、プラスチックの一種であるナイロンが登場した。

　プラスチックを利用できたことは、第二次世界大戦中の連合国にとっては計り知れない価値があった。プラスチックは、航空機の部品や、兵士用食器セットのフタのほか、原子爆弾を製造するのに必要な装置にも使われた。

　戦後、化学会社は新世代のプラスチックを一般向けに販売し始めた。最も有名なプラスチック製品のひとつタッパーウェア（食品の密封保存容器）は1946年に売り出された。

　1960年代にはプラスチックに対する反発が起こり、「プラスチック」という言葉は、アメリカ文化の物質主義と浅薄さの同義語になった。最近では環境保護論者が、合成プラスチックの製造が環境に大きな負荷をかけているとして抗議している。

豆知識

1. 同じく初期に生まれたプラスチックであるセロファンは、ワインがビンからこぼれたのがきっかけで発明された。1913年、スイス人技師ジャック・エドウィン・ブランデンバーガー（1872〜1954）は、レストランで客がワインをテーブルクロスにこぼすのを見て、布地を保護する、しなやかなコーティング素材を開発しようと考えた。そうして生まれたセロファンは、布地に使うには砕けやすかったが、包装用には最適だった。
2. プラスチックは、分解するまで何百年もかかる。2005年にアホウドリの胃から見つかったプラスチックには、第二次世界大戦中で撃墜された飛行機の製造番号が刻まれていた。
3. 1957年から1967年までディズニーランドで超人気アトラクションだったモンサント・ハウス・オブ・フューチャーは、ほぼすべてがプラスチック製で、当時は想像もつかなかった1987年の生活がどのようなものであるかを展示していた。

104 スポーツ ｜ ゴーディ・ハウ

　ミスター・ホッケーと呼ばれたゴーディ・ハウ（1928～2016）は、1970年代末にウェイン・グレツキー（1961～）が登場するまで史上最も偉大なアイスホッケー選手だと多くの人から認められていた。

◆

ゴーディ・ハウ

　タフでフィジカルの強い選手だったハウは、得点時の巧みなスティックさばきと、強い握力、そして前例がないほどの長い現役生活で有名だった。1946年に18歳でデトロイト・レッドウィングスでデビューしてから、1980年に52歳で引退するまで、32シーズンという驚くほどの長期間プロとしてプレーした（一時期2シーズン引退していたが、1973年に現役復帰した）。

　ハウのように長年ハイレベルでプレーする選手は、ナショナルホッケーリーグ（NHL）であれ他のスポーツであれ、今後二度と出てこないだろう。受けた栄誉は数知れない ―― NHLでは、最優秀選手に6度輝き、リーグの得点王に6度なり、リーグ優勝チームに与えられるスタンレー・カップを4度勝ち取り、ゴール数やポイント数など多くのカテゴリーでリーグ通算トップの記録を残して引退した。ハウの得点記録は後にグレツキーによって破られるが、それでもハウは、アイスホッケー史上、今なお他のどの選手よりも多くの試合に出場し、右ウイングの選手の中では誰よりもポイントを挙げた。デトロイトで25シーズンをプレーした後、ハウは1971年に引退した。しかし2年後、息子であるマークとマーティとプレーするチャンスを、NHLと競合する新興リーグ、ワールドホッケーアソシエーション（WHA）のヒューストン・エアロズから提示された。彼はヒューストンで4年プレーし（リーグ優勝を2度達成し、リーグのMVPを1回受賞した）、その後ニューイングランド・ホエーラーズに移籍して2年プレーした。

　1979年にWHAとNHLが合併すると、ハートフォード・ホエーラーズと名称を改めたチームでハウは最後のシーズンを送った。シーズン中に52歳となったハウだが、それでも全80試合でプレーし、NHLのオールスターゲームに23度目の出場を果たした。このとき一緒に出場したのが19歳のグレツキーだった。ミスター・ホッケーは、「グレート・ワン」ことグレツキーにバトンを渡したのである。

⎡ 豆 知 識 ⎤

1. ハウが引退した時点で、通算成績はポイント数2589、ゴール数1071、アシスト数1518だった（いずれもWHAとプレーオフでの記録を含む）。彼のNHLレギュラーシーズン記録だった801ゴールと1850ポイントは、グレツキーによって破られた。
2. ハウは、1950年のプレーオフで危うく死にそうになった。デトロイト対トロント戦の最中に頭からボードに激突し、頭蓋骨を骨折して脳を損傷した。彼は病院で重体と診断されたが、脳にかかる圧力を軽減する手術を受けて回復した。
3. 1997年、ハウはインターナショナルホッケーリーグのデトロイト・バイパーズの選手として1試合だけ出場してプレーした。これでハウは、1940年代から1990年代までの6つの年代でプレーした最初の選手になった。

105 大衆文化 | スリンキー

第二次世界大戦のただ中だった1943年、アメリカ・ペンシルヴェニア州の技師リチャード・ジェームズ（1914〜1974）は、自宅の実験室で目立たないが重要な軍事問題に取り組んでいた。海軍の艦船は、荒れる海を航行することが多かったため、船内の器具が落ちたり転がったりしないよう安定させる優れた対策が必要だった。ジェームズは、敏感に反応するバネを使った装置に器具を固定させることで、この問題を解決しようとした。バネは揺れには反応するが、器具は水平に保ってくれるだろうと考えたのである。

◆

スリンキー

ある日、実験中にジェームズは偶然バネを棚から落としてしまう。彼が見ている目の前で、バネは棚から、本の山、テーブルの上面、そして床へとスムーズに下りていき、床に着くと元の形である完璧な円筒形に戻った。ジェームズの頭の中は、戦争協力からおもちゃ屋へと、ただちに変わった。彼はこのアイディアを妻ベティに話し、ベティは、このおもちゃの名前として、「しなやかに動く」という意味の「スリンキー」を思いついた。

スリンキーは、20メートルの鋼鉄製ワイヤをコイル状に巻いていくことで製造され、この過程を、ジェームズが最初に導入した機械はほぼ10秒で完了させることができた。ワイヤのとがった両端を丸くしたことを除けば、スリンキーは1945年に最初のモデルが発売されて以来、形はまったく変わっていない。

ジェームズは、どのおもちゃ会社と交渉しても自分のアイディアを買ってもらうことができなかったため、自分でスリンキーを作って売った。ギンベルズ・デパートに400個売ったのが最初だった。ジェームズは1974年に亡くなるが、彼が設立したジェームズ・インダストリーズ社は、1995年までにスリンキーを2億5000万個以上売った。

スリンキーは、おもちゃとしてだけでなく、教育現場でも使われることが多く、特に地震学で波の特性を説明するのによく用いられている。アメリカ航空宇宙局（NASA）も、スペースシャトルでの実験でスリンキーを使っていた —— スリンキーは、一周回って科学研究という出発点に戻ってきたわけだ。

豆知識

1. シリコンゴム粘土のおもちゃ「シリーパティー」も、スリンキーと同じく第二次世界大戦中の科学研究から生まれたもので、これは当初ゴムの代用品と考えられていた。
2. ヴェトナム戦争では、アメリカ兵がスリンキーを無線装置のアンテナの代用品として使っていた。
3. 1960年にジェームズは会社も家族も捨てて、ボリビアのカルト教団に加わった。

106 人物 | ドワイト・D・アイゼンハワー

第二次世界大戦中にアメリカ軍の元帥として活躍したドワイト・D・アイゼンハワー（1890
～1969）を、戦後になると民主党の指導者も共和党の指導者も、自党の大統領候補として出
馬させようと説得を試みた。1952年、共和党が説得に成功した。

◆

アイゼンハワーは、その素朴な人柄と傑出した軍功により、アメリカで最も多くの人気と尊
敬を集める人物のひとりだった。共和党内の予備選で、オハイオ州選出上院議員ロバート・タ
フト（1889～1953）を僅差で破って大統領候補に指名されると、民主党候補アドレイ・ス
ティーヴンソン（1900～1965）を破ってアメリカの第34代大統領になった。

大統領在任中にアイゼンハワーは、予算の均衡、朝鮮戦争（1950～1953年）の終結、ソ連
との関係改善、世界平和の実現に尽力した。大胆な政治的措置には原則として手を出さず、そ
の結果、立法については大きな成果をほとんど上げられなかった。

アイゼンハワーはソ連との緊張緩和を目指し、常にではないにせよ、成功を収めた。1955年
には、アメリカとソ連で相互に空中査察の実施を認め合おうと提案し、ソ連側の指導者たちか
ら ―― 一定の評価は得たものの ―― 拒絶された。

しかし1960年、アメリカのU-2偵察機がソ連上空を飛行中に撃墜されると、両国の関係は
悪化した。アイゼンハワーはスパイ行為を認めたが、ソ連首相ニキータ・フルシチョフ（1894
～1971）は、同年に実現が強く期待されていたパリでの首脳会談をボイコットした。

内政面では、アイゼンハワーは前任の民主党大統領たちが実施していた政策の大部分を引き
継ぎ、ニューディール政策とフェアディール政策のほとんどを継続させた。1956年には州間高
速道路網の整備に着手し、翌年にはアーカンソー州リトルロックに軍を派遣し、州当局に、学
校での人種差別廃止を定めた連邦法を遵守させた。

アイゼンハワーの名声は、後継者に指名した副大統領リチャード・M・ニクソン（1913～
1994）が1960年の大統領選挙でジョン・F・ケネディ上院議員（1917～1963）に敗れたこと
で、大きなダメージを受けた。

大統領退任後、アイゼンハワーはペンシルヴェニア州ゲティスバーグの自宅で隠遁生活を送
り、回顧録を執筆したり、元老として振る舞ったりした。その後78歳で亡くなった。

| 豆 知 識 |

1. 第二次世界大戦後、アイゼンハワーはコロンビア大学の学長になったほか、1950年に新たに結成されたNATO軍の最
　高司令官に就任した。
2. 大統領在任中、アイゼンハワーは大きな健康問題を2度起こしている。1955年に心臓発作を起こして7週間入院し、
　1957年には軽い脳卒中に見舞われた。
3. アイゼンハワーは、1951年に批准されたアメリカ合衆国憲法修正第22条により大統領の任期を2期までに制限された
　最初の大統領だった。

107 文学 『すばらしい新世界』

多くのディストピア小説が政治制度の失敗を描いているのに対し、イギリスの作家オルダス・ハクスリー（1894〜1963）の『すばらしい新世界』（1932年）は、科学技術が何の歯止めもなく進歩したときの危険性を、それが現実のものとなる何十年も前に明らかにした。今日でも新鮮さを失わない本作は、優生学、薬学、精神医学、幹細胞研究など、バイオテクノロジーで議論を巻き起こしている数々の分野で今も未解決である倫理的ジレンマを数多く予言している。

◆

シェイクスピアの戯曲『テンペスト』のセリフからタイトルを取った本作は、26世紀のイギリスを舞台としている。

自然分娩は過去のものとなり、政府が運営する大規模な孵化センターで人間の胎児が培養されている。生まれる前から人間は、カースト制度によって厳しく分離されており、大切にされ大事に育てられている胎児もいれば、有毒物質や高温・低温にさらされて能力の発達を阻害される胎児もいる。大切に育てられた胎児は社会の最上位で権力の座に就き、発達を阻害された胎児は社会の底辺で単純労働者になる。こうした条件づけは、各人の発育期にも社会的分離・教化・抗うつ剤の投与といった方法で続けられ、自由意思は考慮されない。

『すばらしい新世界』は、工業化 ── 特にアメリカ式の大量生産 ── も批判しており、ハクスリーは、こうした工業化が社会を損なってきたと感じていた。彼は、この小説を警告の書として執筆し、数十年後に振り返って、自分の予言は証明されようとしているとの確信を述べていた。それでも本書は、出版当時はそれほど評判にならず、古典的傑作と見なされるようになったのは、ここ数十年のことにすぎない。

『すばらしい新世界』に文学的価値がないわけではないが、その最も大きな影響は、サイエンスフィクションやディストピア小説の先駆的作品としてのものだ。後の作家たちはハクスリーのディストピア的視点を拡張し、レイ・ブラッドベリの『華氏451度』（1953年）、スティーヴン・キングの『バトルランナー』（1982年）、P・D・ジェイムズの『人類の子供たち』（1992年）など、さまざまな作品を世に送り出している。

豆 知 識

1. ハクスリーは、優れた生物学者を何人も輩出した一族の出身で、彼も医学を勉強するつもりだったが、目の病気で10代後半に視力をほぼ失ったために断念した。

2. 『すばらしい新世界』出版後の10年間、ハクスリーはヒンドゥー教と菜食主義と瞑想に傾倒した。東洋の神秘主義について述べた『永遠の哲学』（1945年）という本も書いている。

3. 晩年にハクスリーは幻覚剤の大規模な実験に被験者として参加し、この問題について書いた著作の多くは、1960年代にヒッピーのカウンターカルチャーを支持した人々に影響を与えた。例えばロックバンドのドアーズ（The Doors）は、ハクスリーが幻覚剤を服用した経験をつづった1954年の著書『知覚の扉』（The Doors of Perception）からバンド名を取った。

108 音楽 | ウディ・ガスリー

　フォークシンガー、ウディ・ガスリーの最も有名な歌「わが祖国」（1940年）は、7月4日の独立記念日に、アーヴィング・バーリンの「ゴッド・ブレス・アメリカ」（1938年）と並んでよく演奏される曲だ。ガスリーの歌には複数の歌詞があり、そのため聞く人の多くは、そこに次のような怒りのこもった激しい言葉があることに気づいていない。

◆

尖塔の陰にいる仲間たちをわたしは見た。
救貧所のそばにいる仲間たちを見た。
彼らがそこに腹を空かせて立っている中、

わたしもそこに立って問いかけた。
これでもやっぱりこの国は、あなたとわたしのために作られたんだろうか？

　1940年に作られたこの歌は、実はバーリンの楽天的な愛国歌に対する辛辣な回答として書かれたもので、ガスリーは、数百万のアメリカ人が職を失っている時代に「ゴッド・ブレス・アメリカ」はあまりに陳腐で能天気だと思ったのである。オクラホマ州出身のウッドロー・ウィルソン・ガスリー（1912〜1967）は、大恐慌時代に砂嵐の被害で故郷を追われた。彼は渡り労働者として働きながら、ヒッチハイクや、ある記録によれば自分の足で歩いて、仕事を求めてカリフォルニア州へ行った。こうした放浪生活の影響から、ガスリーはアメリカの労働者が置かれている苦境に深い共感を抱くようになった。やがてガスリーはニューヨーク市に居を定めて、進歩的政治活動に関わる一方、ハディ・「レッドベリー」・レッドベター（1889頃〜1949）やピート・シーガー（1919〜2014）、バール・アイヴス（1909〜1995）といったミュージシャンと仕事をした。第二次世界大戦中、ガスリーは歴史的なバラードや反ナチ・ソングで兵士たちを奮い立たせ、自分のギターに「この機械はファシストたちを殺す」という一文を書き込んだ。

　亡くなる15年前からハンチントン病に苦しみ、最後の数年はニューヨーク州とニュージャージー州の病院で激しい苦痛に耐えながら過ごした。生前には、彼の大ファンである若きフォークシンガー、ボブ・ディラン（1941〜）の見舞いを受けている。

　徹底した平等主義者で、強い愛国心の持ち主だったガスリーは、政治的な楽曲から笑える歌まで、とても幅広い音楽を作った。自作の歌を歌い、単刀直入で気持ちのこもったボーカル曲で一般庶民の声を代弁した。シンプルなスタイルを好み、装飾の多い楽曲は耽美的でブルジョワ的だと考えていた。ディランをはじめ、ジョニ・ミッチェル（1943〜）、ジョーン・バエズ（1941〜）、さらにはブルース・スプリングスティーン（1949〜）など、次世代のフォークミュージシャンにインスピレーションを与えたガスリーは、1960年代に起きたアメリカン・フォーク・リバイバルの基礎を築いた人物として評価されている。

豆知識

1. ウディの息子アーロ・ガスリー（1947〜）は、彼を代表する反戦プロテスト・ソング「アリスのレストラン」を、ウディが1967年に亡くなる1か月前にリリースした。
2. ウディの遺灰は、彼が最後に住んだニューヨーク市コニーアイランドの沖にまかれた。
3. アメリカのバンド、ウィルコは、イギリスのソングライター、ビリー・ブラッグ（1957〜）と組んで、ガスリーの未発表の詩に曲をつけ、1998年のアルバム『マーメイド・アベニュー』（アルバム名は、ガスリーの曲のタイトルであると同時に、ブルックリンにある通りの名前でもある）に収録して発表した。

109 映画 『風と共に去りぬ』（1939年）

公開当時 —— そして、それから何十年たっても ——『風と共に去りぬ』（1939年）は、史上最高のアメリカ映画のひとつだと評された。2年に及ぶ前宣伝を経て公開されると、アメリカ中でセンセーションを巻き起こし、史上最高の興行収入を上げるヒット作になった。実際、インフレ調整すれば、本作は今なお史上最も成功を収めた映画である（調整後の国内興行収入総額は13億ドル）。

◆

この歴史的大作は、アメリカ南北戦争の戦前・戦中・戦後を生きた女性スカーレット・オハラ（演じたのはイギリスの女優ヴィヴィアン・リー、1913〜1967）の半生と恋愛に焦点を当てて、かつての南部をノスタルジックに描いている。レット・バトラー（クラーク・ゲーブル）との破局に終わる関係は、ハリウッドの歴史きっての大ロマンスであり、映画史上最も印象的なセリフのやり取りがある。アメリカン・フィルム・インスティテュートのアンケートで、レットがスカーレットを振るときに言う「正直言って、おれの知ったこっちゃない」は、映画史上で最も記憶に残るセリフに選ばれた。

本作はアカデミー賞を10個獲得し（特別賞1個を含む）、その記録は20年後に『ベン・ハー』（1959年）が11個のオスカーを獲得するまで破られなかった。主な受賞部門は、作品賞、監督賞（ヴィクター・フレミング）、主演女優賞（リー）、助演女優賞（ハティ・マクダニエル）、脚色賞（シドニー・ハワード。ちなみに彼は、アカデミー賞史上初めて没後に受賞した）などである。『風と共に去りぬ』の偉業は、多くの批評家が1939年をハリウッド最高の年と考えている点を考慮すると、いっそう際立つ。何しろこの年に公開された作品には、『オズの魔法使い』『スミス都へ行く』『駅馬車』『嵐が丘』『チップス先生さようなら』など傑作が目白押しだからだ。

費用を惜しげもなくつぎ込んだ結果、製作費は400万ドルを超え、衣装やセットの本物らしさは絶賛された。製作には5人の監督が関わったが、監督としてクレジットされているのはヴィクター・フレミングだけである。最初に劇場公開されて以降、何度も再公開された（最近の再公開は2014年）『風と共に去りぬ』は、アメリカ国内だけで1億9800万ドルを稼ぎ、全世界では4億ドル以上の収益を上げた。史上最も多くのチケットが売れた映画であり、かつてはアメリカのテレビ史上最も放送された長編映画だったこともある本作は、今も最もファンが多いハリウッドの大作映画のひとつである。

豆知識

1. この映画は、マーガレット・ミッチェル（1900〜1949）が書いた同名の小説を原作としている。1936年、プロデューサーのデイヴィッド・O・セルズニック（1902〜1965）は、小説の映画化権を買うのに、当時としては破格の5万ドルを支払った。
2. スカーレット役のキャスティングは難航し、候補に挙がった女優の数は推計で1400人に達したらしい。最終的にカメラテストまで残った女優はリーとポーレット・ゴダードなど4人で、その中からリーが選ばれたとも言われている。
3. レット・バトラー役の候補となったのは4人しかいない。セルズニックが第1候補に考えていたのはクラーク・ゲーブルだったが、契約上の問題から、当初はゲイリー・クーパー（1901〜1961）が有力だった。レット役を断ったクーパーはゲーブルが契約にサインした後で、こんな発言をしたと言われている。「『風と共に去りぬ』はハリウッド史上最大の失敗作になると思う。面目をなくすことになるのがゲイリー・クーパーじゃなくてクラーク・ゲーブルでうれしいよ」

110 思想と社会 | ペニシリン

　第2千年紀で最も重要な科学的革新と呼ばれることもある医薬品ペニシリンは、1928年の発見以来、2億人以上の命を救ったと推計されている。この薬は、結核、ハンセン病、淋病など、それまでは患者を衰弱させる一方だった病気を治療するのに使われ、強力な医薬品である抗生物質を生み出すきっかけになった。

◆

アレクサンダー・フレミング

　最初のペニシリンは、スコットランドの科学者アレクサンダー・フレミング（1881〜1955）が、カビの一種ペニシリウムを使って作り出した。ロンドンの病院で実験中、フレミングはペニシリンが細菌（さまざまな病気を引き起こす微生物）の繁殖を抑制することに気がついた。

　当初は誰もペニシリンの重要性を認識していなかった。人間の治療に用いられるのは1939年になってからだ。この年、ハワード・ウォルター・フローリー（1898〜1968）とアーンスト・ボリス・チェーン（1906〜1979）が、ペニシリンが人間の疾病に及ぼす影響を実験した。これらの業績により、ノーベル委員会はフレミング、フローリー、チェーンの3人に1945年のノーベル生理学・医学賞を授与した。

　ペニシリンの効果が目に見える形で最もはっきり表れたのは、おそらく第二次世界大戦中のことだろう。アメリカ南北戦争や第一次世界大戦など、それ以前の戦争では、医師は感染症を治療するのにキニーネやヒ素など天然の薬物を使わざるをえなかった。こうした薬物は、患者を救う場合もあったが、人体に有害な副作用もあった。ペニシリンには大きな副作用がなく、何万人もの連合軍兵士の命を救った。

　ペニシリンにも問題がなかったわけではない。大量生産が非常に難しく、第二次世界大戦下の科学者たちはやむにやまれず、ペニシリンの製造に使えるよう近所の人に台所のカビを取っておいてくれるよう頼んだほどだったと伝えられている。

　戦後、科学者たちはペニシリンをもっと迅速に製造する方法を発見したほか、新たな種類の抗生物質も開発した。ペニシリンはこれまでに最も広く用いられてきた抗生物質であり、一部の感染症には今でも処方されている。

> ### 豆 知 識
>
> 1. フレミングの発見は偶然の産物だった。伝えられるところによると、彼は研究室の窓を開けっぱなしにしており、そこからカビの胞子が風に乗って入ってきて、細菌を培養していたシャーレを汚染したらしい。
> 2. 古代エジプト、古代ギリシア、古代中国など、多くの古代文明ではカビや植物を感染症の治療に用いていた。しかし、古代文明の治療者たちは、こうした「土着の」治療法に効果がある理由を理解してはいなかった。
> 3. ペニシリンの一種で最も質の高いペニシリンGの化学式は、$C_{16}H_{18}N_2O_4S$ である。

111 スポーツ ｜ レッド・アワーバック

　才能を見つける鋭い目と、けんか腰の性格と、勝利の葉巻で有名だったバスケットボールの
コーチ、アーノルド・「レッド」・アワーバック（1917〜2006）は、ボストン・セルティック
スをアメリカのプロスポーツ史上で屈指の常勝軍団に育て上げた。

◆

レッド・アワーバック

　　　　　　　　アワーバックは、1950年にセルティックスのヘッドコーチ
として契約を結んだときから2006年に亡くなるまで、チーム
をナショナル・バスケットボール・アソシエーション（NBA）優
勝に16回導いた。そのうち9回はヘッドコーチとしてであり、
6回はジェネラルマネジャーとして、1回は球団社長としてで
あった。しかも1959年から1966年まで、セルティックスはア
メリカのプロスポーツ史上で唯一となる、8年連続のリーグ優
勝を果たした。

　アワーバックは、NBAでの人種平等という点でも先駆的な存在だった。ドラフトで黒人選手
を獲得した最初の人物であり（1950年にチャック・クーパー〔1926〜1984〕を獲得）、先発
全員を黒人選手にした最初のコーチであり（1963—1964年シーズン）、黒人コーチを最初に雇
った人物だった（1966年にビル・ラッセル〔1934〜〕を採用）。才能を見いだす能力の持ち主
だった彼は、トレードとドラフトを巧みに利用してセルティックスを強豪チームに育てた。コ
ーチ時代には後に殿堂入りする選手を11人指導し、ジェネラルマネジャーになってからは、さ
らに数名を獲得したが、彼のスタイルは一貫して、個の能力よりもチームプレーを重視するも
のだった。彼が指導・獲得した殿堂入り選手には、ビル・ラッセル、ボブ・クージー（1928
〜）、トム・ヘインソーン（1934〜）、ラリー・バード（1956〜）、ケヴィン・マクヘイル（1957
〜）、ビル・シャーマン（1926〜2013）、ジョン・ハヴリチェック（1940〜2019）などがい
る。

　アワーバックは、勝利を確信すると試合が終了する前にコートで葉巻に火をつけることがよ
くあった。この勝利の葉巻も、選手の才能を見る目と同じく、今も語り草になっている。その
自信満々な態度は、相手チームの選手やコーチばかりか、ときにはオーナーさえも激怒させた。
1957年には、試合前にセントルイス・ホークスのベン・カーナー・オーナーといさかいにな
り、最後にアワーバックがカーナーの口にパンチをお見舞いしたこともあった。

　アワーバックは心臓発作により89歳で亡くなった。

豆知識

1. アワーバックは、1966—1967年シーズンを前にヘッドコーチを引退した時点で、レギュラーシーズンとプレーオフの
   両方で、NBA史上どのコーチよりも多くの勝利を上げていた（レギュラーシーズンで938勝、プレーオフで99勝。その
   後、どちらの記録も破られた）。
2. 1985年に、セルティックスはアワーバックに敬意を表して背番号2を永久欠番にした（チーム史上2番目に重要な人物
   とされたため。ちなみに1番はオーナーのウォルター・ブラウンで、彼のためセルティックスは背番号1を永久欠番に
   した）。
3. NBA最優秀コーチ賞の受賞者に与えられるトロフィーを、レッド・アワーバック・トロフィーという。

112 大衆文化 │ 『ハウディ・ドゥーディ』

土曜日午前のテレビでアニメが定番となる以前に放送されていたのが、『ハウディ・ドゥーディ』だ。もともとは『トリプル・B・ランチ』というラジオ番組だったが、1947年12月にテレビ番組として NBC で放送が始まり、テレビという新たなメディアにおける最初の子供番組のひとつになった。

◆

ハウディ・ドゥーディ

初回の放送時にアメリカでテレビを持っていたのは 2 万世帯だけだった。放送は1960年まで13年間続き、その間に2000以上のエピソードが制作され、カナダやキューバなどの国々で独自のバージョンが放送された。

テキサス州にある架空の町ドゥーディヴィルを舞台に、番組は有名な問いかけ「さあ、みんな、何の時間かな？」で始まる。すると、舞台上の客席に座った子供たちが、「ハウディ・ドゥーディの時間！」と答える。ハウディ・ドゥーディは、バッファロー・ボブ・スミス（1917〜1998）が声を務める赤毛の男の子の操り人形で、顔には合衆国の州の数（当時は48）と同じだけのそばかすがある。彼のほかに、怒りっぽいフィニアス・T・ブラスター市長、友だちのディリー・ダリー、おかしな動物フラッバダブなどの人形たちが、ドゥーディヴィルで、族長サンダーサッドやサマーフォール・ウィンタースプリング王女など、人間が演じる登場人物と一緒に暮らしている。歌と芝居の合間に、炭酸水のビンを持った人間のピエロ、クララベルがパントマイムでドタバタコントを演じる。番組で最も有名なシーンは、番組の最終回、それまで一言もしゃべらなかったクララベルが、最後の最後に口を開いて子供たちにさよならを言う場面だ。番組は数々の「テレビ初」を記録した。『ハウディ・ドゥーディ』は、三大ネットワークの連続番組で初めてカラー放送されたもののひとつであり、NBCで初めて週5日放送された番組であり、画面分割の技術を使ってアメリカの別の場所にいる登場人物をつないだ最初の番組のひとつだった。

さらに重要だったのは、この番組によって、テレビが持つ宣伝効果が明らかになったことだ。1948年、NBC は視聴者数を把握するため、ハウディを「すべての子供の大統領」に立候補させ、選挙運動用のバッジを応募者に無料で提供することにした。すると予想をはるかに超えて約 6 万人の子供が応募し、それを知った企業が番組のスポンサーになりたいと押し寄せ、番組の CM 枠は売り切れた。スポンサーとなったコルゲート・パルモリヴ・ピートなどの会社の商品は、番組内で盛んに宣伝され、1948年以降、ハウディ・ドゥーディのキャラクター商品は、レコード、マンガ本、ねじ巻きおもちゃなど、どれも大ヒットした。

┌─ 豆 知 識 ─┐

1. 番組の制作現場では、ハウディ・ドゥーディの人形が 3 体使われていた。クローズアップ用のハウディ・ドゥーディ、ロングショット用のダブル・ドゥーディ、そしてスチール写真用のフォト・ドゥーディだ。
2. ボブ・スミスの芸名バッファロー・ボブは、彼の出身地がニューヨーク州バッファローだったことに由来する。
3. 番組は、放送開始時は『パペット・プレーハウス』というタイトルだったが、翌週に『ハウディ・ドゥーディ』に変更された。

113 人物 ニキータ・フルシチョフ

ソヴィエト連邦の指導者ニキータ・フルシチョフ（1894〜1971）は、公衆の面前ではときに無作法と思えるような大胆な行動を取る人物として、多くのアメリカ人に記憶されている。しかし彼は、ソ連共産党の指導者として、国の政治方針を根本から変え、冷戦状態にあったアメリカとの関係を改善した。

◆

祖父が農奴で、父は正式な教育をほとんど受けたことのない農民・炭鉱労働者だったフルシチョフは、ヨシフ・スターリン（1879〜1953）の死後、ソ連共産党第一書記に就任した。在職中は、アメリカとの「平和共存」を推進し、ソ連の政策を訴えるスポークスマンとして世界各国を訪問し、スターリンと個人崇拝を厳しく批判した。

特に、フルシチョフが1956年2月の第20回ソ連共産党大会での演説で独裁者スターリンを批判したことは、ソ連の歴史において劇的な瞬間だった。これをきっかけに、西側とのいわゆる「雪解け」が始まり、スターリンの犠牲者数万人が名誉を回復され、スターリン批判を印刷して発表することが認められた。

その一方で、フルシチョフは1956年にハンガリーの反ソ暴動を容赦なく鎮圧し、1962年にはキューバ・ミサイル危機を引き起こし、同じ共産主義国である中国の指導者、毛沢東（1893〜1976）と公然と対立した。また、ソ連人民に約束した経済発展と農業生産の向上を実現させることはできず、人前で不作法に振る舞ってソ連の他の有力指導者たちを困惑させた。

1964年、ソ連の保守派指導者たちがフルシチョフの追放を画策し、後任にレオニート・ブレジネフ（1906〜1982）を据えて国の方針を元に戻した。しかし、フルシチョフによる「雪解け」の名残は、彼以上にリベラルなミハイル・ゴルバチョフ（1931〜）が指導者となった1980年代に復活した。ただしゴルバチョフは、最終的にソヴィエト帝国の崩壊を見届けることになる。

フルシチョフは、失脚後は死去するまでの7年間、外界との接触を事実上断たれて暮らした。その後、77歳で心臓発作により亡くなった。

豆 知 識

1. フルシチョフが人前で取った不作法のうち最も知られているのが、1960年、国連でフィリピン代表ロレンソ・スムロン（1905〜1997）の演説中に起きた一件だ。演説の内容に激怒したフルシチョフは、右の靴を脱ぐと、それでテーブルをバンバンと叩きながら、スムロンを「バカ、間抜け、帝国主義の手先」とののしったという。
2. フルシチョフの言葉で最も有名なのは、西側諸国の外交官に向かって資本主義について述べた「我々が葬ってやる」だ。
3. フルシチョフがリチャード・M・ニクソン副大統領（1913〜1994）と1959年に行なった有名な「キッチン討論」は、冷戦に実質的な影響は何も与えなかった。しかし、ソ連の指導者と対峙して資本主義を堂々と擁護したことで、ジョン・F・ケネディ（1917〜1963）との大統領選を控えたニクソンの株は大いに上昇した。

114 文学 ｜ アーネスト・ヘミングウェイ

　40年に及ぶ作家人生でアーネスト・ヘミングウェイ（1899〜1961）は長編・短編あわせて多くの小説を生み出し、その文体は彼以降に登場する20世紀の作家たちに多大な影響を与えた。ヘミングウェイの無駄を削ぎ落とした簡潔な文体は、パロディーにされることも多かったが、読者に支持され、1954年にはノーベル文学賞を受賞した。

◆

　イリノイ州出身のヘミングウェイは、最初はジャーナリストを目指し、ミズーリ州カンザスシティで新聞記者として働き始めた。アメリカが第一次世界大戦に参戦すると、救急車の運転手としてイタリアで任務に就き、戦後はヨーロッパに残って、パリに住むアメリカ人作家たちのグループに交じって生活した。

　この作家グループは、エズラ・パウンド（1885〜1972）、F・スコット・フィッツジェラルド（1896〜1940）、ジョン・ドス・パソス（1896〜1970）などから成り —— 後にガートルード・スタイン（1874〜1946）によって「失われた世代」と命名される —— 1920年代に文学作品を次々と生み出した。

　『日はまた昇る』（1926年）は、ヘミングウェイが最初に大きな成功を収めた作品で、フランスとスペインに住んで自堕落な生活を送るアメリカ人たちを描いている。『武器よさらば』（1929年）と『誰がために鐘は鳴る』（1940年）は、2作とも戦争を背景とした悲恋物語で、前者は第一次世界大戦での、後者はスペイン内戦でのヘミングウェイ自身の体験が基になっている。後年の傑作『老人と海』（1952年）は、年老いた漁師を主人公とする感動的な寓話だ。こうした作品を創作する過程でヘミングウェイは、反復を用いた簡素な文章で、実際には書かれていない行間が書かれている内容に劣らず重要な、特徴的な文体を作り上げていった。

　ヘミングウェイの作品は、そのテーマが男らしさを意図的に前面に押し出すものであったことで高く評価され、ときにはそのせいでパロディーの対象にもなった。実際、作品の大半はストイックな男性が主人公で、その多くは戦争、闘牛、ボクシング、狩猟などに関係している。世界各地を —— アフリカのサファリやキューバでの大物釣りなどを楽しみながら —— 遊び歩くヘミングウェイの有名なライフスタイルは、こうした評判を裏付けるものだった。しかし、晩年には重いうつ症状に悩み、健康が衰えた後、1961年に自ら命を絶った。

豆 知 識

1. 死後に出版された『移動祝祭日』（1964年）は、ヘミングウェイが1920年代にパリのカフェ文化の中で過ごした日々を美しい文章でつづった、どことなくノンフィクション風の物語で、多くの著作に見られるマッチョ全開の内容とは異なる、ヘミングウェイ作品の別の一面を見せている。
2. フロリダ州キーウェストにあり、現在は観光名所になっているヘミングウェイの家には、6本指のネコたちがいて、どれもヘミングウェイが1930年代にプレゼントとしてもらったネコの子孫だとされている。
3. かつてイギリスの小説家グレアム・グリーン（1904〜1991）は、ヘミングウェイの文体を「まるでヘミングウェイが、いろいろな単語をふるいにかけ、不必要な形容詞や副詞を取り除いたかのようだ」と言って称賛した。

115 音楽 ｜ マディ・ウォーターズ

　ブルース生誕の地であるミシシッピ・デルタ地域の中心で生まれたシンガーでギタリストの
マディ・ウォーターズ（マッキンリー・モーガンフィールド、1915〜1983）は、幼いころか
らハーモニカとギターを演奏していた。しかし、小さなバンドで演奏していては食べていくこ
とはできず、若いころはムーンシャイン（密造ウイスキー）を造って生計を立てていた。

◆

　ウォーターズが初めて歌を録音したのは1941年だったが、最初の録音は商業目的ではなか
った。この年、アメリカ議会図書館の記録係アラン・ローマックス（1915〜2002）が、ミシ
シッピ州ストーヴァルでウォーターズと出会い、彼の歌を図書館のアメリカン・フォークソン
グ・コレクションのためテープに録音したのである、ローマックスから録音のコピーが記念と
して送られてくると、ウォーターズは自分の演奏を聞いて、そのすばらしさに驚いた。このと
き彼は、ブルースの演奏とレコーディングに生涯を捧げようと決心した。

　数年後、ウォーターズはシカゴに移り、強くて重いバックビートを特徴とし、他のミュージ
シャンに大きな影響を与えるシカゴ・ブルースを作った創始者のひとりになった。

　ウォーターズは、シカゴに移ってすぐに初めてエレキギターを手にし、後にアメリカを象徴
するようになる楽器を最初に使ったミュージシャンのひとりにもなった。代表的なレコード
は、「マニッシュ・ボーイ」（1955年）、「恋をしようよ」（1954年）、「ガット・マイ・モジョ・
ワーキング」（1956年）、「フーチー・クーチー・マン」（1954年）など、大半が1950年代にリ
リースされた。彼の音楽は、後にエリック・クラプトン（1945〜）やレッド・ツェッペリンな
ど、ロックのパイオニアの多くに影響を与え、この偉大なブルースマンのレコード曲は盛んに
カバーされた。

　現代音楽の歴史で中心的な人物だったウォーターズは、1983年に亡くなった。

| 豆 知 識 |

1. ウォーターズの1948年の歌「ローリング・ストーン」は、バンドのローリング・ストーンズと雑誌『ローリング・ストー
ン』両方の名前の由来となった。

2. ロックンローラーのチャック・ベリー（1926〜2017）が音楽レーベルのチェス・レコードと最初の契約を結ぶことが
できたのは、ウォーターズのおかげだった。社長のレナード・チェス（1917〜1969）は、当初ベリーの「メイベリーン」
（1955年）をリリースするのを渋ったが、ウォーターズに説得されて出したところ、レーベルで最大のヒットのひとつ
になった。

3. シカゴ時代、ウォーターズはブルースマンのチェスター・A・バーネット ―― 芸名ハウリン・ウルフ（1910〜1976）
―― と激しいライバル関係にあった。当時は多くの人が、ウォーターズと肩を並べられるミュージシャンはウルフだ
けだと考えていた。

116 映画 ｜ ジェームズ・スチュワート

　ジェームズ・スチュワート（1908〜1997）は、20世紀アメリカの映画俳優でおそらく最も敬愛されている人物だろう。特に1930年代から1940年代に理想主義者の役を演じたことが、愛されている理由だ。細身で長身のスチュワートは、プリンストン大学で建築学の学位を得たが、すぐに自分の天職は職業俳優だと気づく。しばらく舞台で活動した後、ハリウッドへ移り、『舗道の殺人』（1935年）で映画デビューした。

◆

　スチュワートがスターになれたのは、フランク・キャプラ監督の2本の映画のおかげだ。ひとつはアカデミー作品賞を受賞した『我が家の楽園』（1938年）で、もうひとつは『スミス都へ行く』（1939年）だ。『スミス都へ行く』は、スチュワートの最高傑作と言っていい作品で、これにより初めてアカデミー主演男優賞にノミネートされた。もっとも、彼が主演男優賞を獲得したのは、キャサリン・ヘプバーンやケイリー・グラントと共演したロマンティック・コメディ『フィラデルフィア物語』（1940年）での1回だけだ。

　映画界でのスチュワートのキャリアは、1941年3月に一時ストップする。この年、アメリカ陸軍航空軍に入隊したからだ。第二次世界大戦では戦闘任務で20回出撃して、2等兵から大佐に昇進し、最終的にはアメリカ空軍予備役の准将になった。スチュワートの戦後初の出演作はキャプラ監督の『素晴らしき哉、人生！』（1946年）で、公開当時は興行的には失敗したが、その後、アメリカではクリスマスになるとテレビで放映される定番となった。この『素晴らしき哉、人生！』で彼はアカデミー賞に3度目のノミネートを果たした。ちなみに、その後『ハーヴェイ』（1950年）と『或る殺人』（1959年）でもノミネートされた。

　『素晴らしき哉、人生！』以降、スチュワートがスクリーンで演じる役は、暗い面や円熟味を増したものが増えていった。この時期の出演作には、アルフレッド・ヒッチコック監督のサスペンス映画『裏窓』（1954年）と『めまい』（1958年）や、アンソニー・マン監督の西部劇『ウィンチェスター銃'73』（1950年）と『裸の拍車』（1953年）などがある。また、批評家から絶賛されたジョン・フォード監督の西部劇『リバティ・バランスを射った男』（1962年）にジョン・ウェインとともに出演している。スチュワートは1984年にアカデミー名誉賞を受賞し、その13年後、心臓発作と肺塞栓症により、89歳で亡くなった。

豆 知 識

1. スチュワートは、アカデミー作品賞を受賞した映画に2本出演している。『我が家の楽園』と『地上最大のショウ』（1952年）だ。

2. 『フィラデルフィア物語』でアカデミー賞を獲得した後、スチュワートはオスカー像を父親に贈った。そのオスカーを父親は、ペンシルヴェニア州インディアナで経営する金物屋のショーウインドーに飾った。

3. スチュワートは、アメリカン・フィルム・インスティテュートが選ぶアメリカ映画100選のうち5作品に出演している。『素晴らしき哉、人生！』（11位）、『スミス都へ行く』（29位）、『裏窓』（42位）、『フィラデルフィア物語』（51位）、『めまい』（61位）の5つだ。スチュワートと同じく5作品に出演しているのは、ロバート・デ・ニーロ（1943〜）しかいない。

117 思想と社会 | アメリカ第一委員会

1940年、イェール大学の一学生が、アメリカ第一委員会という平和団体を立ち上げた。団体の目的はただひとつ、アメリカを第二次世界大戦に参戦させないことだった。

◆

アメリカ第一委員会

第二次世界大戦は1939年、ナチ・ドイツが電撃戦でポーランドに侵攻して始まった。ポーランドの同盟国フランスとイギリスは、これを受けてドイツとファシズム国家イタリアに宣戦布告した。多くのアメリカ人にとって、ヨーロッパでの戦争は第一次世界大戦での悲劇的な記憶を思い出させるものだった。第一次大戦では、11万6000人のアメリカ兵が過酷な塹壕戦で命を落としていた。1930年代には、ヨーロッパで再び戦争が起こってもアメリカは参戦しないよう求める強力な平和運動・孤立主義運動が起こっていた。

実際、20世紀の各年代のうち、1930年代ほど孤立主義がアメリカで国民の高い支持を得ていた時代はなかったようだ。1935年以降アメリカ議会は、外国の戦争でアメリカがどちらか一方にくみしないよう、一連の中立法を成立させていた。

しかし、アメリカ第一委員会のメンバーの多くは、これ以外にもっと卑劣な動機を持っていた。この平和運動には、有名な飛行家でナチを賛美していたチャールズ・リンドバーグ（1902～1974）が率いる反ユダヤ主義者の集団が入り込んでいたのである。

委員会は、規模だけを言えば100万人弱のアメリカ人が参加していたにすぎなかったが、第二次世界大戦に関わりたくないというアメリカ人の強い抵抗感を象徴しており、こうした国民感情のせいで、アメリカ大統領フランクリン・D・ローズヴェルト（1882～1945）は大戦初期にイギリスとフランスを支援することができなかった。1940年と1941年にローズヴェルトはイギリスにある程度の支援を行なえたものの、ようやくドイツに宣戦布告できたのは、1941年12月7日に日本軍による真珠湾奇襲攻撃が起きてからだった。

真珠湾攻撃の4日後、アメリカ第一委員会は解散した。

豆 知 識

1. 委員会には、著名な民主党員や共和党員のほか、アメリカ社会党党首ノーマン・トマス（1884～1968）も名を連ねていた。
2. 後にアメリカ大統領になるジェラルド・フォード（1913～2006）は、イェール大学ロースクールの学生時代、アメリカ第一委員会の支持者だったが、後に意見を変え、志願して第二次世界大戦に従軍した。
3. 2004年、アメリカの作家フィリップ・ロス（1933～2018）は、アメリカ第一委員会が勢いを得てリンドバーグが大統領に当選した架空のアメリカを描いた小説『プロット・アゲンスト・アメリカ』を出版した。

118 スポーツ | ウィリー・メイズ

アラバマ州で生まれ育ったウィリー・メイズ（1931〜）は、野球史上で最も有名な選手のひとりになった。スピードとパワーと熱意を併せ持っていたメイズは、1950年代にニューヨーク・ジャイアンツのセンターとしてファンに愛され、チームが1958年に西海岸に移転してサンフランシスコ・ジャイアンツになってからもプレーを続けた。

◆

「セイ・ヘイ・キッド」のニックネームで知られるメイズは、典型的なオールラウンド・プレーヤーだった。打率も長打も期待でき、走ってよし、投げてよし、守ってよしという選手だ。引退時の通算成績は、3283安打、660本塁打、最優秀選手（MVP）2回、オールスター出場試合数24、ゴールドグラブ賞12回である。1954年にはジャイアンツのワールドシリーズ制覇にも貢献している。彼は、黒人リーグのバーミングハム・ブラックバロンズで2年プレーした後、1951年にジャイアンツに入団した。当初は苦戦し、初打席からの26打席でヒットはわずか1本だった。しかし、名監督レオ・ドローチャー（1905〜1991）に発破をかけられると火がつき、最終的にナショナル・リーグの新人王に輝いた。

1952年シーズンの大半と1953年シーズンの全試合はアメリカ陸軍に入隊したため出場できなかったが、1954年に復帰するとセンセーションを巻き起こした。この年の成績は、打率.345、本塁打41本、打点110で、自身初のMVPを獲得し、ワールドシリーズも制覇した。

1957年シーズン後、彼はチーム移転に伴ってサンフランシスコへ移ったが、こちらではニューヨークほどの声援は得られなかった。成績が悪かったわけではない。2度目のMVPを取った1965年シーズンには、打率.317、本塁打52、打点112という成績を残している。

1972年、ジャイアンツはメイズをニューヨーク・メッツにトレードしたが、メイズは成績が不調で、1973年のワールドシリーズでは守備中に外野で転ぶという失態を犯し、同年に引退した。その後1979年、第1回の投票で野球殿堂入りを果たした。

豆 知 識

1. メイズは守備の名手として知られていた。最も有名な捕球は、1954年のワールドシリーズ第1戦で生まれた。クリーブランド・インディアンズのヴィック・ワーツ（1925〜1983）が打ったフライが外野の深い所へ飛ぶと、メイズは本拠地ポロ・グラウンズのセンターフィールドを全力で走り、ホームプレートから約137メートルの地点でボールを肩越しにキャッチしたのだ。このキャッチで8回は2対2の同点のまま終わった。その後、試合はジャイアンツが勝利し、その勢いのまま4勝0敗でシリーズを制覇した。

2. メイズは、引退したとき、通算本塁打数はベーブ・ルース（1895〜1948）、ハンク・アーロン（1934〜）に次いで3位だった。その後、名付け親になったバリー・ボンズ（1964〜）と、アレックス・ロドリゲス（1975〜）に抜かれてメイズは現在5位である。

3. メイズは、外野の守備で派手なパフォーマンスをすることでも有名だった。グローブを腰のあたりでバスケットのように上向きに広げて捕球するバスケットキャッチは彼が有名にしたものだし、フライを追いかけるときに帽子が飛ぶよう、わざと小さめのものをかぶることも多かった。

119 大衆文化 | ルシル・ボール

　ルシル・デジレ・ボール（1911〜1989）は、1933年、ミュージカル映画『羅馬太平記』に
コーラスガールとして出演して、映画女優の道を歩み始めた。その後は、キャサリン・ヘプバー
ン（1907〜2003）とジンジャー・ロジャース（1911〜1995）主演の『ステージ・ドア』
（1937年）や、ボブ・ホープ主演の『腰抜け千両役者』（1950年）など、有名な作品にも出演
した。しかし、後に分かるように、ボールにとって最も重要な出演作となったのは1940年の
コメディ『女学生の恋』で、この作品の撮影中に彼女は未来の夫デジ・アーナズ（1917〜
1986）と出会った。

◆

ルシル・ボール

　映画女優として低迷していた1950年代初め、ボールはアーナズから、
当時まだ新しいメディアだったテレビで仕事をしようと説得され、ふた
りは一緒に番組を作ることに決めた。当初テレビ局は、白人女性の主人
公とキューバなまりのある夫が登場する番組に乗り気ではなかったが、
最終的にCBSが番組シリーズを購入し、ボールとアーナズがルーシーと
リッキーのリカード夫妻を演じる『アイ・ラブ・ルーシー』の第1話が
1951年10月15日に放送された。

　第1話「敵もさるもの」はあまり話題にならなかった。しかし第30話
「みごとな効き目」は違った。この回でボールは、健康ドリンク「ビタミ
ータベガミン」のコマーシャルに出るため9分間のオーディションを受けるシーンを演じた。
「ビタミータベガミン」は、ビタミンと肉と野菜とミネラルを混ぜ合わせた強壮剤で、毎食後に
大さじ1杯飲めば誰もが元気100倍になる。

　問題は、この商品が恐ろしくまずく、しかもかなりの量のアルコールを含んでいたことだ。
そのためテイク4が終わった時点で、ルーシーはすっかり酔っぱらってしまう。この回はテレ
ビの歴史で記念すべき瞬間であり、これによって『アイ・ラブ・ルーシー』の人気は確立され
た。

　番組には、ほかにも見所が多く、中でも、実生活でも妊娠していたボールがリカードの最初
の子供を産む回はとりわけ有名だ。この回も大成功を収め、テレビの視聴率ランキングでは何
度も第1位となり、ベスト3から落ちたことは1度もない。しかし、ボールとアーナズは番組
が人気絶頂の中、わずか6シーズンを終えたところで番組を終了させることにした。

豆知識

1. ボールが全国的に有名になったのは1933年、チェスターフィールドというタバコの広告のモデルになったのが最初だ。
2. ボールの才能に最初に気づいた人物のひとりに、サイレント時代の名優バスター・キートン（1895〜1966）がいる。彼
　はボールがテレビ業界に移る前、短期間ながら彼女にアドバイスを与えていた。
3. ボールのトレードマークである赤毛は本物ではない。以前は金髪に染めていたが、1942年、映画会社MGMの美容師か
　ら「もっと目立つ外見に」と言われて赤くした。
4. ボールとアーナズは1960年に離婚した。

120 人物 | フィデル・カストロ

　フィデル・カストロ（1926～2016）が1959年に革命家たちとともにキューバの独裁者フルヘンシオ・バティスタ（1901～1973）を倒して政権を握ったとき、アメリカで大統領を務めていたのはドワイト・D・アイゼンハワー（1890～1969）だった。その後アメリカでさらに10人が大統領を務めるあいだ、カストロはキューバ人の生活で大きな存在であり、世界中で革命を象徴する人物であり続けた。

◆

　冷戦中、カストロはソ連と同盟を結び、アメリカの沖合わずか150キロの島で共産主義国家の指導者として活躍した。ソ連は数十年にわたってキューバに低価格で石油を売り、島特産の砂糖を高値で買い、武器や軍用機を供給して、キューバ経済を支えた。しかし1991年のソ連崩壊後、キューバは厳しい経済危機にあえいだ。

　20世紀の歴史において、カストロは冷戦期に起きた有名なふたつの事件に登場する。ピッグズ湾事件とキューバ・ミサイル危機だ。

　1961年のピッグズ湾事件は、アメリカ政府の支援を受けた亡命キューバ人の一団がキューバに侵攻してカストロ政権を倒そうとして失敗した事件だ。この事件は、アメリカとケネディ政権にとって大失態だった。翌年、アメリカ軍偵察機が撮影した写真から、ソ連がキューバに、完成すればアメリカ本土を攻撃できるミサイル基地を建設中であることが判明した。膠着状態が13日間続いた後、カストロが大いに不満を述べる中、ソ連はミサイルの撤去に同意した。

　その後、カストロの支持者たちは、誰もが利用できるキューバの医療制度、100パーセントという高い識字率、低い乳幼児死亡率などをカストロ政権の成果として挙げている。一方、批判的な者たちは、多くのキューバ人が絶望的な貧困の中で暮らし、国内のインフラが未整備で、人権侵害が数多く見られると指摘している。

　カストロは病を得て2008年2月に職を辞し、国家評議会議長の座を弟ラウル・カストロ（1931～）に譲った。その後もフィデルはキューバの政治と社会に強い影響力を残し続けた【訳注／その後フィデルは2016年に亡くなった】。

豆 知 識

1. 権力を弟に譲るまで、カストロは現職のうち世界で最も在職期間の長い政治指導者だった。晩年は腸の手術を受け、その後は公の場にほとんど姿を見せなかった。

2. アメリカ中央情報局（CIA）は、カストロ暗殺を何度も企てた。ジョン・F・ケネディは大統領在職中、弟で司法長官だったロバート（1925～1968）を暗殺計画の責任者に据えた。計画された暗殺方法には、カストロのミルクセーキに砒素を混入させる、葉巻に毒を混ぜる、マフィアのメンバーに協力を仰ぐなどがあった。

3. カストロの近親者には、アメリカに亡命して反カストロを唱える亡命キューバ人コミュニティーに加わり、声高に批判した者たちがいた。例えば、妹のフアニータ（1933～）、非嫡出の娘を名乗るアリーナ・フェルナンデス・リベルタ（1956～）、最初の妻の甥でともにアメリカ下院議員のリンカーン・ディアス＝バラルト（1954～）とマリオ・ディアス＝バラルト（1961～）などがそうだ。

121 文学 ｜ ベルトルト・ブレヒト

　ドイツの劇作家ベルトルト・ブレヒト（1898〜1956）は、有名な作品もいくつか残しているが、具体的な作品よりも、演劇に対する全体的なアプローチの方で知られている。それまでの劇作家がメロドラマ（観客を感動させたり楽しませたりすることを目指す）かリアリズム（現実の生活を舞台で再現しようとする）のどちらかを重視してきたのに対し、ブレヒトは演劇の人為性に注目し、自らの政治的見解について観客に直接語りかけるための装置として劇を利用した。

◆

ベルトルト・ブレヒト

　ブレヒトは、1910年代末から戯曲を書き始めた。1920年代後半からベルリンに住んで芸術家や政治理論家と知り合うようになり、彼らの反資本主義・反中産階級的思想に強い影響を受けた。この時期に、後に「叙事的演劇」と呼ばれるようになる包括的な演劇理論の基礎を築いた。

　叙事的演劇とは、劇は観客を楽しませるか実生活を映し出す鏡でなくてはならないとする考えに異議を唱えるものだ。ブレヒトは、劇は戯曲家が自分の思想を観客にはっきりと示す場になるべきだと考えた。また、観客が不信の一時的停止（物語に感情移入すること）を経験しないことが重要だとも思っていた。こうした効果 ―― これをブレヒトは「異化効果」と呼んだ ―― を作り出すため、彼は舞台装置を必要最低限のものにとどめたり、劇中の演技を何度も中断させたり、観客に直接語りかけたり、登場人物を人間ではなく思想を表すものにしたりするなど、それまでの常識にとらわれない手法を数多く用いた。

　叙事的演劇の代表例が、ドイツの三十年戦争で金もうけと破滅の両方を経験する女性を描いた『肝っ玉おっ母とその子供たち』（1941年初演）だ。内容は一見すると悲劇だが、ブレヒトは観客が感情移入しないよう、物語の流れをコメディや歌や舞台からの告知で断ち切っている。しかも各場面のタイトルがネタばらしになっているので、次の展開をワクワクしながら待つこともできない。

｜ 豆 知 識 ｜

1. ブレヒトの作品には、ミュージカル的な劇もある。『三文オペラ』（1928年初演）は、ドイツの作曲家クルト・ヴァイルとの共作で、20曲以上の歌が含まれている。
2. ブレヒトは、アドルフ・ヒトラー（1889〜1945）の右派政権に迫害されるのを恐れて、1930年代にドイツから亡命した。スカンディナヴィア諸国で数年を過ごした後、1941年にアメリカへ移った。
3. アメリカに渡ると、ブレヒトはハリウッドで脚本家として働いた。しかし1947年、共産主義者の疑いをかけられ、映画業界から要注意人物と見なされた。

122 音楽 ｜ 『オクラホマ！』

　1943年3月31日、『オクラホマ！』の幕が上がった。公演は1948年まで2212回続き、記録に残るロングラン・ミュージカルのひとつになった。作曲家リチャード・ロジャース（1902～1979）と作詞家オスカー・ハマースタイン2世（1895～1960）がコンビを組んだ最初の作品である『オクラホマ！』は、このジャンルを一変させ、きちんとした物語展開を中心に据えた新たなスタイルのアメリカ的音楽劇、ミュージカルの登場を告げた。

◆

　ロジャースとハマースタインは、『オクラホマ！』上演のためコンビを組んだときには、すでに十分にキャリアを積んでいた。ロジャースはロレンツ・ハート（1895～1943）と、ハマースタインはジェローム・カーン（1885～1945）と、それぞれ組んで仕事をしていた。ロジャースは、劇用の曲を先に書き、できた譜面を作詞家に渡すのが常だったが、この作品ではキャリアで初めてハマースタインが先に詩を書くことを認めた。

　その結果生まれたのが、本当の意味での最初のミュージカル劇だった。それまでのミュージカルは、客受けする曲がふんだんに盛り込まれていて、どれも陽気で派手だが、物語の筋とはほとんど関係がない曲ばかりだった。しかし『オクラホマ！』の歌は、舞台上での出来事を進行させ、登場人物の展開を進めるのに役立つものだった。例えば、幕開けの曲は舞台のそでから歌われる。やがてカウボーイのカーリーが、こう歌いながら登場する。

ああ、なんて美しい朝だろう、ああ、なんて美しい日だろう。
僕は気分爽快で、すべてが僕の思いのままだ。

　観客たちは、コーラスガールたちに熱狂するのではなく、じっくりと観賞しながら物語に引き込まれていく。単に騒々しい連中を楽しませることには興味のなかったロジャースとハマースタインは、観客の心をつかみたいと考えた。第二次世界大戦の最中、アメリカ兵は列をなしてブロードウェイに『オクラホマ！』を見に来た。この作品は、純真で素朴で、いかにもアメリカ的なものを象徴していたのである。ロジャースとハマースタインは、物語と歌とダンスを融合させて、騒々しさや気取ったところがないアメリカの民話を作り出した。

　大げさなところのなかった『オクラホマ！』だが、この作品はこれから次々と世に出るヒット・ミュージカルの先駆けにすぎなかった。『回転木馬』（1945年）、『南太平洋』（1949年）、『王様と私』（1951年）、『サウンド・オブ・ミュージック』（1959年）は、ロジャース＆ハマースタインのミュージカル作品の中でもとりわけファンの多い作品になった。

　　　　　　　　　　　　　　　　｜ 豆 知 識 ｜

1. スティーヴン・ソンドハイム（1930～）は、『ウエスト・サイド物語』と『ジプシー』で作詞を手がけ、ミュージカル『スウィーニー・トッド』（1979年）や『イントゥ・ザ・ウッズ』（1987年）では作詞作曲を担当した人物だが、彼は子供のころオスカー・ハマースタインの指導を受けていた。
2. ロジャースとハマースタインは、『オクラホマ！』の優れた物語展開を認められて1944年にピューリッツァー特別賞を受賞した。
3. アグネス・デ・ミル（1905～1993）は『オクラホマ！』の振り付けを担当し、女性主人公ローリーの内面を描いた有名な夢のシークエンスで新たな境地を切り開いた。

123 映画 | ヘンリー・フォンダ

　ヘンリー・フォンダ（1905〜1982）は、俳優歴が長く、おっとりとした風貌と、道徳的ジレンマに直面した上品で正直な人物を演じたことで知られている。映画評論家ロジャー・イーバートは、彼を「努力したり励んだりしている素振りを見せずにスクリーンに存在できるという、まれな才能を持った俳優」と評している。

◆

　フォンダは、ブロードウェイで経験を積んだ後、1935年にハリウッドで映画デビューし、ジョン・フォードが監督した『若き日のリンカン』（1939年）、『モホークの太鼓』（1939年）、『怒りの葡萄』（1940年）の3作での演技でスターの地位を獲得した。

　映画史家のほとんどは、ジョン・スタインベック原作の『怒りの葡萄』で演じたトム・ジョードが、彼にとって最高の当たり役だったと考えている。アカデミー主演男優賞にノミネートされたものの、『フィラデルフィア物語』に出演した親友ジェームズ・スチュワートに敗れて受賞を逃した。

　西部で私刑を叫ぶ人々の道義的責任を告発した映画『牛泥棒』（1943年）に出演した後、フォンダは3年間をアメリカ海軍で過ごし、航空戦闘情報部の中尉となって除隊した。

　第二次世界大戦後、『荒野の決闘』（1946年）で当たり役のひとつであるワイアット・アープを演じた。しかし、そのわずか2年後、彼はハリウッドを離れてブロードウェイに戻った。

　フォンダは『ミスタア・ロバーツ』（1955年）で映画界に復帰した。この作品は、自身がブロードウェイで主役を演じてトニー賞を獲得した作品を映画化したもので、ジェームズ・キャグニーやジャック・レモンと共演している。さらに本作は、フォンダとジョン・フォードが組んだ最後の作品となった —— ふたりは撮影中に殴り合いのケンカをしたのだ。フォードは健康上の理由で本作を離れ、代わってマーヴィン・ルロイが映画を完成させた。

　フォンダは、シドニー・ルメット監督『十二人の怒れる男』（1957年）で、礼儀正しく論理的に主張する陪審員8号を演じ、善良な人間を演じられる俳優としての評価を固めた。セルジオ・レオーネ監督の『ウエスタン』（1968年）では生涯で唯一となる悪役を演じるが、その後は映画・テレビ・舞台で10年以上にわたって脇役ばかりを務めた。

　最後に主役を演じたのは、往年の名女優キャサリン・ヘプバーンや、自身の娘ジェーン・フォンダと共演した『黄昏』である。これは予想外にヒットして約1億2000万ドルの興行収入を上げ、1982年にはフォンダにとって唯一となるアカデミー主演男優賞をもたらした。そして同年、77歳で亡くなった。

豆 知 識

1. ヘンリー・フォンダは、ハリウッド・スターのピーター・フォンダの父であり、ブリジット・フォンダの祖父である。
2. フォンダと娘ジェーンは、父娘で同時にアカデミー賞にノミネートされた最初の親子である（1982年で、ふたりとも対象作品は『黄昏』）。
3. フォンダは、アカデミー主演男優賞の最年長受賞者である（受賞当時76歳）。

124 思想と社会 | ブレトン・ウッズ会議

1944年にアメリカ・ニューハンプシャー州のブレトン・ウッズで開催された連合国国際通貨金融会議は、第二次世界大戦後の荒廃を脱して生まれた世界経済システムの基礎を築いた会議だった。この会議の出席者たちは、世界銀行と国際通貨基金（IMF）という主要機関を創設し、このふたつが世界経済の柱となった。

◆

　ワシントン山近くの森に囲まれた豪華なホテルで3週間にわたって開催された会議は、非常に大きな影響を与えた。経済史家によると、ブレトン・ウッズ体制は戦後世界に繁栄をもたらす助けとなり、20世紀末に経済のグローバル化が起こる準備を整えたのだという。

　しかし、1944年の夏に会議が開かれた時点で出席者たちを悩ませていた喫緊の課題は、ヨーロッパを再建することと、大恐慌のような経済的大惨事が二度と起きないようにすることの、ふたつだった。多くの政治家は、まさしく世界平和こそが問題であって、経済的混乱は必然的にさらなる政治的不安定をもたらすことになると考えていた。

　ブレトン・ウッズ会議の参加者のひとりに、強い影響力を持っていたイギリスの経済学者ジョン・メイナード・ケインズ（1883～1946）がいた。ケインズは、政府が経済問題に積極的に介入することを支持しており、その立場は、ブレトン・ウッズで採択された政策に反映された。

　会議では戦後復興のため、道路・ダム・橋などのインフラ整備事業の資金を各国政府に融資する機関として、世界銀行が設立された。戦後最初にこの融資を活用したのは、西ヨーロッパ諸国だった。

　また経済安定化のため、各国通貨の交換比率（為替レート）を調整する国際通貨基金（IMF）が作られた。IMFは、経済危機に見舞われた国に緊急融資を行なう機関だ。

　IMFも世界銀行も、今なお存続しており、世界経済の重要な担い手と見なされている。ブレトン・ウッズ会議ではもうひとつ、参加国は自国の通貨とアメリカ・ドルの為替レートを固定しなくてはならないと決められたが、この制度は1970年代に崩壊した。

――――

┌─────────┐
│ 豆 知 識 │
└─────────┘

1. 会議の開催場所となったマウント・ワシントン・ホテルは、ニューハンプシャー州ホワイト山地のスキーリゾートとして現在も営業中である。
2. 世界の国々のうち、IMFと世界銀行の体制に今も参加していないのは、キューバや北朝鮮など、ごくわずかである。
3. ブレトン・ウッズ会議により、アメリカ・ドルの価値は金1オンス当たり35ドルと決められ、この価格は1971年まで維持された。

125 スポーツ ｜ ロジャー・バニスター

1954年5月6日の朝、25歳のイギリス人医学生ロジャー・バニスター（1929〜2018）は、神経内科医になるため研修を受けていたロンドンの病院へ向かった。その日の午後、勤務を早退すると列車に乗ってオックスフォードへ行き、ランニング用のスパイクシューズに履き替えると、それまで不可能と考えられていた偉業を成し遂げた。1マイル（約1600メートル）を4分を切るタイムで走ったのである。

◆

ロジャー・バニスター

1マイル走の記録は、20世紀の前半は着実に縮まってきていたが、1954年当時は8年前から4分01秒で止まったままであり、一部には、ランナーたちはすでに人間の身体能力の限界に達してしまったのだろうかと考える者もいた。しかし1950年代、バニスターをはじめ何人かのアマチュア・ランナーたちは、4分の壁を突破することを自分たちの目標にしていた。

バニスターは、イギリスのハロー＝オン＝ザ＝ヒルに生まれ、オックスフォード大学に進んだ。当時は科学的な訓練法や、企業とのCM契約やスポンサー契約が一般的になる以前のことで、彼は授業や病院での研修の合間を縫って、記録達成のため練習に励んでいた。バニスターは無報酬のアマチュアとして競技しており、20ドル以上の価値がある賞品やトロフィーは受け取るのを一切拒んでいた。

運命のレースは、約1000人の観衆を前に、風の強い夕方に行なわれた。バニスターのトレーニング・パートナーだったクリス・ブレーシャー（1928〜2003）とクリス・チャタウェイ（1931〜2014）が、レースの序盤にペースメーカーとなって、彼が記録を破るペースを維持できるようにしてくれた。

レースが終わると、歓声を上げる観衆に向かってアナウンサーがタイムを読み上げた。3分59秒4。この結果は、ただちに世界中に発信された。

その年、バニスターは学業に専念するためランニング競技をやめた。彼は優れた神経内科医となり、2001年に退職した。

豆 知 識

1. バニスターの記録は、2か月もたたないうちにオーストラリアのジョン・ランディ（1930〜）に破られた。ランディがフィンランドでの競技会で出した記録は、3分57秒9（公式記録では3分58秒0）である。
2. バニスターは1975年にナイト爵に叙せられた。
3. 現在の記録保持者はモロッコのヒシャム・エルゲルージ（1974〜）で、記録は1999年に出した3分43秒13だ。

126 大衆文化 | ベースボールカード

　ベースボールカードは、19世紀末に紙巻きタバコや噛みタバコのパッケージに入れて配られたのが最初である。ベーブ・ルース（1895〜1948）やホーナス・ワグナー（1874〜1955）など、20世紀前半の名だたる大スターたちの多くが、小さな長方形のタバコカードに描かれ、販促用の安い景品として無料で配られていた。

◆

ベーブ・ルースのベースボールカード

　ベースボールカードの生産は、第二次世界大戦で一時的に中断した。しかし戦後、チューインガム会社のトップスが1952年にカードのシリーズを出した。これが現在につながる最初のカードセットと考えられており、1950年代から1960年代にかけて起こったベースボールカード熱のきっかけとなった。

　トップス社のベースボールカードは、片面印刷だったタバコカードとは違って、どのカードも表に選手の写真があり、裏にはバッティングやピッチングの成績がずらりと記載されていた。トップス社は、これを派手なピンクのチューインガム1個と一緒に包装して、ひとつ5セントで売った。もともとカードはガムを売るためのおまけにすぎなかったのだが、すぐにガムそのものよりカードの方が人気になった。カードの収集は1950年代から始まり、アメリカの多くの男の子たちの趣味になった。カードは交換したり、飛ばして遊んだり、あるいは小さな宝物として大切に取っておいたりした。

　1980年代に入ると、中年に差し掛かったベビーブーマー世代が過ぎ去った子供時代の思い出の品を取り戻そうとして、ベースボールカード人気が復活し、1950年代のレアカードは価格が高騰した。1991年、美術品の販売で知られるオークション会社サザビーズが、屋根裏で見つかったベースボールカードの取り扱いを始め、何万人もの母親が、今では高い値がつくアンティークを勝手に捨てたと子供から突然責められることになった。トップス社が最初に出した1952年のカード・シリーズに含まれていたミッキー・マントルのカードは、27万5000ドルで売れ、今もベースボールカード・コレクターのあいだでは、ぜひとも手に入れたい最も貴重な宝物のひとつとなっている。

豆 知 識

1. アメリカン・タバコ・カンパニーが出した1909年のホーナス・ワグナーのカードは、史上最も高価なベースボールカードだ。現存するのは、わずかに60枚ほどで、その1枚は2007年に280万ドルで売れた。
2. トップス社は、1991年にカードの袋にガムを入れるのをやめた。
3. トレーディングカードは、野球のほか、アメリカンフットボール、サッカー、バスケットボール、アイスホッケー、さらにはゴルフでも作られている。

127 人物 ジョン・F・ケネディ

ジョン・F・ケネディ大統領が在職していた期間は短かったが、そのインパクトは大きかった。彼は、冷戦の対立が非常に高まっていた時期に国を率い、ビジョンを持った指導者あるいは優れた演説者と評価された。しかし、在職期間が1000日をわずかに超えた時点で暗殺されるというショッキングな死を遂げたことで、アメリカ史においていっそう重要な人物になった。

◆

彼が暗殺された1963年11月22日は、20世紀アメリカの分岐点であり続けており、歴史家は —— アマチュア史家も専門の研究者も —— 誰が、どうしてケネディ（1917～1963）を殺したのか、今も議論を続けている。

ケネディがリチャード・M・ニクソン副大統領（1913～1994）を破った1960年の大統領選は、史上まれに見る接戦だった。当時43歳だったケネディは、大統領に当選した人物の中で史上最年少だっただけでなく、初のローマ・カトリック信者でもあった。ケネディの国内政策 ——「ニューフロンティア政策」と呼ばれた —— は、議会の支持を十分に得られず、そのほとんどは生前に実行されなかった。外交では反共産主義を掲げ、国際政治の場で主要な対立相手であったソ連のニキータ・フルシチョフ首相（1894～1971）と何度か激しく対決した。

そうした対決のうち最も劇的な事件が1962年に起きた。この年、キューバにソ連のミサイル基地があることが判明し、アメリカとソ連は13日間にわたってにらみ合った。核戦争の現実味が増してきたことで、結局フルシチョフは折れ、キューバからミサイルと軍隊を引き揚げた。

ケネディの大統領としての任期と人生は、ダラスで自動車パレード中に銃弾を2発撃ち込まれて終わった。それから2時間もたたないうちに、24歳のリー・ハーヴェイ・オズワルド（1939～1963）が大統領暗殺犯として逮捕された。その2日後、ナイトクラブのオーナー、ジャック・ルビー（1911～1967）がオズワルドを射殺した。

1964年、ウォーレン委員会がケネディ暗殺はオズワルドの単独犯行だったと報告し、この結論は多くの証拠・証言で支持されている。しかし世論調査では事件直後から現在まで一貫して、大半のアメリカ人がケネディは陰謀の犠牲者だったと信じているという結果が示されている。

豆 知 識

1. ケネディと、その妻ジャクリーン（1929～1994）は、美男美女のファッショナブルな夫婦で、ホワイトハウスに華々しさを持ち込んだ。幼い子供がふたりいて、ホワイトハウスには芸術家や知識人、芸能人などが頻繁に出入りしたため、後にケネディ政権時代は、アーサー王の宮廷があったという伝説の理想郷にちなんで「キャメロット」と呼ばれた。

2. ケネディは、聞く者に勇気を与えた就任演説で、よく知られているように、アメリカ国民に「国が自分のために何をしてくれるのかを問うのではなく、自分が国のために何ができるのかを問おう」と訴えた。

3. 1961年にケネディは、民間ボランティア組織である平和部隊を創設したほか、議会に対し、1960年代中にアメリカ人を月に送り込むため220億ドルの支出を求めた。この新たな宇宙事業「アポロ計画」により、1969年7月、2名のアメリカ人が月面に着陸した。

128 文学 | 『怒りの葡萄』

アメリカ長編小説の古典的傑作について議論されるとき、必ずリストに載るのが『怒りの葡萄』（1939年）だ。カリフォルニア州出身のジョン・スタインベック（1902〜1968）による力作は、アメリカで流浪を余儀なくされた貧しい農民の窮状に国民の良心を向けさせ、今でもアメリカでは学校の授業で必ず読まれる1冊になっている。

◆

スタインベックの本作は、大恐慌時代を背景としている。1929年から1930年代半ばまで続いた大恐慌により、アメリカ経済は停滞し、町には失業者があふれ、貧困と飢えが広まった。大恐慌の苦しみは、特にアメリカ西部の農民に重くのしかかった。ちょうどこの時期、西部一帯が砂嵐に見舞われたからだ。砂嵐は、干ばつと無秩序な開墾とが原因で引き起こされた災害で、これにより西部の農地は大半が荒地に変わってしまったのである。

『怒りの葡萄』に登場するジョード家の人々は、オクラホマ州の農家だったが、厳しい砂嵐に追われ、オーキーと呼ばれた同じ境遇の数万人とともに、国道66号線を通って西のカリフォルニア州へ向かう。ジョード家は、健全でまっとうな人々の典型であり、心も体も強いママ・ジョードを中心にまとまっているが、最終的に家族を導くのは、ママの息子で前科者のトムだ。家族3世代は1台の中古トラックに乗って出発し、カリフォルニアで仕事と新しい生活を見つけようとする。一家は途中で悲劇に遭うが、家族のうちの何人かは、その経験でいっそう強く成長する。

『怒りの葡萄』は、ハリエット・ビーチャー・ストーの反奴隷制小説『アンクル・トムの小屋』（1852年）や、シカゴの食肉処理場の醜悪な実態を暴いたアプトン・シンクレアの『ジャングル』（1906年）などに連なる、アメリカで長い伝統を持つ社会抗議小説のひとつだ。

『怒りの葡萄』は誰からも評価されているわけではなく、批評家の中には、彼は文章が稚拙で、感傷的であり、登場人物を深く描き込むのではなく大まかにしか描かない傾向があると指摘する者もいる。それでも、スタインベックが物語を展開させる技法は間違いなく効果的で、今も本作はアメリカの歴史で最も困難だった時代のひとつを強く思い出させてくれる小説であり続けている。

豆知識

1. 『怒りの葡萄』でスタインベックは、多くの実業家や地主たちから個人的な怒りを買った。彼らは、スタインベックが明らかに左派寄りの政治的見解を持ち、労働組合を支持していたことを毛嫌いしたのである。
2. 『怒りの葡萄』は今も昔もスタインベックの不朽の名作と言っていいだろうが、作者本人は、後に書いた小説『エデンの東』（1952年）こそ自身の最高傑作だと思っていた。
3. 『怒りの葡萄』は、1940年にヘンリー・フォンダ（1905〜1982）、ジェーン・ダーウェル（1879〜1967）、ジョン・キャラダイン（1906〜1988）らの出演で映画化されて好評を博した。ただし、小説の結末は映画版では変更された。

129 音楽 | カウント・ベイシー

　ウィリアム・ジェームズ・「カウント」・ベイシー（1904～1984）は一流のジャズ作曲家・ピアニストだったが、多くの音楽史家の見るところ、彼の最大の功績は自らの楽団カウント・ベイシー・オーケストラで20世紀最高のミュージシャンを何人も育て売り出したことであった。

◆

カウント・ベイシー

　ニュージャージー州出身のベイシーは、カンザスシティとシカゴでピアニストやバンドリーダーとして活動した後、1936年の末にニューヨーク市に拠点を定めた。彼のバンドは、その優れたテクニックでデューク・エリントン・オーケストラに劣らぬ高い評価を受け、エリントンの楽団と同じくベイシーの楽団も、多くのミュージシャンやシンガーたちが、さらに飛躍するための出発点となった。ベイシー楽団の元メンバーで最も有名なひとりが、テナーサックス奏者のレスター・ヤング（1909～1959）だ。ヤングがプロになったころ、ジャズの世界でサクソフォーンは、どちらかと言えば伴奏用の楽器であり、その後のような主役の地位はまだ得ていなかった。ベイシー楽団で演奏しながら、ヤングはサックスをジャズの重要な楽器とするのを後押しした。ヤングの影響でおそらく最も強く残っているのは、後のビバップ時代にジャズと結びつけられるようになる独特の外見や態度を確立させたことで、そのスタイルはビッグバンドの落ち着いた堅苦しさとは実に対照的だった。

　これよりもっと有名なのが、ベイシー楽団でキャリアをスタートさせたシンガーたちだ。ベイシーはブルースが好きで、自分の楽団を使って優秀なブルースシンガーを売り込んだ。ベイシーのこうした支援の恩恵を受けた歌手に、ビリー・ホリデイ（1915～1959）とビッグ・ジョー・ターナー（1911～1985）がいる。ターナーの例が非常に目を引くのは、これがベイシーの影響力の大きさを如実に物語っているからだ。ターナーは、ベイシー楽団でブルースシンガーとして活動する一方、後にロックンロールの初期のパイオニアのひとりとなり、ロックの定番「シェイク・ラトル・アンド・ロール」を1954年に録音している。

　1950年代初めにビッグバンド・ジャズの人気が衰えると、ベイシーの威光にも陰りが見え始めたが、依然として芸能界の重鎮として、フランク・シナトラ（1915～1998）やメル・ブルックス（1926～）など、さまざまなアーティストと仕事をした。

豆 知 識

1. カウント・ベイシーは楽団とともに、メル・ブルックス監督の1974年の映画『ブレージングサドル』にカメオ出演している。
2. フランク・シナトラのベストセラー・アルバムのひとつ『シナトラ・ライヴ・アット・ザ・サンズ』は、ラスベガスでカウント・ベイシー・オーケストラと共演したときの模様を録音したライブアルバムである。
3. ベイシーが1955年に録音した「エイプリル・イン・パリ」は、多くの人から、ルイ・アームストロング（1901～1971）やエラ・フィッツジェラルド（1917～1996）、セロニアス・モンク（1917～1982）などのバージョンを抑えて、史上最高だと評価されている。

130 映画 | アルフレッド・ヒッチコック

　イギリス生まれの映画監督アルフレッド・ヒッチコック（1899〜1980）は、その長く優れた映画人生を通して緊張感のある心理スリラーを数多く作ったことから、「サスペンス映画の巨匠」と呼ばれている。彼の映画で頻繁に取り上げられるのは、犯罪者、スパイ、心理ドラマ、人違い、そして訳も分からぬまま自分ではどうにもならない状況に放り込まれた人々であった。

◆

　ヒッチコックの名作は、どれも編集を巧みに活用することで、緊張感を高めると同時に、観客を物語世界の中に取り込んでいる。実際、のぞき行為は『めまい』（1958年）や『サイコ』（1960年）など評価の高い作品に共通して見られるテーマで、とりわけこれがはっきり表れているのが名作『裏窓』（1954年）である。ヒッチコックは、キャリアの初めはイギリスで活動し、『三十九夜』（1935年）や『バルカン超特急』（1938年）でサスペンスの腕を磨いた。1939年にハリウッドへ移ると、たちまち成功を収めた。ハリウッドで最初の長編映画『レベッカ』（1940年）は、批評的にも興行的にも大成功で、映画はアカデミー作品賞を受賞した。

　その後もハリウッドでの成功は続き、『海外特派員』（1940年）、『断崖』（1941年）、『白い恐怖』（1945年）、キャリア中期の傑作『汚名』（1946年）などを世に送り出した。

　ジェームズ・スチュワートとグレース・ケリー主演の映画『裏窓』は、ヒッチコックの脂の乗った時期の到来を告げる作品だ。本作の主人公は、怪我のせいでグレニッチヴィレッジのアパートから動けなくなったカメラマンで、彼の唯一の楽しみは、裏窓から隣人たちの生活を観察することだけだ。ここでヒッチコックは、ふたつのパラレルワールドを生み出している。ひとつは、スチュワート演じる主人公が隣人を観察している世界。もうひとつは、観客がスチュワートを観察すると同時に、スチュワートとともに隣人を観察している世界である。

　同じくスチュワート主演の『めまい』は、興行的には当たらなかったが、やがてヒッチコックの最高傑作のひとつと評価される作品だ。この作品では、ヒッチコックの強迫観念のひとつである女性を支配したいという欲望や欲求が、非常にはっきりと表現されている（本作では、その対象となった女性をキム・ノヴァクが演じた）。

　『北北西に進路を取れ』（1959年）と『鳥』（1963年）は、批評的にも興行的にも成功だった。しかし、ヒッチコックの監督作品でおそらく最も有名なのは、現在のホラー映画というジャンルそのものを生み出した『サイコ』であろう。『サイコ』では、バーナード・ハーマン作曲の突き刺すような音楽から、舞台となったベイツ・モーテルやジャネット・リーが演じるシャワーのシーンまで、映画に登場した数々の要素が知らない者のいないほど有名になった。

┌─────────┐
│ 豆 知 識 │
└─────────┘

1. ヒッチコックは、アカデミー監督賞に5度ノミネートされたが、1度も受賞できなかった。その代わり1967年に、その功績を認められてアーヴィング・G・タルバーグ記念賞を授与された。
2. ヒッチコックは自分の作品にカメオ出演することで有名だった。その作品数は、合計すると39作に上る。
3. 映画人生の大半、ヒッチコックは、その能力を多くの批評家にあまり評価されなかったが、フランスの映画批評誌『カイエ・デュ・シネマ』に寄稿した作家や監督は、彼の姿勢を作家主義 ── 映画の監督は、その映画の作者であるという考え ── に連なるものだとして支持した。

131 思想と社会 | 核爆弾

1945年8月6日、アメリカは小型のウラン爆弾、コードネーム「リトルボーイ」を日本の広島市上空で投下し、12万とも14万とも言われる日本国民の命を奪った。しかし、これほど多くの人命を奪ったにもかかわらず、核爆弾の開発・使用の重要性は変わることなく叫ばれ続け、核兵器開発競争は、その後50年にわたって国際政治で大きな地位を占め、その状況は現在も続いている。

◆

核爆弾は、極秘計画であるマンハッタン計画の下に開発が進められ、計画には20世紀最高の頭脳が動員された。ニールス・ボーア（1885〜1962）やエンリコ・フェルミ（1901〜1954）などマンハッタン計画に協力した科学者の多くは、アメリカが戦っている敵である枢軸諸国から逃れてきた者たちだった。核エネルギー利用の研究を最初に後押ししたのは、ナチ・ドイツがすでに独自に核兵器の開発・実験を進めているという恐怖だった（実際には、ドイツは開発を進めていなかった —— 少なくとも、開発に成功してはいなかった）。

第二次世界大戦で核爆弾を使用したことは、当時も今も、激しい議論の対象になっている。使用を支持する者たちは、当時は連合軍の勝利がほぼ確実視されていたのに、日本軍は神風特攻や玉砕を繰り返し、降伏する気配はなかったのだから、原爆投下によって戦争の終結が早まり、結果として数多くの兵士の命が救われたのだと主張する。

これに対し、原爆投下を批判する人々は、敵国の民間人を大量殺戮する恐ろしさを嘆き、これは国際的に認められた戦時国際法に違反するものだと指摘する。また、広島と長崎への原爆投下は、ソ連が独自の核兵器を開発するきっかけとなったのだから、これこそ冷戦を生んだ原因だとの見方もある。

核爆弾の使用は、世界の人々の想像力をとらえ、創造と破壊という人類の二元的傾向を端的に表している。核戦争による人類滅亡の恐怖は、冷戦期に国際政治の枠組みを作っただけでなく、現在も、北朝鮮やイランなどのいわゆる「ならず者国家」が核兵器開発計画を進めているとして非難されるなど、世界各国の指導者たちの頭を悩ませ続けている。

中 豆 知 識

1. ロックバンドのラッシュには、「マンハッタン・プロジェクト」という曲がある。
2. 核爆弾開発の中心人物のひとりでイタリアの物理学者エンリコ・フェルミは、ユダヤ人女性と結婚していた。夫妻がアメリカへ移住したのは、イタリアの独裁者ムッソリーニが始めた反ユダヤ的政策から逃れるためだった。
3. スタンリー・キューブリック（1928〜1999）が監督した冷戦期の傑作映画『博士の異常な愛情』（1964年）は、最終兵器である核爆弾の使用によって全世界が滅亡する恐怖を風刺的に描いた作品である。

132 スポーツ 「史上最高の試合」

1958年12月の寒い日曜日、夕やみ迫るヤンキー・スタジアムで、現在のナショナル・フットボール・リーグ（NFL）は生まれた。

◆

「史上最高の試合」

この日、今なお「史上最高の試合」と呼ばれている試合で、ボルティモア・コルツはニューヨーク・ジャイアンツを、NFLチャンピオンシップ史上初の延長戦の末、23対17で下した。試合そのものも実にエキサイティングだった —— コルツは試合終盤、14対17から追いついて延長戦に持ち込み、そのまま勝利したのである。

しかし、この試合の意味はボルティモアのNFL制覇だけにとどまらなかった —— これをきっかけにNFLは現在のような人気リーグになり、当時25歳だったコルツのクオーターバック、ジョニー・ユナイタス（1933〜2002）の伝説が始まった。この試合を伝説の域に押し上げる上で、テレビの果たした役割は大きかった。この試合は当時としては珍しく全国放送され、多くの視聴者がユナイタスなど後にプロフットボールの殿堂入りを果たす選手たち12人の活躍を見た。専門家の多くは、この試合こそ、NFLが1960年代半ばにアメリカで最も人気の高いスポーツ・リーグとなる道を歩み始めた出発点だったと考えている。

試合時間残り1分56秒、ユナイタス率いるコルツは、14対17と負け越している状況で、自陣14ヤードからプレーを開始した。フィールド中央へのパスを使いながら、ユナイタスとコルツはジャイアンツ陣深く攻め込むと、残り7秒でスティーヴ・マイラ（1934〜1994）が20ヤードのフィールドゴールを決め、試合は延長戦にもつれ込んだ。先に得点した方が勝つ延長戦は、ジャイアンツの攻撃で始まるも、パントに終わった。コルツが自陣20ヤードからの攻撃権を得ると、ユナイタスは、第3ダウン・14ヤードでワイドレシーバーのレイモンド・ベリー（1933〜）に21ヤードのパスを通すなど、難しいパスを次々と決めた。

このドライブ（攻撃回）の13プレー目で、コルツのフルバック、アラン・アミーチ（1933〜1988）がユナイタスからボールをハンドオフでもらうと、1ヤードのランで決勝タッチダウンを決めて、史上最高の試合に決着をつけた。

〔 豆 知 識 〕

1. この試合には、後に殿堂入りした選手が12人プレーしていただけでなく、同じく殿堂入りするコーチが3名、サイドラインにいた。コルツのヘッドコーチ、ウィープ・ユーバンク（1907〜1998）、ジャイアンツの攻撃コーディネーター、ヴィンス・ロンバルディ（1913〜1970）、ジャイアンツの守備コーディネーター、トム・ランドリー（1924〜2000）の3人だ。
2. この年のレギュラーシーズンでは、ジャイアンツは11月9日にコルツを24対21で破っていた。
3. この試合でプレーしたジャイアンツの選手のうち、フィールドゴール1本とエクストラポイント2本を決めたパット・サマーオール（1930〜2013）と、2度ボールをファンブルしたフランク・ギフォード（1930〜2015）は、後に有名なスポーツキャスターになった。

133 大衆文化 　『ビーバーちゃん』

アメリカでのいわゆるテレビの黄金時代 —— 1950年代 —— には、『アイ・ラブ・ルーシー』や『陽気なネルソン』など、家族を描いた連続ホームコメディが数多く放送された。しかし、そうした番組に子供が登場することはまれで、大人の登場人物が中心だった。

◆

　それに対して、ホームコメディ『ビーバーちゃん』は、番組開始の1957年当時 7 歳だったセオドア・「ビーバー」・クリーバーと、お兄ちゃんのウォーリー、お父さんのワード、それにお母さんのジューンが主人公だ。

　この番組は、今でこそ1950年代後半から1960年代前半を代表する連続テレビシリーズと見なされているが、6 シーズン放送されているあいだは、それほどの人気ではなかった（最初に放送した CBS は、第 1 シリーズが終わると放映権を手放し、それを ABC が拾って続く 5 シリーズを放映した）。実際、番組の最高視聴率は、1980年代に再放送されたときに記録された。

　番組の製作者は、ジョー・コネリー（1917～2003）とボブ・モシャー（1915～1972）のふたりだ。コネリーとモシャーは、子供に大人のような演技をさせるのではなく、実際に子供がやりそうだと考えられる行動を描こうとした。

　例えばある放送回では、ビーバーが散髪代をなくしたのを隠そうとして、ウォーリーに手伝ってもらって自分で髪を切るのだが、失敗してへんてこな髪形になってしまう。このエピソードは、モシャー自身の子供時代の体験が基になっている。

　各回の内容は、ほとんどが、ペットの猫がいなくなったとか、家の配管を壊してしまうとか、「男の子はやっぱり男の子」と言いたくなる典型的ないたずらや冒険が中心となっていた。ときには、アルコール依存症（「ビーバーとアンディ」の回）や離婚（「ビーバーの泊り客」の回）など、大人向けの（そして当時としては画期的な）テーマを扱うこともあった。

　シリーズの終盤には、ウォーリーが高校生になったことから番組のテーマも変わり始めた。この方針が進まぬうちに、番組は1963年 9 月に打ち切られた。

豆 知 識

1. 1983年、長編テレビ映画『まだまだビーバー』(Still the Beaver) のためオリジナル・キャストが再び集まり、これをきっかけに『ビーバーちゃん』への関心が再び高まった。
2. 番組のパイロット版 —— タイトルは『小さな世界』—— は、オリジナルのシリーズとは別に放送され、ワードとウォーリーを演じたのも別の俳優だった。このパイロット版は、1987年まで行方不明だった。
3. 共同製作者のコネリーは、ビーバーという名を、第二次世界大戦中に同じ駆逐艦に乗務していた乗組員の名前から取った。

134 人物 | ローマ教皇ヨハネ23世

　1962年、世界が近代化、宇宙開発競争、核戦争の恐怖といった問題に取り組んでいる中、ローマ教皇ヨハネ23世（1881〜1963）は、このままではカトリック教会は時代から取り残されてしまうと懸念していた。彼は、教会がこの新たな世界と関係を持つには新たな精神が必要であり、そのためには教会がもっとオープンになり、どの宗教を信じる人も積極的に受け入れる必要があると考えていた。

◆

ローマ教皇ヨハネ23世

　この年にヨハネ23世は、現代のカトリック教会が直面する問題を話し合うため第二バチカン公会議を開催した。当時、公会議は世界最大の宗教組織の聖職者たちが集まる豪華絢爛たる会議であり、暗黙の了解として、教会の古い保守的な態度は、現代性に対処するのに必ずしも最善の方法ではないと考えられていた。

　3年に及んだ公会議の結論は、大半が、ヨハネ23世が1963年に亡くなって以降にまとめられたが、その結論には、ミサはそれまでのラテン語ではなく現地の言葉で行なってよいという決定や、宗教の自由をめぐり教会と国家の関係について従来よりも寛容な態度を取ることなど、よりリベラルな方針が含まれていた。

　ヨハネ23世は、本名をアンジェロ・ジュゼッペ・ロンカッリといい、イタリアのソット・イル・モンテで生まれた。教皇になる以前は国際的に活躍し、ブルガリア、トルコ、ギリシア、フランスの教会に赴任していた。1930年代と1940年代には、ヨーロッパでの影響力を利用して、ユダヤ人がナチの迫害から逃れるのを援助した。

　前任のピウス12世（1876〜1958）を継いで1958年に教皇に選出され、その人間的な優しさと温かさから「イル・パパ・ブオーノ（よき教皇）」と呼ばれた。81歳で亡くなる前に行なった最後の大きな仕事が、回勅『パーチェム・イン・テリス —— 地上の平和』の発布で、そこでは、世界平和を実現するには人権の尊重が不可欠だと述べられている。

> ### 豆 知 識
>
> 1. 2000年にヨハネ23世は、聖人に列せられるひとつ前の段階である福者に列せられた【訳注／その後2014年に聖人に列せられた】。
> 2. 1962年には、第二バチカン公会議を開いたことで雑誌『タイム』の「今年の人」に選ばれた。
> 3. 彼の人間的な温かさは、ジャクリーン・ケネディ（1929〜1994）がバチカンを訪問したときの逸話からも分かる。ヨハネ23世が、彼女をどう呼べばよいのだろうかと側近に尋ねたところ、「ケネディ夫人」か「マダム」がよいでしょうとの答えが返ってきた。教皇はこの2通りの呼び方を練習していたが、いざ彼女が到着すると両手を広げて「ジャクリーン！」と呼んだのである。

135 文学 『異邦人』

　アルベール・カミュの『異邦人』(1942年) は、20世紀において最も重要なヨーロッパの文学・哲学作品であり、今もたいへん広く読まれている 1 冊だ。この短くて手に取りやすい小説は、心をわしづかみにするサスペンス小説であると同時に、カミュ (1913〜1960) を含む当時の哲学者の多くが共有していた不条理主義的世界観を、分かりやすく簡潔に表現している。

◆

アルベール・カミュ

　小説のタイトルである「異邦人」とは、主人公ムルソーのことだ。ムルソーは、フランスの植民地アルジェリアに住む目的意識のない青年で、感情面では周囲の世界から完全に切り離されている。彼は、小説の冒頭で母親が死んだことを知るが、何の悲しみも見せず、母の葬儀についてはほとんど何も覚えていない。数週間後、彼は恋人と —— この恋人に対しても彼はたいてい無関心だ —— 海辺にある友人の家に行くことにする。浜辺でムルソーの友人のひとりがアラブ人の男とけんかになる。その日の午後、ムルソーは友人の拳銃を持って浜辺へ行き、一瞬困惑した後、けんかの相手となったアラブ人を、取り立てて理由もないのに、射殺する。

　ムルソーは逮捕され、殺人罪で裁判にかけられる。裁判官たちは、彼がまったく後悔しておらず、死刑になると告げられても神への信仰を告白しようとしない態度に、愕然とする。裁判は茶番と化し、裁判官らは、ムルソーがアラブ人を殺したことよりも、彼が社会の道徳観念全般を無視していることの方が問題だと考える。

　迫りくる処刑の直前、ムルソーはついに熱く語りだし、人生は不条理で無意味であり、神は存在しないという世界観を弁護する。ムルソーにとって —— そしてカミュにとって —— この世界観は、必ずしも暗く悲観的なものではない。それどころか、これこそ平和と平穏の源なのである。最後にムルソーは、「世界の優しい無関心」に心を開き、高貴と言っていいような人物として描かれている。

―― 豆 知 識 ――

1. カミュは実存主義哲学と結びつけられることが多いが、本人はそれを拒み、わたしは特定の学派には属していないと主張した。
2. カミュは、1957年にノーベル文学賞を受賞した。そのわずか 3 年後フランスで自動車事故により亡くなった。
3. カミュの親友に、フランスの哲学者・作家で、『嘔吐』(1938年) や『出口なし』(1944年) などの作品があるジャン＝ポール・サルトル (1905〜1980) がいた。

136 音楽 ｜ ルイ・アームストロング

　かつてジャズ評論家ナット・ヘントフは、ルイ・アームストロング（1901〜1971）と彼以前のジャズ・ミュージシャンとの関係は、ウィリアム・シェイクスピア（1564〜1616）と彼以前の詩人や劇作家との関係と同じだと書いたことがある。つまり、サッチモことアームストロング以前にもジャズ・ミュージシャンはいたが、彼はそれまでのミュージシャンより才能が抜きん出ており、その後に続く全員にたいへん大きな影響を与えたのである。

◆

ルイ・アームストロング

　ルイ・ダニエル・アームストロングは、ジャズ生誕の地であるニューオーリンズに生まれた。しかし初めて頭角を現したのは、1920年代初めに、当時すでにジャズ演奏の中心地となっていたシカゴに移ってからだ。最初はジョー・「キング」・オリヴァー（1885〜1938）率いるバンドでトランペットを演奏し、この時期に、作曲されたとおりに集団で演奏するのではなく、即興でのソロ演奏を中心としたスタイルを切り開いた。

　しかし間もなく、アームストロングはオリヴァーのバンドを脱退し、1920年代の半ばから終わりにかけて伝説のバンド、ホット・ファイヴやホット・セヴンを結成した。これらのバンドでアームストロングは、「ポテト・ヘッド・ブルース」（1927年）や「ウエスト・エンド・ブルース」（1928年）など、最初の優れたレコーディングを行なった。

　その後もアームストロングは、1940年代後半に結成したバンド、オール・スターズを中心に、何十年にもわたって演奏と新たな工夫を続けた。偉大なミュージシャンとも数多く共演しており、特にエラ・フィッツジェラルド（1917〜1996）との共演はおそらく最も有名だろう。こうした共演は、一部の評論家からはアームストロングの優れた才能の無駄遣いだと言われているが、商業的には作品として非常に大きな成功を収めた。

　アームストロングがトランペット奏者に与えた影響は絶大だった。マイルス・デイヴィス（1926〜1991）は、「ルイがラッパでやったことのないスタイルは何ひとつない」と述べている。さらにディジー・ガレスピー（1917〜1993）は、ジャズの歴史そのものがアームストロングのおかげだと言い、次のように語っている。「もし彼がいなかったら、わたしたちは誰ひとり存在していなかっただろう。わたしが生計を立てていけることを、ルイ・アームストロング氏に感謝したい」

　豆知識

1. 彼が録音した曲「マグルズ」（1928年）のマグルズとは、マリフアナを意味するスラングで、アームストロングは生涯を通じてマリフアナをよく使っていた。
2. 1964年、アームストロングは「ハロー・ドーリー！」で、雑誌『ビルボード』のポップス・チャート1位にいたビートルズを追い落とした。
3. アームストロングは、自伝や小文のほか、『サッチモ流減量術』(Lose Weight the Satchmo Way)というダイエット本も出版している。

137 映画 | オーソン・ウェルズ

映画の歴史でオーソン・ウェルズ（1915〜1985）ほど、ハリウッドで人をアッと言わせるような輝かしいキャリアを送った人物はいない。1939年、24歳の鬼才として映画界にやってくると、2年のうちに、自ら監督・製作・脚本・主演を務めて、今や多くの批評家や映画ファンから史上最高の傑作と考えられている映画『市民ケーン』（1941年）を生み出した。

◆

すでにウェルズは、演劇界とラジオ業界で評判になっていたので、彼がハリウッドにやってきたとき、映画会社 RKO は、すでに名を成していた映画監督の誰もがうらやむ契約を結んだ —— 後に『市民ケーン』となる映画の芸術面について彼に全権をゆだねたのである。

ウェルズは、自らメディア王チャールズ・フォスター・ケーン（新聞王ウィリアム・ランドルフ・ハーストなどをおおよそのモデルにした人物）の役を演じると同時に監督も務めた。後にこの映画は、撮影技師グレッグ・トーランド（1904〜1948）のカメラワークなど、技術面での業績で有名になった。『市民ケーン』は、批評家からは絶賛されたが、興行的には失敗し、アカデミー賞も脚本賞を獲得しただけだった。その後のウェルズのキャリアは、大作を企画しても実現できず、金銭問題を抱え、映画会社からも裏切られるというものだった。

彼は『市民ケーン』に続けて『偉大なるアンバーソン家の人々』（1942年）を製作した。この作品は、今では多くの批評家から傑作と評価されているが、RKO は、ウェルズが別の企画でブラジルとメキシコへ行っている隙に、オリジナル版の3分の1を勝手にカットしてしまう。続く3作 ——『ストレンジャー』（1946年）、『上海から来た女』（1947年）、『マクベス』（1948年） —— も同じ運命に遭い、彼の意に反して短くカットされた。

ウェルズは、監督業では運に恵まれないことが多かったが、それでも映画製作の資金を集めるため、キャロル・リード監督の『第三の男』（1949年）に出演するなど、俳優業も引き受けた。ハリウッドで製作した最後の映画『黒い罠』（1958年）は、フィルム・ノワール時代の最後の傑作と考えられている。しかし興行的には振るわず、そもそもウェルズの最初の構想自体、1998年に再編集されるまで、作品に反映されてはいなかった。その後は、脇役を演じたり海外で映画を監督したりして、70歳で亡くなった。

> ## 豆知識
> 1. ウェルズは、1943年に親しかった伝説の映画女優リタ・ヘイワースと結婚し、1948年に離婚した。ヘイワースは、『上海から来た女』でウェルズと共演している。
> 2. シェイクスピアの戯曲を映画化した『オセロ』（1952年）は、資金面での問題から完成に数年を費やした。ようやく1952年に公開されると、カンヌ映画祭でグランプリを獲得したが、アメリカでは1955年まで公開されなかった。
> 3. ウェルズは1938年、ハロウィーン前日の10月30日にH・G・ウェルズの『宇宙戦争』を原作としたラジオドラマを放送し、これを聞いた多くのリスナーは、本当に火星人がニュージャージー州に着陸したと思い込んだ。この一件で、ウェルズは全国的な有名人になった【訳注／第98日『宇宙戦争』を参照】。

138 思想と社会 │ 郊外化

　第二次世界大戦後、何百万ものアメリカ人が、庭付き一戸建ての持ち家を求めて都市を離れ、郊外に新しく造成された住宅地に移り住んだ。この傾向は、やがて社会や環境に大きな影響を与えることになった。かなりの数の住民が急激に転出したことで、以前からの中心市街地の多くが危機的状況に陥った。その一方で農村部では、周辺に向かって開発が無秩序に広がる、いわゆるスプロール現象によって何平方キロメートルもの農地が失われた。

◆

レヴィットタウン

　第二次世界大戦後に起こった大規模な住宅不足が、郊外化の始まる一因だった。1930年代の大恐慌時代、住宅が新築されることはほとんどなかった。その結果、戦地から戻ってきた帰還兵は住む場所を見つけることができなかった。ニューヨークなどの都市では、複数の家族がせまいアパートを共有するのを余儀なくされた。1947年の議会証言で住宅問題の専門家は、「帰還兵も民間人も、戦後に夢見ていた家が崩れ去っていくのを経験している」と述べている。

　これを受けて、開発業者は新たなコミュニティーを一から造成し始めた。戦後に最初に建設された最も有名な郊外住宅地ニューヨーク州レヴィットタウンは、1947年に入居が始まった。同様の住宅地が、その後数十年のあいだに次々と造られた。1950年代に経済成長が続く中、郊外住宅地は戦後アメリカの繁栄を象徴するものとなった。

　しかし、中産階級の住民が転出したことで多くの都市は衰退していった。1960年代に都市暴動が頻発すると、それをきっかけとして白人層を中心に再び郊外への大脱出が起こり（これをホワイト・フライトという）、都市はますます衰退した。

　また郊外化によって、多くのアメリカ人は移動手段をもっぱら自動車に頼るようになり、経済学者や社会学者の一部からは、こうした変化のせいで大気汚染が悪化し、石油の輸入依存度が増し、さらには国民の肥満率が驚くほど上昇したと指摘されている。

┌─────────┐
│ 豆 知 識 │
└─────────┘

1. 現在では、都市を囲むように隣接している郊外住宅部の外側に、新たな造成地が開発されており、一部の人口統計学者や都市計画者は、これを「準郊外」と呼んでいる。

2. アメリカの多くの都市では、人口動態がごく短期間に大きく変わった。デトロイト、ニュージャージー州ニューアーク、ワシントンDCなどの都市では白人の人口がわずか20年ほどのあいだに激減した。

3. レヴィットタウンという名は、この郊外住宅地を造成した建設会社レヴィット・アンド・サンズにちなんでつけられた。

139 スポーツ｜ジョン・ウッデン

　大学バスケットボールのコーチには、ジョン・ウッデン（1910～2010）より多くの勝ち星を上げた者はいても、優勝回数で肩を並べるコーチや、人生で成功するための有名な大原則を残したコーチはいない。ウッデンは、自分はまず人格形成者であり、その次にバスケットボール・コーチだと考えていた。彼が1960年代から1970年代にカリフォルニア大学ロサンゼルス校（UCLA）で残した成績は、他に類を見ない成功の連続だった。大学バスケットボールで1967年から1973年までの7連覇を含む10回の優勝を遂げ、さまざまな世代の元選手たちから深い尊敬と敬愛を受けていた。

◆

ジョン・ウッデン

　　　ウッデンは、高校やインディアナ教員養成大学（後のインディアナ州立大学）でコーチとして経験を積んだ後、1948年にUCLAへやってきた。彼は、「成功のピラミッド」という考えに基づいて練習プログラムを作成した。このピラミッドでは、忠誠心、友情、情熱などの徳目を重視するが、その徳目はすべて「競争力」へとつながっている。毎年練習初日に、彼は選手たちにソックスの正しいはき方と靴紐の正しい結び方を教えた。選手の多くは、その昔ながらのやり方に驚き、古臭いと感じた者もいたが──こうした指導は実を結んだ。

　　　ウッデンはUCLAで27シーズンを過ごして620勝147敗の成績を上げ、コーチを務めた最後の12年間に、ブルーインズの愛称で知られるUCLAチームは、NCAA（全米大学体育協会）選手権で10度優勝した。さらにブルーインズは、彼の指導の下、公式戦88連勝（1971～1973年）と、NCAAトーナメントでの38連勝（1964～1974年）を記録し、30勝0敗というパーフェクト・シーズンを4度達成した。

　彼が指導した選手の中には、大学バスケットボール史上最高の選手に挙げられる、ルー・アルシンダー（後のカリーム・アブドゥル＝ジャバー、1947～）とビル・ウォルトン（1952～）のふたりがいる。コーチとして成功する前、ウッデンはインディアナ州にあるパデュー大学でガードとしてプレーし、ポジション別全米最優秀選手に選ばれたこともあった。彼の活躍もあってパデュー大は1932年に全国チャンピオンとなった。その後、ウッデンは選手とコーチの両方でバスケットボール殿堂入りした最初の人物になった。

　　　　　　　　┌─ 豆 知 識 ─┐

1. ウッデンは、選手時代にコートのあちこちでダイブ（スペースに飛び込むこと）をしていたことから、「インディアナのゴム男」と呼ばれていた。UCLAでは大学の所在地から「ウエストウッドの魔術師」の異名を取った。
2. NCAAディヴィジョンⅠの男子バスケットボールで通算勝利数が最も多いコーチは、2008年にテキサス工科大学で引退したボビー・ナイト（1940～）で、902勝を上げている。テネシー大学女子バスケットボール・チームのコーチだったパット・サミット（1952～2016）は、それよりさらに多く、通算1098勝を上げた。
3. ウッデンは第二次世界大戦に、アメリカ海軍大尉として従軍した。

140 大衆文化 ｜ 『アメリカン・バンドスタンド』

『アメリカン・バンドスタンド』は、アメリカのテレビで最初の音楽番組のひとつで、約30年の放送期間中、数々のロックバンドを視聴者に紹介した。さらに、『ソウル・トレイン』や『ソリッド・ゴールド』など、後に数多くのミュージシャンがキャリアをスタートさせる出発点となった番組にも、影響を与えた。

◆

ディック・クラーク

この番組は、当初は『バンドスタンド』というタイトルで、1952年10月7日、フィラデルフィアのテレビ局で地元のディスクジョッキー、ボブ・ホーン（1916～1966）を司会に始まった。番組の構成は単純だった。ホーンが音楽を流し、10代の若者たちがダンスし、番組の最後に、ミュージシャンが舞台で何曲か生演奏を披露するというものだった。ディオン＆ザ・ベルモンツ、ビル・ヘイリー＆ヒズ・コメッツ、バディ・ホリー（1936～1959）は、みな初期の『バンドスタンド』で演奏している。

1956年、ホーンが飲酒運転で逮捕され、代わって若いラジオDJディック・クラーク（1929～2012）が司会になった。クラークは番組の可能性に気づき、全国ネットワークABCの重役に、この番組を全国放送してほしいと1年かけて何度も売り込んだ。クラークが粘った甲斐あって、1957年8月5日、『アメリカン・バンドスタンド』の全国放送が始まった。

クラークは、ほかにも重要な変更をいくつも加えた。チャンスを見計らっては観客を番組に参加させ、踊っている若者たちに音楽についての意見を毎回聞いたり、ときには観客に生演奏するミュージシャンの紹介をお願いしたりした。さらに彼は、アフリカ系アメリカ人のミュージシャンの多くが正当に評価されていないことに気づき、番組に出演して生演奏する人たちを人種に関係なく選びたいと主張した。こうしたクラークの努力により、サム・クック（1931～1964）、チャック・ベリー（1926～2017）、ファッツ・ドミノ（1928～2017）は世に出ることができた。

放送開始から30年以上たった1989年、ABCは『アメリカン・バンドスタンド』の放送を終了させた。番組終了までに1万組以上のミュージシャンが出演し、推計で60万の若者が番組に参加してダンスした。アメリカで若者文化に焦点を当てたテレビ番組の中でも、とりわけ長く続いた番組だった。

```
豆 知 識
```

1. バリー・マニロウ（1943～）は、1977年から1987年まで番組のテーマソングを歌っていた。
2. NBCが2002年から2005年に放映したテレビドラマ『アメリカン・ドリームズ』に、『アメリカン・バンドスタンド』が登場した。この連続ドラマは1960年代を描いたもので、プロデューサーはディック・クラークだった。
3. 映画『グリース』（1978年）には、『アメリカン・バンドスタンド』そっくりの『ナショナル・バンドスタンド』という架空の番組が登場する。

141 人物 | レニー・ブルース

　レニー・ブルース（1925～1966）の登場以前、スタンダップ・コメディアン（ひとりで舞台に立って客を笑わせる芸人）は舞台でジョークを言うのが定番だった。しかしブルースは違った。彼は客の前に立つと、猥褻な言葉を織り交ぜながら、社会について辛辣な意見を次々と口にし、人種、セックス、ドラッグ、政治、宗教などさまざまな問題を取り上げた。

◆

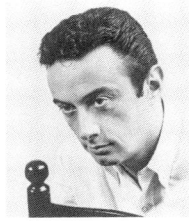

レニー・ブルース

　彼は、リチャード・プライヤー（1940～2005）やジョージ・カーリン（1937～2008）など次世代のコメディアンに影響を与えたが、その芸風の代償を支払わなくてはならなかった。1961年、猥褻罪で初めて逮捕されると、その後5年にわたって警察と猥褻行為や薬物使用をめぐって戦うことになった。1964年にはニューヨーク市で猥褻行為の有罪判決を受けた（ただし、死後の2003年に恩赦が与えられた）。

　ブルースは、本名をレナード・シュナイダーといい、第二次世界大戦中にアメリカ海軍へ入って軍務に就いた後、1947年からニューヨーク市とその周辺で芸能活動を開始した。全国的に悪名をはせるようになるのは1950年代後半からで、このころに雑誌『プレイボーイ』の発行人で古くからのファンであるヒュー・ヘフナー（1926～2017）の協力を得て最初のアルバム『シック・ユーモア・オブ・レニー・ブルース』（1959年）を制作した。ブルースの芸は現代生活の偽善ぶりを暴露するものだったため、観客を憤慨させると同時に楽しませもした。しかも、警察とトラブルになるや警官・弁護士・裁判官とのやり取りをネタに取り入れることも多かった。

　最初の逮捕後、地元警察は彼がナイトクラブに出演するたび必ずやってきて、猥褻な言葉を耳にすると、出番が終わった後で逮捕した。クラブのオーナーたちも、ブルースを舞台に出すなら店を営業停止にするかオーナー自身を投獄すると脅されていた。ブルースは、サンフランシスコ、ニューヨーク、フィラデルフィア、ロサンゼルスなど各地の都市で逮捕された。彼は警察に対して被害妄想や強迫観念を持つようになり、数年に及ぶ戦いの末（一部には、彼をアメリカ合衆国憲法修正第1条で保障された言論の自由を守った殉難者と呼ぶ者もいる）、法廷闘争のため1965年に破産した。翌年、彼はモルヒネの過剰摂取により40歳で亡くなった。

豆 知 識

1. ブルースの生涯は、ボブ・フォッシー（1927～1987）監督、ダスティン・ホフマン（1937～）主演の伝記映画『レニー・ブルース』（1974年）で取り上げられた。本作は、1971年にブロードウェイで上演された劇を映画化したもので、アカデミー賞で6部門にノミネートされた。
2. 最近では、ロバート・B・ウェイド（1959～）が制作したテレビ・ドキュメンタリー番組『レニー・ブルース：毒舌で真実を語った男』(Lenny Bruce: Swear to Tell the Truth)（1998年）や、オフブロードウェイ演劇『レニー・ブルース：自身の言葉で』(Lenny Bruce: In His Own Words) で、ブルースの功績が現代の人々に伝えられた。
3. ビートルズのアルバム『サージェント・ペパーズ・ロンリー・ハーツ・クラブ・バンド』（1967年）のジャケットには多くの著名人が登場している。ブルースもそのひとりだ。

142 文学 │ 『すべて王の臣』

アメリカ南部を描いた正統的な小説には、ウィリアム・フォークナーの『響きと怒り』（1929年）やカーソン・マッカラーズの『心は孤独な狩人』（1940年）など、南部に住む私人の隠された生活に焦点を当てたものが多い。しかし、ロバート・ペン・ウォーレンの『すべて王の臣』（1946年）は、南部の華やかな政治家の台頭と没落という、非常に公的な物語を扱っている。一部は現実の出来事に基づいており、20世紀のアメリカで最も傑出した政治小説のひとつだ。

◆

ロバート・ペン・ウォーレン

ウォーレン（1905〜1989）は、少年時代をケンタッキー州とテネシー州で過ごしたが、人生の大半は故郷を離れて過ごし、カリフォルニア大学バークリー校、イェール大学、およびイギリスのオックスフォード大学で学び、教職に就いた。30代には、すでに詩人として認められていただけでなく、優れた文芸評論家になっており、1960年代まで欧米の文芸批評を支配していた、いわゆる新批評派の創設メンバーのひとりであった。

1933年にルイジアナ州立大学で教職に就くと、ウォーレンは大学のある都市バトンルージュの地方政治の実態を間近に目にし、とりわけ、賛否両論の多い派手な政治家ヒューイ・ロング州知事（1893〜1935）の政治活動をつぶさに観察した。ロングは、大恐慌時代に活躍した有名な政治家で、ポピュリスト的な立場を取って大衆の絶大な支持を得ていたが、その独裁的な政治スタイルと、腐敗に関与している可能性を批判されていた。その急激な台頭は、1935年に彼が暗殺されたことで突然に終わった。

ウォーレンは『すべて王の臣』の主人公ウィリー・スタークとロングは無関係だとしつこく主張していたが、類似点は偶然とは思えないほど多い。ロングと同じくスタークも貧しい家に生まれながら、南部の州知事になって大きな名声を得る。脅迫などしばしば違法な手段を使って政策を実現させ、大衆に慕われるが公私ともに腐敗しており最後は悲劇的な結末を迎える。ウォーレンの本作は読者の心をがっちりとつかむ小説であり、政治では腐敗と有能さは紙一重であることを教えてくれる寓話として今も力を持っている。

豆 知 識

1. 『すべて王の臣』で有名なウォーレンだが、実際には詩人として非常に多くの作品を残している。また、1986年にアメリカの桂冠詩人に初めて選ばれた人物でもある。
2. 小説のタイトル『すべて王の臣』(All the King's Men) は、マザーグースのひとつ「ハンプティ・ダンプティ」の歌詞「王さまのすべての馬を集めても、王さまのすべての家来を集めても／ハンプティを元には戻せませんでした (All the king's horses and all the king's men / Couldn't put Humpty together again.)」から取られている。
3. 『すべて王の臣』は、『オール・ザ・キングスメン』のタイトルで2度映画化されている。2度目の映画は、ショーン・ペン（1960〜）とジュード・ロウ（1972〜）主演で2006年に公開されたが、批評家からは1949年にアカデミー賞を受賞した1度目の映画の的外れなリメイクだと酷評された。

143 音楽 ｜ ディジー・ガレスピー

膨らんだ頬と曲がったトランペットがトレードマークのジョン・バークス・「ディジー」・ガレスピー（1917～1993）は、モダン・ジャズでは知らない者がいない人物のひとりだ。ガレスピーは、20世紀の大物ミュージシャンと数多く共演し、第二次世界大戦後に広まるビバップを生み出すのに貢献した。

◆

ディジー・ガレスピー

サウスカロライナ州に生まれたガレスピーは、1930年代と1940年代のビッグバンドのメンバーとしてキャリアを歩み始め、キャブ・キャロウェイ（1907～1994）やデューク・エリントン（1899～1974）といったスターの伴奏を務めた。しかしガレスピーは、ビッグバンドでは活躍できなかった。彼の持ち味であるテンポの速い独特なソロ・スタイルが、トラディショナルなビッグバンド・ジャズの約束事に合わなかったためだ。

1940年代半ばまでにガレスピーは、もっと少人数のメインストリームから外れたバンドに移籍し、そこで自分の独特な才能を発揮して、サックス奏者チャーリー・「バード」・パーカー（1920～1955）とともにビバップを築いていった。ビバップの登場以前、ジャズで最も人気があったのはスイングだった。スイング・ジャズは、一定の強いリズムと、はっきりとしたメロディーと、ダンスに適した中くらいのテンポを特徴としていて、即興演奏はほとんど行なわれない。

ビバップは、ほぼあらゆる点でスイングと根本的に違っている。テンポはかなり速く、演奏するミュージシャンにとっては、それが力量を発揮するチャンスになるが、聴衆は踊るのではなく座席に座って聞いていないといけない。リズム・セクションはスイングよりもはるかに目立ち、リズムを刻むだけが役割ではない —— ドラムもベースも、ずっと複雑になっている。さらにメロディーは、高度な即興演奏の出発点となっている。メロディーは曲を通じて演奏されるのではなく、曲の冒頭で示されると、後はミュージシャンが同じメロディーを、創意工夫を凝らして繰り返すのである。

舞台上のガレスピーは、独創的な即興演奏が得意で、聴衆から非常に愛された気さくな演奏者だった。1993年に亡くなる前には、『コスビー・ショー』と『セサミストリート』に出演して、若い世代にも知られるようになった。

豆 知 識

1. 1964年、ガレスピーは大統領選挙に立候補し、公約として、ホワイトハウスを「ブルースハウス」に改称し、レイ・チャールズ（1930～2004）をアメリカ議会図書館長に、マイルス・デイヴィス（1926～1991）をCIA長官に、マルコムX（1925～1965）を司法長官に任命すると宣言した。
2. ガレスピーは晩年、国連オーケストラのリーダーを務めていた。
3. ガレスピーは、大学教育を修了してはいないが、生涯で14個の名誉学位を受け取っている。

144 映画 『市民ケーン』（1941年）

オーソン・ウェルズ（1915〜1985）の初監督作品『市民ケーン』（1941年）ほど、映画史上で激しく議論され、高く評価され、大きな影響を残してきた作品はない。この映画は、物語展開の新たな手法に、洗練された映像スタイルと、近代的なサウンドと、新技術の導入とを組み合わせた画期的な作品であり、多くの評論家から史上最高の映画だと評価されている。

◆

映画史家のロバート・スクラーは、次のように書いている。「『市民ケーン』のどの部分を取り出しても、完全にオリジナルなものや、映画製作者がそれまで知らなかったものは何ひとつなかったが、この作品の驚異的なインパクトは、その総合効果、つまり、スタイル面での努力が集中的に注がれ、全体に行きわたっており、統一が取れていることから生まれたのである」

ストーリーは、ある新聞記者がチャールズ・フォスター・ケーン（演じるのはウェルズ本人）の生涯と死について行なう取材を軸にして進む。ケーンは、無一文から身を起こして世界的に有名な新聞王になった、複雑でスケールの大きなアメリカ人だ。物語の大半は、ケーンをよく知る人物たちによって、フラッシュバックという技法を用いながら語られるため、映画全体がまるでジグソーパズルのようになっている。ひとつひとつのピースは互いに矛盾していることが多いが、ニュース記者ジェリー・トンプソンは、ケーンの実像を理解するため、そうしたピースをひとつにまとめなくてはならない。しかも、そのあいだずっとトンプソンは、ケーンが死に際に言った「バラのつぼみ」という言葉の意味こそ、ケーンの生涯の謎を解くカギだと信じ続けている。

ジグソーパズルになっているという点で、本作は映画における非直線的物語展開を最もよく示す例となっている。当時のハリウッド映画の大半とは異なり、『市民ケーン』は話が時間軸に沿って進まず、しかも、やがてトンプソンも気づくとおり、ピースが全部そろってもパズルは完成しないのだ。

『市民ケーン』は、映画会社RKOが公開する前から議論を引き起こしていた。新聞王ウィリアム・ランドルフ・ハースト（1863〜1951）は、映画の一部が自分の生涯を基にしていると知ると、公開をやめさせようとした。それがうまくいかないと分かると、代わりにハーストは脅し、ゆすり、新聞を使っての誹謗中傷など、ありとあらゆる手を使って、ウェルズとRKOの信用を落とそうとした。映画の映像スタイルは、1941年の映画ファンにとっては不快なものだったし、現代人が見ても驚くものだ。ウェルズが用いた、場面全体を鮮明にとらえるディープ・フォーカス撮影、表現主義的な誇張された照明、途中でカットを入れないロングテイク、ロー・アングルとハイ・アングルからの撮影、重層音は、製作から数十年がたった今でも、映画を学ぶ学生たちが身につけようと取り組んでいる。

豆 知 識

1. 『市民ケーン』は2007年、アメリカン・フィルム・インスティテュートによって、史上最高のアメリカ映画に選ばれた。
2. 本作は、セットの天井が画面に写っている最も古い映画のひとつだ。撮影担当のグレッグ・トーランドは、ロー・アングルから撮影して天井を入れることでリアルさを追求したのである。
3. ウェルズは、ハーマン・J・マンキーウィッツ（1897〜1953）と共同でアカデミー脚本賞を受賞した。ただし、実際に撮影に使われた脚本はどちらが中心になって書かれたのかについては、今も激しい議論の的になっている。

145 思想と社会 | 封じ込め政策

　1946年、モスクワ駐在のアメリカ外交官ジョージ・ケナン（1904〜2005）は、対ソヴィエト連邦戦略案の概要を述べた電報を本国政府へ送った。アメリカとソ連は、第二次世界大戦中は不安定ながらも手を組んでナチ・ドイツと戦ったが、大戦が終結して以降、両国間の緊張は急激に高まっていた。

◆

　この通称「長文電報」でケナンは、ソ連と直接対決することは不可能だが、それでもアメリカは共産主義のさらなる拡大を食い止めることはできると主張した。後に自身の案を詳しく述べた論説で、ケナンは「平和で安定した世界の利益をソ連が侵害する兆候を見せた場合、そのたびに不変の対抗勢力によってソ連と対決することを目指す、堅固な封じ込め政策」を提唱した。

　ケナンの提案は、当時タカ派が唱えていた、アメリカは東ヨーロッパで広がる共産主義を押し戻すため、ただちに軍事攻撃を開始すべきだとする考えと、より融和的な対ソ姿勢を支持していたヘンリー・ウォレス前副大統領（1888〜1965）の提唱する方針の、中間を行くものだった。

　ハリー・S・トルーマン大統領（1884〜1972）は、ケナンの封じ込め政策をただちに承認し、これが、その後45年続く冷戦時代におけるアメリカの外交政策の基本となった。

　トルーマンは、この政策 ── すぐに「トルーマン・ドクトリン」と命名された ── を1947年に発表し、その中で、アメリカは共産主義がギリシアとトルコに拡大するのを防ぐためなら、必要に応じて介入すると宣言した。

　共産主義の拡大を封じ込めるという目標は、その後も民主・共和両党の歴代大統領によって受け継がれ、後にアメリカが朝鮮戦争とヴェトナム戦争に介入する根拠となった。

　皮肉なことに、後にケナンは自身の提言の多くを後悔し、冷戦時代とその後のアメリカの外交政策を批判した。彼は101歳で亡くなるが、その直前のインタビューでは、アメリカ軍による2003年のイラク侵攻を厳しく批判していた。

豆 知 識

1. ウォレスは、フランクリン・D・ローズヴェルト大統領（1882〜1945）の下で1941年から1945年まで副大統領を務めた。1948年の大統領選挙では、平和主義を掲げて第3党から立候補してトルーマンと戦った。
2. 「冷戦」という言葉を使い始めたのは、イギリスの作家で『動物農場』（1945年）や『一九八四年』（1949年）を書いたジョージ・オーウェル（1903〜1950）である。
3. トルーマンの封じ込め政策を実施するには、アメリカの同盟国を強化するためヨーロッパへの大規模な支援計画が必要だった。それで1947年に提案されたのがマーシャル・プランだ。

146 スポーツ｜アーノルド・パーマー

　アーノルド・パーマーが登場するまで、アメリカでゴルフと言えば、金持ちがカントリークラブで興じるものだと決まっていた。しかしパーマーは、1950年代後半から1960年代前半に活躍して、ゴルフをもっと大衆的なものに近づけた。端整な顔立ちとアグレッシブなプレーで、パーマー（1929〜2016）は20世紀後半のゴルフ・ブームを牽引し、「アーニー軍団」と呼ばれた多くのファンを獲得した。

◆

アーノルド・パーマー

　父親がペンシルヴェニア州のラトローブ・カントリークラブの専属プロ兼グリーンキーパーだったパーマーは、全米プロゴルフ協会のツアーで62回優勝し、メジャー大会で7度の優勝を果たした。ツアーでの獲得賞金が初めて100万ドルに達したゴルファーであり、国際団体戦ライダーカップではアメリカ選抜に6回選ばれた（うち2度はキャプテン）。自身の高い人気をビジネスに結びつけることにも成功し、ゴルフコースの設計、自動車のディーラー、アパレル企業、ケーブルテレビ（彼はゴルフ専門チャンネル「ゴルフ・チャンネル」の共同設立者だ）など、手広く事業を行なった。

　ゴルファーとしてのパーマーの全盛期は1960年から1963年で、この時期にツアーで29勝を上げた。1960年にはマスターズと全米オープンで優勝し——全米オープンは、最終ラウンドで7打差をひっくり返しての逆転優勝だった——雑誌『スポーツ・イラストレイテッド』でスポーツマン・オブ・ザ・イヤーに選ばれた。AP通信からは、1960年代最高のスポーツ選手に選出された。ゴルフのテレビ中継が増えたことが、彼にとっては追い風になったし、逆に彼の活躍がテレビで放映されることで、新たなゴルフ・ファンが開拓された。

　1964年以降はメジャーで優勝できなかったが、パーマーはその後も40年間、「キング」——人々の英雄であり、世界で最も人気の高いゴルファーのひとり——であり続けた。

豆 知 識

1. パーマーは、ウェイクフォレスト大学の4年生だった1950年、親友バド・ワーシャムの死をきっかけに大学を中退した。その後アメリカ沿岸警備隊に入り、1953年までゴルフを真剣にプレーすることはなかった。1954年、全米アマチュア選手権で優勝し、翌年プロに転向した。
2. パーマーは、マスターズで4度、全米オープンで1度、全英オープンで2度、優勝している。彼が全英オープンで優勝するまでこのトーナメントに参加するアメリカ人はほとんどいなかった。
3. 1960年代にゴルフ人気が高まったもうひとつの要因が、パーマーとジャック・ニクラス（1940〜）のライバル関係だった。ふたりのライバル関係が始まったのは1962年の全米オープンで、このときニクラスは、優勝が確実視されていたパーマーを破って初優勝を遂げた。その後ニクラスは、これを含めて18回のメジャー優勝を果たすことになる。

147 大衆文化 | フラフープ

1958年の春、カリフォルニア州のおもちゃ会社ワムオーが新商品を売り出した。それがフラフープだ。古代ギリシアやローマにまでさかのぼる古いおもちゃにヒントを得て、ワムオーが製造したプラスチック製の輪であるフラフープは、価格が1ドル98セントで、あっという間に人気に火がついた。発売開始後2か月で、アメリカ国内で驚くなかれ2500万個も売れ、その数字は2年後には1億個にまで達した。

◆

フラフープ

フラフープ人気の絶頂だった1958年夏には、アメリカ中どこへ行っても誰かがフラフープをしていた。フーパー・ドゥーパーやフープディドゥーなど類似商品もすぐに現れ、みんなこぞって腰で回していた。

しかし、ブームは始まったと思ったとたんに終息した。実際、ワムオーの1958年の業績は赤字だった。9月になって学校が始まると売上が落ちたためで、会社の倉庫には売れなくなったフラフープが山積みにされた。

1960年代前半までに売れ行きは安定してきた。フラフープの販売は続き、ときどき人気が復活することもあったが、当初のブームと同じレベルに達することはなかった。

短期間に圧倒的な人気を誇ったことから、フラフープは後の消費ブームの原型だったと説明されている。「これまでにフラフープほど、この国を席巻したセンセーションはない」と、リチャード・ジョンソン（1953〜）は著書『アメリカの流行』（American Fads）で書いている。彼によれば、フラフープは「今もあらゆる全国的な熱狂を測定する唯一の基準であり続けている」という。

最近フラフープは人気復活の兆しを見せているが、その理由のひとつに、ジャム・バンドのザ・ストリング・チーズ・インシデントが1990年代半ばにコンサートで聴衆に向かってフラフープを投げたことがあるようだ。コンサートの常連── 通称「フレンズ・オブ・チーズ」──の何人かがフラフープを気に入り、新たな流行が、小さいながらも生まれたのである。

豆知識

1. ワムオーは、1958年にフリスビーも売り出した。
2. フラフープと同じ遊びは、14世紀のイングランドでも大流行した。
3. 2007年からは毎年チャリティー・イベントとして「ワールド・フープ・デイ」が開催されている。

148 人物 ジュリア・チャイルド

　ジュリア・チャイルド（1912〜2004）は、アメリカ最初の有名シェフとして新境地を開拓した人物だ。1963年にPBSのテレビ番組『フレンチ・シェフ』でテレビに出たのを皮切りに、チャイルドはアメリカの視聴者に向けて、洗練されたフランス料理の秘密を解き明かし、それによって、たいへんな人気者になった。テレビで活躍した40年のあいだに、彼女は数々の番組で司会を務めたほか、多くの料理本を書いた。そうした料理本には、フランス料理についてこれまでに出版された最もすばらしい本も何冊か含まれている。

◆

ジュリア・チャイルド

　チャイルドがフランス料理に初めて本格的に触れたのは1948年、夫とともにパリへ引っ越したときだ。彼女は名門料理学校コルドン・ブルーに入学し、やがて同じく料理研究家であるシモーヌ・ベックとルイゼット・ベルトールと親しくなった。3人は共同で料理学校（エコール・デ・トロワ・グルマンド）を設立し、『フランス料理術を習得する』（Mastering the Art of French Cooking）を書いて1961年に出版した。

　チャイルドは、ボストンのテレビ局WGBHの書評番組に出演したのをきっかけに、WGBHから料理番組を作らないかと誘われ、こうして『フレンチ・シェフ』が誕生した。チャイルドの真面目だが肩ひじ張らない態度は視聴者にすぐさま受け入れられ、WGBHが所属していたPBS系列の他のテレビ局でもすぐに放送が始まった。

　彼女は40年間PBSに出演して、世代を超えてファンを獲得し、数々の栄誉を得た。1966年には、PBSの出演者として初めてエミー賞を獲得した。また、料理学校カリナリー・インスティテュート・オブ・アメリカの殿堂入りした最初の女性でもあり、2000年にはフランス政府から栄えあるレジオン・ドヌール勲章を授与された。

　チャイルドは腎不全による合併症で、91歳で亡くなった。

豆知識

1. チャイルドが番組の終わりに決まって口にした別れのあいさつは、「ボナペティ！（召し上がれ）」だった。
2. 第二次世界大戦中、チャイルドは戦略事務局（CIAこと中央情報局の前身）の文書係として、ワシントンDC、セイロン（現スリランカ）、中国で勤務した。
3. 彼女は乳がん経験者だった。

149 文学 │ 『一九八四年』

　20世紀半ばに当時の読者全員を震え上がらせた、ジョージ・オーウェルの悪夢のような政治小説『一九八四年』は、初版は1949年だが、現在もその力や先見性を少しも失ってはいない。英語に与えた影響は出版から70年たった今でも感じ取ることができるし、全体主義や、政府によるプライバシーの侵害など数々の圧政の描写は、いまだに不安を感じさせるほど現代性を失っていない。

◆

　オーウェル（1903〜1950）は『一九八四年』の舞台を、架空の未来で巨大な全体主義国家オセアニアの一部となったイギリスに設定している。社会のほとんどすべての側面は政府によって支配され、すべてを知り尽くしている強権的な警察組織が市民全員を常時監視し、プライベートな瞬間さえも把握している。至る所でプロパガンダが、オセアニアの支配政党とその党首 ―― 立派な口ひげを蓄えた謎の人物ビッグ・ブラザー ―― の偉大さを宣伝している。ロンドン中に貼られた巨大ポスターが「ビッグ・ブラザーがあなたを見ている」と告げている。

　小説の主人公ウィンストン・スミスは、政府の真理省で働く下級官吏で、歴史の記録が党の現在の立場と常に合致するよう、記録の改竄をするのが仕事だ。ただ、スミスは内心では党を嫌っており、やがて、女性の同僚と違法な不倫関係となり、地下革命組織に加わってキャリアと命を危険にさらす。

　このオーウェルの傑作は、史上最も有名なディストピア小説のひとつだ。ディストピア小説とは、理想的なユートピアを描写するのではなく、その反対、つまり、ほとんどが残虐で抑圧的な、悪夢のような社会を描いた作品である。

　『一九八四年』が出版されて以降、ディストピア・フィクションというジャンルは大きく広がり、文学だけでなく映画でも、『ブレードランナー』（1982年）、『マトリックス』（1999年）、『トゥモロー・ワールド』（2006年）など、多くの作品が製作されている。

豆 知 識

1. オーウェルは、『一九八四年』に登場する社会の多くの側面を、ヨシフ・スターリン（1879〜1953）による全体主義的体制下のソ連を参考に描いた。本作に登場するビッグ・ブラザーの外見的特徴も、スターリン本人とそっくりだ。

2. 本作で使われた単語やフレーズには、現代英語の語彙に組み込まれたものが多い。また、強権的・抑圧的な政策は「オーウェル的」と形容されることが多く、ビッグ・ブラザーが市民の日常生活に介入するという考えは、今も日常的に使われている。

3. アップル社は、1984年にマッキントッシュ・コンピューターの発売を告知するテレビCMで、『一九八四年』とビッグ・ブラザーのイメージを利用した。このCMは、2008年のアメリカ大統領選挙でインターネットに登場した反ヒラリー・クリントンの広告でパロディーにされた。

150 音楽 | ハンク・ウィリアムズ

　カントリーミュージシャンのハンク・ウィリアムズ（1923〜1953）は、アメリカのポピュラー音楽史でその後に何度も起こる悲劇のパターンを最初に作った人物だ。貧しくてつらい子供時代を過ごした後、必死に全力で働いて若いうちに成功を収めるが、アルコールと薬物への依存で低迷し、立ち直ってスーパースターになるものの、最後には再び酒と薬に手を出し悲劇と言ってよいほど若い年齢で死ぬ。ウィリアムズは、そうした人生をたどった最初のミュージシャンだった。

◆

ハンク・ウィリアムズ

　ハイラム・キング・「ハンク」・ウィリアムズは、アラバマ州の小さな町の出身で、生まれながら脊椎に障害があり、これに死ぬまで苦しめられた。父親は、ウィリアムズが幼いころに脳動脈瘤ができて長期入院することになり、母親が大恐慌のただ中で仕事を求めて南部を転々としなくてはならなかった。

　家族がアラバマ州モントゴメリーに落ち着くと、ウィリアムズはカントリーミュージックのスターになるという夢をかなえる第一歩として、地元ラジオ局の前でギターを弾き始めた。やがてラジオ局に認められて番組で演奏することになり、「歌う坊や」として人気が出ると週2回のラジオ番組を任されるようになった。そのすぐ後に自身の初のバンド、ドリフティング・カウボーイズを結成したがバンドは1941年に解散した。このころにはウィリアムズのアルコール依存症が問題となっており、結局そのせいでラジオ番組も打ち切られた。

　しかし、1940年代後半から1950年代前半にウィリアムズは健康を回復し、アメリカでトップクラスのスターになった。彼は、テネシー州ナッシュヴィルから生放送されていたカントリーミュージックの有名なラジオ番組『グランド・オール・オプリ』で最も人気を集めたミュージシャンで、1949年の「ラブシック・ブルース」を筆頭に11曲のナンバーワン・ヒットを出した。他のヒット曲には、代表曲である「コールド・コールド・ハート」（1951年）、「ヘイ・グッド・ルッキン」（1951年）、「ユア・チーティン・ハート」（1953年）などがある。

　しかし、ウィリアムズは再びアルコールやモルヒネ、鎮痛剤で健康を害し、1952年8月に『グランド・オール・オプリ』をクビになった。今度はカムバックできなかった。カントリーミュージックの大スターは、1953年1月1日、車の後部座席で死んでいるのを発見された。29歳での死だった。

［ 豆 知 識 ］

1. ハンク・ウィリアムズが出した最後のシングルのタイトルは、「アイル・ネバー・ゲット・アウト・オブ・ディス・ワールド・アライブ」（1952年）、つまり「おれは生きてこの世から出られない」だった。
2. ウィリアムズは、「ルーク・ザ・ドリフター（放浪者ルーク）」名義で、それまでの自分のスタイルとはまったく違う、朗読やブルースを14トラック録音している。
3. トニー・ベネット（1926〜）は、1951年にウィリアムズの曲「コールド・コールド・ハート」をポップス風にアレンジしてカバーし、ヒットさせた。

151 映画 ｜ ハンフリー・ボガート

ハンフリー・ボガート（1899～1957）は、ニューヨーク市マンハッタンのアッパーウエストサイドの裕福な家庭に生まれ、1940年代から1950年代にかけて典型的なタフガイを演じる映画俳優になった。『カサブランカ』（1942年）のリック・ブレイン役など、銀幕史に残る役柄をいくつも演じたボガートは、数々の名作映画に出演して印象的なセリフを数えきれないほど残し、世界的なスターになった。

◆

ボガートは、1920年代から俳優の道を歩み始め、舞台で恋愛劇の主役を務めたほか、1930年代初めには脇役で何本かの映画に出演していた。舞台での当たり役となったのが、1935年に上演されたロバート・シャーウッドの戯曲『化石の森』に登場するギャング、デューク・マンティで、劇そのものも、その年のブロードウェイで大ヒットになった。1936年に戯曲が映画化されたときボガートも同じ役で出演し、これをきっかけに、低予算のB級映画を中心に悪役を次々と演じていった。

ハリウッドでの転機となったのは、ラオール・ウォルシュ監督の『ハイ・シエラ』（1941年）で、この作品でボガートは複雑なアンチヒーロー、ロイ・「マッドドッグ」・アールを演じた。同年、ジョン・ヒューストン監督の『マルタの鷹』でボガートはタフな私立探偵サム・スペードを演じてハリウッド・スターの仲間入りを果たし、この映画で演じた辛辣なイメージが、その後のキャリアの方向性を決めることになった。

1942年には、代表作であるマイケル・カーティス監督の『カサブランカ』に出演した。酒場の経営者リック・ブレインを演じたボガートは、「君の瞳に乾杯」「いつも心にパリがある」「ルイ、これが美しい友情の始まりだな」など、有名なセリフをいくつも残した。さらにこの作品では、タフで皮肉な一匹狼だが、心の奥では真のロマンティストであるという役柄を完璧に演じている。

アーネスト・ヘミングウェイの小説を原作とした1944年の映画『脱出』の出演に関して特筆すべきは、このとき19歳の若手女優ローレン・バコールと共演したことだ。ふたりは1945年に結婚したが、このときボガートは45歳で、しかも3度の離婚歴があった。その後ふたりは、史上最高の探偵映画のひとつとされるハワード・ホークス監督の『三つ数えろ』（1946年）で共演した。

キャリア最後の10年間に出演した主な映画には、『黄金』（1948年）、『孤独な場所で』（1950年）、唯一のアカデミー主演男優賞受賞作となった『アフリカの女王』（1951年）、『ケイン号の叛乱』（1954年）、最後の出演作となった『殴られる男』（1956年）などがある。食道がんのため57歳で亡くなった。

豆 知 識

1. ボガートが1930年から1956年までに出演した映画の数は、76本だ。
2. ボガートのイメージは、ジャン＝リュック・ゴダール監督の『勝手にしやがれ』（1960年）やウディ・アレン出演の『ボギー！ 俺も男だ』（1972年）など、多くのトリビュート作品で取り上げられている。
3. 1999年、アメリカン・フィルム・インスティテュートは、20世紀の伝説的映画俳優の第1位にボガートを選んだ。また、雑誌『エンターテインメント・ウィークリー』は、1993年にボガートを映画界における史上最高のレジェンドに選出した。

152 思想と社会 | テレビ

今日テレビは、アメリカ人の生活の一部になっている。平均的なアメリカ人のテレビ視聴時間は1日当たり4時間以上で、アメリカの全世帯の半分以上がテレビを3台以上所有している。アメリカ人全体では、テレビを1年当たり累計で2500億時間、見ている計算になる。

◆

しかし、わずか70年前には、テレビはほんの一握りの家庭にしかない、高価な上に、大きくて場所も取る目新しい商品だった。テレビの技術は、1920年代に最初の単純な装置が完成してから、順調に発達した。主要なラジオ・ネットワークは、テレビを持つ少数の家庭に番組を届けるため、すぐに関連会社を設立した。CBSは1931年に実験放送を開始し、NBCは1939年に白黒のテレビ映像を初めて放送した。

しかし、生まれたばかりのテレビネットワークの視聴者数は、ごくわずかだった。例えば、1939年にNBCがエンパイアステートビルのてっぺんにあるアンテナから電波を発信し始めた時点で、ニューヨーク市とその周辺でテレビを持っていた家庭は、約1000世帯しかなかった。

第二次世界大戦が始まると、政府が商業放送を禁止し、テレビを製造していた工場は軍事物資の生産に切り替えられたため、テレビの成長は一時的にストップした。

しかし終戦とともに、テレビネットワークは放送を再開した。1940年代後半から1950年代前半にテレビ受像機の値段が下がると、アメリカ人はこぞってテレビを買い始め、コメディアンのミルトン・バール(1908〜2002)やニュースキャスターのエドワード・R・マロー(1908〜1965)など、テレビ草創期の出演者たちの番組を見た。

テレビが文化に与える影響については、当初から議論になっていた。テレビを楽天的に支持する人々は、この新たな発明品が普及すれば、ニュースや教育番組によって知識が広まるだろうと期待した。しかし批判的な人々は、テレビのせいでアメリカの文化から魂が抜けていくのではないかと懸念した。ニュートン・ミノー(1926〜)は、1961年の有名な講演『テレビと公益』で、テレビを浅薄なコメディと暴力とアニメしかない「広大な荒野」と呼んだ。

この講演で、ミノーはテレビの文化的インパクトを次のように語っており、指摘された問題点は、その後の50年間で大きく変わることはなかった。彼はこう述べている。「テレビがいいときは、それ以外に何も —— 演劇であれ雑誌であれ新聞であれ —— テレビよりもいいものはありません。ですが、テレビが悪いときは、テレビ以上に悪いものはないのです」

豆 知 識

1. アメリカの偉大な発明家トマス・エジソン(1847〜1931)と、電話の発明者アレクサンダー・グラハム・ベル(1847〜1922)は、ふたりともテレビ技術の発展につながる大きな貢献をした。

2. テレビネットワークのうち、テレビの初期に生まれた3大ネットワーク以外で最初に誕生したのはフォックス放送で、同社は1986年に放送を開始した。

3. ケーブルテレビは、もともとは電波を受信できない遠隔地でもテレビ番組を見られるようにするため始まったものだ。

153 スポーツ ジョニー・ユナイタス

　ジョニー・ユナイタス（1933～2002）は、アメリカのプロスポーツ史でもめったにないほどのシンデレラ・ストーリーを歩んだ選手だ。1955年にドラフトでピッツバーグ・スティーラーズに入団したものの同年に解雇され、その年のシーズンは建設現場で働きながら、ピッツバーグのセミプロ・チームに1試合6ドルでクオーターバックとして出場していた。1956年にボルティモア・コルツと契約すると、その後は誰もが認めるナショナル・フットボール・リーグ（NFL）最高のクオーターバックになった。

◆

ジョニー・ユナイタス

　ユナイタスは、18年の現役生活でNFLの当時のパス記録を、獲得ヤード（4万239ヤード）、タッチダウン数（290）、連続試合タッチダウンパス（47）など、ほとんどすべてで塗り替えた。しかし、ユナイタスは決して記録だけの男ではなかった —— 彼には優れたリーダーシップと、沈着冷静さと、競争心があった。

　コルツ時代にチームメートだったジョン・マッキー（1941～2011）は、ユナイタスについて「神さまと円陣（ハドル）を組んでいるみたいだった」と語っている。ユナイタスは、17シーズンをコルツでプレーし、チームを1958年と1959年のNFLチャンピオンシップに導き、1971年の第5回スーパーボウルでの勝利に貢献した（彼は第2クオーターで負傷し、後半は出場できなかった）。リーグの最優秀選手（MVP）に3度選ばれ、オールスター戦であるプロボウルには10回選出された。

　ユナイタスが最高のパフォーマンスを見せたのは、ニューヨーク・ジャイアンツと対戦した1958年のNFLチャンピオンシップだ。彼は、残り時間7秒での同点フィールドゴールにつながるドライブ（攻撃回）を指揮し、延長戦では13プレーのドライブを成功させて最後にアラン・アミーチ（1933～1988）が1ヤードのタッチダウン・ランを決め、コルツが23対17で優勝した。この試合は一般に「史上最高の試合」と呼ばれている【訳注／第132日「史上最高の試合」を参照】。

　ユナイタスは、最後の1シーズンをサンディエゴ・チャージャーズでプレーした後、1973年に引退した。引退後、フィールド上で受けた激しいヒットの影響が肉体に表れた —— 両膝を手術し、大活躍した右腕と右手の指3本はほとんど使えなくなった。その後心臓発作により69歳で亡くなった。

豆知識

1. ピッツバーグの高校を卒業後、ユナイタスはノートルダム大学でのプレーを希望したが、体重がクオーターバックとしては軽量な63キロしかなかったため、大学側から断られた。そのためルイヴィル大学へ進んだ。
2. ユナイタスは、1979年にプロフットボールの殿堂入りを果たした。
3. 彼はNFL史上で初めて通算4万ヤードのパスを投げたクオーターバックだ。

154 大衆文化 ｜ バービー人形

文化的アイコン、ファッション・リーダー、おもちゃ、芸術作品の源泉 ── マテル社が販売するバービー人形は、人によってさまざまな意味を持っている。しかし、1959年の発売開始以来はっきりしていることは、バービーは愛されているのとほぼ同じくらい、激しい議論の対象にもなっているということだ。

◆

バービー人形

生みの親でマテル社の共同設立者ルース・ハンドラー（1916〜2002）がバービー人形のアイディアを思いつくきっかけとなったのは、ビルト・リリという人形だった。これは成人女性の体型をしたドイツ製のファッション・ドール（衣服の着脱可能な人形）で、もともとは成人向けだったが、やがて女の子たちにも人気が出たものだ。当時、市場に出回っていたのは赤ちゃん人形やぬいぐるみだったので、ハンドラーは、女の子がおままごとで遊べる人形には大きな需要があるはずだと考えた。ハンドラーの読みは当たりマテル社はバービー人形を販売初年だけで35万体売った。

バービー人形は非常に大きな成功を収めたが、それと同じほど大きな批判にもさらされている。例えば、バービーの非現実的な体型が若い女性に不健康な自己イメージを植えつけているとの批判は多い（現実の女性がバービーと同じ体型になった場合、体脂肪率が低すぎて月経が来ない）。また、ある試算によると、バービーはウエストが異常に細く、両足がつま先立ちになっているため、物理的に自立することが不可能だという。1992年にティーン・トーク・バービーが発売されると、批判の声はいっそう高まった。この新商品は、ボタンを押すとバービーがしゃべるというもので、セリフのパターンは「これで洋服はじゅうぶんかしら？」とか「数学の授業はイヤ！」など270種類あり、そこから無作為に選んだ4つが人形にプログラムされていた。この「数学の授業はイヤ！」というセリフをめぐって騒動が起こり、マテル社は、この不適切な言葉をプログラムされたティーン・トーク・バービーの交換に応じざるをえなかった。

バービー人形は、アメリカや世界で起きた社会の変化を反映させながら、長年にわたって進化を続けてきた。さまざまな職業（宇宙飛行士、レーシングドライバー、医師、フライトアテンダントなど）に挑戦してきただけでなく、多様な背景やエスニシティを持った友だちも登場しているし、異なる文化的アイデンティティも取り入れている。例えばマテル社は、1965年に有色人種という設定のカラード・フランシーを出し、1968年にはアフリカ系アメリカ人のクリスティーという人形を売り出した。ただし、実際に肌が黒いバービーやヒスパニック系のバービーは、1980年まで市場には登場しなかった。

豆 知 識

1. バービーとボーイフレンドのケンという名前は、ルース・ハンドラーの子供バーバラとケネスから取ったものだ。
2. バービー人形は、世界中で10億体以上販売されたと推計されている。
3. ハンドラーは50万ドルを支払ってテレビ番組『ミッキーマウス・クラブ』の単独スポンサーになり、それによってバービーは宣伝の対象を親ではなく子供に向けた最初のおもちゃになった。

155 人物 | バリー・ゴールドウォーター

バリー・ゴールドウォーター（1909〜1998）は、歯に衣着せぬ議論好きな政治家で、アリゾナ州選出の上院議員を5期務めたほか、1964年の大統領選挙では共和党の候補だった。しかし、彼が与えた最も大きなインパクトは、現代の保守運動のリーダーとして、共和党内の穏健派を、東部出身中心のリベラル派から引き離して右派に組み入れたことだった。

◆

ゴールドウォーターの政治哲学は、内政では政府の役割を縮小し、外交では共産主義と戦うことを重視していた。1930年代のニューディール政策で生まれた、連邦予算による社会政策に反対し、ドワイト・D・アイゼンハワー大統領（1890〜1969）が進めた近代的共和主義の諸政策を「ニューディール政策の廉価版」と呼んで批判した。

上院では、所得税の撤廃、福祉政策の廃止、核実験禁止条約の破棄を主張した。さらに、対外援助と連邦予算による教育援助にも反対した。教育現場での人種差別を禁じたブラウン対教育委員会事件での画期的な最高裁判決（1954年）を批判し、学校での人種差別を撤廃するかどうかを決めるのは司法の管轄外だと主張した。1964年の公民権法にも反対票を投じたが、この決断については後に後悔している。

ゴールドウォーターは、ソ連との平和を求める政治家（アイゼンハワーを含む）を批判し、ソ連と対決して勝利を目指すべきだと主張した。そのために、アメリカは軍備を増強し、ソ連の国家承認を取り消し、共産主義政権下に暮らす人々に向かって指導者に反旗を翻すよう応援すべきだと考えていた。1960年の著書『保守主義の本領』はベストセラーとなり、現代保守主義の発達にとって重要な書物となった。

上院議員を2期務めた後、1964年に大統領選に立候補したものの、リンドン・B・ジョンソン大統領（1908〜1973）に大差で敗れた。ゴールドウォーターが制した州は6つにすぎなかったが、このときの選挙活動が、1980年にロナルド・レーガン（1911〜2004）が大統領選で勝利する基礎を築いた。ゴールドウォーターは1969年に上院に戻ってさらに3期務めたが、次第に保守運動との接点がなくなっていった。妊娠中絶（彼は中絶賛成派だった）や軍に同性愛者の入隊を認めるかどうか（彼は賛成していた）など、さまざまな問題で他の保守派議員と衝突した。上院での最後の数年は健康問題から影響力を振るうことができず、1987年に引退した。その後89歳で亡くなった。

〔 豆 知 識 〕

1. ゴールドウォーターは、1974年リチャード・M・ニクソン大統領（1913〜1994）にウォーターゲート事件の責任を取って辞職するよう説得したことで広く評価されている。
2. 俳優だったレーガンは、1964年にゴールドウォーターを支持する説得力ある演説を行ない、これをきっかけに政治家として頭角を現し、1966年の選挙でカリフォルニア州知事に当選した。
3. 1986年にゴールドウォーターは、国防総省の幹部組織を再編し、大統領の首席軍事顧問として統合参謀本部議長を設置する法案を提出した。法案成立後ゴールドウォーターは、これを「わたしが上院でやった、多少なりとも意味のある唯一の仕事」と呼んだ。

156 文学 ｜ パブロ・ネルーダ

文学だけでなく政治の世界でも活躍したチリの詩人パブロ・ネルーダ（1904〜1973）は、高い名声とつらい亡命生活を経験しながら世界各地を旅する人生を送った。生前に取っていた政治的立場から賛否両論のある人物だが、それでもネルーダは優れた才能の持ち主であり、今も記憶に新しい非常に豊かで叙情的な詩を生み出した。

◆

パブロ・ネルーダ

ネルーダは、父親の反対にもめげず10歳のときから詩を書き始めた。最初の詩を10代半ばで発表し、詩集『二〇の愛の詩と一つの絶望の歌』（1924年）で初めて大きな注目を浴びた。この詩集は赤裸々な官能的描写が特徴で、作者がまだ19歳だったこともあって、読んだ者は驚いた。その後の数十年間、ネルーダはチリで人気の有名人になり、外交官としてビルマ（現ミャンマー）、メキシコ、スペインに次々と赴任した。その赴任地で貧困の広がるさまを目の当たりにしたことで、彼は考えが左寄りになり、政治に積極的に関与するようになった。スペイン内戦に左派の立場で巻き込まれた後、帰国してチリの上院議員に当選した。

ネルーダは1940年代に南アフリカを旅行し、その体験を踏まえて書かれたのが、自身が生まれた大陸の歴史と土地と人々を称えた叙事詩『大いなる歌』（1950年）だ。この時期、ネルーダはチリ政府から厳しくにらまれたため、身を隠して1949年にはチリから亡命しなくてはならなかった。亡命中、ソ連の独裁者ヨシフ・スターリン（1879〜1953）を堂々と賛美したため、彼に対する評価は真っ二つに分かれた。

その後チリに無事に帰国し、20年以上にわたって多くの詩を書いたものの、1973年、右派のクーデターが起こってチリ政府が倒されると、再び政治的に危険な立場に立たされた。それから10日あまりでネルーダはがんのため亡くなるが、チリ国民の人気が高かったにもかかわらず、新たに成立した軍事政権は国葬の実施を拒否した。

豆 知 識

1. ネルーダは、本名をリカルド・エリエセール・ネフタリ・レジェス・バソアルトといった。ネルーダというのは、チェコの詩人ヤン・ネルダ（1834〜1891）から取ったペンネームで、筆名を使えば詩を発表しても反対する父の目を逃れられるだろうと考えたのだ。
2. CIAは、ネルーダを共産党の活動家で、危険人物と見なしていた。1960年代には彼の評判を傷つけるため秘密のプロパガンダ作戦を何度か実施している。
3. ネルーダはスターリンを声高に支持していたため、彼に1971年のノーベル文学賞を与えるという決定は、ノーベル賞の歴史でとりわけ激しく議論された。
4. ネルーダは、イタリア映画『イル・ポスティーノ』（1994年）で主要な人物として登場し、田舎の郵便配達員に詩を味わうことを教える。ただし、映画で描かれている出来事の大半はフィクションだ。

157 音楽 | フランク・シナトラ

エルヴィス・プレスリーとビートルズがポップス界の人気者になって10代の熱狂的なファンに囲まれるようになる以前、1940年代に10代向けのポピュラー音楽市場をほとんど一手に引き受けていたのが、フランク・シナトラ（1915〜1998）だった。最初に有名になってから60年にわたって、シナトラは20世紀で最も有名なミュージシャンのひとりとして、また文化的シンボルとして、ステージや映画で活動を続けた。

◆

フランク・シナトラ

シナトラが初めて注目されたのは、ビッグバンドであるドーシー・ブラザーズ・オーケストラのメンバーだったときだ。なめらかな美声と甘いルックスから、シナトラは10代の女の子たちを引きつけた。彼女たちは、プードル・スカートをはき、ソックスを足首で折り返したファッション（これをボビーソックスという）でシナトラのショーに押しかけたことから、「ボビーソクサー」と呼ばれていた。やがてシナトラがドーシー・オーケストラを退団すると、彼の人気は大きくなり、1943年には野外劇場ハリウッドボウルでショーを開き、金切り声を上げる1万人の少女たちを前に歌を歌った。しかし1950年代になると、ボビーソクサーからの人気は落ちていった。何度か新たなファン層を開拓しようとしては失敗していたが、1953年の映画『地上より永遠に』でアカデミー助演男優賞を獲得する演技を見せて、再びスターとして復活した。その後、今では名盤となったアルバム『イン・ザ・ウィー・スモール・アワーズ』（1955年）、『ソングス・フォー・スウィンギン・ラヴァーズ』（1956年）、『カム・フライ・ウィズ・ミー』（1958年）などを次々とリリースした。これらのアルバムでシナトラは、後に自身の代表曲となる「あなたはしっかり私のもの」「オータム・イン・ニューヨーク」「カム・フライ・ウィズ・ミー」など多くの曲を初めて披露した。復活後、シナトラは終生、第一線で活躍し続けた。彼が出演するテレビ特番は高視聴率をマークし、特に、軍隊を除隊になって戻ってきたエルヴィス・プレスリー（1935〜1977）が登場した番組は大人気だった。1960年に出演した映画『オーシャンと十一人の仲間』は、その年で最も成功した映画だった。ビッグバンドのリーダー、カウント・ベイシー（1904〜1984）や、ブラジルの作曲家アントニオ・カルロス・ジョビン（1927〜1994）と共作したアルバムは、シナトラのキャリアでも抜群の高評価を得た。代表曲「マイ・ウェイ」を録音したのは歌手活動を始めて30年以上がたった1969年のことであった。

┌─────────┐
│ 豆 知 識 │
└─────────┘

1. 映画『ゴッドファーザー』（1972年）には、ハリウッドのプロデューサーが歌手ジョニー・フォンテーンをクビにしようとしたためギャングに脅される（愛馬の首を切り落とされてベッドに入れられるという、あの有名なシーンだ）エピソードがあるが、これは、シナトラの若いころ契約交渉にギャングが関与していたという、真偽のほどの分からない噂を基にしたものだと言われている。
2. シナトラが1943年に行なったハリウッドボウルでのショーは大成功で、会場が抱えていた多額の借金は一夜にして全額返済できた。
3. シナトラは、コロムビア・レコードでの待遇に不満を抱き、1960年にリプリーズ・レコードを創立した。リプリーズは現在も事業を行なっており、これまでにフリートウッド・マック、デペッシュ・モード、スマッシング・パンプキンズなど、さまざまなアーティストのレコードを出している。

158 映画 ｜ イングリッド・バーグマン

　スウェーデン出身の伝説の映画女優イングリッド・バーグマン（1915～1982）は、『カサブランカ』（1942年）、『ガス燈』（1944年）、『汚名』（1946年）などの役に見られる、傷つき苦しむ、か弱い女性を演じたことでたいへんよく知られている。

◆

　しかし実生活では、映画監督ロベルト・ロッセリーニ（1906～1977）との不倫関係が1949年に世間に知れ渡ると、国際的なスキャンダルとなり、7年間ハリウッドから追放された。

　若いころのバーグマンは、スウェーデンとドイツで映画に出演しており、『間奏曲』（1936年）での演技を見たハリウッドのプロデューサー、デイヴィッド・O・セルズニックが、彼女をアメリカに連れてきた。ハリウッドでは、4本の映画に出た後、人々の記憶に最も残っている名画『カサブランカ』に出演した。バーグマンは、彼女が全身全霊を捧げた男性（ポール・ヘンリード）と、彼女が愛した男（ハンフリー・ボガート）との三角関係に悩む女性イルザ・ラントを演じた。

　2年後、彼女はアーネスト・ヘミングウェイ原作の映画『誰が為に鐘は鳴る』（1943年）での演技で初めてアカデミー主演女優賞にノミネートされた。その翌年、『ガス燈』で犯罪者である夫（シャルル・ボワイエ）に徐々に正気を奪われていく女性を演じ初のオスカーを手にした。バーグマンは、『白い恐怖』（1945年）と『聖メリーの鐘』（1945年）という2本の大ヒット犯罪映画に出た後、第2の代表作となるアルフレッド・ヒッチコック監督の『汚名』に出演した。この作品で彼女は結果的に三角関係に身を置くことになる女性を演じたが、この直後、実生活でも三角関係に悩むことになった。

　ロッセリーニとの不倫関係が1949年に明らかになったとき、彼女も、イタリアの著名な映画監督だったロッセリーニも既婚者で、子供ももうけていた。1950年、彼女は映画『ストロンボリ』（1950年）でロッセリーニと仕事をした後、婚外子（息子ロベルト）を出産した。

　このスキャンダルは致命的だった。反響はアメリカ上院にも達し、バーグマンは公然と非難された。彼女は夫ペッテル・リンドストロームと離婚し、イタリアに渡ると、1950年にロッセリーニと結婚した。ロッセリーニとは1957年に離婚するが、それまでにバーグマンは夫と映画を4本作り、子供をさらにふたりもうけた。

　彼女は映画『追想』（1956年）でハリウッドに堂々と復帰し、この作品で2度目となるアカデミー主演女優賞を獲得した。その後、映画への出演は徐々に少なくなっていったが、『オリエント急行殺人事件』（1974年）で久しぶりに見事な演技を見せ、アカデミー助演女優賞を受賞した。その後67歳の誕生日にがんのため亡くなった。

┌─ 豆 知 識 ─┐

1. バーグマンは、映画にはメイクをほとんどしないかノーメイクで出演していると言われており、映画界で素顔が最も美しい女性のひとりと評されている。
2. 『カサブランカ』は、バーグマンとボガートが共演した唯一の映画だ。
3. バーグマンの子供には、自力で有名になった人物がふたりいる。娘のピア・リンドストローム（1938～）は女優やテレビのアンカーウーマンとして、イザベラ・ロッセリーニ（1952～）は女優・モデルとして活躍している。

159 思想と社会 | 臓器移植

　臓器移植が初めて成功したのは1954年、アメリカの外科医ジョセフ・マレー（1919〜2012）が、一卵性双生児の一方から他方に生体腎移植を行なったのが最初だ。約4時間かかったこの手術は、20世紀後半に医学が大きく進歩する土台を作った医学史における画期的出来事だとして、たちまち絶賛された。

◆

　ひとつの臓器を、ある人間から別の人間に移すことは、医学上の手強い挑戦の連続だった。最大の懸念は、患者の免疫系が新たな臓器に対して拒絶反応を起こすかもしれないことだった。マレーの手術以前の臓器移植が失敗したのは、患者の体が新たな臓器を異物と見なし、すぐさま攻撃したためだった。

　しかし、一卵性双生児は遺伝子が同じなので、拒絶反応の問題をマレーは回避することができた。彼の手術は、臓器移植が可能であることを証明し、多くの科学者が拒絶反応の問題に取り組むきっかけを作った。

　1950年代から1960年代にかけて製薬会社は、免疫系が自己以外の組織に対して起こす拒絶反応を抑制する薬の開発に次々と着手した。こうした薬が使えるようになると、血縁関係のないドナーからの臓器移植も初めて可能になった。

　1963年、ミシシッピ州の医師ジェームズ・D・ハーディ（1918〜2003）が初の肺移植を行ない、1967年には南アフリカの医師クリスチャン・バーナード（1922〜2001）が心臓移植を初めて成功させた。

　その後の数十年間で、臓器移植の成功例は大幅に増えた。今日、心臓移植を受けた患者の80パーセント以上が術後1年間は無事に暮らし、70パーセント以上が5年以上生存している。

豆知識

1. 心臓移植を受けた患者で現在生存期間が最も長いのは、1978年に手術を受けたトニー・ヒューズマン（1956〜）だ【訳注／2008年現在。ヒューズマンは2009年に逝去】。
2. マレーは、シアトルの医師E・ドナル・トーマス（1920〜2012）とともに1990年にノーベル生理学・医学賞を受賞した。
3. 初の生体腎移植を受けたリチャード・ヘリックは、術後8年間生存した。

160 スポーツ｜ビル・ラッセル

　バスケットボールの歴史で、ディフェンスとチームプレーと勝利と聞いて真っ先に思い浮かぶ選手と言えば、ビル・ラッセル（1934〜）しかいない。彼は、20世紀半ばの常勝軍団ボストン・セルティックスの中心選手であり、チームが1956年から1969年のあいだに11度のファイナル優勝を遂げたときのメンバーだった。この11度のうち最後の2度はヘッドコーチだった恩師レッド・アワーバック（1917〜2006）の跡を引き継ぎ選手兼コーチとしての優勝だった。

◆

ビル・ラッセル

　身長208センチで、ポジションはセンターだったラッセルは、大量得点できる選手でなくても試合を支配できることを実証してみせてバスケットボールに革命を起こした選手だ。

　キャリア通算の平均得点は15.1にすぎなかったが、13年の現役生活で、ナショナル・バスケットボール・アソシエーション（NBA）の最優秀選手（MVP）に5度選ばれ、オールスターに12回選出された。現役時代はシュートブロックのうまい選手として最も警戒され、リバウンドの名手として通算平均22.5リバウンドの成績を残した。最大のライバルだったウィルト・チェンバレン（1936〜1999）ほど体は大きくなかったが、類いまれな直感とポジショニング能力と判断力を備えた、すばらしいアスリートだった。残した数字は、ほとんどのシーズンでチェンバレンの方がよかったが、ファイナル優勝はラッセルの方が多かった。

　ラッセルは、サンフランシスコ大学時代に大学選手権を2度制し、1956年のオリンピックに出場して金メダルを獲得した後、セルティックスに入団した。彼がやってくるまでセルティックスはNBAで優勝したことがなかったが、1969年に引退したときチームは成功のシンボルになっていた。数々の成績を上げたにもかかわらず、ラッセルはボストンで人種差別に遭い、ボストンのファンやメディアとの関係はよくなかった。よく知られているように、彼はファンへのサインを拒否し、1972年にセルティックスが彼の背番号6を永久欠番にしたとき式典には出席しなかった。1975年にバスケットボールの殿堂入りしたときも式典に出なかった。

　ラッセルがボストンに対して抱いていた悪感情は、最近では次第に弱まり、セルティックスが1999年に改めて永久欠番の式典をしたときには出席している。

［ 豆 知 識 ］

1. 1961―1962年シーズン、平均得点はチェンバレンが50.4だったのに対し、ラッセルは18.9だった ―― それでもラッセルは、選手からの投票でリーグMVPに選ばれた。
2. 1968年に雑誌『スポーツ・イラストレイテッド』でスポーツマン・オブ・ザ・イヤーに選出され、雑誌『スポーティング・ニュース』からは1960年代のトップ・アスリートに選ばれた。
3. ラッセルは、その成績と、「ディフェンス・プレーを向上させたことでバスケットボールに革命をもたらした」功績を認められて、2007年にハーバード大学から名誉博士号を贈られた。

161 大衆文化 | マリリン・モンロー

　ノーマ・ジーン・モーテンソンは、1926年6月1日にシングルマザーの子として生まれ、何軒もの里親のもとで育てられた（一時、孤児院に預けられた時期もあった）後、16歳で商船隊の船員ジェームズ・ドアティー（1921〜2005）と結婚し、カリフォルニア州ロサンゼルスの近郊に住んだ。

◆

マリリン・モンロー

　ドアティーが第二次世界大戦で南太平洋へ派遣されると、ノーマ・ジーンはハリウッドにあった軍需工場で働いた。ブルネットの髪をしていた若い彼女は、工場へ取材に来た陸軍のカメラマンの目にとまり、軍人向けに配布されていた雑誌『ヤンク』への掲載用に写真を何枚か撮影された。これをきっかけに彼女はモデル事務所と契約した。この事務所に所属していた時期に、ノーマ・ジーンは鼻の美容整形手術を受け、髪の毛をストレートにしてブロンドに染め、名前をマリリン・モンローに変えた。

　モンローは、モデルの仕事を経てすぐに映画スターになった。最初は映画会社20世紀フォックスの短編映画に出演していたが、その後すぐに1950年の映画『イヴの総て』でミス・カズウェルという、それまでに比べ大きな役を演じた。映画の成功とともに彼女も注目され、1953年の映画『ナイアガラ』で国際的なスターになると、『紳士は金髪がお好き』（1953年）、『百万長者と結婚する方法』（1953年）、『お熱いのがお好き』（1959年）などの作品で多くの人に知られる役を演じた。

　モンローが映画スターとして成功したのとは裏腹に、私生活は混迷を極めていた。最初の夫とは、モデルを始めた後で離婚し、その後はさまざまな男性と短く激しい関係を次々と持った。1954年に元ニューヨーク・ヤンキースのセンター、ジョー・ディマジオ（1914〜1999）と結婚したが1年ももたず、1956年には脚本家アーサー・ミラー（1915〜2005）と結婚した。

　彼女の表の顔と裏の姿が衝突したのが、1962年5月にテレビ放送されたジョン・F・ケネディ大統領（1917〜1963）の誕生祝賀会だった。このとき彼女は、不倫関係にあると噂されていたケネディに向かって、実になまめかしい声で「ハッピー・バースデイ」を歌っている。

　その翌月に『女房は生きていた』の主役を降ろされ、1962年8月5日に薬物の大量摂取で亡くなった。

豆 知 識

1. 1999年、雑誌『プレイボーイ』は、モンローを20世紀のセックス・スター第1位に選んだ。
2. モンローが有名になると、所属事務所は彼女が以前1947年のカレンダー用にヌード写真を撮ったという事実を隠蔽しようとしたが、モンローはごまかすのを拒み、それは事実だとファンに認めた。
3. 『女房は生きていた』の主役を降ろされる前、モンローはヌードシーンを撮影していた。ハリウッドの大物女優が映画でヌードシーンを撮影したのは、これが初めてだった。

162 人物　ウォルター・クロンカイト

　1972年、ある世論調査は彼をアメリカで最も信頼できる人物と呼んだ。1962年から1981年までニュース番組『CBSイブニングニュース』でアンカーと編集長を務めたウォルター・クロンカイト（1916〜2009）は、アメリカ国民に簡潔明瞭かつ客観的にニュースを伝え、いろいろな点でアメリカ国民の声を代弁した。

◆

　ジョン・F・ケネディ大統領（1917〜1963）が暗殺されたとき、若き大統領が死んだことを全国民に伝えたのがクロンカイトだった。ヴェトナム戦争中の1968年には、北ヴェトナムの大反攻であるテト攻勢後にヴェトナムを訪れ、帰国すると視聴者に「ヴェトナムで続く血なまぐさい事態が手詰まり状態にあることは、これまで以上に確実だと思われます」と告げた。この発言を聞いたリンドン・B・ジョンソン大統領（1908〜1973）は、「クロンカイトの支持を失えば、アメリカ国民の支持を失うことになる」と言った。アポロ11号のロケットが月へ向けて打ち上げられたときは、多くのアメリカ人の思いを代弁して「行け、さあ、行くんだ！」と叫んだ。

　クロンカイトは、アメリカ中西部で報道の職に就き、当初は地元の新聞や小さなラジオ局のために仕事をしていた。アメリカが第二次世界大戦に参戦すると、合同通信社の戦時特派員になった。戦地では、ノルマンディー上陸作戦に同行し、アメリカ第101空挺師団とともにパラシュート降下し、ドイツへの空襲に向かう爆撃機に同乗し、戦後はニュルンベルク裁判を取材した。

　1950年にCBSに入社し最初ワシントンの系列局に配属された後、全国向けの報道部に移った。CBSの数々のニュース番組で司会を務め、1952年からはCBSの大統領選挙特番でアンカーを務めた。1962年、クロンカイトは前任のダグラス・エドワーズ（1917〜1990）を引き継ぐ形で『CBSイブニングニュース』のアンカーとなり、CBSの定年制度によって1981年に退職するまで同職を務めた。アンカーになった翌年に番組を15分から30分に拡大し、以来CBSのニュース番組は30分が標準となっている。

　65歳で退職する際、アンカーと編集長の座をダン・ラザー（1931〜）に譲り、ラザーは両職を2005年まで務めた。退職後もクロンカイトは、CBSやPBS、CNN、ディスカバリーチャンネルのため番組を制作するなど取材活動を続けていた。

> ### 豆　知　識
>
> 1. 『CBSイブニングニュース』のエンディングでのクロンカイトの決まり文句は「では、今日はこんなところです」だった。
> 2. 1972年、『CBSイブニングニュース』は、新聞『ワシントン・ポスト』の報道を取り上げ、ウォーターゲート事件に関する2回シリーズを放送した。これにより事件は全国的に知られるようになった。
> 3. 1977年、クロンカイトはエジプト大統領アンワル・サダト（1918〜1981）に、エルサレムへ行ってイスラエル政府と話し合う用意はあるかと尋ねた。サダトは、あると答え、翌日イスラエルのメナヘム・ベギン首相（1913〜1992）はサダトをエルサレムに招いた。これがきっかけとなって、キャンプ・デイヴィッド合意とエジプト・イスラエル平和条約締結が実現した。

163 文学 │ 『キャッチャー・イン・ザ・ライ』（1951年）

J・D・サリンジャー（1919〜2010）の『キャッチャー・イン・ザ・ライ』（『ライ麦畑でつかまえて』）は、1951年に出版されると一大文化現象となり、いまだに20世紀のアメリカ小説で屈指のベストセラーである。本作は、特に高校生や大学生に人気があるが、青年期の不安を深く掘り下げた内容は、年齢に関係なくすべての読者の心に響いている。

◆

J・D・サリンジャー

『キャッチャー・イン・ザ・ライ』の主人公ホールデン・コールフィールドは、権威主義に反感を抱く不機嫌な16歳の高校生だ。これまで他校で入学と退学を繰り返しており、この高校でも学業不振により退学に処すとの通知を学期末に受け取ると、両親には内緒で予定よりも数日早く故郷のマンハッタンへ戻り、ホテルに部屋を取ろうと決める。

マンハッタンでの自由な数日間にホールデンが体験することの大半は、意味も目的もないものだ。市内を歩き回り、酒を飲み、ふざけ半分で女の子たちと遊び、知り合いに電話し、それまで知らなかった多種多様な他人と会う。最初から最後まで不機嫌で斜に構えるホールデンは、会う人のほとんどを「いんちき」と呼び、大人の世界で目にする偽善について際限なく不平を言う。ホールデンの観察は鋭く、その意見は正しく思えることも多いが、彼は独善的で自分のことばかり考えていて、けっこう世間知らずでもあるため語り手として信頼性に欠けている。

『キャッチャー・イン・ザ・ライ』は、1950年代の読者にとっては衝撃的だった。当時の人の多くは、戦後10年間の社会的順応がこれほど容赦なく攻撃されるとは思っていなかったからだ。この小説ではスラングや、ときには冒瀆的な言葉が使われているほか、性についてもあけすけに書かれており、そうした点を不快に感じる読者は今もいる。

しかし、まさにこうした反抗的でカジュアルな特徴があるからこそ、この小説はいつまでもベストセラーであり続け、高校生向けの推薦図書リストに長年必ず掲載されてきたのである。この本は世界中で、一説には合計6500万冊以上売れている。

豆 知 識

1. 人嫌いで知られるサリンジャーは、ニューハンプシャー州の田舎に引っ越した1965年以降、原則として人前にまったく姿を見せなくなった。最後に公式のインタビューを受けたのは1980年だった。
2. 人気作であるにもかかわらず、『キャッチャー・イン・ザ・ライ』は舞台化・映画化されたことがない。サリンジャーが許可しないからだ。
3. 『キャッチャー・イン・ザ・ライ』は、サリンジャーが完成した形で出版した唯一の長編小説である。隠遁生活に入ってから、少なくとも2編の長編小説を書いたと考えられているが、現時点ではまだ出版されていない。

164 音楽 ｜ エラ・フィッツジェラルド

　歌手のエラ・フィッツジェラルド（1917〜1996）は、「ファースト・レディー・オブ・ソング」と呼ばれ、そのほぼ完璧な歌唱でよく知られていた。声域がたいへん広いのでほとんどどんな曲でも信じられないほど澄んだ声で歌うことができたし、彼女の声はまさしく楽器だったので、それを使ってスキャットという、無意味な単語や発声で完全に即興的に歌うスタイルを完成させた。レコードも数多く出しているフィッツジェラルドは、いわゆる「グレート・アメリカン・ソングブック」の名曲を数多く録音し、その優れた歌唱は非常に高く評価されている。

◆

エラ・フィッツジェラルド

　「グレート・アメリカン・ソングブック」とは、1920年から1960年までを中心に作曲された歌全体を指し、時代的には、ティン・パン・アレーの終焉からロックンロールの登場までにあたる。ジャズでは、これらの歌はスタンダードとされることが多い。作者としては、ソングライターのアーヴィング・バーリン（1888〜1989）（「ホワイト・クリスマス」「ブルー・スカイ」）やホーギー・カーマイケル（1899〜1981）（「スターダスト」「我が心のジョージア」）、ブロードウェイの作曲家であるジョージ（1898〜1937）とアイラ（1896〜1983）のガーシュウィン兄弟（「アイ・ガット・リズム」「エンブレイサブル・ユー」）、デューク・エリントン（1899〜1974）（「イン・ア・センチメンタル・ムード」）などのパフォーマー兼バンドリーダーといった人々がいる。

　50年以上続いた歌手生活で、フィッツジェラルドはこうした曲のすべてを含め、多くの曲を録音した。歌手活動は、17歳だった1934年、ニューヨーク市ハーレムのアポロ・シアターで行なわれるアマチュアナイトで優勝したのが始まりだった。そのすぐ後にビッグバンドで歌い始め、1939年には自身の楽団エラ・フィッツジェラルド・アンド・ハー・フェイマス・オーケストラを率いていた。

　しかし、彼女が最大の成功を収めたのはソロシンガーとしてだ。ヴァーヴ・レコードに所属していた1950年代から1960年代には、『コール・ポーター・ソングブック』や『アーヴィング・バーリン・ソングブック』など、いわゆる「ソングブック・シリーズ」のアルバムを8枚リリースした。また、ルイ・アームストロング（1901〜1971）との共演も有名で、ガーシュウィンのミュージカル『ポーギーとベス』の曲をデュエットしたアルバムなど、3枚のレコードを出している。

┌─────────┐
│ 豆 知 識 │
└─────────┘

1. 作詞家アイラ・ガーシュウィンは、「わたしはエラに歌ってもらうまで、わたしたちの曲がこれほどいいものだとは分からなかった」と言って、フィッツジェラルドに生涯最高の賛辞を贈った。
2. 「グレート・アメリカン・ソングブック」の時代が終わった後も、多くのアーティストが前衛的な実験のベースとして、これらのスタンダード曲を利用した。その中でもとりわけ有名なのが、サックス奏者ジョン・コルトレーン（1926〜1967）による「マイ・フェイヴァリット・シングス」の録音だ。
3. フランク・シナトラ（1915〜1998）は、フィッツジェラルドのソングブック・シリーズに敬意を表して、レコード会社が自分の歌を作曲家ごとに再編集したアルバムを出すのを許さなかった。

165 映画 『カサブランカ』(1942年)

『カサブランカ』は、ミステリーとサスペンスとロマンスとコメディをひとつにまとめた作品であり、その結果、マイケル・カーティス（1886〜1962）監督の本作は、史上最も多くのファンから愛されている映画のひとつになった。ハリウッドの伝説的名優ハンフリー・ボガートとイングリッド・バーグマンを筆頭とする出演陣により、第二次世界大戦を歴史的背景として作られた本作は、名誉・義務・自己犠牲・失恋を扱っており、数十年前の公開時から現在に至るまで、映画ファンを大いに楽しませてきた。

◆

本作は、1943年のアカデミー作品賞、監督賞、脚色賞を受賞した（最初に公開されたのは1942年だったが、広く公開されたのは1943年だった）。さらに2007年、アメリカン・フィルム・インスティテュートにより、史上最高のアメリカ映画ランキングで、『市民ケーン』（1941年）と『ゴッドファーザー』（1972年）に次いで第3位に選ばれた。

映画評論家は、『カサブランカ』が長きにわたって人気を得ている理由として、主演であるボガートとバーグマンの息の合った演技、脇を固める強力な助演陣、フィリップとジュリアスのエプスタイン兄弟が中心となって書いたウイットの効いたセリフ、マックス・スタイナー作曲の圧倒的な音楽、プロットに組み込まれたロマンスと陰謀など、いくつかの点を挙げている。実際、ここに挙げたものがひとつでも欠けていたら、『カサブランカ』は『カサブランカ』でなくなっていただろう。映画製作のエピソードそのものも、ハリウッドでしか考えられないようなものだ。原案は、マレー・バーネットとジョーン・アリソンという人物が書いた未上演の戯曲『誰もがリックの店にやってくる』だった。ワーナー・ブラザースは、この映画化権を、上演されていない戯曲としては当時破格の2万ドルで買い取った。脚本家たちは、撮影中に台本を何度も繰り返し書き換えた —— あまりに変更されるため、結末がどうなるか、当の脚本家も含め、誰も正確には分かっていなかった。

ストーリーそのものは、フランス領モロッコでナチの手を逃れようとするヨーロッパからの避難民たちと、3人の主要登場人物（3人目を演じるのはポール・ヘンリード〔1908〜1992〕）の三角関係を軸に展開する。しかしストーリーは、映画の全体的なテーマである自己犠牲と愛国心の陰にかすんでしまっている。現にボガート演じるリック・ブレインは、ヨーロッパ全土で戦争が起こっているのを踏まえて、こう言っている。「おれたち3人の問題がこの狂った世界では取るに足らないものだということくらいは、考えなくても分かる」

豆知識

1. 映画で有名になった歌「アズ・タイム・ゴーズ・バイ」は、もともとは1931年に出た曲で、リリース時にはそれほどヒットしなかった。
2. クロード・レインズ（1889〜1967）演じるルノー署長が言う「常連の容疑者（the usual suspects）を逮捕しろ」というセリフにインスピレーションを受けて、タイトルをつけられたのが、1995年の大ヒット・ハリウッド映画『ユージュアル・サスペクツ』(The Usual Suspects) だ。
3. ボガートが映画の最後で言うセリフ「ルイ、これが美しい友情の始まりだな」は、撮影が終わって3週間後に差し替えられたものだ。このセリフを書いたのは、ワーナー・ブラザースで本作の製作を強力に推し進めたプロデューサーのハル・ウォリスだと言われている。

166 思想と社会　｜　ジェット機の旅

　1952年5月2日、初の商用ジェット旅客機がイギリスのロンドンから南アフリカのヨハネスブルクへ飛行し、ジェット機による旅の時代が幕を開けた。ジェットエンジンの技術が開発されたことで、遠く離れた大陸間を、船や旧式の飛行機よりも速く、かつ便利に移動できるようになり、それまでとは違う形で人々や異なる文化を結びつけていった。

◆

初の商用ジェット機

　ジェットエンジンは、第二次世界大戦中に連合国もナチ・ドイツも軍用機に搭載させていた。プロペラ式の飛行機と比べ、ジェット機は速度が約50パーセント速く、高度4万フィート（約1万2000メートル）以上を飛ぶことができた。

　最初の商用ジェット機デ・ハビランド・コメットは、イギリスで製造され、ブリティッシュ・エアウェイズの前身である英国海外航空会社（BOAC）が、ヨハネスブルクまでの6724マイル（約1万キロ）の空路に就航させた。ジェット機は時速490マイル（約780キロ）で飛び、24時間弱で目的地に着いた —— これは、旧式のプロペラ機で同じルートを飛んだときより10時間ほど短かった。

　初就航から数か月で、ジェット機は世界中の人々の心をつかんだ。新聞『ニューヨーク・タイムズ』の記者はBOACのジェット機に乗り、「ほかでは味わえない、心躍る体験」だと述べた。航空会社はこぞってジェット機を注文し、1960年代には、長距離路線のほとんどすべてを高速ジェット機が占めるようになった。

　実用面では、ジェット機のおかげで海外旅行はもっと安く、もっと確実に、もっと短時間で行けるようになり、何人もの人々が、地球上でそれまで行くことのできなかった地域を訪れた。ジェット機時代が始まった1952年、航空会社が輸送していた乗客数は、週当たり80万人だった。それが現在では、アメリカ1国だけで毎週約1400万人にまで増えた。

┌─────────┐
│ 豆 知 識 │
└─────────┘

1. ヨハネスブルクへの初飛行は、乗客数が36名で、途中5つの都市に立ち寄った。
2. イギリスのエリザベス皇太后（1900〜2002）は、1953年6月にジェット機に乗り、ジェット機での旅行に王室のお墨つきを与えた。
3. ジェット機の登場で、外洋定期船を運航する会社はたちまち姿を消した。2018年現在、ヨーロッパと北アメリカのあいだを定期的に運航している旅客船は、クイーン・メリー2だけだ。

167 スポーツ ｜ ハンク・アーロン

メジャーリーグでの23年にわたる野球人生で、ハンク・アーロン（1934〜）は堅実さとは何かを身をもって示した。20シーズン連続（1955〜1974年）でホームランを20本以上打ち、15シーズンでホームランを30本以上打った最初の選手でもある。優れた成績を維持したことで、アーロンは野球界で絶対に破られないと思われていた記録 —— ベーブ・ルース（1895〜1948）が打ち立てた通算本塁打数 —— を破り、スポーツ史上不滅の人となった。

ハンク・アーロン

アーロンの記録は驚異的だ。通算755本の本塁打に加え、打点（2297）、長打数（1477）、塁打（6856）で通算記録を持ち、得点では通算4位（2174）、安打では通算3位（3771）である。1957年には打率.322、本塁打44本、打点132の成績を上げて、自身唯一となるナショナル・リーグ最優秀選手（MVP）となり、所属していたミルウォーキー・ブレーブスをワールドシリーズ制覇に導いた。

ハンマリング・ハンクと呼ばれた強打者アーロンが数字以外に残したものとして、未来永劫語り継がれていくのは、ベーブ・ルースの本塁打記録714本を抜いたことと、記録に迫っていた時期に受けた人種差別に耐え抜いたことだろう。1973年シーズンにアーロンは、714本の記録に近づくにつれ、毎日3000通以上の手紙を受け取った。その多くは、憎しみのこもった脅迫的な内容だった。当時アトランタ・ブレーブスでプレーしていた彼は、その年は（打数はわずか392だったが）40本塁打で終わり、通算本塁打数は713となった。

アーロンは、オフシーズンに殺害の脅迫が寄せられたものの、1974年シーズンの初打席でベーブ・ルースの記録に並んだ。4日後、本拠地アトランタ・フルトン・カウンティ・スタジアムでの地元開幕戦で、アーロンは4回にロサンゼルス・ドジャースのピッチャー、アル・ダウニング（1941〜）の投げた高めの速球を打ち、打球は左中間のフェンスを越えて、新たな記録を打ち立てた。その後、アーロンは引退までに、さらに40本のホームランを打った。

1976年シーズンが終わると42歳で引退し、1982年に野球殿堂入りを果たした。

〔 豆 知 識 〕

1. アーロンがプロ野球選手の道に入ったのは1952年、黒人リーグのインディアナポリス・クラウンズに入団したのが始まりだった。

2. 彼は、メジャーリーグでは2チームでプレーした。ひとつはミルウォーキー・ブレーブスで、これは1966年にアトランタへ移転した。もうひとつは、ミルウォーキー・ブリュワーズだ。

3. 彼はオールスターに25回選ばれた。また、500本塁打と3000本安打の両方を達成した最初の選手でもある。

168 大衆文化 ｜ ドラッグレース

　ドラッグレースは、今でこそ企業スポンサーがつき、テレビ中継もされるスポーツになったが、もともとは1930年代にカリフォルニア州南部の荒地で生まれたものだ。ホットロッド、別名ドラッグスター —— 必要最低限のものだけ残して不要な部品を取り払った改造車 —— に乗ったドライバーたちが、乾燥した湖底で車を異常なほど加速させ、時速160キロ以上のハイスピードでレースをしたのが始まりだった。

◆

ドラッグレース

　ドラッグレースは、閉鎖された飛行場や、深夜の町の大通りで行なわれることもあり、レースに伴う危険と騒音のせいで、非行少年、革のジャケット、飛び出しナイフなど、1955年の『理由なき反抗』などの映画で描かれた悪いイメージと結びつけられた。

　しかし1950年代初め、ドラッグレースのパイオニアだったウォーリー・パークス（1913〜2007）やC・J・ハート（1911〜2004）らが、このスポーツを誕生当初の違法性から切り離そうと努力した。ハートは、カリフォルニア州サンタアナにあるオレンジ・カウンティ港の滑走路でレースを実施した際に入場料を取ったことで、初の商用コースを作った人物として広く認められている。この場所は、1950年6月19日にドラッグレースの初の商用コースになった。

　一方のパークスは、1950年代に雑誌『ホットロッド』の編集長だった人物で、彼は「無秩序から秩序を創造」してルールと安全規定を策定するため、自身の影響力を使って1951年にナショナル・ホットロッド・アソシエーション（NHRA）を立ち上げた。今日NHRAは、会員8万人、ライセンスを得た選手3万5000人以上の巨大組織で、現在では最長3日間の勝ち抜きレースを後援している。

　さまざまな改革によりドラッグレースはメインストリームの仲間入りをしたが、このスポーツを生んだ路上での違法なレースは今もなくなってはおらず、多くの自治体は例えばサンディエゴ市の「レースリーガル」（「法律を守ってレースをしよう」の意）など、レーサー志望者が公道でレースをしないようにするプログラムを策定している。ハートも言っていたように、「車が発明されて以来、いつもドラッグレースはあった」のであり、これからもドライバーは「車をガレージから引っ張り出してレースをしたい」という欲求を満たしていくことだろう。

┌─────────────┐
│ 　豆　知　識　 │
└─────────────┘

1. ドラッグレースではエンジンに大きな負担がかかり、1度のレース（「パス」という）で5000ドル分の部品を交換しなくてはならないほどのダメージを受けることもある。
2. 1997年、電気自動車でレースを行なうナショナル・エレクトリック・ドラッグレーシング・アソシエーションが設立された。電気自動車は、1999年からNHRAのルールに盛り込まれた。
3. 最初にNHRAのレースのスポンサーになったのは、タバコのウィンストンだ。

169 人物 | ビリー・グレアム

　ビリー・グレアム（グラハム）（1918～2018）は、「アメリカの牧師」「プロテスタント・アメリカの教皇」などと呼ばれていた。世界随一の伝道者だと多くの人から認められていたグレアムは、6大陸で約2億1500万人に福音を説き、過去12人の歴代アメリカ大統領の宗教的助言者だった。

◆

ビリー・グレアム

　グレアムの魅力の大きな部分を占めていたのは、すべてを受け入れる態度で、晩年には厳格な教義や党派政治は退け、世界平和や福音の愛を重視していた。また、メディアの力―― 特にラジオとテレビと映画――を利用して、自分の説教を伝道集会の会場から信者の自宅へ直接届けていた。

　グレアムは、ノースカロライナ州シャーロットの酪農一家で育った。個人的な宗教的目覚めを体験したのは16歳のとき、巡回伝道師モーデカイ・ハム（1877～1961）の伝道集会に参加したのがきっかけだった。グレアムは、1939年に南部バプテスト連盟の牧師に任じられ、すぐにアメリカ各地とヨーロッパで説教を行なった。

　1940年代後半、おそらくグレアムが強硬な反共産主義的立場を取っていたためであろう、彼は新聞王ウィリアム・ランドルフ・ハースト（1863～1951）の目にとまった。ハーストは、自身の所有する数々のメディアを使ってグレアムが1949年にロサンゼルスで行なう伝道集会を宣伝した。グレアムのロサンゼルス集会は、当初は3週間の予定だったが、8週間以上続き、彼はすぐさま全国的な有名人になった。

　グレアムは何十年も、世界平和を説き続け、アメリカが中国やソヴィエト連邦と和解するよう訴えた。鉄のカーテンの向こう側で初めて説教をした最初の主要な伝道者で、1977年にハンガリーを訪問し、その後ソ連で4回講演をした。2007年にジョージ・H・W・ブッシュ大統領（1924～2018）は、グレアムが「歴史のバランスを自由の方へ傾ける」のに貢献したとして、その尽力を称えた。

豆 知 識

1. グレアムに大きな過ちがなかったわけではない。1950年代には、国論を二分した（そして、最終的には否定された）ジョゼフ・マッカーシー上院議員（1908～1957）による赤狩りを頑強に支持していたし、ホワイトハウスでリチャード・M・ニクソン大統領（1913～1994）に反ユダヤ主義的発言をした記録が残っている。
2. グレアムは、ハリー・S・トルーマン（1884～1972）以降のすべての大統領と、大統領執務室で祈りを捧げた。
3. グレアムの初期の伝道集会は、南部で初めて座席を人種によって分離しなかった公的集会のひとつだった。

170 文学 ｜ 『ゴドーを待ちながら』

『ゴドーを待ちながら』（1952年）は、フランスで活躍して実験的作品を数多く残したアイルランド出身の劇作家サミュエル・ベケット（1906〜1989）が書いた、最も有名で、おそらく最も鑑賞しやすい戯曲である。この劇に対する批評家や観客の意見は割れているが、20世紀演劇で間違いなく中心的な位置を占めている。いわゆる不条理演劇の記念碑的作品であり、今も世界中で広く読まれ、何度も上演されている。

◆

サミュエル・ベケット

『ゴドーを待ちながら』では、言葉や考えが出来事よりも重要だ —— 実際、劇が進行していっても事件はほとんど起こらない。

第1幕、ふたりの男ウラジーミルとエストラゴンが、道端で正体不明のゴドーという人物をただ待っている。何人か奇妙な人物が通り過ぎ、訳の分からない会話が何度も続く。やがて少年がひとり現れ、ゴドーは明日にならないと来ないと告げる。

第2幕、その明日がやってくると、ウラジーミルとエストラゴンは同じ道端に戻ってくる。ふたりが議論や会話を続けていると、昨日と同じ人が何人かやってくるが、この通行人たちはふたりに会ったことをなぜか覚えていない。最後に、昨日と同じ少年がやってきて、ゴドーはもう来ないと告げる。ウラジーミルとエストラゴンは、家に帰る話をするが、劇の幕が下りるまでふたりは道端で待ち続ける。

おそらく他のどの戯曲よりも、『ゴドーを待ちながら』は不条理演劇 —— 20世紀の半ば、フランスを中心に展開した一大演劇運動 —— の発展に影響を与えた作品である。ウジェーヌ・イヨネスコ（1909〜1994）やジャン・ジュネ（1910〜1986）などの劇作家とともに、ベケットは形式と内容の両面で演劇の枠組みを積極的に押し広げた。不条理演劇の作品は、多くの場合、舞台装置をまったく、あるいは最小限しか置かず、奇妙な対話や独白が行なわれ、筋書きは一見すると無意味で、いくつもの疑問が未解決のまま劇が終わるという特徴を持っている。実際『ゴドーを待ちながら』では、ベケットは最大の疑問 —— ゴドーとは誰なのか —— に答えを出さないままにしている。

豆 知 識

1. 批評家のヴィヴィアン・マーシア（1919〜1989）は、全2幕の『ゴドーを待ちながら』を、一言で「何も起きないことが2度ある劇」と評した。
2. ベケットは、『ゴドーを待ちながら』をフランス語で書いたが、後に自ら英語に翻訳した。オリジナルのフランス語版は1940年代後半に完成していたが、1952年まで発表されず、上演も1953年まではされなかった。
3. ベケットの他の戯曲には、『ゴドーを待ちながら』よりもさらに実験的なものが多い。『芝居』（1963年）では、3人の登場人物が舞台上でひとりずつ壺の中に入れられている。『わたしじゃない』（1972年）では、女優がひとりだけで雑然とした独白を延々と、真っ暗な中で行ない、ただ彼女の口だけが観客に見える仕掛けになっている。

171 音楽 ｜ チャック・ベリー

　歌手でギタリストのチャック・ベリー（1926～2017）は、多くの人からロックンロールの創始者のひとりと考えられている。彼が他のミュージシャンに与えた影響は非常に大きく、ビートルズのメンバー、ジョン・レノン（1940～1980）は、「もしもロックンロールに別の名前をつけるなら、『チャック・ベリー』になるだろう」と語っていたほどだ。

◆

　ベリーは1950年代前半にデビューし、イリノイ州イーストセントルイスで黒人中心の客を前に演奏していた。そのサウンドには非常にはっきりとした特徴があった。ベリーは、ブルースなど伝統的なブラックミュージックの要素を、白人の「ヒルビリー」ミュージックが持つ押韻構成や激しいギター演奏と結合させたのである。彼の人気が爆発するのは、1955年にシカゴへ移ってからだ。シカゴ・ブルースの大御所マディ・ウォーターズ（1915～1983）に勧められて、彼はデモテープをレコード会社チェス・レコードのレナード・チェス（1917～1969）に送った。彼らはテープの中から1曲を再録音し、「メイベリーン」というタイトルでリリースした。レコードはヒットし、こうしてスターが誕生した。

　その後もベリーは、「ロール・オーバー・ベートーベン」（1956年）、「ブラウン・アイド・ハンサム・マン」（1956年）、「ロックンロール・ミュージック」（1957年）、「ジョニー・B・グッド」（1958年）など、ロックンロール初期の大ヒット曲を次々とレコーディングした。彼の音楽は、世界中でラジオやジュークボックスからガンガンと流れ、アメリカ・ミネソタ州のボブ・ディラン（1941～）やイギリス・リヴァプールのジョン・レノンなど、大志を抱く10代のミュージシャンにインスピレーションを与えた。実際ふたりとも、後に有名になってから、ベリーに影響を受けたと語っている。

　しかし、ベリーの活躍は1959年に突然終わりを告げる。この年、未成年を買春目的で州境を越えて移動させたとして有罪になったのである。しかし驚くべきことに、刑務所に服役中もベリーの人気は高まり続けた。エアロスミスのギタリスト、ジョー・ペリー（1950～）は雑誌『ローリング・ストーン』に、「おれの世代のギタリストはみんなそうだが、おれもビートルズやローリング・ストーンズの影響でチャック・ベリーを初めて聞いた」と書いている。

　ベリーが刑務所から釈放された年——1963年——は、ブリティッシュ・インベージョン（イギリスのミュージシャンがアメリカの音楽界を席巻した文化現象）が始まった年だった。ベリーが釈放されたとき、そこには新たな聴衆と新たなチャンスが待っていた。

　　　　　　　　　　　　豆 知 識

1. ベリーはヒット曲を次々と出したが、チャート1位になったシングルは1枚しかない。1972年の生演奏を録音した、ニューオーリンズ発祥の曲で歌詞に下ネタ満載の「マイ・ディンガリング」だ。
2. ベリーは晩年まで、毎月1度、水曜日に出身地ミズーリ州セントルイスにあるクラブ、ブルーベリー・ヒルで演奏していた。
3. ベリーは生前にもう1度、1979年に脱税で刑務所に入れられた。その同じ年、ジミー・カーター大統領（1924～）のためにホワイトハウスで演奏している。

172 映画 ｜ ケイリー・グラント

　本名をアーチボルド・アレグザンダー・リーチといい、イギリスのブリストルで生まれたケイリー・グラント（1904〜1986）は、大ヒットしたロマンティック・コメディに次々と出演し、その演技でスマートで洗練された男性の代名詞となった。アカデミー賞を取ったことはなかった（ただし1970年、それまでの業績に対してアカデミー名誉賞が贈られた）が、ハリウッドの歴史で最高の俳優のひとりと評価されている。映画雑誌『プレミア』は2004年にグラントを史上最高の映画スターに選出し、映画史家デイヴィッド・トムソン（1941〜）は、グラントを「映画の歴史上、最高にして最も重要な俳優」と呼んでいる。さらにアメリカン・フィルム・インスティテュートは、映画史上の伝説的男性俳優ランキングで彼をハンフリー・ボガート（1899〜1957）に次ぐ2位に選んだ。

◆

　グラントは、曲芸師、ボードビリアン、舞台役者として経験を積んだ後、1931年にハリウッドへやってきた。A級B級さまざまな映画に29本出演した後、ロマンティック・コメディ『新婚道中記』（1937年）で、後にはまり役となる都会的でウイットの効いた人物を演じた。

　その後も、代表作となる『赤ちゃん教育』（1938年）、『素晴らしき休日』（1938年）、『ヒズ・ガール・フライデー』（1940年）、『フィラデルフィア物語』（1940年）など、数々のスクリューボール・コメディに出演して、笑いを誘う見事な間の取り方と、ウイットの効いたセリフと、スクリーンににじみ出るロマンティックな魅力を披露した。上記4作のうち『ヒズ・ガール・フライデー』を除く3作では、後にハリウッドのトップ女優となるキャサリン・ヘプバーン（1907〜2003）と共演した。

　全体として、グラントの映画は監督や共演者に関係なくヒットした。そうした中でも、コンビを組んで大成功した監督がふたりいる。一緒に5本の映画（『赤ちゃん教育』『ヒズ・ガール・フライデー』など）を作ったハワード・ホークス（1896〜1977）と、4本のサスペンス映画（1946年の『汚名』と1959年の『北北西に進路を取れ』など）を撮ったアルフレッド・ヒッチコック（1899〜1980）だ。

　グラントは、合計73本の映画に出た後、1966年に引退した。多くのプロデューサーや監督が引退生活から引っ張り出そうとしたが、彼が現役に復帰することはなく、82歳で亡くなった。

豆 知 識

1. グラントは、『愛のアルバム』（1941年）と『孤独な心』（1944年）で2度、アカデミー主演男優賞にノミネートされている。
2. 俳優トニー・カーティス（1925〜2010）は、ビリー・ワイルダー監督（1906〜2002）の傑作コメディ『お熱いのがお好き』（1959年）で、グラントの話すアクセントをパロディーにしている。
3. 作家イアン・フレミング（1908〜1964）は、グラントをジェームズ・ボンドのキャラクター作りの参考にしたと語っている。伝えられるところによると、グラントはボンド役をオファーされたが、このイギリス人スパイを演じるには自分は年を取りすぎていると考え辞退したという。

173 思想と社会　｜　マッカーシズム

　ウィスコンシン州選出の共和党上院議員ジョゼフ・マッカーシー（1908～1957）は、共産主義に同調するシンパがアメリカ政府内部に入り込んでいると思い込んでおり、1953年、そのシンパを探し出すため一連の調査を開始した。全米の注目を浴びた彼の調査活動は翌年に上院によって中止されるが、それまでにマッカーシーは、公聴会を何度も開き、全米にテレビ中継される中、共産主義に傾倒していると見た政府および軍の職員数百人を告発し、冷戦初期に恐怖と不信の風潮を蔓延させた。

◆

ジョゼフ・マッカーシー

　元海兵隊員のマッカーシーは、1946年に上院議員に初当選し、1952年の選挙で共和党が上院の過半数を取ると、上院政府活動委員会の委員長になった。彼が開いた最初の公聴会では、アメリカの海外向けラジオ放送ボイス・オブ・アメリカに共産主義の影響が見られるとして、その調査を行なった。

　当初マッカーシーの公聴会は、共和・民主両党の支持を受けていた。両党の政治指導者たちが、共産主義を道徳的脅威と見なしていたからだ。委員会の初期のスタッフには、後に兄ジョン・F・ケネディ（1917～1963）が大統領になる民主党のロバート・F・ケネディ（1925～1968）もいた。

　しかし1954年になると、マッカーシーの手法に対する批判が高まってきた。彼の右腕だったロイ・コーン（1927～1986）が証人に対していわれのない告発を次々と行なったためで、そうした告発には、証拠がほとんど、あるいはまったくないものが多かった。その標的となった人には、作家、弁護士、軍の高級将校などもいた。

　マッカーシーのやっていることは魔女狩りだという批判の声が上がり、以前は支持していた者たちも、根拠のない告発はやりすぎだと不満を言うようになった。マッカーシズムに反対した発言で最も有名なのが、陸軍側弁護士ジョゼフ・ウェルチ（1890～1960）が1954年、白熱した公聴会でマッカーシーに向かって言った「あなたには良識というものがないのかね？　もう良識というものが残っていないのかね？」だ。1954年が終わるまでに、上院は公聴会を中止し、マッカーシーへの譴責（けんせき）を決議した。その3年後、マッカーシーはアルコール依存症により48歳で死んだ。

豆　知　識

1. 劇作家アーサー・ミラー（1915～2005）は、マッカーシーの公聴会を批判して、これを1692年にマサチューセッツ州セーレムで起きた魔女狩りになぞらえた戯曲『るつぼ』を1953年に書いた。
2. マッカーシーは、共産主義者を追及しただけでなく、政府内で同性愛者と疑われた人物も攻撃した。皮肉なことに、彼の右腕だったコーンは同性愛者であることを隠していたことが後に暴露された。
3. 2005年の映画『グッドナイト＆グッドラック』は、マッカーシーの公聴会を取り上げた映画だ。

174 スポーツ｜ジム・ブラウン

　1957年から1965年にアメリカンフットボールの選手やファンが全員肝に銘じていたことがひとつあるとすれば、それは「ジム・ブラウンには手を出すな」だろう。身長188センチ、体重105キロ、クリーブランド・ブラウンズのフルバックとしてプレーしたブラウンは、ナショナル・フットボール・リーグ（NFL）で最も荒っぽくて最もタフな攻撃選手であり、フィールドの中でも外でも手に負えないと評されていた。並外れたパワーの持ち主で、守備選手ひとりではタックルして止めることはまず不可能で、大勢で倒さなくてはならなかった。そんなタックルを受けた後でも、ブラウン（1936～）はゆっくりと立ち上がって円陣(ハドル)に戻ると、再びディフェンスの中央を突破するのだった。

◆

ジム・ブラウン

　彼を史上最高のフットボール選手と考える人は多い。2002年に雑誌『スポーティング・ニュース』は彼をNFL史上最高の選手に選び、1999年にはスポーツ専門テレビ局ESPNが20世紀最高のフットボール選手に選出している。1965年シーズンを最後に引退した時点でブラウンは、ラン記録のほとんどすべてでNFL歴代1位になっており、通算ラン獲得ヤード（1万2312ヤード）、タッチダウンの数（126）、タッチダウンランの数（106）、シーズン獲得ヤード（1863ヤード）など、輝かしい成績を残した。彼がわずか9シーズンしかプレーせず、キャリアの絶頂で引退したことを考えると、この数字がいかにすごいものであるかが分かる。

　引退後は、社会活動に取り組んでいるほか、映画俳優として『特攻大作戦』（1967年）や『エニイ・ギブン・サンデー』（1999年）に出演した。29歳で引退して以降、フットボールはプレーしていない。

　ブラウンは、9シーズンという短いあいだに、NFLのリーディングラッシャー（シーズン・ラン獲得ヤード最多選手）8回、リーグ最優秀選手（MVP）4回（1957年、1958年、1963年、1965年）、最優秀新人賞（1957年）、NFLチャンピオン（1964年）、プロボウル（オールスター戦）選出9回という、数々の栄誉を獲得した。しかも、そのあいだ1試合も欠場しなかったのである。

> 豆 知 識

1. シラキューズ大学に在学中、ブラウンはアメリカンフットボールとラクロスでポジション別全米最優秀選手に選ばれており、フットボールよりラクロスの方がもっとうまかったと言う人もいる。さらに、この2種目だけでなく、バスケットボールと陸上と野球でも大学の優秀選手に選ばれている。
2. 彼は、プロフットボール、大学フットボール、ラクロスの3つで殿堂入りを果たしている唯一の人物である。
3. 現在ブラウンは、1988年に自ら立ち上げた事業「Amer-I-Can」プログラムを通して、不良少年が立派な社会の一員になれるよう支援する活動に時間の多くを割いている。

175 大衆文化 | ギジェット

男の子っぽくて元気いっぱいのブロンド少女がカリフォルニアのサーファーたちに仲間入りする物語『ギジェット』は、1950年代から1960年代に人気のあった小説・映画・テレビ番組だ。原作は脚本家フレデリック・コーナー（1905〜1986）で、物語は屈託のない無邪気な青春時代を見事に描き、サーフィンが広まる一因になった。

◆

ギジェット

1957年に出版された小説によると、主人公の少女フランジーは、ビーチに来たものの、他の子たちよりも胸が小さく、何となく居場所がない。ひとりで退屈した彼女は海へ泳ぎに行くが、海草に足を取られてしまう。それを地元のサーファーのジェフリー・マシューズ、通称ムーンドギーに助けられ、当時はサブカルチャーだったサーフィンを、すぐに自分も始めるようになる。それからいろいろあった後、彼女は「ギジェット」（Gidget。「女の子」〔girl〕と「ちび」〔midget〕の合成語）というニックネームをつけられてサーファー仲間として受け入れられ、その後はムーンドギーのハートをつかもうと奮闘する。

小説は、1959年にポール・ウェンドコス監督（1922〜2009）により映画化され、ギジェットをサンドラ・ディー（1942〜2005）が、ムーンドギーをジェームズ・ダーレン（1936〜）が演じた。映画は商業的にヒットし、続編『ヤング・ハワイ』（1961年）が、主役をディーからデボラ・ウォーリー（1941〜2001）に替えて製作された。さらなる続編『ギジェット、ローマへ行く』（1963年）が、主役にシンディ・キャロル（1944〜）を据えて作られた。その後1965年にABCがテレビドラマ化し、元気いっぱいの若い女優サリー・フィールド（1946〜）を主役にした『ギジェットは15才』を放送した。

ABCは、1シーズンで番組を打ち切った。しかし再放送後に番組の人気が出て、1980年代に入ってから新バージョンとして『新・ギジェット』が製作された【訳注／小説の邦訳は、『夏の終り』斎藤正直訳、秋元書房、1959年】。

[豆 知 識]

1. 小説の原作者コーナーは、ギジェットを自分の16歳の娘キャシーをモデルにして創作し、娘のビーチでの冒険を膨らませて物語を作った。
2. 映画では、当初ムーンドギー役にエルヴィス・プレスリー（1935〜1977）を当てる考えだったが、映画会社は断念した。出演料が高すぎたためとも兵役のためとも言われている。
3. 「ギジェット」と「ムーンドギー」という名前は、SFアニメ『交響詩篇エウレカセブン』の登場人物に使われている。このアニメの主人公は10代の少年で、特殊な粒子の波に乗る「リフティング」という、サーフィンによく似たスポーツに夢中になっている。

176 人物 ロバート・F・ケネディ

ロバート・F・ケネディ（1925〜1968）は、その生涯を通して、いつも兄ジョン・F・ケネディ（1917〜1963）の後を追っているように見えた。ロバートは、兄ジョンが出馬した1952年のアメリカ上院議員選挙で運動を指揮して兄を当選させ、後に自身も上院議員になった。さらに1960年、兄が大統領に当選するのを助けると、その後に政権入りし、司法長官としてアメリカ史上、間違いなく最も大きな影響力を振るった。

◆

ケネディ大統領暗殺から 5 年後の1968年、ロバートは兄が大統領として成し遂げられなかった遺志を引き継ぐ覚悟を決めたようだった。しかし兄と同様、彼も暗殺されて悲劇的な死を遂げた。大統領選に向けて選挙運動が勢いを得てきた時期だっただけに、もし暗殺されていなかったらどうなっただろうかと国中の人々が考えた。

ロバート・ケネディは 9 人兄弟の 7 番目で、本人いわく、多くの兄や姉と一緒に育ったため、生き延びるために心の強さを養わなくてはならなかったという。有名な兄のようなカリスマ性と弁論術は持っていなかったが、決断力と頑強さで欠点の一部を補っていた。後には批判的な人々から、野心が大きすぎ、冷酷で計算高いと言われたが、そうした性格があったからこそ、兄を支えることができた。

ヴァージニア大学ロー・スクールを修了して 1 年後、兄が上院選にマサチューセッツ州から出馬すると、その選挙運動を取り仕切った。

1961年に司法長官になると、ロバートは組織犯罪と戦い、新たな公民権法を守り、キューバ・ミサイル危機を収拾するのに中心的な役割を演じた。そして何より、大統領が最も信頼する相談相手となった。

兄が死ぬと、ロバート・ケネディは1964年の上院選にニューヨーク州から出馬して当選し、国内の貧困層を助けることと、海外で人権状況を改善させることに尽力した。任期 4 年目には、リンドン・B・ジョンソン大統領（1908〜1973）の政策に反対し、ヴェトナム戦争終結を公約に掲げて大統領選に出馬した。予備選中、重要州であるカリフォルニア州で勝利した後、ロバートはロサンゼルスのアンバサダー・ホテルで銃撃された。その翌日42歳で亡くなった。

豆 知 識

1. ロバートと妻エセル（1928〜）とのあいだには子供が11人おり、末っ子はロバートの死後に生まれた。長男のジョゼフ（1952〜）は、マサチューセッツ州選出のアメリカ下院議員を 6 期務めた。
2. ロバート・ケネディが司法長官として取った行動の中でも特筆すべきは、ミシシッピ大学で初のアフリカ系アメリカ人学生ジェームズ・メレディス（1933〜）が入学を認められるよう連邦軍の将兵をキャンパスに派遣したことだ。
3. ロバートの暗殺犯サーハン・サーハン（1944〜）は、1969年に死刑判決を受けた。その後、終身刑に減刑となり、サーハンは今もカリフォルニア州の刑務所に収監されている。

177 文学 ｜ トルーマン・カポーティ

　長編・短編小説家のトルーマン・カポーティ（1924〜1984）は、20世紀半ばの大衆文化を代表する人物のひとりだ。もともとは南部出身の物静かな青年だったが、マンハッタンの社交界の名士となり、メディアに華々しく取り上げられ、ノンフィクション・ノベルというジャンルの先駆者となった。

◆

トルーマン・カポーティ

　ミシシッピ州ニューオーリンズに生まれ、アラバマ州で育ったカポーティは、孤独で傷つきやすい幼少期を、絶えず文章を書くことで耐えていた。

　1933年、家族がニューヨーク市に引っ越すと、やがて彼は『ニューヨーカー』『ハーパーズ・マガジン』『アトランティック・マンスリー』などの雑誌で短編をいくつも発表し始めた。最初の主要な長編『遠い声、遠い部屋』（1948年）は、南部で育った少年が同性愛とどう向き合うかを描いた作品で、同性愛というテーマもさることながら、本のカバーに掲載された著者の写真も激しい議論の的となった —— カポーティが長椅子で横になり、カメラをじっと見つめている挑発的な写真だったのだ。この小説と写真によってカポーティはメディアを騒がせ、マンハッタンの娼婦を主人公とした『ティファニーで朝食を』（1958年）を書いたころには、すっかり有名人になっていた。

　カポーティは、脚光を浴びるのを楽しんでいた。ニューヨークの富裕層や著名人のパーティーの常連客であり、甲高い声と南部なまりのおかげで、話をすれば必ず人々の記憶に残った。1960年代にはジャーナリズムへの関心を次第に高め、その関心から、彼の最高傑作である画期的な「ノンフィクション・ノベル」『冷血』（1966年）が生まれた。

　この小説のアイディアは、1959年にカポーティが新聞で、カンザス州の小さな町で起きた一家殺害事件の記事を読んだことにさかのぼる。彼は、この記事に強い興味を覚え、自ら現地へ出向いて取材し、やがて加害者たちと、親密だが倫理的には矛盾した関係を築いた。完成した小説は、小説的手法とジャーナリズム的手法を融合させたという点で前例のない作品であり、その後に世に出た、今では一般的になった実録犯罪小説というジャンルの作品ほぼすべての先駆けであった。

豆 知 識

1. カポーティは、『アラバマ物語』（1960年）を書いた作家ハーパー・リー（1926〜2016）と同じ町で育ち、彼女とは生涯親友だった。
2. 小説を映画化した『ティファニーで朝食を』は、今では傑作と評価されているが、カポーティは、主演にオードリー・ヘプバーン（1929〜1993）がキャスティングされたことも、映画会社が主人公ホリー・ゴライトリーを徹底的に美化したことも、気に食わなかった。
3. カポーティが『冷血』を完成させるまでの道のりを描いた映画が、アカデミー作品賞にもノミネートされた『カポーティ』（2005年）だ。

178 音楽 | ジョニー・キャッシュ

　ジョニー・キャッシュ（1932〜2003）は、カントリーミュージックの独創的なアウトローだった。彼がデビューする以前のカントリーは、全体として、テネシー州ナッシュヴィルのレコーディング・アーティストたちのプロの技に象徴される、洗練されたものだった。キャッシュは、攻撃的なとがった歌詞と、自身の苦難に満ちた人生とによって、そのすべてを変えた。

◆

ジョニー・キャッシュ

　アーカンソー州に生まれたキャッシュは、1955年、テネシー州メンフィスにありエルヴィス・プレスリー（1935〜1977）も契約していた伝説のレコード・レーベル、サン・レコードでキャリアをスタートさせた。キャッシュと彼のバックバンドは何曲かヒットを出し、その中にはキャリアを代表することになる「フォルサム・プリズン・ブルース」（1955年）と「アイ・ウォーク・ザ・ライン」（1956年）の2曲も含まれていた。

　すでに1950年代からキャッシュは、派手なスーツとカウボーイブーツというナッシュヴィル風の出で立ちではなく、全身黒ずくめの衣装を着て「マン・イン・ブラック」というイメージを作り始めていた。やがてメンフィスとの縁をほとんど切り1958年にコロムビア・レコードと契約し1966年には最初の妻と別れた。

　キャッシュのアウトローというイメージ ―― および、アウトロー的な行動 ―― がピークに達したのは、1960年代である。自身の薬物乱用の問題と、フォークシンガーでやがて1968年に結婚するジューン・カーター（1929〜2003）との波乱に満ちた関係を歌ったのが、キャッシュ最大のヒットのひとつでカーターとの共作曲である「リング・オブ・ファイア」（1963年）だ。彼は何度か逮捕されているが、その多くは、私有地で花を摘んだなど、非常におかしな罪状だった。実際キャッシュは刑務所へ行っているが、罪を犯して収監されたわけではない。コンサートをしに行ったのである。カリフォルニア州フォルサム刑務所の受刑者たちは、以前からキャッシュの大ファンで、「フォルサム・プリズン・ブルース」を自分たちの歌にしていた。1968年、キャッシュはフォルサム刑務所の壁の中でコンサートを行ない、その模様は代表作となったアルバム『アット・フォルサム・プリズン』に収められている。翌年には同州のサン・クエンティン刑務所でコンサートを実施し、そのライブ・アルバムもヒットした。

　一方、キャッシュのアウトローというイメージは、1970年代初めに飲酒と薬物をやめ、改めてキリスト教の信仰に目覚めたことで、終わりを告げた。

豆 知 識

1. キャッシュは、サン・クエンティン刑務所でのコンサート以降、しばらく人々から忘れられていたが、1990年代にリック・ルービン（1963〜）のプロデュースで次々とレコードをリリースして、再び脚光を浴びた。
2. ライブ・アルバム『アット・サン・クエンティン』から1969年にシングルカットされた奇妙なタイトルのヒット曲「スーという名の少年」（スーは女性名）は、子供向けの詩を書いていたシェル・シルヴァスタイン（1930〜1999）が作った歌だ。
3. 1990年にキャッシュは新約聖書をすべて朗読したオーディオブックを出した。CD16枚組で、すべて通して聞くと19時間かかる。

179 映画 | ジョン・ヒューストン

ジョン・ヒューストン（1906〜1987）は、多才な人物として知られている —— 彼は賭博師、画家、ボクサー、彫刻家、パイロット、そして女たらしだった —— が、やはり人々の記憶に残っているのは映画への貢献だ。異なるジャンルで活躍し、アカデミー賞では4つの部門（監督賞、脚本賞、脚色賞、助演男優賞）で14回ノミネートされた。

◆

14回のノミネートのうち獲得したオスカーは2個で、どちらも1948年のヒット映画『黄金』での受賞だった（監督賞と脚色賞）。父親のウォルターも、この映画でアカデミー助演男優賞を受賞した。主役のフレッド・C・ダブズを演じたハンフリー・ボガート（1899〜1957）とは、合計6本の映画を一緒に作った。実際ヒューストンは、ボガートがスターとしてのキャリアを歩み始めるのに欠かせない役割を果たした。ヒューストンは、ボガートの人気に火をつけた映画『ハイ・シエラ』（1941年）の脚本家であり、自身の監督デビュー作となった、リアルに徹したハードボイルド映画『マルタの鷹』（1941年）ではボガートを主役に据えている。

ふたりは『アフリカの女王』（1951年）でもタッグを組み、この作品でボガートは自身唯一となるアカデミー主演男優賞を獲得した。ふたりの作品には、このほかに『パナマの死角』（1942年）、『キー・ラーゴ』（1948年）、『悪魔をやっつけろ』（1953年）がある。

ヒューストン映画の特徴は、タフさ、男らしさ、そして冒険である。批評家の中には、ギャングたちの末路をリアルに描いた傑作『アスファルト・ジャングル』（1950年）を強盗映画の決定版と見る者もいる。また、西部劇では『荒馬と女』（1961年）—— ちなみに本作は、クラーク・ゲーブル（1901〜1960）とマリリン・モンロー（1926〜1962）の遺作となった ——で、冒険映画では『王になろうとした男』（1975年）で、それぞれ成功を収めた。

ヒューストンは『女と男の名誉』（1985年）を監督し、この作品に出演した娘アンジェリカは、アカデミー助演女優賞を獲得した。これにより、彼は自分の親と子の両方にアカデミー賞を取らせた最初の監督になった。

元ボクサーで、身長188センチという堂々たる体格だったヒューストンは、俳優としても映画に何作か出演している。特に有名なのは、アカデミー助演男優賞にノミネートされたオットー・プレミンジャー監督の『枢機卿』（1963年）と、ロマン・ポランスキー監督の『チャイナタウン』（1974年）だ。ヘビースモーカーだったヒューストンは、肺気腫により81歳で亡くなった。

豆 知 識

1. 映画史家の多くは、作家ダシール・ハメットが1930年に出した小説を映画化した『マルタの鷹』を、フィルム・ノワールの最初の作品だと見なしている。
2. 『アフリカの女王』は、ヒューストンが監督した最初のカラー作品である。
3. 第二次世界大戦中、ヒューストンは陸軍のため3本のドキュメンタリー映画を撮った。『アリューシャン列島からの報告』（1943年）、『サンピエトロの戦い』（1945年）、『光あれ』（1946年）の3作で、このうち『光あれ』は、精神的トラウマとうつ病に苦しむアメリカ軍兵士の治療を取り上げた作品だったため、アメリカ軍は1980年まで公開を禁止していた。

180 思想と社会 ｜ 第三世界

冷戦の初期、政治理論家たちは世界を3つに区分していた。民主主義の第一世界、共産主義の第二世界、そして、どちらの陣営にも属さない貧しい発展途上国から成る第三世界である。

◆

「第三世界」という言葉は、1952年にフランスの学者アルフレッド・ソーヴィ（1898～1990）が、住民が極度の貧困下で暮らすアフリカ、アジア、ラテンアメリカという広大な地域を指す用語として作ったものだ。こうした国々の多くは、第二次世界大戦後に崩壊したヨーロッパ植民地帝国の旧植民地だった。

例えば、第三世界で最も大きな国のひとつインドは、1947年にイギリスから独立した。オランダは1949年にインドネシアの独立を認め、フランスから1956年にモロッコが独立した。

第三世界の国々は、その定義上、アメリカともソヴィエト連邦とも同盟を結んでいなかったため、どちらの超大国も、冷戦期には経済援助と軍事支援を約束して各国を味方に引き入れようとした。実際、第三世界は両超大国が戦う本格的な戦場になることが多く、ヴェトナム戦争と、悲惨なアンゴラ内戦は、第三世界で繰り広げられた「代理戦争」の典型だった。

第三世界の国々の多くは、このように両大国の板挟みにあっていたため、非同盟運動に加わった。非同盟運動とは、中立国どうしの協力を推進するためインド首相ジャワハルラル・ネルー（1889～1964）が創設した国際組織のことだ。また、一部の芸術家や知識人は、この組織に属する国々の多くが共有している帝国主義と非植民地化の歴史を指すのに、「第三世界」という語を使った。

冷戦終結後、第三世界という語の本来の意味は過去のものになった。この語は、現在では無神経だと考える人もいるが、地球上の貧困地域を指すのに今も使われている。

[豆 知 識]

1. ユーゴスラヴィアは、共産主義国だったが、非同盟運動の創設メンバー国のひとつだった。ユーゴの指導者ヨシップ・チトー（1892～1980）が、ソ連の指導者ヨシフ・スターリン（1879～1953）の命令に従うのを拒んだからだ。
2. 経済学者のあいだでは、アジア、アフリカ、ラテンアメリカの貧困国を指すのに、「第三世界」ではなく「発展途上国」という語が用いられている。
3. 非同盟運動は、冷戦終結後の現在も続いており、2018年現在120か国が加盟している。

181 スポーツ｜ウィルト・チェンバレン

ウィルト・チェンバレン（1936〜1999）は、バスケットボールの歴史で抜群の攻撃力を誇った選手だった。身長216センチ、体重125キロ、ポジションはセンターで、ナショナル・バスケットボール・アソシエーション（NBA）の最優秀選手（MVP）を4回、得点王を7回、リバウンド王を11回獲得し、引退時には数々のNBA記録——通算得点（3万1419。現在は6位）や、通算リバウンド（2万3924。現在も1位）など——を保持していた。人々の記憶に最も強く残っているのは、1962年に1試合でのNBA記録となる100得点をマークしたことだろう。通算の平均成績は、得点30.1点、リバウンド22.9回だった。

◆

NBAで14年間プレーしたチェンバレンのキャリアは、ライバルだったボストン・セルティックスのビル・ラッセル（1934〜）のキャリアと今後もずっと比較され続けるだろう。「ウィルト・ザ・スティルト（竹馬スティルト）」や「ビッグ・ディッパー（頭を下げる巨人）」（「北斗七星」の意味もある）の愛称で親しまれたチェンバレンが、驚異的な得点能力で知られていた（1961—1962年シーズンの平均得点は50.4だった）のに対し、ラッセルは、一貫したチームプレーと、セルティックスを11回のリーグ優勝に導いたことで記憶されている。それに比べてチェンバレンは、NBAチャンピオンには2度しかなったことがなく、プレーオフではラッセルのセルティックスと8回対戦して7敗している。

チェンバレンは、カンザス大学在学中に2シーズンを1軍チームでプレーし、ポジション別全米最優秀選手に選ばれたものの、大学を中退し、リーグに属さない独立チーム、ハーレム・グローブトロッターズに入団して1シーズンを過ごした。その後NBA入りして1959—1960年シーズンをフィラデルフィア・ウォリアーズでプレーし、最優秀新人賞とMVPを同じ年に獲得した最初の選手になった。彼がプレーしたチームがNBAチャンピオンになったのは2度だ。1度目は、セルティックスのリーグ9連覇を阻止した1967年のフィラデルフィア・76ers（セブンティシクサーズ）で、2度目は1972年のロサンゼルス・レイカーズだ。チェンバレンは、1972—1973年シーズンが終わると引退したが、その後もたびたび人々の注目を浴び続けた。別リーグであるアメリカン・バスケットボール・アソシエーションで1シーズン、コーチをやり、ボクシングのヘビー級チャンピオン、モハメド・アリ（1942〜2016）にボクシングの試合を挑み、プロ・チームでバレーボールをプレーし、マラソンを走り、そして、これが一番有名かもしれないが、自伝の中で、2万人以上の女性と性的関係を持ったと自慢した。

63歳のとき心不全で亡くなるが、その時点で彼のNBA記録は多くが破られないままだった。

豆知識

1. チェンバレンは得点を量産する選手で、50点以上マークした試合は、NBA史上最多の118試合という驚異的な数だった。それでいてフリースローは下手で、キャリア通算の成功率はわずか51.1パーセントだった。

2. 得点力もすばらしかったが、チェンバレンはパスも優れていた。彼はセンターでアシスト王になった（1967—1968年シーズン）NAB史上唯一の選手だ。

3. センターは怪我の多いポジションだが、チェンバレンは負傷することがめったになく、1961—1962年シーズン、チームの総試合時間3890分のうち彼がプレーしなかったのは8分間だけだった。また、NBAのキャリアでファウルアウト（5回ファウルを犯して退場になること）になったことが一度もなく、これを彼が非常にフェアにプレーしていた証拠だと言う人もいる。

182 大衆文化 ｜ パパラッチ

　セレブ・カップルのブラッド・ピット（1963〜）とジェニファー・アニストン（1969〜）の結婚直後の写真に、雑誌『ピープル』は約10万ドルを支払った。彼らが離婚した直後、ふたりそろった写真は15万ドルで売れた。一時期トラブルに見舞われていたポップス歌手ブリトニー・スピアーズ（1981〜）が子供といる写真は一説によると200万ドルの値がついたという。

◆

　セレブのプライベート写真を撮ろうとするカメラマン、パパラッチたちの仕事は、『ピープル』や『Usウィークリー』など発行部数の多い雑誌や『ナショナル・エンクワイアラー』などタブロイド紙の飽くなき需要に押されて、今やビッグ・ビジネスに成長している。

　「パパラッチ」という語は、イタリアの監督フェデリコ・フェリーニ（1920〜1993）が撮った1960年の映画『甘い生活』に由来する。この映画は、マルチェロ・マストロヤンニ（1924〜1996）演じるタブロイド紙の記者マルチェロの日常を描いた作品だ。この映画に登場する脇役のひとりがパパラッツォという名のカメラマンで、以来、セレブを追い回すカメラマンは、その複数形である「パパラッチ」と呼ばれるようになった。

　パパラッチたちは、賞の授賞式や映画の試写会などレッドカーペットが敷かれるイベントでは、邪魔にならないよう、立入禁止を示すベルベットのロープの後ろに立っている。知名度がいまいちのセレブの中には、パパラッチに声をかけてメディアへの露出を増やそうとする者も多い。

　しかし、セレブを狙った写真撮影の悪い面が、1997年に大きなニュースとなった。元イギリス皇太子妃ダイアナ（1961〜1997）と恋人ドディ・アルファイド（1955〜1997）を乗せた車が、パパラッチから逃れようとして事故を起こしたのである。今も多くの人々が、ダイアナの死はパパラッチのせいだと考えている。またセレブたちからは、傍若無人なパパラッチにプライバシーを侵害されているとの不満の声がたびたび出ている。

　それでも、大衆はパパラッチ熱を煽り続けており、『ピープル』だけでも定期購読者数は370万を超えている。

豆 知 識

1. フェリーニは、パパラッツォという名前を、「うるさい蚊」という意味のイタリア語から取った。
2. デジタルカメラやカメラ機能付き携帯電話が普及したことで、多くのアマチュア・カメラマンもチャンスがあればセレブのプライベート写真を撮るようになってきた。こうしたアマチュアたちは、「スナップ写真のパパラッチ」ということで「スナパラッチ」と呼ばれている。
3. ダイアナ元妃の死因に関する公式調査報告書には、運転手が事故当時アルコールの影響下にあったと記されている。

183 人物 | ヤセル・アラファト

ヤセル・アラファト（1929～2004）は、20世紀で最も広く顔が知られ、評価が最も大きく分かれる人物のひとりだ。支持する者たちは、彼をパレスチナ民族主義の父と呼び、政治家・指導者・殉教者と見なしていた。反対する者たちは、彼は自分の民族の境遇を何ら改善できなかったテロリストだと考えていた。

◆

1959年にアラファトは、パレスチナ民族主義を掲げる秘密組織の地下ネットワーク、ファタハ（「征服」の意）を仲間と共同で創設した。5年後、アラファトは本格的な革命家となり、ヨルダンを拠点にイスラエルに対する武装闘争を開始した。

1964年にパレスチナ解放機構（PLO）が設立されると、アラファトはファタハを率いてPLOに参加した。1967年の6日戦争（第三次中東戦争）でアラブ諸国がイスラエルに惨敗した後、ファタハは疲弊したPLO内部で最大勢力となった。2年後にアラファトはPLOの議長になり、PLOをヨルダンに拠点を置く独立した民族主義組織へと変えていった。

拠点はヨルダンから後にレバノンやチュニジアへ移るが、この時期にPLOは、主としてイスラエル国家の解体を目指す暴力革命的手法で知られるようになった。アラファトが承認したと噂されているテロ攻撃の中には、1972年のミュンヘン・オリンピックでイスラエル選手団11名が殺された有名な事件も含まれていた。しかし1988年までにアラファトは、少なくとも表向きは、イスラエルに対する立場を変えていた。彼は同年スイスで開かれた国連総会で、PLOはテロリズムを放棄し、「中東紛争の全当事者が平和で安全に暮らす権利」を支持し、この全当事者には「パレスチナ国家、イスラエル、およびその他の近隣諸国が含まれる」と宣言した。

1993年、オスロ合意によってイスラエルとパレスチナの和平プロセスは大きく一歩前進し、これによりアラファトは1994年のノーベル平和賞の共同受賞者となった。

2年後、彼はパレスチナ自治政府の大統領に選出されたが、2000年に和平プロセスは突然中断された。イスラエルが出した、和平と引き換えにイスラエルの支配地域を増やすという提案をアラファトが拒絶したためで、これをきっかけにイスラエルに対する新たなゲリラ戦とテロ攻撃が始まった。

アラファトは75歳で亡くなるが、最後の3年間の大半は、ラマラにある大統領府でイスラエル軍による軟禁状態に置かれていた。彼は自ら掲げた目標を —— イスラエル打倒も、イスラエルとの和平も、パレスチナ国家の建設も —— 何ひとつ達成できずに世を去った。

豆知識

1. アラファトの —— 特に1988年以降の —— 性格と政治姿勢の二面性を最も端的に表しているのが、1974年に国連で行なった演説だろう。その中でアラファトは、わたしは「片手にオリーブの枝を、もう片手に自由の戦士の銃を持って」やってきたと語った。

2. アラファトは、トレードマークであるチェック柄のヘッドスカーフと薄いひげで、すぐにその人だと見分けることができた。また、銀メッキした357マグナム・ハンドガンを常に携帯していた。

3. アラファトは、自分は命を40回も —— イスラエル人とアラブ人の両方から —— 狙われたと言っていた。また、1992年には飛行機の不時着事故に遭ったが、一命を取り留めた。

184 文学 ｜ 『ロリータ』

　ウラジーミル・ナボコフの『ロリータ』は、1955年の出版以来、多くの読者を魅了する一方で、それと同じくらい多くの読者に嫌悪感を与えてきた。文学的な革新を目指した大胆な作品であると同時に、強迫観念と妄想を鋭く描いた心理学的研究でもある本作は、大衆文化と純文学の両方における画期的作品という特異な地位を占めている。

◆

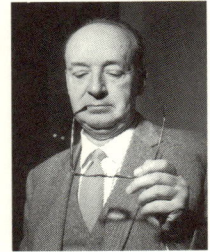

ウラジーミル・ナボコフ

　ロシアに生まれ、イギリスで教育を受けたナボコフ（1899～1977）は、比較的若くして作家・翻訳家・大学教師になった。彼は初期の作品で、衒学的で巧妙で、技術的にもすばらしい独自のスタイルを、ロシア語と英語で ―― 彼はどちらの言語でも小説を出版した ―― 磨き上げた。ナボコフの初期作品には批評家から称賛されたものもあるが、『ロリータ』ほどの注目を、というか悪評を、得た作品はなかった。

　出版当時には小児性愛をおそらく最も赤裸々に描いた文学作品だった『ロリータ』は、ある幼い少女に倒錯した性的魅力を感じて夢中になった中年の大学教授ハンバート・ハンバートの物語だ。あるときハンバートは12歳の少女ロリータと偶然出会い、以来、できるだけ彼女のそばにいられるよう生活のすべてを変えていく。ふたりの関係はやがて性的なものとなる。小説ではあからさまな性的描写は避けられているが、こうしたテーマが多くの読者や出版社に衝撃を与え、そのため本書は多くの国や地域で禁書とされた。

　ハンバートは、20世紀後半にポストモダニズム文学の特徴となった「信頼できない語り手」という概念を具現化している。早い時期にハンバートは、自分が幼い少女に魅力を感じるのは社会的にも道徳的にも許容されると自分で自分を納得させており、自分の行動を読者に向かって正当化しようと、言葉巧みに事実をゆがめていく。ハンバートが交互に魅力的な人物にも恐ろしい人物にも見えるのと同じように、この小説も全体として、図々しいユーモアと、動揺して悩み苦しむ魂の深刻な描写とのあいだを綱渡りして進んでいく。

〔 豆 知 識 〕

1. 『ロリータ』は2度、本格的に映画化されている。ひとつは1962年のスタンリー・キューブリック（1928～1999）監督作品で、もうひとつは1997年のエイドリアン・ライン（1941～）監督作品だ。
2. ナボコフは『ロリータ』を1955年に完成させたが、当初アメリカの出版社は、どこもこのような問題作に関わるのに消極的だった。ようやくパトナム社が承知し、本作が1958年に出版されると、たちまちベストセラーになった。
3. 文学以外でナボコフの学者としての主要な研究領域は、蝶や蛾について調べる鱗翅類学だった。この分野でのナボコフの知識は膨大で、新種もいくつか発見・命名している。

185 音楽 | レナード・バーンスタインの 『ヤング・ピープルズ・コンサート』

アメリカ人の中には、子供のころクラシック音楽に初めて触れたのは、有名なテレビ番組『ヤング・ピープルズ・コンサート』だったという世代がいる。この番組は、著名な指揮者レナード・バーンスタイン（1918〜1990）が音楽監督を務め、1958年から1972年までCBSで放映された。

◆

当時バーンスタインは、ニューヨーク・フィルハーモニックのカリスマ的な名指揮者で、ミュージカル『キャンディード』（1956年）や『ウエスト・サイド物語』（1957年）の作曲家として知られていた。1958年、彼は放送用に、ニューヨークのカーネギー・ホールでのコンサートを初めて収録させた。それまでCBSは、子供向けのコンサートをラジオでしか放送しておらず、バーンスタインの指揮が、テレビ放映された最初のコンサートとなった。

第1回のタイトルは「音楽とは何か？」というシンプルなものだった。バーンスタインは、音楽理論の基礎を説明するため、クラシックの代表曲だけでなく、ジャズやラテンミュージックからも例を引いた。

バーンスタインはコンサートを合計53回行ない、その模様は後に世界中で放送された。番組では、音程、旋法、ソナタ形式、協奏曲など、音楽で使われる個々の用語に焦点を当てることもあったが、バーンスタインはグスタフ・マーラー（1860〜1911）やジャン・シベリウス（1865〜1957）など具体的な作曲家も取り上げ、特にアーロン・コープランド（1900〜1990）の回は、彼の誕生日に収録して本人にも出演してもらった。さらに、「コンサート・ホールでのジャズ」「ラテンアメリカの精神」など、テーマを決めてコンサートをすることもあった。

巨匠による音楽入門番組として、『ヤング・ピープルズ・コンサート』に勝るものはない。放送回の多くは後に書籍化され、今も出版されている。またDVDも入手可能だ。

豆知識

1. 『ヤング・ピープルズ・コンサート』は、もともと土曜日の午前に放送されていたが、1962年からは土曜日の夜に放送時間が変わった。
2. 『ヤング・ピープルズ・コンサート』そのものは、ニューヨーク・フィルハーモニックが1924年から実施していたものだ。最初に始めたのは指揮者のアーネスト・シェリング（1876〜1939）だった。
3. バーンスタインの番組は人気が高く、後にいくつもの言語に翻訳されて世界40か国で放送された。

186 映画｜ジョン・ウェイン

20世紀アメリカの大衆文化で活躍した人のうち、ジョン・ウェイン（1907〜1979）がアメリカ映画で築いたのと同様の象徴的な地位に達した者は、数えるほどしかいない。彼は典型的な西部劇スターであり、タフガイであり、リーダーであり、戦争映画のヒーローだった（ただし、同時代の俳優たちの何人かとは違い、ウェインに実際の従軍経験はない）。1939年に名前が売れて以降は、生涯を通じ、映画に出れば大ヒット間違いなしの俳優となった。

◆

「デューク」の愛称で知られるウェインは、キャリアの初めはB級映画役者にすぎず、低予算映画に70本以上出演していた。それが変わるのは、ジョン・フォード（1894〜1973）監督の記念碑的西部劇『駅馬車』（1939年）にリンゴ・キッド役で出演してからだ。本作は、ウェインとフォードが本格的にコンビを組んだ14本の映画の最初の作品で、内容は、敵対的なアパッチ族の居住地を駅馬車で通過するというものだ。この映画で西部劇というジャンルは息を吹き返し、ウェインは主役級の俳優の仲間入りをした。実際、その後の俳優人生でウェインは西部劇俳優として最もよく知られることになる。『駅馬車』の後、彼はフォード監督のいわゆる騎兵隊三部作『アパッチ砦』（1948年）、『黄色いリボン』（1949年）、『リオ・グランデの砦』（1950年）や、『リバティ・バランスを射った男』（1962年）などに出演した。

ウェインの最高傑作と広く評価されている作品が、ハワード・ホークス（1896〜1977）監督の『赤い河』（1948年）と、フォード監督の『捜索者』（1956年）の2本だ。どちらの映画でもウェインは複雑な役を演じている。

『赤い河』でウェインは、モンゴメリー・クリフト（1920〜1966）演じる養子と対立する、頑固で無情な父親トム・ダンスンを演じた。物語は、膨大な数の牛を遠い市場へ移動させる旅を中心に進み、ウェイン演じるダンスンはヒーローであると同時に悪役であった。

『捜索者』は、多くの批評家から史上最高の西部劇映画と考えられている作品で、この映画でウェインは同じく複雑なイーサン・エドワーズを演じた。エドワーズは強迫観念にとりつかれた人物で、コマンチ族に誘拐された姪を取り返そうと、5年も捜索を続ける。

ウェインは戦争映画にも出演しており、作品には『コレヒドール戦記』（1945年）、『硫黄島の砂』（1949年）、『史上最大の作戦』（1962年）など、第二次世界大戦を描いたものが多い。また、フォード監督の『静かなる男』（1952年）では、アイルランドとモーリン・オハラ（1920〜2015）演じる女性に恋する元ボクサーという、それまでのイメージとは違った役を演じた。

ウェインは、アカデミー主演男優賞に2度ノミネートされ、『勇気ある追跡』（1969年）で受賞を果たした。この映画は、彼の作品としても演技としても、それほど優れているとは考えられておらず、このときの受賞は、それまでの功績を称えた非公式な功労賞だと見なされた。

[豆 知 識]

1. ウェインの本名は、マリオン・ロバート・モリソンである。
2. 彼はアメリカンフットボールの奨学金で南カリフォルニア大学に進学した。
3. ウェインには監督を務めた映画（クレジットされているもの）が2本ある。『アラモ』（1960年）と『グリーン・ベレー』（1968年）だ。

187 思想と社会 ｜ アパルトヘイト

「アパルトヘイト」は、もともと南アフリカの公用語のひとつアフリカーンス語で「分離状態」を意味する言葉だが、歴史的には、南アフリカで1948年から1994年まで実施された厳しい人種隔離政策を指す。アパルトヘイト体制は、1980年代に世界中の活動家から激しい反対の声が寄せられた結果、ついに撤廃され、代わって全人種で構成される民主的な政府が誕生した。

◆

　南アフリカは旧イギリス植民地で、人口の一部を、オランダ人入植者の子孫であるアフリカーナーが占めている。アパルトヘイトが公式な国策となったのは、1948年、アフリカーナー国民党が白人優位の公約を掲げて総選挙で勝利してからだった。

　アパルトヘイトは、少数派である白人が常に権力を握って、人口の圧倒的多数を占める黒人を支配し続けることを狙ったものだ。人種隔離政策の下、国民は白人、黒人、アジア系、カラード（混血）という人種グループに分類された。白人以外の南アフリカ人の権利は、厳しく制限された。

　1951年、政府は黒人用に「バントゥースタン」と呼ばれる「ホームランド」を設定し、そこに黒人を押しこめ、黒人が南アフリカ国内のホームランド以外の場所へ行く場合には身分証明書を携帯することを義務づけた。

　アパルトヘイトに反対する暴動は、情け容赦なく弾圧された。反アパルトヘイトを訴えたアフリカ民族会議のリーダー、ネルソン・マンデラ（1918〜2013）は、1964年にテロ行為で起訴され、国家反逆罪で有罪判決を受けた。

　国際社会から非難の声が上がり、南アフリカは1961年にイギリス連邦からの脱退を余儀なくされた。しかし、冷戦時代にはアメリカの同盟国だったので、西側諸国の指導者の一部は、南アフリカの指導者を面と向かって批判しようとはしなかった。

　だが冷戦終結の直後から、国内外でアパルトヘイト廃止を求める圧力が高まり、南アフリカは国際社会で次第に孤立していった。国民党党首だったF・W・デ・クラーク大統領（1936〜）は、ついに圧力に屈し、マンデラをはじめ投獄されていた黒人指導者たちを解放した。

　1994年にアパルトヘイト体制は崩壊し、史上初めて実施された全人種による選挙でマンデラが勝利して、南アフリカ初の黒人大統領になった。

豆知識

1. 「バントゥースタン」という語は、非合法あるいは権力のない国 —— 形ばかりの国家 —— を意味する蔑称になった。
2. 1980年代まで、国際社会は南アフリカがスポーツの国際大会に参加することを認めず、一部の国は、南アフリカにテレビ番組を販売することも拒否していた。南アフリカは、1964年の大会から1992年の冬季大会までオリンピックから締め出されていた。
3. マンデラとデ・クラークは、1993年にノーベル平和賞を共同で受賞した。

188 スポーツ｜ロッド・レーヴァー

　史上最高の男子テニスプレーヤーと呼ぶべき候補者は何人かいるが、ひとつ確かなことがある。グランドスラム —— 全豪・全仏・ウィンブルドン・全米の4大大会すべてのシングルスで同じ年に優勝すること —— を2度達成したのは、オーストラリア人のロッド・レーヴァー（1938〜）以外、誰もいないということだ。

◆

ロッド・レーヴァー

　「ロケット」の愛称で知られた左利きのレーヴァーは、アマチュアだった1962年にグランドスラムを達成し、1969年にプロ選手として再び達成した。もし1962年シーズン後にプロに転向していなければ、達成数はもっと増えていただろう。1968年にオープン化されるまで、プロ選手は4大大会への参加を認められていなかったからだ。

　そのためレーヴァーは5年のあいだ4大大会でプレーできなかったが、それでも引退するまで4大大会で11回優勝した。この数字は、ロジャー・フェデラー（1981〜）の20回、ラファエル・ナダル（1986〜）の17回、ノヴァク・ジョコヴィッチ（1987〜）の15回、ピート・サンプラス（1971〜）の14回、ロイ・エマーソン（1936〜）の12回に次いで史上6位タイである【訳注／2019年1月現在】。

　オープン化以前にプロとしてプレーしていた5年間、レーヴァーは通算63の大会で優勝した。この数字には、当時開催されていた「プロメジャー大会」に15回参加して上げた8度の優勝も含まれている。レーヴァーは完璧なオールラウンド・プレーヤーで、効果的なサーブやボレーを決めたり、ベースラインから強烈なストロークを打ったりすることができた。そのアグレッシブな攻撃スタイルで同時代の多くの選手とは一線を画しており、現代テニスに欠かせないトップスピンのフォアハンドを広めた人物とされている。

　生涯獲得賞金が100万ドルを突破した最初の選手であり、デビスカップにはオーストラリア代表として出場し、5度の優勝に貢献した。

豆 知 識

1. レーヴァーのトーナメント通算優勝回数については、アマチュア資格とプロ資格の問題から、若干の議論がある。シングルス優勝の歴代記録はジミー・コナーズ（1952〜）の109回とされているが、レーヴァーは最低でも188回優勝したと考えられている。
2. レーヴァーは、1981年に国際テニス殿堂入りした。
3. 2000年、全豪オープンの会場であるメルボルン・パークのセンター・コートは、レーヴァーを称えて「ロッド・レーヴァー・アリーナ」と命名された。

189 大衆文化 ｜ ケン・キージー

作家ケン・キージー（1935〜2001）が有名なのは、批評家から絶賛された小説を書いたからなのか、それとも1960年代に幻覚剤を広めるのに一役買ったからなのか、今も議論が分かれている。

◆

ケン・キージー

1935年にコロラド州ラハンタで生まれたキージーが、小説と幻覚剤の両方の分野で有名になる出発点となったのは、1958年にスタンフォード大学の文芸講座に登録してからのことだ。彼は臨時収入を得るため、カリフォルニア州のメンローパーク退役軍人病院で幻覚剤の実験の被験者になった。この実験が、彼のその後の人生に大きな影響を与えることになった。

実験を始めた直後、キージーは病院の精神科病棟で仕事を見つけた。高い評価を受けた小説『カッコーの巣の上で』（1962年）は、LSDなどの幻覚剤を使いながら病棟の夜勤に出ていた時期の体験から生まれたものだ。わずか27歳のときに出版した同書は、やがてジャック・ニコルソン（1937〜）主演で映画化されて大ヒットした。

キージーは、幻覚剤にあるとされる利点を世間に伝えるためなら、できることは何でもやった。1964年に「メリー・プランクスターズ（陽気ないたずら者たち）」の名で知られるグループを作ると、派手な飾りをつけたバスに乗ってカリフォルニアからニューヨークの万国博覧会へ向けて出発した。このバスにはキージーの仲間たちが乗っていただけではなく、途中で同乗者たちに試させるため大量のLSDも詰め込まれていた。

キージーは、アシッド・テストという集会を開き、LSDを粉末ジュースに混ぜた飲み物を一般大衆に配ったことでも有名になった。ちなみにアシッド・テストは、後にグレイトフル・デッドとなるバンドが生まれるきっかけになったことでも知られている。

その後もキージーは、66歳で亡くなるまで、ロックコンサートや政治集会にときどき顔を出し続けた。

```
豆 知 識
```

1. キージーは、映画『カッコーの巣の上で』の台本と、主役にニコルソンを選んだことの両方に激怒して、映画のプロデューサーを訴え、完成した映画は一度も見なかった。
2. メリー・プランクスターズのバス旅行を、キージーを中心人物に据えて記録したのが、トム・ウルフ（1930〜2018）によるベストセラー・ノンフィクション『クール・クールLSD交感テスト』だ。
3. 1966年にキージーは、マリフアナ所持で裁判にかけられるのを避けるためメキシコへ逃亡した。

190 人物 | ニール・アームストロング

1961年、ジョン・F・ケネディ大統領（1917〜1963）は国民に、1960年代中に人間を月面に着陸させて無事に地球へ帰還させると宣言した。この夢は8年後に現実となり、ニール・アームストロング（1930〜2012）は月着陸船からはしごで降りて、月面に足を着けた。

◆

　彼が月面に降り立って最初に述べた「これは人間にとっては小さな1歩だが、人類にとっては大きな飛躍である」という発言は、20世紀で最も有名な言葉のひとつだ。

　アポロ11号ミッションの船長アームストロングと、月着陸船操縦士バズ・オールドリン（1930〜）は、月面で2時間半過ごし、実験やデータの収集を行なった。その後、司令船操縦士マイケル・コリンズ（1930〜）とともに地球に帰還し、3人は国民的英雄になった。

　アームストロングは、宇宙飛行士になる前は、海軍飛行士として朝鮮戦争に従軍して戦闘任務に78回出撃し、戦後は極超音速機X-15のテストパイロットを務めた（テスト飛行では時速約6400キロを記録した）。

　1962年、彼は宇宙飛行士に選ばれ、1966年にジェミニ8号ミッションで初の宇宙飛行を経験した。しかし何と言ってもアームストロングは、1969年7月20日に初めて月面を歩いた人物として長く記憶されている。地球を出発して月面に到着するのに要した時間は4日だったが、その裏には約10年のあいだに40万の人々が240億ドルの経費をかけて取り組んできた積み重ねがあった。

　月着陸船が月面に近づいたとき、ピンチが訪れた。搭載していた誘導装置が、船を巨大クレーターの不安定な岩場に着陸させようとしたのだ。アームストロングは自動操縦を手動に切り替え、燃料を危うく使い切りそうになりながらも、別の安全な場所に船を着陸させた。

　テレビの前で5億人以上がかたずをのんで見つめていたが、やがてアームストロングの「ヒューストン、こちら静かの基地。イーグルは舞い降りた」という声が聞こえてきた。

　1970年、寡黙なアームストロングは宇宙飛行士を引退した。その後は教師や、いくつかの企業の役員として、静かな生活を送った。

豆 知 識

1. アームストロングは、1969年に大統領自由勲章を、1978年に議会宇宙名誉勲章を、受章した。
2. アームストロングの空への憧れは、6歳のとき旅客機フォード・トライモーターに初めて乗ったことから始まった。16歳になると、車の運転免許を取るより先にパイロットの免許を取得した。
3. 彼の有名な言葉は、実は単語がひとつ抜けている。彼が実際に言ったのは、「これはひとりの人間にとっては(for a man)小さな1歩だが、人類にとっては大きな飛躍である」で、「人間にとっては(for man)」ではなかった。「ひとりの(a)」は、音声通信の問題で聞き取れなかったのだ。

191 文学 ｜ 『夜への長い旅路』

『夜への長い旅路』は、この100年で最高のアメリカ人劇作家のひとりと広く認められている
ユージン・オニール（1888～1953）が残した最も優れた作品だ。この戯曲は、胸がしめつけ
られるような内容で、オニール本人の生い立ちを基にしているのが明々白々なため、生前は上
演することはおろか出版することさえオニールによって禁じられていた。

　オニールは落ち着かない家庭環境で育った。父親は舞台俳優だったため、一家は絶えず各地
を旅していた。ノイローゼ気味で情緒不安定だった母親は長年モルヒネ依存症に苦しみ、学業
成績の悪かった兄はアルコール依存症で死に、病弱だったオニール自身も大量の酒を飲んでい
た。それでも彼は、そうした体験から1920年代に次々とすばらしい戯曲を生み出した。1930
年までにピューリッツァー賞を3度受賞し、『アンナ・クリスティ』（1922年）、『楡の木陰の
欲望』（1924年）、『奇妙な幕間狂言』（1928年）などで大成功を収めた。

　両親と兄の死後、オニールは作品に自伝的要素を気兼ねなく盛り込めるようになった。こう
して生まれたのが『夜への長い旅路』（1941年）で、この作品は、架空ということになってい
るタイロン家が数々の危機で一日のうちに崩壊していく様子を描いている。かつては人気俳優
で今では酒ばかり飲んでいる父親、モルヒネ依存症の母親、息子ふたり ── アルコールに溺れ
る放蕩者と、傷つきやすい病弱な作家 ── というタイロン家の面々は、明らかにオニール家を
モデルとしており、そのためオニールは出版社に、この戯曲は自分の死後25年間は発表しない
よう約束させた。

　しかし、オニールが亡くなってわずか3年後の1956年、残された妻がこの取り決めを無視
して作品をイェール大学出版局に直接持ち込み、本作はその年のうちに出版された。

　彼の初期の作品と同じく、『夜への長い旅路』も、オニールがアントン・チェーホフ（1860
～1904）、ヘンリク・イプセン（1828～1906）、アウグスト・ストリンドベリ（1849～1912）
ら19世紀ヨーロッパのリアリズム演劇の巨匠たちの後継者であることをよく示している。この
戯曲は、1956年末にブロードウェイで上演されると絶賛され、2016年までに5度、再演され
た。

┌─ 豆 知 識 ─┐

1. 2016年にブロードウェイで再演された『夜への長い旅路』には、ジェシカ・ラング（1949～）、ガブリエル・バーン（1950
　～）、マイケル・シャノン（1974～）、ジョン・ギャラガー・Jr（1984～）が出演した。
2. 『夜への長い旅路』に登場するアルコール依存症の兄ジェイミー・タイロンは、オニール最後の戯曲『日陰者に照る月』
　（1947年）にも主要人物として登場する。
3. オニールは、文字どおり演劇の世界に生まれた。母はタイムズ・スクエア近くのブロードウェイに面したホテルの一室
　で彼を産んだ。ちなみに、彼が長い闘病生活の末に亡くなった場所も、ボストンにあるホテルの一室だった。

192 音楽 ｜ レイ・チャールズ

レイ・チャールズ（1930～2004）は、7歳のとき緑内障で視力を失い、フロリダ州にある盲学校に入学すると、そこで楽器を演奏することを初めて学んだ。チャールズは障害を物ともせず、やがて20世紀で最も多才で最も多作なミュージシャンのひとりとなり、その作品はジャンルの枠を超えて、彼に「天才」というニックネームをもたらした。

◆

レイ・チャールズ

活動の初期、チャールズは人気ジャズシンガーで作曲家のナット・キング・コール（1919～1965）の大ファンだった。チャールズ初の大ヒットは、ソウルの定番曲となる「アイ・ガット・ア・ウーマン」（1954年）だ。その後も「ヒット・ザ・ロード・ジャック」（1961年）、「こぼれる涙」（1957年）、「ホワッド・アイ・セイ」（1959年）など、ソウルやR&Bのヒット曲を出し、「ホワッド・アイ・セイ」はポップス・チャートにもランクインした。

チャールズの音楽趣味はとても広かったが、それでも彼が1962年にカントリーのレコードを出すと決めると、プロデューサーもファンも驚いた。彼が出したアルバムは、多くの音楽評論家の予想に反し、彼にとって最大のヒット作のひとつになった。シングルカットされたドン・ギブソン（1928～2003）作詞作曲の「愛さずにはいられない」（1962年）は、R&Bチャートとポップス・チャートで1位になり、「ボーン・トゥ・ルーズ」（1962年）と「ユー・ドント・ノウ・ミー」（1962年）もトップ10入りした。大ヒットしたおかげで、このアルバムはカントリーミュージック全般がポップスの主流に持ち込まれる大きなきっかけとなった。

チャールズは、薬物依存症に長年苦しんでおり、1960年代以降はヒット曲が次第に減っていった。しかし1980年代に人気が復活し、その生涯を取り上げた伝記映画『Ray／レイ』は、2004年に彼が亡くなった直後に公開され、批評家から絶賛された。

┤ 豆 知 識 ├

1. チャールズが歌った「我が心のジョージア」は1979年にジョージア州の正式な州歌となった。
2. チャールズがR&Bチャートとポップス・チャートの両方でヒットさせた最初の曲「ホワッド・アイ・セイ」は、危うくお蔵入りになるところだった。レコード会社が、この曲は「長すぎる」し、暗にほのめかされている性的な内容のせいで「きわどすぎる」と考えたからだ。
3. チャールズは、1990年代に若い世代の音楽ファンに知られるようになるが、そのきっかけは、彼が出演して全米に放送されたダイエットペプシのCMだった。

193 映画 ｜ ビリー・ワイルダー

オーストリアで生まれ育ったビリー・ワイルダー（1906〜2002）は、ハリウッドで最も成功した脚本家・監督のひとりとなった。その輝かしいキャリアで、アカデミー賞のさまざまな部門に21回ノミネートされ、6度受賞した（1987年のアーヴィング・G・タルバーグ賞を含む）。脚本の執筆が彼の仕事の中心であり、彼の映画は、ウイットがあってシニカルで、往々にしてブラックなユーモアで知られている。

◆

ワイルダーの作品はコメディが基礎となっているものが多いが、コメディしか作らなかったわけではない。例えば、脚本（共同）と監督を務めた『深夜の告白』（1944年）は、フィルム・ノワールの代表作と考えられているし、『失われた週末』（1945年）は、ハリウッドで初めてアルコール依存症を現代病として取り上げた作品だ。

『サンセット大通り』（1950年）は、多くの映画評論家から、ハリウッドを取り上げたハリウッド映画の最高傑作と評され、スクリューボール・コメディの『お熱いのがお好き』（1959年）は、2000年にアメリカン・フィルム・インスティテュートによって史上最高に面白い映画に選ばれた。

彼の映画には、映画史上で最もウイットに富んだ（そして、しばしば最も性差別的な）会話が出てくる。『お熱いのがお好き』の最後のセリフは、映画史上で最高の結びのセリフと評されることが多い。ワイルダーは、最初ジャーナリストとして働いていたが、やがてドイツで脚本家になった。ヒトラーが台頭してくると、ワイルダーは1933年にベルリンを離れ、初めはパリへ、次いでハリウッドへ移った。ハリウッドに来て最初の10年間はもっぱら脚本家として活動し、共同執筆した『ニノチカ』（1939年）で初めてアカデミー脚色賞にノミネートされた。

1942年に『少佐と少女』でハリウッドの監督デビューを果たした。監督3作目が『深夜の告白』で、この作品でたちまち一流監督の仲間入りをした。40年の監督生活で26本のハリウッド映画を作ったが、とりわけ俳優ジャック・レモン（1925〜2001）とは馬が合い、一緒に7本の映画を撮っている。

ワイルダーは、レモンとウォルター・マッソー（1920〜2000）主演のブラック・コメディ『新・おかしな二人／バディ・バディ』（1981年）を監督すると引退し、95歳で亡くなった。

豆知識

1. ワイルダー作品の特徴のひとつに、画面に現れない語り手によるナレーションがある。彼の傑作『深夜の告白』と『サンセット大通り』は、物語が語り手によって過去形で語られる。
2. ワイルダーは、アカデミー作品賞を受賞した映画を2本 ——『失われた週末』と『アパートの鍵貸します』（1960年）—— 監督している。ハリウッドには、アカデミー作品賞・脚本賞（または脚色賞）・監督賞を同じ映画で獲得した人物が2018年現在7人いるが、ワイルダーもそのひとり（『アパートの鍵貸します』で受賞）だ。
3. ワイルダーは、アカデミー賞に21回ノミネートされ、6回受賞した。脚本賞と脚色賞（原案賞も含む）でのノミネートが12回（うち3回受賞）で、監督賞でのノミネートが8回（うち2回受賞）だ。

194 思想と社会 | DNA

　1953年4月25日、生物学者ジェームズ・D・ワトソン（1928〜）とフランシス・クリック（1916〜2004）は、科学雑誌『ネイチャー』に「核酸の分子構造：デオキシリボ核酸の構造」と題する論文を発表した。わずか1ページにすぎない論文だったが、その中でデオキシリボ核酸（DNA）という物質の構造を説明したことで、ワトソンとクリックは人類の進化における最大の謎のひとつ —— 形質はどのようにして前の世代から次の世代へ伝えられるのか —— を解明し、分子生物学の時代の幕を開けた。

◆

　遺伝現象の科学的研究は、19世紀にさかのぼる。オーストリアの司祭グレゴール・メンデル（1822〜1884）は、修道院の植物園で数千のエンドウマメを育てて実験を行ない、同種の植物が個体によって違った特徴を持つようになる仕組みを解明しようとした。実験では、まず豆・花・さやの形や色など、いくつかの形質を丹念に記録した。そして、系統が違うエンドウマメを交配させて、どのような結果になるか観察した。

　当時主流だった遺伝の理論に従えば、子は親の特徴が混じったものになるはずだった。例えば、白い花のエンドウマメを紫の花のエンドウマメと交配させると、子には薄い紫の花が咲くはずだ。当時はこれを融合遺伝と呼んでいたが、メンデルの実験結果は、そうならなかった。形質が融合するのではなく、第一世代では、一方の形質が多く現れ、もう一方は隠れていた。つまり新しい子には、花が紫のものしかなく、紫の遺伝形質（優性形質）が出現したのである（第二世代では、少ないながら白も現れる）。

　しかし、メンデルは形質が伝えられる仕組みを正確に示すことはできなかった。ワトソンとクリックは、体のすべての細胞にあるDNAの構造を明らかにしたことで、遺伝の仕組みを説明した。彼らは、形質を生む遺伝情報が記されているDNAが、二重らせん構造になっていることを突き止めた。さらに、DNAが複製されて次の世代に伝えられる仕組みも提示した。DNA鎖（さ）は、ふたつに分かれると複製を作ることができる。しかし複製は完璧ではなく、そのため親世代と子世代では特徴がわずかに変化するのである。

　ワトソンとクリックは、ひとつの図とその説明という短い論文で、20世紀最大の科学上の謎のひとつを解き明かしたのだった。

| 豆 知 識 |

1. DNAを構成するヌクレオチド対（塩基対）のセットを遺伝子といい、遺伝子の総体をゲノムという。
2. DNAの構造が分かった後の次のステップは、DNAが持っている具体的な遺伝情報の内容とDNA上での位置をすべて特定することだった。ヒトの遺伝情報を特定するヒトゲノム計画は、1990年に始まり、2003年に完了した。
3. ワトソンとクリック、および生物学者のモーリス・ウィルキンズ（1916〜2004）は、DNA研究により1962年のノーベル生理学・医学賞を共同で受賞した。

195 スポーツ | ヴィンス・ロンバルディ

多くの人から史上最も偉大なコーチと考えられているヴィンス・ロンバルディ（1913～1970）だが、意外なことに、彼がナショナル・フットボール・リーグ（NFL）でヘッドコーチを務めたのは、わずか10年でしかない。しかし、その10年のあいだにNFLチャンピオンシップで5度優勝し（第1回と第2回のスーパーボウルも含む）、負け越したシーズンは1度もなく、その発言が史上最も多く引用されるスポーツ人のひとりになった。スポーツ専門テレビ局ESPNは、2000年にロンバルディを20世紀で最高のコーチに選んだ。

◆

ロンバルディが初めてNFLのヘッドコーチになったのは1959年、45歳でグリーンベイ・パッカーズのコーチ兼ジェネラルマネジャーに就任したときだ。チームは前年、1勝10敗1引き分けという成績に終わり、1947年を最後に1シーズンも勝ち越していなかった。しかしロンバルディは、徹底したトレーニングを行ない、選手には全身全霊での取り組みを求め、選手のやる気を引き出すリーダーシップを発揮することで、チームを生まれ変わらせた。

3年目にパッカーズはNFLチャンピオンになった。1961年と1962年にリーグを連覇し、1965年に三たびNFLチャンピオンとなり、その後、第1回スーパーボウルと第2回スーパーボウルで優勝して、プレーオフ制度が始まって以来初となるNFL3連覇を成し遂げた。

ロンバルディは、第2回スーパーボウルが終わるとパッカーズのヘッドコーチを退任したが、ジェネラルマネジャーはもう1シーズン続けた。1969年、彼はコーチ業に復帰してワシントン・レッドスキンズで指揮を執り、チームを14年ぶりの勝ち越しに導いた。

この1969年シーズンがロンバルディにとって最後のシーズンになった。翌年がんのため57歳で亡くなったからだ。

ロンバルディは、オリジナルなフレーズではないものの、彼のフットボールに対する考え方をズバリと言い表した次の言葉とともに、これから先も記憶され続けることだろう。彼はこう言った。「勝利がすべてではない。勝利しかないのだ」と。

─── 豆 知 識 ───

1. ロンバルディのNFL通算記録は、105勝35敗6引き分けだ。彼は、1960年代のNFLを代表する人物と言われている。
2. 1971年にはプロフットボールの殿堂入りを果たし、同年にスーパーボウルの優勝トロフィーは、彼に敬意を表してヴィンス・ロンバルディ・トロフィーと命名された。
3. グリーンベイ・パッカーズのヘッドコーチとなる以前、ロンバルディは、母校フォーダム大学、ニューヨーク州ウェストポイントにある陸軍士官学校、およびニューヨーク・ジャイアンツでアシスタントコーチを務めていた。

196 大衆文化 ｜ ジェームズ・ボンド

　マティーニを好む洗練されたスパイ、ジェームズ・ボンドが初めて登場したのは1953年、イギリスの作家イアン・フレミング（1908〜1964）のスパイ小説『カジノ・ロワイヤル』の主人公としてだった。以来、ボンドを主人公とする映画が、大ヒットした『サンダーボール作戦』（1965年）や『死ぬのは奴らだ』（1973年）など、2018年現在24作製作され、フレミングが生み出したスパイは、この50年で最も人気の高い映画シリーズのひとつになった。

◆

イアン・フレミング

　フレミングが創作のアイディアとして使ったのは、第二次世界大戦中にイギリス情報部に勤務していたときの経験だった。彼は、ドイツ軍防御施設への潜入を担当するスパイ部隊を指揮しており、ボンドのキャラクターは、自身が戦時中に会った数名のイギリス人スパイをモデルにしていた。

　ボンドシリーズ第1作は、アメリカの大衆文学・犯罪小説作家レイモンド・チャンドラー（1888〜1959）の影響を強く受けている。チャンドラーが描くハードボイルド探偵たちと同じように、ボンドもタバコを吸い、酒を飲み、ギャンブルに興じ、敵を捕まえるためなら平然と規則を破る。

　その後フレミングは、1954年の『死ぬのは奴らだ』や1955年の『ムーンレイカー』など、亡くなるまでにボンドシリーズをさらに11作、発表した。どの小説も、冷戦の最盛期を背景としており、しばしばボンドは、旧ソビエト連邦国家安全保安委員会（KGB）をモデルとしたソ連の架空の防諜機関スメルシュと手を組む悪の共産主義者たちと戦う。シリーズの人気は、ジョン・F・ケネディ大統領が1961年に『ロシアより愛をこめて』を愛読書のひとつに挙げたことで、一気に爆発した。

　ボンド映画第1作『ドクター・ノオ』は、主役にスコットランド出身の俳優ショーン・コネリー（1930〜）を配して1962年に公開された。続けて『ロシアより愛をこめて』（1963年）、『ゴールドフィンガー』（1964年）、『サンダーボール作戦』と、続編が次々と出た。

　その後ボンド役は、ジョージ・レーゼンビー（1939〜）、ロジャー・ムーア（1927〜2017）、ティモシー・ダルトン（1946〜）、ピアース・ブロスナン（1953〜）が演じてきた。

　現在のボンド役はダニエル・クレイグ（1968〜）で彼が初めてボンドを演じた『カジノ・ロワイヤル』（2006年）により、フレミングのボンドシリーズ第1作はついにきちんとした形で映画化された。

┌─── 豆 知 識 ───┐

1. フレミングは、名作童話『チキチキバンバン』（1964年）の作者でもある。
2. ボンドが最も数多く対決した敵は、いつも猫をなでているスキンヘッドの国際的犯罪者エルンスト・スタヴロ・ブロフェルドだ。ブロフェルドは、映画『オースティン・パワーズ』シリーズでドクター・イーブルとしてパロディー化されている。
3. ボンドシリーズのパロディー映画は何本も作られている。中でも有名なのは、デヴィッド・ニーヴン（1910〜1983）が主演した1967年版の『カジノ・ロワイヤル』だ。

197 人物 | アビー・ホフマン

1960年代と1970年代にカウンターカルチャーの象徴となったアビー・ホフマン（1936～1989）は、社会変革を訴えるため機知に富んだ政治パフォーマンスを行なって、アメリカ全土で有名になった。彼が最も大きな注目を浴びたのは、シカゴ・セブン —— 1968年にシカゴで開かれた民主党全国大会の妨害を企てたとされる過激な活動家たち —— のひとりとして逮捕されたときだった。

◆

マサチューセッツ州出身で、ブランダイス大学を卒業したホフマンは、若者を対象とした過激な運動組織である青年国際党（Youth International Party）、通称イッピー（yippie）の共同設立者だった。1967年、ホフマンはふたつの政治パフォーマンスを実施して全国ニュースで取り上げられた。

まず、反資本主義を訴える集団を率いてニューヨーク証券取引所に乗り込み、バルコニーからドル紙幣をばらまいた。証券所のトレーダーたちは、床に落ちた紙幣を大慌てで拾い集めた。次に、国防総省へのデモを組織し、5万人の群衆を集めると、全員の念力を結集させてペンタゴン（国防総省の建物）を空中浮揚させようとした —— そうすることでヴェトナム戦争を終わらせようとしたのである（空中浮揚は、もちろん失敗した）。

しかし、アメリカ中の注目を確実に集めたのは、シカゴ・セブンの裁判だった。ホフマンと、同じくイッピーであるジェリー・ルービン（1938～1994）は、5か月にわたった公判をサーカス同然のものに変えた。パフォーマンスとして、彼らは判事用の法服を身につけ、法廷にバースデイケーキを持ち込み、陪審団に向かって投げキスをし、胸をはだけ、弁護側の机の上をたいていめちゃくちゃにしていた。

結局、7人全員が共謀については無罪を言い渡されたが、ホフマンら5人は暴動を意図して州境を越えたとして有罪になった（ただし、この判決は後に覆された）。

ホフマンは、活動家だった時期は1960年代でほぼ終わるが、1970年代になっても、若者文化や反抗の象徴であり続けた。1980年代半ば一時的に過激な抗議運動に復帰したが、52歳で自殺した。

豆 知 識

1. ホフマンは1970年代に政治の舞台からほぼ姿を消していたが、それは、おとり捜査官にコカインを売って逮捕された後、1974年から1980年まで警察から逃げ回っていたからだ。ようやく人々の前に姿を見せたのは1980年、ABCのニュースキャスター、バーバラ・ウォルターズ（1929～）のインタビューを受けたときだった。

2. 逃亡中、ホフマンはバリー・フリードの変名でニューヨーク州北部に住んでいた。

3. 1987年、ホフマンは（ジミー・カーター大統領の娘エイミーとともに）反CIA抗議活動で逮捕された。これが、彼が死ぬ前に世間の大きな注目を浴びた最後となった。

198 文学 ｜『オン・ザ・ロード』

　ジャック・ケルアックの『オン・ザ・ロード』（『路上』）（1957年）は、1950年代にアメリカで生まれた反抗的・ボヘミアン的な芸術運動であるビート運動を代表する文学作品だ。本作は、仲間たちが自動車でアメリカを放浪する物語で、今なおアメリカのロードフィクションの古典であり続けている。

◆

ジャック・ケルアック

　アメリカの1950年代と言えば社会的調和の時代だが、1950年代半ばになると、芸術界の中から、この調和に反抗する者たちが現れ始めた。特に3つの大都市の一地区 —— サンフランシスコのノースビーチ、ロサンゼルスのヴェニスウェスト、ニューヨーク市のグリニッジヴィレッジ —— ではコーヒーショップや書店に作家や詩人たちが集まり、後にビート運動と呼ばれるようになる新たな文学的潮流を生み出した。

　その中心となったのが、ケルアック（1922～1969）、小説家ウィリアム・S・バロウズ（1914～1997）、詩人アレン・ギンズバーグ（1926～1997）などで、彼らはアメリカの文学界に衝撃を走らせた。

　運動の中心人物だったケルアックは、第二次世界大戦後の数年間を、北アメリカ各地を放浪しながら執筆して過ごした。執筆を進めるうちに、彼は次第に、自由に流れ出てくるままに書き留めて推敲をしない執筆手法を好むようになり、これを「自発的散文」と名づけた。このやり方は、それまでの小説家の大半が採用していた、技巧を尽くして凝った文章を作る手法の対極に位置していた。実際、ケルアックは『オン・ザ・ロード』のオリジナル原稿をわずか3週間で書き上げている。『オン・ザ・ロード』は、ふたりの青年 —— モデルは、ケルアック本人と友人ニール・キャサディ（1926～1968）—— がアメリカ各地を目的もなく自動車であちこち旅する物語だ。旅の途中、ふたりはジャズ、仏教、飲酒、女性、社会の束縛に対する嫌悪感などについて漠然と考える。小説の文体は狂乱的で、意識の流れによるハイスピードな会話と、濃密な比喩表現とを特徴としている。ふたりの青年は最終的にたもとを分かち、路上での生活は魅力を失う —— この結末は、ビート運動の作家たちが作品で賛美すると当時に嘆いていた現世の無常性を表現するのにふさわしい終わり方だ。

　　　　　　　　　　　　　　　　　┌─ 豆 知 識 ─┐

1. ケルアックは、『オン・ザ・ロード』の初稿全体を、全長36メートルという、テープでつないだ長いスクロール（巻物）状の紙にタイプで打った。この初稿は、行間を詰めてタイプされ、余白はほとんどなく、改行もまったくされていない。
2. ケルアック本人は、彼の世代が社会的規範に抱いていた不満を表現するため「ビート（Beat）」という語を用いていた。しかし後になると、この語は音楽のビート（拍子）や、ビート運動の信条が持っていた「至福の（beatific）」つまりスピリチュアルな特徴と結びつけられるようになった。
3. ケルアックの作品と伝統的手法に対する侮蔑的態度は、多くの批評家から軽視された。例えばトルーマン・カポーティ（1924～1984）は、『オン・ザ・ロード』を「あれは執筆ではない、タイピングだ」という一言で片づけた。

199 音楽 ｜ フィル・スペクター

音楽プロデューサーのフィル・スペクター（1939〜）は、ポップミュージックの世界で「ウォール・オヴ・サウンド」という革新的な録音技法を考案し、1960年代初めに多くのヒット曲で使った。この画期的な技法 —— および、彼のエキセントリックな性格と銃への愛着 —— により、スペクターは多くのミュージシャンと肩を並べるか、彼らをしのぐほどの名声を得た数少ないロック・プロデューサーのひとりになった。

◆

プロデューサーとして有名なスペクターだが、もともとは高校時代の友人と組んだポップスバンド、テディ・ベアーズのメンバーだった。バンドが出した最初のレコードは、スペクターが17歳のときに書いた曲「会ったとたんに一目ぼれ」だ。この曲は1958年にチャート1位になり、数週間ランクインした。しかし、バンドは当初の成功を維持することができず、やがてスペクターはプロデュース業に専念するようになった。

スペクターの「ウォール・オヴ・サウンド」という技法は、1960年代前半に「ガール・グループ」のクリスタルズやロネッツなどのレコーディングで使われたのが最初で、本来はジュークボックスやラジオの性能に合わせて考案されたものだった。初期のジュークボックスはスピーカーが原始的で、AMラジオも音質が悪かったため、繊細な音を録音しても、それを伝えることができなかった。そこでスペクターは、真逆の方法を取ることにした。何人ものミュージシャンを比較的小さな部屋に集め、ときには複数の人に同じ楽器を演奏させて録音したのである。この方法だと、もともと大きかった音はさらに反響・増幅される。これをバックにして仕上げたポップス曲は、AMラジオでもかなり立派に聞こえるようになった。

スペクター本人の言葉を借りれば、彼は「ロックンロールにワーグナー風のアプローチ」を取り入れ、「あの子たちのために、ちょっとしたオーケストラ」を用意したのだった。

多くの音楽評論家は彼の手法を評価しなかったが、スペクターはトップ100ヒットを50曲以上も送り出した。その中には、1963年の「ダ・ドゥー・ロン・ロン」や、ジョン・レノン（1940〜1980）が1971年に出した名曲「イマジン」など、時代を代表する曲がいくつも含まれていた。

2003年、スペクターは女優を殺害したとして逮捕されたが、2007年の裁判は評決不能で終わった【訳注／2009年に再び裁判が行なわれて有罪の評決が下り、2018年現在、刑務所で服役中である】。

豆 知 識

1. スペクターが共作し、オリジナルをライチャス・ブラザーズが1964年に歌った「ふられた気持」は、ラジオとテレビでの放送回数がこの100年で他のどの曲よりも多い。
2. スペクターは絶対音感の持ち主で、どんな音でも楽譜を見ずに高さを識別することができた。
3. ビートルズのソングライターでベーシストのポール・マッカートニー（1942〜）は、バラード「ザ・ロング・アンド・ワインディング・ロード」（1970年）に対するスペクターのアレンジが気に入らず、スペクターによる多重録音をつけずにリリースしようとしたが、うまくいかなかった。

200 映画 | マーロン・ブランド

マーロン・ブランド（1924〜2004）は、映画史家の多くから、史上最も大きな影響を与えた映画俳優のひとりと考えられている。彼は主要なスターの中でメソッド演技法（俳優が演じる人物の内面状態を再現しようとする演技法）をハリウッドに持ち込んだ最初の人物であり、メソッドによって彼はより自然に演技できるようになった。この演技法を使ってブランドは、アメリカ映画史上に残る最も代表的な役をいくつも演じた。

◆

彼は、濃密で生々しい演技スタイルをブロードウェイからハリウッドに持ち込み、出演2作目の『欲望という名の電車』（1951年）で暴力的なスタンリー・コワルスキーを演じてセンセーションを巻き起こした。『革命児サパタ』（1952年）と『ジュリアス・シーザー』（1953年）で成功を収めた後、1950年代の反抗を描いて影響を与えた記念碑的傑作『乱暴者（あばれもの）』（1953年）に主演した。『波止場』（1954年）でブランドは愚鈍で口下手な元ボクサー、テリー・マロイを演じ（テリーはぼそぼそと「おれだって挑戦者になれた」と言う）、4度目のノミネートで初めてアカデミー主演男優賞を獲得した。

1950年代後半と1960年代にブランドは、いわばキャリア中盤のスランプに陥った。大半の記録によると、彼はこの時期金のために二流映画に出演し、役者稼業に飽きてハリウッドに嫌気が差していたという。

キャリア復活のきっかけとなったのは、フランシス・フォード・コッポラ（1939〜）監督の『ゴッドファーザー』（1972年）でヴィトー・コルレオーネを演じたことだった。ただし、ブランドはオーディションを受けなくてはならず、配給会社パラマウント映画の重役たちは、奇行の目立つブランドを起用するのに慎重だった。結局、この映画のキャストのうち当時スターと考えられていた俳優は彼だけであり、その演技で2度目となるアカデミー主演男優賞を受賞した。1970年代の初め、ブランドはあからさまな性描写のある『ラストタンゴ・イン・パリ』（1972年）に出演した。本作は、彼にとって最も大胆な作品だったと評価されている。その後はあまり映画に出ず、体重がかなり増えた。コッポラの『地獄の黙示録』（1979年）でウォルター・E・カーツ大佐を演じたときは、肥満していたため、その姿を闇と影で隠さなくてはならなかった（それでも映画の中での存在感は依然として圧倒的だった）。

その後のブランドは、俳優というより好奇の目が注がれる対象となった。晩年に出演した映画は総じてヒットせず、だんだんと謎に包まれた世捨て人のようになり、折に触れては、タヒチの近くに所有する島に行って暮らし、80歳で亡くなった。

豆 知 識

1. ブランドは、『ゴッドファーザー』でのアカデミー賞を拒否し、式典を映画業界がネイティヴ・アメリカンを差別している現状に抗議する場として利用した。自分の代役としてサチーン・リトルフェザーという名の女優を送り込み、ステージ上で彼の考えを語らせようとしたのである。
2. ブランドは、ヒーロー映画『スーパーマン』（1978年）にスーパーマンの父ジョー＝エル役で出演しているが、そのときの撮影期間は12日間で、ギャラは370万ドル・プラス収益の一定割合だった。結果ブランドは、わずか10分の出演時間に対し、約1400万ドルを受け取った。
3. 彼が『乱暴者』で演じた不良少年ジョニー・ステイブラーは、暴走族のリーダーだった。本作公開後、革ジャンとバイクがアメリカ全土で爆発的に売れた。

201 思想と社会 ｜ ジョン・バーチ協会

　1958年、反共産主義活動家の一団が、アメリカ国内で共産主義の兆しを見つけて一掃することを目的とした団体ジョン・バーチ協会を設立した。この協会は、数年で会員数が5万人以上となり、1950年代から1960年代に始まった政治的保守主義の復興運動である新右翼（ニューライト）の基盤のひとつとなった。

◆

　この協会を最初に立ち上げたのは、引退したボストンのキャンディ製造業者ロバート・H・W・ウェルチ・ジュニア（1899～1985）で、協会の名前は中国で殺されたアメリカの情報将校ジョン・バーチ（1918～1945）に由来する。彼を殉難者 ── 世界に広がる共産主義と戦う冷戦の最初の犠牲者 ── と考えたからだ。

　最盛期だった1960年代前半には、協会の会員には実業家、連邦議会議員、軍の将軍などが名を連ねていた。協会の会員たちは、1964年の共和党大統領候補バリー・ゴールドウォーター（1909～1998）の支持基盤となった。

　協会の支持者たちは、周囲に潜んでいると思い込んでいた共産主義の脅威を暴き出すため、反共産主義を掲げる政治家を支援し、調査に資金を出し、一部の政治家に対しては、共産主義を支持しているとして、的外れで、たいていは根拠のない告発を行なった。

　目立って活動した期間は短かったが、ジョン・バーチ協会は1960年代前半に大きな注目を浴び、共和党内の一大勢力となった。協会員は新聞で攻撃された。歌手ボブ・ディラン（1941～）は、1964年の歌「トーキン・ジョン・バーチ・パラノイド・ブルース」で、協会員は共産主義者が至る所に ──「おれの便器の中」にも ── 潜んでいると思っていると歌って協会を風刺した。

　協会の熱狂ぶりと誇大妄想は、歴史学者リチャード・ホフスタッター（1916～1970）の関心も引いた。ホフスタッターは、雑誌『ハーパーズ・マガジン』に掲載した1964年の有名な評論の中で、陰謀説を訴えるジョン・バーチ協会のレトリックはアメリカ政治の長い伝統を引き継ぐものであり、彼はこれを「パラノイア（誇大妄想）スタイル」と呼んだ。

　1965年以降に共和党は、協会の指導者たちの極論やひどくなる一方の愚論から距離を置くようになった。協会は、今も反国連・反税制を唱える団体として存続しているが、その影響力ははるかに小さくなっている。

〔 豆 知 識 〕

1. バーチの両親は、協会の終身名誉会員に任じられた。
2. 表向きは自由を守ると言いながら、ジョン・バーチ協会は公民権運動に反対していた。公民権団体を共産主義者の手先と思っていたからだ。
3. 協会員たちは、ドワイト・D・アイゼンハワー大統領（1890～1969）にとりわけ強く反対していて、一部の協会員は、彼を共産党の秘密工作員ではないかと疑っていた。

202 スポーツ｜サンディ・コーファックス

大活躍した5年間に限れば、サンディ・コーファックス（1935〜）は史上最も圧倒的なピッチャーだったと言えるだろう。1962年から1966年のあいだに、このロサンゼルス・ドジャースの左腕は111勝34敗の成績を上げ、防御率2.02を記録した。この5年間でコーファックスは、ナショナル・リーグの最優秀選手（MVP）に1度選ばれ、サイ・ヤング賞を3度受賞し、3シーズンで25勝以上を上げ、チームの2度のワールドシリーズ制覇に貢献し、ノーヒットノーランを、1965年の完全試合を含めて4度達成した。

◆

ピッツバーグ・パイレーツの強打者ウィリー・スタージェル（1940〜2001）は、「彼の球を打つのはフォークでスープを飲むようなものだ」と言った。

コーファックスがメジャーリーグで過ごした最初の6シーズンは、1960年代の大活躍を予感させるものではなかった。1955年から1960年の成績は36勝40敗、防御率4.10で、制球に難があった。しかし、速球ではなくストライクを投げることに集中するようになってからは、歴史に残る大投手になった。

最も活躍したのは1965年シーズンで、この年の最終成績は26勝8敗、防御率2.04、奪三振は新記録となる382だった。サイ・ヤング賞を受賞し、ワールドシリーズではドジャースがミネソタ・ツインズを破るのに貢献してシリーズMVPに選ばれた。また、ユダヤ教徒だった彼は、ワールドシリーズの第1戦がユダヤ教で最も神聖な祭日ヨム・キプル（贖罪の日）に当たったため登板を拒否し、ユダヤ人コミュニティーの一大ヒーローになった。

コーファックスの成績は、彼が最後の2シーズンは強烈な痛みに耐えていたことを考えると、そのすばらしさが際立ってくる。左肘の外傷性関節炎に苦しみながらも、2シーズンとも勝利数・防御率・奪三振数でメジャーリーグ最高の成績を上げた。

しかし1966年シーズンが終わるとコーファックスは医師たちから、関節炎は非常に悪化しており、このまま投手を続けたら左腕を失うことになると言われた。そのため全盛期にありながら、彼は現役を引退した。

その後のコーファックスは、有名人ながら人前には出たがらず、短期間テレビで野球解説者を務めた以外、人々の前に現れることはなかった。ドジャースとニューヨーク・メッツで指導者を務めたこともある。

豆 知 識

1. 彼は、出生時の名前はサンフォード・ブラウンだったが、サンディが9歳のとき、すでに離婚していた母がアーヴィング・コーファックスという人物と再婚し、それで名前が変わった。
2. 世間一般には、1965年のワールドシリーズ第1戦でコーファックスは登板せずにヨム・キプルの礼拝に出席したと思われている。しかし伝記作者ジェーン・リーヴィーによると、実際にはその日の夜、彼はひとりホテルの部屋で過ごしていた。
3. 彼は1972年に野球殿堂入りを果たした。選ばれたときは、史上最年少の36歳だった。

203 大衆文化 ｜ エド・サリヴァン

テレビの長寿バラエティ番組の司会兼プロデューサーだったエド・サリヴァン（1901〜1974）は、20年にわたりアメリカ随一のスター発掘の名人として番組を進行し続けた。才能を見抜く鋭い目を持っていたサリヴァンは、コロコロと変わる視聴者の好みに常に敏感に反応し、ビートルズなど多くのトップスターをアメリカの視聴者に紹介した。

◆

　サリヴァンは、1919年に新聞記者としてスタートし、最初は『ハートフォード・ポスト』でスポーツ記者を務め、その後1927年にニューヨークの『イヴニング・グラフィック』へ移った。2年後に劇場欄を担当するようになり、やがてサリヴァンは、エンターテインメントとゴシップの分野で名コラムニストのウォルター・ウィンチェル（1897〜1972）と肩を並べるほどの一流ライターになった。1948年、テレビ局CBSがサリヴァンを司会に起用して、新たなバラエティ番組『トースト・オヴ・ザ・タウン』を開始した。毎週日曜の夜に放送された番組は、やがて『エド・サリヴァン・ショー』と名前を改め、多くの芸能人がこの番組でアメリカでのテレビ・デビューを果たした。そうした出演者には、オペラ歌手マリア・カラス（1923〜1977）、舞踏家ルドルフ・ヌレーエフ（1938〜1993）、腹話術師でコメディアンのセニョール・ウェンセス（1896〜1999）などがいた。ビートルズが1964年に初登場したときは、7000万人以上という記録的な数の視聴者が番組を見た。サリヴァンは、自分にカリスマ性がないことを自覚していたので、物まね芸人をたびたび番組に呼んで自分のこわばった姿勢や堅苦しい言い回しを笑いのネタにさせていた。また、一流のパフォーマーに出演してもらうためギャラを気前よく払い、そのためなら自分の出演料を削ることもあった。さらにサリヴァンは、才能を見る目に強い自信を持っており、南部のスポンサーからアフリカ系アメリカ人を番組に出演させることについて当初懸念が示されても、意に介さなかった。放送初期にサリヴァンは、キャブ・キャロウェイ（1907〜1994）、カウント・ベイシー（1904〜1984）、ナット・キング・コール（1919〜1965）らを出演させており、これについて後に番組は自分の予想どおり南部でも人気を維持したと述べている。『エド・サリヴァン・ショー』は、1971年に突然打ち切られた。番組の予算が高額だったのに加え、視聴者の年齢層が上がって視聴率が徐々に落ちてきたのが原因だった。しかし、全国規模での文化的審判者となり、ハイカルチャーや大衆文化を、世代をまたいで視聴者に伝えたという点で、この番組の右に出るものはいまだに現れていない。

―――――――――― 豆 知 識 ――――――――――

1. 舞台に立つサリヴァンのモゴモゴと話す堅苦しい態度と、ゲスト出演者を中心とした番組作りは、評論家からの辛辣な言葉や、好意的なからかいの言葉を受けた。コラムニストのハリエット・ヴァン・ホーン（1920〜1998）は、サリヴァンが成功したのは「個性があったからではなく、個性がなかったから」だと述べている。また、番組にたびたび出演していたコメディアンのフレッド・アレン（1894〜1956）は、サリヴァンの成功は「ほかに才能を持った人がいる限り」続くだろうと言った。

2. ドアーズは、1967年に番組に出演してヒット曲「ハートに火をつけて」を演奏することになったが、事前に番組関係者から、「Girl, we couldn't get much higher（なあ、もうこれ以上ハイになれない）」という歌詞はドラッグを連想させるので変更するよう言われ、承諾していた。しかし、生放送でオリジナルの歌詞のまま歌い、そのためバンドは以降この番組に出演禁止となった。同年ローリング・ストーンズが出演したときは、もっとスムーズだった。「夜をぶっとばせ」のコーラス部分「Let's Spend the Night Together（夜を一緒に過ごそうぜ）」を「Let's spend some time together（時を一緒に過ごそうぜ）」に変更するよう言われて、そう歌ったが、ボーカルのミック・ジャガー（1943〜）は、コーラス部分に来ると、抗議の意味を込めて、カメラの前で目をむいて、あきれた顔をしてみせた。

204 人物 ｜ チャールズ・マンソン

チャールズ・マンソン（1934～2017）は、自らの手で誰かを殺したわけではないが、20世紀で最悪の大量殺人者のひとりと考えられている。彼は、若い女性が過半数を占めていたカルト教団マンソン・ファミリーのカリスマ的な教祖だった。1969年8月、彼は教団のメンバー数人に指示して、テート＝ラビアンカ殺害事件と呼ばれる恐ろしい連続殺人を実行させた。

◆

彼の信者に殺されたのは合計7人で、これには著名な映画監督ロマン・ポランスキー（1933～）の妻で女優のシャロン・テート（1943～1969）も含まれていた。マンソンと、「ファミリー」のメンバー3名は、1971年に殺人と共謀の罪で有罪となり、死刑が宣告された。彼らの奇怪な裁判は国民の注目を集め、カリフォルニア史上最も長く、最も経費のかかった裁判となった。1972年2月にカリフォルニア州最高裁判所が死刑を廃止し、そのためマンソンら4人に言い渡された死刑は自動的に終身刑に減刑された。

マンソンは、生い立ちに問題が多かった。彼は未婚の母から生まれ、自分の父親が誰か、まったく知らなかった。23歳になった時点で、17年間を少年院と刑務所で過ごしていた。1967年に刑務所から釈放されると、サンフランシスコに移り、そこでヒッピー文化の洗礼を受けた。

哲学を語り、ギターを奏でるマンソンは、すぐに若い女性12人と若い男性6人ほどの信者を集めた。信者となった者たちも、多くが彼のように社会から見捨てられた孤独な若者たちだった。伝えられるところによると、マンソンは人種間戦争が迫っていると思い込んでおり、その戦争を、ビートルズが1968年に発表した曲のタイトルを取って「ヘルター・スケルター」と呼んでいた。

彼は、ファミリーが殺人を犯せば、それが黒人の仕業とされ、人種間戦争が始まるだろうと思っていた。来るべき戦争に備えるためファミリーを1968年にネヴァダ州の砂漠地帯に移していた彼は、その地で1969年10月に盗品所持の容疑で逮捕された。その2か月後、テート＝ラビアンカ殺害事件で告発された【訳注／マンソンは2017年、刑務所で病死した】。

┌─────┐
│ 豆 知 識 │
└─────┘

1. 彼の裁判に大衆の注目が集まった理由のひとつは、殺害の状況にあった。犠牲者のうち5人は刃物で16回以上刺されており、ポランスキーの友人ヴォイツェフ・フリコフスキ（1936～1969）は刺し傷が51か所あった（さらに、銃で2度撃たれ、頭部を13回殴られていた）。
2. 殺人犯たちは、殺害現場の壁や家電製品に血でビートルズの曲に関する言葉を書き残していて、「ヘルター・スケルター」のつづりを間違えた「healter skelter」のほか、1968年の曲「ピッギーズ」から取った「pig」が記されていた。マンソンはビートルズに夢中で、特に1968年のアルバム『ザ・ビートルズ』（通称『ホワイト・アルバム』）に取りつかれていた。
3. マンソンの裁判はまったく奇怪なものだった。あるときマンソンは、先をとがらせた鉛筆を振り回し、チャールズ・ハーマン・オールダー判事（1917～2006）に向かって被告席越しに突き出した。またあるときには、マンソンは陪審員たちに向かって、ニクソン大統領はマンソンが有罪だと確信していると書かれた新聞の見出しを見せびらかした。

205 文学 | アイン・ランド

アイン・ランド（1905〜1982）は、熱心なファンと同じ数ほど誹謗中傷する者が多いが、20世紀のフィクションで最も大きな影響を残した人物であるのは間違いない。彼女は在野の重要な哲学者でもあり、彼女が唱えた成果主義的な世界観は、批判する声も多いものの、彼女を支持する読者の多くに共感を与えた。

◆

ランドは、ロシアのサンクトペテルブルク出身で、同市の大学で学んでいたとき、アリストテレス（前384〜前322）、トマス・アクィナス（1225頃〜1274）、フョードル・ドストエフスキー（1821〜1881）、フリードリヒ・ニーチェ（1844〜1900）など、主要な西洋思想家たちの著作をむさぼるように読み、そうした著作について明確な考えを持つようになった。1926年にアメリカへ渡ると、一時期ハリウッドで持ち込み脚本の下読み係を務めた後、執筆に取り組み始め、初めは映画のシナリオを書き、次に戯曲を書き、その後に最初の長編小説を書いた。

ランドの評価は、彼女が「オブジェクティヴィズム」と呼んだ自身の哲学の諸理念を示したふたつの大作——『水源』（1943年）と『肩をすくめるアトラス』（1957年）——によるところが大きい。『水源』は、有能な若き建築家が主人公で、周囲の期待に合わせたり自分の抱く基準を下げたりするのを拒否したため、当初は苦労するが、最終的に成功するという内容だ。

それに対して『肩をすくめるアトラス』は、発明家・芸術家・実業家が、自分たちの努力を社会が認めもしなければ正当な報酬を与えもしないため、「心のストライキ」を組織して社会を捨てた結果、アメリカが崩壊していく様子を描いている。

両作品、特に『肩をすくめるアトラス』では、オブジェクティヴィズムの諸原理が明確に示されている。ランドの信条を一言でまとめれば、人類の理性能力は途方もない成果をもたらすことができるのだから、個人には、自分に与えられた才能を使って成果・利益・自己改革を目指して努力する義務があり、それによって個人の幸福が得られるのだというものだった。

何人もの読者がランドの教えからインスピレーションを受けたが、多くの人は、彼女の独断的なエゴイズムと、一見すると伝統的なユダヤ・キリスト教的価値観である隣人愛と無私無欲に反対するかのような態度に反感を抱いた。いずれにせよ、ランドの小説は非常に多くの人に読まれ、現在までに世界中で合計2200万部以上売れている。

豆知識

1. 出版社モダンライブラリーが、読者に20世紀の傑作小説100冊を投票してもらったところ、『肩をすくめるアトラス』が1位に、『水源』が2位に選ばれた。
2. 『水源』は、12社に出版を断られ、最終的にインディアナ州にあるボブズ＝メリル社が1943年に出版を引き受けた。以来同書は600万部以上売れている。
3. ランドはオブジェクティヴィズムを、「人間を、自分の幸福が人生の道徳的目標であり、生産的な成果を上げることが最も高貴な活動であり、理性が唯一絶対なものだと考える、英雄的存在と見なす思想」だと説明している。

206 音楽 ｜ ビートルマニア

　アメリカでは、1963年の12月になるまで、イギリスのポップス・バンド、ビートルズの名を聞いたことがある人はほとんどいなかった。しかし同月、ワシントンDCに住む中学3年生マーシャ・アルバート（1948〜）が、地元ラジオ局に、このバンドの曲「抱きしめたい」のリクエスト葉書を出した。ラジオ局のDJはイギリスからの輸入盤を入手し、1963年12月17日にレコードをかけた。

◆

　この転機となったワシントンでの初放送から数日で、アメリカはすっかりビートルマニア（ビートルズ熱）の虜になった。シングルレコードを出してほしいというファンやラジオ局からの要望がレコード会社に殺到し、それに押されて会社は「抱きしめたい」を12月26日にアメリカでリリースした。レコードは、わずか3日のうちに全米で25万枚売れた。

　ビートルズ人気が突然沸騰したのは、ジョン・F・ケネディ大統領（1917〜1963）の暗殺事件から1か月になるかならないかのころで、こうした現象は前代未聞の出来事だった。

　ビートルズが1964年2月から全米ツアーをすることになり、ニューヨークの改名間もないジョン・F・ケネディ空港に降り立つと、そこには数えきれないほどの10代の少女たちが金切り声を上げながら待っていた。

　2日後『エド・サリヴァン・ショー』に初出演したが、彼らの演奏は歓声でかき消された。ビートルズは、イギリスの都市リヴァプールで1950年代後半に結成された。メンバーは、ギターのジョン・レノン（1940〜1980）、同じくギターのジョージ・ハリスン（1943〜2001）、ベースのポール・マッカートニー（1942〜）、ドラムスのリンゴ・スター（1940〜）の4人だ。エルヴィス・プレスリー（1935〜1977）やチャック・ベリー（1926〜2017）などアメリカのロックスターたちの影響を受けて制作されたファースト・アルバムは、アップビートなラブソングが中心で、10代のファンを虜にした。彼らがアメリカで成功したのをきっかけに、アメリカ文化へのいわゆるブリティッシュ・インベージョンが始まり、ローリング・ストーンズなど多くのイギリスのバンドが大西洋を渡った。

　しかし3年後、ビートルズは熱狂的なファンに嫌気が差し、ツアーを永遠にやめてしまう。1960年代後半には、サウンドをがらりと変えてスタジオ・アルバムを次々と出し、「ルーシー・イン・ザ・スカイ・ウィズ・ダイアモンズ」（1967年）のような斬新なサイケデリック調の曲や、「ホワイル・マイ・ギター・ジェントリー・ウィープス」（1968年）といった悲しいバラードなど、ビートルマニア時代の熱狂的なラブソングとは異なるナンバーを発表した。

豆知識

1. 雑誌『ローリング・ストーン』は、2004年にビートルズを史上最も偉大なロックアーティストの第1位に選んだ。
2. デッカ・レコードの新人発掘担当重役ディック・ローは、1962年にビートルズとのレコード契約を断った際、バンドのマネジャーに「ギター・バンドはもう流行らない」と告げたと言われている。この判断ミスを挽回するかのように、彼は翌年ローリング・ストーンズと契約した。
3. ビートルズがCBSの『エド・サリヴァン・ショー』に初出演したとき、約7700万人が番組を見た。この視聴者数は、当時のアメリカの人口の40パーセントに当たる。

207 映画 | シドニー・ポワチエ

　黒人俳優がハリウッドに受け入れられるようになる上で、シドニー・ポワチエ（1927〜）ほど大きなインパクトを与えた俳優はいなかった。人種差別を真正面から扱った映画に数作出演したことで、ポワチエは成功したハリウッド俳優としての地位を —— 自分のためだけでなく、すべてのアフリカ系アメリカ人俳優のためにも —— 築くことができた。彼は黒人の男性俳優として初めてアカデミー賞の主要部門にノミネートされ（1958年の『手錠のまゝの脱獄』）、初めて主演男優賞を受賞（1963年の『野のユリ』）した人物だった。

◆

　両親が自宅のあるバハマから商用でマイアミへ向かう途中の船で生まれたポワチエは、幼少期をバハマで過ごし、10代のときアメリカにやってきた。舞台で俳優としてのキャリアを積み始め、『復讐鬼』（1950年）で映画デビューした。

　映画『暴力教室』（1955年）で悩みを抱える高校生を演じて注目されると、『手錠のまゝの脱獄』で初めて高く評価された。この映画では、トニー・カーティス（1925〜2010）と手錠でつながれたまま逃亡する囚人を演じ、ふたりが生き延びるためには互いに相手を受け入れることを学ばなくてはならない状況を好演した。

　アカデミー賞を取った『野のユリ』は、ポワチエ演じる失業中の建設労働者ホーマー・スミスが、東ドイツから来た修道女たちと出会い、彼女たちの教会建設を手伝うというストーリーだ。ポワチエが最大の成功を収めたのは1967年で、この年に彼は『いつも心に太陽を』『夜の大捜査線』『招かれざる客』に出演した。

　ほとんどの批評家たちは、『夜の大捜査線』がポワチエの最高傑作だと評している。同作で彼は、ミシシッピ州の小さな町で起きた殺人事件の捜査のためフィラデルフィアからやってきた殺人課の刑事ヴァージル・ティッブスを演じている。ティッブスは、地元の警察署長ビル・ギレスピー（演じるのはロッド・スタイガー）と協力しなくてはならず、そのためふたりは人種に対する自分の考えを見直さなくてはならなくなる。この映画はアカデミー賞を作品賞や主演男優賞（スタイガー）など5つの部門で獲得したが、ポワチエはノミネートすらされなかった。

　その後ポワチエは、ハリウッドの名優スペンサー・トレイシー（1900〜1967）とキャサリン・ヘプバーン（1907〜2003）が主演した、人種間の関係を掘り下げた作品『招かれざる客』に出演した。1970年代に入ると、ポワチエは俳優業よりも監督業に専念し、1977年以降、長編映画には数作にしか出ていない。

豆知識

1. ポワチエの監督した映画は9本で、そのひとつにリチャード・プライヤー（1940〜2005）とジーン・ワイルダー（1933〜2016）が出演した『スター・クレイジー』（1980年）がある。この映画はその後20年間、黒人監督が撮った中で興行収入が最も多い映画だった（興行成績は1億100万ドル）。
2. 『夜の大捜査線』後、彼は『続・夜の大捜査線』（1970年）と『夜の大捜査線／霧のストレンジャー』（1971年）でもヴァージル・ティッブス役を演じた。
3. 2001年、ポワチエは「スクリーンにおける卓越した演技と類のない存在感により」アカデミー名誉賞を授与された。

208 思想と社会 ｜ 非暴力抵抗運動

　1959年、公民権活動家マーティン・ルーサー・キング・ジュニア（1929～1968）はインドを訪れ、インド独立運動の指導者モハンダス・ガンディー（1869～1948）の遺族と面会した。キングは、この旅で深い感銘を受け、非暴力抵抗運動で不正と戦うという方針の効力について、それまで抱いていた信念の多くをいっそう強めた。

◆

　キングはアメリカに戻ると、黒人の平等権を求める運動にガンディーが用いていた市民的不服従の方法をいくつも取り入れ、非暴力をアメリカ公民権運動の思想的基盤のひとつとした。

　キングはガンディーだけでなく、19世紀アメリカの作家ヘンリー・デイヴィッド・ソロー（1817～1862）の思想からも影響を受けていた。ソローは、アメリカが対メキシコ戦争を開始したことに抗議して1849年に評論『市民的不服従』を書いた人物である。

　煎じ詰めて言えばガンディーとキングは、非暴力抵抗運動の方が、武力に訴えて社会変革を強制するよりも究極的には効果的な戦略だと思っていたのである。

　キングは、象徴的な非暴力的手段を通して人々の目を不正に向けさせることで、大衆の支持を差別反対へと向かわせることができると信じていた。ガンディーが反英闘争で断食・平和行進・ボイコットを駆使して成功を収めたことは、キングら公民権運動のリーダーたちの励みとなった。

　公民権運動で実践された特に有名な戦術の多くは、例えば1955年にモントゴメリーで実施したバス・ボイコット運動や、1963年のワシントン大行進のように、非暴力的に抗議するという決意を反映していた。主要な公民権運動グループのひとつ学生非暴力調整委員会（SNCC）は、1960年に結成され、人種分離が行なわれていた南部で座り込みや、デモ、フリーダム・ライド（人種差別撤廃を求めて公共交通機関で巡回する活動）を組織した。

　キングの予想どおり、1963年にアラバマ州で非暴力的な抗議活動をしていた人々が白人警官に容赦なく殴られ、警察犬に襲われる様子がテレビで放映されると、それを見た視聴者は激怒し、これにより世論は黒人差別反対へと変わっていった。

豆 知 識

1. ガンディーの誕生日である10月2日は、国連によって国際非暴力デーに定められている。
2. キングは1964年にノーベル平和賞を受賞した。
3. SNCCの活動家だったジョン・ルイス（1940～）は、後にジョージア州アトランタの連邦下院議員に選出された。

209 スポーツ ｜ ペレ

　ペレ（1940〜）は、史上最も偉大なサッカー選手だと多くの人から考えられている。ブラジル代表チームで92試合プレーして77ゴールという驚異的な数の得点を決め、ブラジルのワールドカップ３度優勝に貢献した。また、意外に思われるかもしれないが、ペレは1970年代半ばにニューヨークのプロチームに移籍して、アメリカでサッカーを人気の観戦スポーツにするのにも一役買った。

◆

　貧しい家に生まれたエドソン・アランテス・ド・ナシメントことペレは、1956年に16歳でブラジルのクラブチーム、サントスに入団した。彼の活躍でサントスは世界で最も有名なサッカーチームになり、クラブには世界中から親善試合のオファーが殺到した。

　しかし、ペレが世界的に真に有名になるのは、ブラジル代表のメンバーとして1958年のワールドカップに出場したときだ。17歳だったペレは決勝トーナメントで大活躍し、準々決勝で１ゴール、準決勝で３ゴール、決勝で２ゴールを決め、ブラジル初のワールドカップ制覇に貢献した。

　1962年と1966年のワールドカップでは満足のいくプレーはできなかったが、最後の出場となった1970年大会では、ペレは自分が史上最高のプレーヤーであることを証明してみせた。彼は期待を裏切らず、イタリアとの決勝戦では１ゴールを決めて、ブラジル史上最高と言われた代表チームを、再びワールドカップ優勝に導いた。

　ペレの名声が絶頂だった時代、世界で彼と肩を並べるほどの人気があったスポーツ選手は、ボクサーのモハメド・アリ（1942〜2016）しかいなかった。ペレは、ピッチ上でのアクロバティックにして優雅な動きで有名で、その動きは重力も年齢も感じさせないほどだった。

　ペレは1974年にサントスで引退したが、その翌年、引退を撤回して北米サッカーリーグ（NASL）のニューヨーク・コスモスと３年契約を結んで現役復帰し、サッカー界を驚かせた。ペレが加入したことで、NASLの観客者数は1975年に80パーセント増えた。２年後、彼はコスモスをリーグ優勝に導くと、本当に引退した。

　以後、ペレはサッカーの親善大使となり、ブラジルのスポーツ大臣を務め、世界各国のさまざまな企業のCMに出演している。1999年、国際オリンピック委員会はペレを20世紀の最優秀アスリートに選出し、サッカーの国際統括団体である国際サッカー連盟は、2000年にペレを最優秀サッカー選手に選んだ。

豆 知 識

1. ペレというニックネームは、ブラジル南東部でサッカーをしていた貧しい少年時代につけられたものだが、その正確な由来はよく分かっていない。
2. ペレは、ワールドカップ制覇に３度貢献した最初の選手だった（ブラジルは1962年にも優勝しているが、このときペレは２試合に出場しただけで、残りの試合は足の怪我のため欠場した）。
3. ペレのワールドカップでの通算得点は12点である。

210 大衆文化 ｜ ミニスカート

1968年、アフリカの旧フランス植民地コンゴ共和国の警察は、首都ブラザヴィルとその周辺で一斉検挙を実施した。警察のターゲットは、法律で禁じられていたミニスカートを着用している300人の少女たちだった。

◆

ロンドンの路上を歩くミニスカートをはいた女性たち

　ミニスカートは、1964年に発表されるや、1960年代半ばに世界中を席巻して、保守的な人々を憤慨させ、一部の人は、これを時代の道徳規範が急速に変化していく前兆と感じ取った。ミニスカートは、膝上15〜18センチまでしかなく、それまで見せてはいけないと考えられていた体の部分を露出させるものだった。

　最初のミニスカートをデザインしたのは、ファッションデザイナーのアンドレ・クレージュ（1923〜2016）とマリー・クワント（1934〜）だと考えられている。クワントのミニスカートは、特にイギリスで流行し、当時ロンドンで最先端の流行発信地域だった場所の名を取ってチェルシー・ルックと呼ばれていた。

　ジャーメイン・グリア（1939〜）やグロリア・スタイネム（1934〜）ら多くのフェミニズム運動家たちは、ミニスカートを若さと女性解放のシンボルとして擁護した。実際、ギャラップ社が1970年に実施した世論調査によると、若い女性の51パーセントがミニスカートを好んでいたのに対し、50歳を超える女性では、その割合はわずか5パーセントだった。

　しかし、当然と言うべきか、ミニスカートは激しい反発を招いた。コンゴでの一斉検挙のほか、ローマ・カトリック教会の枢機卿は、ミニスカートを「挑発的で恥知らず」だと非難した。アフリカのマラウイでは、政府によって、ミニスカートをはく外国人女性を「彼女たちが地元住民を堕落させないうちに」国外追放にする命令が承認された。ベネズエラの教会は、女性にもっと上品な衣服を着用するよう戒め、「さもなければ地獄に落ちる」と警告した。イラクでは、ミニスカートが全面的に禁止された。

　だが、反抗の象徴だったミニスカートも、やがて誰もが身につけるようになると、次第に流行は下火になっていった。実際クワント本人も、1970年に新商品を発表したときミニスカートは過去のものになったと宣言した。「ミニスカートは、女性は伝統に縛られないことを証明するという目的を果たしました。そのことは、今では受け入れられています」と彼女は言い、こう述べた。「わたしたちは、元の状態に戻っていいのです」

┌─── 豆 知 識 ───┐

1. ミニスカートが大々的に流行したのは、当時イギリスのスーパーモデルだったジーン・シュリンプトン（1942〜）がはき始めたのがきっかけだった。
2. 1960年代後半から1970年代前半には、ミニスカートに続いて、丈が10センチにも満たないようなマイクロスカートが登場した。
3. ドワイト・D・アイゼンハワー（1890〜1969）は、大統領退任後の1967年、大学の卒業式の祝辞でミニスカートを美的観点から批判した。アイゼンハワーいわく、「足首は、たいていすっきりしていて見た目もよいが、膝は、たいていそうではない」。

211 人物 ハワード・コーセル

その全盛期、ハワード・コーセル（1918〜1995）は、アメリカで最も愛されると同時に最も憎まれたスポーツキャスターであり、最も率直で最も有名なキャスターだった。1960年代と1970年代のスポーツキャスターたちの多くとは異なり、彼は舌鋒鋭く、博識で、番組内でも番組外でも横柄だった。本人いわく、「わたしはありのままに話す」のだった。

◆

しかも、話す内容だけでなく、話し方も独特だった。特徴的な鼻にかかったブルックリンなまりで畳みかけるように話し、すべての単語のすべての音節を、まるでシェイクスピアを朗読するかのように、はっきりと発音した。テレビで活躍した30年のキャリアで、コーセルはボクシングの試合を実況し、オリンピックを担当し、毎週唯一全米中継されるアメフトの試合『マンデーナイトフットボール』の解説をして有名になった。また、ボクシングのヘビー級チャンピオン、モハメド・アリ（1942〜2016）と放送を通じて親交を深めたことでも知られている。コーセルは批判を一身に浴びることも多かったが、それは彼が議論の分かれる問題について、特にそれが不正や人種差別だと感じられた場合、自身の道徳的立場を明確にしたからだった。

彼は、次のように言ったと伝えられている。「横柄で、尊大で、嫌われ者で、虚栄心が強く、冷酷で、おしゃべりで、自己顕示欲が強い。わたしは、ずっとそんなふうに呼ばれてきた。もちろん、すべてそのとおりだ」

コーセルは、大学で法律を学んで弁護士になったが、1956年に弁護士業をやめ、テレビ局ABC専属のスポーツ解説者になった。コーセルはABCの番組『ワイド・ワールド・オブ・スポーツ』のボクシングを担当し、たびたびアリにインタビューした。ふたりは、文化的背景こそまったく違っていたが、実に馬が合い、友人になった。1967年にアリが宗教的理由から軍への入隊を拒否してタイトルを剥奪されたとき、コーセルは彼を弁護した。1970年、ABCスポーツの重役ルーン・アーリッジ（1931〜2002）が、『マンデーナイトフットボール』の解説チームにコーセルを加えるという決断を下して議論を呼んだ。この決定は大成功となり、コーセルは多くの視聴者を引き寄せ、プロスポーツをテレビのゴールデンタイムで視聴率を取れるコンテンツに変えるのに一役買った。

やがてコーセルは、ボクシングで暴力と腐敗が横行するのに嫌気が差し、1982年にボクシングの解説をやめた。翌年には、14年間続けた『マンデーナイトフットボール』からも去った。1985年にコーセルが回顧録『わたしは試合経験がない』を出版すると、ABCは、同書に番組で一緒だった同僚への批判が含まれていたことから、コーセルを全番組から降板させた。1992年、彼は最後まで担当していたふたつのラジオ番組も降り、放送業界から完全に去った。その後、心臓塞栓症により77歳で亡くなった。

豆知識

1. コーセルは映画やテレビドラマに何度かカメオ出演している —— 映画のうち2本はウディ・アレン（1935〜）作品 —— ほか、テレビのバラエティ番組『サタデー・ナイト・ライブ』で1度だけ司会を務めたこともある。
2. かつて雑誌『TVガイド』のアンケートで、彼はアメリカで最も好感度の高いスポーツキャスターと、最も好感度の低いスポーツキャスターに、同時に選ばれたことがある。
3. スポーツ界に入る以前、コーセルはニューヨーク大学ロー・スクールの法律評論誌で編集委員を務めていた。

212 文学 | J・R・R・トールキン

　長編ファンタジー小説『ホビットの冒険』（1937年）と『指輪物語』（1954〜1955年）によって、J・R・R・トールキン（1892〜1973）は誰もが知る有名人となり、現代で最も愛されているフィクション作家のひとりになった。文学評論家の中には、トールキンの作品を詰め込み過ぎで長ったらしいと酷評する者もいるが、彼の小説は20世紀で屈指の人気を誇るフィクションであり、ファンタジー文学というジャンルを大きく育てるのに貢献した。

◆

J・R・R・トールキン

　1892年に南アフリカで生まれたトールキンは、少年時代をイギリスで過ごし、オックスフォード大学で学んだ後、同大学のアングロサクソン語とアングロサクソン文学の教授になった。この教授時代に、創造的な一面を発揮して、架空の言語をいくつか一から作り上げた。その後、これらの言語を基にして完全に架空の世界 —— 彼はこれを「中つ国」と呼んだ —— を創造して住民を住まわせ、その世界の広範囲にわたる綿密な神話的歴史を書いた。こうした空想上の言語や神話から、トールキンの物語は生まれた。

　『ホビットの冒険』は、トールキンがもともと子供向けの作品として書いたものだ。物語に出てくるホビットとは、中つ国の農村地帯であるホビット庄（シャイア）に住む小柄で友好的な種族のことである。ホビットをはじめ、エルフ、ドワーフ、竜、魔法使いたちが登場する魅力的な世界は読者の人気を博し、トールキンの出版社は続編も売れるだろうと確信した。そうして生まれたのが『指輪物語』だ。これは全3巻の非常に長くて複雑な物語で、『ホビットの冒険』よりもはるかにシリアスで大人向けの内容になっている。

　『指輪物語』は、他のファンタジー小説と明らかに違っているが、それは架空世界が奥深くて細かい点まで作り込まれていることに加え、作品のテーマ —— 友情、協力、寛容、自然環境への敬意など —— が重厚で読者の共感を得ているからだ。この小説は、2001年から2003年にかけてピーター・ジャクソン監督（1961〜）によって『ロード・オブ・ザ・リング』三部作として映画化された。映画版は、アカデミー賞をいくつも受賞したほか、映画史上最高の興行成績を上げた三部作となり、トールキンの作品を新たな世代が知るきっかけとなった。

豆 知 識

1. 「ホビット（hobbit）」という語は、トールキンが答案を採点中、紙に何となくいたずら書きをしていたときに思いついたものだ。
2. 『指輪物語』が大ベストセラーになった後、有名になったことにすっかり困惑したトールキンは、イギリスの海辺にある町へ引っ越し、電話番号を電話帳に掲載させないようにした。
3. ハードロックバンドのレッド・ツェッペリンは、トールキンの作品からインスピレーションを得て、中つ国の話が出てくる歌を何曲か作った。

213 音楽 | ローリング・ストーンズ

　ローリング・ストーンズは、1960年代前半にロンドンで結成された。それから10年で、イギリスから来た5人の若者は億万長者になり、セックスシンボルとなり、「世界で最も偉大なロックンロールバンド」として国際的な文化の象徴になった。

◆

　当初ストーンズは、主にチャック・ベリー（1926～2017）やサム・クック（1931～1964）などアメリカのミュージシャンの曲をカバーしていた。バンドのオリジナルメンバーであるボーカルのミック・ジャガー（1943～）、ギターのキース・リチャーズ（1943～）、同じくギターのブライアン・ジョーンズ（1942～1969）は、アメリカのリズム・アンド・ブルースから強い影響を受けていた。ビートルズが1964年初めにブリティッシュ・インベージョンを始めると、すぐさまストーンズもイギリス・バンドのアメリカ進出という動きに乗って大西洋を渡り、1964年に初の全米ツアーを実施した。最初の大ヒット曲「サティスファクション」は1965年にリリースされた。ストーンズはビートルズとは対照的に、だらしない格好と、例えば1967年のシングル「夜をぶっとばせ」のような思わせぶりな歌詞とで反逆児のイメージを作り上げた。

　ストーンズは成功を収めたものの何かにつけてビートルズと比較されるのが次第に嫌になり、イギリス出身の両バンドのあいだにはいい意味でのライバル意識が生まれた。バンドのソングライター・コンビだったジャガーとリチャーズが中心となって、ビートルズのソングライター・コンビであるジョン・レノン（1940～1980）とポール・マッカートニー（1942～）に対抗した。ストーンズ4枚目のアルバム──1966年の『アフターマス』──は、オリジナル曲のみで構成されていた。それでも、同アルバムは依然としてアメリカ・ポピュラー音楽の影響を強く受けており、特に収録曲「ゴーイン・ホーム」のようなブルージーな楽曲に、その影響が色濃く表れている。1960年代後半になって曲作りが円熟味を増してくると、ストーンズは、より迫力のあるアルバムをリリースするようになった。この時期の代表的なアルバムには、『ビトウィーン・ザ・バトンズ』（1967年）、『ベガーズ・バンケット』（1968年）、ヒット・シングル「ギミー・シェルター」を収録した『レット・イット・ブリード』（1969年）などがある。

　ビートルズは1970年に解散したが、ストーンズは活動を続け、それは1969年にジョーンズが自宅のプールで死亡しているのを発見された後でも変わらなかった。多くの評論家から最高傑作と評されているアルバム『メイン・ストリートのならず者』は1972年に発表され、さらに1970年代には、ストーンズの代表曲である「ダイスをころがせ」（1972年）、「ムーンライト・マイル」（1971年）、「悲しみのアンジー」（1973年）など、多くの名曲がリリースされた。その後、1978年の『女たち』と1980年の『エモーショナル・レスキュー』で再評価され、特に『エモーショナル・レスキュー』はイギリスとアメリカでチャート1位になった。ストーンズは今もツアーを行ない、新曲の発表を続けている。

豆 知 識

1. ストーンズの有名な舌出しロゴは、よくポップ・アーティストのアンディ・ウォーホル（1928～1987）がデザインしたと言われているが、それは誤解で、本当は美術学生だったジョン・パッシュ（1945～）がデザインした。
2. 2005年にストーンズがリリースしたアルバム『ア・ビガー・バン』には、アメリカの外交政策を批判して再び物議をかもした曲「スウィート・ネオ・コン」が収録されている。

214 映画 | ポール・ニューマン

ポール・ニューマンは突き刺すような青い目とよく知られた端整な顔立ちで、50年以上にわたって映画界を代表する存在だった。しかし単にカッコいいだけではない役を常に求め続けたようで乱暴で問題を抱えた人物 —— アンチヒーローやアウトロー —— を演じることが多かった。

◆

ニューマン（1925～2008）は、イェール大学演劇大学院に進んだ後、俳優養成所アクターズ・スタジオに入り、リー・ストラスバーグの下でメソッド演技法を学んだ。映画『銀の盃』（1954年）でデビューすると、1958年に『長く熱い夜』『左きゝの拳銃』『熱いトタン屋根の猫』に出演してブレークし、『熱いトタン屋根の猫』では初めてアカデミー賞にノミネートされた。

一流スターの地位を確立したのは、『ハスラー』（1961年）で心に葛藤を抱えるビリヤードの達人「ファスト」・エディ・フェルソンを演じてからで、この作品ではパイパー・ローリー、ジョージ・C・スコット、ジャッキー・グリーソンと共演した（ニューマンを含む4人全員がアカデミー賞にノミネートされた）。1960年代から1970年代にかけてのニューマンは『ハッド』（1963年）の主人公や、『暴力脱獄』（1967年）で演じた囚人たちのリーダーなど、アウトサイダーや社会の規範に従わない者が、はまり役となっていた。ちなみにこの両作品で彼はアカデミー賞にノミネートされた。

彼の映画で最も人気があるのは、ロバート・レッドフォードと共演したジョージ・ロイ・ヒル監督の2作品だ。1本目の『明日に向って撃て！』（1969年）は史上屈指の傑作西部劇であり、2本目の『スティング』（1973年）はアカデミー作品賞を受賞した。

その後ニューマンは、『スラップ・ショット』（1977年）、『スクープ・悪意の不在』（1981年）、『評決』（1982年）などの作品で円熟味のある役を演じて新境地を開拓した。また、マーティン・スコセッシ監督の『ハスラー2』（1986年）で「ファスト」・エディ・フェルソンを再び演じ、この2度目のファスト・エディ役により、演技部門で初めてアカデミー賞を受賞した（前年の1986年にアカデミー名誉賞を受賞していた）。ただし評論家のほとんどは、2度目のエディは彼のキャリアで最高の演技ではなかったと考えている。

その後の20年は、映画にそれほど出なくなり、出演しても、『未来は今』（1994年）や『ロード・トゥ・パーディション』（2002年）などのように、強力な脇役を務めることが多かった【訳注／ニューマンは2008年、肺がんのため83歳で亡くなった】。

| 豆 知 識 |

1. ニューマンは、1958年に女優ジョアン・ウッドワード（1930～）と結婚した。ふたりは10本の長編映画で共演し、ニューマンは妻の出演作4本の監督を務めた。そのひとつ『レーチェル　レーチェル』（1968年）は、アカデミー作品賞にノミネートされた。
2. ニューマンは慈善活動に熱心だったことでも知られていた。例えば、自ら食品会社ニューマンズ・オウンを立ち上げ、サラダドレッシングや、ポップコーン、サルサソース、レモネードなどを製造・販売し、純利益2億ドル以上を慈善事業に寄付している。また、難病を抱える子供たちのためのサマーキャンプ場ホール・イン・ザ・ウォール・ギャングをコネチカット州に設立した。
3. ニューマンは、1972年以降プロのオートレーサーとしても活躍し、2008年まで開催されていたチャンプカー・ワールド・シリーズの参戦チームの共同オーナーだった。

215 思想と社会 | 経口避妊薬（ピル）

1960年、アメリカの食品医薬品局（FDA）は、一般向けの経口避妊薬を初めて認可した。経口避妊薬は、毎日服用していれば妊娠を安全に避けられるため、妊娠する時期や妊娠するかしないか自体を、それまでよりはるかに自由にコントロールできるようになり、たちまち多くの女性の人生に重大な変化をもたらした。

◆

有効性のある経口避妊薬の開発を推し進める中心となったのは、マーガレット・サンガー（1879〜1966）という、ひとりの女性活動家だった。サンガーは1916年に初めて産児制限専門の診療所を開き、同年には、性についての基礎知識をまとめた本『すべての娘が知るべきこと』を出版した。

1950年当時、サンガーはすでに創設していたアメリカ産児制限連盟を通じて活動を広げ、コンドームやペッサリーなどの避妊具の完全合法化を求める運動を続けていた。

その一方でサンガーは、もっと有効な避妊法 —— 男性の協力に頼らなくてもよい方法を見つけたいと考えていた。そこで彼女は、女性資産家キャサリン・マコーミック（1875〜1967）の協力を得て、生物学者グレゴリー・ピンカス（1903〜1967）に経口避妊薬の開発資金を提供した。

ホルモン避妊薬というアイディアは、1945年にハーバード大学の内分泌学者フラー・オルブライト（1900〜1969）が初めて唱えたものだ。オルブライト自身は、この発想を深く追究することはなかったが、ピンカスはこれを研究の出発点にした。

数年にわたる実験と臨床試験の結果、ついにピンカスはFDAの認可基準に合う薬の開発に成功した。サンガーとマコーミックにとって、開発成功は生涯の夢が実現したことを意味していた。

しかし、アメリカで避妊が普及するには、さらに6年、待たなくてはならなかった。多くの州が避妊を法律で禁じていたからである。中でもとりわけ法律が厳しかったのがコネチカット州で、同州では「妊娠を妨げる目的で薬物、医薬品、または器具を使用すること」は違法行為だった。1965年のグリズウォルド対コネチカット州事件の裁判で、最高裁はこの法律を無効とし、すべての夫婦が産児制限を行なうことが合法化された —— さらに1972年には、この権利は未婚のカップルにも広げられた。

生涯の夢がかなったサンガーは、グリズウォルド裁判の判決が出た翌年、86歳で亡くなった。

豆 知 識

1. グリズウォルド対コネチカット州事件は、夫婦の避妊を合法化しただけでなく、プライバシー権を憲法で保障された権利として認めた最初の判決でもあった。
2. サンガーが創設したアメリカ産児制限同盟は、後に家族計画連盟という名称の団体になった。
3. サンガーは避妊の主唱者だっただけでなく、選抜育種を人間にも適用させて「優秀な」特徴や人種を広めようとする優生学の支持者でもあった。

216 スポーツ｜モハメド・アリ

彼は世界中で「ザ・グレーテスト（最も偉大な男）」として知られていた。このニックネームはモハメド・アリ（1942〜2016）本人が名乗ったものだが、彼はその正しさをボクシングのリングで証明し、世界ヘビー級チャンピオンに3度輝き、20世紀で屈指の優秀なボクサーたちを相手にタイトルを何度も防衛した。アリが登場する以前、これほどのスキルとカリスマ性を持つと同時に、激動の時代にあったアメリカで批判を浴びるのを承知で自分の政治的・宗教的意見を積極的に —— しかも声高に —— 公言したスポーツ選手は、ひとりもいなかった。

◆

アリは、カシアス・クレイという名でケンタッキー州ルイヴィルで生まれ、少年時代にボクシングを始めた。1960年にはアメリカのオリンピック代表チームに選ばれ、ローマで金メダルを獲得した。その後すぐプロに転向し、ヘビー級で着実にランキングを上げていった。それでも、1964年にヘビー級チャンピオンのソニー・リストン（1932頃〜1970）に勝利したのは、アリいわく「世界を揺るがした」ほどの意外な番狂わせだった。翌日、彼は自分が黒人民族主義組織ネーション・オブ・イスラムの一員になって名前をモハメド・アリに改めたと発表した。

その後アリは1960年代が終わるまで、ヘビー級チャンピオンのタイトルと、社会問題について批判を浴びた自説を守ることに忙しかった。ヴェトナム戦争の最中であった1967年、彼は宗教上の理由から徴兵に応じるのを拒否し、それによって厳しい仕打ちを受けた。チャンピオンのタイトルを剥奪され、禁固5年の有罪判決を受け、どの州からもボクシングのライセンスを認められなかったため3年半ボクシング界から追放された。徴兵拒否をめぐる裁判は最高裁まで行き、最終的に有罪判決は無効とされた。1970年にアリはリングに復帰した。1971年にはチャンピオンベルトを取り戻すべくジョー・フレージャー（1944〜2011）と対戦した。アリは生涯にフレージャーと3度対戦するが、これが最初の対戦だった。この試合にアリは敗れた —— プロに転向して初めての敗戦だった —— が、その後タイトルを獲得した。1978年、アリはレオン・スピンクス（1953〜）に敗れてタイトルを失うが、同年に再戦してタイトルを取り戻し、ヘビー級のタイトルを3度獲得した初めてのボクサーになった。1979年にいったん引退するが、その後カムバックして2戦するものの、どちらの試合でも敗れた。

1984年、アリは運動能力が衰える病気パーキンソン病にかかっていることが判明した。世界中が見守る中、アリは病気によって、トレードマークだった抜群の身体能力と言語能力をむしばまれていった。それでもアリは、人道的な活動のため世界中を飛び回り、1996年のアトランタ・オリンピックでは、開会式で聖火台に火をともし、全世界の注目を浴びた【訳注／アリは2016年に敗血症性ショックにより74歳で亡くなった】。

豆知識

1. アリがボクシングを始めたのは12歳のとき、自転車を盗まれたのがきっかけだった。警察に盗難届を出しに行ったとき、彼は対応してくれた警官に、自転車を盗んだ奴を「やっつけてやりたい」と言った。その警官ジョー・マーティンは地元のジムでトレーナーをやっており、カシアス少年に、やっつけたいなら、まずボクシングのやり方を覚えなくてはダメだと言ったのが、すべての始まりだった。

2. アリの試合には、印象的な通称が付けられたものがいくつかある。1971年ニューヨーク市で行なわれた対フレージャー戦は「世紀の一戦」と呼ばれ、ザイール（現コンゴ民主共和国）のキンシャサで1974年に行なわれた対ジョージ・フォアマン戦は「ランブル・イン・ザ・ジャングル（Rumble in the Jungle）」つまり「ジャングルでの決戦」と呼ばれた【訳注／日本では「キンシャサの奇跡」と呼ばれている】。

217 大衆文化 ｜ ジョニー・カーソン

　1992年5月22日にジョニー・カーソン（1925～2005）がテレビで「本当に心から、おやすみなさい」と告げたとき、視聴者の多くは、深夜番組の司会者ではなく家族の一員を失ったような気がした。それまで30年間、カーソンは長年NBCの人気番組『トゥナイト・ショー』の司会者として、自宅のリビングでくつろぐアメリカ人たちを楽しませてきたからだ。

◆

　アイオワ州とネブラスカ州で少年時代を過ごしたカーソンは、手品に興味を持ち、14歳のとき「グレート・カーソーニ」という芸名でステージに立った —— ちなみに、カーソンはこのグレート・カーソーニを基にして、後に『トゥナイト・ショー』で演じるキャラクターのひとつを作り出すことになる。海軍で軍務に就いた後、1949年にネブラスカ大学を卒業すると、オマハとロサンゼルスのラジオ局やテレビ局で働いた。1954年、カーソンに大チャンスが訪れた。そのころ彼が台本を担当していたコメディアンのレッド・スケルトン（1913～1997）が、生放送の直前に負傷し、代役としてカーソンが番組に出たのである。1962年にジャック・パール（1918～2004）が『トゥナイト・ショー』の司会を降りるとその後任にカーソンが選ばれた。

　カーソンが司会を務め、アシスタント兼アナウンサーのエド・マクマホン（1923～2009）とともに番組を進行させるようになってから、『トゥナイト・ショー』は後続の深夜トーク番組のモデルとなり、カーソンの跡を継いだジェイ・レノ（1950～）も、番組のフォーマットを継承した。番組は毎回、トゥナイト・ショー・バンドが演奏するテーマ音楽で始まり、その後は、カーソンのソロトーク、ショートコント、インタビュー、漫談、そして再び音楽と続く。レノを始め、デイヴィッド・レターマン（1947～）、ジョーン・リヴァーズ（1933～2014）など、多くの芸能人が『トゥナイト・ショー』でキャリアをスタートさせた。芸人にとって、芸を披露した後でジョニーからゲスト席に座ってもいいというゴーサインをもらうことが、チャンスが大きく開けるきっかけになった。カーソンは、ひとりでさまざまなキャラクターを演じて視聴者を楽しませた。そうしたキャラクターには、偏屈なおしゃべりおばさんや、極右活動家フロイド・R・ターボなどがいるが、一番有名なのは、大魔術師カーナックだろう。頭にターバンを巻いたカーソン演じるカーナックが、封をした封筒に入れた質問の答えを「予言」し、その後で封筒を開いて質問を読み上げると、たいてい皮肉の効いたギャグやだじゃれになっているという展開だ。例えばある放送回では、カーソンは「緑の玉」と予言した。マクマホンが「緑の玉？」と尋ね返す。それを聞いたカーソンが、封筒を開いて読み上げたのは、こんな質問だった。「『マペット放送局』のカエルのカーミットが、恋人のミス・ピギーに股間を蹴られて、つぶれたものは？」。カーソンは肺気腫により79歳で亡くなった。

豆 知 識

1. カーソンは、企画中だったテレビのコメディドラマ『ヘッド・オブ・ザ・ファミリー』で台本作家ロブ・ピートリー役の候補に挙げられていたが、ディック・ヴァン・ダイク（1925～）に敗れ、番組のタイトルも『ディック・ヴァン・ダイク・ショー』に変更された。

2. 2005年のドキュメンタリー映画『ザ・貴族（The Aristocrats）』は、何人ものコメディアンに、各自が持ちネタにしている「貴族」と呼ばれる不快なジョークを披露してもらった作品だ。この映画はカーソンに捧げられているが、それは彼がこのジョークのファンだと言われていたからだ【訳注／「貴族」とは、芸人志望の一家が、芸能事務所のオーディションで社会的に許容されない内容のコントを演じ、そのあまりの不快さに審査員が「そのコントのタイトルは何ですか？」と問うと、一家が「貴族です」と答えるというもの】。

218 人物 | ボブ・ウッドワードと カール・バーンスタイン

　このふたりの物語は、ジャーナリズムの歴史で事実は小説より奇なりと呼ぶに何よりふさわしいものだ。1972年6月、ボブ・ウッドワード（1943〜）とカール・バーンスタイン（1944〜）——新聞『ワシントン・ポスト』で地元記事を担当する、互いに顔見知り程度の下っ端記者——は、ワシントン市内のウォーターゲート・ビルにある民主党全国委員会本部で起きた、一見ごく平凡な侵入事件を取材するよう命じられた。

◆

　その後の2年間で、この「三流の侵入事件」について彼らが行なった報道がきっかけでスキャンダルが暴露され、リチャード・M・ニクソン大統領（1913〜1994）の辞任という前代未聞の出来事が起こり、ふたりは20世紀で最も有名なジャーナリストになった。

　彼らが粘り強く続けたウォーターゲート事件報道の衝撃は、大統領の辞職と政権崩壊だけにとどまらなかった。ふたりの活躍により、調査報道が増えてその重要さが認められ、匿名の情報源の利用が広がり（ウォーターゲート事件の調査でカギを握っていたのは、ディープ・スロートと呼ばれた謎の人物だった）、若い世代の作家たちがジャーナリズムを通して真実に迫ろうとするようになった。

　ふたりの報道は、時期的にヴェトナム戦争末期に当たっていたこともあり、国民が抱く国家指導者たちへの皮肉な態度と不信感を増幅させることにもなった。

　ウッドワードとバーンスタインがウォーターゲート事件の報道について1974年に出した共著『大統領の陰謀』はベストセラーとなり、1976年には映画化されてアカデミー賞を受賞した。ふたりは、2冊目の共著『最後の日々』（1976年）を出した後、別々の道を進んだ。

　ウッドワードは、後にアメリカ史上で最大級の成功を収めたノンフィクション作家となり、CIA、最高裁判所、ビル・クリントン（1946〜）やジョージ・W・ブッシュ（1946〜）ら現代の歴代大統領などをテーマに著作を執筆している。『ワシントン・ポスト』には今も在職しており、編集局次長を務めている。

　バーンスタインは、フリーのライターを目指して1976年に『ワシントン・ポスト』を離れたが、出版した本の数は少ない。最新作は、2007年に出版されたヒラリー・ローダム・クリントン（1947〜）の伝記で、執筆に10年を要した。

豆 知 識

1. ディープ・スロートの正体は、アメリカ現代史で最大の謎のひとつだった。事件から30年以上たった2005年に、元FBI副長官のマーク・フェルト（1913〜2008）が、自分がウッドワードの秘密の情報源だったことを公表した。
2. ハリウッドで映画化された『大統領の陰謀』では、ウッドワードをロバート・レッドフォード（1936〜）が、バーンスタインをダスティン・ホフマン（1937〜）が演じた。
3. 2003年にウッドワードとバーンスタインは、1972年から1976年までのウォーターゲート関連書類を、テキサス大学に500万ドルで売却した。

219 文学 『夜』

　エリ・ヴィーゼル（1928〜2016）が半生をつづった短いが強烈な作品『夜』（1958年）は、この100年に書かれた優れた自伝的小説のひとつであり、ホロコーストを取り上げた最も強力な文学作品である。本作により、ヴィーゼルは平和主義と非暴力を訴える人物として国際的に有名になった。

◆

エリ・ヴィーゼル

　『夜』は、ルーマニアの正統派ユダヤ教徒の家に生まれたヴィーゼル少年が1945年の第二次世界大戦終結までに体験した出来事を物語る内容だ。ヴィーゼルの故郷は、戦争が始まってもしばらくはナチの迫害を免れていたが、1944年3月、ついにナチがやってきてユダヤ系の住民を強制収容所へ送り始めた。ヴィーゼル家の全員がアウシュヴィッツ強制収容所へ送られると、彼と父は母と姉妹から引き離され、これが母と妹との永遠の別れとなった。ヴィーゼルは父とともに別の収容所へ送られ、強制労働と非人間的な環境に耐えていたが、父は病気と疲労で1945年1月に死亡した。そのときヴィーゼルは16歳だった。

　その数か月後、連合軍がドイツに勝利し、収容所を解放した。ヴィーゼルはフランスに移ってジャーナリストになったが、強制収容所で目撃したことを書くのは何年も拒んでいた。しかしついに1954年、800ページに及ぶ長大な回想録を書き始めた。1958年、これを大幅に切り詰めて小説に書き換えたのが、『夜』である。

　『夜』は、実体験を書き直したものであると同時に、宗教思想についての書物でもある。全編を通じてヴィーゼルは、ユダヤ教への深い信仰と、この世にナチの強制収容所という、おぞましいものがあった以上、慈悲深い神などというのは存在するはずがないという確信とを、どう両立させるか苦悩している。それと同時に、「そもそもなぜ人類はホロコーストを引き起こしたのか？」「なぜ人類は手遅れになるまで何が起きているのかに気づかなかったのか？」という、現代で最も重要なふたつの倫理的問題の答えを見つけようとしている。

豆 知 識

1. ヴィーゼルは、母と妹がどうなったか、戦後しばらくははっきりと分かっていなかった。後に、ふたりはアウシュヴィッツに到着してほぼすぐにガス室へ送られたことが判明した。
2. 組織的集団殺戮に反対し、非暴力を推進しようとした功績により、ヴィーゼルは1986年にノーベル平和賞を受賞した。
3. ヴィーゼルは『夜』に続けて小説『夜明け』（1961年）と『昼』（1962年）を発表した。どちらの作品もフィクションだが、自伝的な要素を数多く含んでいる。

220 音楽 | モータウン・レコード

モータウン・レコードは、1960年代に大成功を収めたレコード会社のひとつで、多くのアフリカ系アメリカ人ミュージシャンにとってキャリアの出発点となったレーベルだ。デトロイト生まれのソングライター、ベリー・ゴーディ（1929〜）が1959年に設立した会社で、社名はデトロイトのニックネーム「モーター・シティ（自動車都市）」から取った。スモーキー・ロビンソン（1940〜）やスティーヴィー・ワンダー（1950〜）などレーベルの看板スターたちの多くは、デトロイトとその周辺地域の出身だった。

◆

ゴーディは、モータウンでのレコード制作をほとんど何から何までコントロールしていて、シングル制作のための厳しいシステムを設けており、そのためモータウンはヒット・ファクトリー（ヒット製造工場）と呼ばれるようになった。モータウンの若いアーティストたちは、まずダンスから衣装まで、ありとあらゆることについてレッスンを受け、「モータータウン・レビュー」というツアーでスキルを磨いてから、自分のレコードをリリースすることになっていた。楽曲は、レーベルが雇ったプロの作詞家と作曲家 —— 中でも有名だったのが、ラモント・ドジャー（1941〜）、ブライアン・ホーランド（1941〜）、エドワード・ホーランド・ジュニア（1939〜）のトリオ —— が作り、週1で開かれる品質管理会議でゴーディによりリリースするかどうかが決められていた。社長の意見が常に正しいとは限らなかった。例えば当初ゴーディは、マーヴィン・ゲイ（1939〜1984）の代表曲「悲しいうわさ」（1968年）と「ホワッツ・ゴーイン・オン」（1971年）のリリースに反対していた。それでも、このシステムは全体としてうまく機能し、モータウンはナンバーワン・シングルを100曲以上、世に送り出した。

アーティストの中には、ワンダーやゲイのように、ゴーディの厳しい管理に反発する者もいたが、スプリームスなど他のミュージシャンたちはチームの一員として規律を守った。女性3人組のスプリームスは、1960年代に大成功を収めたグループだが、レーベルに所属して最初の2年間はヒットに恵まれなかった。やがてゴーディは、ダイアナ・ロス（1944〜）をリードボーカルに据え、フローレンス・バラード（1943〜1976）とメアリー・ウィルソン（1944〜）をバックコーラスに固定させた。グループ初のナンバーワン・ヒットは「愛はどこへ行ったの」（1964年）だ。その後は「ベイビー・ラヴ」（1964年）、「ストップ・イン・ザ・ネイム・オブ・ラヴ」（1965年）、「恋はあせらず」（1966年）など、ヒットを連発した。

しかし、1967年にホーランド＝ドジャー＝ホーランドのソングライター・トリオがモータウンを離れると、レーベルは勢いを失っていった。スプリームスは、ナンバーワン・ヒットをさらに2曲 —— 1968年の「ラヴ・チャイルド」と1969年の「またいつの日にか」—— 出したが、1970年にロスがソロ活動を開始するため脱退すると、その数年後にグループは解散した。

全盛期を過ぎたモータウンは、1988年、MCAレコードに買収された。

> ### 豆知識
>
> 1. 1981年のミュージカルで、2006年には映画化もされた『ドリームガールズ』は、スプリームスの物語を下敷きにしている。
> 2. ダイアナ・ロスは、ソロシンガーとして成功したのに加え、女優としても活躍し、1972年の映画『ビリー・ホリデイ物語／奇妙な果実』でビリー・ホリデイ（1915〜1959）を演じてゴールデン・グローブ賞を獲得した。
> 3. スプリームスは、連続テレビドラマ『ターザン』に修道女役でカメオ出演している。

221 映画 オードリー・ヘプバーン

　ベルギーで生まれ、オランダで育ち、イギリスで教育を受けたオードリー・ヘプバーン（1929〜1993）は、1950年代と1960年代のハリウッドでヨーロッパのエレガンスと洗練性を体現する存在となり、天性の女性らしさと世界中で通用するファッションは、今なおファンの共感を得ている。『ニューヨーク・タイムズ』の批評家ボズリー・クラウザーの言葉を借りれば、彼女は「スレンダーで、愁いを帯びた、妖精のような美女で、女王らしさと子供らしさが交互に現れる」女性だった。

◆

　少女時代のヘプバーンは、第二次世界大戦でドイツに占領されたオランダでさまざまな苦難を乗り越えた（ヘプバーンは日記を残した少女アンネ・フランクと自分の類似点について、詳しく語ったことがある。ふたりは同い年でどちらもナチ占領下のオランダで不自由な生活を送っていた）。

　戦後、ヘプバーンはロンドンでバレエ学校に通った後、俳優を目指した。イギリス映画に何本か出演し、1951年にはブロードウェイでミュージカル『ジジ』の主演を務めた。翌年、彼女はハリウッドに来た。アメリカでの映画デビュー作が『ローマの休日』（1953年）で、これにより彼女は一夜にしてスターになった。グレゴリー・ペック（1916〜2003）と共演した本作で、彼女は身分を隠したままアメリカ人ジャーナリストと恋に落ちる王女を演じた。彼女がアメリカ人の観客に与えたインパクトは強烈でその年のアカデミー主演女優賞を受賞した。

　彼女が演じた役のうち特に人気が高いのは、田舎娘からマンハッタン社交界の華になった『ティファニーで朝食を』（1961年）のホリー・ゴライトリーと、アカデミー賞を作品賞など8部門で受賞した『マイ・フェア・レディ』（1964年）のイライザ・ドゥーリトルだ。『マイ・フェア・レディ』にヘプバーンを起用したことをめぐっては、当時大いに議論になった。ブロードウェイの舞台ではイライザ・ドゥーリトルをジュリー・アンドリュース（1935〜）が見事に演じていたが、彼女に映画の出演経験がなかったことが響いて、ヘプバーンが選ばれたのである。映画では、ヘプバーンの歌はマーニ・ニクソンに吹き替えられ、そのためヘプバーンはアカデミー賞にノミネートされなかった。皮肉なことに、この年の主演女優賞は、『メリー・ポピンズ』に出演したアンドリュースが獲得した。

　ヘプバーンは1967年に女優業を半ば引退し、大半をスイスで過ごしながら慈善活動に献身的に取り組んだ。1988年からは、ユニセフ親善大使として、亡くなるまで世界各地を訪れた。63歳のとき、結腸がんのため亡くなった。

豆知識

1. 映画でのキャリアを通じてヘプバーンは年上の男性と共演しているが、その大半はハリウッドの超大物スターたちだった。名前を挙げれば、ハンフリー・ボガートとウィリアム・ホールデン（『麗しのサブリナ』、1954年）、フレッド・アステア（『パリの恋人』、1957年）、モーリス・シュヴァリエとゲイリー・クーパー（『昼下りの情事』、1957年）、ケイリー・グラント（『シャレード』、1963年）、レックス・ハリソン（『マイ・フェア・レディ』）と、実にそうそうたる面々だ。
2. ヘプバーンは、今もヨーロッパとアメリカではファッション・アイコンであり続けている。2006年には、彼女が『ティファニーで朝食を』で着ていたノースリーブの黒のドレスがオークションにかけられ、92万ドルで落札された（その収益は、インドの恵まれない子供たちのために使われた）。
3. 1954年にヘプバーンは、アカデミー賞（『ローマの休日』）とトニー賞（『オンディーヌ』）を受賞した。同じ年に両賞を獲得した女性は、彼女を含め3人しかいない（あとのふたりは、シャーリー・ブースとエレン・バースティン）。

222 思想と社会 | 『沈黙の春』と環境保護運動

　環境保護運動は、20世紀後半に生まれた非常に重要な政治運動のひとつだが、その歩みは、作家・生物学者のレイチェル・カーソン（1907〜1964）に負うところが少なくない。彼女は、1962年の著書『沈黙の春』で環境汚染の深刻な危険性を多くのアメリカ人に初めて警告した人物だった。

✦

　この著書は、化学殺虫剤DDTが自然の生態系に与える有害な影響を事実に基づいて示したもので、そのタイトルは、化学薬品が何の規制も受けずに使用されている現状を政府が放置すれば、鳴き声の美しい鳥たちなど野生生物はいずれ絶滅し、鳥の声の聞こえぬ「沈黙の春」がやってくるだろうとカーソンが警告したことに由来している。

　短期的には、カーソンの著作から多くの読者が憤りを感じ、連邦政府は1972年にDDTを禁止した。

　一方、長期的には、『沈黙の春』によって多くの人が、人間活動が地球に与える影響について、以前よりも慎重に考えるようになった。1960年代には、いくつかの国で環境保護に関する最初の法律が可決され、アメリカでは改正大気浄化法（1970年）や絶滅危惧種法（1973年）が成立した。地球環境を考える日アースデイは、1970年に初めて制定された。また、この年リチャード・M・ニクソン大統領（1913〜1994）は環境保護局を設置した。

　『沈黙の春』が出版されるまで、多くの環境保護グループは、景観を保護したいという思いから土地の保全に力を注いでいた。しかし1960年代以降、環境保護運動は活動内容が広がり、環境汚染と戦ったり絶滅危惧種を守ったりするほか、最近では、地球温暖化の原因となる二酸化炭素の排出量を減らそうと努力している。

　しかしカーソンは、自身がきっかけで生まれた運動が大きく発展する様子を生きて目にすることはできなかった。『沈黙の春』を出版した2年後に、がんのため亡くなったからである。

───

┌─────────┐
│ 豆 知 識 │
└─────────┘

1. 『沈黙の春』は、大部分がもともと雑誌『ニューヨーカー』に連載記事として発表されたものだった。ちなみに、彼女が1951年に出したベストセラー『われらをめぐる海』も、やはり同誌の連載記事だった。
2. カーソンの当初の計画では、『沈黙の春』の序論と結論だけを自分で書き、本論の部分は他の科学者たちとの共著にするつもりだった。
3. 1980年、カーソンは死後に大統領自由勲章を授与された。

223 スポーツ | 1966年 NCAA男子バスケットボール決勝戦

大学バスケットボール史上で最もエキサイティングな試合というわけではないが、最も重要な試合だったと言っていいかもしれない。テキサス・ウエスタン大学の36歳のコーチ、ドン・ハスキンズ（1930〜2008）が1966年3月19日の夜にしたことは、特に南部においては、大学バスケットボール界に革命をもたらすものだった。彼は、先発5人全員を黒人選手にしたのである。

◆

当時は、黒人選手は規律が守れないとされており、荒れた試合にならないよう各チームは抑止力として常にコートに白人選手を最低ひとりは出しておくのが常識だった。

それまで主要な大学チームが、NCAA（全米大学体育協会）選手権の決勝戦で先発の5人全員を黒人選手にしたことは一度もなかった。さらに、ハスキンズはシーズン中から先発全員を黒人選手にしていたが、決勝戦に限らず大学バスケットボールの試合でそうしたことをした主要な大学チームは、それまでひとつもなかった。

5人の黒人選手を先発させたハスキンズの決勝戦での対戦相手は、名将アドルフ・ラップ（1901〜1977）率いる、黒人選手がひとりもいないケンタッキー大学だった。64歳のラップは、すでにNCAAで4度優勝していて、当時の最多記録である749勝をマークしており、実力ナンバーワンのケンタッキー大学が5度目の優勝を遂げるのは間違いないと思われていた。ラップ自身、先発5人が黒人のチームに負けるわけがないと試合前に語っており、公民権運動の最中にあって、この対戦の人種問題としての意味合いに注目が集まった。

試合開始のほぼ直後から、テキサス・ウエスタン大の厳しいディフェンスに、得点力が自慢のケンタッキー大は苦戦を強いられた。テキサス・ウエスタン大が2度目にボールを持ったときにセンターのデイヴィッド・ラティンが豪快なダンクシュートを決めると、試合の流れが決まり、戦前の予想に反してテキサス・ウエスタン大が72対65で勝利した。

この試合は、特に南部で、大学でのスポーツと人種問題に強烈なインパクトを与えた。翌シーズンにNCAAのサウスイースタン・カンファレンス（南部の強豪大学で構成されるリーグ）は初めて人種差別を撤廃したが、ケンタッキー大学のバスケットボール・チームは1970年まで黒人選手をプレーさせなかった。

豆知識

1. テキサス・ウエスタン大学の先発選手は、ラティン、ハリー・フラーノイ、ボビー・ジョー・ヒル、オースティン・アーティス、ウィリー・ワーズリーの5人だった。
2. 決勝戦の会場は、メリーランド大学のコール・フィールド・ハウスだった。試合開始は午後10時で、テレビでの生中継も全米放送もなく、一部の都市で録画放送されただけだった。
3. テキサス・ウエスタン大学は、現在のテキサス大学エルパソ校である。

224 大衆文化 ｜ モンキーズ

ビートルズやローリング・ストーンズなどポップロックバンドの人気が高まっていた1960年代半ば、これにあやかろうとしてテレビ局NBCが1965年に作ったバンドがモンキーズだ。モンキーズは、1960年代後半に短期間ながら10代の若者から大きな支持を得たが、退屈な商業ロックの代名詞にもなった。

◆

そもそもモンキーズは、テレビ番組『ザ・モンキーズ』があって生まれたグループだった。アメリカのテレビプロデューサーだったボブ・ラフェルソン（1933〜）とバート・シュナイダー（1933〜2011）は、初期のビートルズ映画『ビートルズがやって来るヤァ！ ヤァ！ ヤァ！』（1964年）と『HELP！ 四人はアイドル』（1965年）を参考に、売れないポップスバンドを主人公とした連続ドラマを製作することにした。

ふたりは、当初は既存のバンドを起用しようと考えていたが、その後、ミュージシャンや音楽的素養のある俳優を使ってモンキーズを一から作ることにした。最終的に選ばれたのは、ギターのマイク・ネスミス（1942〜）とベースのピーター・トーク（1942〜2019）というミュージシャン2名と、ボーカルのデイヴィー・ジョーンズ（1945〜2012）とドラムスのミッキー・ドレンツ（1945〜）という2名の俳優だった。

ビートルズはメンバーのひとりひとりが違った個性で人気を得ていたので、モンキーズも、しっかり者のネスミス、おっとりとしたトーク、かわいいジョーンズ、オッチョコチョイのドレンツという別々のキャラクターを演じられるよう意識的に仕込まれた。音楽の基本を教え、演技とコメディのレッスンを受けさせた後、4人の出演する初回が1966年9月12日に放送されると、番組はアメリカ内外ですぐに人気を獲得した。

テレビ番組『ザ・モンキーズ』の成功と併せて、モンキーズは音楽面でも成功を収めた。シングル「恋の終列車」と「アイム・ア・ビリーバー」（この歌の作詞作曲はシンガーソングライターのニール・ダイアモンド）はナンバーワン・ヒットとなり、デビュー・アルバム『恋の終列車』は100万枚以上売れた。ファンからライブをしてほしいとの要望が寄せられたが、それには問題があった。モンキーズは、アルバムの曲を自分たちで演奏していなかったのである。それでも1966年後半からツアーを開始して成功させた。1968年に番組の最終回が放送され、1971年にグループは解散したが、モンキーズのメンバーは今もツアーを続けている。

┌─────────┐
│ 豆 知 識 │
└─────────┘

1. モンキーズの最初のオーディションで不合格となったミュージシャンに、スティーヴン・スティルス（1945〜）がいる。後に彼は、1960年代後半に結成されたスーパーグループ、クロスビー・スティルス・ナッシュ＆ヤングのメンバーになった。

2. テレビ番組『ザ・モンキーズ』のエピソードの多くは、『三ばか大将』で使われたのと同じスタジオで撮影された。

3. 『ザ・モンキーズ』のエピソードの一部では、ジャンプカットという編集技術が使われている。これは、場面が急に転換するように編集するテクニックのことで、フランスの映画監督ジャン＝リュック・ゴダール（1930〜）がヌーヴェル・ヴァーグの代表作『勝手にしやがれ』（1960年）で用いたのが最初だと言われている。

225 人物 | 鄧小平

正式に国家元首になった人物ではなかったものの、鄧小平（1904〜1997）は1970年代から1980年代に画期的な改革を実施して中国を作り替え、共産党の全体主義的支配を維持しながら中国が市場経済へと進むように方向づけた。

◆

鄧は、個々人に各自の経済的豊かさを目指す権利を認めることで、中国が世界経済の巨人となるのに貢献した。その一方で、民主化を求める勢力を弾圧して反対派を抑圧したとの悪評も得ている。実際、彼は1989年に、民主化を求める数多くのデモ隊が北京の天安門広場に集まったとき、これを容赦なく虐殺するのを承認した。

鄧は、中国の国共内戦時に共産党に忠実に仕え、1934年には有名な長征に参加し、1948〜1949年の軍事作戦では司令官として活躍して、毛沢東（1893〜1976）と共産党が権力の座に就くのを助けた。

1954年に鄧は中国共産党中央委員会秘書長になったが、その経済理論は毛沢東の独断的な共産主義と真っ向から対立した。鄧が、大失敗に終わった毛の大躍進政策から国を立ち直らせるため資本主義型の市場改革を1966年から実施すべきだと主張すると、鄧は「走資派」として糾弾されて自宅軟禁に置かれ、ついには中国南東部へ追放された。

鄧は1973年に復活し、3年後に再び追放されるものの、最終的には政敵を破って1978年に共産党の実権を握った。要職に就くと、ただちに抜本的な改革を次々と実施し、経済成長を促して中国が繊維業などの分野で世界最大の生産国になる道筋をつけた。

そうした改革の中でも特に有名なのは、人民公社を廃止して農民が自分の土地で自由に耕作できるようにしたことと、都市住民が小規模企業を設立するのを認めたことだ。

鄧の経済政策については、その悪影響として、劣悪な条件で労働者を搾取する企業の出現、児童労働、安全性に問題のある安価な製品の濫造などが指摘されており、こうした負の遺産は今も解消されていない。

外交面では、鄧は1979年にアメリカと正式に国交を樹立し、1984年にイギリスと香港返還について交渉をまとめ、中国と日本との関係を改善させた。1989年に表向きは公職から引退したが、その後も政治的影響力を振るい続け、92歳で亡くなった。

豆 知 識

1. 鄧の言葉で最も有名な「白猫であれ黒猫であれ、ネズミを捕るのがよい猫だ」という発言からは、彼がイデオロギーより実利を重視していたことがうかがえる。
2. 鄧は、経済改革により生涯で1億7000万の農民を極度の貧困から救ったとして称えられている。
3. 身長が約150センチだった鄧は、雑誌『タイム』の「今年の人」に2度──1978年と1985年に──選ばれた。

226 文学 │ 『キャッチ＝22』

　ジョーゼフ・ヘラーの作品で有名なのはこれしかないが、それでも『キャッチ＝22』（1961年）は、史上屈指の戦争小説の傑作に数えられている。ブラック・コメディと、シュルレアリスム的な奇抜さと、露骨な暴力とが入り交じった本作は、戦争の狂気と不条理を、それまでのどの文学作品とも違った形で描き出している。

◆

ジョーゼフ・ヘラー

　ヘラー（1923〜1999）は『キャッチ＝22』の舞台を、第二次世界大戦中にイタリアの海岸から近い島に駐留するアメリカ陸軍航空軍の飛行中隊に設定した。部隊には奇人変人が勢ぞろいしており、自分の評判ばかり気にする無能な大佐、戦争でひともうけするためなら自分の中隊を平気で敵に爆撃させる恥知らずな食堂係、一日中蹄鉄投げ遊びをしたり兵士たちにアパートを賃貸ししたりしている謎に満ちた神のような少佐、包帯でぐるぐる巻きになっていて、その中で誰かが本当に生きているのかよく分からなくなった兵士など、変わった者たちばかりだ。

　『キャッチ＝22』は、特に最初の数章は、読み進めるのが難しい分かりにくい小説だ。物語は、戦争の偶然性を再現するため、時系列に従わず不規則に語られる。しかし、バラバラだったピースは、やがてだんだんと、あるべき場所に収まっていく。詳細が明らかになるにつれ、当初は滑稽に思えた筋書きが、実は深刻で悲惨な話だったことが分かってくる。マンガチックな冗談は現実的な暴力に代わり、中隊長たちの些細な嘘と欺瞞は生死を分ける結果をもたらすことが判明する。

　小説のタイトルは、今では英語の慣用句としてすっかり定着しているが、もともとは、中隊の軍規に潜む官僚的な矛盾を指している。その軍規によれば、狂気と判断された兵士は以後の戦闘任務を免除されるが、その兵士が免除してほしいと実際に申請すれば、それは彼が正気であって免除の対象にはならないという証拠となる。

　こうしたヘラーの小説の精神を忠実に反映して、「キャッチ＝22」というフレーズは、矛盾していたり回避不能であったりする状況や官僚主義的規則を意味するようになり、ヘラーが現代世界で見いだした不条理を、一言で簡潔に言い表している。

┌─────────┐
│ 豆 知 識 │
└─────────┘

1. 『キャッチ＝22』は第二次世界大戦を舞台にしているが、執筆されたのはヴェトナム戦争の初期で、ヘラーは本作を、戦争と官僚主義全般への抗議と見なしていた。

2. 『キャッチ＝22』は、出版当時は誰もが絶賛したわけではなかった。雑誌『ニューヨーカー』は、本書を「不快なジョークの残骸」と呼び、「紙に向かって叫んだ言葉がそのまま載っているような印象を受ける」と評した。

3. この小説は直線的な構成になっていないため、たいへん複雑で、当のヘラーも執筆時には出来事の経過を確認するため索引カードを何枚も使わなくてはならなかった。

227 音楽 ｜ ジェームズ・ブラウン

　ジェームズ・ブラウン（1933～2006）が最初のヒット曲「プリーズ・プリーズ・プリーズ」のレコーディングをしたのは1956年、ボーカルのボビー・バード（1934～2007）がリーダーを務めるリズム・アンド・ブルース・バンド「フェイマス・フレイムス」のメンバーとしてであった。曲は情熱的なソウル・ナンバーだったが、彼が後に「ゴッドファーザー・オブ・ソウル」「ソウル・ブラザー・ナンバーワン」と呼ばれることを考えれば、それも当然のことだった。

◆

　確かにブラウンの傑作ソウル・ナンバーは、サム・クック（1931～1964）やレイ・チャールズ（1930～2004）の曲に匹敵するものだが、彼の最大の貢献は、この10年後に「ファンク」という音楽ジャンルを生み出し広めたことだろう。ファンクは、1965年2月1日に生まれた。この日、すでにベテラン・ミュージシャンだったブラウンは、ノースカロライナ州シャーロットにあるアーサー・スミス・スタジオにやってきた。彼には8人のミュージシャンが同行しており、その中には有名なサックス奏者メイシオ・パーカー（1943～）もいた。ブラウンは歌詞も持ってきていたが、まだ何か足りなかった。彼は、当時流行していたあらゆるダンス・スタイルを曲に取り込みたいと考え、ダンスの名前をひとつひとつ、「ジャーク」「フライ」「モンキー」「マッシュポテト」「ツイスト」「ブーメラン」という具合に叫んでいった。

　ブラウンが歌うあいだ、ミュージシャンたちは彼の周りで音を短くスタッカートのように弾けさせて出した。ひとつひとつの音が、パーカッション（打楽器）のように響いた。ブラウンは自伝の中で、「あらゆる楽器が、ギターでさえも、まるでドラムスのように聞こえていた」と書いている。この日ブラウンとバンドが1テイクでレコーディングを終えた曲──「パパのニューバッグ」──は、何よりもリズムを重視するスタイルであるファンクの完璧な原型だった。

　それから40年のあいだに、ブラウンは「ショービジネス界一の働き者」という別のニックネームをつけられた。その名のとおり、彼は代表作となるシングル「アイ・ガット・ユー（アイ・フィール・グッド）」（1965年）、「セイ・イット・ラウド」（1968年）、「マザー・ポップコーン」（1969年）など、数多くの作品を世に送り出した。

　また、入念に準備したライブも行ない、特に1963年に出したライブアルバム『ライブ・アット・ジ・アポロ』は、これまでテープに録音されたライブ・パフォーマンスの中で5本の指に入ると絶賛する評論家もいる。ブラウンは2006年に亡くなるが、彼が起こしたファンク革命は、世界中のほぼすべてのポップ・ミュージシャンに今も引き継がれている。

豆知識

1. 1964年のコンサート映画『ビート・パレード』は、ブラウンが出演したことでも有名だが、この映画の監督スティーヴ・バインダーは、その後1968年にエルヴィス・プレスリーの有名なクリスマス特番もプロデュースした。
2. ブラウンが録音した「セックス・マシーン」（1970年）や「ザ・ペイバック」（1973年）、「グッド・フット」（1972年）など多くのレコードは、1970年代から1980年代にサンプリングされて初期のヒップホップ・ナンバーのベースとして利用された。
3. ブラウンのライブでは、必ず行なわれるお約束があった。コンサートが終わると、司会者がブラウンの肩にケープをかけて舞台の袖へ連れていくが、途中でブラウンはマントを脱ぎ捨て、アンコールのため戻ってくるのである。

228 映画 | ジェームズ・ディーン

主演した映画は3本だけだったにもかかわらず —— あるいは、3本だけだったからこそ —— ジェームズ・ディーン(1931〜1955)はアメリカのみならず全世界で象徴的な人物になった。カリフォルニア州ベーカーズフィールド郊外でポルシェ・スパイダーを運転中に別の車と衝突して事故死したため、彼のイメージは24歳で永久に止まったままになった。このときほど、「生き急ぎ、若くして死ぬ」という言葉がアメリカ大衆文化の中で強く感じられたことはなかった。

◆

ディーンは、1950年代初めに映画やテレビに端役で次々と出演した後、ブロードウェイに移り、そこで初めて高い評価を受けた。スターとしてハリウッドに戻ると、ジョン・スタインベックの小説を原作としたエリア・カザン(1909〜2003)監督の『エデンの東』(1955年)で初めて主演の座を手にした。同じく売り出し中だった新人ポール・ニューマンとの競争に勝ってディーンが射止めた主役のキャルは、レタス農家の息子で、永遠に双子の兄の陰で生きることを宿命づけられ、心に傷を負っている青年だ。

一部の批評家からは、ディーンの演技は彼が敬愛するマーロン・ブランドの真似だという厳しい意見も出たが、それでもディーンはアカデミー主演男優賞にノミネートされた。しかし、その栄誉を生きて知ることはなかった。

彼が亡くなったのは1955年9月30日で、それから1か月もたたずに公開されたのが、主演2作目であるニコラス・レイ(1911〜1979)監督の『理由なき反抗』だった。後に彼の代表作と見なされるようになる本作で、ディーンは主人公のジム・スタークを演じた。ジムは17歳で、舞台となる町に引っ越してきたばかりだが、すぐに両親・警察・仲間たちと衝突する。彼は10代の不安を象徴する人物となり、当時の若者たち —— ディーンの大ファンだった20歳のエルヴィス・プレスリーも、そのひとり —— だけでなく現在の若者からも共感を得ている。

また、彼の中性的な魅力(ディーンと親交のあった人の多くは、レイも含め、彼はバイセクシュアルだったと語っている)も映画に現れており、そのため彼はゲイ・コミュニティーのシンボルになっている。

ディーンの最後の映画『ジャイアンツ』(1956年)はテキサス州の石油一族を描いた長編叙事詩で彼が亡くなった直後に完成した。『ジャイアンツ』はアカデミー賞にのべ10部門でノミネートされ(受賞は監督賞のみ)ディーンは2年連続で死後に主演男優賞にノミネートされた。

┌─────────┐
│ 豆 知 識 │
└─────────┘

1. ディーンは、無名時代にある女性と結婚を誓い合っていたという。その女性とは女優のリズ・シェリダンで、彼女は後に大人気テレビ番組『となりのサインフェルド』で主人公ジェリーの母親ヘレン・サインフェルドを演じた。
2. ディーンは、アカデミー賞の演技部門に死後ノミネートされた最初の人物であり、死後に2度ノミネートされた唯一の俳優である。
3. 彼が『理由なき反抗』で演じた人物のラストネーム「スターク(Stark)」は、『エデンの東』で演じた「トラスク(Trask)」の文字を並べ替えたアナグラムだ。これは偶然ではない —— 監督のニコラス・レイが、ジム・スターク役はぜひともディーンに演じさせたいと考えたからである。

229 思想と社会 | 第2波フェミニズム

　1960年代前半からアメリカで女性の権利運動が再び盛り上がってくると、女性差別的な法律や社会慣習を終わらせようとする新たな動き「第2波フェミニズム」が始まった。アメリカでは女性の権利運動の「第1波」により、女性に投票権を認める憲法修正第19条が1920年に批准されており、そうした先人たちの努力を基礎として、1960年代のフェミニズム運動家たちは活動内容を広げ、妊娠中絶の権利、職場での男女同一賃金、セクシャル・ハラスメントを禁止する法律の制定などを目標とした。

◆

ベティ・フリーダン

　第2波には出発点となったルーツがいくつもあるが、特に1963年に起きた大きなふたつの出来事が、運動を活気づけたと考えられている。ひとつは、「女性の地位に関する大統領委員会」の報告書が発表されたことだ。この報告書で、女性がアメリカ社会の多くの場面、とりわけ職場で差別を受けていると指摘された。翌年、性別による雇用差別を禁じる条項が1964年の公民権法に盛り込まれた。

　もうひとつ触媒となったのが、ベティ・フリーダン（1921〜2006）著『新しい女性の創造』の出版だ。同書は、女性には「女らしさを誇りとすること以上に立派な運命はない」という考えを批判し、多くの女性が家事と育児にのみ専念する生活を強いられて能力を発揮できずにいると主張した。このフリーダンの著作は、同時代の女性たちに多大な影響を与え、第2波フェミニズムの指導者たちが、女性の法的地位だけに注目するのではなく、女性の社会的地位全般に視野を広げていたことを示していた。

　運動の成果としては、以上のほかに、高等教育での男女差別を禁じる連邦改正教育法第9編が1972年に可決されたことと、1973年にロー対ウェイド事件の最高裁判決によって女性に妊娠中絶を選ぶ権利が保障されたことが挙げられる。

豆知識

1. 全米女性機構（NOW）は、1966年に「女性の地位に関する大統領委員会」の元委員によって設立された。
2. 「女性の地位に関する大統領委員会」の委員長は、元大統領夫人のエレノア・ローズヴェルト（1884〜1962）だった。ただし彼女は、報告書の完成を待たずして亡くなった。
3. 1972年にアメリカ議会は、性差別を禁じる憲法修正条項、通称「男女平等憲法修正条項（ERA）」を可決した。しかし、そのころフェミニズム運動は猛烈な逆風を受けており、批准した州の数は修正に必要な38州に届かず、ERAは廃案となった。

230 スポーツ ｜ 第3回スーパーボウル

「おれたちが試合に勝つ。おれが保証する」

◆

　ニューヨーク・ジェッツの25歳のクオーターバック、ジョー・ネイマス（1943〜）がそう言ったのは、第3回スーパーボウルの3日前だった。当時、この発言は一笑に付された。ほとんどの人が、ジェッツは対戦相手ボルティモア・コルツに勝てないだろうと思っていた。それほどコルツは圧倒的な人気を誇っており、一部の専門家からは、今季のコルツは史上最高のフットボール・チームだとの声も上がっていた。

　しかしジェッツは、1969年1月12日に歴史的な大番狂わせを起こして3日前の大言が正しかったことを証明し、これによってネイマスは伝説的な人物となり、新興のアメリカン・フットボール・リーグ（AFL）は世間の信頼を得た。また、この見事な勝利は、アメリカのスポーツ・シーンで高まっていたアメフト人気を定着させるのにも役立った。

　1966年、老舗リーグであるナショナル・フットボール・リーグ（NFL）と、1960年に競合リーグとして新設されたAFLは、統合に合意した（統合が完了するのは1970年）が、専門家の多くは、AFLははるかに格下のチームの集まりで、実績のあるNFLのチームと勝負になるはずがないと考えていた。最初の2度のスーパーボウルは、この考えを裏づける結果となった。NFL所属でヴィンス・ロンバルディ（1913〜1970）ヘッドコーチ率いるグリーンベイ・パッカーズが、AFLのチャンピオン・チーム（1967年のカンザスシティ・チーフスと1968年のオークランド・レイダーズ）をやすやすと破っていた。

　第3回スーパーボウルも同じ結果になるだろうと、大半の人は考えていた。コルツはレギュラーシーズンを13勝1敗で終え、唯一の敗戦を喫したクリーブランド・ブラウンズには、NFL優勝決定戦で34対0の大差で勝利してリベンジを果たしていた。一方のジェッツは、オークランド・レイダーズを僅差で下してAFLのチャンピオンになっていた。しかし、会場となったマイアミのオレンジボウルで試合が始まると、ジェッツは守備陣がコルツのクオーターバック、アール・モラル（1934〜2014）のパスを前半だけで3回インターセプトし、フルバックのマット・スネル（1941〜）がタッチダウン・ランを決めて、ジェッツが7対0でリードして前半を終えた。第3クオーターに、ジェッツはフィールドゴールを2本追加した。コルツは第3クオーター途中でモラルに代えて、利き腕の故障でシーズンの大半を欠場していた正クオーターバック、ジョニー・ユナイタス（1933〜2002）を投入したが、逆転することはできなかった。

　試合はジェッツが16対7で勝利し、ネイマスがスーパーボウルMVPに選ばれた —— ただし彼は、この伝説的な番狂わせの試合でタッチダウン・パスを1本も決めず、第4クオーターにはパスを1度も投げなかった。

┌─ 豆 知 識 ─┐

1. この1969年の試合から、AFL対NFLのチャンピオンシップ・ゲームは「スーパーボウル」と呼ばれるようになった。最初の2回の対戦は、後から第1回および第2回スーパーボウルと命名された。
2. MVPに選ばれたネイマスの個人成績は、パス28回中17回成功、パス獲得206ヤード、タッチダウン・パスなしだった。タッチダウン・パスを投げずにスーパーボウルMVPに選ばれたクオーターバックは、2019年現在、彼しかいない。
3. この試合でスネルはランで121ヤードを獲得し、ジェッツで唯一のタッチダウンを決めた。

231 大衆文化 ｜ ウッドストック

　1969年にニューヨーク州の農村部にある、ぬかるんだ農場で4日間にわたり開催された音楽フェスティバル「ウッドストック」は、ベビーブーマー世代を象徴するイベントとして、また数多くのロックンロール・アーティストが結集した史上最大規模の野外コンサートとして、今では半ば神話的な地位を獲得している。約50万人のファンが雨と交通渋滞と麻薬を物ともせずに、グレイトフル・デッド、ジャニス・ジョプリン（1943〜1970）、ジミ・ヘンドリックス（1942〜1970）といったミュージシャンたちの演奏を聞きにこの歴史的コンサートにやってきた。

◆

　この音楽フェスは、当初はニューヨーク州の山間部にある有名な避暑地ウッドストックで開催される予定だったが、主催者が観客を収容できる広い場所を確保できなかったため、ニューヨーク市の北西約150キロに位置するベセルという町に会場が変更になった。開催のほぼ直前になって、地元で農業を営むマックス・ヤスガー（1919〜1973）から酪農場を貸してもらえることになり、コンサートは実現にこぎつけた（そしてヤスガーは、ロックの歴史に名を刻んだ）。出演者には、クリーデンス・クリアウォーター・リヴァイヴァル、シタール奏者ラヴィ・シャンカル（1920〜2012）、ジョーン・バエズ（1941〜）、カルロス・サンタナ（1947〜）、ジョー・コッカー（1944〜2014）、ザ・バンドなどもいた。出演予定だった数多くのミュージシャンたちに演奏してもらうため、最終的にウッドストックは当初の予定より1日長い4日間続いた。

　その後このイベントは、マイケル・ウォドレー（1941〜）が監督した1970年のドキュメンタリー映画『ウッドストック／愛と平和と音楽の三日間』と、ジョニ・ミッチェル（1943〜）が作詞作曲した歌「ウッドストック」によって不朽の存在になった（ちなみにミッチェル本人は、ウッドストックには出演していない）。

　参加者にとって、ウッドストックは単なる音楽フェスではなく、この時代の自由の象徴であった。あるいは、ミッチェルの曲の歌詞を借りて言いかえれば、こういうことだ。

わたしはあの土地へ行ってキャンプをする。
そして、魂を自由にする。

　1969年以降、記念コンサートが何度か開催されているが、回を重ねるごとに商業主義的な色彩が強まり、平和と愛と相互理解を訴える要素は減っている。当初のコンサート会場は、1971年にヤスガー家によって売却され、現在そこには資料館を兼ねた舞台芸術センターが立っている。

豆知識

1. 2007年、アメリカ連邦議会はベセルのウッドストック資料館に連邦予算から100万ドルを支出すると決めたため批判を浴びた。その後、この支出は撤回された。
2. 楽曲「ウッドストック」は、1970年にクロスビー・スティルス・ナッシュ＆ヤングがアルバム『デジャ・ヴ』に収録した後、シングルカットされてヒットした。
3. 漫画家チャールズ・M・シュルツ（1922〜2000）の漫画『ピーナッツ』に登場するスヌーピーの友だちの小鳥ウッドストックは、この音楽フェスが名前の由来である。

232 人物 | マーガレット・サッチャー

　イギリス初の女性首相であり、世界の主要国で初めて（民間出身の）統治者となった女性と言われるマーガレット・サッチャー（1925〜2013）は、20世紀でも指折りの、にわかには信じられないすばらしい政治的キャリアを歩んだ。首相の座にいた11年半のあいだに、イギリスは経済的苦境から立ち直り、アルゼンチンとの戦争に勝利し、10年以上の政治的安定を享受した。

◆

　「鉄の女」の異名で知られたサッチャーは、地方政治家も務める食料雑貨商の娘として質素な家庭に生まれ、34歳で下院議員となった。それから保守党内で出世を重ね、1970年から1974年まではエドワード・ヒース（1916〜2005）内閣で教育科学大臣を務めた。

　1975年、サッチャーは大方の予想に反して保守党の党首に選ばれ、その4年後に保守党が総選挙で勝利したのに伴い、首相に就任した。

　在任中、サッチャーは自由市場経済を支持し、航空業や製鉄業など主要産業を民営化した【訳注／サッチャー以前、イギリスの主要産業は国営化されていた】。彼女の規制緩和策が成功したことで民営化が世界的な流れとなり、1980年代末までに50以上の国がイギリスを模範とした政策を採用した。

　ほかにも内政面では、労働組合の力を大幅に削り、所得税の税率を下げた。これは、自助と個人の責任を強調すればイギリス経済は活気づくと確信していたからで、その読みは正しかった。

　1982年、アルゼンチンが南大西洋に浮かぶイギリス植民地フォークランド諸島に侵攻すると、サッチャーは反撃して大勝利を収めた。サッチャーの派遣した海軍は島を奪還し、アルゼンチン軍を撤退させた。

　彼女はソヴィエト連邦崩壊でも一定の役割を演じた。サッチャーは、友人で同盟相手だったアメリカのロナルド・レーガン大統領（1911〜2004）に、ソ連のミハイル・ゴルバチョフ書記長（1931〜）が西側に対してもっと開かれたアプローチを取りたいと考えていると説いたのである。

　やがてサッチャーは党内での支持を徐々に失い、1990年11月に辞任した。彼女の首相在任期間は過去150年で最長だった。後任には、財務大臣だったジョン・メージャー（1943〜）が選ばれた【訳注／2013年、脳卒中のため87歳で亡くなった】。

[豆 知 識]

1. 1987年にサッチャーは、20世紀のイギリス首相として初めて総選挙で3連勝した。
2. 1984年の保守党党大会中、サッチャーの宿泊していたホテルがアイルランド共和軍(IRA)による爆弾テロに遭った。サッチャーは無事だったが、5名が死亡し、34名が負傷した。
3. 2007年、サッチャーは存命中の元首相として初めてイギリス下院議事堂に銅像を設置されるという栄誉を受けた。

233 文学 ｜ シルヴィア・プラス

シルヴィア・プラス（1932〜1963）は、若くして悲劇的な死を遂げたことがあまりに有名なため【訳注／自宅のオーブンに頭を突っ込み、ガス自殺した】文学上の業績に光が当たらないこともあるが、傑出したオリジナリティとパワーを持った詩人であることに変わりはない。その情熱的で力強く、往々にして陰鬱な作品からは、生涯を通じて精神疾患と戦った聡明な女性の内面が浮かび上がってくる。

◆

シルヴィア・プラス

アメリカ・マサチューセッツ州出身のプラスは、幼くして芸術家としてのスタートを切った。初めて詩を発表したのは8歳のときで、中学・高校時代には文芸作品で数々の賞を受賞した。スミス大学在学中の1950年代前半に優れた詩人となり、批評家からも高く認められるようになった。

しかし、表向きは順風満帆に見えた彼女も、内面ではひどいうつ病に苦しんでいた。1953年には神経衰弱になって自殺未遂を起こし、入院生活を余儀なくされている —— このときの体験は、後年執筆する自伝的小説『ベル・ジャー』（1963年）に取り入れられた。

回復してスミス大学を卒業すると、プラスは奨学金を得てイギリスへ留学し、そこでイギリスの詩人テッド・ヒューズ（1930〜1998）と出会った。ふたりは1956年に結婚して子供をふたりもうけたが、夫婦仲はすぐに揺らぎ始めた。プラスは、イギリスとマサチューセッツ州を行き来するあいだに最初の詩集『コロッサス』（1960年）を発表して好意的な評価を得た。

1962年までに、プラスはうつ病が悪化し、ヒューズとも別居した。そうした状態にもかかわらず、彼女は驚くほど膨大な数の作品を生み出し、自分の抱く疎外感・うつ・高まる死への誘惑を、これでもかというほど赤裸々に吐露する、魂の叫びのような詩を数多く書いた。

こうして最後に怒濤のごとく作品を生み出した後、プラスは1963年2月に自殺した。最後に書かれた一連の作品は彼女の最高傑作と見なされている —— 非常に陰鬱で病的なものも多いが、30歳を過ぎたばかりの人物が書いたとは思えぬほどの、衝撃的な緊迫感と並外れた知恵が示されている。これら晩年の作品は、1965年に詩集『エアリアル』として出版された。その後も1970年代と1980年代に詩集が発表され、プラスは死後の1982年にピューリッツァー賞を受賞した。

豆 知 識

1. プラスは大学3年生のとき自殺未遂を起こして入院するが、それでもスミス大学に復学し、数か月後には最優秀の成績で卒業した。
2. プラスは当初『ベル・ジャー』を「ヴィクトリア・ルーカス」という偽名で出版したが、死後、本名で再版された。
3. プラスは日記をつけていて、現在は公開されているが、自殺するまでの数か月をつづった最後の日記は、ヒューズが破棄したため残っていない。ヒューズは、破棄したことを文学史研究者たちから批判されたが、彼は、プラスと自分のあいだに生まれた子供たちを守るためには必要なことだったと主張した。

234 音楽 | ボブ・ディランのエレキ転向

　当初、歌手のボブ・ディラン（本名ロバート・アレン・ジマーマン。1941～）は、1960年代前半に人気のあったフォークミュージックのレコードで評論家から絶賛され商業的な成功を収めた。当時のフォークはアコースティックギターで演奏するのが一般的で、歌詞では戦争や人種差別など重い政治的テーマを扱うことが多かった。ディランのシンプルな反戦歌「風に吹かれて」（1963年）と「戦争の親玉」（1963年）はフォークの傑作と評価されている。

◆

　しかし、ミネソタ州にいた10代のころディランが最初に好きになった音楽はロックンロールであり、そのためフォークの旧態依然とした制約に不満を募らせていた。フォークシンガーとして人気の絶頂にあった1965年、彼はいきなり方針を変えた。アルバム『ブリンギング・イット・オール・バック・ホーム』（1965年）と『追憶のハイウェイ61』（1965年）で初めてロックのリズムと楽器を採用し、熱狂的なフォーク・ファンを驚愕させたのである。ディランは批評家から、彼は自分を作り変え、「エレキに転向した」と批判された。

　政治的メッセージを含むフォークソングを歌ったことから時代の代弁者と評されることの多かったアーティストだっただけに、ディランの転向は音楽界を大きく動揺させた。フォーク純粋主義者たちからは、電子オルガンやエレキギターの使用は変節だと決めつけられた。ディランは、彼のロック・ナンバーでも特に有名なシングル「ライク・ア・ローリング・ストーン」を1965年前半にリリースした後、ロードアイランド州で開催されたニューポート・フォーク・フェスティバルに出演した。彼がエレクトリック・バンドを連れて舞台に現れると、すぐさま反発が起こった。ブーイングの嵐が吹き荒れる中、ディランとバンドは3曲演奏すると、いきなり舞台から去った。司会者に、アコースティックギターを持って舞台に戻るよう説得され、ディランは再び舞台に立った。演奏した曲は、タイトルがこの状況にピッタリな「イッツ・オール・オーバー・ナウ、ベイビー・ブルー（もうおしまいだ、ベイビー・ブルー）」だった。

　翌年にディランが実施したイギリス・ツアーでは、反発はいっそう激しかった。コンサートの大半は2部構成だった。第1部では、ディランはアコースティックギターを弾き、聴衆はおとなしく聞いた。第2部では、大きな音の出る電子楽器を演奏するバックバンドを引き連れて出演した。観客は歌のあいだじゅう、バンドの演奏をかき消そうとして、野次を飛ばしたりブーイングしたり拍手したりした。あるとき観客のひとりが、フォーク・ファンの気持ちを代弁するかのように、大きな声で「ユダ！（裏切り者）」と叫んだ。これに激怒したディランは、バンドにボリュームを上げろと言い、耳をつんざくほどの大音響で「ライク・ア・ローリング・ストーン」を演奏した。

豆 知 識

1. 有名な「ユダ！」発言の入った海賊盤の録音は、5月26日と27日に行なわれた1966年ツアーの最終公演の会場の名前を取って、『ロイヤル・アルバート・ホール』と呼ばれることが多い。しかし、実際に録音が行なわれたのは5月17日のイギリス・マンチェスターでの公演だった。
2. 1965年に批判的な反応を受けて以降、ディランは2002年までニューポート・フォーク・フェスティバルには出演しなかった。
3. アルバム『ブリンギング・イット・オール・バック・ホーム』収録のロック・シングル「サブタレニアン・ホームシック・ブルース」の映像を、1965年に映画監督D・A・ペネベイカー（1925～）が制作した。この映像は、史上最初のミュージック「ビデオ」のひとつと考えられている。

235 映画 ┃ スタンリー・キューブリック

スタンリー・キューブリックの監督としてのキャリアは50年近くに及ぶが、作った長編映画は13本しかない。完璧主義、映画製作への強いこだわり、そして、常識では考えられないほど数多くのテイクを撮影するという評判により、これ以上多くの作品を生み出すことはできなかった。しかし、これら13本のうち何作かは古典的傑作と評価されており、特にブラック・コメディの『博士の異常な愛情／または私は如何にして心配するのを止めて水爆を愛するようになったか』（1964年）と画期的なSF映画『2001年宇宙の旅』（1968年）の2作は、非常に大きな影響を与えた。

◆

キューブリック（1928～1999）は、プロの写真家として経歴をスタートさせた後、1951年に映画監督に転身した。2年後、初の長編映画『恐怖と欲望』を製作した。4作目の優れた反戦映画『突撃』（1957年）を撮ったころには、一流監督としての地位を確立していた。

『突撃』は、第一次世界大戦でのフランス軍の無意味な戦闘計画を描いたシニカルなストーリーで、キューブリックが30年かけて完成させた反戦映画三部作の第1作であった。ちなみに、第2作は『博士の異常な愛情』（本作では冷戦を取り上げた）であり、第3作はヴェトナム戦争を描いた『フルメタル・ジャケット』（1987年）である。

『博士の異常な愛情』は、核戦争をテーマにして初めて商業的な成功を収めた政治風刺作品であり、ブラック・コメディ風の脚本を通してキューブリックは核抑止力に対するアメリカ政府の考え方がいかにばかげているかを描いた。

またこの映画は、喜劇俳優ピーター・セラーズが主人公のマッド・サイエンティストを含む3役をひとりで見事に演じたことでも知られている。

『2001年宇宙の旅』は、当初は評論家からの評価は高くなかったが、SFというジャンルが洗練されメインストリームに入ってくるにしたがって、その地位も高まっていった。

この作品は、型にはまった単純なSF物語ではなく、視覚イメージと音楽の喚起力を学ぶのに最適の手本である。キューブリックは革新的な特殊効果により宇宙空間の広大さを実に見事に表現している。

ほかに注目すべきキューブリック作品には、歴史大作『スパルタカス』（1960年）、ウラジーミル・ナボコフ（1899～1977）の小説を映画化した『ロリータ』（1962年）、大いに物議をかもした近未来SF映画『時計じかけのオレンジ』（1971年）、カルト的ホラー映画の傑作『シャイニング』（1980年）、最後の作品となった『アイズ　ワイド　シャット』（1999年）などがある。

┃ 豆 知 識 ┃

1. キューブリックがアメリカで映画を作ったのは、1962年までだった。ハリウッド流の映画作りが嫌だったからで、その後は亡くなるまでイギリスで活動した。
2. 当初『時計じかけのオレンジ』は、再編集されて1972年に再公開されるまでX指定（17歳未満の鑑賞禁止）されていた。当初X指定されていながらアカデミー作品賞にノミネートされた映画は、本作を含め2本しかない（もう1本は1969年の『真夜中のカーボーイ』）。
3. 『アイズ　ワイド　シャット』も、かつてのX指定に相当するNC―17指定を受けそうになったが、乱交パーティーのシーンをデジタル処理してR指定（17歳未満は保護者の同伴が必要）を確保した。

236 思想と社会 ｜ タバコとがん

1957年7月12日、科学者たちが、後にアメリカ社会を大きく変えることになる医学上の発見を報告した。喫煙は肺がんの原因になると発表したのである。

◆

この日が来るまで、1950年代はアメリカのタバコ産業の黄金時代だった。ギャラップ社の世論調査によると、1954年当時、成人の約45パーセントがタバコを吸っており、フランク・シナトラ（1915〜1998）やロナルド・レーガン（1911〜2004）などの有名人は、ラッキーストライクやチェスターフィールドといったタバコの銘柄を喜んで宣伝していた。

当初、タバコとがんを結びつける研究結果は、大衆にあまりインパクトを与えなかった。タバコ会社はがんとの関係を必死になって否定し、科学者を雇って、研究結果を攻撃する偽の報告書を作らせた。発表に当初は不安を覚えた喫煙者でさえ、タバコをやめるのは意外と難しいことに気がついた。

しかし、健康問題の活動家からの圧力を受けて、アメリカ議会は1965年、タバコのパッケージに健康被害を警告する文章を掲載することをタバコ会社に義務づけた。1971年には、タバコのテレビ（とラジオ）広告が禁止された。

1981年までに、アメリカ人の喫煙率は33パーセントにまで減少した。

そして1982年、アメリカ大統領になっていたレーガンは、公衆衛生局長官にC・エヴェレット・クープ（1916〜2013）を任命した。クープはタバコの警告文を修正し、もっと明確な表現に変えさせた。

さらにクープは1988年、多くの喫煙者がすでに知っていた、タバコは依存性が非常に強いことを立証する報告書を発表した。実際、タバコはコカインやヘロインに匹敵するほど依存性が高いと報告された。

証拠が増えたことをきっかけに、人々の意識が大きく変化し、喫煙は社会的に許容されなくなっていった。1990年代に、多くの州や地方自治体がレストランとホテルでの喫煙を禁止し、タバコ会社は、がんに侵された喫煙者が起こした裁判で数十億ドルの賠償金を支払った。

2007年のギャラップ社の調査によると、成人の喫煙率は24パーセントにまで落ちた——これは、1950年代の約半分の水準である【訳注／2018年の同調査では16パーセントまで落ちている】。

豆 知 識

1. 1997年、タバコの銘柄「キャメル」は、宣伝用のマスコット、ジョー・キャメルの使用を断念した。反喫煙活動家たちから、このマスコットは子供にタバコを売るのが目的だと非難されたためである。
2. アメリカがん協会によると、アメリカでは喫煙により年間48万人が死亡している——この数字は、アルコール、自動車事故、自殺、エイズ、殺人、および違法ドラッグによる死者を合計した数よりも多い。
3. 喫煙は、肺がんのほか、咽頭がん、膵臓がん、肝臓がん、子宮頸がん、腎臓がん、膀胱がん、胃がん、結腸がん、直腸がんとも関連がある。

237 スポーツ | ジャック・ニクラス

　ジャック・ニクラスがゴルフ・コースで成し遂げた業績には目を見張るものがある。その輝かしいキャリアで、彼はPGAツアー（米国男子ゴルフツアー）で、メジャー優勝歴代1位の18回を含む73勝を挙げた。1962年から1978年までは、毎年PGAツアーで2勝以上した。そして、おそらく最もすばらしいのは、4つのメジャー大会のすべてで3回以上優勝していることで、これはそれまで誰も成し遂げたことのない偉業だった【訳注／その後、タイガー・ウッズが2008年に達成した】。

◆

ジャック・ニクラス

　オハイオ州コロンバスに生まれたニクラス（1940～）は、若いころからゴルフの天才だった。まだアマチュアだった20歳のとき、1960年の全米オープンでアーノルド・パーマー（1929～2016）に2打差で敗れて2位に終わった。

　2年後プロに転向し、1962年の全米オープンでは、18ホールのプレーオフの末、パーマーを破って優勝した。この優勝は、新人が残り12ホールで5打差を追いついてパーマーを下すという大番狂わせだった。以後、このふたりのライバル関係が、1960年代から1970年代に高まったゴルフ人気を支えることになった。

　ニクラスは、26歳でキャリア・グランドスラム（生涯のうちにメジャー4大会を制覇すること）を達成した。31歳のときには、すべてのメジャー大会で2度以上優勝した最初のプレーヤーになった。「ゴールデン・ベア（金髪の熊）」と呼ばれたニクラスは、1970年代のゴルフ界で、20世紀のどのスポーツでも類を見ないほどの圧倒的な強さを誇った。この10年間でメジャー大会に全40回出場し、優勝8回、10位以内は驚異の35回という成績を収めた。

　おそらく最も人々の印象に残っている勝利は、1986年、周囲から全盛期を過ぎたと思われていた46歳のときのものだろう。この年のマスターズで、彼は最終ラウンドの後半に6アンダーの30打という驚異的な数字を出して、彼にとって最後となる6度目のマスターズ制覇を果たした —— ちなみにこれが、PGAツアーでの現役最後の優勝となった。

　現在ニクラスは、ゴルフ用具やウェアなどを扱う巨大なゴルフ会社を経営している。また、200以上の有名なゴルフ・コースをデザインしたほか、PGAツアーであるメモリアル・トーナメントを創設して、そのホストを務めている。

豆 知 識

1. 1999年に雑誌『スポーツ・イラストレイテッド』は、ニクラスを20世紀で最も優秀な個人競技の男性アスリートに選出した。
2. ニクラスのメジャー優勝回数は、マスターズ6回、全米オープン4回、全英オープン3回、PGA選手権5回である。
3. ニクラスは、メジャー大会で歴代最多の18勝を挙げただけでなく、惜しくも優勝を逃した回数も非常に多かった。2位になったのが19回で、3位になったのが9回だ。

238 大衆文化 │ 『セサミストリート』

　子供が長時間テレビを見てもいいと考える親はいない。しかし、50年にわたりテレビ局PBS
で放映されてきた定番の教育番組『セサミストリート』だけは、昔から例外だった。

◆

ジム・ヘンソン

　『セサミストリート』を生み出したメンバーで最も有名なのは、パペット（人形）操演者のジム・ヘンソン（1936〜1990）だ。ヘンソンは、高校時代からパペットの製作と操演を始め、1955年から1961年まで、自ら考案したマペットが登場する番組をテレビ局のNBCで制作した。

　あるときヘンソンは、NPO（非営利組織）のチルドレンズ・テレビジョン・ワークショップから、マペットを使って就学前の子供向けの教育番組を作らないかと声をかけられた。ヘンソンは番組作りに加わることになり、その過程で、クッキーモンスター、オスカー、バートとアーニー、エルモ、そして忘れちゃいけないビッグバードなど、誰もが知るキャラクターを生み出した。

『セサミストリート』の第1回は、1969年11月10日に放送された。

『セサミストリート』には、マペットだけでなく人間の俳優も数多く出演し、特に教育的なねらいが明確な役割を担った。番組を見る子供たちは、アルファベットや基本的な読み方を学ぶだけでなく、数の数え方、簡単な計算、形の認識などの数学的概念にも触れることができた。

　番組は、子供がもっと深刻な問題と向き合う助けになることもある。番組でフーパーさんを演じていた俳優のウィル・リー（1908〜1982）が亡くなると、1983年の放送回では、子供たちが死について学ぶ内容を放送して話題になった。

　番組は大成功している —— 現在では140か国で各国版が放送されている —— ものの、多くの批評家が、この番組にはマイナス面もあると指摘している。もともと番組は、テレビコマーシャルが持つ、速いテンポで視聴者の注意をつかむ効果を子供の教育に生かす手法として生まれたものだ —— ちなみに番組では、放送回ごとに違うアルファベットが番組提供の「スポンサー」になる —— が、そうした手法のせいで子供が注意力を持続できる時間が短くなっていると批判する声もある。

┌─────────┐
│ 豆 知 識 │
└─────────┘

1. 2003年、パレスチナとイスラエルの放送局が、短期間ながら、『セサミストリート』を原案とする番組『セサミストーリーズ』を放送した。番組の目的は、アラブの若者とイスラエルの若者のあいだで文化的相互理解を促進することだった。
2. 『セサミストリート』は、一般的な教育内容だけでなく、報道で取り上げられる難しい問題に子供が取り組めるよう支援する努力もしている。例えば2001年9月11日の同時多発テロ事件が起きたときは、その影響について考える回を放送した。
3. 消費者問題活動家のラルフ・ネーダー（1934〜）は、ファストフードは子供の肥満と関係があるにもかかわらず、マクドナルドを『セサミストリート』のスポンサーにしているとしてPBSを批判している。

239 人物 ｜ ローマ教皇ヨハネ・パウロ2世

　1978年にカロル・ヴォイティワ（1920〜2005）がローマ教皇に選ばれると、カトリックの聖職者と信者の多くが困惑した。ヨハネ・パウロ2世を名乗ることになるヴォイティワの選出は、いくつかの点で異例だった。彼は445年ぶりのイタリア人以外の教皇であり、スラヴ系として初めて教皇に着座した人物であり、着座当時58歳という過去132年で2番目に若い教皇だった。

◆

ローマ教皇ヨハネ・パウロ2世

　彼は8回目の投票で選出され、教皇候補としては本命でなかったものの、教皇を務めた約27年のあいだに後世まで続く影響を残すことになった。ヨハネ・パウロ2世には、スポーツマン・詩人・脚本家・言語の達人など、さまざまな側面があったが、何よりも彼は大衆の味方だった。教皇在位中にはイタリア国外へ104回出かけ、イスラエルとキューバへの歴史的訪問を果たすなど、129か国を訪れた。

　ヨハネ・パウロ2世は、第二次バチカン公会議後の諸改革で動揺した教会を安定させようとし、行く先々では、パワフルな行動力とカリスマ性と個人的魅力に引かれて多くの群集が集まり、一部の人からは「ロックスター」教皇と呼ばれた。彼は人権の大切さを説き、物質主義・世俗主義・自己中心主義の危険を訴えた。過去2000年にカトリック教会が犯した過ちの多くについて謝罪したが、厳格な保守派であり、特に避妊、女性聖職者の容認、同性婚には反対していた。

　ヨハネ・パウロ2世は、ポーランドのヴァドヴィツェに生まれ、後にクラクフに移った。ポーランドがナチに占領されているあいだ、彼は石切り場や工場で働きながら、地下の神学校でひそかに神学を勉強した。全体主義的支配下で暮らした経験が、その後の彼の考え方を形作った。多くの歴史研究者は、教皇がソ連圏で共産主義が崩壊するのに貢献したと考えているが、そうしたことにも、こうした経験が一定の役割を果たした。特に、熱狂的に迎えられた1979年のポーランド訪問は、同国における共産党支配崩壊のきっかけになったと見なされることが多い。

　晩年には、パーキンソン病などの健康問題で思うように動けなくなって、海外訪問も少なくなり、84歳で亡くなった。

豆 知 識

1. ヨハネ・パウロ2世は、1981年に暗殺未遂に遭った。サン・ピエトロ広場で犯人により腹部・右腕・左手を銃で撃たれると、ただちに病院へ搬送されて、腸の一部を摘出する5時間の大手術を受けた。
2. 2002年にアメリカでカトリック聖職者による性的虐待が明らかになると、問題への対応をめぐってヨハネ・パウロ2世と教皇庁は批判を浴びた。教皇は被害者に遺憾の意を表明したが、教会の方針を全面的に改めようとしなかったからだ。
3. ヨハネ・パウロ2世は8つの言語を話し、スペイン語は教皇になってから習得したと言われている。

240 文学 ｜ 『時計じかけのオレンジ』

『時計じかけのオレンジ』（1962年）は、イギリスの小説家アントニー・バージェス（1917〜1993）の最も有名な作品である。これは、残忍だがカリスマ性のある10代の不良少年を主人公とする、陰惨でブラック・コメディ的な小説で、あからさまな暴力描写と、自ら作り出した隠語を巧みに使っている点と、本書を原作として1971年に製作されて物議をかもした映画とによって、人々の注目を集めた。

1961年、すでに6冊の小説を出していたバージェスは、休暇でソヴィエト連邦を訪問した。旅行中、彼はソ連国家が国民を隅々まで管理していることに気づいたが、その一方で、見るからに管理不能な暴力的な若者グループがサンクトペテルブルク（当時はレニングラード）にいることにも気がついた。こうした観察結果から直接の影響を受けて、帰国後すぐに書き上げたのが、『時計じかけのオレンジ』である。

小説の語り手は不良少年のアレックスで、彼は設定不詳の漠然とした未来の抑圧された社会で生きている。彼と仲間たちは普段から、地元のバーでドラッグ入りのミルクを飲んでハイになり、町をうろつき、武装強盗や残虐なレイプなどあらゆる極悪犯罪で市民たちを恐怖に震わせ、仲間内では、コックニー（ロンドン方言）特有の韻を踏んだ俗語にロシア語を混ぜ合わせた奇妙な隠語で語り合う。

だが、アレックスはただのゴロツキではない。無軌道な暴力「ウルトラヴァイオレンス」を好みながらも、感受性の強い若者であり、クラシック音楽、特にベートーヴェンが大好きである。アレックスの暴行を受けた被害者のひとりが死んだ後、彼は逮捕されて収監されると、その暴力的性向を改めようとする政府により、洗脳処理を受けさせられる。しかし、このマインドコントロールによって、アレックスの残忍な性格が矯正されただけでなく、自由意思も完全に奪われてしまう —— これは、熱心な個人主義者だったバージェスにとって、とうてい容認できないことだった。

1971年、スタンリー・キューブリック（1928〜1999）は『時計じかけのオレンジ』の露骨な描写をそのまま大胆に映像化した。完成した映画はX指定（17歳未満の入場禁止）を受け、公開されると大論争を巻き起こした。映画はたちまちカルト的な人気を得たが、バージェスは映画では小説の最終章がカットされ、結末の意味がまったく変わってしまったことを嘆いていた。

豆 知 識

1. この小説のタイトルは、コックニーの俗語表現「時計じかけのオレンジのように奇妙な」に由来する。バージェスは、生命体 —— アレックス —— が人工的・機械的な力で処置・修正される物語を説明するのに、これほど適した言葉はないと考えたのだ。

2. 後のインタビューでバージェスは、『時計じかけのオレンジ』は内容があまりに陰惨であるため、「自分でも非常に気分の悪くなる素材を扱うために、ほとんど酔ったような状態で」執筆したと述べている。

3. バージェスは、『時計じかけのオレンジ』は自分の最高傑作などではないと考えており、自分が将来、何よりもこの小説の作者として記憶されるというのは心外だと語っていた。

241 音楽 │ アレサ・フランクリン

　アレサ・フランクリン（1942〜2018）の代表曲を1曲選べと言われれば、それは間違いなく、1967年に出したナンバーワン・ヒット「リスペクト」になるだろう。あまりにも完璧に自分の歌にしているため、これがソウルシンガーのオーティス・レディング（1941〜1967）が1965年に出したヒット曲のカバーであることを知らない人も多い。しかし、そのレディングでさえ、フランクリンの衝撃的なカバー・バージョンを聞くと素直に負けを認め、「わたしは自分の歌を失った。あの娘に取られてしまったよ」と言った。

◆

　1960年代後半にヒット曲を連発する以前、フランクリンはすでにちょっとしたスターだった。テネシー州メンフィスに生まれた彼女は、幼少期に巡回説教でゴスペルを歌い始め、その後は伝説のシンガー、サム・クック（1931〜1964）と同じくポピュラーミュージックに転向した。

　フランクリンは、コロムビア・レコードと契約して一定の成功を収めたが、スターダムに躍り出たのは1966年にアトランティック・レコードに移籍してからだ。彼女は、『貴方だけを愛して』（1967年）、『レディ・ソウル』（1968年）、『ソウル69』（1969年）など、傑作アルバムを次々とリリースした。レコーディングした曲の種類は、ゴスペ

アレサ・フランクリン

ル・ナンバーから、映画『オズの魔法使い』（1939年）の挿入歌「虹の彼方に」といったスタンダードまで、ほぼあらゆるジャンルに及んだ。

　それでも、彼女を代表するジャンルと言えば、何と言っても「クイーン・オブ・ソウル」の称号を与えられたソウルミュージックだろう。ソウルミュージックは、リズム・アンド・ブルースとゴスペルという、それまで別々だったジャンルを融合させたものだ。リズム・アンド・ブルース（R&B）は、12小節から成る一般的なブルース形式に明確なビートを組み合わせて個人の内面を歌うスタイルであるのに対し、ゴスペルは神を賛美する教会音楽の一種である。このふたつが融合して生まれたのが、R&Bの激しいリズムとゴスペルの崇高な歌詞を併せ持つスタイルだった。フランクリンは、レディング、クック、レイ・チャールズ（1930〜2004）といった優れた歌手たちとともに、非常に高く評価されているソウルシンガーのひとりである。

┤ 豆 知 識 ├

1. グラミー賞の最優秀女性リズム・アンド・ブルース・ボーカル・パフォーマンス賞は、フランクリンが何度も受賞した ―― 1967年から1974年には8年連続で受賞し、この記録はまだ破られていない ―― ため、アレサ賞と呼ばれたことがあった【訳注／2012年の部門再編により、現在この賞は存在しない】。
2. フランクリンは、1970年代後半はヒットに恵まれなかったものの、1980年の傑作映画『ブルース・ブラザーズ』にカメオ出演してから再び人気が復活した。
3. 1987年、フランクリンは女性として初めてロックンロールの殿堂入りを果たした。

242 映画 | エリザベス・テイラー

何十年にもわたってエリザベス・テイラー（1932〜2011）は、女優としての輝かしい経歴以上に、スクリーン外での私生活が多くの注目を浴びた正真正銘の大スターだった。10代で最初の結婚をしてから合計8度結婚する —— そのうち2度は、同じく大スターだったリチャード・バートン（1925〜1984）—— たび、彼女は映画雑誌やゴシップ紙のネタとなったが、晩年には健康問題から人々の前に姿を現すことはなかった。

◆

テイラーは、映画『緑園の天使』（1944年）に出演して子役スターとなった。その後も少女役を1950年の『花嫁の父』まで次々と演じた —— ちなみに、この1950年はテイラーが最初の結婚をした年でもある。翌年には悲劇映画『陽のあたる場所』（1951年）で、情熱的な美女という大人の女性のイメージをスクリーン上で確立した。彼女は4年連続でアカデミー主演女優賞にノミネートされ —— そのうち2作は、どちらも鬱積した感情を描いたテネシー・ウィリアムズの戯曲を映画化した『熱いトタン屋根の猫』（1958年）と『去年の夏　突然に』（1959年）—— 4度目となる『バターフィールド8』（1960年）で受賞を果たした。

ジョン・オハラの小説を映画化した『バターフィールド8』以降、彼女は3年間スクリーンに姿を見せず、その間、波乱に満ちた日々を過ごした。この時期にテイラーは次々と健康問題を抱えながら、大失敗作『クレオパトラ』（1963年）の撮影に臨んでいた。『クレオパトラ』は、製作費が最終的に4400万ドルまでに膨れ上がり、製作会社の20世紀フォックスは1000万ドル以上の損失を出した。『クレオパトラ』の撮影中、テイラーは結婚していたにもかかわらず、既婚者だった共演のバートンと不倫関係になり、そのことが大きく報じられた。ふたりの関係は教皇庁から非難されたが、結局テイラーは4度目の結婚（夫は歌手のエディ・フィッシャー）に終止符を打ち、1964年にバートンと最初の結婚をした（ふたりは1974年に離婚し、1975年に再婚したが、1976年に再び離婚した）。

テイラーは、劇作家エドワード・オールビーの作品を映画化した『ヴァージニア・ウルフなんかこわくない』（1966年）にバートンとともに出演し、自身2度目のアカデミー主演女優賞を獲得した。このときの演技は多くの批評家からテイラーのキャリアの絶頂だったと評価されている。

1970年代に平凡な作品に次々と出演した後、1980年以降はあまり映画に出なくなった【訳注／2011年、鬱血性心不全により79歳で亡くなった】。

[豆 知 識]

1. 晩年のテイラーは、女優業よりも、マイケル・ジャクソンとの交遊、宝石への愛、およびHIV／エイズとの戦いへの熱心な取り組みで知られていた。

2. テイラーは『クレオパトラ』への出演料として、100万ドルのほか映画の興行収入の10パーセントを受け取り、当時最高額の報酬を手にした女優になった。

3. 『バージニア・ウルフなんかこわくない』は、「成人の鑑賞が望ましい」という警告文とともに公開された最初の映画だった。「bugger（ガキ）」や「screw（女とやる）」といった汚い言葉を初めて使った映画だったからだ。

243 思想と社会 | 宇宙開発競争

　1957年10月4日、アルミニウム製の小型人工衛星スプートニク1号が、地球の大気圏より
はるか上の軌道に入った。ソヴィエト連邦がカザフスタンにある人里離れた基地から打ち上げ
た小さな人工衛星は、アメリカとソ連による「宇宙開発競争」の開始を告げる号砲だった。

◆

　それから30年にわたり、冷戦状態にあった両超大国は宇宙探査に膨大な資金を投入した。両
国にとって宇宙開発競争は、国家の威信がかかった問題だったが、同時にそれによって重要な
科学的知見が得られ、青空の向こうにある宇宙についての理解が深くなった。

　スプートニクの発射を受け、アメリカは始まって間もない宇宙計画を加速させた。議会は、
宇宙開発の先頭に立つ組織として、アメリカ航空宇宙局（NASA）を設立した。

　しかし当初は、ソ連の計画の方がずっと大きな成功を収めていた。スプートニク1号を打ち
上げて1か月もしないうちにソ連はライカという名の犬を宇宙へ送ったが、NASAによる簡素
な人工衛星の打ち上げは大失敗に終わった。

　4年後、ロシア人パイロットのユーリ・ガガーリン（1934〜1968）が、人類として初めて
宇宙空間に出て地球を周回した人物になった。

　NASAは後れを取っており、それを挽回するには何か華々しいことをする必要があった。

　その何かを、ジョン・F・ケネディ大統領（1917〜1963）が1961年に発表した。彼は、「こ
の国は、人類を月に着陸させて無事に地球へ帰還させるという目標を、60年代が終わるまでに
達成するべく、全力で取り組むべきだと考えます」と述べたのである。

　ケネディの約束は、1969年にアポロ11号によって実現され、宇宙飛行士ニール・アームス
トロング（1930〜2012）とバズ・オールドリン（1930〜）が月面を歩いた。

　その後NASAは、再利用可能なスペースシャトルを導入し、無人火星探査を行ない、宇宙ス
テーションを建設し、無人宇宙探査機をいくつも打ち上げている。そうした探査機のひとつボ
イジャー1号は、太陽系の遠くの天体を調べ、木星の衛星や土星の輪のすばらしい画像を地球
に送信した。

豆知識

1. アポロ計画は、スタートから悲劇に見舞われた。最初の有人ミッションであるアポロ1号では、ロケットが発射台から
打ち上げられることはなかった。訓練中に火災が発生して乗員全員が死亡したからである。

2. NASAは、ボイジャー探査機が地球外生命体に発見された場合に備え、機内に金メッキした硬いレコード盤を搭載した。
レコードには、ヨハン・セバスティアン・バッハ（1685〜1750）から、ルイ・アームストロング（1901〜1971）やチャ
ック・ベリー（1926〜2017）まで、さまざまな音楽家の曲が収録されている。

3. 日常生活で見られる発明品の中には、もともと宇宙空間で使うために開発されたものや、宇宙空間での発見から生まれ
たものが多い。例えば、衛星放送用のパラボラアンテナや、煙探知機がそうだし、スキー靴も、宇宙服のデザインに手を
加えて生まれたものだ。

244 スポーツ｜ジョー・ネイマス

すばらしい数字を残したわけでもなければ、長く現役生活を続けたわけでもないものの、「ブロードウェイ・ジョー」ことジョー・ネイマス（1943〜）は、波乱に満ちた1960年代アメリカンフットボールの代名詞的存在だった。1965年にアラバマ大学を出たとき、彼は優れた右腕と、右膝の故障と、あふれんばかりのカリスマ性を持ち合わせていた。

◆

ニューヨーク・ジェッツのクオーターバックとして、ネイマスは1969年の第3回スーパーボウルで、前評判が圧倒的に高かったボルティモア・コルツに対し、おれが勝利を保証すると試合前に語り、実際に勝利してみせた —— これはスーパーボウル史上最大の番狂わせと言われている。ほとんどの専門家は、この試合が、アメリカのプロフットボールが現在のような形となる出発点になり、ナショナル・フットボール・リーグがアメリカで最も人気の高いスポーツ・リーグになるのを加速させたと考えている。

ネイマスは、ジェッツで12シーズン（1965〜1976年）を過ごした後、ロサンゼルス・ラムズで1シーズン（1977年）を過ごして引退し、通算成績はパス獲得2万7663ヤード、タッチダウン数は173だった。ジェッツと最初に契約を結んだときの報酬は40万ドル以上と言われており、これは当時のプロフットボールでの最高記録だった。

それだけの金額をジェッツがつぎ込んだ成果は、すぐに表れた。1965年にネイマスはリーグの最優秀新人選手に選ばれた。1967年には1シーズンに4000ヤード以上パスを投げた最初のクオーターバックになった。そして1968年シーズンには、ジェッツをスーパーボウル優勝に導き、自身はリーグの年間最優秀選手に選ばれた。

ダークブラウンの長髪と長く伸ばした口ひげによってネイマスは、1960年代後半にアンチヒーローを歓迎した若者文化の象徴になった。彼は生意気で反抗的で、女性から見て魅力的な男性だったが、その一方で親しみやすく、楽しいことが大好きな人物でもあった —— 嘘だと思うなら、彼が出演したパンティーストッキング「ビューティーミスト」の有名なテレビCMを見てみるといい。

プロ入り当初は活躍できたものの、膝の故障で次第にネイマスは思うようなプレーができなくなった。通算成績は負け越しで、パス成功率は50パーセント、インターセプトの回数はタッチダウン数より47回も多かった。しかし、彼がプロフットボールとアメリカ文化に与えたインパクトは決して小さくなく、1985年にプロフットボールの殿堂入りを果たした。

┌─ 豆 知 識 ─┐

1. ネイマスは、高校時代は野球でも活躍していて、メジャーリーグの6球団が獲得に興味を示し、そのひとつシカゴ・カブスは、5万ドルの契約金を提示したと言われている。しかしネイマスはこれを断り、アラバマ大学でフットボールをすることにした。
2. アラバマ大学でネイマスは、伝説的な名コーチ、ベア・ブライアント（1913〜1983）から「わたしがこれまでコーチした中で最も優秀なアスリート」と呼ばれた。
3. ネイマスの派手な言動はフィールド外での行動に限ったものではなかった。彼は試合中、出番を待つあいだサイドラインでたびたび毛皮のロングコートを羽織っていた。

245 大衆文化 ｜ メアリー・タイラー・ムーア

　ブルックリン生まれの女優メアリー・タイラー・ムーア（1936〜2017）は、1955年に家電製品のテレビコマーシャルでダンスを踊って芸能活動を開始したとき、まさか自分が将来テレビドラマで有名になる役をふたつも演じ、しかもそれが1960年代から1970年代にアメリカで女性の役割が変化したことを映し出すことになるとは、夢にも思っていなかったに違いない。

◆

メアリー・タイラー・ムーア

　1961年、ムーアは連続ドラマ『ディック・ヴァン・ダイク・ショー』で放送作家ロブ・ピートリーの妻ローラ・ピートリー役にキャスティングされ、彼女の顔は幸せな主婦の顔の典型になった。テレビ局CBSで放映された本作で、ムーアはおっちょこちょいだが愛らしい妻・母親役を演じてエミー賞を2度受賞した。1966年に番組が最終回を迎えると──映画界に移ったもののパッとせず──ムーアは1970年にテレビに復帰し、CBSの連続ドラマ『メアリー・タイラー・ムーア・ショー』でローラ・ピートリーとは正反対の、自立したキャリアウーマンであるメアリー・リチャーズを演じた。

　ドラマでは、メアリー・リチャーズは長年同棲していた恋人と別れると、ミネアポリスへ引っ越す。番組のテーマ曲でも歌われるように、彼女は仕事を「結局やり遂げる」のであり、しかも「自力でやり遂げる」。これは、テレビドラマでは女性がもっぱら妻か恋人としてしか登場していなかった時代にあって、初めてのことだった。リチャーズは、問題を抱えるテレビ報道室で副プロデューサーの仕事に就き、下宿先としてニューヨークからやってきた女性（ローダ・モーゲンスターン）と女性家主が住む家の一室を借りている。

　また、これも当時のテレビドラマでは異例だったが、ムーア演じるリチャーズは、ドラマの中で付き合う男性のうち何人かと、ときどき一緒に夜を過ごす一方、彼女はいつも恋愛よりも「職場の家族」との関係を優先させている。

　当時の「新しい女性」をモデルに作られたメアリー・リチャーズは、フェミニズムを好意的に解釈した存在であり、番組は、働く女性をテレビで描く際の基準になった。

　番組は1977年に終了したが、終了に際して、物語にきちんと幕を下ろした最初のドラマのひとつとなった。最終回では、皮肉なことに、テレビ局の無能なアンカーマンであるテッド・バクスターを除く全員が解雇され、メアリー・リチャーズは報道室のライトを最後に消すのである。

豆 知 識

1.『メアリー・タイラー・ムーア・ショー』は、ドイツでは『オー、メアリー』のタイトルで放映された。
2.『メアリー・タイラー・ムーア・ショー』のオープニングには、ムーアが空に向かって帽子を投げる有名なシーンがある。ミネアポリスでは、2002年、このシーンが撮影された場所にメアリー・リチャーズの銅像が建てられた。
3. 当初、メアリー・リチャーズは離婚しているという設定だった。しかし、プロデューサーが抗議の殺到を恐れたのに加え、視聴者が彼女は『ディック・ヴァン・ダイク・ショー』のロブ・ピートリーと離婚したと誤解するかもしれないと考え、独身という設定に変更された。

246 人物 ┃ ルーホッラー・ホメイニ

　白く長いひげと、黒いターバンと、にらみつけるような表情で知られるルーホッラー・ホメイニ（1902〜1989）は、イラン・イスラム革命と、同国の西洋諸国に対する徹底した敵対姿勢を象徴する存在になった。

◆

　イランで西洋諸国の支援を受けた専制君主モハンマド・レザー・パフラヴィー（1919〜1980）が亡命すると、その直後の1979年2月にホメイニはイランで全権を掌握した。そしてただちにイスラム共和国の樹立を宣言し、自ら最高指導者の地位に就いた。

　ホメイニの指導の下、イランは原理主義的・反西洋的な色彩を強め、新たな法律により女性はベールで頭髪を覆うことが義務づけられ、チャドル（全身を覆う布）の着用が奨励された。彼の統治を批判することは許されず、音楽とアルコールは禁止された。革命後は多くの人が公開処刑され、ホメイニが権力を固める中で何人もが政府や軍の要職から追放された。

　一方、ホメイニはしばしばアメリカを「大悪魔」と呼び、ことあるごとにイスラエルとシオニストを激しく非難し、革命を他の中東諸国に広めようとした。

　イランの指導者となる以前、ホメイニはイスラム哲学・法学・倫理学を専門とするイスラム教シーア派の学者・教師だった。政治活動を始めるのは1941年、自著『秘密の暴露』を出版し、その中で国王はイスラム文化を破壊していると非難し、自身が思い描くイスラム国家の姿を説明するようになってからだった。

　1964年、ホメイニは王制転覆を主張したため国外追放になった。彼はイラクに拠点を置いて、イラン王制への攻撃を続け、イラン国内の反体制派にとって心のより所となった。亡命中だった1978年には、国王に対する民衆の怒りを象徴する存在になった。1979年2月にイランに帰国すると、彼は勝利した英雄として迎えられた。

　在任中、彼は民族主義的な政策を推進し、アメリカ大使館占拠事件（1979〜1981年）や経済的疲弊を招いたイラン・イラク戦争（1980〜1988年）の最中に国民からの支持を集めた。86歳で亡くなった時点で、イラン・イスラム革命はしっかりと根づき、後継者アリー・ハメネイ（1939〜）の指導の下、今もその体制は存続している。

┃ 豆 知 識 ┃

1. ホメイニは1950年代後半に「アーヤトッラー」（「アラーの徴」の意）という尊称を授かった。さらに1962年には、名誉ある大アーヤトッラーの尊称を与えられた。当時イランでこの尊称を持っていた学者は、彼以外には6人しかいなかった。

2. ホメイニの誕生年については異論がある。1902年という説のほか、1900年という説や1901年という説がある。新聞『ニューヨーク・タイムズ』の死亡記事には、彼の誕生日は1900年5月27日が通説だと記されている【訳注／現在、ホメイニの誕生日は1902年9月24日とされている】。

3. ホメイニの公式声明のうち特に有名なのが、1989年に出した、イギリスの作家サルマン・ラシュディ（1947〜）を処刑せよというファトワー（法学裁定）だ。ラシュディの著書『悪魔の詩』が「イスラム教に対する冒瀆」と見なされたためで、このファトワーによりラシュディは厳重な警護を受けて暮らすことになった。

247 文学 『ヴァージニア・ウルフなんかこわくない』

劇作家エドワード・オールビー（1928～2016）作の『ヴァージニア・ウルフなんかこわくない』（1962年）は、20世紀のアメリカ演劇で屈指の傑作と絶賛されている。当時としてはセリフに汚い言葉が多く、不条理で斬新な作品であり、1950年代アメリカの大衆文化において当たり前と思われていた、家庭生活に対するバラ色の理想像を打ち壊すのに大きな役割を果たした。

◆

エドワード・オールビー

この戯曲の主人公は、飲酒癖のある中年夫婦ジョージとマーサだ。ジョージは小さな大学の歴史学教授で、マーサは学長のひとり娘である。ある晩遅く、教職員のパーティーから帰宅し、酔っていた彼らは互いにののしり合う。がさつで威圧的なマーサは、パーティーで会った夫婦 ── 若い生物学教授のニックと、その妻ハニー ── を飲みに来るよう自宅に招待したと告げ、ジョージを困惑させる。

ニックとハニーが到着しても、マーサは夫婦ゲンカを続け、ハンサムで自信過剰なニックがいる前で、結婚生活への不満を吐露し、ジョージを情け容赦なく罵倒する。パーティーの晩は、言葉の暴力と、露骨な性的誘惑と、念入りに仕組まれた心理戦とが続く長い夜へと変わる ── そのすべてが、ジョージとマーサがほとんど常に罵詈雑言の応酬を繰り広げる、オールビーの手による見事だが下品な対話で進められていく。

ニックとハニーは、単なる傍観者でいようと努力するものの、結局ジョージとマーサのケンカに巻き込まれ、両夫婦がそれぞれ秘密にしようとしてきた、つらい秘密が最終的に明るみに引きずり出される。最後に、ジョージとマーサの激しい口論は実はすべて見せかけで、互いへの深い愛と、結婚生活でふたりが経験してきた不満と失望に対する深い悲しみとを隠すためのものだったことが明らかになる。

言葉の暴力がすべて収まった後のジョージとマーサは、人間離れした怪物のペアではなく、結婚生活にまつわる不安と困難に身も心も疲れ果てた、非常に人間らしい夫婦として描かれている。

豆 知 識

1. 1966年にエリザベス・テイラー（1932～2011）とリチャード・バートン（1925～1984）主演で映画化された『ヴァージニア・ウルフなんかこわくない』には、4人の主要登場人物しか出てこないが、その4人全員がアカデミー賞にノミネートされた。

2. この戯曲のタイトルは、オールビーがニューヨーク市のグリニッジヴィレッジにあるバーの鏡に書かれた落書きをヒントに思いついた。

3. 『ヴァージニア・ウルフなんかこわくない』は、オールビーにとって初の長編戯曲だった。それまでの数作はどれも1幕もので、そのうち最も有名なのは『動物園物語』（1959年）である。

248 音楽 ｜ ジミ・ヘンドリックス

　1967年6月、カリフォルニア州で3日間にわたり開催されたモントレー・ポップ・フェスティバルで、ローリング・ストーンズのブライアン・ジョーンズ（1942～1969）が、シアトル出身のほぼ無名のギタリスト、ジミ・ヘンドリックス（1942～1970）を観客に紹介した。「彼は、おれが今まで聞いた中で一番エキサイティングなパフォーマーだ」とジョーンズは断言した。モントレーでのヘンドリックスの演奏はセンセーションを巻き起こした。この大舞台で、彼はギターを背負って演奏したり、愛用のギター、フェンダー・ストラトキャスターの弦を歯で弾いたりし、最後にはギターに火をつけて演奏を終えた。

◆

ジミ・ヘンドリックス

　モントレーにヘンドリックスが出演したことで、デビュー・アルバム『アー・ユー・エクスペリエンスト？』は爆発的に売れた。『アー・ユー・エクスペリエンスト？』と、その後に彼が短いキャリアで出した2枚のスタジオ・アルバムは、1960年代後半に起きたサイケデリック・ムーブメントの重要な作品と見なされている。

　しかし、3枚のアルバムも、ヘンドリックス自身も、単にサイケデリックであるだけではなかった。ジミ・ヘンドリックスは、そのすばらしいエレキギター・テクニックで、リズム・アンド・ブルースもジャズもフォークもロックもファンクも演奏した。ヘンドリックスは、エレキギターを電源につないだアコースティックギターとして演奏するのではなく、エレキギター独特の音響性能を、それまでのどのアーティストよりも活用した。彼は誰よりも早く、フィードバック奏法、ディストーション、ワウワウ・ペダルなど、ギターの音色にさまざまな変化をつけるテクニックを導入した。ヘンドリックスは、今でも多くの人から史上最高のロック・ギタリストだと評価されている。

　モントレーでの演奏の2年後には、ヘンドリックスは音楽界の世界的大スターになっていた。サード・アルバム『エレクトリック・レディランド』はアメリカのアルバム・チャートで第1位に輝き、1969年の有名なウッドストック・フェスティバルでは最終演奏者に選ばれた。フェスティバル最終日、雨が降る月曜日の朝8時30分に、ヘンドリックスはエレキギターでアメリカ国歌「星条旗」をソロ演奏し、眠そうな観客たちの目を覚まさせた。ディストーション（音をひずませる奏法）や即興をふんだんに使った演奏は、ヒッピー世代と、変わりゆくアメリカの雰囲気とを象徴するものとなった。それから1年もたたないうちに、ジミ・ヘンドリックスはロンドンのホテルの一室で、ドラッグの過剰摂取に伴う合併症で亡くなった。まだ27歳だったが、すでに彼はロックのあり方を一変させ、ハードロックやヘヴィメタル、ファンクの発展を推し進めていた。

─────── 豆 知 識 ───────

1. 1992年にヘンドリックスは、その功績を認められて死後にグラミー賞を与えられた。
2. モントレー・ポップ・フェスティバルでのヘンドリックスの演奏は、D・A・ペネベイカー監督のドキュメンタリー映画『モンタレー・ポップ』に収められている。
3. ヘンドリックス初の北米ツアーは、テレビ番組用に作られたバンド、モンキーズの前座としての公演だった。

249 映画 『俺たちに明日はない』（1967年）

「わたしたち、銀行強盗なの」
—— フェイ・ダナウェイ（ボニー・パーカー役）

◆

　大恐慌時代の殺人犯・銀行強盗ボニー・パーカーとクライド・バロウを主人公とするアーサー・ペン監督の長編映画『俺たちに明日はない』が公開されたとき、ほとんどの映画評論家は、自分たちが見ているものを理解できなかったが、これが気に入らない作品であることは理解した。1967年夏の公開当時、この作品は暴力を美化し、殺人をコメディにしているとして、ほとんど至る所から酷評された。映画館での上映はすぐに終わり、ペン（1922～2010）と製作・主演を務めたウォーレン・ベイティ（1937～）にとっては大失敗かに思われた。

　しかし、その短い上映期間のあいだに、この映画はアメリカの若者文化にインパクトを与えた。劇中で使われたブルーグラスのデュオ、フラット＆スクラッグスの曲はチャートの上位に躍り出たし、この映画に影響を受けたファッションも流行し始めた。当時25歳で、新世代の映画ファンを代表する存在だった映画評論家ロジャー・イーバートは、この映画を支持し、「アメリカ映画史に残る、真実と輝きを持った画期的作品」と語った。

　すぐに映画への受け止め方が変わり、その後『俺たちに明日はない』はアメリカ映画に大変革をもたらした —— さらに、興行収入も7000万ドルに達した。

　『俺たちに明日はない』は、『卒業』（1967年）とともに、1960年代に多くの若者が抱いていたアメリカ社会への不信感と響き合う作品だった。映画史家のロバート・スクラーは、アメリカの若者たちは『俺たちに明日はない』の「最後は身の破滅で終わる違法行為を、自分たちが社会から疎外されている現実のメタファーとして」見ていたと記している。

　当時の宣伝文句にもあるように、ボニーとクライドは銀行強盗をし、人を殺す。フランスのヌーヴェル・ヴァーグ映画（特にフランソワ・トリュフォーとジャン＝リュック・ゴダールの作品）からニヒルな感覚を取り入れた本作では、ふたりが銀行強盗と殺人を犯すのは、それができるからであり、ふたりが退屈しているからであり、自分たち以外のことは知ったことではないからである。ペン監督によるあからさまな性と暴力の描写は、現代人の目にはおとなしいものに映るが、1967年の観客にとってはショッキングだった。

　また本作を先駆けとして、いわゆる「アメリカン・ニューシネマ」の時代が始まり、若い世代の作家・監督・俳優たち —— その多くは映画学校の出身者だった —— がハリウッド映画を、それまでのミュージカルや歴史大作など映画会社主導で作られてきた作品から、もっと個人的な問題を扱う現代的な映画へと変えていくことになった。

豆知識

1. 『俺たちに明日はない』は、アカデミー賞に9部門10人がノミネートされ、エステル・パーソンズ（助演女優賞）とバーネット・ガフィ（撮影賞）が受賞した。
2. この映画をきっかけに、女性のあいだではベレー帽とマキシスカートが、男性のあいだでは1930年代のギャング風ファッション（中折れ帽とダブルのスーツ）が流行した。
3. この映画は、主要人物を演じたフェイ・ダナウェイ、ジーン・ハックマン、およびパーソンズや、端役で出ていたジーン・ワイルダーにとって、キャリアを飛躍させるきっかけとなった。

250 思想と社会 | アファーマティヴ・アクション

アファーマティヴ・アクション（積極的差別是正措置）は、雇用や大学入学で人種的マイノリティや女性が有利になるよう設けられた措置で、1960年代から1970年代に広く実施されるようになって以降、アメリカ社会で大きな議論を呼んでいる政治問題のひとつになっている。

◆

　この問題をめぐって今も意見が割れている証拠に、2005年の世論調査によると、アファーマティヴ・アクションを過去の人種差別・女性差別を是正する手段として賛成しているアメリカ人は、人種差別についての是正措置として賛成しているのは、全体の50パーセントであり、42パーセントが反対している。女性差別の是正措置として賛成しているのは59パーセントで、反対は34パーセントである【訳注／2018年の調査では、人種差別の是正措置としての賛成は61パーセント、反対は30パーセント、女性差別の是正措置としての賛成65パーセント、反対27パーセントとなった】。

　アファーマティヴ・アクションが生まれた背景として、1960年代に公民権運動や女性の権利運動によってアメリカ社会の不平等が明らかとなり、こうした現実への関心が高まったことが挙げられる。マーティン・ルーサー・キング・ジュニア（1929～1968）などの公民権運動家たちは、「何百年にもわたって黒人に対して特別に不利なことをしてきた社会は、今こそ黒人のために特別なことをしなくてはならない」と訴えた。

　1965年にリンドン・B・ジョンソン大統領（1908～1973）は、政府の事業を請け負う業者に対し、マイノリティの労働者を積極的に採用するよう義務づけるアファーマティヴ・アクション令を出した。公立・私立を問わず多くの大学と、消防署や警察署など地方自治体の機関も、これにならった。しかし、こうした措置には、開始当初から激しい議論が続いている。反対派は、アファーマティヴ・アクションは白人への逆差別だと主張している。

　実際、一部の州では住民投票によりアファーマティヴ・アクションの導入が否決されている。最も有名なのはカリフォルニア州で、同州では1996年の住民投票の結果、大学入試で特定の人種を優遇する措置は禁止された。しかし2003年、最高裁判所はアファーマティヴ・アクションが違法ではないことを確認した。この年、最高裁はミシガン大学ロー・スクールが入学選考の要因として人種を用いることを認め、学力の劣るマイノリティ受験者を合格させるため自分は入学できなかったと主張する原告女性の訴えを退ける判決を下した。

豆 知 識

1. 2005年の世論調査によると、男性の61パーセントが、今では女性は職場で均等な機会を得ていると考えている。しかし女性でそう考えているのは、45パーセントにすぎない【訳注／2015年の同調査では男性は61パーセントのままで、女性は43パーセントとなった】。
2. ミシガン大学の判決後、ミシガン州では2006年に住民投票が行なわれ、州立大学でのアファーマティヴ・アクションが違法となった。
3. アファーマティヴ・アクションは、一部の国でも行なわれている。そのひとつインドでは、「不可触民」とも呼ばれる被差別民ダリットを優遇する法律が施行されている。

251 スポーツ｜マーク・スピッツ

1972年、水泳選手マーク・スピッツ（1950〜）は、8日間のうちに、それまでどのオリンピック選手も成し遂げたことのなかった偉業を達成した —— 7種目に出場して7つの金メダルを獲得し、7つの世界記録を打ち立てたのである。多くの人が、1972年ミュンヘン・オリンピックでのスピッツの成績を、オリンピック史上最高の偉業であり、個人選手が残した史上屈指の優れた記録だと考えている。

◆

　4年前の1968年メキシコ・オリンピックで、18歳だったスピッツは大胆にも試合前に金メダルを6個取ると宣言した。この宣言と比べれば、この大会での成績は残念なものだった。リレーチームのメンバーとして金メダルを2個獲得したほか、100メートル・バタフライで銀メダル、100メートル自由形で銅メダルを取っただけだったからだ。

　もっと力をつけようと決心したスピッツは、インディアナ大学へ進み、有名なコーチ、ドク・カウンシルマン（1920〜2004）の下でトレーニングを積んだ。在学中、スピッツは全米大学選手権で8つの個人種目で優勝し、インディアナ大が4年連続でチーム優勝するのに貢献した。

　その後、水泳雑誌で世界年間最優秀選手に2度（1969年と1971年）選出され、アメリカで最も優れたアマチュア選手に贈られるサリヴァン賞を1971年に受賞した後、ミュンヘン・オリンピックの代表に選ばれた。プレッシャーは大きかったが、1968年とは違い、スピッツは重圧をはねのけて出場した種目すべて（100メートル自由形、200メートル自由形、100メートル・バタフライ、200メートル・バタフライ、リレー3種目）で優勝した。

　スピッツはユダヤ系であり、彼の活躍に世界中のユダヤ人は大満足だった。特にこの年のオリンピックは、ホロコーストから30年もたっていないドイツで開催されていただけに、その思いもひとしおだった。しかしユダヤ人の喜びは恐怖に変わる。パレスチナの武装組織「黒い九月」のメンバーが大会中にイスラエル選手11名を殺害したのである。スピッツは自身の命を守るため、閉会式を待たずにミュンヘンを離れた。

　スピッツは22歳で現役を引退し、水泳での活躍と女性からの人気を生かしてハリウッドの映画スターになろうと考えた。有名人としてCMに出演してオリンピック後の2年間で一説によると700万ドル稼いだと言われているが、映画俳優としてのキャリアはすぐに頓挫した。その後はカリフォルニア州で不動産業に従事した。

　　　　　　　　　　　　　　　┤ 豆 知 識 ├

1. 現役時代、スピッツは父アーノルドの言った「水泳がすべてではない。勝利がすべてだ」という教えを守っていた。10歳の時点で、10歳以下のカテゴリーですでに世界最高の水泳選手であり、年齢別での全米記録を17回更新し、世界記録をひとつ打ち立てている。
2. スピッツは2007年時点で、オリンピックでの金メダル通算獲得数（9個）が1位タイだった。彼以外で9個獲得しているのは、アメリカの陸上選手カール・ルイス（1961〜）、ソ連の体操選手ラリサ・ラチニナ（1934〜）、フィンランドの長距離走選手パーヴォ・ヌルミ（1897〜1973）の3人である【訳注／2018年現在、オリンピックでの金メダル通算獲得数が最も多いのは水泳選手マイケル・フェルプスの23個で、上記の4人は2位タイである】。
3. スピッツは、1977年に国際水泳殿堂入りを果たし、1983年にはアメリカのオリンピック殿堂に初めて選ばれたメンバーのひとりになった。

252 大衆文化 ｜ 『ドゥーンズベリー』

　ギャリー・トゥルードー（1948〜）が描く連載漫画『ドゥーンズベリー』は、1970年10月26日、28の新聞に初めて掲載された。その後、掲載紙の数は1400紙に上り、アメリカ史上最も大きな影響を与えている —— そして、最も議論を巻き起こしている —— 漫画のひとつとなっている。

◆

ギャリー・トゥルードー

　トゥルードーは、イェール大学在学中の1968年、学生新聞に連載漫画『ブル・テールズ』を描き始めた。この漫画では、大学生活と1960年代の若者のカウンターカルチャーが描かれており、登場人物たちはマリフアナを吸い、徴兵されるのを心配し、さらには、朝に目が覚めたら知らない人とベッドで寝ていたという回もあった。トゥルードーが卒業すると、漫画は主人公マイク・ドゥーンズベリーの名を取って『ドゥーンズベリー』と改題され、全米各地の新聞に掲載された。

　発表のほぼ当初から、この漫画はドラッグへの言及と左派的立場からの政治批判とで論争の的になっていた。しかし、ベビーブーマー世代の読者からは絶大な人気を誇り、最初の年に数十の新聞に掲載された。

　また『ドゥーンズベリー』は、同時代の漫画の多くよりもはるかに知的で、登場人物も練り上げられており、大人向けの洗練された連載漫画の草分け的存在だった。

　ウォーターゲート事件が起こると、トゥルードーはリチャード・M・ニクソン大統領（1913〜1994）に風刺の矛先を向けた漫画を次々と描いた。このウォーターゲート事件関連漫画を認められ、トゥルードーは1975年に時事漫画部門でピューリッツァー賞を受賞した。連載漫画がこの賞を獲得したのは、これが初めてだった。

　以来トゥルードーの漫画は、その高い政治性と、同性愛やエイズや人種差別を率直に描いている点により、物議をかもすと同時に多くの人から愛されている。

　『ドゥーンズベリー』が大きな文化的影響力を持っている証拠に、1990年に登場人物のひとりがエイズで亡くなると、新聞『サンフランシスコ・クロニクル』はニュース面に死亡記事を掲載した【訳注／2018年現在、『ドゥーンズベリー』は作者の都合により2014年3月から無期限の連載休止中であり、掲載紙には過去の作品が再掲されている】。

豆 知 識

1. この漫画に登場するB.D. という人物の名前は、アメリカンフットボールのクオーターバックとしてイェール大学とニューイングランド・ペイトリオッツで活躍したブライアン・ダウリング（1947〜）の頭文字を取ったものだ。
2. トゥルードーは、NBCテレビの報道番組『トゥデイ』の元司会者ジェーン・ポーリー（1950〜）と結婚している。
3. トゥルードーは、短編アニメ映画『ドゥーンズベリー・スペシャル』で1977年にアカデミー賞にノミネートされた。

253 人物 ｜ ロナルド・レーガン

ロナルド・レーガン大統領（1911〜2004）は、ホワイトハウスで過ごした8年のあいだに、底抜けに楽天的な態度でアメリカの自信と信頼を国内外で回復させたと評価されている。その任期中、アメリカは不況から脱して景気拡大を経験したが、同時に貧富の差も広がった。また歴史学者の中には、共産主義反対を訴えたレーガンの話術と、防衛費を大幅に増額させたことが、1991年のソヴィエト連邦崩壊につながったと評価する者もいる。

◆

レーガンはイリノイ州で生まれ、映画俳優やラジオのアナウンサー、軍の広報担当などとして活躍した後、政界入りした。当初は民主党員だったが、1962年に共和党に鞍替えした。

レーガンは1966年にカリフォルニア州知事に当選し、知事を2期務めた。その後、1976年に共和党の大統領候補指名争いで現職のジェラルド・R・フォード大統領（1913〜2006）に接戦の末に敗れた。1980年、レーガンは小さな政府と減税と予算均衡を公約に掲げて苦もなく指名を勝ち取った。本選でも、民主党のジミー・カーター大統領（1924〜）を大差で破った。

確かにレーガンは減税を実施し、連邦政府の事業を削減したが、国防に多額の予算をつぎ込んだため、連邦政府の赤字は約3倍に膨れ上がった。国防予算を増額させたのは、それによってソ連の指導者たちに、アメリカと軍拡競争しても勝ち目はないと思わせるためだった。さらに、冷戦を戦う武器として話術も駆使し、ソ連を「悪の帝国」と呼んで非難した。

レーガン政権は、2期目に政治スキャンダルで危うく足をすくわれそうになった。1986年のイラン・コントラ事件でレーガンが個人的責任を負わざるをえなかったからだ。イラン・コントラ事件とは、彼の部下が武器をイランに売却し、その代金の一部を、キューバの支援を受けたニカラグアのサンディニスタ政権と戦う反政府ゲリラへの資金援助に使ったというものだ。事件を受けて連邦議会で公聴会が開かれると、しばしば証人たちは、レーガンは事件の中心人物ではなく部下に任せていただけで、大統領ながら何も知らされていなかったと証言した。

しかし、このスキャンダルでレーガンの高い支持率が落ちることはほとんどなく、史上一、二を争う人気の高い大統領として1989年に任期を終えた。1994年、彼はアルツハイマー病であることを公表し、その後は人前に出ることなくカリフォルニア州で暮らし93歳で亡くなった。

豆 知 識

1. 大統領に就任してわずか69日後、レーガンは暗殺未遂事件に見舞われ、犯人の撃った銃弾で左の肺に穴があいた。命に関わるほど大量に出血したものの、ユーモアのセンスを失うことはなく、病院に駆けつけた妻に「ハニー、よけそこなったよ」と語ったと伝えられている。
2. レーガンは、ハリウッド映画に50本以上出演しており、特に映画『全米代表クヌート・ロックニー』（Knute Rockne, All-American）（1940年）でノートルダム大学の伝説的フットボール選手ジョージ・ギップ（1895〜1920）を演じたことは、非常によく知られている。
3. 映画界入りする前、レーガンはアイオワ州でラジオのスポーツ・アナウンサーとして働いていた。彼は同州デモイン市にあるラジオ局WHOで野球中継を担当し、進行中の試合の概略が随時シカゴから電信で送られてくると、それを基に1プレー1プレーを詳しく再現しながら実況放送するのが仕事だった。これは有名な話だが、あるとき試合の9回で電信が故障してしまい、機械が復旧するまで、レーガンはファウルが延々と続いている様子を詳しく「実況」して時間を稼がなくてはならなかった。

254 文学 ｜ カート・ヴォネガット

　主要な文学賞を受賞したことは一度もないが、それでもカート・ヴォネガット（1922〜2007）は、この100年で最も多くの人から絶賛されたアメリカの作家のひとりだった。その型にはまらぬ奇抜な小説は、まるで矛盾の見本である。面白おかしいが悲観的で、漫画チックだが深刻で、読むのは簡単だが理解するのは難しいのだ。彼の作品は「真面目な」文学に SF 風の味つけを施していて、その平和主義的傾向により、ヴォネガットは、ヴェトナム戦争時代に反戦を訴えるカウンターカルチャーのヒーローになった。

◆

カート・ヴォネガット

　インディアナ州出身のヴォネガットは、大学に進学した後、在学中の1943年、第二次世界大戦の真っただ中で陸軍に入った。彼はこの決断により、その後の人生を決定づけたと言うべき最も重要な体験をすることになる —— 1945年2月に連合軍がドイツに対して実施したドレスデン大空襲を現場で目撃したのである。この空襲により、ヨーロッパのすばらしい歴史的都市のひとつが壊滅し、一晩のうちに推計で3万5000人以上が命を落とした。

　1944年にナチの捕虜となっていたヴォネガットは、この空襲に巻き込まれて生き延びた数少ないアメリカ人捕虜のひとりであり、このときの、ひとつの都市が完全に破壊され、生命の痕跡が消え去った光景は、彼の脳裏に焼きついた。

　戦後ヴォネガットはアメリカに戻ると作家活動を始めた。科学が破滅をもたらす可能性を描いて好評を博した『猫のゆりかご』（1963年）など、長編小説を何冊か出した後、いよいよヴォネガットは自身の戦争体験を取り上げた『スローターハウス5』（1969年）を執筆した。これはヴォネガットのスタイルが凝縮された作品で、悲惨な自伝的エピソードが、宇宙人やタイムワープなど SF 的要素とともに語られている。

　小説の主人公は、ドレスデン爆撃を経験して「時間のなかに解き放たれ」、人生のさまざまな瞬間を、時系列と関係なく、あちこち移動しながら何度も体験しなくてはならなくなり、その状況を自分でコントロールすることはできない。この小説の反戦メッセージは、大学生を中心にヴェトナム戦争に反対していた人々の心に響き、ヴォネガットはその後ほぼ全生涯を通じて大学生のあいだでカルト的な人気を保ち続けた。

豆 知 識

1. 1947年、シカゴ大学はヴォネガットの執筆した人類学の修士論文を「学術的でない」として却下した。その後1971年に、シカゴ大学は彼の小説『猫のゆりかご』を論文として認めるといって、彼に修士号を授与した。
2. 1950年代前半、ヴォネガットはマサチューセッツ州でスウェーデンの自動車会社サーブの販売代理店を始めたが、すぐに倒産させてしまった。後に彼は冗談交じりに、このときの失敗のせいで、スウェーデンに本部があるノーベル財団はわたしにノーベル賞をくれないのだと語っていた。
3. ヴォネガットは、晩年になっても熱心に反戦を訴え続け、2003年のアメリカ軍によるイラク侵攻を講演や文章で激しく非難した。

255 音楽 | ヴェルヴェット・アンダーグラウンド

　ヴェルヴェット・アンダーグラウンドは、その短い活動期間中に1曲もヒットを出さず、超満員のスタジアムで熱狂するファンを前にコンサートをしたこともなかった。しかし、このバンドは非常に大きな影響を残した。ロック・プロデューサーのブライアン・イーノ（1948〜）が言ったとされる言葉を借りれば、ヴェルヴェット・アンダーグラウンドのレコードを発売当時に買った人は数千人にすぎなかったが、その全員がバンドを始めたからである。

◆

ヴェルヴェット・アンダーグラウンド

　バンドは、ボーカル兼ギタリストのルー・リード（1942〜2013）とクラシック音楽家ジョン・ケイル（1942〜）が1964年にニューヨーク市で出会って結成された。当時リードはポピュラーソングを作曲していたプロのミュージシャンで、イギリス・ウェールズ出身のケイルは実験的なクラシック音楽を作曲中だった。ふたりはギタリストのスターリング・モリソン（1942〜1995）とドラマーのアンガス・マクリース（1938〜1979）をスカウトし、これでメンバーがそろった。バンドは小規模のライブを何度かしたが、本格的に注目されるようになるのは、ポップ・アーティストのアンディ・ウォーホル（1928〜1987）に見いだされてからだ。

　ウォーホルは、ヴェルヴェット・アンダーグラウンドを知った当時、すでに美術界の大物だった。ウォーホルは、数か月間バンドの後ろ盾となり、レコード契約を結ばせた。彼はバンドに、自分たちの好きなようにやっていいが、ひとつだけ条件として、ドイツ生まれの女性モデルで歌手のニコ（1938〜1988）を参加させて何曲か歌わせてほしいと依頼した。バンドはこれを了承し、1967年に、ウォーホルが描いた「ゆっくりはがして見て」というメッセージ付きのバナナ・ジャケットで有名なアルバム『ヴェルヴェット・アンダーグラウンド・アンド・ニコ』をリリースした。このアルバムには、「ヘロイン」「僕は待ち人」「オール・トゥモロウズ・パーティーズ」など、バンドの代表曲がいくつか収められている。ニコはすぐにバンドを離れ、1968年にバンドは彼女なしで『ホワイト・ライト／ホワイト・ヒート』を発表した。次にケイルが脱退し、バンドが出した残る2枚のアルバム『ヴェルヴェット・アンダーグラウンド』（1969年）と『ローデッド』（1970年）は、ケイルなしでリリースされた。

　ヴェルヴェット・アンダーグラウンドのアルバムはあまり売れなかったが、彼らが先駆けとして始めた雑音交じりのローファイなサウンドは、後々まで残る深い影響を与えた。今日では、成功している多くのバンドがセルフプロデュースによる「インディーズ・ロック」バンドとしてスタートしている。そのひとつひとつが、最初のインディーズバンドであるヴェルヴェット・アンダーグラウンドの恩恵を受けているのである。

[豆 知 識]

1. バンドの名前は、SM趣味を扱った書籍のタイトルから取られた。
2. 1996年の映画『アンディ・ウォーホルを撃った女』では、ヴェルヴェット・アンダーグラウンドをインディーズロックバンドのヨ・ラ・テンゴが演じた。
3. バンドのラスト・アルバムが「満載」を意味する『ローデッド』というタイトルなのは、レコード会社から「ヒット曲満載」のレコードを作るようにと言われたからだ。

256 映画 | 『卒業』（1967年）

「ロビンソンさん、あなたはぼくを誘惑しようとしていますね」
── ダスティン・ホフマン（ベンジャミン・ブラドック役）

◆

　マイク・ニコルズのブラックユーモアが交じった恋愛映画『卒業』は、1960年代後半のアメリカで大きくなっていた社会的動揺を反映させた作品だ。本作は、疎外感・混乱・アメリカのアンニュイな郊外生活といったテーマを扱っており、一部の評論家からは、ベビーブーマー世代を描いた代表的な映画と見なされている。

　ダスティン・ホフマン（これが映画で初の大役）が演じるベンジャミン・ブラドックは、大学を卒業したばかりの不器用な21歳の若者で、上位中流階級の実家に戻ったものの、次第に日常に退屈して不満を抱くようになる。彼は何をするでもなく、両親の自宅にあるプールに体を浮かべて毎日を過ごしており、そうした姿は、大学のキャンパスを中心に全国で大変革が起こっていた時代の不確実さを象徴的に表している。

　大学文化と郊外生活の対立と、世代間の衝突は、この映画の二大テーマであり、どちらのテーマも、ベンジャミンと女性との関係を通して描かれる。郊外で彼は、父親のビジネス・パートナーの妻ミセス・ロビンソン（演じるのはアン・バンクロフト）と肉体関係を持つが、その理由は基本的に、ほかにやることがなかったからだ。両親と同居する彼には目的意識も情熱もなく、誘惑されるがままに関係を続ける。ミセス・ロビンソンの娘エレーン（演じるのはキャサリン・ロス）が通う大学のキャンパスで、ベンジャミンは情熱を燃やし、愛する女性の心を何としてでも勝ち取ろうとする。しかし、彼女の心を勝ち取った途端、彼らの世代に広がっている不確実さが、ベンジャミンとエレーンのふたりに戻ってくる。

　本作は予想を超える大ヒットとなり、1億400万ドルという興行収入を上げて1960年代で最も成功した恋愛映画になった。批評家からの評価も高く、特に比較的若い評論家から絶賛され、全国の大学生のあいだで映画に対する関心が再び高まるきっかけとなった。

　またサウンドトラックには、サイモン＆ガーファンクルの印象的な「サウンド・オブ・サイレンス」や「ミセス・ロビンソン」などの楽曲が使用され、やはり当時の若者文化を反映していた。

　『卒業』はアカデミー賞で7部門にノミネートされ、監督賞を獲得した ── ニコルズ（1931～2014）にとっては、長編映画の監督2作目にしての受賞だった。

┌─ **豆 知 識** ─┐

1. 映画では、ミセス・ロビンソンとベンジャミンにはかなりの年齢差があるように描かれているが、現実のアン・バンクロフト（1931年9月生まれ）とダスティン・ホフマン（1937年8月生まれ）は、たった6歳しか違わない。
2. この映画をきっかけにダスティン・ホフマンはスターになり、ハリウッドは従来型の大物俳優ではなく、癖のある俳優を起用するようになった。
3. この映画『卒業』のオーディションに呼ばれたとき、すでにメル・ブルックス監督の映画『プロデューサーズ』（1968年）に出演する契約を結んでいた。ブルックスは、妻のバンクロフトがすでにミセス・ロビンソンとしてキャスティングされていたため『卒業』のことを知っており、ホフマンにオーディションへ行くのを許可した ── ホフマンが合格するはずがないと思ったからだ。しかし彼は間違っていた。

257 思想と社会 | ブラックパワー

　公民権運動の主流派から分かれた過激な分派であるブラックパワー運動は、1960年代と1970年代にアフリカ系アメリカ人の政治権力を求める戦いで、より攻撃的で対決的な戦術を用いた。ブラックパワーを代表する最も有名な組織ブラックパンサーは、マーティン・ルーサー・キング・ジュニア（1929～1968）ら主流派が唱えた非暴力主義を捨て、当局とたびたび衝突して注目を浴びたが、1970年代に入ると運動は下火になった。

◆

　キングや全米黒人地位向上協会（NAACP）など主流派の指導者たちは、白人とともに行動しながら人種差別撤廃を求めることが、人種間の平等を実現させる最善の方法だと考えていた。それに対して、ブラックパワーの提唱者であるストークリー・カーマイケル（1941～1998）らは、黒人は自分たちの運動を自分たちの責任で行なうべきであり、白人からの支援を減らすべきだと思っていた。

　1966年の有名なスピーチでカーマイケルは、ブラックパワーとは「この国の黒人は団結し、自分たちの伝統を理解し、連帯感を築けという呼びかけである。黒人は自分たちの目標を決め、自分たちの組織を率いよという呼びかけなのだ」と語った。

　1960年代にブラックパワー運動は、キングが暗殺され、非暴力と人種統合を訴える公民権運動に多くの黒人が幻滅すると、多数の支持を得て絶頂期を迎えた。メンバーたちは、黒人の自立を目指して、アフリカ系アメリカ人コミュニティーで医療・食糧支援事業を組織した。また、武器弾薬を大量に備蓄しており、コネチカット州ではメンバーのひとりが警察への協力を疑われて殺されるという有名な事件も起きた。

　やがて運動を批判する声が上がり、黒人コミュニティーの中からも、ブラックパンサーの活動は黒人を孤立化・周縁化させるだけだと主張する者たちが現れた。特に、ブラックパンサーが暴力を振るい、そのため黒人が中傷されるようになると、そうした批判は強くなった。

　ブラックパワー運動は1970年代に消滅するが、その考え方の一部は、ブラックアート運動など、その後のもっと建設的な活動に吸収されていった。

[豆 知 識]

1. 「ブラックパワー」という語が文献に登場するのは、アフリカ系アメリカ人の作家リチャード・ライト（1908～1960）が1954年の著書のタイトルに使ったのが最初である。
2. ジェームズ・ブラウン（1933～2006）が1968年にブラックパワーを称えて歌った曲「セイ・イット・ラウド」は、雑誌『ローリング・ストーン』が2004年に選んだ史上最も偉大な500曲に入っている。
3. アメリカの陸上短距離走選手トミー・スミス（1944～）とジョン・カーロス（1945～）は、1968年メキシコ・オリンピックの表彰式でブラックパワー・サリュート —— こぶしを高く掲げる動作 —— をしたため、大会から追放された。

258 スポーツ｜セクレタリアト

セクレタリアトは、多くの人から競馬史上で最も優秀なサラブレッドだと考えられている。1973年に、25年ぶりに三冠馬 —— ケンタッキーダービー、プリークネスステークス、ベルモントステークスの3レースを制した馬 —— となり、この3レースのすべてで今もコースレコードを保持している。

◆

セクレタリアト

「ビッグ・レッド」の別名を持つセクレタリアトは、1957年のプリークネスステークスの優勝馬ボールドルーラーを父に、サムシングロイヤルを母にして、1970年に生まれた。調教師は、ルシアン・ローリン（1912〜2000）である。

セクレタリアトのベストレースは、1973年のベルモントステークスだ。このレースでセクレタリアトは圧倒的な1番人気で、ともに出走したのは、ケンタッキーダービーとプリークネスステークスで2着に終わったシャムを含めて4頭だけだった。レースが始まると、セクレタリアトは序盤こそシャムに迫られたが、やがて先頭に立ち、そのまま距離を広げて31馬身という驚異的な差で勝利した。タイムは2分24秒で、これは1マイル半の世界記録となった。

レースを実況していたアナウンサー、チック・アンダーソン（1931〜1979）が叫んだ「まるですばらしい機械のような動きです！」という言葉は有名になった。レース終盤、騎手のロン・ターコット（1941〜）は、他の馬の位置を確認しようと振り返ったが —— 新たな三冠馬の近くには1頭もいなかった。

後にターコットは、自分はセクレタリアトの上ではほとんど何もせず、馬が「ギアをトップに」入れるに任せただけだったと語っている。セクレタリアトは一大センセーションを巻き起こし、1973年6月には、『タイム』『ニューズウィーク』『スポーツ・イラストレイテッド』という3冊の雑誌の表紙を同時に飾った。

2年の現役生活で21レースに出場して16勝し、賞金獲得総額は130万ドルで、2歳のときと3歳のときに年間最優秀馬に選ばれた。引退後、セクレタリアトは種馬として16年を過ごしたが、ひづめの病気である蹄葉炎になり、1989年に安楽死の処置が取られた。死亡後の解剖で、心臓の大きさが平均的な馬の2倍だったことが判明した。

┤ 豆 知 識 ├

1. セクレタリアトのひとつ前に三冠を達成したのは、1948年のサイテーションだ。その後、7頭がケンタッキーダービーとプリークネスステークスを制するものの、ベルモントステークスだけは勝てなかった。
2. 1973年、馬主のペニー・チェネリー（1922〜2017）は、セクレタリアトをシンジケート（種馬についての持ち株組合）に当時最高額の608万ドルで売却した。
3. セクレタリアトの子には、1988年にプリークネスとベルモントを制したリズンスターと、1986年の年間最優秀馬レディーズシークレットがいる。また子孫には、2004年にケンタッキーダービーとプリークネスステークスを制したスマーティージョーンズがいる。

259 大衆文化 ｜ アーチー・バンカー

　1971年１月12日、テレビ局CBSは、新番組を見た視聴者から苦情が殺到しても対処できるよう、電話スタッフを倍増させた。この日からアメリカでホームコメディ『オール・イン・ザ・ファミリー』の放送が始まり、頑固親父のアーチー・バンカーが初登場するからだ。初回の反応はいまひとつだった（苦情の電話は20件だけだった）が、その後この番組は5000万人に視聴され、５年にわたって視聴率トップの連続テレビドラマになった。2004年には雑誌『TVガイド』により、アーチー・バンカーは史上最も偉大なテレビドラマの父親50人に選ばれた。

◆

　キャロル・オコナー（1924～2001）演じるアーチー・バンカーは、埠頭の現場監督とタクシーの運転手を経て、やがてバーのオーナーになる人物で、思ったことをずけずけと言う保守的な男であり、マイノリティを罵倒し、この国が「フランクリン・デラノ・ローズヴェルトに破壊されて」変わっていく現状を嘆く。ニューヨーク市クイーンズ区ハウザー・ストリート704番地の一戸建てに住み、リビングにある彼専用の１人用ソファに座って、ロブ・ライナー（1947～）演じるリベラル派の娘婿マイケル・スティヴィックや、サリー・ストラザーズ（1948～）演じる「ウーマンリブ」の娘グロリアと丁々発止とやりあう。ジーン・ステイプルトン（1923～2013）演じるアーチーの妻エディスは、夫から「バカ」呼ばわりされている（アーチーの「黙れ、エディス！」というセリフは、雑誌『TVガイド』によって2005年にテレビ番組のキャッチフレーズ・ベスト20に選ばれた）。当たり障りのないホームコメディが多かった時代に『オール・イン・ザ・ファミリー』は、人種差別や性の問題、ヴェトナム戦争など、社会的に関心の高いトピックを扱い、ドラマの設定も、アメリカのテレビ史上で初めて家族がケンカしたり、トイレの水が流れる音が放送されたりするなど、現実に即したものだった。不快と共感を等しく呼んだバンカーは、アメリカの一般市民の代表や象徴となった。

　もっとも、その評価は両極に分かれていて、一部の人からは頑固さと戦う人物と見なされる一方、別の人々からは頑固さを助長する人物と見なされている。1970年代前半には、不満を抱える下位中流階級の白人を表す言葉として「バンカー票」という表現が使われるようになった。このドラマをきっかけに、『結婚して子供あり（Married … with Children）』など後のドラマで、家庭を持つブルーカラーの男性が描かれるようになった。それでも、アーチー・バンカーのようにテレビドラマで視聴者の痛い所を突く登場人物は、ほとんど現れていない。現在ホームコメディに出演している俳優は、「アーチーが言っていたことを、その後は誰もテレビで言っていない」と語っている。

豆知識

1. アーチー・バンカーのモデルは、番組のプロデューサーであるノーマン・リア（1922～）の父親だった。リアの父は、セールスマンをしていたロシア系ユダヤ人２世で、息子を「今まで見た中で最も怠惰な白人の子供」と呼び、妻に「黙れ」と言っていた。
2. アーチー・バンカー役を最初にオファーされたのは俳優のミッキー・ルーニー（1920～2014）だったが、彼はこの役が大いに物議をかもしそうだと考え、オファーを断った。
3. アーチーとエディスの１人用ソファは、スミソニアン博物館に寄贈された。
4. アーチーは、第５シーズンの途中で死んだことにされるところだった。演じていたキャロル・オコナーが契約上の問題で４回分の収録に参加しなかったためだ。

260 人物 | サンドラ・デイ・オコナー

　若いころからサンドラ・デイ・オコナー（1930〜）は、先駆者になろうと決心していた。アリゾナ州の人里離れた農場で過ごした子供時代には、女性にとっては大変な仕事である、牛を飼う牧場経営者になりたいと思っていた。

◆

　その代わりオコナーは、アメリカ史上で最も大きな力を持った女性のひとりになった。女性初のアメリカ最高裁判所判事になったのである。

　オコナーは、1950年にスタンフォード大学を出て、その2年後にスタンフォード・ロー・スクールを卒業した。ロー・スクールを出たものの、女性だからという理由で法律事務所への採用を何度も断られた。最終的に、カリフォルニア州サンマテオ郡の郡次席検事の職に就いた。

　その後、アリゾナ州司法次官補、アリゾナ州議会上院議員（在任中に、アメリカ史上で女性として初めて州上院の多数党院内総務を務めた）、マリコパ郡上級裁判所判事、アリゾナ州上訴裁判所判事を歴任した。

　1981年、ロナルド・レーガン大統領（1911〜2004）は、連邦最高裁判事に女性を指名するという選挙中の公約を果たすため、ポッター・スチュワート判事（1915〜1985）の後任としてオコナーを指名した。オコナーの指名は上院により99対0で承認され、彼女は2005年7月に引退するまで判事を務めた。24年の在職中は、妊娠中絶、アファーマティヴ・アクション、死刑など論争になった問題でキャスティング・ボートを握ることが多かった。

　オコナーは、共和党政権から指名されたにもかかわらず、保守的なイデオロギーに従ったわけではなく、最高裁での穏健派と見なされていた。彼女の引退後、後任には、より保守的と見なされているサミュエル・アリート・ジュニア（1950〜）が指名された。

　彼女が下した判断で最も重要だったのは、妊娠中絶をめぐるものだろう。1992年、女性の妊娠中絶に対する権利が問題となった家族計画連盟対ケイシー事件で、彼女はロー対ウェイド事件の判例を支持する判断を下した。

　彼女を批判する人々は、オコナーには司法全般に対する哲学がなく、そのため最高裁に一貫性が欠けることになったと考えていたが、彼女の支持者たちは、個々の事例に即した対応はプラグマティズムによるものだと言っている。

　オコナー自身は自分の態度について、2004年にこう述べている。「もし、事例に即するバランスの取れたアプローチを取るか、それとも、目の前にあるものすべてを壊して進んでいく厳しいルールを取るか、どちらかを選べと言われたら、わたしは前者を選びます」

豆知識

1. オコナーは乳がんの経験者で、1988年にがん治療を受けて克服した。
2. 彼女はロー・スクールを第3位の成績で卒業した。このとき1位で卒業したのは、後に最高裁長官としてオコナーの同僚になるウィリアム・H・レンクイスト（1924〜2005）だった。
3. 2006年4月、アリゾナ州立大学はオコナーに敬意を表して自校のロー・スクールを彼女の名を冠した名前に改めた。

261 文学 ジョン・アップダイク

　女性やマイノリティの声がアメリカ文学で以前より目立った地位を得るようになった時代にあって、小説家ジョン・アップダイク（1932～2009）は、20世紀後半に生きるアメリカ人男性の経験を辛辣な言葉で伝える作家であり続けた。とりわけ、憂鬱な結婚生活を窮屈に感じている白人でプロテスタントの中流階級の男性を描いたことで、よく知られている。

◆

ジョン・アップダイク

　アップダイクの少年時代は、彼が描く主人公の多くとよく似ている。彼はペンシルヴェニア州の郊外で育ち、ハーバード大学へ進み、一時期マンハッタンで暮らした後、マサチューセッツ州北東部の小さな町に落ち着いた。ハーバード大学で英語を専攻していたときからユーモアあふれる文章を書き始め、その後は雑誌『ニューヨーカー』の寄稿者となって、作家のキャリアを着実に積んでいった。

　高評価を得た短編やノンフィクション作品をいくつか書く中で、アップダイクは細かい描写の多いリアリズム的な文体を磨き、それを使って最初の主要な長編小説『走れウサギ』（1960年）を執筆した。本書と、その続編4作——『帰ってきたウサギ』（1971年）、『金持になったウサギ』（1981年）、『さようならウサギ』（1990年）、『思い出のウサギ（Rabbit Remembered）』（2000年）——は、「ウサギ」ことハリー・アングストロームの生涯を描いている。ウサギは、高校時代はバスケットボールのスター選手だったが、青春時代の華やかな日々が過ぎた現在は、誠実な結婚生活に伴う責任と日課を地道に果たすことに苦労している人物である。「ウサギ・シリーズ」の成功後、アップダイクはキャリアの後半に、『イーストウィックの魔女たち』（1984年）でファンタジーに挑戦し、『ブラジル』（1994年）と『ガートルードとクローディアス』（2000年）ではメタフィクションに挑むなど、さまざまなジャンルにチャレンジした。

　アップダイクの中心的なテーマ——アメリカ人男性が家庭生活と性生活に対して抱く不安——は、称賛されると同時に嘲笑の対象にもなった。熱心なファンは、彼はアメリカのメインストリームを記録した重要な年代記作家だと主張しているが、批判する人々は、彼の作品を青臭くて女性嫌悪に満ちていると言ってこき下ろしている——1997年にアップダイクが、ある評論で「類語辞典を持ったペニス」と呼ばれたのは有名な話だ。それでも、アップダイクが、ここ数年で最も広く読まれ、最も多くの人から称賛されているアメリカ人小説家のひとりであることは間違いない。

豆 知 識

1. アップダイクは小説以外に、子供向けの本や、詩も書いているほか、芸術からゴルフに至るまで、あらゆることをテーマにしたエッセイも数多く執筆している。

2. アップダイクの作品には、映画化されたものがある。最も有名なのは、ジャック・ニコルソン（1937～）、シェール（1946～）、スーザン・サランドン（1946～）、ミシェル・ファイファー（1958～）らが出演した1987年の映画『イーストウィックの魔女たち』だ。

3. アップダイクの出版社クノップフは、猥褻罪で訴えられるのを恐れ、アップダイクに、『走れウサギ』のうち露骨な性的表現のある部分を書き換えさせた。その後1979年に同社から再版されたとき、書き換えられた部分は元の形で出版された。

262 音楽 | エルヴィス・プレスリーの『68カムバック・スペシャル』

　1960年代後半、エルヴィス・プレスリー（1935〜1977）は、何年も大きなヒットを出せずにいた。サン・レコードから出した代表曲は、どれも10年以上前にレコーディングしたもので、「ハートブレイク・ホテル」（1956年）のようなヒット曲は何年も出していなかった。アメリカ陸軍に徴兵されて一時期ドイツで軍務に就いた後、彼は新たな目標を持ってアメリカに戻ってきた。スタジオでのレコーディングやコンサートは基本的にやめて、ハリウッドで映画俳優として再スタートを切ったのである。彼のミュージカルは興行的に成功し、中には『ラスベガス万才』のような傑作もあったが、ほとんどの批評家やロックファンは、彼を太ってしまった過去の人と決めつけていた。

◆

　こうした状況の中、1968年にテレビ・プロデューサーがエルヴィスに、テレビ局NBCのクリスマス特番に出演しないかと声をかけた。その結果作られた番組は、誰の予想とも違う内容だった。一応「ブルー・クリスマス」は流れたが、番組でクリスマスと関係があったのは、それだけだった。その代わりプロデューサーたちは、メンフィス時代にエルヴィスと一緒だった、ギタリストのスコッティ・ムーア（1931〜2016）とチャーリー・ホッジ（1934〜2006）や、ドラマーのD・J・フォンタナ（1931〜2018）などバックバンドのメンバーを集め、エルヴィスにレザースーツを着せた（これはプロデューサーたちが、初期のコンサートでエルヴィスはレザースーツを着ていたと誤解していたためである）。

　ぎりぎりになって集められた聴衆が小さなステージを囲む中、バンドは史上最高レベルのロックとブルースの演奏を行なった。エルヴィスたちは、「ハートブレイク・ホテル」、「ワン・ナイト」（1958年）、「ブルー・スエード・シューズ」（1956年）など、エルヴィスが世に出るきっかけとなった曲や、販売用に初めて録音した曲「ザッツ・オール・ライト」（1954年）などを演奏した。また、「ローディ・ミス・クローディ」（1956年）や「お前が欲しくて」（1956年）といった定番曲のすばらしい演奏も披露した。

　番組は大ヒットとなり、エルヴィスは見事カムバックを果たした。ラスベガスで模造ダイヤをちりばめたスーツを着て大規模なコンサートを行なうのは、これから先のことである。

豆知識

1. バンドは「ワン・ナイト」を2度演奏したが、エルヴィスは何度もうっかりオリジナルの歌詞を歌ってしまった。エルヴィスが1958年に出したカバーでは、歌詞は「君と一夜を過ごすこと／今はそれを願っている。／ぼくたち二人で計画すれば／ぼくの夢はきっとかなう」だった。スマイリー・ルイスによるオリジナルは、売春宿での一夜を歌ったもので、歌詞は「罪ある一夜を過ごすこと／今そのために金を払っている。／おれが何をし、何を見ようと／世界はこのまま変わらない」となっている。
2. エルヴィスのマネジャーだったトム・パーカー大佐（1909〜1997）は、当初、特番ではエルヴィスにタキシードを着せてクリスマス・ソングを20曲歌わせたいと考えていた。
3. ステージにはドラム・セットを置くスペースがなかったため、ドラマーのフォンタナはギターケースの裏を叩いてリズムを取っていた。

263 映画 | ロバート・アルトマン

　ロバート・アルトマン（1925〜2006）がハリウッドの大物監督になったのは45歳になってからだが、そのキャリアは、慣例やジャンルに対する若者らしい抵抗に満ちていた。彼は、ハリウッド流のルールやハリウッド式のプロデューサーを嫌った、妥協を知らない芸術家だった。しかも彼の映画は、即興性と革新性と自然主義の見本であり、登場人物と映像と音声によるモザイクを作り出している。

◆

　アルトマンは、初めは商業用の短編映画を作っていたが、1957年に『不良少年（The Delinquents）』で長編映画に移った。しかし、映画監督としてはその後10年以上も鳴かず飛ばずで、テレビ番組や売れない長編映画を作って過ごしていたが、そんな中、映画『M★A★S★H マッシュ』（1970年）の監督を引き受けることになった。45歳でアルトマンは、すでに15人以上の監督に断られた、朝鮮戦争を舞台にした反戦ブラック・コメディに取り組むことになったのである。

　『M★A★S★H マッシュ』は、ヴェトナム戦争に対する幻滅と、セックスと暴力に対するハリウッドのリベラルな態度を取り込んで、戦争映画というジャンルを作り替えようとした作品だ。本作で使われた、重なった不鮮明な音声とロングショットは、やがてアルトマン独特の表現法のトレードマークになった。

　1970年代には、ジャンルを再定義するような作品を作り続けた。映画評論家ロジャー・イーバートが「完璧な映画」と呼ぶ『ギャンブラー』（1971年）では、アルトマンは従来の西部劇が持っていた魅力を排除し、19世紀末の砂塵にまみれて汚れた西部をありのままに表現した。『ロング・グッドバイ』（1973年）ではフィルム・ノワールに取り組み、主人公である探偵をタフなハードボイルドではなく、ドジで間抜けな男として描いた。

　『ナッシュビル』（1975年）は、アルトマンの傑作との呼び声が高い作品で、音声が重なる即興の会話と、ロングショットを使っているのに加え、実験的手法として、物語の焦点をひとりの主人公に当てるのではなく、5日間にわたって描かれる24人の登場人物全体に当てている。この映画は、ウォーターゲート事件とヴェトナム戦争を経験した後のアメリカ社会のタペストリーになっている。1980年代になると、アルトマンはヒット作に恵まれずに苦しむが、ハリウッドを痛烈に風刺した『ザ・プレイヤー』（1992年）で原点回帰した。翌年には、レイモンド・カーヴァーの複数の作品を1本の映画にまとめた『ショート・カッツ』（1993年）を監督した。

　アルトマンは、『ゴスフォード・パーク』（2001年）で最後となる5度目のアカデミー監督賞へのノミネートを果たすが、彼が生涯を通じて獲得できたのは、2005年の名誉賞だけだった。同年、白血病により81歳で亡くなった。

豆知識

1. アルトマンはアカデミーの部門賞を1度も獲得できなかったが、カンヌ映画祭では高く評価され、1970年には『M★A★S★H マッシュ』が最高賞であるパルム・ドールを獲得し、1992年には『ザ・プレイヤー』で監督賞に選ばれた。
2. アルトマンは、2006年にアカデミー名誉賞を受賞したとき、そのスピーチで、実は1990年代半ばに心臓移植手術を受けていたが、仕事を続けられるよう秘密にしていたと明かした。
3. 朝鮮戦争を舞台にした『M★A★S★H マッシュ』は、後にテレビシリーズ化されて人気を博した。

264 思想と社会 ｜ 68年世代

1968年は、国境を超えて広がり、ベビーブーマー世代の強まる幻滅を象徴していた学生運動がピークを迎えた年だった。この年、大規模なデモがパリ、プラハ、シカゴ、ニューヨークなどの大都市で起こり、それに刺激されて何千何万もの怒れる若者たちが街に出た。

◆

状況は国によって大きく異なっていたものの、共通していたのは、抗議運動の参加者が若かったことと、彼らが全体主義的で不公正で時代遅れと見なした規則に抗議しようと決意を固めていたことだった。

ニューヨークでは、コロンビア大学の学生たちが、ヴェトナム戦争中に大学が軍に協力したことに抗議して、座り込みと、大学施設の占拠を開始した。さらに学生たちは、ハーレムの貧困地区に大学のキャンパスを拡張する計画にも怒りの声を上げており、結局この計画は、抗議によって中止に追い込まれた。

シカゴでは、反戦デモの参加者たちが、民主党全国大会で戦争支持派のヒューバート・ハンフリー（1911～1978）が大統領候補に指名されたことに抗議するため、会場の外に集まり、警察隊と衝突した。

パリでは学生たちが、大学での検閲と、男女共用の学生寮の禁止と、卒業後の就職難に対して、抗議を開始した。やがて労働組合が学生デモに合流し、フランスは数週間にわたって機能を停止した。

プラハでは、学生たちがチェコスロヴァキアの自由化を目指す政治家アレクサンデル・ドゥプチェク（1921～1992）を強硬に支持し、そのことがソヴィエト連邦の不興を買っていた。1969年には、学生のヤン・パラフ（1948～1969）が抗議のため焼身自殺するという有名な事件が起こった。この事件は、ロックンロールさえも「破壊的」として禁じていた政府に対するチェコスロヴァキアの学生たちの不満を象徴するものだった。

メキシコシティでは、抗議運動が悲劇的な結末を迎えた。1968年10月2日、デモに参加していた学生200～300人が警察によって殺害されたのである。

こうしたデモは、ベビーブーマーたちが抱えていた疎外感と不安感 —— こうした感覚は、国境を超えて広がっていた —— を原動力としていた。抗議運動は、国によって違う結果に終わったが、この世代のアイデンティティを示すシンボルとなり、後に、第二次世界大戦世代の価値観からの文化面での大きな転換を示す最初の事例と考えられた。

豆知識

1. 抗議運動は、パキスタンやイタリアなどの国々でも起こった。
2. パリでの抗議運動では、フランスのシャルル・ド・ゴール大統領（1890～1970）も標的とされた。第二次世界大戦の軍事的英雄だったド・ゴールは、現実を知らない保守的フランスの体現者と見なされたのである。
3. チェコの作家ミラン・クンデラ（1929～）が書き、後にダニエル・デイ゠ルイス（1957～）主演で映画化された1984年の小説『存在の耐えられない軽さ』は、プラハの春を背景としている。映画では、プラハの旧市街広場をソ連軍の戦車が走行していく実際の記録映像が使われた。

265 スポーツ｜バトル・オブ・ザ・セクシーズ

　1973年9月20日、テニスのスター選手2名による興行として実施されたバトル・オブ・ザ・セクシーズ（男対女の戦い）は、終わってみれば、思いがけずアメリカ女子スポーツの歴史で重要な文化的瞬間になっていた【訳注／2017年に映画化された】。

◆

　当時、女子スポーツは社会に受け入れられるために奮闘していた。女子テニスのプロツアーは、3年前に始まったばかりだった。また、後に大学までの女子スポーツに大きな影響を与えることになる連邦改正教育法第9編が施行されたのも、わずか1年前にすぎなかった。

　こうした状況に踏み込んでいったのが、当時のトップ選手のひとり、29歳のビリー・ジーン・キング（1943〜）だった。キングは女性の権利を声高に主張し、女子テニス・ツアーの創設に尽力した。1973年9月の時点で、彼女はテニスの4大大会のシングルスで、ウィンブルドンでの5回を含む、10度の優勝を果たしていた。キングの4大大会での通算優勝回数は、シングルス、ダブルス、混合ダブルスを合わせて39回に上るが、最も人々の記憶に残っている勝利は、55歳の自称「男性至上主義のブタ」ことボビー・リッグズ（1918〜1995）との対戦だろう。

　1939年にウィンブルドン・チャンピオンになったこともあるリッグズは、すでに1973年の母の日に、世界のトップ女子選手であるマーガレット・コート（1942〜）をエキシビション・マッチで破っていた。キングは、コートがリッグズに敗れた以上、女性の名誉を守るには彼と対戦するほかないと考えた。ふたりは、ヒューストンにある巨大ドーム球場アストロドームで、優勝賞金10万ドルの試合をすることで合意した。

　キングは、こう語っている。「あの試合で、もし私が負けたら状況は50年前に戻ってしまうと思いました。女子ツアーはダメになり、女性全員の自尊心が傷つくだろうと思ったのです」

　キングは、たくましい男性4人が担ぐ輿にクレオパトラのように乗せられてコートに入場した。リッグズは、露出の多い衣装を着た「ボビーのおっぱいガールズ（Bobby's Bosom Buddies）」が引く二輪戦車に乗って登場した。アストロドームに詰めかけた3万492人の観衆——テニスの試合の観客数としては史上最多だった——と、全世界でテレビを見ている推定5000万人の視聴者の目の前で、キングはリッグズに、6対4、6対3、6対3の成績で圧勝した。

　勝った相手が中年男性だったとはいえ、これによって女子テニスを見る目が改まり、この試合に強い関心が寄せられたのをきっかけに、女子テニスを新たに観戦する人が大きく増えた。

豆知識

1. キングはアメリカのテニス界で高く評価されており、2006年8月28日には、全米オープンの会場であるニューヨーク市フラッシング・メドウズの全米テニス協会（USTA）ナショナル・テニス・センターが、彼女を称えてUSTAビリー・ジーン・キング・ナショナル・テニス・センターと改称された。

2. リッグズとキングは、バトル・オブ・ザ・セクシーズの試合後、親友となり、リッグズが1995年にがんで亡くなる前の晩も、キングはリッグズに電話をしていた。

3. キングの弟ランディ・モフィット（1948〜）は野球選手で、サンフランシスコ・ジャイアンツなどで活躍したメジャーリーグのピッチャーだった。

266 大衆文化 | ポン

『Halo 3』『タイガー・ウッズ PGA ツアー』『スーパーマリオブラザーズ』が登場する以前、一世を風靡したコンピューターゲームが『ポン』だった。

◆

ポン

広い人気を獲得した初の本格的なゲームセンター用コンピューターゲームと考えられている『ポン』は、カリフォルニア州のコンピューター会社アタリが1972年11月に製作したものだ。これは卓球の簡易電子版で、ふたりのプレーヤーが、「パドル」と呼ばれる縦線を上下に動かしてボールを相手のコートに打ち返して遊ぶ。卓球と同じで、相手がボールを打ち返すことができなければ、こちらのポイントになる。

アタリ社は、売れるかどうかテストするため、カリフォルニア州サニーヴェールの本社近くにあった地元のバー「アンディ・キャップス」に『ポン』の業務用ゲーム機の第1号を設置した。スコット・コーエン（1946〜）著『「アタリ社の失敗」を読む』によると、『ポン』は文字どおり一晩でセンセーションを巻き起こし、翌朝10時には、『ポン』をプレーしようと待つ客が店の前で列をなしていた。その翌日にゲーム機は壊れてしまったが、それは、プレー代金の25セント硬貨を収納するため機械内に入れておいた牛乳パックが硬貨であふれかえり、ゲーム機を詰まらせてしまったからだった。

その後アタリは、硬貨投入式のゲーム機『ポン』を約3万8000台売った。『ポン』からは、『ポンダブルス』『カドラポン』『スーパーポン』『ドクターポン』など、多くのバージョンが生まれた。しかし、派生ゲームの中で最も人気を獲得したのは、1976年の『ブレイクアウト』だった。これはいわゆる「ブロックくずし」で、壁に向かってボールを打って、できるだけ多くのブロックを消す1人用のゲームであり、これをバージョンアップさせたのが1980年代に流行した『アルカノイド』である。

1980年代前半になると、『ポン』は『パックマン』などの複雑なコンピューターゲームに押されていった。そんな『ポン』だが、今でもレトロゲームのファンたちは、最新の OS で『ポン』をプレーすることができる。

｜ 豆 知 識 ｜

1. テニスのスター選手アンディ・ロディック（1982〜）は、2006年にアメリカン・エキスプレスのCMで、『ポン』のパドルを相手にテニスをした。
2. ロックバンドのピクシーズでリードボーカルだったフランク・ブラック（1965〜）は、ソロ・アルバム『ティーンエイジャー・オブ・ザ・イヤー』（1994年）のため「ホワットエヴァー・ハプンド・トゥー・ポン？（いったいポンに何が起こった？）」という曲を書き、アメリカ各地のバーでプレーされていた『ポン』のことを歌った。
3. アタリ社は、『ポン』を大量生産するため、使われなくなったローラースケート場を借り、サニーヴェールの住民を雇ってゲーム機を作った。

267 人物 ｜ トム・ウルフ

トム・ウルフ（1930～2018）は、多くの人からニュージャーナリズムの父と考えられている人物だ。ニュージャーナリズムとは、1960年代にノンフィクション作品をジャーナリズム的文体の古い慣習から解き放とうとして生まれた文学形式だ。その基盤はルポルタージュにあるものの、文体は昔ながらの新聞記事よりもフィクションとの共通点が多いと考えられている。

◆

ウルフの文体には、特徴として、リアリスティックな会話と、一人称による語りと、感嘆符・反復・イタリック体の自由な利用などが多く見られる。最も知られている作品は、ともにノンフィクションである1968年の『クール・クール LSD 交感テスト』と、1979年の『ザ・ライト・スタッフ』の 2 冊だ。

ウルフが新時代の到来を告げた作品は、1963年に雑誌『エスクァイア』に掲載された自動車に関する記事「キャンディ＝カラード・タンジェリン＝フレーク・ストリームライン・ベイビー」だ。この記事は、もとはウルフが編集者バイロン・ドーベルに宛てて書いた手紙で、記事で取り上げる内容のメモや考えをずらずらと書き連ねたものだった。ドーベルは、この手紙にいたく感激し、冒頭の宛名「バイロン様」を削って全文を掲載したのである。後にこの記事は、ウルフの雑誌記事を集めたエッセイ集のタイトルになった。

1968年にウルフは、LSD とヒッピーを取り上げて、1960年代を描いた決定版との評価もある『クール・クール LSD 交感テスト』と、エッセイ集『パンプ・ハウス・ギャング（The Pump House Gang）』を出版した。どちらもベストセラーになった。

『ザ・ライト・スタッフ』は、第二次世界大戦後のロケット飛行機の実験と、アメリカによる初期の宇宙計画を描いた歴史ノンフィクションで、批評家から絶賛され、商業的にも大成功を収めた。この本でウルフは、ノンフィクション部門で全米図書賞を受賞するなど、数々の栄誉を獲得した。さらに同書はハリウッドで映画化され、1983年に公開されると大ヒットし、アカデミー賞を 4 部門で受賞した。

その後は、『虚栄の篝火』（1984年から雑誌『ローリング・ストーン』に連載されたのが初出）、『成りあがり者』（1998年）、『わたしはシャーロット・シモンズ（I Am Charlotte Simmons）』（2004年）という 3 冊のベストセラー小説を執筆した。『成りあがり者』は、アメリカ小説界の三大巨匠ジョン・アーヴィング（1942～）、ノーマン・メイラー（1923～2007）、ジョン・アップダイク（1932～2009）から酷評された。その批判にウルフは、彼らを「三ばか大将」と呼んで対抗した【訳注／ウルフは2018年、感染症により88歳で亡くなった】。

豆知識

1. ウルフのトレードマークのひとつに、その服装があった。彼はほとんど常にクリーム色のスーツを着て、ネクタイとポケットチーフを大胆に組み合わせ、古風な靴を履いていた。
2. ウルフはヴァージニア州に生まれ、新聞記者として文筆業のスタートを切り、新聞『スプリングフィールド・ユニオン』（マサチューセッツ州）、『ワシントン・ポスト』『ニューヨーク・ヘラルド・トリビューン』で記事を書いた。
3. ニュージャーナリズムの作家としては、ウルフのほか、メイラー、ハンター・S・トンプソン（1937～2005）、ゲイ・タリーズ（1932～）、ジョーン・ディディオン（1934～）、トルーマン・カポーティ（1924～1984）などがいる。

268 文学 ｜ マヤ・アンジェロウ

　　1960年代以降の大半を詩人・自伝作家・演説家・教師として活躍したマヤ・アンジェロウ（1928〜2014）は、現代アメリカ文学者として最も知られている人物のひとりだ。彼女が子供時代のトラウマ・貧困・人種差別と戦ってきた半生を振り返った説得力ある作品は、無数の読者に勇気と力を与えている。

◆

マヤ・アンジェロウ

　　1928年ミズーリ州に生まれたアンジェロウは、両親の離婚をきっかけに、アーカンソー州の田舎町に住む祖母の下へ送られた。やがて母と同居するようになるが、8歳のとき母の恋人にレイプされて傷つき、その一件を告発すると、そのレイプ犯は集団リンチで殺されてしまい、彼女はさらに傷ついた。

　　その後の数年、アンジェロウは不安定な生活が続いた。母親とともにサンフランシスコに移り住み、ロサンゼルスでホームレスとなり、16歳で未婚のまま子供を産み、最終的にニューヨーク市に落ち着いた。

　　すでに1960年代前半にアンジェロウは、非営利団体ハーレム・ライターズ・ギルドの支援を得て執筆活動を開始していた。1960年代末には、最初の主要な作品『歌え、翔べない鳥たちよ』（1970年）を完成させた。これはアンジェロウの少女時代をつづった自伝的小説で、アーカンソー州での子供時代から10代を過ごしたロサンゼルス時代までが描かれている。この自伝は、女性と黒人へのエンパワーメントが必要な強力な証拠として絶賛され、アンジェロウは、大きな影響力を持つ文学上の代弁者としての地位を確立した。

　　それから20年間、アンジェロウは続編となる自伝を何冊か執筆した。また詩も数多く書き始め、詩集『死ぬ前に冷たい水を一杯ちょうだい（Just Give Me a Cool Drink of Water 'fore I Diiie）』（1971年）や『それでもわたしは立ち上がる（And Still I Rise）』（1978年）などを発表した。晩年に発表した有名な詩には、1993年にビル・クリントン（1946〜）の大統領就任式で朗読した「朝の鼓動に」などがある【訳注／アンジェロウは2014年、86歳で亡くなった】。

[豆 知 識]

1. アンジェロウは少なくとも6つの言語を話し、生涯にわたって頻繁に旅行した。かなりの期間エジプトとガーナに住んだこともある。
2. アンジェロウの名前は、「Angelou」というスペルのため「アンジェルー」と発音されることも多いが、それは間違いで、「アンジェロウ」が正しい。
3. アンジェロウが2002年にグリーティングカード会社ホールマークとカードの文章を書く契約を結ぶと、一部の批評家から「金もうけに走った」という非難の声が上がった。これに対してアンジェロウは、こう反論した。「わたしの作品は、人々の手に渡らなくてはなりません。本をまったく買わなくても、カードなら買うという人はたくさんいるのです」

269 音楽 | マイルス・デイヴィスと フュージョン・ジャズ

トランペット奏者・作曲家のマイルス・デイヴィス（1926〜1991）はジャズの歴史のあらゆる場面で重要な役割を果たした。ビバップや、そのスローバージョンであるクール・ジャズをいち早く演奏したのは彼だ。1959年のアルバム『カインド・オブ・ブルー』はモード・ジャズの傑作と見なされているし、1992年のアルバム『ドゥー・バップ』にはラップの歌詞も含まれている。しかしデイヴィスが果たした最も永続的な貢献は、電気楽器を導入しジャズを他の音楽ジャンルと融合させたフュージョン・ジャズという新たなスタイルを生み出したことだろう。

◆

マイルス・デイヴィス

1967年にデイヴィスは、音が目立つエレキギターを初めて使った曲「サークル・イン・ザ・ラウンド」をレコーディングした。この曲は、その後の展開を予兆させるものだった。その後の数年間で、デイヴィスはジミ・ヘンドリックス（1942〜1970）と知り合い、ヘンドリックスの音楽のほか、スライ・ストーン（1943〜）やジェームズ・ブラウン（1933〜2006）の音楽から大きな影響を受けた。1969年には、もっぱらエレキギターや電子オルガン、ロックで欠かせなくなっていたペダルなどの機材を使って演奏するようになっていた。

この時期に生まれた最初の主要なアルバムが『イン・ア・サイレント・ウェイ』（1969年）で、これはそのタイトルのとおり静かで神秘的な作品だ。それまでデイヴィスのジャズ・レコードはほとんどがライブ録音だったが、このアルバムは基本的にスタジオで制作され、プロデューサーのテオ・マセロ（1925〜2008）やスタジオ・ミュージシャンたちの協力が大きかった。

この時期の作品で最も有名なのが、1969年のアルバム『ビッチェズ・ブリュー』だ。参加ギタリストのジョン・マクラフリン（1942〜）の演奏もあって、アルバムはジャズ・ファンだけでなくロック・ファンのあいだでもヒットした。

この時期最後の主要アルバムは、1972年の『オン・ザ・コーナー』で、以前のアルバムでロックを取り入れたように、本作ではファンクの影響を取り入れている。このアルバム以降、デイヴィスはライブに集中するようになった。残念ながら、この時期にヘロイン依存症が悪化し、1975年からデイヴィスは5年に及ぶ中断期間に入るが、この空白の5年間に、彼が先鞭をつけたフュージョン・スタイルは音楽のメインストリームに入っていった。

豆知識

1. デイヴィスは、ロックンロールへの感謝の気持ちをはっきり伝えるため、グレイトフル・デッドやカルロス・サンタナ（1947〜）といったロック・ミュージシャンの前座を務めた。
2. デイヴィスは、映画『ジャック・ジョンソン』の音楽を担当してサウンドトラック盤を出しているが、彼が映画音楽を手がけたのはこれだけではない。1957年に、フランスの映画監督ルイ・マル（1932〜1995）の実質的な初監督作品『死刑台のエレベーター』で音楽を担当した。
3. ギタリストのマクラフリンは、『イン・ア・サイレント・ウェイ』の有名なソロをプレーしたとき、まだリハーサルだと思っていた。その演奏が、完成したアルバムに収録されているのを聞いて、彼はたいへん驚いた。

270 映画 『2001年宇宙の旅』（1968年）

SF映画と言えば、ほとんどの人がヒーローと悪者、宇宙人、光線銃、大爆発、戦闘機などなどが登場する冒険活劇を連想するだろう。しかし多くのファンから史上最高のSF映画と見なされているスタンリー・キューブリックの『2001年宇宙の旅』にはそんなものは一切出てこない。

◆

監督のキューブリック（1928〜1999）が考えていたのは、物語映画の決まり事をことごとく破って、人類誕生から近未来までの人類史を描き、その過程で宇宙空間の広大さを表現する映画を作ることだった。完成した映画は、セリフがかなり少なく、サウンドトラックにクラシック音楽を採用し、特撮のパイオニア、ダグラス・トランブル（1942〜）が中心となって作り上げた画期的な特殊効果をふんだんに使用していた。『2001年』のインパクトは非常に大きく、ジョージ・ルーカスの『スター・ウォーズ』（1977年）からマーティン・スコセッシの『ギャング・オブ・ニューヨーク』（2001年）まで、SFに限らず多くの映画に影響を与えている。

キューブリックは、アーサー・C・クラーク（1917〜2008）のSF小説、とりわけ1948年の短編『前哨』からインスピレーションを受けた。ふたりは協力して映画の脚本を作り上げたが、『2001年』のすばらしさは、視覚イメージと、音楽・音声の使い方とにある。

本作は物語形式をいくつかの点で破っているが、特に目立つのはセリフの使い方 —— 正確に言えば、セリフの欠如だ。全体は4部構成になっており（これも普通と違う点だ）、冒頭部と結末部にセリフは一切出てこない。映画開始から25分間は、言葉はまったく発せられない。さらに、セリフが出てきても、その大半は物語上の役割はないように思える ——「ストーリー」を進行させるのではなく、さまざまな状況で人が言葉にする内容をリアリスティックに描写しているにすぎない。セリフが少なく、宇宙空間の場面はたいてい動きがゆっくりなので、多くの批評家と観客は、この映画は退屈でよく分からないと思った。そうした人たちは、昔ながらのハリウッド流のSF映画を期待していたのだが、キューブリックには、そんな映画を作る気はさらさらなかった。

もちろん批評家の中にも、この映画を正しく理解し、本作は特殊効果技術の金字塔であり、物語の結末を示さないことで人類史と広大な宇宙空間との解釈を見る者ひとりひとりに委ねる作品であると評した者もいた。映画評論家ロジャー・イーバート（1942〜2013）が書いているように、『2001年』は「わたしたちをワクワクさせるのではなく、畏敬の念を抱かせることに主眼を置いた」作品なのである。

豆知識

1. 本作で最も印象に残る登場人物は、「人物」ではなく、宇宙船の乗組員のひとりと見なされているスーパーコンピューター HAL9000だ。HALは、テクノロジーが、生みの親である人類を破滅させられるほど強力になった未来を象徴する存在である。
2. 当初キューブリックは、本作用の音楽を依頼していたが、結局、映画とは関係のないクラシック音楽を使うことになった。この映画で最も印象に残る曲が、オープニングの月・地球・太陽が一直線に並んだ映像のバックで流れるリヒャルト・シュトラウスの『ツァラトゥストラはこう語った』だ。
3. 映画の上映時間141分のうち、セリフがある時間は合計40分もない。オリジナル・カットは160分だったが、試写会で観客から長すぎると不満の声が出たので、キューブリックは19分だけ短くした。

271 思想と社会 ｜ 男女共学

　1960年代から、いくつもの大学が男子学生と女子学生の両方の入学を認めるようになり、すぐさま多くのアメリカ人が大学を目指すようになった。こうした男女共学への変更は1980年までにほぼ完了し、現在では、男子か女子の一方しか入学を認めない高等教育機関は一握りしかない。

◆

　多くの私立学校は、アメリカの一流大学を中心に、伝統的に男性にしか門戸を開いてこなかった。それに対する批判として、エリート校は女性を排除することで女性を権力の座から締め出す「男性中心社会」を存続させているという非難の声が上がり始めた。

　こうした圧力を受け、イェール大学は1969年から女子学生の入学を認めた。1972年にはダートマス大学が後に続いた。

　こうした変化は、多くの女子大学にも影響を与えた。名門女子大学だったヴァッサー大学は、1969年から男子学生を受け入れ始め、同じく女子大のラドクリフ大学は、1970年代から近隣のハーバード大学に段階的に吸収合併され、結果的にハーバード大学も女子学生を受け入れることになった。

　一般に、男女共学を支持する人は、共学にすることで誰にとっても望ましい教育環境が実現されると主張した。例えばプリンストン大学の学生新聞は1965年に、女子学生の入学は「プリンストン大学の不健全さを解消する策である。（中略）青年男性の心の発達は、女性との通常の接触によって妨げられないどころか、むしろ促進されると信じるに足る理由がある」と訴えている。

　その一方で、ウェルズリー大学やスミス大学など昔から女子学生のみを受け入れてきた大学を中心に、一部は男女共学に抵抗し、男性のいない環境の方が心地よく学べる女性もいると主張した。2007年現在、アメリカには女子大学が54校残っているが、その数は減少の一途をたどっている【訳注／2018年現在、アメリカにある女子大学の数は34校である】。

豆 知 識

1. 軍の士官学校は、1976年から男女共学になった。
2. 私立名門大学であるアイビーリーグ8校のうち、男女共学になるのが最も遅かったのはコロンビア大学で、1983年のことだった。
3. 男子大学は、ヴァージニア州のハンプデン＝シドニー大学や、インディアナ州のウォバッシュ大学など、数えるほどしかない。

272 スポーツ｜スリラー・イン・マニラ

　ボクサーであるモハメド・アリ（1942〜2016）とジョー・フレージャー（1944〜2011）の最後となる3度目の対戦「スリラー・イン・マニラ」は、恐ろしいほど凄惨で、ふたりのボクサーの示す勇気と意志に感動を覚えた試合だったが、悲しいことに、この試合をきっかけにアリの健康は徐々に衰えていくことになった。

◆

ジョー・フレージャーとモハメド・アリ

　すでにふたりは1971年と1974年に対戦しており、成績は1勝1敗の五分だった。1975年10月1日の第3戦、前評判では、チャンピオンであるアリが多くの人から全盛期を過ぎたと思われていたフレージャーに楽勝するだろうと見られていた。この前評判を誰よりも信じていたのがアリで、彼は自信過剰となり、試合に向けたトレーニングも不足していた。それに対してフレージャーは、アリが公然と発する挑発的な言葉に闘志を燃やしており、特に1971年の初戦以来アリから「醜い」「無知」「ゴリラ」「白人迎合主義者」と呼ばれていたことに怒り心頭だった。会場となったフィリピン・マニラのケソンシティにあるアラネタ・コロシアムが2万8000人のファンで超満員となる中、最終戦は始まった。試合は、まるで3幕の芝居のようだった。第1幕、アリは最初の4ラウンドで積極的に攻め、フレージャーに強烈なジャブを繰り出して、この元チャンピオンをスコアで上回った。しかし第5ラウンドに入ると、それまでアリをボディーブローでしつこく強打するスタイルで戦っていたフレージャーが次第に優勢になり始めた。

　第7ラウンドの時点で、アリは「ジョー、おれはみんなから、あんたはもう全然ダメだと聞かされていたぜ」と言ったと伝えられている。それに対してフレージャーは、「連中は嘘をついていたのさ」と答えた。後にフレージャーは、「ああ、おれはあいつに、町中の壁を崩せるほどのパンチを浴びせたんだ」と語っている。しかし、アリはフレージャーの猛攻に耐え、何とか力を振り絞って第10ラウンド中盤から反撃に出た。第11ラウンド、アリによる顔面への連打を受けてフレージャーの両目は腫れ上がり、ほとんど開かなくなった。第14ラウンドになると、両者ともすっかり疲れ果てていたが、アリが優勢を維持していた —— フレージャーは、実質的に目が見えなくなっていた。フレージャーのトレーナーのエディ・ファッチ（1911〜2001）が、ついに第14ラウンド後に試合を止めた。フレージャーがまだやれると言うと、ファッチは彼に「お前が今日ここでやったことを、誰も忘れやしないさ」と言った。

　試合後、連打を浴びて疲労困憊していたアリは、不吉な未来を暗示するかのように、「まるで死のようだった。おれが知る限り、死に一番近い体験だった」と語った。

〔 豆知識 〕

1. 後にアリは、「ジョーとおれは、チャンピオンとしてマニラへ行ったが、老人になって帰ってきた」と語った。
2. その後フレージャーは、ボクシングの試合を2度だけ行なった。結果は1敗1分けだった。
3. アリはその後も1981年までボクシングを続けた。1978年にレオン・スピンクス（1953〜）に敗れてヘビー級のタイトルを失うが、同年に再戦してスピンクスからタイトルを奪還した。しかし1980年、ラリー・ホームズ（1949〜）に敗れて王座を奪われ、以後返り咲くことはなかった。ただし多くの人は、フレージャーとの第3戦以降のアリに以前の面影はなかったと考えている。

273 大衆文化 | 『フリー・トゥ・ビー……ユー・アンド・ミー』

1960年代から1970年代に子供時代を過ごしたアメリカ人には、リベラル志向の強い家庭の場合は特に、アルバム『フリー・トゥ・ビー……ユー・アンド・ミー（Free to Be ... You and Me)』の曲をハミングしながら育ったという人が多い。このアルバムは、性別に基づく固定観念を崩すことを目的に1972年にリリースされた子供向けのレコードだ。フェミニズム運動を背景として、このレコードは子供たちに、男の子であっても女の子であっても自分のなりたいものになっていいんだという考えを伝えた。

◆

女優のマーロ・トーマス（1937〜）が『フリー・トゥ・ビー……ユー・アンド・ミー』プロジェクトを開始したのは、幼い姪ディオンに個性と自信について教えるためだった。プロジェクトにはトーマス以外にも、俳優アラン・アルダ（1936〜）、女優キャロル・チャニング（1921〜2019）、歌手ハリー・ベラフォンテ（1927〜）などが参加した。

「お父さんとお母さんは人間（Parents Are People）」という歌では、トーマスとベラフォンテが子供たちに、母親や父親が医者やパン屋などさまざまな人になれることを伝える。

別の曲では、映画監督メル・ブルックス（1926〜）とトーマスが、病院の新生児室にいる生まれたばかりの赤ん坊たちの声となり、性別による固定観念を体験しながら、どちらが男の子でどちらが女の子かを考えようとする。

元アメリカンフットボール選手でニューヨーク・ジャイアンツのディフェンス・タックルだったロージー・グリア（1932〜）は、バラード「泣いたっていいんだ（It's Alright to Cry）」でタフガイのイメージを覆す。

「ウィリアムの人形（William's Doll）」でアルダとトーマスは、友だちにからかわれ、一緒に野球をしようと誘われても、大好きな人形がほしいと訴えるウィリアム少年の話を語る。

このアルバムは大ヒットし、熱狂的に支持された。1974年に『フリー・トゥ・ビー……ユー・アンド・ミー』はテレビの特番になり、やはり大成功した。

豆知識

1. アルバム『フリー・トゥ・ビー……ユー・アンド・ミー』の最初の収益は、「女性のためのミズ財団」に寄付された。
2. フェミニズム運動の作家グロリア・スタイネム（1934〜）が、アルバムのライナーノートに文章を寄せた。
3. アルバムとテレビ特番に参加した有名人には、マイケル・ジャクソン（1958〜2009）、クリス・クリストファーソン（1936〜）、ディオンヌ・ワーウィック（1940〜）、ロバータ・フラック（1937〜）などがいる。

274 人物 | ブルース・スプリングスティーン

シンガーソングライターとして音楽史上屈指のヒットメーカーであるブルース・スプリングスティーン（1949～）は、労働者階級の苦闘と喜びを歌った内省的だが分かりやすい曲と、Eストリート・バンドを率いてのマラソン・コンサートで世界中に熱狂的なファン層を築いた。

◆

スプリングスティーンは、1972年にコロムビア・レコードの伝説的名プロデューサー、ジョン・ハモンド（1910～1987）と契約を結ぶと、その多彩な歌詞とフォークロック調のサウンドが、同じくハモンドが発掘したボブ・ディラン（1941～）を連想させたことから、「新しいディラン」としてすぐに売り出された。スプリングスティーンが最初に出した2枚のアルバムは、どちらも1973年にリリースされ、ディラン風のサウンドを思わせる作品だったが、商業的には2枚ともヒットしなかった。

しかし『明日なき暴走』（1975年）でスプリングスティーンは独自のスタイルを打ち立て、多くの評論家に、ディスコやグラムロック全盛の時代からロックを救い出したと評価された。『明日なき暴走』は、スプリングスティーンの人生とキャリアを一変させた。彼は、コロムビア・レコードがアルバムのリリース前に行なっていた大々的な宣伝に応え、ライブ演奏の激しさをスタジオで再現することに成功した。こうして生まれたアルバムは、多くの評論家にロックンロール史上で最高の1枚と評され、1975年10月には雑誌『タイム』と『ニューズウィーク』の表紙を同時に飾った。

『明日なき暴走』以降、スプリングスティーンは、Eストリート・バンドとともにクラシック・ロックのサウンドを追求したアルバム ——『闇に吠える街』（1978年）や『マジック』（2007年）など —— と、フォークにインスパイアされてソロで、あるいは他のミュージシャンと共同で制作したアルバム ——『ネブラスカ』（1982年）や『ウィ・シャル・オーヴァーカム：ザ・シーガー・セッションズ』（2006年）など —— をほぼ交互にレコーディングしている。

一般の音楽ファンに最も知られているアルバムは『ボーン・イン・ザ・U.S.A.』（1984年）だろう。これは1500万枚売れた大ヒット・アルバムで、シングルカットされた曲のうち7曲がチャートのトップ10に入った。このアルバムにより、彼は1980年代を代表する文化的シンボルになった。

またスプリングスティーンは、2001年9月11日の同時多発テロ事件にいち早く反応した大物アーティストのひとりで、発表したアルバム『ザ・ライジング』（2002年）は、評論家から高く評価され、商業的にも大成功を収めた。

┌─────────┐
│ 豆 知 識 │
└─────────┘

1. スプリングスティーンは、2018年現在、グラミー賞を20個獲得し、映画『フィラデルフィア』（1993年）の主題歌「ストリーツ・オブ・フィラデルフィア」でアカデミー主題歌賞を受賞した。アルバムの総売上枚数は6000万枚以上で、1999年にはロックンロールの殿堂入りを果たした。

2. アルバム『ボーン・イン・ザ・U.S.A.』の同名シングル「ボーン・イン・ザ・U.S.A.」は、ヴェトナム戦争後の時代にアメリカ人の夢が砕け散ったことを歌った曲だが、発表当時から現在に至るまで、多くの人から愛国的な歌だと勘違いされている。とりわけ、ロナルド・レーガン大統領（1911～2004）が誤解していたのは有名な話だ。

3. スプリングスティーンは、ポップス・チャートで1位になったことがない。最も上位に食い込んだのは、1984年に2位になったシングル「ダンシング・イン・ザ・ダーク」だ。

275 文学｜フィリップ・ロス

　1970年代以降、フィリップ・ロス（1933〜2018）は、アメリカ小説界の中心人物であると同時に、ノーマン・メイラー（1923〜2007）やソール・ベロー（1915〜2005）らとともに、現代のユダヤ系アメリカ人文学の旗手のひとりでもあった。彼の小説は、自伝的要素が含まれていることが多く、色っぽいコメディと、文化的・個人的アイデンティティの問題を追究する真摯な姿勢とを、うまく両立させている。

◆

　1933年に生まれたロスは、ニュージャージー州ニューアークの、ユダヤ人が多い中流階級コミュニティーで育った。このコミュニティーは、彼の作品の多くで舞台となるか、少なくともインスピレーションを与える存在となっている。こうした特定の地域を取り上げることで、細かいところを見るロスの目は長年にわたって研ぎ澄まされたが、その一方で、「視野の狭い」作家だとの批判を受けることにもなった。

　ロスが最初に名声を確立したのは、短編集『さようならコロンバス』（1959年）で、同作では、その後長きにわたって取り組むことになるテーマが扱われている。そのテーマとは、ユダヤ系アメリカ人が、自身の受けた教育を、アメリカの主流社会で求められる文化的・社会的・性的要求とどう折り合いをつけていくかという難問だ。『さようならコロンバス』は称賛されたものの、ロスが評価を固めることになるのは、10年後に出した『ポートノイの不満』（1969年）だ。この作品は、ニュージャージー州出身のユダヤ人青年を主人公とした面白おかしい小説で、主人公は精神分析医の力を借りて、性的な後ろめたさや、高圧的な母親との関係を何とかしようと努力する。扱われている内容の多くは今でこそありきたりになったが、当時としては、『ポートノイの不満』は新境地を大きく切り開くものだった。そのきわどくて赤裸々な内容 —— 精神分析医のソファに座る主人公の長い独白として語られる —— のため、本書は多くの人から猥褻本と見なされた。

　その後もロスは、ザッカーマン三部作（1985年に完結）、『アメリカの牧歌的風景』（American Pastoral）（1997年）【訳注／2016年に映画化。邦題は『アメリカン・バーニング』】、『ヒューマン・ステイン』（2000年）など、優れた小説を生み出した。一部には、彼は女性嫌いでセックスに取りつかれているだけだと言う批評家もいるが、多くの人は、彼を現在活躍中の最も重要なアメリカ人小説家だと考えていた。実際、彼がユダヤ人コミュニティーを舞台に描いた対立関係 —— 伝統と現代の対立、アイデンティティと社会への同化の対立、親と子の対立 —— は、ほぼ間違いなく、どの社会でも見られるものだ【訳注／ロスは2018年、鬱血性心不全により85歳で亡くなった】。

[豆 知 識]

1. ロスは、ある作品の登場人物を別の複数の作品に語り手や傍観者として登場させることがよくあった。そうした人物のひとりネーサン・ザッカーマンは、ロスの作品のうち9作に登場している。

2. ロスの小説で最も風変わりなのは、『乳房になった男』（1972年）だろう。そのタイトルのとおり、ある朝、主人公の男性が目覚めると、女性の巨大な乳房になっていたという話だ。

3. 晩年、ロスは小説で、テロリズムの増加や、ユダヤ系アメリカ人とイスラエルの関係など、より深刻な政治問題を扱っていた。

276 音楽 ｜ レッド・ツェッペリン

　1960年代の偉大なロックンロール・バンドはたいていそうだが、イギリスのバンド、レッド・ツェッペリンも、アメリカのブルースにインスピレーションを受けていた。しかし、同様の影響を受けていたローリング・ストーンズなど他のバンドとは違い、そのサウンドははるかにハードでヘヴィだった。

◆

レッド・ツェッペリン

　レッド・ツェッペリンは、ギターのジミー・ペイジ（1944〜）、ボーカルのロバート・プラント（1948〜）、ベースのジョン・ポール・ジョーンズ（1946〜）、ドラムスのジョン・ボーナム（1948〜1980）の4人をメンバーとするバンドだ。1969年に出したデビュー・アルバム『レッド・ツェッペリンI』は、「ユー・シュック・ミー」や「君から離れられない」などの曲にブルースの影響が見られる。しかしレッド・ツェッペリンは、それ以前のどのミュージシャンよりも大音量で演奏しており、そのため最初のヘヴィメタル・バンドのひとつと考えられている。

　デビュー・アルバムは、ヒット・シングルはなかったものの、大成功だった。セカンド・アルバム『レッド・ツェッペリンII』（1969年）は、イギリスとアメリカでチャート1位になった。このアルバムにはケルト神話やファンタジー小説を題材にした曲があり、そのためセカンド・アルバムの反響はデビュー・アルバムよりもやや大きかった。『レッド・ツェッペリンIII』（1970年）は、「移民の歌」などパワフルな曲もあるが、「スノウドニアの小屋」のような静かなアコースティック・ナンバーもある。しかしバンドには、単なる見せかけだとの批判が寄せられ、それに悩んだメンバーたちは、1971年、新たなアルバムをリリースするにあたって、ジャケットにはタイトルもバンド名も記さず、無意味な記号を4つ並べるだけにした【訳注／このアルバムの通称は『レッド・ツェッペリンIV』】。それでも売上はまったく影響を受けず、収録されている「天国への階段」は、多くのファンからバンドの代表曲だと考えられている。

　レッド・ツェッペリンは、その後も1970年代を通じて『聖なる館』（1973年）、『フィジカル・グラフィティ』（1975年）、『イン・スルー・ジ・アウト・ドア』（1979年）などヒット・アルバムをレコーディングし続けた。しかしレッド・ツェッペリンの活動は、突然悲劇的な最期を迎える。1980年にドラムスのボーナムが、酒を大量に飲んだ翌日に32歳で急死し、残るメンバーはただちにバンドの解散を決めた。その後バンドはチャリティー・コンサートのため何度か再結成しており、その際はドラムスにボーナムの息子ジェイソン（1966〜）を迎えることが多い。

豆 知 識

1. 1984年のモキュメンタリー映画【訳注／ドキュメンタリーの体裁を取ったフィクション作品】『スパイナル・タップ』は、基本的にレッド・ツェッペリンのパロディーである。
2. デビュー・アルバムに飛行船ヒンデンブルク号が炎上する絵を使ったことから、バンドは飛行船の発明家の孫エーファ・フォン・ツェッペリンから裁判を起こされそうになった。
3. レッド・ツェッペリンは、1976年にコンサート映画『レッド・ツェッペリン／狂熱のライヴ』を公開し、2003年にはライブ映像を収録した2枚組DVDをリリースした。

277 映画｜クリント・イーストウッド

クリント・イーストウッド（1930〜）は、すばらしいキャリアを築いてきた。当初は、タフガイを演じるテレビスターであり、映画界のアウトサイダーだったが、やがて戦争映画と感動的な人間ドラマで俳優・監督・プロデューサーを務め、映画界のレジェンドとなった。

◆

1959年から1965年まで、イーストウッドは、当時抜群の人気を誇ったテレビ西部劇『ローハイド』でロディ・イェーツを演じた。しかし、テレビで活躍していたにもかかわらず、イーストウッドは、ハリウッドのプロデューサーたちが、テレビの役者に本格的な映画への転身などできるはずがないと思っていることを知った。そこでイーストウッドはハリウッドを避け、イタリア人映画監督セルジオ・レオーネ（1929〜1989）とともに、後にマカロニ・ウエスタンと呼ばれるようになる一連の西部劇映画 —— 舞台はアメリカの西部だが、撮影場所はイタリアのため、そう呼ばれた —— を製作した。その第1作『荒野の用心棒』（1964年）は、イーストウッド演じる冷たい目をした無口な男、いわゆる「名無しの男」が初登場した作品だ。この役でイーストウッドは、念願だった映画スターになることができた。

その後も彼は、レオーネとのコンビで続編となる『夕陽のガンマン』（1965年）と、多くの批評家から傑作と評されている『続・夕陽のガンマン』（1966年）の2本を製作した。

1971年は、イーストウッドにとって重要な年となった。初監督作品となる『恐怖のメロディ』を監督し、彼のもうひとつの代表作となる『ダーティハリー』で主役を演じたからだ。イーストウッドの師匠であるドン・シーゲル（1912〜1991）が監督した『ダーティハリー』は、レオーネ作品のアンチヒーローである一匹狼のガンマンを、アンチヒーローである一匹狼の暴力的な刑事に変えたという意味で、レオーネの作品から派生した映画と言っていい。

イーストウッドは、1980年代に監督した作品のほとんどに自身も出演している。唯一の例外は『バード』（1988年）で、伝説のジャズ・サックス奏者チャーリー・パーカー（1920〜1955）の生涯を描いて絶賛された本作では、フォレスト・ウィテカー（1961〜）が主役を務めた。

年を重ねるにつれ、次第にイーストウッドは、批評家や観客の心を強く揺さぶり感動させる、簡潔な演出手法を磨いていった。こうした手法で最初に大成功を収めたのが、西部劇というジャンルに戻って製作した『許されざる者』（1992年）で、この作品はアカデミー賞を、作品賞と監督賞（この2つがイーストウッドにとって初めての受賞）を含め4つ獲得した。

2000年代に入ってからは、『ミスティック・リバー』（2003年）、『ミリオンダラー・ベイビー』（2004年）、第二次世界大戦を題材とした『父親たちの星条旗』（2006年）と『硫黄島からの手紙』（2006年）などで、世代を代表する監督のひとりという評価を確かなものにしている。なお『ミリオンダラー・ベイビー』は、『許されざる者』と同じく、イーストウッドにアカデミー監督賞と作品賞をもたらした。

格 豆知識

1. 1986年、イーストウッドはカリフォルニア州カーメル・バイ・ザ・シーの市長に選ばれた。彼は市長を2年務めるかたわら、在任中に『ハートブレイク・リッジ／勝利の戦場』（1986年）と『バード』の2本の映画を監督した。
2. 映画評論家ティム・カークスが「1970年代を代表する自警映画」と呼ぶ『ダーティハリー』の成功をきっかけに、類似した作品が次々と生まれ、イーストウッドが出演する映画も4本製作された。
3. イーストウッドは、1994年にアカデミー賞のアーヴィング・G・タルバーグ記念賞を受賞し、1996年にはアメリカン・フィルム・インスティテュートの生涯功労賞を受賞した。

278 思想と社会 | 強制バス通学

アメリカの公立学校で人種的均衡を実現するため、1970年代初めから連邦裁判所は多くの学区に対して、黒人の子供を白人地区の学校へ、白人の子供を黒人地区の学校へ、バスで通学させるようにと命じた。これが強制バス通学と呼ばれる制度だが、これには激しい反対の声が上がり、ボストンなど一部の都市では暴動さえ起きた。常に議論の対象になっていた強制バス通学は、功罪相半ばする結果をもたらし、現在ではほとんど廃止されている。

◆

　強制バス通学は、1950年代から1960年代に最高裁判所が出した、学校での人種差別撤廃を求める一連の判決から生まれたものだ。そのうち最も重要な判決は1954年のブラウン対教育委員会事件で、これにより学区が学校を黒人校と白人校に分離することが違法とされた。

　しかし公民権運動の活動家たちは、ブラウン判決だけでは平等な教育を実現するのに不十分だと主張した。人種による分離を禁止するだけでは、人種構成が均衡した学校は実現しないというのである。入学する学校は住所によって割り当てられるが、市町村内の区域はたいてい人種によって分かれているため、市町村が人種差別を正式な方針として掲げていなくても、公立学校では事実上、人種による分離が行なわれることになる。しかも、白人地区にある学校は予算が豊富な場合が多いので、黒人の子供は、白人と同じ学校へ通うことができなければ、必然的に低水準の教育しか受けられないと、強制バス通学の支持者は訴えた。

　強制バス通学を命じる最初の命令は、1969年にノースカロライナ州シャーロットで出された。白人の保護者数万人が命令に抗議して陳情書に署名し事件はたちまち最高裁判所に持ち込まれた。1971年、最高裁は命令を支持し、この判決をきっかけに他の都市でも強制バス通学命令が出されるようになった。同年、ヴァージニア州リッチモンドで強制バス通学が始まった。1981年にはインディアナ州インディアナポリスで命令が出た。他の数十の都市も、人種構成に均衡の取れた学校を実現するよう命じられた。そうした中で国民の注目を集めたのが、強制バス通学をめぐるボストンでの騒動だった。1974年に連邦裁判事が、ボストンの公立学校は容認できないほどの人種分離状態にあると判断し、解決策として強制バス通学を命じた。これに親たちは激怒した。抗議活動の中である白人男性が黒人弁護士を旗ざおで突き刺そうとしたこともある。1990年代に入ると、学校は強制バス通学を廃止するようになった。さらに2007年、最高裁判所は、過去の差別を是正する場合を除き、人種的均衡を実現させるため人種を基準に入学先を割り当てるのは違法だとの判断を示し、この判決によって一部の学区が人種分離を是正しようと思っても、「偶然そうなった」と言われれば、それ以上手を出せなくなってしまった。これについて一部の専門家は、最高裁は人種分離の復活を容認していると非難している。

豆知識

1. ボストンの写真家スタンリー・フォーマン（1945〜）は、1976年にボストン市役所前で撮影した、強制バス通学に反対する暴力的なデモ集会の写真によって、ピューリッツァー賞を獲得した。
2. シャーロットでは2001年、それまで30年間続いていた強制バス通学が、裁判官の命令により終了した。ボストンは、2000年に強制バス通学制度を廃止した。
3. 新聞『USAトゥデイ』によると、アメリカで公立学校に通う白人生徒のうち約43パーセントが、白人の割合が90パーセント以上の学校に通っている。

279 スポーツ | デイル・アーンハート

「脅迫者」「アイアンヘッド」の異名で知られた男は、彼の名を最も有名にしたこと —— 大胆不敵でアグレッシブなドライビング —— をしているときに亡くなった。NASCAR（全米自動車競争協会）レースである2001年のデイトナ500の最終周回で、デイル・アーンハート（1951～2001）は、思い切って追い越しを仕掛けようとしたとき別の車と接触し、時速250キロで走行したまま頭から壁に激突したのである。

◆

タフなレーサーという評判の持ち主だったため、アーンハートが翌週のレースに出ないなどとは、ほとんど誰も考えていなかった。しかし事故の数時間後、彼は頭蓋骨骨折で死亡したと発表された。

それは、すばらしいキャリアのあまりに唐突な幕切れだった。アーンハートはNASCARレースで76勝し、NASCAR年間チャンピオンには、リチャード・ペティ（1937～）の記録に並ぶ7度輝いていた。キャリアの大半を、トレードマークとなった、ナンバー3をつけたシボレーモンテカルロに乗り、生涯で4100万ドルを超える優勝賞金を獲得し、ストックカー・レースを一部のファンのスポーツから国民的な一大エンターテインメントに変えることに貢献した。

彼はレースで活躍しただけでなく、デイル・アーンハート・レーシングチームのオーナーとしても成功を収めた。彼が事故死したレースでは、彼のチームのドライバー2名がワン・ツー・フィニッシュを決めている。優勝はマイケル・ウォルトリップ（1963～）で、息子のデイル・アーンハート・ジュニア（1974～）が2位だった。

父親の方のアーンハートは人気も非常に高く、その人気を利用して、1990年代後半には、レースの賞金に加え、広告や記念グッズの販売で年間推計4000万ドルを稼いでいた。アーンハートの死後、ジョージ・W・ブッシュ大統領（1946～）は彼を「国民的アイドル」と呼び、アーンハートのファンたちは、NASCARレースの第3ラップで必ず指を3本立てるなど、さまざまな方法で彼の死を悼んだ。

彼の勝利で最も人々の印象に残っているのが、1998年のデイトナ500だ。それまで彼は、会場であるデイトナ・インターナショナル・スピードウェーでは誰よりも勝利していたが、「NASCARのスーパーボウル」と呼ばれるデイトナ500では、まだ優勝したことがなかった。しかし20回目の挑戦で彼はついに優勝し、レースで優勝なしの連続記録を59戦で止めた。

豆 知 識

1. アーンハートは、NASCARの最優秀新人賞（1979年）に選ばれた翌年にNASCAR年間チャンピオンになった唯一のドライバーである。
2. アーンハートの死後に初めてデイトナで行なわれたレース、ペプシ400は、彼の息子アーンハート・ジュニアが優勝した。ジュニアはその後デイトナ500で、父が1998年に勝利してから6年後の2004年に優勝した。
3. アーンハートのベストシーズンは1987年で、この年に彼は29レースに参戦して11回優勝し、21のレースでトップ5に入った。この年の優勝賞金は、合計200万ドル以上だった。

280 大衆文化 ┃ リチャード・プライヤー

　リチャード・プライヤー（1940〜2005）は、アフリカ系アメリカ人の先駆的コメディアン
で、人種差別などの社会問題について率直な意見を ── 下品な言葉と、明らかにドラッグがら
みと分かるユーモアとともに ── 語ったことで、当時抜群の人気を誇ったスタンダップ・コメ
ディアンのひとりになった。

◆

リチャード・プライヤー

　プライヤーは、イリノイ州ピオリアで、売春婦とポン引きの息子とし
て生まれた。6歳のとき近所の者からレイプされ、その数年後にカトリ
ックの司祭から性的虐待を受け、10歳で母親に捨てられ、14歳のとき学
校を退学になった。

　幼いころからプライヤーは、コメディに頼ることで逆境を乗り越える
術を身につけていた。12歳のとき、グリム童話『ルンペルシュティルツ
ヒェン』の演劇会で「定番ネタ」を初めて演じた。1963年、メインスト
リームで初めて成功したアフリカ系アメリカ人コメディアンのひとりビ
ル・コスビー（1937〜）の活躍に触発されて、プライヤーはニューヨー
ク市に移ると、すぐに大きな存在感を発揮した。活動を始めて数年後に
は、『エド・サリヴァン・ショー』など主要なテレビ番組に出演するようになった。1967年に
は『間抜けなマフィア』で映画に初出演した。

　1970年代に、彼の芸はコスビーのような安心して見られる出し物ではなく、大いに物議をか
もすものになっていった。プライヤーは、アメリカでの人種間の対立について率直に語り、冒
瀆的な言葉を使い、自身のコカイン乱用について、依存症が最もひどいときにコカインを吸っ
ていたと語るなど、それまでタブー視されていた話題を積極的に取り上げた（かつて、コカイ
ンをあぶって吸っていた最中に誤って自分の体に火をつけたこともあったと言われている）。
プライヤーは、この芸風で何年も活動を続け、定番ネタを収めたレコードや映像を発表して高
く評価され、何本もの映画に出演した。

　しかし1986年、プライヤーは多発性硬化症と診断された。その後も数年間は活動を続けたも
のの、すぐに引退を余儀なくされた。そして65歳で亡くなった。

┌─ 豆 知 識 ─┐

1. プライヤーは、1979年にケニアを旅行して感銘を受けた後、黒人を軽蔑する「ニガー」という言葉を二度と使わなくな
　った。
2. プライヤーは、1974年の映画『ブレージングサドル』の脚本を、監督のメル・ブルックス（1926〜）と共同で執筆した。
3. 1997年、プライヤーはデヴィッド・リンチ（1946〜）監督の映画『ロスト・ハイウェイ』にカメオ出演している。当時の
　彼は病気のため車いす生活を送り、かなり衰弱していたが、それを押しての出演だった。

281 人物 | ミハイル・ゴルバチョフ

ミハイル・ゴルバチョフ（1931〜）は、衰退していくソヴィエト連邦を根本から改革して復活させようとしたが、かえって1991年にソ連の崩壊を看取ることになった。彼は、グラスノスチ（情報公開）とペレストロイカ（立て直し）で共産主義体制を活性化・近代化できると考えていたが、その信念は結果的に間違っていた。

◆

ゴルバチョフがソ連共産党書記長になった1985年、すでにソ連は衰退の一途をたどっており、経済の停滞に直面していた。彼は、政府の効率を上げて民主化を進めれば、ソ連が抱える諸問題を克服できると思っていた。

彼はグラスノスチで、ソ連国民に言論の自由を以前よりも認め、報道規制を緩和した。ペレストロイカでは、市場経済への段階的移行を目指し、小規模企業の私有を認め、企業が利益を出すことを容認し、経済に対する中央政府の統制を少なくした。

しかし、彼の改革はソ連を活性化することにはならず、逆に意図しなかった結果を招くことになった。ソ連国内の強硬派は彼をリベラルすぎると批判し、リベラル派は、新たに手にした言論の自由を使って、ゴルバチョフの改革は不十分だと主張したのである。

一方、外交面では、ゴルバチョフはアメリカとの軍拡競争を終わらせようと努力し、1988年にはソ連によるアフガニスタンへの軍事侵攻を終結させた。さらに同年、東側ブロックの国々は自国の政治的将来を自分たちで決めてよいと宣言した。この決断が、1989年に東ドイツ、チェコスロヴァキア、ポーランドなど、東ヨーロッパ諸国で起きた共産主義体制の崩壊につながった。このドミノ現象はソ連を構成する共和国にも及び、グラスノスチにより独立を求める声が強まっていたエストニア、ラトヴィア、リトアニアの三国は、ソ連からの独立を果たした。

自分が治める国が崩壊していく中、ゴルバチョフの政治生命は1991年8月に終わりを告げた。ソ連国内の強硬派がクーデターを起こし、短期間ながら彼を政権の座から追い落としたのである。数日後に彼は復職するが、政治家としてはもはや死に体だった。4か月後、ソヴィエト連邦は消滅した。

ゴルバチョフの影響は、明暗がはっきりと分かれている。西側では、雑誌『タイム』によって1980年代を象徴する人物に選ばれ、ソ連型社会主義を解体して冷戦を終結させた先見の明のある指導者と評価された。ロシアでは、彼が指導者となったことで、人々は生活必需品を入手するため長い列に並ばなくてはならず、新たに汚職がはびこり、貧富の差が拡大し、ソ連帝国の崩壊という衝撃と困惑に満ちた事態を招いた。

豆 知 識

1. ゴルバチョフは、ソ連のスタヴロポリ地方の農家に生まれた。1952年に共産党に入り、1971年に党中央委員に選ばれ、1980年に正式に政治局員となった。
2. ゴルバチョフは、1990年にノーベル平和賞を受賞した。

282 文学 │『百年の孤独』

　ラテンアメリカ文学の豊かさを世界に知らしめた作品をひとつ選べと言われれば、それは間違いなく『百年の孤独』（1967年）になるだろう。同書は、コロンビアの小説家ガブリエル・ガルシア＝マルケス（1927〜2014）による大作で、ラテンアメリカ史のほぼすべて —— 先住民のルーツから、ヨーロッパ人による征服を経て、現代の独裁政権に至るまで —— を、ひとつの村をレンズとして一冊の小説に凝縮した作品である。

◆

ガブリエル・ガルシア＝マルケス

　『百年の孤独』は、ガルシア＝マルケスの故郷であるコロンビアのアラカタカをモデルとした架空の村マコンドを舞台としている。小説では、ブエンディア一族の祖ホセ・アルカディオ・ブエンディアによる村の建設から始まり、その後5世代にわたる村の歴史が延々と描かれる。

　何年にもわたってマコンド村で起こる数々の出来事は、コロンビアとラテンアメリカ全体の歴史を映し出したものだ。村は、最初は小さな集落だったが、交易の拠点として繁栄し、外部の者たちの注目を集め、やがてリベラル派と保守派のあいだでいつまでも続く残虐な内戦の発火点となる。子孫を増やし続けるブエンディア一族は、そうした政治的・経済的事件の中心として存続し、一族の屋敷は、その建設から改築や装飾に至るまで、すべてがコロンビアそのものを凝縮したシンボルとなっている —— 例えば家の装飾は、登場人物が政治的に左寄りか右寄りかによって、色が赤になったり青になったりする。

　この作品は、詳細を極めるリアリズム的な描写が、幻想的な要素と継ぎ目なく交じり合う「マジックリアリズム」の傑作である。

　全体を通して、ガルシア＝マルケスの主要なテーマは歴史の循環性であり、彼は、ブエンディア一族の各世代の登場人物に同じ名前をつけることで、この循環性を強調している。登場人物と名前は、予測可能なパターンを作っている。例えば、ホセ・アルカディオという名の男性は強引で軽率な場合が多く、それに対してアウレリャノという名の男性は感受性が豊かで思慮深い場合が多い。同名の人物が大勢登場する —— ある世代では、アウレリャノが何と17人も出てくる —— ため、この小説は読んでいて頭が混乱しがちになるが、ガルシア＝マルケスの明快で美しい文体のおかげで、それほど悩まずに済む。

┌─────────┐
│ 豆 知 識 │
└─────────┘

1. 『百年の孤独』の英訳は、1970年に初めて出版され、その後、世界的ベストセラーになった。現在までに30以上の言語に翻訳され、3000万部以上売れている。
2. ガルシア＝マルケスは、左派の政治信条を支持していたことで知られており、キューバのフィデル・カストロ（1926〜2016）政権を支持して物議をかもしたこともあった。
3. ガルシア＝マルケスの作品には、事実とフィクションの境界をぼかしたものが多い。特に有名なのは『コレラの時代の愛』（1985年）で、この作品は彼の父と母の恋愛が下敷きになっている。

283 音楽 | ブラック・サバス

　1960年代後半、イギリスの工業都市バーミンガムで育った4人が、ジャズ・ブルース・バンドを結成した。クリームやレッド・ツェッペリンなどヘヴィなギター・サウンドを売りにするバンドに触発されて、4人の少年はギターの音量を上げ、バンド名にオカルト映画のタイトルをつけた。それがブラック・サバスだ。ブラック・サバスは、叫ぶようなボーカルと、不吉なテーマと、スラッジでヘヴィと形容される独特のベースを組み合わせた音楽を作り、1970年にデビュー・アルバム『黒い安息日』【訳注／バンド名を直訳したもの】をリリースして、ヘヴィメタルというジャンルを生み出した。

◆

ブラック・サバス

　どうしてブラック・サバスのサウンドがあれほどヘヴィになり、歌詞があれほど不吉なものになったのかについては、さまざまな伝説が語られている。ベーシストのテレンス・「ギーザー」・バトラー（1949～）は、ダーク・ファンタジーや黒魔術の関連本の大ファンだった。ギタリストのトニー・アイオミ（1948～）は、事故で指先を切断してしまい、そのため楽にプレーできるようギターの弦を緩く張らなくてはならず、その結果ギターのサウンドは低くなった。陰鬱な歌詞とヘヴィなサウンドは、リードシンガーであるオジー・オズボーン（1948～）の、歌うのをそっちのけで激しく動き回りながら叫ぶステージ上での奇行と完璧にマッチしていた。

　ブラック・サバスは、複雑な曲や、非常に知的な曲は作らなかった。批評家からも、美的センスを大事にするミュージシャンからも、一貫して嫌われたが、ファンに事欠くことはなかった。ブラック・サバスがドラッグや精神病や死の幻想など青春期の暗黒面を語ったことで、バンドは10代の若者たちから愛された。もしかすると、1970年代の若者たちは、1960年代のラブ・アンド・ピースに疲れ切っていたのかもしれないし、ブラック・サバスがそれまでタブーとされてきた事柄に触れたためかもしれない。

　バンドはファンたちに、大声を上げ、叫び、挑発し、メチャクチャをやっていいのだと告げ、メタリカ、パンテラ、スレイヤーなど、後のヘヴィメタル・バンドの結成メンバーたちに影響を与えた。

┌─────────┐
│ 豆 知 識 │
└─────────┘

1. オジー・オズボーンは、重度のドラッグ問題により、1979年にブラック・サバスを解雇された。彼はその後、ブラック・サバスのマネジャーの娘シャロン・アーデン（1952～）と結婚した。

2. ブラック・サバスは、このバンドが名乗った3番目の名前である。最初はポルカ・タルク・ブルース・カンパニーと名乗り、その後アースと改名した。しかし、すでにアースという名のツアーバンドがあることが分かり、ブラック・サバスに改めたのである。

3. 2002年から2005年まで、テレビネットワークのMTVで、オジー・オズボーンとその家族の生活を追ったリアリティ番組『オズボーンズ』が放送された。

284 映画 | ウディ・アレン

ウディ・アレン（1935〜）は、現代のアメリカで最も多くの作品を生み出している主要な映画監督で、この50年間、年に1本のペースで長編映画を製作している。彼の傑作は、人間ドラマとコメディ、恋愛と人間関係への不安、生と死と大都市ニューヨークへの愛を組み合わせたもので、そのすべてが比類ないウイットと洗練性をもって描かれている。

◆

アレン（本名アレン・コニグズバーグ）は、もともとはコメディ・ライター兼スタンダップ・コメディアンだったが、そこから劇作家と映画脚本家を経て、最終的に映画監督になった。監督時代の初期は、初監督作品であるドキュメンタリー調のフィクション『泥棒野郎』（1969年）のほか、『ウディ・アレンのバナナ』（1971年）、『スリーパー』（1973年）、『ウディ・アレンの愛と死』（1975年）などマルクス兄弟の影響を受けた底抜けのハチャメチャ・コメディが多い。

最も多作な時期に入ると、こうしたコメディに代わって、映画史上屈指の知的でほろ苦いロマンティック・コメディを次々と製作した。最も有名なのが『アニー・ホール』（1977年）で、この作品は批評的にも商業的にも成功を収め、アカデミー賞の作品賞、監督賞、脚本賞（アレンとマーシャル・ブリックマン）、および主演女優賞（ダイアン・キートン）を獲得した。『アニー・ホール』は、1970年代後半にハリウッドで何が重視されていたかを垣間見ることのできる作品だ。本作は、ニューヨーク出身の神経質なユダヤ系アメリカ人男性が、同じく神経質な中西部出身のWASP女性と恋に落ちる物語で、基本的に、30代と40代の男女が話したり生活したりするだけの映画だ。知的教養と大衆文化への言及が映画のあちこちにちりばめられ、興行収入こそ約4000万ドルで、この年の超大ヒット映画『スター・ウォーズ』（1977年）には遠く及ばなかったが、アカデミー作品賞は『アニー・ホール』が勝ち取った。

アレンは、失恋への哀歌であると同時に彼が愛するニューヨークへの賛歌でもある『マンハッタン』（1979年）で、再び批評家から絶賛された。『カメレオンマン』（1983年）は、特殊効果を駆使した傑作で、このときの技術が、10年後の映画『フォレスト・ガンプ／一期一会』（1994年）で使われる革新的なテクノロジーの先駆けとなった。ハリウッドでおよそ50年間過ごした今も、アレンは年に約1本の割合で映画を監督し続けている。その多くはコメディで、ヒットした映画も少なくない。また、2005年にはラブ・サスペンスの『マッチポイント』がヒットした【訳注／最近では『ミッドナイト・イン・パリ』（2011年）が大ヒットしている】。

豆知識

1. アレンは、アカデミー賞の歴史で脚本賞にノミネートされた回数が最も多い（2019年時点で16回）。全部門を合計すると、ノミネート回数は2019年現在24回（脚本賞で16回、監督賞で7回、主演男優賞で1回）だ。そのうち実際に受賞したのは4回（脚本賞で3回、監督賞で1回）である。

2. 『アニー・ホール』で、アレンは同一作品でアカデミー賞の監督賞・主演男優賞・脚本賞の3部門にノミネートされた2人目の人物になった。1人目は、『市民ケーン』（1941年）で成し遂げたオーソン・ウェルズだ。

3. アレンは、ミア・ファロー（1945〜）やダイアン・キートン（1946〜）など、主役を演じる女優と恋愛関係になることで知られている。中でもファローとアレンは、12年間付き合ったが、やがてふたりの関係は悪化して、養育権をめぐる激しい法廷闘争に発展し、ニューヨークのタブロイド紙を大いににぎわせた。その後アレンは、ファローがピアニストのアンドレ・プレヴィン（1929〜2019）と結婚していたとき養女にした女性スン＝イー・プレヴィンと結婚した。

285 思想と社会 | デタント

　フランス語で「緩和」を意味するデタントは、1960年代から始まるアメリカ外交の方針転換のことで、具体的には、アメリカの政策立案者たちがソヴィエト連邦と共産主義諸国に敵対的な姿勢を取らなくなったことを指す。このデタントは、1980年にアメリカでロナルド・レーガン大統領（1911〜2004）が当選し、ソ連に対して強硬姿勢を取るようになったことで終わりを告げた。

◆

　デタント時代には、特に重要な出来事がふたつ起きた。ひとつは、アメリカが共産主義国家である中華人民共和国と1972年に外交関係を結んだことであり、もうひとつは、米ソ両国の核兵器削減を目的とした軍縮条約の交渉が行なわれたことだ。

　デタントが始まったのは1960年代前半、冷戦中だった米ソ両国の指導者が、1962年のキューバ・ミサイル危機で核戦争寸前まで進んだ緊張を、何とかして和らげようとしたのがきっかけだった。

　どちらの国でも、経済がデタント実現に大きな役割を果たした。ソ連の指導者レオニード・ブレジネフ（1906〜1982）は、アメリカとの軍拡競争を続けていけば、いずれソ連経済は破綻するだろうと思っていた。一方のアメリカでも、1970年代前半は景気が低迷していた。

　中国との国交樹立は、国家安全保障問題の補佐官ヘンリー・キッシンジャー（1923〜）と中国側指導者との6か月以上に及んだ秘密交渉の末に、実現した。1972年、リチャード・M・ニクソン大統領（1913〜1994）は北京を訪問し、万里の長城を訪れ、中国の指導者、毛沢東（1893〜1976）と会談した。

　同年、アメリカとソ連の交渉担当者たちは、戦略兵器制限交渉（SALT）で合意に達した。これは、両国の戦略核ミサイルの数を制限するという内容で、冷戦時代に両国の緊張を緩和するのに貢献したと評価されている。

　しかし一部のアメリカ人の目には、デタントは共産主義への屈服だと映った。レーガンは、1980年の大統領選挙で、もっと積極的な外交方針を取ると訴え、就任後は巧みな話術 —— 彼はソ連を「悪の帝国」と呼んだ —— と巨額の軍事予算でソ連との対決姿勢を強めた。

豆 知 識

1. アメリカとソ連は、1972年に生物兵器の禁止でも合意していた。
2. 関係改善の具体的証しとして、アメリカとソ連は1975年に宇宙ミッションを協力して行なった。それがアポロ・ソユーズテスト計画だ。
3. デタント終結の大きなきっかけとなった事件が、1979年のクリスマス・イブに始まったソ連によるアフガニスタン侵攻だった。

286 スポーツ ｜ マルチナ・ナヴラチロワ

テニスプレーヤーのマルチナ・ナヴラチロワ（1956～）は、ネット際での巧みなボレーでトップクラスになった選手で、そのすばらしい現役時代に比類のない成績を残した。テニスの4大大会では、1978年に初優勝してから2006年に最後の優勝を遂げるまで、通算で59度の優勝 ―― シングルスで18回、ダブルスで31回、混合ダブルスで10回 ―― を果たした。

◆

マルチナ・ナヴラチロワ

ほかにも、ウィンブルドンでのシングルス優勝9回、全トーナメントでのシングルス優勝167回、ダブルス優勝178回という数々の記録を持っている。しかも、現役中にシングルス・女子ダブルス・混合ダブルスのすべてで4大大会を制覇しており、彼女を女子シングルスとダブルスで史上最も偉大な選手と評する声もある。

また、現役プロ選手として初めて同性愛者であることを公表したひとりであり、それによって名声と称賛を集めた。ナヴラチロワは、共産主義政権下にあったチェコスロヴァキアのプラハで生まれ、16歳からプロ女子ツアーに参戦した。2年後の1975年、彼女はプロ選手としても個人としても人生の転機を迎える。この年、全豪オープンと全仏オープンで初めて準優勝するとともに、アメリカに亡命したのである。

キャリアの初期は、アメリカのファストフード文化に染まったせいで体重のコントロールに苦労した。しかし、体調管理に専念し、1980年代には圧倒的な強さを誇る女子選手になった。4大大会でのシングルス優勝18回のうち、15回は1980年代のもので、1982年から1987年までは毎年2大会以上で優勝していた。

体調管理 ―― および、進歩するラケット・テクノロジーを積極的に採用する態度 ―― が生んだもうひとつの成果は、ライバルのクリス・エヴァート（1954～）との対戦成績を逆転させたことだった。当初ナヴラチロワはエヴァートと25戦して21敗していたが、最終的な通算成績は43勝37敗だった。ふたりのライバル関係は ―― 対照的なプレースタイルとともに ―― 1980年代に女子テニスの人気を大いに押し上げた。ナヴラチロワは1994年にいったん引退したが、2000年からツアーに復帰し、主にダブルスに出場した。2006年、現役最後の大会となった全米オープンの混合ダブルスで優勝すると、それを花道にして完全に引退した。

〔 豆 知 識 〕

1. ナヴラチロワのウィンブルドンでの全優勝回数（シングルス、ダブルス、混合ダブルスの合計）20回は、ビリー・ジーン・キング（1943～）と並んで歴代1位である。
2. ナヴラチロワは、1981年にアメリカ国籍を取得した。
3. ナヴラチロワが最も強かったのは1983年と1984年で、どちらの年も4大大会のうち3つでシングルスを制している。1983年にはシングルスで86勝1敗という記録を打ち立て、1984年には74連勝を記録した。

287 大衆文化 │ 『サタデー・ナイト・ライブ』

『サタデー・ナイト・ライブ（SNL）』の第1回は1975年10月11日に放送され、以来、番組のフォーマットは基本的に変わっていない。有名人を司会者に据え、レギュラー出演者であるコメディアンによるコントの合間に、ゲスト・ミュージシャンによる演奏が入る。今では全米放送される中で5本の指に入る長寿番組となったSNLは、放送開始から何度も浮き沈みを経験しながら、数多くのコメディアンを世に送り出してきた。

◆

サタデー・ナイト・ライブ出演者（1977年）

　もともとSNLは、平日の深夜放送でトップを走っていたNBCが、週末にも深夜番組を放送して、その勢いを土日にも持ち込もうとしたのが始まりだった。

　SNLの当初の出演者は、ニューヨークやトロントで活躍する知名度の低いコメディアンたちだった。彼らは「ゴールデンタイムにはまだ早い芸人たち」と呼ばれ、チェヴィー・チェイス（1943～）、ダン・エイクロイド（1952～）、ジョン・ベルーシ（1949～1982）、ギルダ・ラドナー（1946～1989）など、いずれも後に超有名になる者たちが名を連ねていた。ベルーシとエイクロイドは、1980年に定番コント「ブルース・ブラザーズ」をベースにしたヒット映画に出演して、多くの人に知られるようになった。SNLのコントを原案とした映画は、1992年の『ウェインズ・ワールド』など、数多く作られている。

『サタデー・ナイト・ライブ』は、出演者がさまざまな人の物まねをすることでも知られている。チェイスの持ちネタだった、不器用でよく転んだジェラルド・フォード大統領（1913～2006）のパロディーや、エディ・マーフィー（1961～）演じるスティーヴィー・ワンダー（1950～）などは有名だ。

　番組は、今も新人コメディアンの登竜門になっている。最近では、SNLで人気だったティナ・フェイ（1970～）が、SNLと非常によく似たコント番組の裏側を描いたテレビドラマ『30 ROCK／サーティー・ロック』の制作・出演者として活躍した。

288 人物 | パブリック・エナミー

　1980年代、ヒップホップ・グループの草分け的存在であるパブリック・エナミー（PE）は、社会的意識が高く政治的な動機を持った歌詞と、よりハードなサウンドをラップに取り入れ、1990年代のギャングスタ・ラップ時代の先駆けとなった。

◆

　リーダーのチャックD（1960〜）を中心とするパブリック・エナミーのメンバーたちは、1980年代のアフリカ系アメリカ人のあいだにあった怒りと社会不安を取り入れ、ドラッグと暴力と人種差別に苦しむ黒人コミュニティーの代弁者——「黒いCNN」——を自任していた。「ファイト・ザ・パワー」（1989年）や「ドント・ビリーヴ・ザ・ハイプ」（1988年）といった曲で、PEはアメリカ黒人の意識を高め、黒人に自分たちの置かれている苦境を、もっと広い政治的・社会的文脈の中で理解させようとした。

　グループ——オリジナル・メンバーは、チャックD、フレイヴァー・フレイヴ（1959〜）、プロフェッサー・グリフ（1961〜）、ターミネーターX（1966〜）——は、1982年にロングアイランドのアデルフィ大学で結成された。チャックDの率直でダイレクトなライム（押韻詩）と、サイドキック（メインのラッパーのサポート役）であるフレイヴァー・フレイヴのナンセンスでワイルドな歌詞を特徴とするパブリック・エナミーは、1987年にファースト・アルバム『YO! BUM ラッシュ・ザ・ショウ』をリリースした。

　しかし、パブリック・エナミーをスターダムに押し上げたのは、セカンド・アルバム『パブリック・エナミーII』（1988年）だった。このアルバムは、R&Bチャートで1位となり、多くの人から、最も重要なヒップホップ・アルバムの1枚であり、1980年代で最も影響力のあったレコードの1枚だと考えられている。翌年、パブリック・エナミーはシングル「ファイト・ザ・パワー」で文化的頂点に達した。スパイク・リー（1957〜）監督の物議をかもした映画『ドゥ・ザ・ライト・シング』（1989年）の主題曲となった「ファイト・ザ・パワー」は、黒人コミュニティーと若いアメリカ人全員に、PEが腐敗した権力構造だと見なすものに自分たちが虐げられていることを理解し、その現状と戦えと訴える内容だった。

　この曲の影響もあって、パブリック・エナミーのサード・アルバム『ブラック・プラネット』（1990年）はポップス・チャートで10位になったが、グループの影響力とセールス力は、すぐに衰えていった。フレイヴァー・フレイヴのドラッグ問題と警察沙汰や、プロフェッサー・グリフの反ユダヤ的発言のため、グループの信用は傷ついたが、すでにその時点で、PEの勢いは過去のものになっていた【訳注／2013年にロック殿堂（パフォーマー部門）入り】。

豆 知 識

1. フレイヴァー・フレイヴは、ラップでのサイドキックの役割を生み出した人物として広く認知されている。彼のトレードマークは、金歯とマンガチックなサングラスと、首からさげた巨大な時計だ。
2. 一時期フレイヴァー・フレイヴは、『シュルレアル・ライフ』や『フレイヴァー・オブ・ラヴ』といったテレビのリアリティ番組に頻繁に出演していた。
3. パブリック・エナミーは、初めて世界ツアーを実施したヒップホップ・グループのひとつで、1992年にはアイルランドのロックバンドU2のZoo TVツアーで前座を務めた。

289 文学 | ポストモダニズム

　文学におけるポストモダニズムは、およそ1940年代に定着し、今なお活況を呈しているジャンルだ。範囲が広く、定義も曖昧な運動であるため、ポストモダニズムには、さまざまな国でさまざまな形式で執筆している多種多様な作家たちが含まれている。これだけ多様であるにもかかわらず、しばしばポストモダニズムの作品には、中心的特徴として、自己参照性、アイロニーを含んだユーモア、異なる文体やジャンルの境界を曖昧にする姿勢、上位文化と下位文化の融合、主流社会の外からの視点による描写、既存の作品や登場人物の新たな視点からの再解釈など、多くの共通点が見られる。

◆

　その名が示すとおり、基本的にポストモダニズムは、西洋文学でそれに先立つ一大運動モダニズムから生まれたものだ。モダニズムの作家であるジェームズ・ジョイス（1882〜1941）、ヴァージニア・ウルフ（1882〜1941）、ウィリアム・フォークナー（1897〜1962）、T・S・エリオット（1888〜1965）らは、急速に変化していく20世紀の世界を、人間の孤立と疎外と不確実性が蔓延するバラバラな状況と見なしていた。しかしポストモダニズムの作家たちにとって、そうした社会はもはや新しい未知のものではなく、そうしたものだと受け止めた上で、それに対して距離を置きながらも、彼らは世界をもっと遊び心にあふれ、ときにはユーモアも含んだレンズを通して、詳しく描いた。

　ポストモダニズムの作品の多くは、現代世界の諸問題を探るのにブラック・コメディとアイロニーを使っている。ジョーゼフ・ヘラー（1923〜1999）の『キャッチ=22』やカート・ヴォネガット（1922〜2007）の『スローターハウス5』は、現代における戦争の恐ろしさを明らかにするため、大騒ぎするマンガチックな語りの手法を用いている。トマス・ピンチョン（1937〜）とドン・デリーロ（1936〜）の小説は、妄想と偽の意味と情報過多に満ちている。さらにポストモダニズムの作品は、著者と読者と作品の関係を崩すことも多い。ジョン・ファウルズ（1926〜2005）は自作『フランス軍中尉の女』（1969年）で、自分を物語に登場させ、3つの異なる結末を描き、登場人物たちを作者がコントロールできないことを示唆している。イタロ・カルヴィーノ（1923〜1985）の『冬の夜ひとりの旅人が』（1979年）では、カルヴィーノが創作したまったく異なる10の小説の一部が、カルヴィーノが読者に直接語りかける文章とともに、作品のあちこちにばらまかれており、読書体験そのものについて深く考察する内容となっている。

豆知識

1. ポストモダニズム作家と呼ばれた人は大勢いる。例えば、トム・ストッパード（1937〜）、ジーン・リース（1890〜1979）、ウンベルト・エーコ（1932〜2016）、ジョン・ガードナー（1933〜1982）、ウラジーミル・ナボコフ（1899〜1977）、ポール・オースター（1947〜）、トルーマン・カポーティ（1924〜1984）、サルマン・ラシュディ（1947〜）、ジョン・バース（1930〜）、ウィリアム・ギャディス（1922〜1998）、ジャネット・ウィンターソン（1959〜）、フィリップ・K・ディック（1928〜1982）、トニ・モリスン（1931〜）などである。
2. ポストモダン文学は、ポストコロニアリズムやメタフィクションなど、さまざまな思潮や手法から成り、それら単独の思潮や手法自体を用いた作品もそれぞれ膨大な数に上る。
3. ポストモダニズムは文学だけに限った話ではない。ポストモダニズムが非常に多くの成果を上げた分野のひとつに、建築がある（ポストモダンはもともと建築用語）。特に有名な作品は、パリのポンピドゥー・センターと、ニューヨークのAT&Tビルだ。

290 音楽 | スティーヴィー・ワンダー

　ミシガン州でスティーヴランド・ハーダウェイ・ジャドキンズとして生まれたスティーヴィー・ワンダー（1950〜）は、11歳で最初のレコード契約を結び、それから1年もしないうちに、ヒット・シングル「フィンガーティップス・パート2」をレコーディングした。それからの8年間に、「マイ・シェリー・アモール」（1969年）や「涙をとどけて」（1970年）など、今では定番となったポップスの名曲を次々と発表した。

◆

スティーヴィー・ワンダー

　生まれてすぐに視力を失ったワンダー青年は、ヒットを連発していたものの、所属するレコード会社モータウンに不満を募らせていた。当時モータウンとその名物社長ベリー・ゴーディ（1929〜）は、所属アーティストのキャリアを何から何まで管理しようとしていた。

　ワンダーは、自分の発表曲を自分で選ぶ自由を求め、1971年に会社との契約更新を拒否して、ついに自分の楽曲のプロデュースについての発言権を認めさせた。

　その後ワンダーがリリースした5枚のアルバムは、いずれも商業的にヒットして、収録曲はたちまち定番曲となり、会社側の心配は杞憂に終わった。5枚のうち最初に出たのは1972年の『心の詩』で、同年すぐに『トーキング・ブック』が発表された。『トーキング・ブック』にはナンバーワン・ヒットとなった「迷信」が収録されており、この曲は、それまでワンダーが実験してきたユニークなリズムと楽器のアレンジを存分に開花させた作品であった。

　その後、ワンダーは数年にわたってポップス界を牽引した。現時点で社会を最も強く意識したアルバムである『インナーヴィジョンズ』は1973年に発表され、「ハイアー・グラウンド」や傑作「汚れた町」を収録している。続けて1974年には『ファースト・フィナーレ』を、1976年には2枚組アルバム『キー・オブ・ライフ』を発表した。この3作品のすべてで、彼はグラミー賞の最優秀アルバム賞を獲得した。

　ワンダーは、今も新作アルバムのレコーディングと世界各国でのツアーを続けている。

豆知識

1. ワンダーは、1968年にインストゥルメンタル・アルバムをイーヴェッツ・レッドナウ名義でリリースした。「イーヴェッツ・レッドナウ（Eivets Rednow）」とは、「スティーヴィー・ワンダー（Stevie Wonder）」をそれぞれ逆につづったものだ。

2. 1980年のアルバム『ホッター・ザン・ジュライ』に収録されている「ハッピー・バースデイ」は、公民権運動の指導者マーティン・ルーサー・キング・ジュニア（1929〜1968）の誕生日を国の祝日にする運動の一環としてワンダーが制作したもので、その甲斐あって現在キングの誕生日は祝日になっている。

3. モータウンのアーティストが飛ばした大ヒット曲の中には、スモーキー・ロビンソン＆ザ・ミラクルズの「ティアーズ・オブ・ア・クラウン」（1967年）など、ワンダーが単独または共同で作ったものがある。

291 ｜ 映画 ｜ ロバート・レッドフォード

　かつて世界トップのドル箱スターだったロバート・レッドフォードは、最近では独立系映画の中心的支援者として活躍している。あまり知られていない映画製作者たちを応援して世に送り出してきた活動は、今では彼自身の俳優・監督・プロデューサーとしての業績と肩を並べるまでになった。

◆

ロバート・レッドフォード

　舞台とテレビで俳優業を始めたレッドフォード（1936〜）は、『戦場の追跡』（1962年）で映画デビューし、ニール・サイモンによるブロードウェイ・ヒット作を映画化した『裸足で散歩』（1967年）で、ジェーン・フォンダの相手役として初めて主役を演じた。

　その2年後、ジョージ・ロイ・ヒル監督の『明日に向って撃て！』に出演してハリウッドのスーパースターになった。サンダンス・キッド役でポール・ニューマンとともに主役を演じたレッドフォードは、危険でミステリアスでユーモラスな雰囲気を醸し出し、その表情で世界中の女性を虜にした。

　4年後、再びヒルとニューマンと組んで作ったのが、1930年代のシカゴで活躍した詐欺師の物語『スティング』だ。この映画はアカデミー賞を作品賞など7部門で獲得し、本作でジョニー・フッカーを演じたレッドフォードは主演男優賞にノミネートされた。

　これ以外に主な出演作として、政治もの（1972年の『候補者ビル・マッケイ』や、1976年の『大統領の陰謀』）、スポーツもの（1969年の『白銀のレーサー』や、1984年の『ナチュラル』）、スパイもの（1975年の『コンドル』、1992年の『スニーカーズ』、2001年の『スパイ・ゲーム』）などがある。メリル・ストリープと共演した『愛と哀しみの果て』（1985年）は、アカデミー賞を7部門で受賞した。

　レッドフォードは、監督デビュー作『普通の人々』（1980年）でアカデミー監督賞を獲得したが、大半の評論家は、1950年代に人気テレビクイズ番組『21』で実際に起こったスキャンダルを描いた『クイズ・ショウ』（1994年）こそ、監督としての最高傑作だと考えている。

　1981年にレッドフォードは、ハリウッドのスタジオ・システム以外で製作される独立系の映画を育成・宣伝する場を作るため、ユタ州パークシティ郊外にサンダンス・インスティテュートを設立した。この組織の成果が目に見える形として最もよく表れているのが、毎年開催されているサンダンス映画祭で、この映画祭をきっかけに大々的に公開されて成功を収める独立系映画も少なくない。

豆 知 識

1. レッドフォードは、シドニー・ポラック監督作品のうち、『大いなる勇者』（1972年）、『追憶』（1973年）、『コンドル』、『愛と哀しみの果て』など、計7作に出演している。
2. レッドフォードは、野球の特待生としてコロラド大学に進学したが、飲酒が発覚して、すぐにチームから追い出された。
3. 彼は2001年にアカデミー名誉賞を授与された。

292 思想と社会 ｜ 帝王的大統領制

1973年、歴史学者アーサー・M・シュレシンジャー・ジュニア（1917～2007）は、『帝王的大統領制（The Imperial Presidency）』と題する本を出版した。かつてジョン・F・ケネディ（1917～1963）とリンドン・B・ジョンソン（1908～1973）両大統領の顧問を務めたシュレシンジャーは、500ページある著作の中で、アメリカの歴代大統領が外交・内政の両面で憲法が認める以上の権限を意図的に振るっていると非難した。

◆

　シュレシンジャーの同書は、1970年代に高まっていた、大統領府がアメリカの政治制度であまりにも多くの権限を集中させてきたことへの懸念を明確に表したものだった。こうした懸念のため、連邦議会は、議会が大統領府と対等な統治機関であることを再確認する一連の法律を可決させていた。「帝王的大統領制」は、フランクリン・D・ローズヴェルトの時代にまでさかのぼる。ローズヴェルトは、ホワイトハウスの官僚機構を拡張し、経済に対する大統領の権限を拡大させる国内政策を実施した。

　第二次世界大戦後、民主・共和両党の大統領たちは、外交政策の権限を拡張しようとした。本来なら、軍隊を戦場に送るためには議会が宣戦布告を可決しなくてはならなかったが、ハリー・S・トルーマン大統領（1884～1972）は、1950年に宣戦布告のないまま朝鮮戦争に参戦した —— 主要な戦争でアメリカが宣戦布告しなかったのは、これが初めてだった。

　1960年代から1970年代に、リチャード・M・ニクソン（1913～1994）大統領は、大統領の権力行使を積極的に擁護した。彼は1977年の有名なインタビューで、大統領はやりたいことを事実上何でもできるとの信念を、次の言葉で説明している。「大統領がするのであれば、それは違法ではないということになる」

　ニクソンへの対抗措置のひとつとして、議会は1973年に戦争権限法を可決した。これにより、大統領が軍隊を戦場へ送る権限は制限された。さらに議会は翌年、連邦予算に対する権限を拡張した。

　最近では、ジョージ・W・ブッシュ（1946～）政権が、ニクソンが目指した大統領権限の拡大方針を再開させ、テロリストになりそうな人物やテロの容疑者を捜査・尋問するためなら大統領は違法な盗聴や拷問を命じることができると宣言した。これに対して、ブッシュは帝王的大統領制を復活させたと批判の声が上がり、憤慨した議会は、そうした行為を非難する報道発表を次々と出した。

豆知識

1. 第二次世界大戦以降、アメリカ軍はいくつもの紛争に関与したが、連邦議会が外国に宣戦布告したことは、1942年以降一度もない。
2. アメリカ連邦議会は、「財布のひも」を使って外交政策をある程度コントロールすることができる。例えばヴェトナム戦争では、現地に駐留するアメリカ軍への支出を否決することで、議会は戦争を終わらせることができた。
3. シュレシンジャーは、『帝王的大統領制』にブッシュ政権についての内容を追加した改訂版を2004年に出した。

293 スポーツ｜氷上の奇跡

　1980年の冬季オリンピックはアメリカのニューヨーク州レークプラシッドで開催された。当時アメリカは高インフレと石油不足と、悪夢のような在イラン・アメリカ大使館占拠事件で苦しんでいた。一方ソ連は前年末にアフガニスタンへ侵攻したばかりだった。アメリカ全体が気分的に落ち込んでおりスピードスケートのエリック・ハイデン（1958〜）に大きな期待がかかっていた以外アメリカ勢がオリンピックで活躍できると思っていた人はほぼいなかった。

◆

　ましてや、アイスホッケーのアメリカ代表チーム —— 選手は大学生20名で、ヘッドコーチはハーブ・ブルックス（1937〜2003）—— が大活躍するなどとは誰も思っていなかった。しかも、オリンピック開幕3日前のエキシビション・マッチで、ソ連チーム —— 過去6回のオリンピックで5回金メダルを獲得していた —— はアメリカ・チームに10対3で大勝していた。

　しかし予選リーグが始まると、アメリカ・チームは次第に勢いづいていった。初戦、メダルの有力候補スウェーデンを相手に、試合終了直前にゴールを決めて2対2の引き分けに持ち込んだ。次戦、やはりメダル候補だったチェコスロヴァキアを7対3で破る番狂わせを演じた。その後、予選リーグでさらに3勝を挙げたアメリカ・チームは、4チームによる決勝ラウンドに進出し、無敵と思われていたソ連チームと1980年2月22日に対戦することとなった。

　試合は、誰もが —— 特にソ連選手が —— 驚いたことに、アメリカ・チームが2対3という最少点差で追う展開のまま第3ピリオドに入った。ソ連チームのヘッドコーチ、ヴィクトル・チーホノフ（1930〜2014）は、早くも第1ピリオドが終わった時点で先発ゴールキーパーのウラジスラフ・トレチェーク（1952〜）を控えのウラジーミル・ムイシュキン（1955〜）に交代させていた —— この交代は、両チームを驚かせた。一方、アメリカのゴールキーパー、ジム・クレイグ（1957〜）は、アメリカ側のゴール前で見事なプレーを続けていた。

　第3ピリオドの8分39秒、アメリカのマーク・ジョンソン（1957〜）がこの試合で自身2点目のゴールを決めてスコアを3対3のタイに持ち込み、レークプラシッドの観客たちは一斉に沸いた。そのわずか1分21秒後、アメリカ・チームのキャプテン、マイク・エルジオーニ（1954〜）が手首を使ったリスト・ショットを打つと、ムイシュキンはゴールを守れず、ついにアメリカがこの試合で初めてリードを奪った。試合時間は残り10分、時間が刻々と過ぎていく中、ソ連チームは波状攻撃を続けた。しかし、クレイグを中心とするアメリカ・チームの守りは堅かった。ついに残り時間がゼロになると、中継していたABCのスポーツキャスター、アル・マイケルズ（1944〜）はマイクに向かって「奇跡があると思いますか？　あるんです！」と叫び、観客席とアイスリンクと国中が大騒ぎになった。ただし、アメリカ・チームが金メダルを確定させるためには、もう1試合で勝利しなくてはならなかった。2日後、アメリカはフィンランドを4対2で下して金メダルを獲得した。

豆 知 識

1. アメリカ・チームは、レークプラシッド大会でプレーした全7試合のうち、6試合で先制された。唯一リードを許さなかったのは、ルーマニア戦だけだった。

2. このチームの優勝にまつわる最も有名なシーンは、チーム・キャプテンのエルジオーニが表彰式で、チームメートを表彰台に上がらせて一緒に金メダルを祝ったことだろう。当時は普通、表彰台に上がるのはキャプテンだけだった。

294 大衆文化 | 「誰がJ.R.を撃ったのか？」

1980年、CBSの大ヒット連続テレビドラマ『ダラス』のプロデューサーたちは、第3シーズン【訳注／日本語版では第2シーズン】の最終話に、誰もが驚く展開を加えることにした。後に有名になる最終回で、ドラマの主要登場人物のひとり —— ラリー・ハグマン（1931～2012）演じる強欲な石油王ジョン・ロス・「J.R.」・ユーイング・ジュニア —— が、オフィスで誰かに銃で撃たれ、下半身不随になってしまったのだ。

◆

このドラマチックな展開は、放送直後からアメリカ中の話題となり、視聴者は、いったいどの登場人物が銃を撃ったのかと考えた。「誰がJ.R.を撃ったのか？（Who shot J. R.?）」とプリントされたTシャツが何万枚も売れた。あるときなど、旅客機のパイロットが、『ダラス』の出演女優 —— J.R.の義妹パメラ・バーンズ・ユーイングを演じるヴィクトリア・プリンシパル（1950～）—— が搭乗していることを知ると、犯人を教えるまで飛行機を着陸させないと脅したことさえあった（ただしパイロットは、犯人を教えられないまま着陸するほかなかった。プリンシパルも、番組の他の出演者全員と同じく、犯人を知らなかったからだ）。

真犯人の大々的な発表を前に、秘密が漏れるのを防ぐため、『ダラス』のプロデューサーたちは、主要な登場人物がJ.R.を撃つシーンを全員分撮影することにした。

この作戦は的中した。秘密は守られ、犯人の正体を明かすエピソードは、1980年11月21日に放送されると4100万人が視聴し、当時としては史上1位となる視聴率53.3パーセントを記録した。『ダラス』の出演者やスタッフのほとんども、番組が放送されるまで犯人の正体は知らなかった。プロデューサーらが、誰を犯人にするかの決断をギリギリまで延ばしたからだ。

《ネタバレ注意！》
犯人はクリスティンだった。

豆 知 識

1. J.R.を撃った犯人が明かされる放送回のCM料は、1分間当たり50万ドルだった。これは現在の価値で130万ドル以上に相当する。
2. このときのエピソード「誰がJ.R.を撃ったのか？」は、連続ドラマの1回分として史上最多視聴者数の記録を保持していたが、その記録を破ったのは、1983年2月28日に1億2500万人が見た『M★A★S★H』の最終回だった。
3. J.R.を演じたハグマンは、J.R.を撃った犯人がまだ明かされていなかった1980年夏、制作サイドに、エピソード1回当たり10万ドルの報酬でなければ『ダラス』を降板すると迫った。プロデューサーたちは折れ、ハグマンは新たな契約を手にした。

295 人物 ｜ スティーヴン・ホーキング

　スティーヴン・ホーキング（1942～2018）は、アルベルト・アインシュタイン（1879～1955）以降で最も偉大な物理学者と呼ばれ、大学教師・文化人として世界中に名を知られており、『シンプソンズ』や『新スタートレック』などのテレビ番組にゲスト出演したこともある。

◆

スティーヴン・ホーキング

　これらをすべてホーキングは、50年以上にわたって筋萎縮性側索硬化症（ALS。通称ルー・ゲーリッグ病）を患う中で成し遂げた。彼は何十年も車いす生活を強いられ、その期間のほとんどは、コンピューターによる音声合成装置の助けなしには会話することができなかった。

　ホーキングの専門分野は理論物理学と量子力学で、特にブラックホールと時空特異点（物理法則が通用しないように思われる事象）、および宇宙の起源を重点的に研究していた。子供のころから数学と科学に興味があり、奨学金を得てオックスフォード大学に進み、1962年に卒業した。その後、ケンブリッジ大学で博士号を取得し、後には同大で300年前に物理学者アイザック・ニュートン（1642～1727）も務めていた名誉あるルーカス教授職に就任した。

　ホーキングは、アインシュタインの公式を使って新たなアイデアを生み出し、それまでの権威ある物理学者たちの考えに疑問を投げかけたことで、若くして名声を得た。彼の最も重要な業績のひとつが、ブラックホールから粒子が放出される現象「ホーキング放射」を発見したことだ。それまでは、ブラックホールは重力が非常に大きく、光や放射線を含め、何も脱出することはできないと信じられていた。

　ホーキングは1988年、宇宙の姿について一般読者にも分かりやすく解説した本『ホーキング、宇宙を語る：ビッグバンからブラックホールまで』を出版し、一般の人々にも広く知られるようになった。同書は飛ぶように売れ、新聞『ロンドン・サンデー・タイムズ』のベストセラー欄に、史上最長記録となる4年以上も掲載された【訳注／ホーキングは、2018年に76歳で亡くなった】。

豆 知 識

1. ホーキングがALSと診断されたのは、大学院生だった20代前半のことだった。彼は余命2～4年と告げられたが、その後50年以上生き続けた。この病気にもかかわらず、最初の妻とのあいだに3人の子供をもうけた。
2. 彼が使っていたコンピューターによる音声合成装置は、彼の目の動きを追う赤外線装置によって作動していた。
3. 2007年4月、ホーキングは無重力飛行を体験し、合計4分間、車いすを離れて重力のない状態を味わった。彼は、「人類は宇宙へ行かなければ未来はない」と語っており、いつか宇宙へ行ってみたいと思っていた。

296 文学 │ 『重力の虹』

　トマス・ピンチョン（1937～）の『重力の虹』（1973年）は、ほぼ間違いなくアメリカ・ポストモダニズム文学の代表作であり、この100年で最も「難しい」本の1冊と考えられている。出版時には、批評家から明確な賛否が寄せられた。ある批評家は、大作ぶっているが読む価値はないと非難したが、別の批評家は、ジェームズ・ジョイスによるモダニズム文学の傑作『ユリシーズ』のポストモダニズム版だと絶賛した。

◆

　『重力の虹』の舞台は、第二次世界大戦の終盤、ドイツ軍が最新兵器V2ロケットをロンドン中に次々と撃ち込んでいた時期だ。物語は、基本的にアメリカ陸軍中尉タイローン・スロースロップを中心に展開する。スロースロップが女性とセックスした場所は、数日後にドイツのV2ロケットが落下した場所と、なぜか正確に一致する。スロースロップに予知能力があるらしいと気づいた連合軍の司令官たちは、研究のため彼を連行する。

　終戦が近づくと、彼は脱走してヨーロッパ各地を転々とするが、その彼を正体不明の者たちが追いかけながら、彼と同じくドイツの極秘ロケットの特徴と、そのロケットに積まれた正体不明の搭載物を解明しようとする。

　ピンチョンは、この信じられないくらい濃密で入り組んだ小説で、伝統的な直線的なプロットを意識的に避け、複数のストーリーラインと数百人の登場人物が複雑に絡み合う物語展開を採用している。物語には、数式や歌や余談があちこちに盛り込まれ、どのページにも、ロック・ミュージックからロケット科学やタロットに至るまで、ありとあらゆる知識への言及・参照が詰め込まれている。『重力の虹』は、表向きは第二次世界大戦を描いているが、テーマとして扱っている内容は、妄想、戦争、セックス、死、現代生活、さらには意味そのものの本質まで、広範囲にわたる。

　この小説は、歴史的事実と、シュルレアリスム的な要素と、途方もない陰謀説とをひとつにまとめ、ジョーゼフ・ヘラーの『キャッチ＝22』やカート・ヴォネガットの『猫のゆりかご』のような —— ただし、この2作よりはるかに複雑な —— ブラック・コメディ的寄せ集めに仕上げている。そうして生まれた本作は、今日もなお、謎に満ちていて読みづらく、それでいて魅力的な現代小説の1冊になっている。

┌─ 豆 知 識 ─┐

1. ピンチョンは、物理学と工学の基礎知識があり、1960年代前半にはボーイング社のテクニカルライターとして働いたこともある。『重力の虹』の膨大な初稿はすべて、エンジニア用のグラフ用紙に手書きで書かれた。
2. 本作に対する専門家の評価が真っ二つに分かれたことを示す有名な話に、次のようなものがある。1974年、ピューリッツァー賞の審査員たちは、『重力の虹』に対してピンチョンに賞を与えるべきだと全員一致で賛成したが、理事会は、この本を「読むに値しない」としてノミネートを却下した。
3. ピンチョンは、生涯を通じて公の場に出るのを避けている。顔写真は、今までに数枚公表されているだけだし、公的な場に現れた記録は、2004年にテレビアニメ『シンプソンズ』に2回、声だけのカメオ出演をしたときの音声しかない。

297 音楽 | ブライアン・イーノ

　音楽プロデューサーのブライアン・イーノ（1948〜）は、1970年代から1980年代の主要なポップ・ミュージックのトレンドの多くで最前線に立ち、今でも最も有名な現代音楽プロデューサーのひとりであり続けている。イーノは、影響力のあったロックバンド、ロキシー・ミュージックの結成メンバーであり、「アンビエント音楽」（環境音楽）の先駆者であった。それに加えて、ロックバンドU2のアルバム『ヨシュア・トゥリー』（1987年）など、他のアーティストのメガヒット作をプロデュースしている。

◆

ブライアン・イーノ

　イーノは、美術学校を卒業したイギリス人で、1971年、学生時代に知り合ったアンディ・マッケイ（1946〜）とともにロキシー・ミュージックに加わった。バンドは1972年にアルバム『ロキシー・ミュージック』をリリースし、そこそこにヒットした。次のアルバム『フォー・ユア・プレジャー』（1973年）は、デビュー・アルバムほどヒットしなかったものの、複雑なアレンジに加え、実験的な楽器とサウンドの自由な利用と、意図的に美文調にした歌詞により、プログレッシブ・ロックの名盤になった。『フォー・ユア・プレジャー』後、イーノはロキシー・ミュージックを脱退して独自のプロジェクトを開始した。

　1970年代には4枚のソロ・アルバム『ヒア・カム・ザ・ウォーム・ジェッツ』（1974年）、『テイキング・タイガー・マウンテン』（1974年）、『アナザー・グリーン・ワールド』（1975年）、『ビフォア・アンド・アフター・サイエンス』（1977年）を発表した（以上4枚のアルバムに収録された曲のうち特にヒットしたのは、「ニードルズ・イン・ザ・キャメルズ・アイ」と「サード・アンクル」などだ）。

　さらにイーノは、アンビエント音楽の分野でも影響力のある一連のアルバムをレコーディングした。アンビエント音楽とは、全身全霊を集中させて聞く楽曲ではなく、生活環境を変えたり生活環境と相互作用したりするような独特の雰囲気を持ったサウンドを生み出すことを目指す音楽のことだ。彼が出した最初のアンビエント・アルバムが、1975年の『ディスクリート・ミュージック』である。その後、『アンビエント1／ミュージック・フォー・エアポーツ』（1978年）に始まるアンビエント・シリーズ全4作を発表した。

　その後イーノは、デヴィッド・ボウイ（1947〜2016）、U2、コールドプレイなど、大物ロック・ミュージシャンのレコードをプロデュースしている。

豆 知 識

1. マイクロソフト社のOS「Windows 95」の6秒あまりの起動音を作曲したのは、実はイーノだ。
2. ロキシー・ミュージックは、イーノ脱退後の1981年、ジョン・レノン（1940〜1980）が1971年のアルバム『イマジン』に収録した曲「ジェラス・ガイ」をカバーしてヒットさせた。
3. イーノに最も大きな影響を与えた曲のひとつに、マイルス・デイヴィス（1926〜1991）が1974年に録音したデューク・エリントン（1899〜1974）への追悼曲「ヒー・ラヴド・ヒム・マッドリー」がある。

298 映画 | ジャック・ニコルソン

　1993年のアカデミー賞授賞式で司会のビリー・クリスタルは、作品賞のプレゼンターを紹介するとき、4文字の単語「ジャック」をひとつ言うだけで、それが誰のことなのか、その場の全員に伝わった。

◆

　ジャック・ニコルソン（1937〜）は、デニス・ホッパー監督の映画『イージー・ライダー』（1969年）でアルコール依存症の弁護士を演じてブレークして以来、アメリカ文化の象徴となった。彼は、強烈だが力みを感じさせない演技スタイルと、スクリーン上だけでなく私生活でも見せるけんか腰な態度、気ままに見える恋愛遍歴、プロバスケットボール・チームのロサンゼルス・レイカーズに捧げる熱烈な愛、桁外れな性格などで有名で、それによって当然のごとく、フルネームでなくても通じる大衆文化のスターの地位を獲得している。

　恋愛（異なる4人の女性とのあいだに5人の子供をもうけている）やドラッグや公の場で怒りを爆発させることなど、いろいろあっても、ニコルソンと言えば、何をおいても映画である。

　1969年から1975年にかけてニコルソンはヒット映画（1970年のボブ・ラフェルソン監督『ファイブ・イージー・ピーセス』や、1974年のロマン・ポランスキー監督『チャイナタウン』など）に立て続けに出演し、タフさと冷徹な怒りと簡潔なアイロニーとを併せ持つ、反体制的な人物をたびたび演じた —— これについて映画史家デイヴィッド・トムソンは、ハンフリー・ボガートが『ハイ・シエラ』（1941年）や『カサブランカ』（1942年）で演じた人物の現代における後継者だと述べている。

　この7年のあいだにニコルソンはアカデミー賞に5度ノミネートされ、5度目にミロス・フォアマン監督の『カッコーの巣の上で』（1975年）で反抗的なランドル・パトリック・マクマーフィーを演じた秀逸な演技により、主演男優賞を獲得した。

　ニコルソンが演じた役には印象的なセリフが多く、『シャイニング』（1980年）のジャック・トランス（「お客様だよ！」）、『バットマン』（1989年）のジョーカー（「月夜に悪魔と踊ったことはあるかい？」）、『ア・フュー・グッドメン』（1992年）のネイサン・R・ジェセップ大佐（「お前に真実は分からん！」）などは、アメリカ人の多くが知る名セリフになっている。

　出演作がヒットしなかったことはあっても、ニコルソンが活動を休止することはなかった。アカデミー賞にノミネートされたのは12回 —— これは、どの男優よりも多い —— で、しかも、その間隔が6年以上空いたことはない。アカデミー賞は、『カッコーの巣の上で』のマクマーフィー役で受賞したほか、『恋愛小説家』（1997年）で主演男優賞を、『愛と追憶の日々』（1983年）で助演男優賞を受賞している。

─────────
　豆 知 識
─────────

1. ニコルソンがハリウッドで初めて就いた仕事は、映画会社MGMの郵便係で、日給30ドルだった。
2. 彼は、自分の祖母を母と思い、母を姉と思うように育てられた。彼が自分の親子関係について初めて真実を知らされたのは、雑誌『タイム』の記者が経歴を調べた1974年のことだった。
3. 彼は、異なる5つの十年代（1960年代から2000年代までの5つ）でアカデミー賞の演技部門にノミネートされた2名の俳優のうちのひとりだ。ちなみに、もうひとりはマイケル・ケインである。

299 思想と社会 ｜ 新保守主義

　新保守主義（ネオコンサバティズム、ネオコン）は、現代アメリカ政治でとりわけ多くの議論を呼んでいる知的潮流のひとつであり、もともとは1960年代後半から1970年代初めに、左派的政策の行き過ぎを案じたリベラル派のあいだから、その反動として生まれたものだ。著名な新保守主義者には、自分がそれまで抱いていた信念を考え直し、内政と外交の両方でもっと保守的な立場を主張するようになった元リベラル派や元共産主義者が数多く含まれている。

◆

　実際、新保守主義のリーダーのひとりアーヴィング・クリストル（1920～2009）が新保守主義者を「現実に襲われたリベラル」と定義したことは、よく知られている。

　ノーマン・ポドレツ（1930～）が編集長を務めていた雑誌『コメンタリー』は、新保守主義の中心的雑誌のひとつで、クリストルなど新保守主義者の文章を掲載していた。政界では、ワシントン州選出の連邦上院議員で民主党のヘンリー・「スクープ」・ジャクソン（1912～1983）も、新保守主義のさまざまな側面と密接に関係していた。

　もともと、思想としての新保守主義は、1960年代にアファーマティヴ・アクションや福祉政策などリベラル派が支持した諸政策の多くは効果がなく、むしろ有害だとの懸念から生まれたものだった。新保守主義者たちは、政府が巨額の予算を投じても不平等などの社会問題は解決できなかったと考え、政府の社会政策を拡充させることに反対した。

　外交面では、新保守主義者は諸外国の民主主義と人権を確実に守ることを訴えた。1970年代のデタントに対しては、これをソ連の軍事力の危険性を過小評価し、人権侵害に目をつぶるものだと言って、批判した。

　2000年代に入ると、ジョージ・W・ブッシュ大統領（1946～）が新保守主義者を政府の重要ポストに配置し、2003年には、新保守主義者たちの念願だったイラク侵攻を開始した。

　新保守主義者に批判的な人たちは、彼らがアメリカ国内の社会政策は支持したがらないのに、外国への大規模軍事侵攻には積極的に賛成するのは矛盾しているのではないかと指摘している。2004年の大統領選挙で敗れたジョン・ケリー候補は、ブッシュを「バグダードでは消防署を開設しているのに、アメリカ合衆国では消防署を閉鎖している」と言って批判した。

　豆 知 識

1. アファーマティヴ・アクションではなく能力主義による社会進出は、新保守主義者が好む主張のひとつだ。ポドレツの息子ジョン（1961～）は、2007年に『コメンタリー』の編集長に指名され、雑誌が強烈に推し進める能力主義採用運動を引き継いだ。

2. 新保守主義の主張の多くは共和党によって採用されたが、新保守主義者の多くは民主党にとどまった。例えばジーン・カークパトリック（1926～2006）は、正式な民主党員でありながら、共和党のロナルド・レーガン（1911～2004）政権下で外交官を務めた【訳注／その後の1985年に共和党に入党した】。

3. 「新保守主義者」という言葉を作ったのは、彼らを批判していた社会主義者マイケル・ハリントン（1928～1989）である。

300 スポーツ ｜ ジョー・モンタナ

「ジョー・クール」と呼ばれたジョー・モンタナ（1956〜）は、どんな状況でも冷静でいられることで有名で、どれほどプレッシャーがかかっていても常に冷静だった。サンフランシスコ・49ers（フォーティナイナーズ）を4度のスーパーボウル制覇に導き、スーパーボウルの最優秀選手（MVP）に3度輝き、ワイドレシーバーのジェリー・ライス（1962〜）とのコンビは、ナショナル・フットボール・リーグ（NFL）史上で屈指の得点力を誇ったクオーターバックとレシーバーのペアだった。

◆

ジョー・モンタナ

サンフランシスコ・49ers（在籍1979〜1992）とカンザスシティ・チーフス（在籍1993〜1994）でクオーターバックを務めたモンタナは、第4クオーターでの逆転勝利を31度も成し遂げている。中でも特に人々の記憶に残る逆転劇は、1989年の第23回スーパーボウルだろう。この試合でモンタナは、試合終盤に92ヤードのドライブを率い、残り34秒で決勝タッチダウン・パスを決めて対戦相手のシンシナティ・ベンガルズを下した。彼がプレッシャーの中でも冷静だった証拠に、決勝ドライブの開始直前、観客のひとりを指さし、チームメートに向かって「あれはジョン・キャンディ【訳注／著名なコメディアン】じゃないか？」と言ったのは有名な話だ。モンタナは、大学3年生だった1977年シーズンに、所属していたノートルダム大学を全米チャンピオンに導いていたが、それでもNFLで成功できるかは分からなかった。体が格別大きいわけではなかったし（身長188センチ、体重93キロ）、ずば抜けた強肩の持ち主というわけでもなかった。彼は1979年のNFLドラフトで、49ersから3巡目の全体82位で指名された（この年に指名されたクオーターバックとしては4人目だった）。しかし、通算パス獲得4万551ヤード、タッチダウン・パス273、シーズンMVPを2回（1989年と1990年）、プロボウル（オールスター戦）選出8回という、輝かしい記録を残した。

モンタナは、スーパーボウルに4度出場して4度とも優勝しただけでなく、スーパーボウルでのパス記録も数多く打ち立てた。チーフスで2シーズンを過ごした後、1994年シーズン後に引退し、2000年にプロフットボールの殿堂入りを果たした。

豆 知 識

1. モンタナは万能スポーツ選手だった。ノートルダム大学に進んでフットボールをプレーしたが、高校時代は大学バスケットボールの強豪校ノースカロライナ州立大学からもバスケットボールでの奨学金をオファーされていた。
2. 1990年には、雑誌『スポーツ・イラストレイテッド』からスポーツマン・オブ・ザ・イヤーに選ばれた。
3. モンタナは、NFL史に残る伝説的プレーでパスを投げている。1981年のNFCチャンピオンシップ・ゲームでタイトエンドのドワイト・クラーク（1957〜2018）が逆転タッチダウン・キャッチを決めたプレーで、ファンのあいだでは、このプレーはずばり「ザ・キャッチ」と呼ばれている。

301 大衆文化 ｜ キャベツ人形

　ゼイヴィア・ロバーツ（1955〜）がキルトで作った「キャベツ人形（キャベツ畑人形）」を生み出したのは、ジョージア州の大学で美術を学んでいた21歳のときだった。人形の一般販売が始まると、キャベツ人形は予想外の人気を博して爆発的に売れ、テレビのニュースでは、子供にねだられた母親たちが我が子のため人形を「養子」にしようと店に殺到して押し合いへし合いする様子が放送された。

◆

キャベツ人形

　当初ロバーツは、この人形を「オリジナルな小人たち」と名づけ、基本的に手工芸品の愛好者たち向けに販売していた。この人形に、おもちゃ会社のコレコが目をつけ、1982年から大量生産を開始した。

　どの人形にも、一体一体に養子縁組申込書と、誕生日と、個別の名前がついていた。子供たちが申込書に記入して会社に送ると、人形の最初の誕生日にコレコからバースデイカードが送られてくる。どの人形も、必ずどこかが他の人形と違っていた。また、1980年代の多文化主義を反映して、さまざまな肌の色・人種・髪・そばかす（あるか、ないか）の人形があった。

　しかし、この人形をどうしても欲しいという需要に生産が追いつかず、おもちゃ屋に配送トラックが止まると、トラックめがけて人々が押し寄せることさえあった。

　需要が特に高まったのはクリスマスで、店によっては、順番待ちの列を乱そうとする親を並ばせておくため警備員を雇わなくてはならなかったところもあった。品不足のため、転売屋やコレクター、キャベツ人形ブームに便乗して一山当てようとする者などが集まるブラックマーケットが生まれた。

　しかし、多くのブームの例にもれず、キャベツ人形の熱狂的なブームもやがて終息していった。1986年には、コレコは生産過剰の状態に陥っていた。新たな特徴を加えて巻き返しを図ったものの、ブームは終わり、コレコは1988年に破産を宣告した。

【 豆 知 識 】

1. 人形たちの名前について、後にロバーツは、赤ん坊の名前を掲載した1930年代の本から取ったと明らかにした。
2. キャベツ人形ブームの際は、子供に甘い母親が、わがままな我が子のため極端な行動を取ったこともあった。サウスダコタ州スーフォールズでは、母親が地元のトイザらスに先割れスプーンとおもちゃの空気銃を持って現れ、キャベツ人形をよこせと要求した。
3. 「オリジナルな小人たち」もそうだったが、どのキャベツ人形のお尻にも、ロバーツのサインが刻印されていた。

302 人物 ｜ ドナルド・トランプ

　雑誌『フォーブス』によると、2007年時点で不動産王ドナルド・トランプ（1946～）は、30億ドルの純資産を持っていたが、アメリカには彼より裕福な者が116人いた。しかし、この116人のうち、派手な私生活と、高慢なイメージと、ゴシップ紙をたびたびにぎわすことにかけては、「ザ・ドナルド」の右に出る者はいなかった。

◆

　トランプは、ニューヨーク市の不動産業界を父フレッド（1905～1999）から学んだ。父は、市内のブルックリン区とクイーンズ区で中間所得層向けの住宅開発を手がけたデベロッパーだったが、息子の方のトランプは、1970年代にマンハッタンに目を向けて途方もない野望を実現させようと考え、巨額の資金を借り入れて高層ビルを作り始めた。

　最初期の大規模プロジェクトのひとつが、五番街に面するトランプ・タワーの建設で、このビルは1983年に完成した。さらに、ニュージャージー州アトランティックシティのカジノをいくつも買収して億万長者になった。しかし、1990年代初頭に不動産不況のあおりを受けて破算しかけ、9億ドルの個人負債を負うことになった。

　そこからトランプは見事な復活を遂げる。資産の多くを売却して借金を返済し、辣腕を振るって取引をまとめて10年のうちに億万長者に復帰した。『フォーブス』が2007年に彼の純資産を30億ドルと掲載すると、彼はこの数字にかみつき、「わたしには70億ドルの価値がある」と言い放った。

　トランプが国民の目を引く理由のひとつは、その強烈な個性だ。大注目を浴びた2度の離婚（および、1度目の結婚を破局させて2度目の結婚につながった不倫）と、24歳年下の女性メラニアとの3度目の結婚で、彼はゴシップ紙の常連になった。

　2004年にはNBCで大人気リアリティ番組『アプレンティス』の放送が始まり、番組の司会を務めたトランプはテレビスターとなり、キャッチフレーズ「君はクビだ」が世に広まった。また、他の有名人たちと公然と争い、何冊か本を書き、深夜のコメディ番組に（ゲストとして、あるいは、その独特な髪形などをからかわれる対象として）頻繁に登場している【訳注／2016年に、共和党候補として大統領選挙に出馬して当選し、第45代アメリカ大統領に就任した】。

豆 知 識

1. 1990年代前半に破産寸前の危機に見舞われた後、トランプは1999年、改革党の候補として大統領選挙に出馬することを検討中だと発表して、再び世間の脚光を浴びた。このときは結局出馬しなかったが、その間、彼はマスコミの注目を一身に集めた。
2. 彼は、自分はばい菌恐怖症で、他人と握手するのは、ばい菌をうつされるかもしれないので嫌だと語っている。
3. トランプはニックネームを「ザ・ドナルド」というが、これはチェコ生まれの最初の妻イヴァナが名づけたものだ。

303 文学 | ポストコロニアリズム

19世紀の大半と20世紀前半、世界はカリブ海の島々から朝鮮半島やジンバブエに至るまで、大部分が植民地列強の支配下にあった。イギリスとフランスが二大植民地帝国だったが、日本やアメリカも含め多くの国々が、国境を超えて他の国々を統治していた。第二次世界大戦後、こうした宗主国と植民地のネットワークが大きく崩れると、旧植民地は政治的・文化的独立を求めるようになった。

◆

かつて植民地支配を受けていた地域の出身者を書き手としたり、書く対象としたりした作品群は、ポストコロニアリズム文学と呼ばれている。このジャンルは、特定の大陸や言語に限定されるものではなく、アフリカ・アジア・オーストラリア・南北アメリカで生まれた大量の文学作品を指す。しかし、これほど多様でありながら、ポストコロニアリズムの作品には同じテーマを探る傾向があり、文化的・民族的アイデンティティ、宗教対立、ある人種的・民族的集団による他集団の支配など、文化の混交や衝突と関連した諸問題を扱っている。

ポストコロニアリズム文学が脚光を浴びたのは1978年ごろで、思想家エドワード・サイード（1935〜2003）が画期的な著書『オリエンタリズム』を出版したのがきっかけだった。この研究書は、西洋文化には世界を西洋と「その他」に区分し、非西洋の文化と民族を奇妙なものと意識的にとらえる傾向があることを明らかにした。このサイードの思想は、エメ・セゼール（1913〜2008）やホミ・K・バーバ（1949〜）ら他の理論家たちによって拡張され、ポストコロニアリズム研究の裾野が広げられた。

ポストコロニアリズムの主要な作家は何人もおり、主な作品には、チヌア・アチェベの『崩れゆく絆』（1958年）、ジーン・リースの『サルガッソーの広い海』（1966年）、V・S・ナイポールの『暗い河』（1979年）、サルマン・ラシュディの『真夜中の子供たち』（1981年）などがある。このジャンルはその後も発展を続け、現在ではポストコロニアリズムの新世代の作家たちが、非西洋社会からやってきてイギリスやアメリカなど西洋諸国で暮らす移民たちの体験を描いた作品を生み出している。

豆 知 識

1. ポストコロニアリズムの作家と見なされている人には、アチェベ（1930〜2013）のほか、エドウィージ・ダンティカ（1969〜）、ナディン・ゴーディマ（1923〜2014）、ジャメイカ・キンケイド（1949〜）、ハニフ・クレイシ（1954〜）、ドリス・レッシング（1919〜2013）、ロヒントン・ミストリー（1952〜）、マイケル・オンダーチェ（1943〜）、ゼイディー・スミス（1975〜）、デレック・ウォルコット（1930〜2017）などがいる。

2. ポストコロニアリズム文学は、多くが英語で書かれているが、ほかにもアフリカーンス語、アラビア語、フランス語、ヒンディー語、スペイン語などで書かれた作品もある。

3. イアン・ブルマ（1951〜）とアヴィシャイ・マルガリート（1939〜）の共著『オクシデンタリズム』（2004年。邦題は『反西洋思想』）は、エドワード・サイードの『オリエンタリズム』の思想を反対方向に適用し、非西洋人が西洋世界に対して抱く否定的な考えを探ったものだ。

304 音楽 | ボブ・マーリー

　ジャマイカ音楽のひとつであるレゲエが1960年代後半に世界的に大流行したとき、どのレゲエ・ミュージシャンよりも活躍したのがボブ・マーリー（1945〜1981）だった。マーリーは、若くして才能を認められ、早くに亡くなって以降、その評価は —— 彼の伝説は言うに及ばず —— 着実に高まっていった。

◆

　本名ロバート・ネスタ・マーリーは、ジャマイカのセント・アン教区で黒人の母と白人の父親のあいだに生まれ、1955年に父が亡くなると、同島最大の都市キングストンへ移った。1963年、マーリーは地元のミュージシャンたちと初めてバンドを結成し、後にバンド名をウェイラーズとした。ウェイラーズは翌年ジャマイカで、スカやロックステディなどジャマイカ音楽を中心に次々とヒットを飛ばした。

　しかし1966年、マーリーは、彼が今日に至るまで関連づけられている、ふたつのムーヴメントを取り入れる。そのふたつとは、レゲエとラスタファリ運動だ。

　レゲエは、カリブ音楽のリズムや楽器に、アメリカのジャズやブルースの影響を組み合わせた音楽である。テンポはたいていゆっくりで、のんびりと言ってもいいくらいだ。

　ラスタファリ運動とは、ジャマイカで1930年代に始まった宗教運動で、エチオピア皇帝ハイレ・セラシエ1世（1892〜1975）—— 植民地時代以降のアフリカで初の君主 —— を神とあがめる。ただし、この側面は今ではたいてい見過ごされていて、ラスタファリ運動と言えば、マーリーら信奉者の髪形であるドレッドヘアと、実践者が宗教目的で使用するマリファナとが連想されることの方が多い。ウェイラーズの最初の本格的なアルバム『キャッチ・ア・ファイア』は1973年にリリースされ、さらに同年、「ゲット・アップ、スタンド・アップ」や「アイ・ショット・ザ・シェリフ」を収録したアルバム『バーニン』が発表された。マーリーは、シングル「ノー・ウーマン、ノー・クライ」（1975年）を皮切りに、たちまち世界的な成功を収め、続けて1977年にアルバム『エクソダス』を、1978年には『カヤ』をリリースした。

　1977年、マーリーは足の指にがんがあると診断されたが、宗教上の理由から切断手術を拒絶し、新譜のレコーディングを続けた。数年のうちにがんは全身に転移し、1981年、36歳で亡くなった。死後に発表されたコンピレーション・アルバム『レジェンド』は、史上最も売れたレゲエ・アルバムである。

豆 知 識

1. 1999年、雑誌『タイム』は、1977年にマーリーがレコーディングした『エクソダス』を、20世紀最高のアルバムに選出した。
2. ラスタファリ運動の救世主であり神であるハイレ・セラシエに敬意を表して、マーリーは皇帝が1963年に国連で行なったスピーチを基に「ウォー」という曲を作った。
3. マーリーが初めて世界的に有名になったのは、1974年にエリック・クラプトン（1945〜）が「アイ・ショット・ザ・シェリフ」をカバーしてナンバーワン・ヒットシングルにしたのがきっかけだった。

305 映画 | フランシス・フォード・コッポラ

　フランシス・フォード・コッポラ（1939〜）は、大活躍した8年のあいだに、ハリウッド史上で最も高く評価されている4本の映画『ゴッドファーザー』（1972年）、『カンバセーション…盗聴…』（1974年）、『ゴッドファーザー PART II』（1974年）、『地獄の黙示録』（1979年）を完成させて、映画監督の巨匠としての名声を確立した。この4本の映画はアカデミー賞に合計33ノミネートされ（うち11部門で受賞）、コッポラは映画界の伝説的人物となった。

◆

　コッポラは、小説『ゴッドファーザー』の映画版の監督として採用されたものの、その時点で監督として名を上げていたわけではなかった（ただし、フランクリン・J・シャフナー監督の戦争映画『パットン大戦車軍団』の脚本家として1970年のアカデミー脚本賞を共同で受賞していた）。経験が比較的浅かった —— しかも、映画会社パラマウントは、彼を雇ったことに一抹の不安を抱いていた —— にもかかわらず、コッポラは映画界が資金難に苦しんでいた時期にハリウッドを復活させる映画を見事に作り上げ、芸術的なこだわりが強い映画であっても興行的に成功できることを証明した（アメリカでの興行収入は、当時としては記録となる1億3300万ドルだった）。『ゴッドファーザー』は、1940年代から1950年代のニューヨーク・マフィアの裏社会における一家族の立場をじっくりと描いた作品で、従来のハリウッド流の物語展開を、もっと独自のスタイルと結びつけて製作されており、そうしたスタイルは1970年代に大ヒットした映画の多くの特徴となった。キャストは、大スター1名 —— マーロン・ブランド（1924〜2004）—— のほかは、当時は無名の役者ばかりだったが、そのうちアル・パチーノ（1940〜）、ロバート・デュヴァル（1931〜）、ダイアン・キートン（1946〜）、ジェームズ・カーン（1940〜）など、何人かは本作をきっかけに映画スターとしての道を歩むことになる。『ゴッドファーザー』公開の2年後、コッポラは『カンバセーション…盗聴…』と『ゴッドファーザー PART II』を完成させた。前者は、盗聴のプロを主人公とするサスペンス映画であり、後者は『ゴッドファーザー』の続編として大ヒットした。

　現時点で最後の傑作と言えるのが『地獄の黙示録』だ。この作品は、台風によるセットの崩壊、出演者マーティン・シーンの心臓発作、フィリピン（ロケの大半は同国で行なわれた）での内戦勃発、移り気な主演ブランドとの衝突、コッポラ自身の経済的・精神的トラブルなどにより、完成が危ぶまれた。それでもコッポラは持ちこたえ、製作費は当初の予算1100万ドルを約2000万ドル超過したが、何とか完成にこぎつけた。『地獄の黙示録』以降も、コッポラは監督として、またプロデューサーとして、いくつかのプロジェクトに取り組んだが、1970年代の傑作と肩を並べるほどの作品は生まれていない。

豆 知 識

1. コッポラ家は3世代でアカデミー賞を受賞している。フランシス以外の受賞者は、父カーマイン（『ゴッドファーザー PART II』での作曲賞）、娘ソフィア（2003年の『ロスト・イン・トランスレーション』での脚本賞）、それと甥のニコラス・ケイジ（1995年の『リービング・ラスベガス』での主演男優賞）だ。

2. コッポラは、カリフォルニア州ナパヴァレーに、ワインとパスタとパスタソースを製造するルビコン・エステート・ワイナリー【訳注／2011年にイングルヌックと改称】を所有している。また、グアテマラとベリーズにリゾートホテルを所有している。

3. フランシスの妹で、映画『ロッキー』シリーズでエイドリアンを演じたことでも知られているタリア・シャイアは、『ゴッドファーザー』三部作でコンスタンツァ・「コニー」・コルレオーネ・リッツィを演じた。

306 思想と社会 | 同性愛者の権利

　1948年、生物学者アルフレッド・キンゼー（1894〜1956）は、『人間男性における性行動』と題する、男性数千人の性生活を研究した800ページの大著を出版した。キンゼーの発見の中でとりわけ物議をかもしたのが、男性の約37パーセントが生涯で少なくとも1度は同性愛的関係を持ったことがあると回答したことだった ── つまり、同性愛はすでに当時、大半のアメリカ人が思っていたよりはるかに一般的だったのである。

◆

　キンゼーの発見は、同性愛への見方を変えるのに貢献した。しかし、男女の同性愛者に対する古くからの偏見や法的規制がアメリカで徐々になくなり始めるには、さらに数十年の時間が必要だった。同性愛は、古代ギリシア人からは積極的に支持されていたし、文化圏によっては問題視しない社会もあった。しかし、キリスト教など主要な宗教の大半では、同性愛は非難の対象だった。

　アメリカでは、ほとんどの州が同性間の性交を法律で禁じ、多くのアメリカ人が同性愛を不道徳なものと見なしていた。1950年代と1960年代に、同性愛者を取り締まる法律を緩めようとする組織的な運動が一部で始まった。同性愛者の権利擁護団体として古くから活動しているマタシーン協会がカリフォルニア州で設立されたのも、1950年だった。

　しかし、こうした運動の気運を一気に高めたのは、1969年6月28日に起きた、いわゆる「ストーンウォールの反乱」で、この事件はしばしばアメリカにおける同性愛者の権利擁護運動の真の始まりと見なされている。事件の舞台は、その名の由来となったニューヨーク市グリニッジヴィレッジのゲイバー「ストーンウォール・イン」で、このバーに対する警察の踏み込み捜査に男女の同性愛者の一団が抵抗し、3日間にわたる暴動が発生したのである。

　1970年代に入ると、大半の市警察はゲイバーに対する嫌がらせをやめた。1980年代には、一部の州が同性愛者に、差別に対する法的保護を認めた。最高裁判所は、2003年に同性間の性交を禁じる法律を無効と判断した。2004年にはマサチューセッツ州が、男女の結婚とまったく同じ権利を同性愛者にも認めた最初の州になった。

　しかし、同性愛者に軍への入隊を禁じるなど、同性愛に対する規制は今も多い【訳注／アメリカ軍では、2011年から同性愛者であることを公言しても除隊を強制されなくなった】。1996年にビル・クリントン大統領（1946〜）は、各州が他の州で認められた同性婚を却下する権限を認めた結婚防衛法に署名した。また多くの州では、住民投票が実施されて同性婚を明確に禁じている【訳注／その後アメリカでは2015年に最高裁判決によって同性婚が認められた】。

| 豆 知 識 |

1. アメリカより早く同性婚を認めた国には、南アフリカ、ベルギー、スペイン、オランダ、カナダなどがある。同性婚を認める国は、その後さらに増えている。
2. アメリカ精神医学会は、1973年まで同性愛を精神疾患として『精神疾患の診断・統計マニュアル』に掲載していた。
3. 同性愛に対する国民の意識は、この数十年で大きく変わった。アメリカ人のうち、同性愛者は職場で平等な権利を認められるべきだと考える人の割合は、1977年には56パーセントだったが、2008年には89パーセントになった。

307 スポーツ｜ラリー・バード

　1980年代にスポーツ界を沸かせた最も熾烈で最も劇的なライバル関係と言えば、ナショナル・バスケットボール・アソシエーション（NBA）のファイナルで3度対戦したロサンゼルス・レイカーズとボストン・セルティックスの激突だろう。両チームとも、バスケ史上で最も偉大なふたりが中心選手になっていた。ひとりはアーヴィン・「マジック」・ジョンソン（1959〜）であり、もうひとりが、インディアナ州フレンチリック出身の気取らないフォワード選手ラリー・バード（1956〜）だった。

◆

　セルティックスで過ごした13年の選手生活で、ラリー・バードは自称「フレンチリックの田舎者」から「ラリー・レジェンド」になった。バードは、傑出したシュートとパスの能力と、タフさと、リーダーとしての資質と、チームメートの能力を引き出す力とを、身長206センチ、体重100キロの体にすべて兼ね備えた、稀有の存在だった。また、ピンチにめっぽう強い選手で、重要な試合のキーとなる場面では常にシュートを決めたり相手ボールを奪ったりしていた。バードは、中心選手としてセルティックスの3度のリーグ制覇に貢献し、最優秀選手（MVP）に3度、オールスターに12度、NBAファイナルのMVPに2度選ばれ、1980年には新人王に輝いた。また、1992年のバルセロナ・オリンピックで金メダルを獲得したアメリカ代表チーム——通称ドリームチーム——では、共同キャプテンを務めた。

　1979—1980年シーズンにセルティックスに加入する前、バードはインディアナ州立大学で活躍しており、2シーズンでポジション別全米最優秀選手に選ばれた。4年生のときチームは無敗のままNCAA（全米大学体育協会）選手権の決勝戦へ進出し、ミシガン州立大学と対戦した。この試合では、2年生のマジック・ジョンソン率いるミシガン州立大が優勝し、ここにバスケットボールで長く語り継がれるライバル関係——バード対マジック——が生まれた。

　バードとジョンソンは翌シーズンにNBA入りし、ふたりのライバル関係はNBAの注目度を上げるのに一役買った。ふたりの所属チームはNBAファイナルで3度（1984年、1985年、1987年）対戦し、そのうち2度をマジックのレイカーズが制した。

　バードは最後の4シーズン、背中と足の怪我に悩まされ、1992年のオリンピック後に引退を余儀なくされた。1998年にバスケットボールの殿堂入りを果たした。その後、インディアナ・ペイサーズで3シーズン（1997〜2000年）コーチを務め、2003年からはペイサーズのバスケットボール運営部門社長に就任している【訳注／2012年にいったん同職を辞したが2013年に復職した。2017年に再び職を辞し、以後はチームの相談役を務めている】。

豆知識

1. バードのNBA通算成績は、1試合平均24.3ポイント、10.0リバウンド、6.3アシストだ。
2. バードは、バスケットボールの奨学金を得てインディアナ大学の伝説的コーチ、ボビー・ナイト（1940〜）の下でプレーすることになったが、入学して1か月でホームシックになり、精神的に参って故郷の田舎町フレンチリックに戻った。その後、ノースウッド・インスティテュートという短期大学にしばらく通った後、インディアナ州立大学に入学した。
3. バードは、3年次のシーズンが終わった後、1978年のNBAドラフトでセルティックスから全体6位で指名された。バードはもう1年インディアナ州立大学に残ったが、セルティックスはドラフト権をそのまま保持し、後に彼と5年総額325万ドルの契約（当時のNBA新人記録）を結んだ。

308 大衆文化 ｜ ビル・コスビー

コメディアンのビル・コスビー（1937～）は故郷フィラデルフィアにあるテンプル大学在学中に芸人の道を歩み始めた。バーテンダーのアルバイトをしていたとき持ち前のユーモアでみんなを笑わせ、客たちから芸人として舞台に立ったらどうだと勧められたのがきっかけだった。

◆

ビル・コスビー

やがてコスビーは1962年にニューヨーク市のガスライト・カフェに出演し、そこで大受けした。彼は、芸人になるため大学を辞める決心をし、その結果、アメリカで成功した最初のアフリカ系アメリカ人コメディアンとして草分け的な道を歩んでいくことになった。

ガスライトに初出演して3年後の1965年、コスビーは連続テレビドラマ『アイ・スパイ』でCIAの秘密諜報員アレキサンダー・スコットを演じた。この役が転機となった。コスビーは、主要な連続ドラマでレギュラーを務めた最初の黒人になったからだ。1968年に『アイ・スパイ』の出演が終わると、コスビーは意外な方向へ進んだ。子供時代の友人たちをモデルにしたキャラクターが登場するテレビアニメ『ファット・アルバートとコスビー・キッズ』を制作したのである。番組は1972年から放送が開始され、大ヒットした。

コスビーは、映画ではそれほど成功できなかったが、テレビでの活躍は続いた。1984年、連続ホームコメディ『コスビー・ショー』の放送が始まり、この番組で彼は、ブルックリンに住む成功した産科医ヒースクリフ・ハクスタブルを演じた。このドラマも、アメリカのテレビ界にとって転機となった。それまでのホームコメディと言えば、例えば『サンフォード・アンド・サン』のように、困難を抱えた貧しいマイノリティの家族を描くのが普通だったが、『コスビー・ショー』は、相思相愛の夫婦と、社会にうまく適応している子供たちから成る、成功した中流階級の家族を描いた。このドラマは、1992年に別の画期的な連続ドラマ『シンプソンズ』に取って代わられるまで、テレビで圧倒的な影響力を誇っていた。

近年では、コスビーは社会運動に関する問題に力を注ぎ、アフリカ系アメリカ人コミュニティーに一石を投じる発言をしている。学校での人種分離に終止符を打ったブラウン対教育委員会事件の判決から50年の節目の年に、コスビーは、アメリカの黒人が親としての責務を放棄し、犯罪を美化し、教育の大切さを軽視しているのではないかと批判するスピーチを行なった。このコスビーのスピーチについて多くの人は不当に厳しい内容だと考えたが、一部には、彼は「旧世代の黒人指導者たちの仕事をさらに推し進めようとしている」のだとコメントする者もいた。

[豆 知 識]

1. 『コスビー・ショー』以前、1969年に『ビル・コスビー・ショー』という連続ドラマが放映され、劇中でコスビーは医師ではなく教師を演じた。もっとも、このドラマは2シーズンしか続かなかった。
2. 『コスビー・ショー』は、当初は労働者階級の家族の物語になる予定だった。
3. コスビーは1977年、マサチューセッツ大学から教育学の博士号を授与された。

309 人物 | ボノ

ボノ（1960～）は、大人気ロックバンドU2のリードボーカルであると同時に、世界でおそらく最も注目を浴びている慈善活動家でもある。彼はU2の顔という知名度と立場を利用して、アフリカを中心とする第三世界で貧困やエイズと戦い続けている。

◆

ボノは、本名をポール・ヒューソンといい、アイルランドのダブリンでカトリックの父とプロテスタントの母とのあいだに生まれた。1976年10月、後にU2となるバンドに加わるが、この時点で彼は歌もギターもそれほどうまくなかった。しかしバンドのメンバーたちは、彼が持つ内に秘めたカリスマ性と、成功したいという強い気持ちを感じ取っていた。

ボノがテナーボイスを磨き、曲作りの能力を高め、ドラマチックなステージパフォーマンスを作っていくにつれ、U2は1980年代前半にライブでファンを増やしていった。1983年にリリースしたサード・アルバム『WAR（闘）』は、世界中にセンセーションを巻き起こした。4年後にアルバム『ヨシュア・トゥリー』をリリースすると、U2は世界でトップクラスのバンドとなり、世界ツアーでは会場となったスタジアムをファンで埋め尽くした。

その後もU2は、『アクトン・ベイビー』（1991年）、『オール・ザット・ユー・キャント・リーヴ・ビハインド』（2000年）、『原子爆弾解体新書～ハウ・トゥ・ディスマントル・アン・アトミック・ボム』（2004年）など、次々とアルバムを発表して、音楽の新たな方向性を探り、バンドの世界的な人気をさらに確固たるものとした。

U2の人気が急上昇すると、ボノは社会活動家として行動するようになった。彼と、ベーシストのアダム・クレイトン（1960～）は、エチオピアの飢餓救済資金を集めるため1984年に発売されたチャリティー・シングル「ドゥ・ゼイ・ノウ・イッツ・クリスマス？」に参加した。

1985年7月にU2は、ロンドンのウェンブリー・スタジアムで開催されたアフリカ飢餓救済のための大規模な世界的コンサート「ライブエイド」に参加した。そこでの感動的なパフォーマンスでU2は新たに数多くのファンを獲得しコンサート後にボノは妻アリソン・ヒューソン（1961～）とともにエチオピアへ出かけ、6週間飢餓救済活動と教育プロジェクトに携わった。近年では、ボノは非営利組織ONE Campaign（ワン・キャンペーン）とDATA（Debt, AIDS, Trade, Africa：債務・エイズ・貿易・アフリカ）の共同設立者としての活動を通して、第三世界の債務免除や、貧困と世界的疾病の撲滅に集中的に取り組んでいる【訳注／One Campaign と DATA は、2008年に合併して ONE になった】。2005年、ボノは主要8か国の首脳たちに呼びかけ、貧困諸国の債務400億ドル相当を帳消しにさせた。こうした努力により、彼はノーベル平和賞の候補に3度（2003年、2005年、2006年）選ばれている。

豆 知 識

1. ボノというニックネームの由来については諸説ある。最も信頼できる説は、アイルランドの補聴器メーカーの名前「ボナヴォックス（Bonavox）」── ラテン語で「よい声」を意味する「bono vox（ボノ・ウォークス）」によく似た言葉 ──から取られたというものだ。

2. ボノの積極的な行動に対する思いを最も端的に表現している歌詞は、U2の2004年の曲「クラムズ・フロム・ユア・テーブル」にある一節「いま暮らしている場所で生きるか死ぬかが決まるようなことがあってはならない」だろう。

3. ボノがコンサートのステージで行なう定番パフォーマンスには、政治的スピーチ（そのためしばしば批判を浴びている）、観客席にいる女性を舞台に上げて一緒に踊りたがること、1992～1993年のZoo TVツアーで演じたキャラクター ──ザ・フライ、ミラーボール・マン、マクフィスト ──などがある。

310 文学 ｜ トニ・モリスン

1931年にアメリカのオハイオ州で生まれたトニ・モリスン（1931～）は、この50年で最も重要なアメリカ人作家のひとりであり、国際的な文壇での主要人物である。19世紀から20世紀に生きたアフリカ系アメリカ人の体験を描いた小説を何作か執筆して高く評価された後、1993年にモリスンは黒人女性として初めてノーベル文学賞を受賞した。彼女の小説の特徴は、詩的表現を駆使していることと、アフリカ系アメリカ人の記憶・民間伝承・祖先を掘り下げて描いていることである。

◆

モリスンは、本を読むのが大好きな子供で、お話を語って聞かせる習慣のある家庭で育った。大学と大学院を卒業後、彼女はしばらく大学教師として働いた後、出版社ランダムハウスのフィクション担当編集者になった。

この時期に自分でもフィクションを書き始め、1970年に最初の長編小説『青い眼がほしい』を発表した。本作は、青い眼がほしいと願う黒人少女の物語で、後にモリスンの特徴となる、時系列に沿わない断片的な物語に、アフリカ系アメリカ人の音楽・文化・宗教の諸要素をちりばめたスタイルが初めて用いられている。

モリスンの次の小説『スーラ』（1973年）は、女性ふたりの激しい友情を描いた作品で、本作は処女作よりも注目を浴び、全米図書賞にノミネートされた。しかし、彼女の評価を盤石なものにしたのは、第3作『ソロモンの歌』（1977年）だった。聖書への言及にあふれた本作は、一族の歴史を理解しようとする青年を主人公とする大河小説である。

『ビラヴド』（1987年）は、モリスンの最も有名な作品で、多くの人から最高傑作と評価されている。本作は、アメリカ南北戦争前後の時代を背景にした、元逃亡奴隷の物語だ。彼女は奴隷捕獲人に追われる中、やむにやまれず、幼い我が子が奴隷にされるくらいなら自分の手で殺してしまおうと決断する。この決断のため彼女は生涯、幽霊に取りつかれることになる。『ビラヴド』は、1988年にピューリッツァー賞を受賞し、10年後には『愛されし者』のタイトルで映画化され、いくつかの映画賞を受賞した。

豆 知 識

1. モリスンは、小説家として活躍しているだけでなく、大学教師として何十年も、テキサス・サザン大学、ハワード大学、イェール大学、プリンストン大学、ニューヨーク州立大学などで文学と文章術を教えている。
2. モリスンには、ピッタリと収まる文学運動やジャンルがない。彼女は、ヴァージニア・ウルフ（1882～1941）のようなモダニズム作家に分類されたり、ラルフ・エリスン（1914～1994）のようなアメリカ黒人作家に分類されたり、ガブリエル・ガルシア＝マルケス（1927～2014）のようなマジックリアリズムの作家に分類されたりしている。
3. モリスンは、本名をクロエ・アンソニー・ウォフォードというが、ファーストネームを（あまりに多くの人が間違って発音するので）使わず、代わりにミドルネームの愛称であるトニを使うことにした【訳注／ミドルネームは「アンソニー（Anthony）」ではなく「アーディーリア（Ardelia）」だとする説が有力である】。

311 音楽 ｜ パティ・スミス

　パティ・スミス（1946〜）は、ニュージャージー州の貧しい家庭に育ったが、1967年「人生のゴタゴタから抜け出す」ためニューヨーク市に移った。ガリガリにやせた本好きの若い女性だったスミスはすぐに詩人兼パフォーミング・アーティストとしてニューヨークのアートシーンに仲間入りした。1970年代に新たに登場したパンクロックに刺激を受けて、やがてスミスは、自分の詩にパンクの強烈なエネルギーを結びつけたバンド「パティ・スミス・グループ」を結成した。このバンドは、いち早くレコード契約を勝ち取ったニューヨーク・パンクバンドのひとつになった（もうひとつの重要なパンクバンドであるラモーンズより少し早かった）。

◆

　名声や富に興味のなかったスミスは、労働者階級出身という自身の生まれと、エッジの効いた荒っぽいスタイルとを反映させた歌詞を書いた。例えば「ピス・ファクトリー」（1974年）という歌では、彼女はこう歌っている。

16歳でツケがたまって
小便臭い工場でパイプ検査の仕事にありついた
週40時間で36ドル
それでも給料があるだけましよ

パティ・スミス

　スミスの歌詞は、当時の女性ミュージシャンがまず歌わない内容であり、彼女はパンクロックの桂冠詩人と呼ばれた。しかしスミスは自分をフェミニズムの先駆者だとは決して思っていなかった —— 単に自分はアーティストだと考えていた。一緒に仕事をした仲間には、写真家ロバート・メイプルソープ（1946〜1989）、詩人ジム・キャロル（1949〜2009）、小説家ウィリアム・S・バロウズ（1914〜1997）などがいる。スミスは聴衆を引きつける手段として自身が女性であることを利用しようとはせず、その姿勢は他の多くの女性ロッカーたちに影響を与えた。

　その後もスミスは、「何でも自分でやる」というパンクのシンプルな美学を実践し続け、人々に外へ出て語り合い、徹底的に討論し、パワフルな音楽を作ろうと訴えた。また政治にも積極的に関わり、2003年にはアメリカのイラク侵攻に反対するイベントに登場している。

豆知識

1. パティ・スミスは、ロックバンドMC5のギタリスト、フレッド・「ソニック」・スミス（1949〜1994）と結婚した。その後スミス夫妻は子供ふたりを育てるため一時的に音楽活動を休止した。
2. パティ・スミスの歌「ピープル・ハブ・ザ・パワー」は、ラルフ・ネーダーが2000年に大統領選挙に出馬したときのキャンペーン・ソングになった。
3. 2006年に伝説的なロック・ライブハウスCBGBが閉店したとき、パティ・スミスは3時間半に及ぶさよならコンサートを実施した。彼女は、多くのパンクバンドを輩出したCBGBのステージを最後に飾ったミュージシャンになった。

312 映画 『ゴッドファーザー』（1972年）

『ゴッドファーザー』は、一言では語ることのできない映画だ。この作品は、フランス・フォード・コッポラの傑作である。第二次世界大戦後に作られた最も有名な映画である。マーロン・ブランド（1924〜2004）にとって最高と言っていい演技が見られる映画である。アメリカ映画の復活を後押しした映画である。芸術的なこだわりが商業的な成功と両立できることを証明した映画でもある。しかし何にもまして、『ゴッドファーザー』は優れた娯楽映画である。

◆

　本作は、マリオ・プーゾ（1920〜1999）の小説を原作とした映画で、物語の中心となるのは、プーゾがニューヨーク市で組織犯罪に手を染めていた五大マフィアのひとつを基に創作した架空の一族コルレオーネ家だ。

　時代はおおよそ1945年から1955年に設定され、ドン・ヴィトー・コルレオーネ（ブランド）の晩年が描かれる。年を重ねていく彼は、ファミリーの未来を守るため数々の決断を下さなくてはならない。中でも最も重要なのは、3人の息子のうち誰に犯罪帝国の家督を継がせるかという問題だ。

　批評家は『ゴッドファーザー』を、ギャング映画を定義し直した作品として評価した。暴力に満ち、犯罪行為を生々しく描写しているものの、この映画で最も重要なテーマは、家族の絆だ。また、これ以前にハリウッドで作られたギャング映画とは異なり、『ゴッドファーザー』の登場人物たちは、悪党ではなく、共感できるヒーローとして描かれている。ただし、画面の暗い色調が、彼らが抱く心の闇を映し出している。

　『ゴッドファーザー』がハリウッドを代表する映画のひとつになったというのは、いささか意外なことだった。映画会社パラマウントが、当時32歳だった監督の交代を何度も真剣に検討したからだ。キャストのうちスターはブランドだけだった。彼が演じたヴィトー・コルレオーネは、映画史上に残る名演で、彼は2度目となるアカデミー主演男優賞を贈られた。また本作は、作品賞と脚色賞も受賞している。

　『ゴッドファーザー』は興行収入の記録を破り、初公開時に1億3300万ドルを稼いだ（この数字は、3年後にスティーヴン・スピルバーグの『ジョーズ』に抜かれる）。また続編として、アカデミー賞を作品賞など6部門で受賞した『ゴッドファーザー PART II』（1974年）と、『ゴッドファーザー PART III』（1990年）の2本が作られた。

豆知識

1. パラマウントは、ヴィトー・コルレオーネ役にブランドを起用するのに乗り気でなかった。彼は奇行で知られており、撮影現場では扱いにくい俳優だと噂されていたからだ。彼以外で候補に挙がった俳優には、ローレンス・オリヴィエ（1907〜1989）、アーネスト・ボーグナイン（1917〜2012）、フランク・シナトラ（1915〜1998）などがいた。
2. ヴィトーの三男マイケル役は、アル・パチーノ（1940〜）が演じたが、当初パラマウントは、もっと興行収入が期待できるスターを起用したがっていた。ウォーレン・ベイティ（1937〜）、ジャック・ニコルソン（1937〜）、ダスティン・ホフマン（1937〜）にオファーが出され、ロバート・レッドフォード（1936〜）とライアン・オニール（1941〜）も候補に挙がったが、コッポラはパチーノこそ自分が考えるマイケルだと言って譲らなかった。
3. 2007年にアメリカン・フィルム・インスティテュートは、『ゴッドファーザー』を『市民ケーン』（1941年）に次ぐ史上第2位のアメリカ映画に選んだ。

313 思想と社会 | CNNと24時間ニュース・サイクル

　1980年まで、アメリカのほとんどのテレビニュースは、どの系列局も1時間番組 —— 30分がローカル・ニュースで、30分が全国ニュース —— として放送されていた。しかし、この年、アトランタで新たに生まれたケーブルテレビ局「ケーブル・ニュース・ネットワーク」（CNN）が、24時間ノンストップのニュース生放送を開始した —— この方法は、たちまちメディア業界に革命をもたらすことになった。

◆

　実業家テッド・ターナー（1938〜）が創設したCNNは、大きな賭けだった。この事業に批判的な人々は、ニュース番組を1日24時間流したところで視聴者はそれほどチャンネルを合わせてくれず、ターナーは海外支局の開設に投じた資金を回収できないのではないかと考えた。

　ネットワークが大きく飛躍するきっかけとなったのは、湾岸戦争（1990〜1991年）だった。アメリカのテレビ局のうち、直接イラクから生中継できたのはCNNだけで、ときには戦時特派員ピーター・アーネット（1934〜）が宿泊しているホテルの一室から放送を届けたこともあった。CNNの視聴率は三大ネットワークをも超えた。ケーブルテレビが視聴率で勝つなど、一昔前には考えられないことであった。CNNの成功は、ターナーに多額の報酬をもたらした。1996年にタイム・ワーナーが、CNNを運営するターナー・ブロードキャスティングシステムを65億ドルで買収したのである。

　しかしCNNは、世界中の多くの人がニュースを受け取る方法を変えたことで、より広い社会的インパクトを残した。新聞や従来のテレビニュースとは異なり、CNNなら視聴者は事件が起こっている最中にニュースをリアルタイムで見ることができる。メディア専門家は、これを「24時間ニュース・サイクル」あるいは単に「CNN効果」と呼んだ。そして、今では視聴者は分単位で最新情報にアクセスできるため、政治家たちは、素早く決断して事件にすぐに対応しなければならないというプレッシャーをますます強く受けるようになった。

　CNNの成功を受け、新たなニュース専門チャンネルが放送を開始した。MSNBC、CNBC、FOXニュースなど既存の放送局が始めたものもあれば、CNNヘッドライン・ニュースなどCNNから派生したチャンネルもある。最近では、インターネットを情報源とすることで、CNNが始めた24時間ニュース・サイクルの優位は確固たるものとなっている。

豆知識

1. ケーブルテレビ局HBOのテレビ映画『ライブ・フロム・バグダッド　湾岸戦争最前線』は、CNNによる湾岸戦争の取材を扱った作品で、CNNの親会社タイム・ワーナーが製作した。
2. CNNから派生したチャンネルのうち、CNNヘッドライン・ニュースはHLNと改称して今も放送を続けているが、スポーツニュース専門チャンネルのCNNSIとビジネスニュース専門チャンネルCNNfnは、現在放送を終了している。
3. ターナーは慈善活動家としても知られている。国連に10億ドルの寄付を申し出たり、環境破壊について子供たちに教える連続テレビアニメ『キャプテン・プラネット』を作ったり、世界最大規模のバイソン（アメリカヤギュウ）の群れを所有して、かつては減少の一途をたどっていたバイソンの個体数を大きく増加させたりしている。

314 スポーツ｜マジック・ジョンソン

アーヴィン・「マジック」・ジョンソンが残した功績は、ふたつある。ひとつは、身長206センチの画期的なポイントガードとして、1980年代にナショナル・バスケットボール・アソシエーション（NBA）の人気復活を後押しし、ロサンゼルス・レイカーズを NBA チャンピオンに5度導いたことだ。もうひとつは、誰も予想だにしていなかったことだった —— 1991年11月7日、ジョンソンは全世界に向けて、自分は健康診断の結果 HIV に感染していることが分かったので、バスケットボールから引退すると宣言したのである。それ以降、彼は HIV／エイズの啓蒙活動家として、執筆・講演・募金活動に従事している。

コートでは、ジョンソン（1959〜）は類いまれな情熱とスタイルでプレーし、その見事なパス能力で世界中のファンを沸かせた。また彼は、高い攻撃力を誇るレイカーズ自慢の「ショータイム」チームの中心選手であり、ラリー・バードのボストン・セルティックスとのライバル関係でも有名だった。ジョンソンは、その短い現役生活で無数の成功を収めた。

大学2年生のとき、ミシガン州立大学の中心選手として NCAA（全米大学体育協会）選手権の決勝戦に駒を進め、無敗で決勝に進出したバード率いるインディアナ州立大学を破って NCAA チャンピオンになった。翌年、NBA 入りしたジョンソンは、キャリアを代表する試合のひとつとなるフィラデルフィア・76ers（セブンティシクサーズ）とのファイナル第6戦に出場し、レイカーズの NBA 優勝に貢献した。この試合、21歳のジョンソンは、前の試合で怪我をしたセンターのカリーム・アブドゥル＝ジャバー（1947〜）に代わって、ピボット（通常はチームで最も背の高い選手がつくポジション）として出場し、42得点、15リバウンド、7アシストという結果を出した。これにより彼はルーキーとして初めて NBA ファイナルの最優秀選手（MVP）に選ばれた選手になった。

ジョンソンのレイカーズは、その後さらに4度チャンピオンになり（1982年、1985年、1987年、1988年）、彼自身もシーズン MVP に3度（1987年、1989年、1990年）輝いた。

1991年の最初の引退後に一時復帰し、そのシーズンの NBA オールスターゲームに出場して MVP を獲得した。その後、オリンピックのアメリカ代表チーム —— いわゆるドリームチーム —— の一員として1992年のバルセロナ・オリンピックに出場し、金メダル獲得に貢献した。

ジョンソンは、1995—1996年シーズンに再び現役復帰し、レイカーズの選手として32試合に出場した後、完全に引退した。ジョンソンは病気と戦いながらも、1991年の感染公表後も健康を維持していると伝えられており、今では実業家として成功を収め、コメンテーターとしてテレビにもたびたび出演している。

┌ 豆 知 識 ┐

1. ジョンソンの NBA 通算成績は、1試合平均19.5ポイント、7.2リバウンド、11.2アシストだった。1991年の最初の引退時にはリーグの通算アシスト王だったが、その後ジョン・ストックトン（1962〜）に抜かれた。
2. ジョンソンのニックネーム「マジック」は、高校時代に彼のプレーを見て驚嘆したスポーツ記者がつけたものだ。
3. ジョンソンは4年のあいだに、高校の州大会と、NCAA と、NBA の3つすべてで優勝している。

315 大衆文化 ｜ ハルク・ホーガン

　ハルク・ホーガン（1953〜）は、プロレスがペイ・パー・ビュー方式の有料テレビ放送で爆発的な人気を博していた1980年代から1990年代に、ワールド・レスリング・フェデレーション（WWF）で活躍した有名な善玉レスラーだった。ホーガンはテレビ中継された試合でWWFの「タイトル」を6度獲得し、ファンのあいだで人気も高かったが、ステロイド（筋肉増強剤）スキャンダルでキャリアは頓挫した。

◆

ハルク・ホーガン

　ホーガンは、本名をテリー・ボレアといい、ジョージア州オーガスタに生まれ、フロリダ州タンパで育った。若いころからボディービルを始め、1977年にプロレスラーとしてデビューした。彼はたちまち頭角を現し、すぐにWWFとアメリカン・レスリング・アソシエーション（AWA）に登場した。この両組織は、どちらも事前にしっかりと打ち合わせをして興行としてレスリングの試合を行なう団体である。ホーガンは新日本プロレスにも参戦し、日本でスーパースターになった。

　1980年代前半までに、ホーガンは国際的スターになり、映画『ロッキー3』（1982年）にも出演した。数々の有名な試合に出場し、中でもWWFが主催する大会レッスルマニアの初期の試合は、当時はまだ新しいメディアだったペイ・パー・ビュー方式（番組ごとに料金を払って視聴する方式）の有料テレビで放送された。タイツを着た屈強な戦士たちが登場するプロレスは、やがて大人気となり、NBCが試合をゴールデンタイムに放送するまでになった。

　ホーガンはレッスルマニアのチャンピオンとして君臨し、WWFの看板スターとなり、一般視聴者にも名前を知られるようになった。そのキャリアはとどまるところを知らないかに思われたが、1990年代前半にWWFを襲ったスキャンダルで頓挫する。ホーガンは裁判での証言で、自身がステロイドを頻繁に使っていることを認め、WWFではステロイドの使用が広まっていると述べたのである。

　現在では、ホーガンと聞いて多くの人が連想するのは、ケーブルテレビ局VH1で放送されていた、彼の私生活を取り上げたリアリティ番組『ホーガン・ノウズ・ベスト（Hogan Knows Best）』だろう。

　　　　　　　　　　　　　　　　　　　┌─ 豆 知 識 ─┐

1. ホーガンが「ハルク」と名乗るようになったのは、テレビドラマ『超人ハルク』でハルクを演じたルー・フェリグノ（1951〜）とテレビ番組で共演したのがきっかけだった。番組の司会者から、ホーガンは体がフェリグノよりはるかに大きいと指摘され、それでホーガンはハルクを自分のリングネームにしようと決めた。
2. ホーガンは、日本のプロレス・ファンから「一番」と呼ばれていた。
3. WWFは、世界自然保護基金（WWF）から名称をめぐって訴訟を起こされ、2002年にやむなく団体名をワールド・レスリング・エンターテインメント（WWE）に改めた。

316 人物 | ビル・クリントン

　ビル・クリントン（1946〜）が大統領を務めた8年間は、国内は好景気に沸き、国際情勢は比較的平穏だった —— が、ホワイトハウス史上かつてないほど激しく国論を二分したスキャンダルに見舞われた。クリントンは、政策面で成果を上げ、軍事作戦を成功させ、財政黒字を記録したが、そうした功績よりも注目されがちなのが、ホワイトハウスの実習生モニカ・ルインスキー（1973〜）との性的関係について嘘をついたとして弾劾裁判にかけられたことだ。

◆

　クリントンは、ジョージタウン大学、オックスフォード大学（ローズ奨学金を得て留学）、イェール大学ロー・スクールで学び、イェール時代に未来の妻ヒラリー・ローダム・クリントン（1947〜）と出会った。1973年にロー・スクールを卒業後、出身地のアーカンソー州に戻って政治家の道を歩み始めた。1978年、32歳のとき州知事に初当選した。2年後の再選では敗れたものの、1982年には当選して州知事に返り咲いた。

　クリントンは、1988年に大統領選への出馬を考えたが、実際に出馬したのは1992年だった。この年、彼は下馬評を覆して民主党の候補指名を獲得し、現職のジョージ・H・W・ブッシュ大統領（1924〜2018）と億万長者の実業家H・ロス・ペロー（1930〜2019）を破って当選した。

　大統領に就任して最初の2年は全体として苦難続きで、とりわけ、妻ヒラリーの提案した大規模な医療保険制度改革は、国民の注目を浴びる中、成立させるのに失敗した。この失敗がもたらした大きな痛手が、1994年の連邦議会選挙での共和党による多数派奪還、いわゆる共和党革命だった。それでもクリントンは持ちこたえ、民主党の大統領としてはフランクリン・D・ローズヴェルト（1882〜1945）以来初めて再選された大統領となった。

　ルインスキー事件まで、クリントン大統領は、均衡の取れた連邦予算を実現させ、北米自由貿易協定（NAFTA）を成立させ、ハイチとボスニアに軍事介入するなどの業績を上げていた。

　しかし、スキャンダルにより大統領2期目は精彩を欠き、1998年にはアメリカ連邦下院によって弾劾を発議された史上2人目の大統領となった（1人目はアンドリュー・ジョンソン〔1808〜1875〕）。発議を受けて行なわれた上院での投票で、クリントンは偽証と司法妨害について無罪となり、弾劾は成立しなかった。

　22歳のインターンとの関係について国民 —— および自分の妻 —— に嘘をついていたことが明らかになったものの、多くのアメリカ人は彼が野党によって不当に標的にされたと感じ、クリントンは支持率65パーセントという戦後の歴代大統領で最も高い数字を残してホワイトハウスを去った。

$$豆\ 知\ 識$$

1. ベビーブーム世代として初めて大統領に当選したクリントンは、「クールな」大統領候補で、選挙期間中にテレビ番組『アーセニオ・ホール・ショー』に出演し、サングラス姿でエルヴィス・プレスリー（1935〜1977）の曲を私物のテナーサックスで演奏した。
2. 大統領退任後、クリントンは慈善活動に取り組んでおり、特にHIV／エイズ、貧困、公衆衛生などの問題について募金活動や啓蒙活動に力を注いでいる。
3. 大統領退任後にクリントンが行なった、もうひとつの大きな仕事が、妻ヒラリーの選挙参謀だ。ヒラリーは、2000年のアメリカ上院議員選挙でニューヨーク州から出馬して当選したが、2008年の大統領指名候補争いには敗れ、2016年の大統領選でも敗れた。

317 文学 ｜ 『カラーパープル』

　アリス・ウォーカーの『カラーパープル』（1982年）は、20世紀前半にジョージア州の田舎町で生きた、貧しくて教育もない若い黒人女性の、過酷だが最後には希望を感じさせる半生を描いた物語だ。数々の賞を受賞した本作で著者のウォーカー（1944～）は、マヤ・アンジェロウ（1928～2014）やトニ・モリスン（1931～）と並ぶ、アメリカ文学とアフリカ系アメリカ人のフェミニズム運動における主要な代弁者の地位を確立した。

◆

アリス・ウォーカー

　『カラーパープル』は書簡体小説、つまり、物語がもっぱら登場人物の手紙や日記という形で語られる小説である。主人公のセリーは、何通もの手紙を —— 神と妹のネッティに宛てて —— 書き、自分が体験した苦難を手紙の中で赤裸々につづる。

　セリーは、10代のころ養父から性的虐待を受けて妊娠し、その後、養父の手で、さらにひどい虐待をする夫と結婚させられる。最初はおとなしくて引っ込み思案だったセリーだが、やがて強烈な個性を持った女性たちと出会い、彼女たちに触発されて次第にセリーは人として、また女性として自己に目覚め、自信と自立心を持って発言する人間へと変わっていく。小説では、セリーの物語と並行して、知的好奇心旺盛な妹で、アフリカで伝道活動をしているネッティの物語も語られる。

　ウォーカーの本作は、性的な内容を率直に描き、暴力をひるむことなく描写していることから、出版当時は議論を巻き起こし、それは今も続いている —— 今でもアメリカの図書館や学校では、問題にされることが非常に多い本のひとつだ。しかし、その強力な語り口で本書は批評的にも商業的にも成功し、ウォーカーは1983年にピューリッツァー賞と全米図書賞を受賞した。

　その後『カラーパープル』は、1985年にスティーヴン・スピルバーグ（1946～）監督、ウーピー・ゴールドバーグ（1955～）主演で映画化され、2005年にはオプラ・ウィンフリー（1954～）のプロデュースでブロードウェイ・ミュージカルになり、どちらも人気を得て大ヒットした。

豆 知 識

1. ウォーカーは、ジョージア州の農村に住む物納小作人の家に、8人きょうだいの末っ子として生まれた。
2. 1960年代、ウォーカーはミシシッピ州に住んで、同地での公民権運動に積極的に関わっていた。
3. ウォーカーは、20世紀前半の小説家ゾラ・ニール・ハーストン（1891～1960）が再発見されるきっかけを作った。彼女は大学の研究者と共同でハーストンの作品を出版し、さらには、ハーストンが眠る墓標のない墓をフロリダ州で発見した。

318 音楽 ｜ クラッシュ

1977年、レザージャケットと攻撃的な歌詞を特徴とするパンクロックが突然イギリスに現れた。この年、セックス・ピストルズがヒット・アルバム『勝手にしやがれ!!』をリリースし、クラッシュがデビュー・アルバム『白い暴動』を発表した。

◆

パンクバンドの草分け的存在である両バンドは、ときにいっしょくたにされることもあるが、考え方がまるで違っていた。セックス・ピストルズがニヒルで辛辣だったのに対し、クラッシュは、もっと知的で音楽的に思索を深めたアプローチをパンクロックに持ち込んだ。

実際、クラッシュ —— メンバーは、ギター兼ボーカルのジョー・ストラマー（1952〜2002）、ベースのポール・シムノン（1955〜）、ギターのミック・ジョーンズ（1955〜）、ドラムスのテリー・チャイムズ（1955〜） —— は理想主義者だった。バンドの曲は、失業、社会的衰退、人種差別、警察による暴力、政治への不安といったテーマを扱っていた。

例えばデビュー・アルバムのアメリカ盤に収められた「ハマースミス宮殿の白人」では、次のような歌詞で当時のイギリスの政治的無関心を批判している。

白人の若者も、黒人の若者も、
別の解決策を見つけた方がいい。
ロビン・フッドに電話して
富の分配を求めちゃどうだ。
（中略）
新しいバンドには
世の中の動きを知ろうなんて気はないのさ。

クラッシュは、ロックンロールは大事なもので、社会をよりよい方向へ変えていく力があると本気で信じていた。彼らにとってパンクロックは、4人の抱く左派寄りの政治姿勢と、レゲエ、ダブ【訳注／楽曲に強いエフェクトをかけて制作する音楽ジャンル】、ダンス・ミュージック、ジャズといった音楽への愛情を表現するのに欠かせないものとなった。白人音楽と黒人音楽の伝統を融合させたスタイルは、1960年代以降の流動的なイギリス文化の一面を見事にとらえるものだった。

クラッシュは、高評価を得たアルバムをさらに数枚出すが、1986年にメンバー間の不和が原因で解散した。

┌─ 豆 知 識 ─┐

1. リードシンガーのジョー・ストラマーは、外交官の息子だった。
2. 2006年に雑誌『タイム』は、アルバム『ロンドン・コーリング』（1979年）を史上最高のアルバム100選に選んだ。
3. ストラマーは、1997年の映画『ポイント・ブランク』で音楽を担当した。

319 映画 | マーティン・スコセッシ

　ウディ・アレン（1935〜）やスパイク・リー（1957〜）とともに、マーティン・スコセッシ（1942〜）は現代のニューヨーク市を描く代表的な映画人のひとりだ。スコセッシの作品は、マンハッタンのリトル・イタリーで育った少年時代の影響を色濃く反映しているものが多い。

◆

　若いころから街頭での暴力や、地元マフィア、息の詰まるような都会生活を間近に見て育った一方、カトリック教会にも関心を寄せていたことから、彼の描く主人公の多くは二面性を持っている —— 罪に満ちた日々の暮らしが、改悛（かいしゅん）したいという（往々にしてかなわぬ）願いと衝突する人々を描いているのだ。

　スコセッシ作品は、特徴としてエネルギッシュな視覚スタイル、場面転換での唐突なカットの多用、サウンドトラックでのロックンロールの採用、極端な暴力描写などが挙げられる。ヒットした傑作はどれも疎外感と猜疑心と流血の事態を扱っており、たいていはニューヨーク市が背景としてだけでなく登場人物と同じ独自の存在として描かれる。

　スコセッシがブレークした映画『ミーン・ストリート』（1973年）は、チンピラとしての現在の生活と、真面目に暮らしたいという願いとの折り合いをつけようと努力する青年の話だ。映画で最初に語られる言葉 —— スコセッシ本人の声のみによる語り —— は、その後にスコセッシが監督する作品の多くの特徴を簡潔に言い表している。いわく、「犯した罪は、教会で償うことはできない。町で償うしかない。家庭で償うしかない。それ以外は全部まやかしにすぎないし、そのことは君にも分かっているはずだ」。

　この考えは、絶賛されたスコセッシ作品に引き継がれており、例えば、妄想と孤独と都会の退廃を描いた傑作『タクシードライバー』（1976年）や、ニューヨーク・ギャングの半生を一人称で語った『グッドフェローズ』（1990年）、アカデミー作品賞と、スコセッシにとって初となるアカデミー監督賞を受賞した『ディパーテッド』（2006年）などに共通して見られる。

　スコセッシは、特に3人の俳優をよく起用したことで知られている。ハーヴェイ・カイテル（1939〜。出演は長編5本）、ロバート・デ・ニーロ（1943〜。出演は長編8本で、その1本『レイジング・ブル』でデ・ニーロはアカデミー主演男優賞を獲得した）、そしてレオナルド・ディカプリオ（1974〜。出演は長編6本）の3人である。

豆 知 識

1. スコセッシは、本当は司祭になりたかったが、映画が大好きだったので道を踏み外したと語っている。
2. 2019年現在、スコセッシはアカデミー監督賞に8度ノミネートされているが、受賞したのは2006年の『ディパーテッド』だけである。なお、本作はスコセッシが監督して初めてアカデミー作品賞を獲得した映画でもある。
3. スコセッシは、「映画小僧（movie brat）」と呼ばれたアメリカン・ニューシネマの監督たちのひとりだ。「映画小僧」は、1970年代にハリウッドの映画業界を新たに活気づけたアメリカ人監督たち（その大半は映画学校出身者）で、いわばフランスでハリウッドの映画や監督たちについて百科全書的な知識を持っていたヌーヴェル・ヴァーグの作家たちと同じような存在だ。主な映画小僧には、ほかにスティーヴン・スピルバーグ、フランシス・フォード・コッポラ、ジョージ・ルーカスらがいる。

320 思想と社会 | ヤッピー

　1984年、雑誌『ニューズウィーク』は特集記事で、新世代のアメリカ人「ヤッピー」の登場を告げた。『ニューズウィーク』が「都会に住む若い専門職（young urban professional）」を縮めて「ヤッピー（yuppie）」という新語を作ったのは、急速に変わっていくベビーブーム世代の実相をとらえるためだった。1960年代を理想主義者として過ごした彼らは、1980年代になると、それまでのベルボトムを捨ててBMWを乗り回す出世第一主義者になっていた。

◆

　実際、評論家たちは1980年代を、空前の純然たる物欲の時代と評していた。ヤッピーを取り上げた小説のうち、例えばトム・ウルフ（1930〜2018）の『虚栄の篝火』（1987年）は、ニューヨーク市で働く若い証券トレーダーたちを、浅薄で強欲な人間として描いた。ブレット・イーストン・エリス（1964〜）の小説『アメリカン・サイコ』（1991年）は、ネクタイの色と名刺の書体を決めるとき以外は日々の生活に虚しさを感じている若くて裕福な投資銀行家の話だ。

　年齢層として見た場合、1980年代の若いアメリカ人は、それまでの世代よりも子供を持つのが遅く、そのため、高級骨董品、美容整形、高級ミネラルウォーターなど、ヤッピーを象徴する消費活動に使える可処分所得がはるかに多かった。この世代の多くはヤッピーという蔑称は自分たちを不当に型に押し込めるものだといって不平を述べていたが、この新語は、ベビーブーム世代が1960年代の理想主義を捨てて内向きになったという一般的な感覚をよくとらえていた。

　しかし、やがてヤッピー自体が影をひそめ、1991年に雑誌『タイム』は、景気後退を指摘して、ヤッピーの「死亡記事」を掲載した。それでも「ヤッピー」という語は、たいていは嘲笑の意味を込めながら、裕福な若い専門職を指す語として今も使われている。

‖ 豆 知 識 ‖

1. ヤッピーという語からは、さまざまな派生語が生まれた。例えば「バッピー」（buppie：都会に住む黒人の専門職〔black urban professional〕）や、「スカッピー」（scuppie：社会問題への意識が高い上昇志向の人〔socially conscious upwardly mobile person〕）などがそうだ。
2. ブレット・イーストン・エリスは、『アメリカン・サイコ』でヤッピーの貪欲さと利己主義を情け容赦なく書いたため、出版後に殺害予告の脅迫状や嫌がらせの手紙を山のように受け取った。
3. 1980年代、現在では「慢性疲労症候群」の名で知られている疾病は、「ヤッピーかぜ」と呼ばれることが多かった。ヤッピーとされる人々で特に多く発症していたからだ。

321 スポーツ｜ウェイン・グレツキー

ウェイン・グレツキー（1961〜）が「グレート・ワン（偉大な者）」と呼ばれているのには理由がある。アイスホッケー史上、最も優秀な選手だったからだ。北アメリカでチームスポーツをプレーするスポーツ選手の中で、その種目の記録をグレツキーのように次々と塗り替えたのは、おそらくベーブ・ルース（1895〜1948）を除いて、ひとりもいない。しかもベーブ・ルースと違い、グレツキーは体格に恵まれた選手ではなかった —— 彼が以前に言った言葉を借りれば、「目と頭が仕事の大半をしなくてはいけない」のだった。

◆

センターのポジションでプレーした細身のグレツキーは、カナダのオンタリオ州ブラントフォード出身で、すでに9歳のときに記者たちから往年の名選手ゴーディ・ハウ（1928〜2016）にたとえられ、カナダ国民の大きな期待を一身に受けてプレーしていた。

すばらしいことに、グレツキーは期待を上回る活躍をした。所属したエドモントン・オイラーズを4度スタンレー・カップ優勝に導き、ナショナル・ホッケー・リーグ（NHL）の最優秀選手（MVP）に9回、得点王に10回、プレーオフMVPに2回、選ばれた。1999年に引退した時点で、通算でのゴール数（894）、アシスト数（1963）、ポイント数（2857）など、61のNHL記録を保持していた。彼がどれほどすごい選手だったかを伝えるには、グレツキーの通算アシスト数以上にポイント数を稼いだホッケー選手はひとりもいないと言えば、そのすごさがよく分かるだろう。

グレツキーは、1978年にワールド・ホッケー・アソシエーション（WHA）のインディアナポリス・レイサーズでプロデビューを飾ったが、同年にシーズン途中でエドモントン・オイラーズに金銭トレードされた。このシーズン、彼はWHAの新人王になった。

シーズン後にWHAは活動休止となり、オイラーズは1979—1980年シーズンからNHLに加わった。グレツキーはたちまち頭角を現し、このシーズンから8年連続でMVPを受賞した。

以下に、特筆すべき記録を列挙する。1981—1982年シーズンは最初の39試合で50ゴールを上げ、最終的に記録となる92ゴールでシーズンを終えた。1983—1984年シーズンは初戦から51試合連続でポイントを上げた。1984—1985年シーズンにはプレーオフで47ポイントを上げた。1985—1986年シーズンには215ポイントのシーズン記録を打ち立てた。

グレツキーは、1988年にエドモントンからロサンゼルス・キングスにトレードされ、アメリカの温暖な地域にアイスホッケー人気を広めるのに一役買った。1993年にはキングスをスタンレー・カップ決勝に導き、その後はセントルイス・ブルースとニューヨーク・レンジャースに移籍して、現役生活を終えた。

〔 豆 知 識 〕

1. グレツキーは、1998年の長野オリンピックでカナダ代表としてプレーし、次の2002年ソルトレイクシティ・オリンピックには総監督としてカナダ代表チームを率い、50年ぶりとなる金メダルを獲得した。2006年トリノ・オリンピックでも総監督を務めた【訳注／2010年のバンクーバー・オリンピックでは、最終聖火ランナーのひとりになった】。
2. グレツキーはNHLの現役時代、シーズン200ポイント以上を4度達成した。ちなみに、これを1度でも達成したことのある選手は、今に誰ひとりいない。
3. 2000年のNHLオールスターゲームで、彼の背番号99はリーグ全体の永久欠番となった。

322 大衆文化 ｜ ニュー・キッズ・オン・ザ・ブロック

　1984年にボストンで結成されたニュー・キッズ・オン・ザ・ブロックは、ポップス系の元気なボーイズ・グループで、あっという間だった短い活動期間中には、アメリカのポピュラー音楽の未来を象徴するグループだと思われていた。

◆

ニュー・キッズ・オン・ザ・ブロック

　グループは、プロデューサーのモーリス・スター（1953～）によって集められ、メンバーは、ジョー・マッキンタイア（1972～）、ドニー・ウォールバーグ（1969～）、ダニー・ウッド（1969～）、ジョーダン・ナイト（1970～）、ジョーダンの兄ジョナサン（1968～）の5人だった。グループ結成時点で年齢が16歳以上のメンバーはひとりもいなかった。

　デビュー・アルバム『ニュー・キッズ・オン・ザ・ブロック』を1986年に出したものの、セールス的には率直に言って失敗だった。コロムビア・レコードから契約を切られる恐れがある中、グループはセカンド・アルバム『ハンギン・タフ』を1年半後にリリースした。

　1988年、当時人気だったポップス歌手ティファニーの前座としてツアーに同行していたとき、『ハンギン・タフ』からシングルカットされた「ユー・ガット・イット」がMTVで何度も放送され始めた。続けて出したシングル「アイル・ビー・ラビング・ユー（フォーエバー）」は、雑誌『ビルボード』のチャートで1位になった。このシングルと、次のアルバム『ステップ・バイ・ステップ』の成功で、グループはコカ・コーラをスポンサーにしてワールド・ツアーを開始した。

　しかし、一気にスターダムを駆け上がったグループの勢いは、1992年に止まる。以前のサウンドエンジニアが、グループは『ハンギン・タフ』の収録曲の多くで口パクをしていたと主張したのである。当時は10代の若い女性ミュージシャンやボーイズ・バンドの人気が陰り始めていたこともあり、この発言がニュー・キッズ・オン・ザ・ブロックにとって終わりの始まりとなった。

　1994年にラスト・アルバム『フェイス・ザ・ミュージック』をリリースするが、評価はいまひとつだった。その後グループは、このアルバムのプロモーション・ツアー最終日となる1994年6月をもって解散すると発表した【訳注／その後グループは2008年に再結成し、2019年現在も活動を続けている】。

```
豆 知 識
```

1. 1991年3月にメンバーのドニー・ウォールバーグは、ケンタッキー州ルイヴィルのシールバック・ホテルで起きた火災について、第一級放火罪で告発された。
2. 以前にスターは、黒人グループであるニュー・エディションの結成にも関わっていた。
3. グループの正式メンバーではないが、関係者として最も有名なのは、ドニーの弟マーク・ウォールバーグ（1971～）だろう。マーク・ウォールバーグは、バンド「マーキー・マーク＆ザ・ファンキー・バンチ」のリーダーとしてデビューした。その後も人気歌手として見たところ無事に活動を続け、現在では本名のまま人気映画俳優として活躍している。
4. マーク・ウォールバーグは、HBOの連続テレビドラマ『アントラージュ★オレたちのハリウッド』の制作総指揮を務めていた。ドラマの登場人物であるジョニー・ドラマ（主人公ヴィンス・チェイスの兄で、売れない俳優）は、多くの人から、マークの兄ドニーをモデルにしていると思われている。

323 人物　ラッシュ・リンボー

　品位に欠けるユーモアと堅固な保守的政治観のためファンもアンチも多いラッシュ・リンボー（1951〜）は、アメリカで最高聴取率を誇る全国ラジオ・トーク番組を作り上げた人物だ。番組は約600のラジオ局を通して毎週約2000万人に聞かれており、今では彼は右派のヒーローにして左派の敵となっている。

◆

ラッシュ・リンボー

　リンボーは、基本的には人を楽しませようとする人間だ。しかし、政治に対する論評で共和党と民主党の両方を興奮させている。

　彼を支持する人は、1994年に共和党が連邦議会で多数派を獲得するのに彼が大きな役割を果たしたと評価している。一方、反対する人は、彼はよく言っても不正直、悪く言えば正真正銘の嘘つきだと言っている。いずれにせよ、彼が放送界の巨人であることは確かだ。

　リンボーは弁護士一族の出身で、祖父（名前は同じくラッシュ）はドワイト・D・アイゼンハワー大統領（1890〜1969）時代に外交使節としてインドに派遣されたことがある。リンボーがラジオの仕事を始めたのは1967年、高校時代に地元ミズーリ州ケープジラードのラジオ局でディスクジョッキーを務めたのが最初だった。その後、ラジオ業界でいくつかの職に就くがうまくいかず、1979年に業界を離れ、野球チームであるカンザスシティ・ロイヤルズの営業部門で働いた。

　1983年、彼はラジオ業界に復帰し、カンザスシティのラジオ局KMBZで政治コメンテーターになった。翌年、サクラメントのラジオ局KFBKに採用されると、4年間で聴取率を約3倍にするという大成功を収めた。1988年には全国放送契約を結んでニューヨーク市へ移り、以来30年にわたって国中のリベラル派を辛辣に批判している。

　リンボーの成功に触発されて、ラジオのトーク番組にはショーン・ハニティー（1961〜）やマイケル・サヴェジ（1942〜）など、彼を真似た保守派の司会者が何人も登場するようになり、また少数ながら、アル・フランケン（1951〜）などリベラル派のコメンテーターにも、彼の影響は及んでいる。

豆 知 識

1. リンボーは、高校時代に初めてラジオ番組に出演したとき、ラスティ・シャープという芸名を使っていた。その後、ピッツバーグで働いたときにはジェフ・クリスティーという名を用いた。

2. 彼は、1993年にラジオの殿堂に、1998年には全米放送事業者協会の殿堂に、それぞれ選ばれた。また、全国番組パーソナリティ部門でマルコーニ・ラジオ賞を1992年、1995年、2000年、2005年、2014年に受賞している。

3. 2003年にスポーツ専門テレビ局ESPNは、リンボーをアメフト情報番組『サンデーNFLカウントダウン』のコメンテーターに起用した。しかし、フィラデルフィア・イーグルスのクオーターバック、ドノヴァン・マクナブ（1976〜）がメディアで注目されているのは黒人だからだと発言して批判を浴び、起用から1か月もたたないうちに番組を降板した。

324 文学 ｜ 『存在の耐えられない軽さ』

チェコの小説家ミラン・クンデラ（1929〜）の『存在の耐えられない軽さ』（1984年）は、東ヨーロッパ出身の現代小説家による最も有名な作品だろう。複数のジャンルを組み合わせた興味深い小説で、フィクションと政治と哲学と歴史を混ぜ合わせ、そのすべてを旧チェコスロヴァキアの共産主義体制下での知的・芸術的抑圧を背景に描いている。

◆

本作の小説らしくないタイトルは、本書の主題を表している。その主題とは、「軽さ」とともに生きる人生もあれば、「重さ」とともに生きる人生もあるという考え方だ。

小説の冒頭でクンデラは、哲学者フリードリヒ・ニーチェ（1844〜1900）の思想を論じている。ニーチェと言えば、わたしたち人間が人生を何度も繰り返しながら永遠に生きなくてはならないとしたら、どういうことになるだろうかと問うた人物だ。ニーチェは、そのような「永劫回帰」の先にあるのは恐ろしい未来だと思っていた —— 永劫回帰を考えるだけでも大きな重荷になると思っていたのである。

しかしクンデラにとっては、人生は一度きりしかないと知ることの方が、はるかに苦痛だった。わたしたちが下す決断のひとつひとつがどのような違った結果を生むかを比較する術を持たない以上、人生は本質的な恣意性つまり無意味さを持つ —— それが「耐えられない軽さ」なのである。

この議論を踏まえてクンデラの物語は始まる。舞台は1960年代のプラハ、主人公である外科医のトマーシュは、たいへん気軽に人生を送っている。熱心なプレーボーイで、多くの女性とその場限りの関係を楽しんでいる。しかし、妻で写真家のテレザは人生を重いものと見ており、ひとつひとつの行動には意味があると考えている。トマーシュとテレザは愛し合っているが、ふたりの世界観の違いが結婚生活をきわめて複雑なものにしていく。

トマーシュは、チェコ共産党を批判したため職を失って、海外へ亡命せざるをえなくなり、最終的にはテレザを選ぶか、それとも、自由奔放な芸術家で彼と同じく人生の軽さを支持する愛人サビナを選ぶかの選択を迫られる。この3人の登場人物は、全員が終始、芸術と政治の複雑な交差点を巧みに進んでいく。その姿は、共産主義政権の制約下で執筆活動を続けていたクンデラ自身を彷彿とさせる。

┌─ 豆 知 識 ─┐

1. クンデラは、初期の小説は母語であるチェコ語で書いていたが、1975年に彼はフランスへ移り、最近の小説はフランス語で執筆している。
2. 1988年に『存在の耐えられない軽さ』は映画化され、ダニエル・デイ＝ルイス（1957〜）がトマーシュを、ジュリエット・ビノシュ（1964〜）がテレザを、レナ・オリン（1955〜）がサビナを演じた。
3. 『存在の耐えられない軽さ』でトマーシュが経験する出来事の多くは、1968年の「プラハの春」でクンデラ自身が体験したことが基になっている。「プラハの春」とはチェコスロヴァキアの民主化運動のことで、この時期に短期間ながら政治的自由が広く認められたが、ソ連軍の介入により運動は情け容赦なく弾圧された。

325 音楽 | フィリップ・グラス

　フィリップ・グラス（1937～）は、自身の作品をミニマル・ミュージックと呼ばれること を快く思っていないが、ミニマル・ミュージックの世界的作曲家のひとりと考えられている。 ミニマル・ミュージックは、明確な定義を持たない。むしろ、グラスや彼と同じ考えを持つ作 曲家たちの作品に共通する一連の特徴を指す言葉と言った方がいい。そうした特徴には、非常 に短いフレーズの反復や、数学的と言っていいほどきわめて規則的な拍などが挙げられる。

◆

フィリップ・グラス

　アメリカのボルティモアに生まれたグラスは、ジュリアード音楽院 とパリで音楽を学んだ。1960年代にニューヨーク市に戻ると、スティ ーヴ・ライヒ（1936～）ら苦闘する若い前衛作曲家グループに加わっ た。

　このグループの音楽家たちは、芸術的インスピレーションの源泉を 非西洋世界に求めたことで知られていた（例えばライヒは、アフリカ の打楽器奏者の下で学ぶためガーナへ5週間の旅に出かけた）。グラ スの場合、最も重要な影響はインドから受けたものだった。事実、イ ンド音楽のリズムを学び、シタール奏者ラヴィ・シャンカル（1920～ 2012）とともに活動した後、グラスはそれまでの作品をすべて捨て、 今の彼を有名にしている方向へ進み始めた。この時期の最も野心的な作品が、4時間に及ぶ 『12の部分からなる音楽』（1971～1974年）である。

　グラスは「ミニマリスト」という呼び名をまったく好まず、代わりに「劇場作曲家」と呼ん でほしいと言っていた。実際、グラスの最も壮大な作品は、ふたつのオペラ三部作である。

　ひとつ目はポートレート三部作で、その第1作は彼の作品でも特に有名な『浜辺のアインシ ュタイン』（1976年）だ（このタイトルは、偉大な科学者アインシュタインが、一番よい考え が浮かぶのは浜辺を散策しているときだと語ったことに由来する）。第2作は『サティヤーグ ラハ』（1980年）で、これは南アフリカで弁護士としてキャリアをスタートさせたモハンダス・ ガンディー（1869～1948）の前半生を取り上げている。第3作『アクナーテン』（1983年） は、古代エジプト王アクエンアテンの物語を基にした作品だ。もうひとつの三部作は1990年代 に発表され、こちらも高く評価された。

　グラスの最近のオペラ作品のひとつに、『夷狄を待ちながら』（2005年）がある。これは、ノ ーベル文学賞を受賞した南アフリカの作家J・M・クッツェー（1940～）の同名の小説をオペ ラ化したものだ。また、グラスがアメリカ南北戦争を主題に作ったオペラ『アポマトックス』 は2007年に初演された。

豆 知 識

1. グラスはチベット問題に強い関心を持っており、1972年に初めてダライ・ラマ14世（1935～）と面会した。
2. グラスは映画『めぐりあう時間たち』（2002年）の音楽でアカデミー賞にノミネートされたが、その楽曲の古いバージョ ンは、1988年のドキュメンタリー映画『シン・ブルー・ライン』で使われていた。
3. 駆け出しのころ、生活費を稼ぐためグラスはニューヨーク市でタクシードライバーをしたり、ライヒと共同で運送会社 を始めたりした。

326 映画 | ロバート・デ・ニーロ

ロバート・デ・ニーロ（1943〜）は、同世代の役者のうち特に評価の高い男性俳優のひとりだ。ニューヨーク市に生まれた彼は、ブライアン・デ・パルマ監督による1968年のコメディ映画『グリーティングス』【訳注／DVD版のタイトルは『青春のマンハッタン』】で長編映画デビューを果たした。その5年後、デ・ニーロは2本の映画 —— 病気で余命いくばくもない野球選手を演じた『バング・ザ・ドラム』と、『ミーン・ストリート』—— でブレークした。

◆

この2本のうち、『ミーン・ストリート』で彼はスターへの道を進んでいった。この作品は、マーティン・スコセッシ監督とコンビを組んだ8作品の最初の映画だ。本作でのデ・ニーロの登場の仕方は、文字どおり爆発的だった —— 彼が演じた自暴自棄な青年ジョニー・ボーイの初登場シーンは、郵便ポストを爆発させて笑いながら逃げていくというものだったからだ。

ジョニー・ボーイでの演技が、後にデ・ニーロのトレードマークとなる演技スタイルの基準となった。彼はメソッド演技法の信奉者で、役にのめり込むことで知られており、その後に演じた役は、興奮しやすく攻撃的で、ときには本当に正気を失っているような人物が多い。

『ミーン・ストリート』で目を見張るような演技をした翌年、デ・ニーロはフランシス・フォード・コッポラの『ゴッドファーザー PART II』で若き日のヴィトー・コルレオーネを演じ、アカデミー助演男優賞を獲得した。

1976年、彼は再びスコセッシと組んで『タクシードライバー』に出演し、ハリウッド映画で最も印象に残る、最も厄介な登場人物のひとりトラヴィス・ビックルを演じた。彼のセリフ「おれに話してるのか？　まあ、ここにはおれしかいないからな」は、ビックルの強い孤独感と疎外感を表現しており、今ではアメリカ映画史に残る屈指の印象的なセリフと評価されている。

デ・ニーロは、主演したマイケル・チミノ監督の『ディア・ハンター』（1978年）がアカデミー作品賞を受賞した後、スコセッシ監督の『レイジング・ブル』（1980年）に出演して、もうひとつの当たり役を生み出した。この映画での役は、ボクシングのミドル級チャンピオンであるジェイク・ラモッタだったが、デ・ニーロは晩年のラモッタを演じるため体重を25キロ以上も増やしその演技によりアカデミー主演男優賞を獲得した。

最近のデ・ニーロは、出演する作品の数は多いが、作品の質はそれほどではないものが大半を占めている。そんな中でも、正編と続編がともに大ヒットしたコメディ映画シリーズ『アナライズ・ミー』（1999年）／『アナライズ・ユー』（2002年）と『ミート・ザ・ペアレンツ』（2000年）／『ミート・ザ・ペアレンツ2』（2004年）に出演している。

豆知識

1. デ・ニーロには、監督作品がふたつある。『ブロンクス物語／愛につつまれた街』（1993年）と『グッド・シェパード』（2006年）だ。
2. マーロン・ブランドとデ・ニーロは、同じ役 —— ヴィトー・コルレオーネ —— を演じてアカデミー賞を受賞した唯一の俳優ペアだ。ブランドは『ゴッドファーザー』（1972年）で主演男優賞を、デ・ニーロは『ゴッドファーザー PART II』（1974年）で助演男優賞を、それぞれ受賞している。
3. デ・ニーロは、2001年9月11日に起きたニューヨーク市へのテロ攻撃の後、有志とともにトライベッカ映画祭を創設した。映画祭の目的のひとつは、9・11事件で甚大な被害を受けたローワーマンハッタンに活気を取り戻すことである。

327 思想と社会 ｜ グラスノスチ

ロシア語で「情報公開」を意味するグラスノスチは、ソ連の指導者ミハイル・ゴルバチョフ（1931〜）が、共産主義国家で言論の自由を拡大させることを目的に、1980年代にソ連で開始した一連の改革のことである。ゴルバチョフは、市民の自由をさらに認めればソ連体制は再び息を吹き返すだろうと期待したのだが、彼の改革によって、かえって共産党支配に対する激しい批判が一気に噴き出し、世界各地で共産主義体制が消滅するのを早める結果となった。

◆

ゴルバチョフは、1985年に権力の座に就くと、すぐに最初の改革に着手した。彼の命令により、それまで発行や上映を禁じられていた書籍と映画は合法化され、政治犯は釈放され、マスメディアに対する規制は撤廃された。

グラスノスチが大きな試練にさらされたのは1986年、ウクライナにあったチェルノブイリ原子力発電所で爆発とメルトダウン（炉心溶融）が発生して多くの市民が犠牲になったときだ。13日間にわたり情報が隠蔽された後、ゴルバチョフは報道機関にチェルノブイリ原発事故の報道を認めた。この前例のない決定をきっかけに、それまでソ連政府が犯してきた数々の失政に対する調査が始まった。

グラスノスチによって明らかになった事実に、ソ連国民は衝撃を受けた。この国は「世界で最も先進的な社会」を自称していたにもかかわらず、石けんやミルクなどの生活必需品を求めて多くの人が毎日長い列を作っていることが判明したからだ。またグラスノスチにより、ソ連の苦い過去についても議論が始まり、かつての国家指導者ヨシフ・スターリン（1879〜1953）の時代に粛清と飢餓で数百万人が死亡したことも論じられた。

第二次世界大戦でのソ連の勝利も無傷では済まず、政府の無能ぶりのため数百万人が死ななくてもよいのに命を落としたことが明らかにされた。共産党への信頼が、ソ連ばかりかワルシャワ条約機構加盟国のあいだでも、たちまち崩れていった。1989年時点でソ連国内には独立系の組織・団体が6万も活動しており、1990年の選挙ではソ連の50都市で改革派の候補が当選した。1991年には、大都市での大規模デモと全国的な鉱山ストが起こり、すでに出ていた世論調査の結果を改めて世に知らしめた。ソ連国民の大多数はこの国の政治制度には抜本的な変革が必要だと思っていたのである。

ゴルバチョフは「グラスノスチ」という言葉を、ウラジーミル・レーニン（1870〜1924）の著作から取り入れており、レーニンはグラスノスチをプロパガンダの手段と考えていた。ゴルバチョフは、自身の権力の座を守るためもあってグラスノスチを実施したが、そのグラスノスチがソ連を崩壊させて世界を変えることになるとは、夢にも思っていなかった。

豆 知 識

1. グラスノスチと同時に実施されたのが、ペレストロイカと呼ばれた一連の経済改革だ。ゴルバチョフはペレストロイカで、瀕死の状態にあったソ連経済を再生させたいと考えていた。

2. グラスノスチをテーマとしたペプシコやマクドナルドなどの企業広告が、1988年以降、アメリカのメディアを席巻した。グラスノスチ以前は、型どおりのイメージでソ連国民の生活をからかうのが人気だったが、このときのCMでは、そうしたイメージを採用せず、ソ連を好意的に描いていた。

3. 1990年に雑誌『インタビュー』は、「アブソルート・グラスノスチ」というタイトルの特集記事でソ連の芸術家26人の作品を取り上げた。このときの第1刷は、ゴルバチョフに贈呈された。

328 スポーツ │ カール・ルイス

陸上競技において、カール・ルイスの業績は群を抜いている。オリンピックでの金メダル通算獲得数9個は、2019年現在で史上2位タイだ。また、夏季オリンピックの同じ競技で4度金メダルを獲得した4人の選手のうちのひとりでもある（ルイスの種目は走り幅跳び）。1984年には、かつてジェシー・オーエンズが成し遂げた、同じ大会で100メートル走、200メートル走、4×100メートル・リレー、走り幅跳びの4種目を制覇するという偉業を達成した。さらに、10年のあいだに走り幅跳びで65回連続優勝するという記録も打ち立てた。

◆

カール・ルイス

こうした業績により、彼には数々の栄誉が与えられ、国際オリンピック委員会からは20世紀を代表するスポーツマンに選ばれ、雑誌『スポーツ・イラストレイテッド』からは20世紀を代表するオリンピック選手に選出された。

しかし、これほどの成功を収めたにもかかわらず、ルイス（1961〜）は母国アメリカでは、ヨーロッパやアジアほど温かく歓迎されることはなかった。一部には、彼には謙遜の気持ちがないと決めつけて批判する者や、1984年のロサンゼルス・オリンピックでの活躍を利用して多額の広告契約を結んだり芸能界やファッション業界に進出したりして「金もうけ」しようとしていると非難する者もいた。

それでも、スポーツ界でのルイスの名声を考えれば、尊大に振る舞うのも確かに当然だった。1984年のオリンピックで金メダルを4個獲得した後、1988年にさらに2個の金メダルを手にして、史上初めてオリンピックで100メートル走と走り幅跳びを連覇した選手になった。1992年には、走り幅跳びと4×100メートル・リレーで金メダルをさらに2個、獲得した。

彼にとって最も困難だった —— そしてドラマチックだった —— 勝利は、1996年のアトランタ・オリンピックでの優勝だった。彼は走り幅跳びのアメリカ代表にかろうじて選ばれたにすぎなかったが、大会では誰もが驚く逆転勝利で優勝し、その見事なキャリアで最後となる金メダルを獲得した。

豆 知 識

1. ルイスは、1988年のソウル・オリンピックで100メートル走の金メダルを獲得したが、実際のレースでは1位でゴールしていない —— トップでゴールしたのは、カナダの短距離走選手ベン・ジョンソン（1961〜）だった。しかし、ジョンソンは試合後のドーピング検査で、禁止されているステロイドの一種スタノゾロールの陽性反応が出たため、金メダルは2位のルイスに与えられた。
2. ルイスは、世界選手権で10個のメダルを獲得している（内訳は、金8個、銀1個、銅1個）。出場した世界選手権のうち、自身、最も印象に残っているのは1991年の東京大会で、このときルイスは100メートルの世界記録を破った（9.86秒）ものの、走り幅跳びでは、10年間破られることのなかった連続優勝が途切れることになった。彼を抑えて勝利したのは、同じアメリカ人マイク・パウエル（1963〜）で、ボブ・ビーモン（1946〜）が打ち立てた世界記録を破っての優勝だった。
3. ルイスは、バスケットボールもアメリカンフットボールもしたことはないが、1984年に、NBAドラフトでシカゴ・ブルズ（10巡目）に、NFLドラフトではダラス・カウボーイズ（12巡目）に、それぞれ指名されている。

329 大衆文化 ｜ グラフィック・ノベル

　1986年、漫画家アート・スピーゲルマン（1948〜）は、『マウス —— アウシュヴィッツを生きのびた父親の物語』の第1巻を出版した。小説のように百数十ページの分量がある『マウス』は、スピーゲルマンの父が第二次世界大戦で体験したことを描いた作品で、ホロコーストという最も微妙な問題を扱っている。スピーゲルマンの『マウス』は、漫画を本格的な文学形式に高め、新たに起こったジャンル —— グラフィック・ノベルを定義するのに一役買った。

◆

　1970年代まで、メインストリームの漫画と言えば、新聞に毎日掲載される4コマ漫画か、『スーパーマン』や『バットマン』のような単純なスーパーヒーロー漫画がほとんどだった。しかし、『マウス』のようなグラフィック・ノベルは、リアルさが非常に強く、展開もたいへんドラマチックだった。『マウス』では、ナチのポーランド侵攻と、それに続くポーランド在住ユダヤ人の一斉逮捕の話が語られている。本作の第2巻『マウスII』は、ホロコーストが生存者に与える心理的トラウマを描いており、1992年にピューリッツァー賞の特別賞を受賞した。

　グラフィック・ノベルは、1990年代から2000年代にも人気を広げ続けた。クリス・ウェア（1967〜）の『世界一賢い子供、ジミー・コリガン』は、父親を知らずに育った子供の物語で、2000年に出版されると批評家たちから絶賛された。

　ほかに主要な作品として、シアトルで性感染症のため突然変異体となる10代の若者たちの話であるチャールズ・バーンズ（1955〜）作『ブラック・ホール』（2005年）や、イラン・イスラム革命の実体験を描いたマルジャン・サトラピ（1969〜）の『ペルセポリス』（2003年）などがある。

　『ペルセポリス』などの成功を受けて、大手出版社の多くがグラフィック・ノベルを出版するようになり、グラフィック・ノベル作品は本物の文学作品と同等の肯定的な評価をますます受けるようになっている（雑誌『ニューヨーカー』は、『ジミー・コリガン』を「傑作」と呼んだ）。グラフィック・ノベルの作家たちは、漫画は子供のものだという固定観念を打ち破り、かつては子供向けと考えられていた媒体で大人向けの文学作品を作り出したのである。

豆 知 識

1. 全体主義的な政府がイギリスで権力を握った未来を描いたグラフィック・ノベル『Vフォー・ヴェンデッタ』（1988年）は、映画版が2006年に公開され、アメリカの政治家ロン・ポール（1935〜）が2008年のアメリカ大統領予備選で共和党候補指名を（結果的に敗れたものの）目指していたとき草の根からの支援を集める際の着想源のひとつになった。

2. スピーゲルマンは、1985年にトップス社が出した、おかしな図柄のトレーディング・カード「ガーベッジ・ペイル・キッズ」シリーズの共同制作者だった。

3. サトラピの『ペルセポリス』は2007年に長編アニメ映画になった。

330 人物 | ダイアナ元イギリス皇太子妃

彼女は、「人民のプリンセス」と呼ばれ、世界的な著名人でありながら慈善活動家でもあり、その悲劇的な死に世界中が衝撃を受けた。1981年、20歳のシャイな女性だったダイアナ・スペンサー（1961〜1997）は、イギリスのチャールズ皇太子（1948〜）と結婚し、多くの人が、これをおとぎ話のようなロマンスだと思った。何億人もの人がテレビのチャンネルを合わせて結婚式の中継を見た。その16年後、推計で25億人が彼女の葬儀をテレビで見たと言われている。

◆

ダイアナは、イギリス王室の荘厳さに映画スターのようなカリスマ性を結びつけて、世界中の人々を引きつける魅力的なイメージを作り上げた。ファッション界とセレブ界の常連でありながら、地球上で最も大きな社会的影響力を持った女性のひとりとして、特にエイズ患者・ハンセン病患者・がん患者のために精力的に活動していた。

しかし、影響力を持つ一方、彼女は傷つきやすい女性でもあった。そのことは、彼女の私生活が世間に知られたとき明らかとなった。チャールズ皇太子との結婚は、不幸なものだった。年月がたつにつれ、ふたりが公の場にそろって姿を現すことはほとんどなくなり、ふたり並んで現れたときには、どちらも悲しそうに見えた。やがて真実が明らかとなった。ダイアナはうつ病に苦しみ、摂食障害となり、自殺未遂を起こし、しかもその間、夫であるチャールズは、かつての愛人カミラ・パーカー・ボウルズ（1947〜）との関係を再開させていたのである。夫の不倫に対してダイアナも不倫で対抗し、ついにふたりは1992年に正式に別居した。

こうした人生の苦悩が明らかになる中、息子であるウィリアム王子（1982〜）とハリー王子（1984〜）のふたりを、パパラッチにしつこく追われながらも、育てようと努力した。

ダイアナとチャールズは1996年に離婚し、彼女は自ら独立した生活を送ることになった。人々は相変わらず彼女の魅力の虜となり、カメラマンは彼女を追い続けた。彼女はパリで恋人ドディ・アルファイド（1955〜1997）とともに自動車のスピード出し過ぎによる衝突事故で亡くなるが、多くの人は、このときダイアナはパパラッチたちの執拗な目から逃れようとしていたのだと考えた。調査の結果、衝突は不幸な事故であり、運転手アンリ・ポール（1956〜1997）が酒に酔っていたとの結論が出た。しかし、ドディの父モハメド・アルファイド（1933〜）が謀殺説を唱えるなど、数多くの陰謀説が今も世間にあふれている。

ダイアナの葬儀では、ケンジントン宮殿から葬儀の行なわれるウェストミンスター寺院までの沿道に、百万人以上が並んだ。36歳での死であった。

豆知識

1. ダイアナは、本人も貴族の出だった。第8代スペンサー伯爵の娘であり、イングランド王ジェームズ2世の末裔だった。
2. チャールズ皇太子と結婚する以前は、幼稚園の先生だった。
3. 歌手のエルトン・ジョン（1947〜）は、ダイアナを追悼するためヒット曲「キャンドル・イン・ザ・ウインド」の歌詞を書き換えた（1973年に発表したオリジナルは、マリリン・モンローに捧げた曲だった）。この新バージョンを、彼はダイアナの葬儀で歌った。

331 文学 『悪魔の詩(うた)』

　サルマン・ラシュディ（1947〜）の小説『悪魔の詩』をめぐって多くの国で噴出した怒りは、現代文学において他に類を見ないものだった。この本が1988年に刊行されると、内容がイスラム教を冒瀆していると決めつけられて、世界中で抗議の嵐が吹き荒れ、焚書事件や暴動、爆弾テロが起こり、ラシュディの首に懸賞金がかけられ、多くの死者を出す事態となった。

◆

　『悪魔の詩』は、イギリスとインドの文化的アイデンティティと移民が主要なテーマだが、イスラム教の微妙な問題に触れた内容も含まれている。小説のタイトル「悪魔の詩」とは、一部のイスラム法学者たちから、もともと『クルアーン（コーラン）』に含まれていたが、すぐに預言者ムハンマドによって削除されたと言われている節のことだ。

　伝承によると、この節についてムハンマドは、当初これを『クルアーン』に入れたのは悪魔にそそのかされたからだと述べたという。その「悪魔の詩」は、一部のアラブ部族が崇拝していた下位の三女神の神性を認める内容だったと言われており、唯一神しか認めないイスラム教の教えと明らかに矛盾するものだった。

　この詩の背後にある伝承はもちろん、その存在そのものが、イスラム法学では昔から論争を生み出しており、ラシュディの小説は、その痛い所を突くものだった。さらに、この小説の特定の個所 —— 主人公の夢の中で、売春婦たちが商売繁盛のためムハンマドの妻たちの名を名乗る場面 —— が、ムハンマドとイスラム教の両方に対する耐えがたい侮辱だと見なされた。

　1989年、イランの宗教的最高指導者ルーホッラー・ホメイニ（1902〜1989）は、ラシュディを含め『悪魔の詩』の出版に関わった者全員を処刑せよと命じるファトワー（法学裁定）を出した。ラシュディの首には懸賞金がかけられ、そのためラシュディは各地での出版イベントをキャンセルして身を隠さなくてはならなかった。反ラシュディ暴動により数か国で合計数十名のデモ参加者が死亡した。また、小説の外国語翻訳者を狙った暗殺事件が3件起こり、翻訳者1名が殺害された【訳注／1991年、日本語版訳者の五十嵐一(ひとし)が何者かに殺された】。皮肉なことに、西洋の批評家たちの多くは、『悪魔の詩』を、現代の多文化主義の現状を巧みに語った複雑な物語だとして高く評価している。

豆 知 識

1. 『悪魔の詩』は、20か国以上で発禁処分となった。そうした国には、シンガポール、南アフリカ、パキスタン、エジプト、サウジアラビアなどのほか、ラシュディの出身国であるインドも含まれていた。
2. ラシュディは、『悪魔の詩』を執筆したことを1990年に公式に謝罪したが、その後、この謝罪を「人生で最大の過ち」だったとして撤回している。
3. イランの指導者たちは1998年、今後はラシュディの処刑を積極的に求めないと表明したが、2005年と2006年に、処刑を呼びかけたファトワーは現在も有効だと再確認した。

332 音楽 | DJクール・ハーク

　本名のクライヴ・キャンベルよりも芸名で知られているDJクール・ハークは、ヒップホップの創始者のひとりと考えられている。グランドマスター・フラッシュ（1958〜）などニューヨーク市を拠点とする少数のアーティストとともに、ハークは1980年代から1990年代にラップを世界的な流行音楽にした数々のテクニックを生み出した。

◆

　1955年にジャマイカのキングストンで生まれたハークは、12歳のときアメリカに移住した。ニューヨーク市ブロンクス区に居を定めると、10代のころから貧困地区の住民パーティーでDJをやり始めた。当時のブロンクスは、大勢の失業者や暴力などさまざまな社会問題に悩まされており、初期のラップでは歌詞の多くにそうした状況が反映されていた。

　キャンベルがDJとして生み出した最大の発明は、ある曲から最もダンサブルな部分——これを「ブレイク」という——を抜き出し、それをレコードプレーヤーのターンテーブルで延々と繰り返し流して、歌詞をビートに乗せるラッパーたちに、リズムを刻む背景音として提供することだった。2005年のインタビューで、彼はこう語っている。「みんなを立ち上がらせるレコードをかけ、みんなを座らせるレコードをかけ、みんなが雑談できるレコードをかけ、みんなをダンスフロアに戻すレコードをかける。それがおれのやり方なんだ」

　ハークは、古いファンクのレコードを集めて、よいブレイクを探し、それをひとつにまとめてライブで流した。ファンク・ミュージックから取った延々とループするブレイクは、後にヒップホップの定番となった。

　創成期のラップ・ミュージックは、ほとんどもっぱらアフリカ系アメリカ人アーティストによって演奏され、地域的には、ニューヨーク市の貧困地区に限られていた。それが変わるのは1979年、シュガーヒル・ギャングというグループがレコーディングしたシングル「ラッパーズ・ディライト」が800万枚以上も売れてからだ。1980年代を通して、ラップはパブリック・エナミーなどのグループの活躍でメインストリームへ移り、やがて白人アーティストもやるようになった。しかし、DJクール・ハークはブロンクスを離れなかった。

　1970年代後半に、あるパーティーの後に刃物で刺されて重傷を負ってからは、次第に人々に忘れられ、ラップがビッグビジネスになったときもほとんど無視されていた。しかし今日では、ラップのゴッドファーザーのひとりと見なされている。今も彼はときどきDJをしている【訳注／その後、腎臓結石の手術を受け、療養中である】。

豆知識

1. 2006年にスミソニアン協会がワシントンDCの国立アメリカ歴史博物館で、初期ニューヨーク・ラップにまつわる品々を展示した企画展「ヒップホップは止まらない」（Hip-Hop Won't Stop）を開催したとき、ハークは他のラップ・レジェンドらとともに、開会式に出席した。
2. ヒップホップで使われるブレイクと言えば、ジェームズ・ブラウン（1933〜2006）などアフリカ系アメリカ人のファンク・ミュージシャンの楽曲が最も有名だが、ハークとグランドマスター・フラッシュは、オーストラリアのバンドAC/DCなど白人のヘヴィメタルバンドからもサンプリングした。
3. 1970年代、ハークはニューヨーク市で最も大きな音が出る音響システムを持っているDJとして有名だった。ときには、市の送電線から違法に電線を引っ張ってきて電源とすることもあった。

333 映画 スティーヴン・スピルバーグ

　スティーヴン・スピルバーグ（1946〜）は、同世代の中で最も成功している映画監督だ。『ジョーズ』（1975年）、『レイダース／失われたアーク（聖櫃）』（1981年）、『E.T.』（1982年）、『ジュラシック・パーク』（1993年）などの大ヒット作で抜群の商業的成功を収めると同時に、『未知との遭遇』（1977年）、『シンドラーのリスト』（1993年）、『プライベート・ライアン』（1998年）など芸術的評価の高い作品も作っている。

◆

　スピルバーグは、大学の映画学部を中退して映画界に入り、まずはテレビ監督として成功した。監督したテレビ映画『激突！』（1971年）で初めて注目を集め、『続・激突！／カージャック』（1974年）で長編映画の監督デビューを果たした。

　スピルバーグに正真正銘の名声をもたらしたのが映画『ジョーズ』で、これはアメリカの映画業界で夏を大ヒット映画のシーズンに変えた画期的な作品だった。製作に1200万ドルを費やしたが、売上はアメリカ国内だけで2億6000万ドルに達し、当時としては最高額の興行収入を上げた映画となった。スピルバーグは、姿の見えない未知の存在に対する恐怖を最大限に引き出すため、巨大なホオジロザメの姿を映画にほとんど出さなかった。

　『ジョーズ』の次にスピルバーグが作ったのが、特殊効果を駆使した傑作『未知との遭遇』で、この作品は（1977年の『スター・ウォーズ』とともに）大ヒットSF映画時代の幕を開けた。『レイダース／失われたアーク（聖櫃）』から始まるインディ・ジョーンズ・シリーズは、ハリソン・フォードが冒険好きな考古学者を演じる大人気シリーズで、シリーズのどの作品もアメリカ国内で1億7900万ドル以上の興行収入を上げた【訳注／2008年にはシリーズ第4作が公開され、2019年現在第5作が製作中である】。『E.T.』も大ヒットしたSF映画で、興行収入（アメリカで3億5900万ドル）で当時トップだった『スター・ウォーズ』を抜いて1位になった。この映画は、郊外に住む父親のいない少年と、他の星から来て取り残された宇宙人との交流に焦点を当てた作品で、スピルバーグは実際の子供の目線を表現するためロー・アングルで撮影し、胸を打つ独特の雰囲気を物語に与えている。1993年は、スピルバーグが商業的なヒット映画も芸術的に優れた映画も製作できることを証明した年だった。『ジュラシック・パーク』は、映画史上で最もリアルに恐竜が再現された作品で大ヒットした。またホロコーストを扱った『シンドラーのリスト』はアカデミー賞を（作品賞と監督賞など）7部門で獲得した。

　彼は、『プライベート・ライアン』で再びアカデミー監督賞を受賞した。この作品は、戦闘の暴力をリアルに描き、戦争映画というジャンルの定義を変えた名作である。

豆知識

1. スピルバーグは、監督として成功しているだけでなく、プロデューサーとしても、『ポルターガイスト』（1982年）、『バック・トゥ・ザ・フューチャー』（1985年）、『ロジャー・ラビット』（1988年）、『メン・イン・ブラック』（1997年）、『父親たちの星条旗』（2006年）、『硫黄島からの手紙』（2006年）などのヒット作を製作している。
2. スピルバーグの映画は、プラス思考と無邪気さを高く評価される作品が多いが、深刻なテーマにも取り組んでおり、これまでもホロコースト（『シンドラーのリスト』）、奴隷制度（『アミスタッド』、1997年）、人種差別（『カラーパープル』、1985年）、テロリズム（『ミュンヘン』、2005年）、報道の自由（『ペンタゴン・ペーパーズ』、2017年）などを扱っている。
3. スピルバーグは、2019年現在アカデミー賞に17回ノミネートされ、3度（監督賞で2度、作品賞の共同製作者として1度）受賞している。

334 ポリティカル・コレクトネス

思想と社会

1980年代から1990年代、アメリカの多くの大学のキャンパスで、「ポリティカル・コレクトネス（政治的公正さ）」をめぐって怒りに満ちた感情的議論が噴出した。論争で激突したのは、表現の自由の権利と、他人を不快に思わせる可能性のある表現に一定の制限を加えることでキャンパスを人種や宗教に関係なくすべての人にとって居心地のよい場所にしたいという多くの大学当局者の願いであった。

◆

例えば、1989年にコネチカット大学は、学生が「配慮に欠ける冗談」を言うことや、不快と受け取られる恐れのある「不適切な形で他人に向ける笑い」を禁じる規則を導入した。1993年には、ペンシルヴェニア大学の学生が、ある学生の一団に向かって叫んだ「スイギュウ」という言葉が人種差別的だとして調査され、懲戒処分を受けそうになった。

他の大学で採用された規則では、人種差別的な蔑称、ホロコーストの否認、性差別的な言葉、他の学生の自尊心を傷つけると見なされる冗談などを禁じられた。

ポリティカル・コレクトネスを批判する人々にとって、こうした「言論コード」は、よくと言えば行儀のよさを法律で定めるようとする下手な努力だが、悪く言えば、表現の自由の精神を侵害する検閲制度にほかならなかった。

さらに批判派は、ポリティカル・コレクトネスによって、アファーマティヴ・アクションなど重要だが微妙な政治的問題に関する議論が、出てくる意見が誰かを不快にするかもしれないからという、ただそれだけの理由で封じられかねないと主張した。

大学のキャンパス以外の世界では、ポリティカル・コレクトネスは多くの民族集団や社会集団を指す言葉や、表現してきた表現を変更することも意味していた。例えば、「アフリカ系アメリカ人」に、「インディアン」は「ネイティヴ・アメリカン」というふうに、文化的にもっと配慮していると考えられた言葉へと言い換えられていった。

1990年代以降、言論コードが論争の種となることは徐々になくなっていったが、多様性に論ちた社会で表現の自由と礼儀正しさの適切なバランスをどう取るかという問題は、果てしない議論の的になってきたし、これからも議論の的になり続けるだろう。

豆知識

1. コメディアンで政治評論家のビル・マー（1956～）は、人気テレビ番組「ポリティカリー・インコレクト」の司会を務めていた。皮肉や冗談はマーが対テロ戦争でのアメリカの政策についてポリティカル・コレクトネスにかなり反する失言をした後で打ち切りとなった。
2. ペンシルヴェニア大学では、「スイギュウ」という言葉は「政治的に正しい（politically correct）」という表現を処分する方針だったが、結局その方針を撤回した。
3. 「ポリティカリー・コレクト（politically correct）」という言葉は、かつては「共産党の党の方針に従う」ものとされており、そうした人々は「政治的に正しい」という意味ではポリティカリー・コレクトと呼ばれていた。

335 スポーツ ｜ ジャッキー・ジョイナー＝カーシー

　ジャクリーン・ジョイナーは、1962年にイリノイ州イーストセントルイスで生まれたとき、当時アメリカのファースト・レディ（大統領夫人）だったジャクリーン・ケネディ（1929～1994）にあやかって名前をつけられた。このとき彼女の祖母は「いつかこの子は何かのファースト・レディになるよ」と言ったが、その言葉は正しかった。やがてジャッキー・ジョイナー＝カーシーは、陸上界のファースト・レディとなり、20世紀でおそらく最も偉大な女性アスリートになった。

◆

ジャッキー・ジョイナー＝カーシー

　ジョイナー＝カーシーが主に活躍した競技は、七種競技だった。これは、7つの種目——100メートル・ハードル、走り高跳び、砲丸投げ、200メートル走、走り幅跳び、やり投げ、800メートル走——で構成される過酷な競技だ。彼女は、この競技でオリンピックの金メダルを2個（1988年と1992年）、銀メダルを1個（1984年）獲得し1988年には世界記録を樹立した。

　さらに、オリンピックの走り幅跳びで3個のメダル（1988年に金、1992年と1996年に銅）を獲得した。彼女が出場した中で最も記憶に残るオリンピックは、おそらく1996年のアトランタ大会だろう。右のハムストリング（太腿裏の筋肉）を痛めていたため七種競技を棄権したが、6日後の走り幅跳びには出場することにした。決勝の最終ジャンプでは、明らかな痛みをこらえながら跳躍して3位に入り、銅メダルを手にした。

　ジョイナー＝カーシーは、アメリカで女子スポーツが発展するのに大きな役割を果たした。もともと彼女が陸上競技を始めたのは、やはり20世紀で最高の女子アスリートと評されているベーブ・ディドリクソン（1911～1956）を見て感激したからだった。その後ジョイナー＝カーシーは、女子サッカーのストライカーであるミア・ハム（1972～）とともに、学校での男女差別を禁じた連邦改正教育法第9編施行後に初めて登場した主要なスター選手のひとりとして、次の世代の若いアメリカ女性たちに勇気を与えている。

　競技人生の晩年に怪我と健康問題に悩まされていたジョイナー＝カーシーは、1998年に陸上競技から引退した。

｜ 豆 知 識 ｜

1. ジョイナー＝カーシーの兄アル・ジョイナー（1960～）は、1984年のロサンゼルス・オリンピックで、三段跳びで金メダルを獲得した。彼は後に、1988年のソウル・オリンピックで金メダル3冠を達成したフローレンス・グリフィス・ジョイナー（1959～1998）と結婚した。
2. ジョイナー＝カーシーは、1986年にコーチのボブ・カーシー（1954～）と結婚した。ふたりが初めて出会ったのはカリフォルニア大学ロサンゼルス校で、当時彼はコーチで、彼女はバスケットボールと陸上のスター選手だった。彼女は大学のバスケチームで4年間先発を務め、ポジション別全米最優秀選手に選ばれた。
3. 彼女が1988年にソウル・オリンピックの七種競技で出した7291点という世界記録は、2018年現在まだ破られていない。

336 大衆文化 ｜ ジェリー・サインフェルド

「取るに足らないことについてのドラマ」というキャッチフレーズで有名な『となりのサインフェルド』は、1990年代に大ヒットした連続テレビドラマで、主人公を演じたコメディアンのジェリー・サインフェルド（1954～）は、この番組のおかげでアメリカ人なら誰もが知る名前になった。最終回を見た視聴者数は、テレビ史上で5本の指に入る多さで、番組は今も各地の放送局でたびたび再放送されている。

◆

　ニューヨーク市出身のサインフェルドは、各地を巡業するスタンダップ・コメディアンとしてキャリアをスタートさせ、やがてジョニー・カーソン（1925～2005）が司会者時代の『トゥナイト・ショー』や、デイヴィッド・レターマン（1947～）が司会を務める『レイト・ナイト』に出演した。1980年サインフェルドは初めてテレビの連続ホームコメディに出演した。『ベンソン』というドラマのフランキーという役だったが、数回の出演で降板させられたため、自分がある程度主導権を握れるようになるまでは連続ホームコメディには出演しないと心に決めた。

　1989年に、そのチャンスが訪れた。テレビ局NBCが彼の名前を冠した番組を作ることに同意したのである。『となりのサインフェルド』は、主人公であるサインフェルドと、ジェイソン・アレクサンダー（1959～）演じるジョージ・コスタンザ、マイケル・リチャーズ（1949～）演じるコズモ・クレイマー、ジュリア・ルイス＝ドレイファス（1961～）演じるエレイン・ベネスという、4人の親友たちの物語だ。

　番組は、当初は人気が出なかったが、批評家からはすぐに高く評価された。やがて『となりのサインフェルド』は史上最も大成功したテレビ番組のひとつになった。ニールセンの視聴率調査では1994年から1998年まで毎年2位以内にランクインし、2002年には雑誌『TVガイド』によって史上最も優れたテレビ番組に選ばれた。

　サインフェルドは、第9シーズンが終わる1998年に番組を去る決断を下し、スタンダップ・コメディアンに戻った。1998年8月に彼はニューヨーク市で、古いネタを使った演目を、そのネタは二度と使わないと誓った上で、3つ行なった（演目のひとつは、ケーブルテレビ局HBOにより、『お前に言うのはこれっきり〔I'm Telling You for the Last Time〕』というタイトルで放送された）。その後サインフェルドは新たなネタで舞台に戻り、その活動は、彼とオーニー・アダムズ（1971～）という若いコメディアンとを追った2002年のドキュメンタリー映画『コメディアン』に記録されている。2007年、サインフェルドにとって初製作の長編映画であるアニメ映画『ビー・ムービー』が公開された。この作品で、彼は主人公であるハチのバリー・B・ベンソンの声も担当している。

豆知識

1. 『となりのサインフェルド』の共同制作者だったラリー・デヴィッド（1947～）は、その後もテレビ業界で活躍し、HBOで制作・主演を務めた連続ドラマ『ラリーのミッドライフ・クライシス』は、高い評価を受けた。
2. 2006年、リチャーズはコメディ・クラブで人種差別的な言葉を使っているところを携帯電話で撮影されて、多くの批判を浴びた。その後、彼はテレビ番組に出演し、ついカッとなって不適切な発言をしたと謝罪した。
3. サインフェルドは、ニューヨーク州ロングアイランドのハンプトンズ地区に、歌手ビリー・ジョエル（1949～）から購入した屋敷を所有している。

337 人物　ティモシー・マクヴェイ

2001年9月11日の悲劇が発生するまで、アメリカ史上最悪のテロ攻撃は、イスラム過激派によるものではなく、湾岸戦争に従軍して軍功を挙げたアメリカ人による犯行だった。

◆

　1995年4月19日の朝、ティモシー・マクヴェイ（1968〜2001）は、3トン以上の手製爆弾を積んだ黄色いレンタル・トラックを、オクラホマ州オクラホマシティにあるアルフレッド・P・マラー連邦ビルの近くに駐車させた。そして、トラックの運転席から降りると、その場を立ち去った。数分後の午前9時2分、爆弾が爆発し、168人が命を落とした。

　約1時間後、マクヴェイはオクラホマ州ペリーで、事件とは無関係な交通違反と武器携帯で逮捕された。2日後、当局はペリー留置場にいる男が爆破事件の犯人だと発表した。

　後にマクヴェイは、犯行に及んだのは連邦政府に罰を与えるためだったと語っている。彼は、連邦政府が国民の個人的権利を踏みにじっていると思っていたのである。具体的には、連邦政府の強制捜査によって、アイダホ州ルビーリッジで白人分離主義者ランディ・ウィーヴァー（1947〜）の妻と息子が捜査官に射殺された事件と、テキサス州ウェーコ近郊の施設でカルト教団ブランチ・ダビディアンの信者76名が、やはり強制捜査中に死亡した事件に激怒していた。

　オクラホマシティ連邦政府ビル爆破事件の犯人が外国人テロリストではなくアメリカ人だったことに、国中が衝撃を受け、自国民が自国内で起こすホームグロウン・テロリズムの危険に国民は気づいた。マクヴェイは、ニューヨーク州北部で生まれ育ち、高校卒業後はアメリカ陸軍に入り、湾岸戦争では青銅星章を受章している。

　1991年に軍を名誉除隊した後は、基本的に放浪生活を送り、自動車で国内各地を移動しては、銃器ショーに顔を出していた。ミシガン州では右派の人種分離主義グループと関係を持ち、人種差別や反政府活動を主張するパンフレットに感化された。爆破事件後に彼は、唯一悔やまれるのは爆弾でビル全体が倒壊しなかったことだけだと述べた。

　1997年6月2日、マクヴェイはビルにいた連邦政府職員8名の死について、殺人と共謀11件で有罪となった。その11日後には死刑が言い渡された。死刑は2001年6月11日、薬物注射により執行された。連邦死刑囚に対する死刑執行は1963年以来のことだった。

豆知識

1. ペリー留置場にいたマクヴェイは、オクラホマ州のノーブル郡裁判所へ行くことになっていた —— 裁判所で交通違反と武器携帯の嫌疑に対して500ドルの保釈金を支払えば、そのまま出ていくことができた —— が、実際に出向く5分前、FBIから地方検事に、マクヴェイを釈放するなとの電話が入った。
2. マクヴェイの共犯テリー・ニコルズ（1955〜）は、後に殺人と故殺で有罪となり、終身刑を言い渡された。
3. マクヴェイは、死刑執行時に最期の言葉を残さなかった。しかし、収監されていたインディアナ州テレホートの刑務所長に、最期の言葉の代わりとして、イギリスの詩人ウィリアム・アーネスト・ヘンリー（1849〜1903）の1875年の詩「不屈」を前もって渡していた。

338 文学 ｜ エイミ・タン

　カリフォルニア州オークランド出身の小説家エイミ・タン（1952〜）は、1980年代以降、世界の文学シーンをリードする中心人物のひとりであり続けている。彼女の作品は、中国系アメリカ人の母と娘との関係に焦点を当てる傾向が強いが、世代間の衝突や、家族内の人間関係、移民、および異文化での暮らしを掘り下げて描写しており、そうした点が非常に幅広い読者からの支持を集めている。

◆

　タンの作品の大半は、中国系の家族の中でアメリカ人として育った彼女自身の経験が基になっている。言語学の修士号を取得し、フリーランスのビジネスライターとして実入りのいい仕事を始めていたタンは、1987年、母と一緒に中国へ行き、3人いる異父姉たちと初めて会う決心をした。この中国旅行と感動的な家族の再会に着想を得て書かれたのが、タンの最初の長編『ジョイ・ラック・クラブ』（1989年）で、この本は彼女の作品の中で最も広く読まれている代表作となっている。

　『ジョイ・ラック・クラブ』は、長編小説と呼ばれることが多いが、実際には、サンフランシスコ・ベイエリアに住む4組の中国系アメリカ人の母娘が語る、互いに絡み合う16の短い物語で構成されている。言葉の行き違いと文化の違いのため、完全にアメリカナイズされた娘と中国の伝統を守る母親とは互いに何度も誤解し合う。娘たちは、母親をお節介で、口やかましく、現代アメリカでの生活に何が必要かまるで分かっていないと思っているし、母親たちは母親たちで、娘たちは生意気で、考え違いをしており、先祖代々受け継がれてきた中国文化を軽蔑していると思っている。

　タンは、両方の世代の複数の語り手に語らせることで、どちらの世代も相手を正しく理解しておらず、善意も、個人の山あり谷ありの生い立ちも、言語や文化の壁を越えて伝えられない場合が多いことを、徐々に明らかにしていく。

　この第1作が大ベストセラーになった後にタンが書いた作品に、『キッチン・ゴッズ・ワイフ』（1991年）と『接骨医の娘（The Bonesetter's Daughter）』（2001年）がある。どちらも第1作と同じく、アジア系アメリカ人の家族と、特に母親・娘・姉妹の関係を描いている。

[豆知識]

1. 『ジョイ・ラック・クラブ』は、1993年にウェイン・ワン（1949〜）監督、オリヴァー・ストーン（1946〜）製作総指揮で映画化されてヒットした。この映画には、タンも脚本家として参加している。
2. タンは、同じカリフォルニア州生まれの作家マキシーン・ホン・キングストン（1940〜）と比べられることが多い。彼女の半生を描いて絶賛された自伝『チャイナタウンの女武者』（1976年）は、その後に多くのアジア系アメリカ人文学が登場する道を開いた。
3. タンは、作家仲間のスティーヴン・キング（1947〜）、デイヴ・バリー（1947〜）、ミッチ・アルボム（1958〜）らとともに、チャリティー・ロックバンド「ロック・ボトム・リメインダーズ」を結成している。彼女の十八番は、ナンシー・シナトラのカバー「にくい貴方」だ。

339 音楽 │ 『スリラー』

　マイケル・ジャクソン（1958～2009）が1982年に大ヒット・アルバム『スリラー』をリリースしたとき、すでに彼はポップ・ミュージックで最も成功しているアーティストのひとりだった。しかし、このアルバムが大々的な成功を収めたことで、彼は世界的なアイドルになった。

◆

　マイケルのミュージシャンとしてのキャリアは5歳だった1963年に兄たちと音楽グループ「ジャクソン5」を結成したことに始まる。すぐにマイケルは、グループ最大のヒット・シングル「ABC」（1970年）や「アイル・ビー・ゼア」（1970年）などでリード・ボーカルを務めるようになった。1979年にはソロ・アルバム『オフ・ザ・ウォール』をリリースした。これは、作曲家・音楽プロデューサーのクインシー・ジョーンズ（1933～）に初めてプロデュースしてもらった作品で、収録曲のうちシングル発売された「今夜はドント・ストップ」と「ロック・ウィズ・ユー」の2曲はチャート1位になった。

　『オフ・ザ・ウォール』は確かに大ヒットしたが、その成功を完全に覆い隠してしまったのが『スリラー』だった。現在『スリラー』の売上枚数は1億枚を優に超え、史上最も売れたアルバムになっている。収録されている全10曲のうち7曲がシングルカットされ、そのすべてが雑誌『ビルボード』のチャートでトップ10に入った。最初にチャート上位に入ったのは、元ビートルズのポール・マッカートニー（1942～）とのデュエット「ガール・イズ・マイン」だ。これ以外では、「スタート・サムシング」「今夜はビート・イット」「ビリー・ジーン」、そしてタイトル曲である「スリラー」などが上位に入った。

　また『スリラー』は、それまでで最も斬新で革新的なミュージック・ビデオを何作も生み出した。とりわけ有名なのは、「ビリー・ジーン」「今夜はビート・イット」「スリラー」の3本だ。「ビリー・ジーン」は、身に覚えのない子の認知を迫られるという内容の歌詞が話題になった曲だが、そのビデオは、音楽専門チャンネルMTVで初めて放送された黒人アーティストの曲のひとつであった。1980年代初頭のミュージック・ビデオは、低予算で片手間に作られるものがほとんどだったが、「ビリー・ジーン」「今夜はビート・イット」「スリラー」のビデオは、短編映画のように考えて制作されており、ミュージック・ビデオの新たな基準を打ち立てた。ただしマイケルの画期的な業績のすべてがこうした凝った作りを必要としていたわけではなかった。1983年、マイケルはモータウン・レコードの25周年記念コンサートで「ビリー・ジーン」を歌った。そのライブで彼は初めてダンス技法「ムーンウォーク」を披露した。これは彼のキャリアで最も有名な瞬間のひとつでありしかもその場に特殊効果は一切必要なかった。

┌─────────┐
│ 豆 知 識 │
└─────────┘

1. マイケルとポール・マッカートニーは長年の友人だったが、1985年にマイケルがマッカートニー本人との競り合いに勝ってビートルズの楽曲の版権を買い取ると、ふたりの友情は破れたと言われている。

2. 「スリラー」のミュージック・ビデオのナレーションは、数々の有名ホラー映画で悪役を演じた名優ヴィンセント・プライス（1911～1993）が担当している。

3. アルバム『スリラー』からトップ10入りしたシングルが7曲というのは史上最多記録であり、これと並ぶアルバムは2枚しかない。ブルース・スプリングスティーン（1949～）の『ボーン・イン・ザ・U.S.A.』（1984年）と、マイケルの妹ジャネット・ジャクソン（1966～）の『リズム・ネイション1814』（1989年）だ。

340 映画 『スター・ウォーズ』（1977年）

「フォースとともにあらんことを」—— アレック・ギネス（オビ＝ワン・ケノービ役）

◆

　ジョージ・ルーカス（1944〜）の宇宙叙事詩『スター・ウォーズ』は、SF映画というジャンルを活性化させただけでなく、ハリウッドでのビジネスを一変させ、「ジェダイ」「フォース」「ライトセーバー」などの言葉を一般的なボキャブラリーに加えた。この映画は典型的な勧善懲悪物語で、純真な青年ルーク・スカイウォーカー（演じるのはマーク・ハミル〔1951〜〕）が、敗色の濃い反乱軍を結集させて、身体の一部を機械化させたダース・ベイダー（演じたのはデヴィッド・プラウズ〔1935〜〕、声はジェームズ・アール・ジョーンズ〔1931〜〕）率いる悪の銀河帝国と戦うというストーリーだ。映画は、人類に古くから伝わる類型的人物像・神話・伝説を、最先端の特殊効果と組み合わせることで、史上屈指の大ヒット作になった。『スター・ウォーズ』は、ハリウッドに —— 基本的には今日まで続いている —— 新たな時代をもたらすことにも貢献した。本作をきっかけに映画会社は、1970年代半ば以降に主流となった、個人的な内容を描く往々にしてシニカルな映画ではなく続編の製作と高収益をもたらす関連グッズ販売を期待できる大ヒット映画を目指すようになった。さらに、それまでのハリウッドのヒット映画が、ベストセラー小説やブロードウェイ・ミュージカルなどすでに人気のあった作品を映画化したものだったのに対し、『スター・ウォーズ』はその点でもハリウッドの伝統を捨て去っていた。『スター・ウォーズ』はオリジナルの脚本を用い（書いたのはルーカス本人）主な配役にスターはいなかった。主役級の人物を演じた俳優たちは、報酬目当てのパイロット、ハン・ソロを演じたハリソン・フォード（1942〜）をはじめ全員が映画公開後にスターになった。
　『スター・ウォーズ』が多額の興行成績を上げたことは、映画業界に与えたインパクトの一端にすぎない。本作は、最初に映画の「フランチャイズ化」を始めたと言っていい作品だ。フランチャイズ化とは、シリーズ化を軸にした事業展開で、『スター・ウォーズ』では、後にシリーズ作品が5本（続編2本、前編3本）作られ【訳注／本項の豆知識1を参照】、関連商品として、おもちゃ、コンピューターゲーム、ホームビデオ、DVD、各種出版物など、さまざまな製品が売り出された。2005年に雑誌『フォーブス』は、スター・ウォーズ・シリーズが生み出した収益は合計200億ドル以上になると計算している。再公開も含め、シリーズ全6作は全世界で43億ドル以上の興行収入を上げた。最初の映画は、歴史上、商業的に最も成功した映画となり、アメリカ国内での興行収入は『ジョーズ』（1975年）を超え、『タイタニック』（1997年）に抜かれるまで1位だった。その額は4億6000万ドル（1982年と1997年の再公開を含む）で、これは2008年現在のインフレ調整値で110億ドルに相当し、『風と共に去りぬ』（1939年）に次ぐ史上2位だ。ちなみに『スター・ウォーズ』の予算はたったの1300万ドルだった。

豆知識

1. この映画の現在の正式タイトルは『スター・ウォーズ　エピソード4／新たなる希望』だ。当初ルーカスは全9作から成るシリーズを構想しており、最初の6作を完成させた【訳注／2012年にルーカスフィルムを買収したウォルト・ディズニー・カンパニーが残る3作の製作を開始し、2019年にエピソード9が公開される予定だ】。
2. ルーカスは、『スター・ウォーズ』の脚本・監督の報酬として17万5000ドルしか受け取らず、その代わり、商品化権の40パーセントを手にした。これは賢明な措置だった ——『スター・ウォーズ』関連商品の収益は、興行収入をはるかに上回ったからだ。

341 思想と社会 │ インターネット

ルーマニアの作家で詩人のアンドレイ・コドレスク（1946〜）は、インターネット初期の発展ぶりを振り返って、「産業界がサイバースペースでネットワーク化されていくスピードは驚異的で、まるでシャーレの中の何かが3日のうちに空飛ぶサイの大きさになるのを見ているかのようだった」と書いている。

◆

インターネットは、単に小さいものから大きなものになったということではない。きわめて小さく、専門的なもの —— ARPANET（アーパネット）という軍用コミュニケーション・ネットワーク —— から、それまで誰も見たことのない巨大なものへと変わったのだ。インターネットのおかげで、遠く離れた場所とのコミュニケーションが簡単に、しかも実質的に無料で行なえるようになり、買い物・人付き合い・学習の方法が様変わりした。

ARPANETは、アメリカ国防総省の実験的研究プロジェクトで、1969年にオンラインでの運用が始まった。当初これを使っていたのは、ごく一部の軍の研究者と大学の専門家だけだった。1980年代半ばになっても、ユーザー数は数千人程度だったと推計されている。

1980年代後半になると、このネットワークの利用者は軍のユーザーよりも民間人の方が多くなった。しかし一般大衆にとって、インターネットは依然としてよく分からない秘密のコンピューター・グループであった。

「ハイパーテキスト」という概念が登場したことで、ついに専門家でなくてもネットワークにアクセスできるようになり、コドレスクの言う革命が始まった。ハイパーテキストは、インターネット上の文書を目に見える形で「リンク」し、それによってシステムを検索しやすくなった。

1990年代半ば、モザイク・コミュニケーションズ・コーポレーションという小さな会社が、複雑な入力コマンドではなく画像を用いたグラフィカル・インターフェースを使ってインターネットでハイパーテキストを「ブラウズ（閲覧）」するツールを開発した。このツールは、すぐに「ネットスケープ」と名を改め、これを使えば家庭用コンピューターのユーザーも、かつては近寄り難かった国防総省専用のネットワークを利用できるようになった。今日、インターネットの利用者数は40億人に迫ろうとしている。

豆 知 識

1. 軍用のARPANETで最初に送信された信号は、「log-in（ログイン）」になるはずだった。しかし、lとoが送信されたところでシステムがクラッシュしたため、最初の信号は「lo」となった。
2. ARPAは、「Advanced Research Projects Agency（高等研究計画局）」の略だ。これは、アメリカ国防総省内で1960年代にインターネットの初期研究に資金を提供していた部署である。
3. ネットスケープは、2008年をもって公式サポートが終了し、Firefoxに移行した。

342 スポーツ ｜ マイケル・ジョーダン

1980年代から1990年代にかけて、世界中でマイケル・ジョーダン（1963〜）ほどスポーツ界で圧倒的人気を誇った人物はいなかった。身長198センチ、シカゴ・ブルズでガードとしてプレーしていたジョーダンは、超人的なバスケットボール選手であると同時に、国際的なマーケティングの巨人であり、流行の仕掛け人でもあった。

◆

バスケット・コートでは、「史上最も偉大なバスケットボール選手」という称号を得て当然の活躍をした。おしゃべりで、驚異的なジャンプ力を誇る得点ゲッターだった彼は、ブルズ時代にチームをナショナル・バスケットボール・アソシエーション（NBA）のチャンピオンに6度も導いた。シーズン得点王には記録となる10度、シーズン最優秀選手（MVP）には5度、NBAファイナルMVPには6度も選出されている。しかし、ほとんどの専門家は同意してくれるだろうが、ジョーダンが他の才能あふれる選手たちと違っていたのは、勝ちたいという欲求が誰よりも強かったことと、接戦で劇的なシュートを決められる能力を持っていたことだった。

コート外では、ジョーダンほどマーケティングで成功したスポーツ選手はいなかった。数多くの有名企業の広告塔を務め、彼のバスケットシューズ「エア・ジョーダン」は、その後のスポーツシューズすべてにとってマーケティングの手本となった。スポーツドリンク「ゲータレード」の有名なCMソングでも歌われたように、誰もが「マイク（マイケル）みたいに」なりたいと思った。彼がスキンヘッドにしたり、左耳にイヤリングをしたりすると、他のバスケットボール選手やファンたちはこぞってまねをした。シカゴ・ブルズに入って最初の数年、ジョーダンは得点力とダンクシュートの技術に優れた選手と思われていたが、専門家からは、はたしてチームを優勝させる力はあるのかと疑問視されていた。彼がそうした声を黙らせたのは1991年で、この年ブルズはロサンゼルス・レイカーズを下してNBAを制覇した。その後もブルズは、1992年、1993年、1996年、1997年、1998年と5回NBAチャンピオンになった。

ジョーダンは3度引退している。最初に引退したのはNBAの1993—1994年シーズンが始まる前で、このころ彼は父を殺害され自身はギャンブル癖に対する非難に悩まされていた。この年、彼は野球のマイナーリーグAAのバームングハム・バロンズに所属して選手としてプレーしたがあまり活躍はできなかった。その後1955年にブルズに復帰した。

彼は1998年にNBAを制した後、再び引退したが、3年後に現役復帰し、ワシントン・ウィザーズで2シーズン、プレーした。復帰以前、ジョーダンはウィザーズの少数株オーナーだったが、その株を売却してコートに戻ったのである。しかしチームをプレーオフに導くことはできず、周囲からは、自分の名声に傷をつけたと批判された。

豆知識

1. ジョーダンは、ノースカロライナ大学の1年生だったとき、1982年のNCAA（全米大学体育協会）選手権決勝戦で優勝を決めるシュートを放ち、伝説を作った。その2年後、彼は大学を休学し、全米で最高の大学選手としてNBAに入った。しかし意外なことに、1984年のドラフトで彼が選ばれた順位は、ヒューストン・ロケッツのアキーム・オラジュワン（1963〜）と、ポートランド・トレイルブレイザーズのサム・ブーイ（1961〜）に次ぐ全体3位だった。

2. ジョーダンは、オリンピックで金メダルを2個、獲得している。1個はアマチュア時代の1984年大会で、もう1個はドリームチームの主力として出場した1992年大会だ。

3. 1999年、ジョーダンはスポーツ専門テレビ局ESPNにより、20世紀で最も偉大な北アメリカのスポーツ選手に選ばれた。また、雑誌『スポーツ・イラストレイテッド』の表紙には、誰よりも多く掲載されている（掲載回数は50回）。

343 大衆文化 ｜ O・J・シンプソン

アメリカンフットボールのスーパースターで、喜劇俳優であり、レンタカー会社ハーツの CM に出演し、世界的に有名になった殺人事件の容疑者でもあった O・J・シンプソン（1947 ～）は、1995年に元妻の殺害容疑について無罪になると、ハリウッドの有名人から、国民的な嫌われ者へと転落した。

◆

　オレンソール・ジェームズ・シンプソンは、サンフランシスコ出身で、奨学金を得て南カリフォルニア大学でランニングバックとしてプレーした。1968年には、毎年アメリカで最も優秀な大学フットボール選手に贈られるハイズマン・トロフィーを受賞した。ナショナル・フットボール・リーグ（NFL）でのプロとしてのキャリアも、同様にすばらしかった。バッファロー・ビルズでプレーしていた1973年には、1シーズンに2000ヤード以上のランを記録した最初の選手となり、リーグの最優秀選手（MVP）に選ばれた。シンプソンは、NFLに在籍中から俳優業を始めていた。テレビの連続ドラマ『ルーツ』や、コメディ映画『裸の銃を持つ男』シリーズなどに端役として出演した。またレンタカー会社ハーツのテレビ CM にも会社の顔として登場した。

　1994年6月12日、シンプソンの元妻ニコール・ブラウン・シンプソン（1959～1994）が、友人ロナルド・ゴールドマン（1968～1994）とともに自宅の前で死んでいるのを発見された。嫌疑はすぐさまシンプソンにかけられ、このとき彼が白のフォード・ブロンコに乗って逃走しようとしたことは、今も広く知られている。その後に始まった裁判は、1990年代に最も激しい議論を呼んだ事件のひとつになった。134日間続いた裁判は、検察側の中心人物マーシャ・クラーク（1953～）と、シンプソンの弁護軍団「ドリームチーム」の対決となった。ドリームチームには、F・リー・ベイリー（1933～）、バリー・シェック（1949～）、ロバート・シャピーロ（1942～）、ロバート・カーダシアン（1944～2003）、アラン・ダーショウィッツ（1938～）、ジョニー・コクラン（1937～2005）らが名を連ねた。

　裁判の行方を決定づけたのは、事件を担当した警察の捜査官マーク・ファーマン（1952～）がアフリカ系アメリカ人を呼ぶのに人種差別的な蔑称を用いていたことが暴露されたことと、事件現場で発見された手袋をシンプソンがはめようとしたところ、手にまったく合わなかったことだった。賛否が真っ二つに分かれた —— しかも、人種問題も絡んだ —— 判決で、陪審団は1995年10月3日、シンプソンは殺人について無罪であるとの結論に達した。しかし、後にゴールドマンの遺族がロナルドの死についてシンプソンを相手に起こした民事訴訟で3350万ドルの賠償金を認められたため、刑事裁判の評決について、さらに議論が高まった。

|豆 知 識|

1. シンプソンは、ハイズマン・トロフィーを受賞したときの次点との票差で歴代最大の記録を今も保持している。次点はパーデュー大学のルロイ・キーズ（1947～）で、差は1750票だった。
2. アーノルド・シュワルツェネッガー（1947～）に決まるまで、シンプソンは1984年の映画『ターミネーター』の主役候補だった。しかしプロデューサーたちから、悪役をやっても説得力に欠けると考えられて、採用されなかった。
3. 2007年、シンプソンはゴーストライターの協力を得て、1994年の殺人事件についての本『もし私がやったとしたら(If I Did It)』を執筆した。しかし出版はいったん差し止められ、本の権利が裁判所によってゴールドマンの遺族に譲渡されてから、改めて出版された。これは、シンプソンに対して勝訴した民事訴訟で遺族が受け取るはずの賠償金が未払いだったため、これを賠償金の一部とするための措置だった。

344 人物 | ガルリ・カスパロフ

チェスの世界チャンピオン、ガルリ・カスパロフ（1963〜）は、何十年にもわたってチェス界に君臨していたが、史上最も注目された対局のひとつである人間対機械のドラマチックな対戦でIBM製のコンピューターに敗れた。カスパロフは2005年にチェス競技から引退すると、民主化運動の活動家として再スタートし、ロシアの指導者ウラジーミル・プーチン（1952〜）に対する反対派の中心人物になっている。

◆

カスパロフは、かつてソ連の一部だったアゼルバイジャンで生まれ、幼いころからチェスの天才と呼ばれていた。子供時代に専門のチェス学校に入学し、1985年に世界チャンピオンになった。22歳だった彼は、当時史上最年少の世界チャンピオンだった。

それから15年間、カスパロフは同じくソ連出身のグランドマスター（チェス界最高の称号）アナトリー・カルポフ（1951〜）らチェス界の名だたる強豪たちを破ってタイトルを防衛し続けた。しかし、カスパロフの対局で最も有名なのは、1997年にニューヨーク市で行なわれた、IBMのエンジニア・チームが開発したチェス用スーパーコンピューター「ディープ・ブルー」との全6局の対戦だろう。

ディープ・ブルーは、カスパロフを破ることだけを目的に設計されたもので、駒の動きを1秒間に2億手分析することができた。それでも、最初の5局が終わっての戦績は、カスパロフとディープ・ブルーともに1勝1敗3分けの五分だった。

しかし、勝負のかかった第6局、コンピューターがカスパロフの守りを突破し、世界チャンピオンをわずか19手で破った。カスパロフがこれほど早く敗れたことは、それまでなかった。

対局の模様は世界各国の新聞の1面で詳しく報じられ、国によってはテレビ中継したところもあった。カスパロフが人間の知能を競う伝統的な競技で敗れたことは、20世紀後半にコンピューター・テクノロジーの能力と複雑さが向上してきたことを示す象徴的な事件だと多くの人から見なされた。

人間との対局では、カスパロフは2000年に世界チャンピオンの座を失った。その5年後、もう思い残すことはないと言って、チェス競技から引退した。

引退後、カスパロフは反体制派の政治家として第2のキャリアをスタートさせた。一時期投獄されたこともあったし、これは有名な話だが、ロシアのプーチン大統領に反対していたためプーチン派の暴漢にチェス盤で殴打されたこともあった。2008年のロシア大統領選挙に立候補しようとしたが、圧力を受けてやむなく断念した。

[豆 知 識]

1. ディープ・ブルーは総重量が1.4トンもあった。
2. ディープ・ブルーがカスパロフに勝った翌日、IBMの株価は3.6パーセント、金額にして1株当たり6ドル上昇した。
3. 2005年に政敵からチェス盤で殴打された後、カスパロフは冗談交じりに「ソヴィエト連邦時代に人気のあったスポーツが野球でなくチェスで、ラッキーだったよ」と言った。

345 文学 ｜ メタフィクション

　ギリシア語で「後の」「超越した」を意味する接頭辞「メタ」は、メタフィジックス（形而上学）からメタ分析まで、多くの学術用語で使われている。さらに「メタ」という言葉そのものも、それ自体に言及していたり、それ自体を反映していたりする考えや状況を意味する語として、単独で使われるようになってきた。文学の世界では、近年、メタフィクション —— フィクションについてのフィクション —— が、興味深い重要なジャンルとして登場してきた。

◆

　メタフィクションは、著者と文学作品の関係、読者と文学作品の関係、ある文学作品と別の文学作品の関係などを探るための、さまざまな仕掛けや手法を含んでいる。その性質上、メタフィクション作品は、フィクションであることを強く意識しており、作品が人の手で人工的に作られたものであるという事実に注意を向けようとする。メタフィクションに共通する仕掛けのひとつに、著者本人を作品中に登場人物として組み入れるという方法がある。例えば、ジョン・ファウルズの『フランス軍中尉の女』（1969年）や、カート・ヴォネガットの『チャンピオンたちの朝食』（1973年）は、この手法を取り入れている。読者を直接取り込んでいるメタフィクション作品もある。イタロ・カルヴィーノの『冬の夜ひとりの旅人が』（1979年）は、読者を小説の登場人物にしているし、デイヴ・エガーズの『驚くべき天才の胸もはりさけんばかりの奮闘記』（2000年）は、前書きに本書を読むための手引きや、文中のシンボルや比喩についての解説が含まれている。もうひとつメタフィクションでよく使われる手法が、過去の文学作品の再検討で、特に、原作の主人公ではない登場人物の視点で新たに物語を書き直したものが多い。例えばジョン・ガードナーの『グレンデル』（1971年）は、古英語の叙事詩『ベーオウルフ』を怪物グレンデルの視点から書き直したものであり、グレゴリー・マグワイアの『ウィキッド』（1995年）は、『オズの魔法使い』を西の悪い魔女の視点でとらえ直したものである。

　メタフィクションは最近生まれた手法と思われるかもしれないが、実は、古くはミゲル・デ・セルバンテスの『ドン・キホーテ』でも使われている。『ドン・キホーテ』は、1605年に前編が、1615年に後編が出版された小説で、西洋文学の基礎を築いた作品のひとつと評価されている。この古典の後編で、ドン・キホーテと従者サンチョ・パンサは、セルバンテスの偽者がふたりの冒険譚と称する偽の続編を出版していたことを知る。この展開は、『ドン・キホーテ』の前半が大ヒットしたのを受け、現実にセルバンテスを騙る者たちが『ドン・キホーテ』の登場人物たちを使って勝手に物語を出版していたという事実を踏まえたものである。物語の中でドン・キホーテとサンチョは、この偽の本をさんざんにからかう。

| 豆 知 識 |

1. スティーヴン・キング（1947〜）は、メタフィクションの要素を大衆文学に取り入れている。『ミザリー』（1987年）は、ロマンス小説家が熱狂的なファンに監禁され、そのファンから自分の言うとおりに物語を書けと強要される話だし、『ダーク・ハーフ』（1989年）は、作家が葬ったペンネームが実体となって現れて作家に復讐する物語だ。
2. 脚本家チャーリー・カウフマン（1958〜）は、スーザン・オーリアン（1955〜）の小説『蘭に魅せられた男』（1998年）を映画用に脚色しようとするがうまくいかず、自分の苦悩する姿をそのまま脚本にした。そうして生まれたのが、典型的なメタフィクション映画『アダプテーション』（2002年）だ。
3. メタフィクションに挑戦したことのある著名な作家には、ほかにポール・オースター（1947〜）、ジュリアン・バーンズ（1946〜）、ミラン・クンデラ（1929〜）、ヤン・マーテル（1963〜）、ウラジーミル・ナボコフ（1899〜1977）、ゼイディー・スミス（1975〜）、ジョン・アップダイク（1932〜2009）などがいる。

346 音楽 ｜ マドンナ

マドンナ（本名マドンナ・ルイーズ・チッコーネ、1958年生まれ）は、史上最も成功を収めた女性レコーディング・アーティストであり、国際的なポップ・アイコンである。キャリアを通じてのアルバム・セールスは全世界で2億枚以上だ。2005年のアルバム『コンフェッションズ・オン・ア・ダンスフロア』のプロモーションである「コンフェッションズ・ツアー」は、女性アーティストのコンサート・ツアーとしては総収入が史上最高額となり、1991年のドキュメンタリー映画『イン・ベッド・ウィズ・マドンナ』は、公開当時ドキュメンタリー映画として歴代トップの興行収入を上げた。また、1992年に出した、きわどい写真集『SEX』は、今なお史上最も売れた大型豪華本であり続けている。

◆

マドンナ

アメリカのミシガン州出身で、もともとバレエを習っていたマドンナは、1983年にデビュー・アルバム『バーニング・アップ』を出し、ある程度ヒットした。セカンド・アルバム『ライク・ア・ヴァージン』（1984年）は、タイトル・トラック「ライク・ア・ヴァージン」とヒット・シングル「マテリアル・ガール」の力でアメリカのチャート1位に上りつめた。また、曲名「マテリアル・ガール」は、今もマドンナのニックネームとして通用している。このころマドンナは、ニューヨーク市のイーストヴィレッジ界隈の流行などを取り入れた独特なファッション・センスでも有名になった。その後の数年、彼女は、さまざまなものから影響を受けて作品を作った。それが特に顕著に表れているのがミュージック・ビデオだ。例えば、「エクスプレス・ユアセルフ」（1989年のアルバム『ライク・ア・プレイヤー』からのシングル）のビデオは、フリッツ・ラング監督による1927年のサイレント映画『メトロポリス』からインスピレーションを受けている。「ジャスティファイ・マイ・ラヴ」（1990年）の物議をかもしたビデオは、アンダーグラウンドのサブカルチャーであるSM趣味をベースにしている。また、おそらく最も有名な「ヴォーグ」（1990年）のビデオでは、マレーネ・ディートリッヒ（1901〜1992）やリタ・ヘイワース（1918〜1987）などマドンナが憧れる映画女優たちのグラマラスな写真のポーズがそのまま再現されている（マドンナは、ほかにも特定はできないが数多くの着想源からインスピレーションを得ている。例えば一部の批評家は、彼女のビデオと、アンディ・ウォーホルが小説『時計じかけのオレンジ』を原作としてリハーサルなしで撮影した1965年の映画『ビニール』には共通点があると指摘している）。マドンナは1990年代末に、それまでとは方向性がまったく異なるアルバム『レイ・オブ・ライト』をリリースした。これは電子音楽のアルバムで、当時彼女が新たに関心を持っていたカバラ（ユダヤ教神秘主義）の影響を強く受けている。その後マドンナはイギリスに移りそこで新たな音楽を作り続けている。

〔 豆 知 識 〕

1. マドンナのやることすべてが成功するわけではない。1987年の主演映画『フーズ・ザット・ガール』はまるでヒットしなかった。
2. マドンナは、ライブ・パフォーマンスで批判を浴びることが多い。宗教的な図像をエロチックに使うこともあったし、ステージ上で、プエルトリコの旗で股のあいだを拭ったこともあった。

347 映画 | メリル・ストリープ

　メリル・ストリープ（1949～）は、40年近くにわたりハリウッドの第一線で活躍している女優だ。現代で最も尊敬され、最も多くの名誉を受けている女優で、アカデミー賞のノミネート21回（男女を問わず俳優で最多）のほか、ゴールデン・グローブ賞を9回（女優で最多）、エミー賞を2回、受賞している。

◆

メリル・ストリープ

　イェール大学演劇大学院の卒業生であるストリープは、『ジュリア』（1977年）で映画デビューを果たすと、『ディア・ハンター』（1978年）、『マンハッタン』（1979年）、『クレイマー、クレイマー』（1979年）など、批評家から絶賛された映画に次々と出演し、『ディア・ハンター』でアカデミー賞に初めてノミネートされ、『クレイマー、クレイマー』でアカデミー助演女優賞を受賞した。

　1980年代に入っても、『フランス軍中尉の女』（1981年）や、強制収容所から生還したポーランド人女性を演じてアカデミー主演女優賞を獲得した『ソフィーの選択』（1982年）などで、高く評価される演技を見せた。

　一部には、彼女の才能を認めながらも、ストリープは女優として冷たすぎると言って批判する人もいる。また、ロバート・レッドフォード（1936～）と共演したシドニー・ポラックの『愛と哀しみの果て』（1985年）以降、出演作には傑作とは言い難いものが多い。

　1990年代になると、ストリープはブラック・コメディ（『永遠に美しく……』、1992年）や冒険映画（『激流』、1994年）にも出演したほか、クリント・イーストウッドが1995年にベストセラー恋愛小説を映画化した『マディソン郡の橋』（イーストウッドは主演も務めた）に出て見事な演技を見せた。

　『プラダを着た悪魔』（2006年）では、6年ぶりに11度目となるアカデミー主演女優賞にノミネートされた（助演女優賞も含めれば14度目のノミネート）。また、本作でゴールデン・グローブ賞を受賞している【訳注／2011年の映画『マーガレット・サッチャー　鉄の女の涙』で主人公のサッチャーを演じ、29年ぶりにアカデミー主演女優賞を受賞した】。

　豆 知 識

1. ストリープは、2004年にアメリカン・フィルム・インスティテュートの生涯功労賞を受賞した。
2. ストリープは出演作『アダプテーション』（2002年）でアカデミー賞へのノミネート回数が13回となり、キャサリン・ヘプバーン（1907～2003）を抜いて史上最多となった。
3. 本名はメアリー・ルイーズ・ストリープ。

348 思想と社会 ｜ クローン技術

1952年、フィラデルフィアの研究者ロバート・ブリッグズ（1911〜1983）とトマス・キング（1921〜2000）の2名が、核移植による最初のクローン動物 ── オタマジャクシ ── を発生させ、1963年には中国人研究者の童第周（1902〜1979）がコイのクローンを誕生させた。以降、この賛否が入り交じる分野で研究が何年も重ねられ、ついに数十年後、はるかに衝撃的な成果を科学者たちは生み出した。1996年7月5日、メスのクローンヒツジであるドリーがスコットランドで誕生したのである。

◆

クローンヒツジ「ドリー」

支持者にとってクローン技術 ── 生きている動物の個体の正確な複製を作る技術 ── は、20世紀後半に科学が成し遂げたすばらしい業績のひとつであり、科学者が病気を治療したり自然への理解を深めたりするのに役立つテクノロジーである。科学者の中には、ヒトの細胞のクローンを作ることで、糖尿病やパーキンソン病、アルツハイマー病など深刻な病気の治療法が見つかるかもしれないと予測している人もいる。

しかし反対派から見れば、実験室でクローンを作る行為は科学者の傲りの極み ── 研究者が神の役割を演じる危険な手法 ── にほかならない。クローン技術は、数多くのSF小説やSF映画で、たいてい邪悪なものとして描かれ、国によってはクローン技術に法的規制をかけているところもある。ドリーの誕生以降、研究によってマウス、ラット、ウサギ、ネコ、イヌ、ブタ、ヤギ、ウシ、ウマ、ラバのクローンを作れるようになった。ただしドリーは2003年に死亡している。

それでも、サルのクローン作製にはまだ成功しておらず、そのため、すべての霊長目のうち最も進化しているヒトのクローンを作るには、まだまだ多くの段階を踏まなくてはならない【訳注／2018年に中国の研究グループがサルのクローンを作ることに成功した】。しかし、その一方でいくつかの国ではヒト・クローンの作製を禁じるガイドラインが定められており、世論調査でもクローン人間を作ることに反対する意見が非常に多い。

豆 知 識

1. 「クローン」という言葉は、古典ギリシア語で「小枝」を意味する「klōn」に由来する。もともとは、木の枝を切って挿し木にしたり接ぎ木にしたりして木を増やす方法を指していた。
2. 公共ラジオ番組『ディス・アメリカン・ライフ』は、ある放送回で、「チャンス」という名のブラーマン種の雄ウシのクローン「セカンドチャンス」の物語を取り上げた。このクローンは、チャンスを飼っていた家族のたっての希望によりテキサス A&M 大学で作製されたものだった。
3. 「クローン」という語を初めてタイトルに使ったSF小説は、P・T・オレミーが1968年に出した『ザ・クローンズ（The Clones）』である。
4. ギャラップ社が2005年に実施した世論調査によると、アメリカ人の87パーセントが、クローン人間の作製は道徳的に間違っていると回答した。容認できると回答したのは、9パーセントだった【訳注／2018年の同調査では、81パーセントが間違っていると回答し、16%が容認できると回答している】。

349 スポーツ | ランス・アームストロング

　ランス・アームストロング（1971〜）が25歳になったとき、彼は自転車競技の圧倒的な才能と、それに劣らぬ圧倒的な自尊心を持つ、傲慢で生意気なテキサス州出身の若者として知られていた。それからの10年間で、彼はツール・ド・フランスで7度優勝し、がんを克服して、史上最も有名で最もファンから愛されるスポーツ選手のひとりとなり、世界中の何百万もの人々に勇気と感動を与えていた。

◆

　1996年、アームストロングは世界ランク1位となり、世界の若手自転車選手の中でも特に将来有望だと考えられていた。そこへ不幸が訪れた。10月、彼は精巣がんと診断され、しかも、がんはすでに肺と脳にも転移していると宣告されたのである。医師から生存率は50パーセント以下だと告げられ、アームストロングは積極的化学療法を受けた。

　アームストロングは奇跡的にがんを克服し、1998年にアメリカ郵便公社サイクリング・チームの一員として競技に復帰した。しかし、がん克服以降の復帰は順調にはいかなかった —— パリ〜ニース・レースを途中棄権した後は、そのまま競技から引退しようとしたほどだ。しかし、彼はノースカロライナ州へ行き、コーチのクリス・カーマイケル（1961〜）についてトレーニングを積んで、サイクリングの楽しみを再発見した。同年、彼はスペインでのロードレース「ブエルタ・ア・エスパーニャ」と世界選手権で、5位以内でゴールした。

　1999年のツール・ド・フランスで、アームストロングはプロローグ（ショートタイムトライアル）で優勝すると、その勢いのままレースを進め、自転車競技の最高峰でアメリカ人としてはグレッグ・レモン（1961〜）以来となる優勝を決めた。その後はツール・ド・フランスで一度も敗れることなく7連覇を果たし【訳注／本文最後の訳注を参照】、2005年に引退した【訳注／2009年に現役復帰。2011年に再び引退するも、2012年にトライアスロンで現役に再復帰】。ツール・ド・フランスで6回以上優勝した選手は、ほかにいない。

　彼はランス・アームストロング財団【訳注／2009年にLIVESTRONG財団と改称】を設立し、LIVESTRONGと記された人気のリストバンドを2004年に発売するなど、財団での活動を通して、がん克服のための資金集めや啓蒙活動に取り組んでいる。またアームストロングは、自身ががんになったことを「これまでにわたしに起きた最良のこと」と語っている。

　アームストロングは、現役時代に運動能力向上薬（ドーピング薬）を使用していたとの疑惑にさらされている。彼は、自分は無罪潔白だとはっきり公言しており、これまでドーピング検査で陽性反応が出たことは一度もないと主張している【訳注／その後、2013年にアームストロングは現役時代に運動能力向上薬を使用していたと告白し、自転車競技界から永久追放処分を受け、1998年以降の成績はツール・ド・フランス7連覇を含め、すべて抹消された】。

【 豆知識 】

1. アームストロングは、AP通信の年間最優秀男性アスリートに4度（2002年から2005年まで）選出された。また2002年には、雑誌『スポーツ・イラストレイテッド』のスポーツマン・オブ・ザ・イヤーに選ばれた。
2. アームストロングは、オリンピックに3度（1992年、1996年、2000年）出場し、2000年にはタイムトライアルで銅メダルを獲得した【訳注／ドーピングのため後に剥奪】。
3. 1993年、21歳だった彼は、世界選手権のロードレースで優勝し、ツール・ド・フランスでは、ひとつの区間で最年少優勝を果たした。

350 大衆文化 ｜ 『フレンズ』

アメリカの視聴者は10年間、NBCの人気連続コメディ『フレンズ』にチャンネルを合わせ、週に1度の軽いユーモアを楽しんでいた。番組のレギュラー出演者だった6人は —— 彼らがテレビで演じた登場人物とともに —— アメリカで誰もが知る有名人になった。

◆

『フレンズ』は、マルタ・カウフマン（1956〜）とデヴィッド・クレーン（1957〜）がテレビ局HBOで制作していた連続ドラマ『ドリーム・オン』の次に手がけた番組で、その内容は、ニューヨークの同じ地区で暮らし、地元のコーヒーハウス「セントラル・パーク」に通う6人の若い独身の（スタート当初はそうだった。登場人物の何人かは、番組内で後に結婚する）男女の暮らしを描いたものだ。コンセプトから言えば、番組はそれほど画期的なものではなかった。しかし、ストーリーは1990年代のスターバックス的な感覚にマッチしていた。

登場人物のロス（デヴィッド・シュワイマー、1966〜）とレイチェル（ジェニファー・アニストン、1969〜）、モニカ（コートニー・コックス、1964〜）とチャンドラー（マシュー・ペリー、1969〜）、フィービー（リサ・クドロー、1963〜）とジョーイ（マット・ルブランク、1967〜）のトラブルを見て、若者たちは何人もの異性と付き合ったり、だんだんと自立していったりする自分たちの姿が温かい目で好意的に描かれていると思った。

脚本も演技も月並みだったが、『フレンズ』の文化的なインパクトは強烈だった。ドラマの女性出演陣 —— 中でもジェニファー・アニストン —— は流行の強力な発信源となり、今でも世界中の美容院では、髪形をアニストンのようなミディアムレイヤーカットにしてほしいというリクエストがある。

番組での言葉遣いも日常会話に浸透し、「so」という語を「確かに」「本当に」の意味で（例えば「You are so moving to a new apartment〔君は本当に新しいアパートに移るんだね〕」のように）使うようになったのは、その代表例だ。何度もくっついたり離れたりして「付き合うのか、付き合わないのか、はっきりしろ！」というカップルを「ロスとレイチェル」と呼ぶのは、番組が残した最も有名な言い回しだろう。NBCの人気ドラマ『scrubs 〜恋のお騒がせ病棟』のエピソードでも、主人公J・D（ザック・ブラフ、1975〜）とエリオット（サラ・チョーク、1976〜）の揺れ動く関係を説明するのに、この言い回しが使われた。

エミー賞とゴールデン・グローブ賞を数多く受賞した『フレンズ』は、2004年5月6日に惜しまれながら最終回を迎えた。

┌─ 豆 知 識 ─┐

1. 番組当初のタイトル案には、『アクロス・ザ・ホール（廊下の向かい）』『フレンズ・ライク・アス（ぼくたちのような友人たち）』『シックス・オヴ・ワン（1人の6人）』『インソムニア・カフェ（不眠症カフェ）』などがあった。
2. ロスのキャラクターは、デヴィッド・シュワイマーを念頭に置いて書かれた。
3. 『フレンズ』は、世界100か国以上で放送された。最終回は、全世界で5100万人が見たと推計されている。

351 人物 | オプラ・ウィンフリー

彼女は、数多くいる大衆文化の象徴の中でも、「オプラ」というファーストネームだけで世界中に知られている稀有な存在だ。しかし、オプラ・ウィンフリーが現代文化に与えたインパクトは、ひとつの範囲に限られるものではない。彼女は、放送界の巨人であり、出版界の大物であり、慈善活動家であり、彼女が司会を務める全国放送のテレビ番組を見ていた数百万の視聴者にとっては、友人であった。

◆

雑誌『フォーブス』によると、ウィンフリーは広範囲にわたって手がけるメディア事業により世界でトップクラスの資産家となり、その純資産は推計25億ドルと言われている。また雑誌『タイム』は1998年に彼女を20世紀で最も影響力のある人物のひとりに選んでいる。

ウィンフリー（1954〜）は、ミシシッピ州の上下水道のない農家で祖母によって育てられた。そんな彼女が思いもよらず有名になる出発点は、高校時代にテネシー州ナッシュヴィルのラジオ局で働き始めたことだった。19歳のとき、彼女はナッシュヴィルのテレビ局 WTVF-TV のニュース番組で最年少かつアフリカ系アメリカ人女性初のアンカーパーソンになった。

一時期ボルティモアで働いた後、1984年シカゴに移り、朝のトーク番組の司会者になった。番組は、すぐに名前を『オプラ・ウィンフリー・ショー』に改めた。2年後に番組は全国放送され、テレビ史上で最高の視聴率を誇るトーク番組になった。

彼女の人気の主な源は、知性と、メディアについての豊富な知識と、視聴者に誠実に接する態度とを併せ持っている点にある。彼女は自分自身の体験 ―― 性的虐待を受けたこと、ドラッグを使っていたこと、体重が増えたり減ったりしたこと、恋人と破局したことなど ―― を語ることで、視聴者と独特の絆を築いた【訳注／『オプラ・ウィンフリー・ショー』は、2011年に地上波での放送を終了した】。

近年のウィンフリーは、テレビ・映画・ラジオ・音楽のプロダクション会社（ハーポ・エンターテインメント・グループ）を設立したり、雑誌（『オー、ジ・オプラ・マガジン』）を発行したりするなど、事業を拡大させている。また彼女のブッククラブは、何十冊もの本をベストセラーに押し上げた。

ウィンフリーは、アメリカで最も目立って活動している慈善家のひとりでもある。いくつもの財団を立ち上げて、世界中で女性・子供・家族への教育やエンパワーメントを支援している団体に活動資金を提供している。また、南アフリカにオプラ・ウィンフリー・リーダーシップ・アカデミー・フォア・ガールズ設立のため4000万ドルを寄付し、同アカデミーは2007年1月に開校した。

豆知識

1. 『オプラ・ウィンフリー・ショー』は、推計で毎週4900万人が視聴し、世界134か国で放送されていた。
2. ウィンフリーは、俳優としても見事な経歴を積んでいる。スティーヴン・スピルバーグの『カラーパープル』（1985年）で映画デビューし、この作品でアカデミー賞とゴールデン・グローブ賞にノミネートされた。
3. ウィンフリーの影響力の一端は、視聴者に呼びかけて行動を起こさせる能力にある。1998年、彼女は慈善団体オプラズ・エンジェル・ネットワークを創設したが、その資金の大半は視聴者からの寄付でまかなわれた。2010年に活動を終えるまでに、8000万ドル以上がこの団体に寄せられた。

352 文学 ｜ ドン・デリーロ

　ニューヨーク市出身のドン・デリーロは、数十年前からポストモダニズム文学の中心人物のひとりとなっている。10冊以上の小説の中で、彼はブラックユーモアとウイットを用いて、大量消費、物質主義、メディアの飽和状態、情報過多など、現代アメリカ文化の特徴を風刺してきた。

◆

ドン・デリーロ

　デリーロは、1936年にニューヨーク市ブロンクス区で生まれ、労働者階級のイタリア系アメリカ人が住む地区で育ち、フォーダム大学に進学した。卒業後は広告のコピーライターとして働き始めるが、やがて仕事がつまらなくなり、フィクション作家に転職した。最初の主要な作品『アメリカーナ』（1971年）を皮切りに、デリーロは長編小説を次々と発表し、批評家からはおおむね高く評価されたものの、一般読者にはあまり売れなかった。

　ようやく大ヒットしたのが『ホワイト・ノイズ』（1985年）で、この作品は今もデリーロの最高傑作にして最も重要な作品のひとつと考えられている。この小説は不条理に満ちたブラック・コメディで、主人公ジャックは、小さな町の大学でヒトラー学科を創設して学科長を務めている。妻のバベットは、死の恐怖と戦うため内緒で薬を飲んでいる。そんなジャックも、自宅の近くで大量の化学物質の漏洩事故が起こって「空気中の有害物質」にさらされると、死の恐怖にとりつかれる。

　『ホワイト・ノイズ』は典型的なポストモダニズム小説だ。プロットは二の次にすぎない。物語は、商標名と、専門家にしか分からない学術的討論と、大衆文化への言及と、無神論者の修道女たちが運営する病院といったコミカルな美辞麗句の寄せ集めで、それらが入れ代わり立ち代わり現れる。

　デリーロの描く社会は、テクノロジーと大衆文化と健康リスクと物質過剰にとりつかれている――しかも、その社会は、やむことのないメディアの「ホワイト・ノイズ」（シャーッという雑音）と、放送電波に乗って延々と送られてくる情報に囲まれている。皮肉なことに、この世界では、誰もが通信網に接続されて情報を与えられているかに思えるのに、実際には、ひとりひとりの個人はかつてないほど混乱し、孤独を感じているのである。

┌ 豆 知 識 ┐

1. デリーロの『ホワイト・ノイズ』以降の小説には、ケネディ大統領暗殺の容疑者リー・ハーヴェイ・オズワルド（1939〜1963）を描いた『リブラ　時の秤』（1988年）、テロリズムについて考察した『マオⅡ』（1991年）、20世紀アメリカの歴史を架空の人物と実在の人物を織り交ぜながら壮大なスケールで描いた『アンダーワールド』（1997年）などがある。
2. デリーロは、自分が芸術上の影響を最も強く受けたものとして、ジャズ、抽象表現主義絵画、外国映画の3つを挙げている。
3. 自分が作家になった主な方法のひとつは、「それ以外のことに熱心に取り組むのを避けること」だったと述べている。

353 音楽 | ニルヴァーナ

　1990年代前半に強烈な影響を残したロックバンドであるニルヴァーナは、1987年にワシントン州アバディーンで結成され、メンバーは、リーダーのカート・コバーン（1967～1994）、ベースのクリス・ノヴォセリック（1965～）、そして1989年に加わったドラムスのデイヴ・グロール（1969～）の3人だった。数年間は鳴かず飛ばずで苦労したが、メジャーレーベルと契約して最初に出した1991年のアルバム『ネヴァーマインド』は、ニルヴァーナと、シアトルのミュージック・シーンで流行していたロックの一種「グランジ」をメインストリームへと押し出した。図らずも、ほぼ一夜にしてニルヴァーナは、当時オルタナティヴ・ロックと呼ばれたジャンルの代表格になり、いわゆるX世代（ベビーブーム世代の次の世代）を象徴する存在となった。

◆

カート・コバーン

　『ネヴァーマインド』は全世界で2000万枚近く売れ、バンド最大のヒットであるデビュー・シングル「スメルズ・ライク・ティーン・スピリット」が収録されている。このシングルのミュージック・ビデオでは、バンドは高校の壮行会が狂騒の場へ変わっていく中、ラフな格好をした10代の若者たちや、やる気のないチアリーダーたちに向かって曲を演奏している。このビデオを音楽専門局MTVが何度も繰り返し放送し、メディアは「オルタナティヴ」や「グランジ」という言葉に跳びついた。たちまちニルヴァーナはX世代らしいものすべて ── 疎外感、怒り、倦怠感 ── と結びつけられた。こうした漫然とした苛立ちは、「スメルズ・ライク・ティーン・スピリット」の歌詞で次のように歌われている。

おれはぼーっとしていて病気みたいだ
さあ、おれたちは来たぜ
おれたちを楽しませてくれ

　バンドのサウンドは強烈かつ情熱的で、音量も大きかった。オルタナティヴ・ロックは、もともとはメインストリームのポップスに対する明らかな抵抗だったが、たちまちポピュラー音楽の明確な一ジャンルになった。ニルヴァーナの成功に目をつけたレコード各社は、アリス・イン・チェインズやサウンドガーデンといったバンドと契約して自社のオルタナティヴ・ロックのレパートリーを広げていった。「オルタナティヴ」は、それまでメジャーなレコード会社では売れなかった数々のニッチなジャンル全体を指す言葉になった（多くの人の目には、「オルタナティヴ」は具体的な音楽ムーヴメントではなくマーケティング用語のように映った）。しかし、人気の絶頂でニルヴァーナは終焉を迎えようとしていた。コバーンは、以前から個人的にさまざまな苦悩を抱えており、ひどい胃痛とヘロイン依存症に苦しんだ末、1994年に自殺した。

豆 知 識

1. 1992年、コバーンはバンド「ホール」のリード・シンガーであるコートニー・ラヴ（1964～）と結婚した。
2. コバーンの死後、グロールは新たなバンド「フー・ファイターズ」を結成した。
3.「スメルズ・ライク・ティーン・スピリット」というタイトルは、コバーンの恋人のひとりが使っていたとされている女性用デオドラントの商品名ティーン・スピリットに由来している。

354 映画 ｜ スパイク・リー

スパイク・リー（1957〜）は、映画史上で最も多くの業績を上げているアフリカ系アメリカ人の監督であり、最も議論を呼ぶ作品を作る監督のひとりでもある。作品の大半は人種問題をめぐるテーマを深く掘り下げることに徹しており、中でも『スクール・デイズ』（1988年）、『ジャングル・フィーバー』（1991年）、そして批評家から最も高く評価された『ドゥ・ザ・ライト・シング』（1989年）などは、その代表だ。また、黒人指導者マルコムＸを描いた長編伝記映画『マルコムＸ』（1992年）でも人種は大きな役割を担っていた。

◆

リーは、学生時代に短編映画『ジョーズ・バーバー・ショップ』（1983年）を製作して賞を取ると、これを最初の長編映画を監督するチャンスにつなげたいと考えた。財団の助成金を中心に集めた予算17万5000ドルで自ら脚本・監督・編集・出演して完成させたのが『シーズ・ガッタ・ハヴ・イット』（1986年）だ。撮影期間は２週間、一部がカラーで一部が白黒の本作は、アメリカ国内で700万ドル以上の興行収入を上げた。リーは、ナイキのＣＭに映画『シーズ・ガッタ・ハヴ・イット』で演じたマーズ・ブラックモン役でマイケル・ジョーダンと共演し、一般の認知度を一気に高めた。

『ドゥ・ザ・ライト・シング』で、リーは国際的に注目を浴びた。本作は、うだるような暑い日に、ブルックリンの黒人地区で人種問題にからむ暴動が起こる様子を描いている。『ドゥ・ザ・ライト・シング』はたちまち議論を巻き起こし、一部には、この映画は人種間の融和を目指すのではなく、人種間のさらなる暴力と不寛容を煽るだけだと言って批判する者もいた。

それにもかかわらず本作は、アカデミー賞でリーへの脚本賞を含む２部門にノミネートされ、ゴールデン・グローブ賞では４部門（リーへの監督賞と脚本賞を含む）にノミネートされた。さらにカンヌ映画祭ではパルム・ドール（最高賞）の候補になった。

『マルコムＸ』は、特に黒人コミュニティーに、大きな文化的インパクトを与えた。この映画でアフリカ系アメリカ人の若者の多くがマルコムＸの教えを初めて知り、多くのファンが、Ｘの文字を派手にあしらった衣類を誇らしげに身につけた。近年のリーは、『バンブーズルド』（2000年）でテレビ業界とアメリカの大衆文化を風刺し、『25時』（2002年）では、有罪判決を受けた麻薬密売人が服役前に残された自由な時間を9・11事件後のニューヨークで過ごす様子を描き、テレビ用ドキュメンタリー映画『堤防が決壊したとき：4幕の鎮魂劇（When the Levees Broke: A Requiem in Four Acts）』（2006年）でハリケーン・カトリーナの被害を記録した。

豆知識

1. リーは、何人かの俳優と組んで複数の映画を作っており、中でも有名なのはデンゼル・ワシントン（1954〜）とのコンビだ。リーは、ワシントンの出演作を４本——『モ・ベター・ブルース』（1990年）、『マルコムＸ』、『ラストゲーム』（1998年）、『インサイド・マン』（2006年）——監督している。

2. リーは、『ドゥ・ザ・ライト・シング』でアカデミー脚本賞にノミネートされたほか、『4人の少女たち（4 Little Girls）』（1997年）でアカデミー長編ドキュメンタリー映画賞にもノミネートされている【訳注／リーは、監督作『ブラック・クランズマン』（2018年）でアカデミー監督賞と脚色賞にノミネートされ、脚色賞を獲得した。また、2015年のアカデミー名誉賞も授与されている】。

3. リーの父でジャズ・ベーシストのビル・リーは、リーの長編映画のうち、『シーズ・ガッタ・ハヴ・イット』『スクール・デイズ』『ドゥ・ザ・ライト・シング』『モ・ベター・ブルース』の4作で音楽を担当した。

355 思想と社会 ｜ 反グローバル化

　1993年にアメリカ連邦議会上院は、メキシコおよびカナダと結んだ北米自由貿易協定（NAFTA）を批准し、これによって3か国間の貿易に対する規制のほとんどが撤廃された。その後1990年代を通じて、アメリカなど多くの国々は、関税などの貿易障壁を低くする同様の協定を次々と結んだ。こうした動きを「グローバル化」という。

◆

　賛成派にとってグローバル化は、世界中の貧困国に豊かな欧米諸国へ商品を売る道を開き、それによって貧困国の生活水準の向上を約束するものだった。

　しかし、クリントン大統領の2期目が終わるころには、グローバル化に強烈に反対する声が上がっていた。反対派は、NAFTAのような貿易協定によって、アメリカの製造業者は中国やヴェトナムなど人件費の安い国々の工場との競争を強いられ、そのためアメリカ国内で数多くの職が失われたと主張した。多くの場合、アメリカ企業は労働者をあっさり解雇し、生産拠点を外国へ移転させる、いわゆるオフショアリングを実施した。

　反グローバル化運動が初めて大きく注目されたのは、1999年にシアトルで開催された世界貿易機関（WTO）閣僚会議の期間中に一連の抗議活動が起きたときだった。数日間に約4万人が、世界規模での貿易政策に抗議するためデモ行進を行なった。

　同様の抗議活動は、その後も2000年カナダのモントリオールや、2001年イタリアのジェノヴァでも続いた。

　グローバル化に反対する人々は、貿易協定は発展途上国に破滅的な影響を与えることが多く、そうした国では結局は多くの労働者が、労働条件の劣悪な低賃金の工場で西洋諸国への販売用に衣類や自動車や電子製品を製造することになると主張した。

　グローバル化は、今もアメリカの政治で意見が最も激しく割れている考え方のひとつであり、一般的に言って、労働組合は自由貿易協定に反対し、アメリカ金融業界は賛成している【訳注／トランプ大統領はNAFTAの再交渉を実施し、アメリカ、カナダ、メキシコは2018年新協定に調印した】。

豆知識

1. 2004年の世論調査では、アメリカ人の38パーセントがNAFTAはアメリカにとって有益だと考えていたのに対し、46パーセントが、その影響はマイナスだと考えていた【訳注／2017年の調査では有益と考えている人は46パーセント、マイナスだと考えている人は48パーセントである】。
2. 労働条件が劣悪な低賃金の搾取的な工場を、英語では「sweatshop」という。今日この語は、第三世界での労働条件を説明するのに使われることが多いが、そうした労働条件に対する批判は歴史が古く、すでに1906年にアプトン・シンクレアが自著『ジャングル』でアメリカ食肉業界の実態を告発している。
3. 「グローバル化（globalization）」という語が経済学者によって初めて使われたのは1980年代前半だった。

356 スポーツ ｜ ミア・ハム

現役引退時点でミア・ハム（1972～）以上にサッカーの国際試合で多くのゴールを決めた選手は —— 男女を問わず —— いなかった。アメリカ代表チームの一員として過ごした17年で158ゴールを上げ、アメリカ代表を２度のワールドカップ制覇（1991年と1999年）と２度のオリンピック金メダル（1996年と2004年）に導いた。2004年のアテネ・オリンピック終了後に引退するまで、彼女は世界で最も注目される女性アスリートのひとりだった。

◆

ミア・ハム

ハムのダイナミックなプレーを軸とするアメリカ代表チームは、全国レベルでは完全にマイナー・スポーツだった女子サッカーを、1999年の女子ワールドカップ・アメリカ大会のときにアメリカだけで65万の観客と4000万のテレビ視聴者を引きつける人気スポーツへと変えた。

1999年大会の決勝戦は、会場となったローズボウル・スタジアムに詰めかけた９万185人の観客が見つめる中、アメリカが中国をPK戦で破った —— 勝利が決まると、決勝PKを決めたブランディ・チャステイン（1968～）がジャージを脱いで喜んだのは有名な話だ。

しかしハムは、そうした派手なパフォーマンスをする選手ではなかった。フィールド上でのプレーは常に激しいが、自分が注目を浴びるようなことは決してしなかった。それどころか、できるだけチームメートが注目を浴びるように仕向けていた。それなのに、スポットライトを浴びるのが苦手な彼女が、アメリカ女子スポーツ界の顔となった。

女子ワールドカップの成功を受け、アメリカで女子プロサッカー・リーグであるウィメンズ・ユナイテッド・サッカー・アソシエーション（WUSA）が2001年に結成された（ハムはリーグ発足当初からのメンバーだったが、リーグ自体が３シーズンしか続かなかった）。

ハムは全国レベルのCM契約を数多く結んでおり、契約先のひとつであるスポーツメーカーのナイキは、オレゴン州の本社敷地内にある最も大きな建物を「ミア・ハム・ビル」と命名した。1997年、彼女は雑誌『ピープル』により、「最も美しい人50人」にも選ばれた。

2003年11月に、ハムは当時ボストン・レッドソックスの遊撃手だったノマー・ガルシアパーラ（1973～）と結婚し、2007年３月に双子の女児を出産した。

┌─────────────┐
│ 豆 知 識 │
└─────────────┘

1. 1987年、ハムは15歳のとき女子アメリカ代表チームに最年少で選ばれた。
2. 大学時代のハムは、所属するノースカロライナ大学を大学選手権で４度優勝に導き、大学が所属するリーグ「アトランティック・コースト・カンファレンス」史上歴代トップの得点選手（103ゴール、72アシスト、278ポイント）として大学でのキャリアを終えた。
3. 彼女は、1994年から1998年まで連続でアメリカ女子サッカー最優秀選手に選ばれ、2001年と2002年には国際サッカー連盟の女子最優秀選手に選出された（女子部門が新設された年とその翌年の受賞である）。

357 大衆文化 ｜ マーサ・スチュワート

　マーサ・スチュワートの名前は、ある種のハイクラスな生活スタイルと同義語になっている。素朴だがエレガントで、手作りだがプロ並みで、有罪判決を受けるが仮釈放を認められるという生活だ。このスタイルは一見すると自然に身についたように思えるが、スチュワートは流れる川となだらかな山に囲まれて育ったわけではない。彼女はマーサ・コスティラ（1941〜）としてニューヨーク市近郊のニュージャージー州ジャージーシティで生まれた。

◆

マーサ・スチュワート

　都会育ちのスチュワートだが、子供のころに後のキャリアにつながる大事なスタートを切った。父からガーデニングを教わり、母から料理と裁縫を習ったのである。

　1967年からスチュワートはウォール街の証券会社で働き始めた。数年後に仕事を辞めると、1976年にケータリングの店を開いた。初めは小さな店だったが、1986年には100万ドル以上の収益を上げるようになった。

　店を経営するかたわら、スチュワートは新聞や雑誌でエレガントな生活についての文章を執筆した。1982年には最初の本『おもてなし（Entertaining）』を出版し、これによって全国的に知られるようになった。テレビに出始めると彼女はさらに有名になり、1980年代には『トゥデイ・ショー』や『オプラ・ウィンフリー・ショー』にたびたび出演し、1993年からは毎週1回の冠番組で司会を務めた。番組は後に打ち切りになるが、番組と連動して出版されていた雑誌 ──『マーサ・スチュワート生活（Martha Stewart Living）』── は、今も刊行されている。

　2004年、スチュワートはインサイダー取引で有罪となり、5か月の禁固刑を言い渡された。出所後、スチュワートは引き続き事業を拡大させ、新製品を次々と出し、毎日のトーク番組を始め、シリウス・サテライト・ラジオ（現シリウスXMラジオ）で24時間放送チャンネルを開始した。これらの新事業はどれも成功している。現在、彼女の純資産は6億ドル以上だと見積もられている。

─── 豆 知 識 ───

1. スチュワートは、1990年に夫と離婚したが、旧姓に戻さず、すでに有名になっていた結婚後の姓をそのまま使い続けている。
2. スチュワートは、ニューヨーク州のバーナード・カレッジ在学中、小遣い稼ぎのためモデルのアルバイトをしていた。
3. スチュワートは、小売店Kマートや百貨店メイシーズで扱う家庭用品や、DIYショップのロウズで扱う塗料など、さまざまな製品に自分の名前を使用する許可を与えている。

358 人物 | ルパート・マードック

ルパート・マードック（1931〜）は、かつて報道界を牛耳っていた大物たちの現代版 —— そしておそらく、その系譜に連なる最後の者 —— だ。ウィリアム・ランドルフ・ハースト（1863〜1951）やヘンリー・ルース（1898〜1967）らメディア王たちを模範として、マードックも、新聞、雑誌、映画会社、テレビ局、ケーブルテレビ局、衛星放送、インターネット事業のすべてを含む巨大グローバル企業を自ら監督している。

◆

マードックは、キャリアの初めから大物だったわけではない。1954年、23歳だった彼は、父の死に伴い、赤字を垂れ流すだけのオーストラリア・アデレードの新聞『ニューズ』を相続した。彼は、この新聞を苦心して利益を生む事業に転換させた。マードックは後に事業再生プロジェクトをいくつも成功させていくが、これはその第1号であった。

それから60年以上たった現在、彼が築いたニューズ・コーポレーションは世界第3位のメディア・コングロマリット（複合企業体）であり、その資産価値は推計620億ドルで、北アメリカからアジアまで広範な地域で事業を展開している。同社は、今でもたったひとりのオーナーがコントロールしている数少ない巨大企業のひとつである。

マードックは、自身の会社のメディアが報じるニュースにたびたび登場している。その華々しいビジネス戦略が取り上げられることもあるが、それだけでなく、ときに世間を騒がす私生活が注目されることもある。実際、彼は4度結婚して3度離婚しており、子供は6人いる。

オーストラリアに生まれ、イギリスで大学教育を受けたマードックは、まずこの2国に狙いを定め、ビジネス上の賢明な判断と、一部の人々いわく、最も低俗な趣味を持つ人々に迎合することで、両国を征服した。マードックがロンドンの新聞『サン』を買収すると、同紙はたちまち、タブロイド紙のような派手な見出しとトップレスの女性の写真を売り物とする新聞に様変わりした。マードックは、1970年代に入るとアメリカに目を向け、まず1973年に日刊紙『サンアントニオ・ニューズ』を買収し、その後、新聞『ニューヨーク・ポスト』と雑誌『ニューヨーク』も買収した。マードックの指示により、『ニューヨーク・ポスト』は『サン』と同じゴシップ紙風の編集方針（特に忘れられないのが、「トップレス・バーに首なし死体」という見出しだ）と、政治的に保守的な立場を取った。

その後ニューズ・コーポレーションは、アメリカの6大映画会社のひとつ20世紀フォックスのほか、フォックス放送、ディレクTV、SNSのMySpaceなどを買収した。2007年には、アメリカで第2位の発行部数を誇る新聞『ウォール・ストリート・ジャーナル』を50億ドルで買収して物議をかもした【訳注／2013年、ニューズ・コーポレーションはエンターテインメント事業を担う21世紀フォックスと出版事業を担うニューズ・コーポレーションに分社化され、2019年3月ウォルト・ディズニー社が21世紀フォックスを買収した】。

豆知識

1. 雑誌『フォーブス』は、マードックを、その資産を194億ドルと推計して、アメリカの長者番付の52位に位置づけた（2019年6月19日時点）。
2. 『サン』の見出しには有名になったものがいくつもあるが、そのひとつが、1982年のフォークランド紛争でイギリス軍がアルゼンチン軍の巡洋艦を沈めたことを伝える「捕まえた（GOTCHA）」だ。
3. 1964年、マードックはオーストラリアで初の全国紙『ジ・オーストラリアン』を創刊した。

359 文学 | カズオ・イシグロ

　現代の小説界には人並み外れた個性の持ち主が大勢いるが、そうした中で小説家のカズオ・イシグロ（1954〜）は、間違いなく控えめな人物だ。しかし評論家からは、文学における現代の名匠のひとりと評価されている。特に有名なのは一人称による綿密な語りを構築することで、それによって、人間が過去の後悔や逃した機会と向き合おうとしない性向を探ろうとしている。

◆

カズオ・イシグロ

　1954年に日本で生まれたイシグロは、幼いときにイギリスへわたり、ロンドン近郊で少年時代を過ごした。彼は、どちらの文化にいても自分はよそ者のような気がすると述べており、実際、彼をイギリス人作家か日本人作家のどちらかに分類するのは容易なことではない。それを示すかのように、彼の最初の長編小説『遠い山なみの光』（1982年）は、イギリスに住む日本人移民の話であり、第2作『浮世の画家』（1986年）は、戦争に加担した過去を受け入れられずに苦悩する初老の日本人画家の物語だ。

　イシグロの『日の名残り』（1989年）は、ほぼ誰からも異口同音に絶賛された作品だ。ブッカー賞を受賞した本作は、イギリス貴族の屋敷を切り盛りする老執事スティーヴンスを語り手とした物語だ。真面目でストイックなスティーヴンスは、職務とプロ意識と、かつての主人であるイギリス貴族に対する献身とが何より大切だとする確固たる信念を抱いている —— そして、読者にも抱かせる。しかし、スティーヴンスの揺るぎない語りには、徐々に亀裂が生じてくる。そして、彼が献身に値しない主人に仕えて人生を無駄にし、職務に徹するあまり人生を変えることになったかもしれない恋愛から身を引いたことが、悲痛な思いとともに明らかになる。スティーヴンスは、いわゆる「信頼できない語り手」の典型例だ。忠誠心と優先度を向ける先を間違えたという不愉快な真実と向き合おうとせず、自分自身と読者の両方に、自分は人生で正しい決断を下してきたと信じ込ませようとする。

　この意味でスティーヴンスは、イシグロの描く主人公全般も代表している。彼の主人公たちは、語る内容で真実を示すだけでなく、語ろうとしない内容で、さらに多くの真実を示すのである【訳注／イシグロは2017年にノーベル文学賞を受賞した】。

豆知識

1. 『日の名残り』は、アンソニー・ホプキンス（1937〜）、エマ・トンプソン（1959〜）、クリストファー・リーヴ（1952〜2004）らの出演で1993年に映画化されて好評を博し、8部門でアカデミー賞にノミネートされた。
2. 1990年のインタビューでイシグロは、自分の小説は「人々が、ある事柄を直視できない姿、つまり人々が自分で自分をだまし、実際に過去に起こった出来事について、すべてを完全に明らかにしたのではない物語を自分に聞かせる様子」を探るものだと述べている。
3. イシグロの最近の作品のうち、『わたしたちが孤児だったころ』（2000年）と『わたしを離さないで』（2005年）は、どちらもブッカー賞の最終候補となった。ブッカー賞とは、年に1度、イギリスあるいは（アメリカを除く）旧イギリス植民地の国民が英語で書いた最高の長編小説に与えられる権威ある文学賞である。

360 音楽 ｜ 2パックとビギー

　ヒップホップ・ミュージックが世界中で圧倒的な人気を得た1990年代前半、アメリカの主要なラップアーティストたちは、イーストコースト・スタイルとウエストコースト・スタイルの激しい対立で分断されていた。一時は、この対立からドクター・ドレー（1965〜）やヒップホップ・デュオのモブ・ディープなどのアーティストたちが、もっと斬新な作品を生み出したこともあった。

◆

　しかし、最初は音楽上の対立だったのが、次第に悲劇的な様相を呈し、暴力的な抗争へと発展した。この対立の両面を何よりもはっきり表しているのが、ウエストコースト・ラッパーの2パックことトゥパック・シャクール（1971〜1996）と、イーストコースト・ラッパーで後にノトーリアス・B.I.G. の名で知られるビギー・スモールズ（1927〜1997）との対立だ。

　シャクールは、最初のソロアルバム『2パカリプス・ナウ』を1991年にリリースした。このアルバムは、ある程度ヒットし、暴力とスラム街での生活を赤裸々に描写した歌詞のため、非常に物議をかもした。その後、1992年の映画『ジュース』での演技で注目され、1995年に性的暴行容疑で刑務所に入れられると、さらに注目を浴びた。シャクールは、音楽プロデューサーのマリオン・「シュグ」・ナイト（1965〜）が控訴のために保釈金を払ってくれたおかげで刑務所から出ることができた。助けてもらった見返りとして、シャクールはナイトのレコード会社デス・ロウ・レコードと3枚のアルバムを出す契約を結び、1996年に2枚組アルバム『オール・アイズ・オン・ミー』を出して、3枚の契約のうち最初の2枚の義務を果たした。

　シャクールと特に激しく対立していたのが、ニューヨーク市出身でイーストコースト・ヒップホップを活性化させたと言われているラッパー、スモールズだった。彼の1994年のアルバム『レディ・トゥ・ダイ』は大ヒットした。しかし、ウエストコースト・ラッパーの多くはスモールズを見下し、シャクールは、リリースしたシングル「ヒット・エム・アップ」（1996年）の歌詞でスモールズの妻とセックスをしたと言って、彼を侮辱した。

　その直後、イーストコーストとウエストコーストのラッパーどうしの音楽上の対立は本格的な抗争となり、1996年にシャクールは、近づいてきた自動車から銃撃されて死亡した。多くの人は、ますます暴力的になっていく対立が、この悲劇で終わってくれるのではないかと期待し、ヒップホップの中心人物たちは、シャクールの死後に問題を話し合うため「反暴力サミット」の開催を呼びかけた。スモールズはこれに参加せず、翌年、カリフォルニア州でアルバム『ライフ・アフター・デス』のプロモーション中に殺された。どちらの殺人事件も未解決のままである。

豆 知 識

1. シャクールは、性的暴行で服役中に3枚目のアルバム『ミー・アゲインスト・ザ・ワールド』がチャート1位になり、刑務所にいるあいだにアルバムが1位になった初めてのアーティストとなった。
2. スモールズは、女性ラッパーのリル・キム（1974〜）のメンター（師・指導者）だった（愛人でもあったらしい）。彼女の1996年のデビュー・アルバム『ハードコア』は、女性ラッパーによる当時最も成功したアルバムだった。
3. テキサス州で、ある若者が州警察の警官を射殺するという事件が起きた。その若者が『2パカリプス・ナウ』に影響を受けて犯行に及んだと言うと、当時のダン・クエール副大統領（1947〜）は、「こんなレコードをリリースしていい理由はない。あんなものはわたしたちの社会にふさわしくない」と言った。

361 映画 『タイタニック』（1997年）

「世界はおれのものだ！」
―― レオナルド・ディカプリオ（ジャック・ドーソン役）

◆

　これまでに『タイタニック』（1997年）より、アカデミー賞の受賞数（11個）が多い映画も、アカデミー賞ノミネート数（14）が多い映画も、興行収入がアメリカであれ（6億ドル）全世界であれ（18億ドル）多かった映画も、今のところ存在しない【訳注／2019年6月時点でアメリカでは歴代6位、全世界では歴代3位である】。本作は、歴史大作と恋愛映画と冒険映画とパニック映画をひとつにまとめた映画であり ―― 史上最も人気の高い映画のひとつでもある。映画史上でこれに本当に匹敵するのは、『風と共に去りぬ』（1939年）しかない。

　ジェームズ・キャメロン（1954～）が『タイタニック』を監督したとき、予算はハリウッド史上（当時としては）最高額である約2億ドルだった。映画の公開が当初の1997年夏から同年12月に延期されたとき、批評家の多くは、この映画は興行的には大失敗に終わり、巨額の製作費を回収することはできないだろうと推測した。しかし、そうした読みは当たらなかった。

　映画は、1912年に起きたイギリスの豪華客船タイタニック号 ―― 最新技術を駆使した外洋航路定期船で、決して沈没しないと考えられていた ―― の沈没事故を、現代からの回想で語る。物語の軸となるのは、10代の上流階級女性ローズ・デウィット・ブケイター（演じるのはケイト・ウィンスレット、1975～）と、三等船室の不作法な若者ジャック・ドーソン（演じるのはレオナルド・ディカプリオ、1974～）のロマンスだ。このふたりの恋愛に暗い影を落としているのが、言わずと知れた、悲劇に終わるタイタニックの処女航海である。

　キャメロンは、大小さまざまなサイズの模型を使うなど、見事な特殊効果を駆使して巨大な客船の沈没シーンを再現した。ちなみに撮影で使われた模型のひとつは、全長270メートルあった本物の約90パーセントの大きさだった。

　映画はおおむね好評だったが、一部の批評家は、脚本が弱いと指摘し、ウィンスレットとディカプリオが演じるふたりのロマンスも月並みすぎると考えた。しかし、世界中の観客たちは、そうは思わなかった。アカデミー賞授賞式で、キャメロンはジャック・ドーソンのセリフを引いて、「世界はおれのものだ！」と宣言した。

豆知識

1. 『タイタニック』のアカデミー賞ノミネート数の14は、『イヴの総て』（1950年）に並ぶタイ記録だった【訳注／さらにその後2016年の『ラ・ラ・ランド』が同数で並ぶ】。また、『タイタニック』のアカデミー賞獲得数の11は、『ベン・ハー』（1959年）とともに最多タイで、その後『ロード・オブ・ザ・リング／王の帰還』（2003年）がやはり同数で並んだ。
2. 現代のシーンでローズを演じたグロリア・スチュアートは、当時87歳で、アカデミー賞（助演女優賞）にノミネートされた最高齢者になった。
3. 『タイタニック』は、全世界での興行収入がインフレ調整前の数字で10億ドルを突破した最初の映画だった。

362 思想と社会 | ヨーロッパ連合

　ヨーロッパ連合（EU）は、ヨーロッパにある28の民主国家で構成される国際組織で、多くの旧敵国どうしをひとつの旗の下に結集させており、その起源は第二次世界大戦後の荒涼とした時代にまでさかのぼる。戦争で徹底的に荒廃した国土を見たヨーロッパ各国の指導者たちは、将来の紛争を避けて戦後復興を急いで進めたいと考え、各国どうしの政治的・経済的結びつきを強めようとした。

◆

　1957年にイタリア、西ドイツ、フランス、ベルギー、オランダ、ルクセンブルクの6か国が調印したローマ条約によって共同市場が生まれ、人とモノが6つの国のあいだを迅速に行き来できるようになった。1973年にアイルランド、デンマーク、イギリスがこの共同市場に加わり、ギリシア、ポルトガル、スペインはそれぞれの国で民主主義が復活してから加盟した。

　EUの前身だったヨーロッパ経済共同体を作るには、ふたつの世界大戦で敵として戦ったフランスとドイツのあいだに根強く残る敵対心を和らげるため、時間をかけて外交交渉を積み重ねなくてはならなかった。また、国民の中には自国が加盟することで国家主権を失うことになるのではないかと危惧する者もおり、こうした懸念は、今も多くのヨーロッパ人が表明している（例えばノルウェーでは、有権者が国家主権を守るためEU加盟を拒否する選択をした）。

　しかし冷戦が終結し、ドイツが再統一すると、ヨーロッパ統合のペースは加速した。マーストリヒト条約（1992年）によって、組織はヨーロッパ連合と名を改め、国家であることを示す象徴や制度を数多く導入した。そうした中には旗や歌もあるが、最も重要なのが、通貨ユーロだ。大半の加盟国は自国の通貨を廃止してユーロを採用しその移行措置は2002年に完了した。

　ヨーロッパ連合は、20世紀で最もすばらしい外交上の成果のひとつと評価され、国際的なグローバル化の新たなモデルと考えられているが【訳注／EUは2012年にノーベル平和賞を受賞した】、その未来は必ずしも安泰ではない。

　2004年以降、EUは東ヨーロッパの旧共産主義国を中心に12か国を新規加盟国として受け入れたが、一部の人はEUが大きくなりすぎたと言って批判している。また現在トルコが加盟を目指しているが、多くのヨーロッパ人は、イスラム教徒が圧倒的多数を占める国が仲間になることに反対している。それに加えて、フランスとオランダでは2005年の国民投票の結果、EUの権限を外交にまで拡大させる欧州憲法条約の批准案が否決され、それ以来、EUの将来は不確実のようだ【訳注／2016年にイギリスは国民投票でEUからの離脱を決め、2019年4月現在、具体的な離脱案を協議中である】。

[豆 知 識]

1. 昔から中立国であったスイスは、EUの加盟国ではない。ほかにも、アイスランド、ウクライナ、ロシアなどが非加盟国だ。
2. 2004年、旧東側ブロックの国々の多くがEUに加盟した。2004年にEUに加盟した国は、キプロス、チェコ、エストニア、ハンガリー、ラトヴィア、リトアニア、マルタ、ポーランド、スロヴァキア、スロヴェニアの10か国だ【訳注／その後2007年にブルガリアとルーマニアが、2013年にクロアチアが加盟した】。
3. デンマークとイギリスはEU加盟国だが、ユーロを導入せず、自国通貨であるデンマーク・クローネとイギリス・ポンドを使い続ける選択をした。

363 スポーツ | タイガー・ウッズ

　ゴルファーのタイガー・ウッズ（1975〜）は同世代で —— ゴルフに限らずスポーツ界全体で —— ほぼ間違いなく最も圧倒的な存在感を見せているアスリートだ。2019年4月現在、メジャー大会での優勝回数 —— 15回 —— はジャック・ニクラス（1940〜）に次いで史上2位だ。史上初めてメジャー大会4連覇（2年にまたがるため「タイガースラム」と呼ばれる）を成し遂げた選手でありキャリア・グランドスラム（生涯のうちにメジャー4大会を制覇すること）を最年少で達成したゴルファーでもある（しかも、すべてのメジャー大会で3度以上優勝している）。

◆

タイガー・ウッズ

　ウッズは、PGAツアー史上でどの選手よりも多くの賞金を稼いでおり（生涯獲得賞金は1億ドル以上）、これに加えてCM契約により推計7500万ドルを稼いでいた時期もあった。

　ゴルフ・コースと広告業界で圧倒的な存在感を見せているだけでなく、彼はその人種的背景ゆえに、ゴルフ界の進歩を推し進める力にもなっている。自称「カブリナジアン（Cablinasian）」 —— 白人（Caucasian）、黒人（Black）、アメリカンインディアン（Indian）、アジア人（Asian）の頭文字を組み合わせた造語。実際、彼は、アフリカ系アメリカ人、中国人、ネイティヴ・アメリカン、白人、タイ人の血を受け継いでいる —— であるウッズは、マイノリティ出身の選手たちがゴルフを始めるきっかけとなってきた。ウッズは究極の神童だった。生後9か月でゴルフクラブを握り、父アールのスイングを真似ていた。2歳のときには、テレビのトーク番組『マイク・ダグラス・ショー』に出演して芸人ボブ・ホープ（1903〜2003）とパット対決をした。3歳のとき9ホールを48打で回り、5歳になるころには雑誌『ゴルフ・ダイジェスト』で取り上げられた。アマチュアとして史上屈指の大活躍をした後、1996年8月に20歳でプロに転向した。プロ転向後すぐに6000万ドル相当の広告契約を結び、ルーキー・イヤーにふたつのトーナメントで優勝した。翌年には1997年のマスターズを制して初のメジャー大会優勝を果たした。絶好調だったのは2000年シーズンで、この年にメジャー4大会のうち3大会で優勝した。同じ年に3大会を制したのは、彼とベン・ホーガン（1912〜1997）のふたりしかいない（ホーガンがメジャー年間3冠を達成したのは1953年）。しかもUSオープンでは、2位に15打差をつけて圧勝した。15打差での優勝は、メジャー大会史上の新記録だった【訳注／その後ウッズは2009年のスキャンダル騒動や、膝と腰の故障で成績不振が続いていたが、2018年からツアーに本格復帰し、2019年のマスターズではメジャー大会で11年ぶりの優勝を果たしメジャー優勝回数を15に伸ばした】。

豆知識

1. ウッズの本名はエルドリックである。ニックネームの「タイガー」は、父アール・ウッズがヴェトナム戦争中に親しくなった南ヴェトナム軍将校ヴォン・ダン・フォンのニックネームをそのままつけたものだ。アール・ウッズは生前、フォンはわたしの命の恩人だと語っていた。

2. ウッズのトレードマークといえば、トーナメント最終日である日曜日に必ず着用する赤いシャツだ。

3. ウッズは、雑誌『スポーツ・イラストレイテッド』のスポーツマン・オブ・ザ・イヤーに2度（1996年と2000年）選出された唯一の人物である。また、AP通信の年間最優秀男性アスリートに3度（1997年、1999年、2000年）選ばれている。

364 大衆文化 │ 『ザ・ソプラノズ／哀愁のマフィア』

『ザ・ソプラノズ／哀愁のマフィア』は、ニュージャージー州のマフィア一家の暮らしを生々しく描いて批評家からも視聴者からも空前の高評価を得た画期的なテレビ番組だった。デヴィッド・チェイス（1945〜）が企画・制作した番組は、ケーブルテレビ局 HBO で1999年１月10日から2007年６月10日まで放送された。

◆

　この連続ドラマは、架空のマフィア、ディメオ・ファミリーのボスであるアンソニー・「トニー」・ソプラノの日常を中心に展開する。ドラマの中で、ジェームズ・ギャンドルフィーニ（1961〜2013）演じるソプラノは、家庭生活と犯罪生活とのバランスを取ろうと努力する。そのため、ロレイン・ブラッコ（1954〜）演じるかかりつけの精神科医ドクター・ジェニファー・メルフィを訪ね、診察室のソファで横になりながら、このふたつの生活を分析してもらう。

　『ザ・ソプラノズ』は、視聴者をつかむために、過激な内容を削除せず、組織犯罪という社会の暗部を描いたが、それだけでなく、予想のつかない展開にして、視聴者が今回の内容を受けて次回はどんな話になるかを常に予想しながら見ることができるようにすることで、人々を引き込んでいった。

　雑誌『ネーション』の2001年の記事で批評家エレン・ウィリスは、このドラマには「いまだ完結していない19世紀小説のような感じ」があり、「プロットの展開が持つ純然たる娯楽性と緊張感は、ディケンズと彼の初期の連載小説を思わせる」と書いている。

　シリーズが1999年に始まって間もなく、新聞『ニューヨーク・タイムズ』は、番組は「この25年間で最も優れたアメリカ大衆文化の傑作かもしれない」と言った。

　『ザ・ソプラノズ』は、批評家の注目を集めただけでなく、主要ケーブルテレビ局で放送される番組が目指すべき視聴率の目標も作った。番組のシーズン４の第１話は、HBO の番組としては史上最多となる1340万の視聴者を引きつけた。

┌─────────┐
│ 豆 知 識 │
└─────────┘

1. 2005年前半、ケーブルテレビ局 A&E は、１億9500万ドルを支払って『ザ・ソプラノズ』全エピソードの編集済みバージョンの独占放映権を買い取った。
2. 2002年、雑誌『TVガイド』は「史上最高のテレビ番組50」で『ザ・ソプラノズ』を、『となりのサインフェルド』『アイ・ラブ・ルーシー』『ハネムーナーズ』『オール・イン・ザ・ファミリー』に次ぐ第５位に選んだ。
3. トニー・ソプラノの妻カーメラの名は、マリオ・プーゾ（1920〜1999）の小説『ゴッドファーザー』に登場するヴィトー・コルレオーネの妻カルメラから取ったものだ。

365 人物 | J・K・ローリング

出版史上、イギリスの作家J・K・ローリング（1965～）のハリー・ポッター・シリーズほど大きな文化的・経済的インパクトを残したシリーズ作品はなかった。全世界で合計3億部以上印刷されたほか、作品は映画化されて大ヒットし、コンピューターゲームやミュージカルにもなり、ローリングは主人公である魔法使いの少年を一大産業に変え、それによって自身も億万長者になった。

◆

　ローリングが最初にキャラクター（自分が魔法使いだとはまだ気づいていない少年）を思いついたのは、1990年、マンチェスターからロンドンへ帰る列車内でのことだった。列車は途中で停車して4時間も動かなくなり、この停車中にハリー・ポッターの世界を構築し始めた。

　4年後、一児の母となっていた彼女は離婚し、スコットランドに移って、生活保護を受けながら公営住宅で暮らしていた。

　1995年、ようやく1冊の本にまとめ上げたが、イギリスで出版するには、さらに2年を要した。1997年、出版社ブルームズベリーが『ハリー・ポッターと賢者の石』を初版1000部で出版した。ここからローリングは、思ってもいなかった文学的・文化的スターへの道を進み始めた。

　アメリカでの出版権は、スカラスティック社が10万5000ドル（無名の作家の作品としては異例の高額）で買い取り、一部の表現をアメリカ英語に書き換えて出版した。

　ローリングが続編を発表するたびに、前作の立てた記録は破られていった。シリーズ最終巻となる第7巻『ハリー・ポッターと死の秘宝』は、アメリカだけで記録となる1200万部が印刷され、2007年にアメリカで販売が始まると、最初の24時間で830万部が売れた【訳注／2016年に『ハリー・ポッターと死の秘宝』の19年後を描く舞台劇『ハリー・ポッターと呪いの子』が出版された】。

　信じられないような販売実績と、映画版の膨大な収益（シリーズ最初の5作は全世界で合計44億ドルの興行収入を上げた）とは別に、ハリー・ポッター・シリーズは子供の読書習慣にも大きな影響を与えたという研究結果がある。2005年に当時イギリスの財務大臣だったゴードン・ブラウン（1951～。2007年に首相に就任）は、「J・K・ローリングは、世界中の識字率向上に、他の誰よりも貢献していると思う」と語っている。

豆知識

1. ローリングは、ファーストネームのイニシャル（ジョアンのJ）と、祖母のファーストネームのイニシャル（キャスリーンのK）を組み合わせたペンネームを使うことにした。本名のジョアンだと、作者が女性だと分かるので男の子が読んでくれないだろうと思ったからだ。

2. ローリングによると、彼女は6歳のときから、ほとんどずっと文章を書き続けてきたという。物語を作るスキルは、妹ダイを楽しませるために磨かれたものだった。

3. 列車の中でハリー・ポッターとその世界を最初に思いついたとき、彼女はペンを持っておらず、見ず知らずの人から借りるのも恥ずかしくてできなかった。そのため家に着くと、猛烈な勢いで頭の中のアイディアをすべて書き出した。

おめでとう!

Congratulations!

　1日1ページ、365日の教養の長い旅もこれで終わりだ。根気よく最後まで読みきってくれてありがとう。毎日読み続けたことはとてもすばらしかった。

　この本はあくまでも興味を広げるきっかけだ。初めて知った文学や映画、美術作品に触れる、世界で起こっているニュースに関心を持つなど、この本をきっかけに何か行動してもらえたら嬉しい。

　そしてこの本を読み終わってからも、自分の頭で考え、知らないことへの知的好奇心を持ち続けてほしい。きっとそれこそが、何歳になっても自分の心をいきいきとさせるためにできる最も簡単なことのはずだ。

204	写真：AP／アフロ
216	写真：Mary Evans Picture Library／アフロ
218	写真：Everett Collection／アフロ
225	写真：AP／アフロ
232	写真：AP／アフロ
235	写真：Everett Collection／アフロ
239	写真：Science Source／アフロ
243	写真：AP／アフロ
244	写真：AP／アフロ
245	写真：picture alliance／アフロ
247	写真：PictureLux／アフロ
251	写真：Album／アフロ
253	写真：AP／アフロ
254	写真：AP／アフロ
258	写真：AP／アフロ
260	写真：AP／アフロ
261	写真：Everett Collection／アフロ
264	写真：ZUMA Press／アフロ
267	写真：AP／アフロ
272	写真：Shutterstock／アフロ
274	写真：AP／アフロ
275	写真：Marc Sharratt/Camera Press／アフロ
278	写真：AP／アフロ
282	写真：Album／アフロ
286	写真：AP／アフロ
288	写真：IMAGNO／アフロ
289	写真：Photofest／アフロ
292	写真：AP／アフロ
293	写真：GRANGER.COM／アフロ
296	写真：AFLO
297	写真：AP／アフロ
301	写真：ロイター／アフロ
303	写真：Photoshot／アフロ
306	写真：AP／アフロ
307	写真：AP／アフロ
314	写真：AP／アフロ
317	写真：Globe Photos／アフロ
321	写真：平工幸雄／アフロ
323	写真：AP／アフロ
328	写真：ZUMA Press／アフロ
329	写真：INSTARimages／アフロ
331	写真：GABRIELLA DEMCZUK / Redux／アフロ
334	写真：AP／アフロ
341	写真：ロイター／アフロ
352	写真：AP／アフロ
353	写真：AP／アフロ
354	写真：Science Photo Library／アフロ
358	写真：アフロ
359	写真：AP／アフロ
362	写真：ロイター／アフロ
363	写真：Evan Agostini / Invision / AP／アフロ
365	写真：AP／アフロ
369	写真：AP／アフロ

表紙カバー

(C) Victoria and Albert Museum, London / amanaimages

1日1ページ、読むだけで身につく世界の教養365　現代編

2019年8月27日　第1刷発行
2019年10月17日　第3刷発行

著者
デイヴィッド・S・キダー＆ノア・D・オッペンハイム

訳者
小林朋則

装丁
石間淳

本文デザイン
稲永明日香

本文組版
株式会社キャップス

編集協力
奥田由意

編集
野本有莉

発行者
山本周嗣

発行所
株式会社文響社

〒105-0001　東京都港区虎ノ門2丁目2-5　共同通信会館9F
ホームページ　http://bunkyosha.com
お問い合わせ　info@bunkyosha.com

印刷・製本
中央精版印刷株式会社

本棚に教養を。

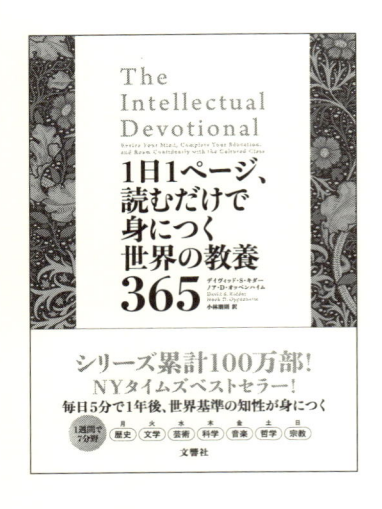

1日1ページ、
読むだけで身につく
世界の教養365

デイヴィッド・S・キダー、ノア・D・オッペンハイム【著】
小林朋則【訳】
ISBN 978-4-86651-055-2

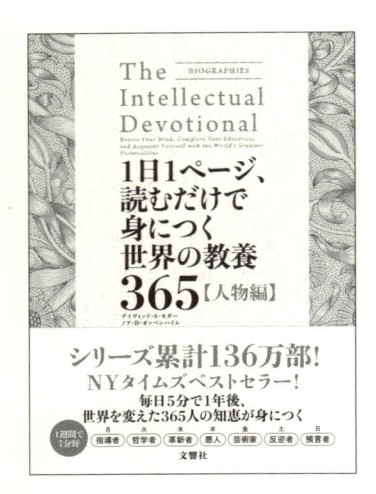

1日1ページ、
読むだけで身につく
世界の教養365
【人物編】

デイヴィッド・S・キダー、ノア・D・オッペンハイム【著】
パリジェン聖絵【訳】
ISBN 978-4-86651-125-2

人生にうるおいをプラスする
文響社の「1日1ページ」シリーズ！